"十三五"国家重点出版物出版规划项目

长江三峡工程文物保护项目报告 乙种第二十六号

丰都关田沟

重庆市文物局 重庆市移民局 编

科学出版社

内 容 简 介

本书是重庆市丰都县高家镇关田沟村遗址群的发掘报告，包括秦家院子遗址、袁家岩遗址以及毛家包、团尚包、袁家堡、陈文英堡、黄岭堡、棺山堡、黄泥堡7处墓群的材料。全书以遗迹单位为发表材料的基础，全面、系统地介绍了该遗址群历年来的发掘成果。本书为研究三峡地区新石器至商周时期考古学文化、汉至六朝时期墓葬发展序列、丧葬制度以及明代冶锌遗存等方面提供了丰富的实物材料。

本书可供从事考古学、历史学、冶金史学、文物研究的专家、学者、教师和学生参考阅读。

图书在版编目（CIP）数据

丰都关田沟 / 重庆市文物局，重庆市移民局编. —北京：科学出版社，2016.11

长江三峡工程文物保护项目报告

ISBN 978-7-03-045948-0

Ⅰ.①丰… Ⅱ.①重… ②重… Ⅲ.①墓群-发掘报告-丰都县 Ⅳ.①K878.85

中国版本图书馆CIP数据核字（2015）第241191号

责任编辑：张亚娜 / 责任校对：张凤琴
责任印制：肖 兴 / 封面设计：陈 敬

科学出版社 出版
北京东黄城根北街16号
邮政编码：100717
http://www.sciencep.com

中国科学院印刷厂 印刷
科学出版社发行　各地新华书店经销

*

2016年11月第 一 版　开本：A4（880×1230）
2016年11月第一次印刷　印张：28 1/4　插页：33
字数：813 000
定价：298.00元
（如有印装质量问题，我社负责调换）

"13th Five-Year Plan" National Key Publications Publishing and Planning Project

Reports on the Cultural Relics Conservation
in the Three Gorges Dam Project
B(site report) Vol.26

Guantiangou Sites in Fengdu, Chongqing

Cultural Relics and Heritage Bureau of Chongqing
&
Resettlement Bureau of Chongqing

Science Press

长江三峡工程文物保护项目报告

重庆库区编委会

主　任　谭家玲

副主任　甘宇平　余远牧

编　委　谭家玲　甘宇平　余远牧　汪　俊　郭　翔　蒋又一
　　　　　幸　军　彭　亮　陈　顺　王川平　程武彦　刘豫川

重庆市人民政府三峡文物保护专家顾问组

张　柏　俞伟超　谢辰生　吕济民　黄景略　罗哲文　黄克忠
苏东海　徐光冀　徐文彬　夏正楷　庄孔韶　王川平　李　季
张　威　刘曙光　高　星

长江三峡工程文物保护项目报告
乙种第二十六号

《丰都关田沟》

主　编

李大地

副主编

杨爱民　徐小林

编　委

（按姓氏笔画排序）

李大地　杨爱民　肖碧瑞　袁东山　徐小林

编　务

陈芙蓉　程　涛

项目承担单位

重庆市文化遗产研究院　重庆文化遗产保护中心

目　　录

第一章　概述 …………………………………………………………………………………（1）
第一节　地理环境 …………………………………………………………………………（1）
一、丰都县地理环境 ……………………………………………………………………（1）
二、关田沟村遗址群地理环境 …………………………………………………………（3）
第二节　历史沿革 …………………………………………………………………………（5）
第三节　丰都县考古工作概况 ……………………………………………………………（6）
一、丰都县考古工作概况 ………………………………………………………………（7）
二、关田沟村遗址群考古工作 …………………………………………………………（8）
第四节　资料整理与报告说明 ……………………………………………………………（10）
一、资料整理 ……………………………………………………………………………（10）
二、报告说明 ……………………………………………………………………………（10）

第二章　文化堆积 …………………………………………………………………………（12）
第一节　调查、勘探 ………………………………………………………………………（12）
一、秦家院子遗址 ………………………………………………………………………（12）
二、袁家岩遗址 …………………………………………………………………………（14）
第二节　布方情况 …………………………………………………………………………（14）
一、秦家院子遗址 ………………………………………………………………………（14）
二、袁家岩遗址 …………………………………………………………………………（14）
第三节　地层堆积 …………………………………………………………………………（17）
一、秦家院子遗址 ………………………………………………………………………（17）
二、袁家岩遗址 …………………………………………………………………………（22）
三、地层组的划分 ………………………………………………………………………（25）

第三章　居住址 ……………………………………………………………………………（26）
第一节　A组单位遗存 ……………………………………………………………………（27）
一、遗存分布与特征 ……………………………………………………………………（27）
二、遗存单位 ……………………………………………………………………………（30）
第二节　B组单位遗存 ……………………………………………………………………（38）
一、遗存分布与特征 ……………………………………………………………………（38）
二、遗存单位 ……………………………………………………………………………（39）
第三节　C组单位遗存 ……………………………………………………………………（44）
一、遗存分布与特征 ……………………………………………………………………（44）
二、遗存单位 ……………………………………………………………………………（45）

第四节　D组单位遗存 …………………………………………………（60）
　　一、遗存分布与特征 ………………………………………………（60）
　　二、遗存单位 ………………………………………………………（60）

第四章　作坊址 …………………………………………………………（73）
　第一节　主要遗迹 ……………………………………………………（73）
　　一、冶炼炉 …………………………………………………………（73）
　　二、灰坑 ……………………………………………………………（77）
　　三、沟 ………………………………………………………………（83）
　　四、柱洞 ……………………………………………………………（84）
　第二节　遗物 …………………………………………………………（87）
　　一、反应罐 …………………………………………………………（88）
　　二、瓷器 ……………………………………………………………（89）
　　三、石器 ……………………………………………………………（90）

第五章　墓地 ……………………………………………………………（91）
　第一节　毛家包墓地 …………………………………………………（91）
　　一、2001FGQM11 …………………………………………………（91）
　　二、2001FGQM12 …………………………………………………（99）
　　三、2001FGQM13 …………………………………………………（109）
　　四、2001FGQM14 …………………………………………………（114）
　　五、2001FGQM15 …………………………………………………（114）
　　六、2001FGQM16 …………………………………………………（117）
　　七、2001FGQM17 …………………………………………………（118）
　　八、2001FGQM18 …………………………………………………（119）
　　九、2001FGQM19 …………………………………………………（124）
　　一〇、2001FGQM20 ………………………………………………（125）
　第二节　团尚包墓地 …………………………………………………（126）
　　一、2001FGQM1 ……………………………………………………（127）
　　二、2001FGQM2 ……………………………………………………（133）
　　三、2001FGQM3 ……………………………………………………（135）
　　四、2001FGQM4 ……………………………………………………（137）
　　五、2001FGQM5 ……………………………………………………（144）
　　六、2001FGQM6 ……………………………………………………（148）
　　七、2001FGQM7 ……………………………………………………（149）
　　八、2001FGQM8 ……………………………………………………（150）
　　九、2001FGQM9 ……………………………………………………（159）
　　一〇、2001FGQM10 ………………………………………………（161）
　第三节　黄岭堡墓地 …………………………………………………（164）
　　一、2001FGYM28 …………………………………………………（165）
　　二、2001FGYM29 …………………………………………………（167）

三、2001FGYM30 …………………………………………………………………………（171）
四、2001FGYM31 …………………………………………………………………………（172）
五、2001FGYM32 …………………………………………………………………………（175）
六、2001FGYM33 …………………………………………………………………………（177）
七、2001FGYM34 …………………………………………………………………………（178）
八、2001FGYM35 …………………………………………………………………………（183）

第四节 陈文英堡墓地 ……………………………………………………………………（186）
一、2001FGYM19 …………………………………………………………………………（186）
二、2001FGYM20 …………………………………………………………………………（193）
三、2001FGYM21 …………………………………………………………………………（199）
四、2001FGYM22 …………………………………………………………………………（205）
五、2001FGYM23 …………………………………………………………………………（210）
六、2001FGYM24 …………………………………………………………………………（212）
七、2001FGYM25 …………………………………………………………………………（221）
八、2001FGYM26 …………………………………………………………………………（227）
九、2001FGYM27 …………………………………………………………………………（232）

第五节 袁家堡墓地 ………………………………………………………………………（234）
一、2001FGYM1 ……………………………………………………………………………（235）
二、2001FGYM2 ……………………………………………………………………………（237）
三、2001FGYM3 ……………………………………………………………………………（239）
四、2001FGYM4 ……………………………………………………………………………（240）
五、2001FGYM5 ……………………………………………………………………………（243）
六、2001FGYM6 ……………………………………………………………………………（246）
七、2001FGYM7 ……………………………………………………………………………（253）
八、2001FGYM8 ……………………………………………………………………………（255）
九、2001FGYM9 ……………………………………………………………………………（261）
一○、2001FGYM10 ………………………………………………………………………（267）
一一、2001FGYM11 ………………………………………………………………………（268）
一二、2001FGYM12 ………………………………………………………………………（270）
一三、2001FGYM13 ………………………………………………………………………（273）
一四、2001FGYM14 ………………………………………………………………………（275）
一五、2001FGYM15 ………………………………………………………………………（281）
一六、2001FGYM16 ………………………………………………………………………（286）
一七、2001FGYM17 ………………………………………………………………………（290）
一八、2001FGYM18 ………………………………………………………………………（294）

第六节 棺山堡墓地 ………………………………………………………………………（294）
一、2001FGYM36 …………………………………………………………………………（294）
二、2001FGYM37 …………………………………………………………………………（298）
三、2001FGYM38 …………………………………………………………………………（300）

第七节 黄泥堡墓地 ……………………………………………………………………（305）
一、2001FGYM39 ……………………………………………………………（306）
二、2001FGYM40 ……………………………………………………………（311）
三、2001FGYM41 ……………………………………………………………（314）
四、2001FGYM42 ……………………………………………………………（317）
五、2001FGYM43 ……………………………………………………………（321）
六、2001FGYM44 ……………………………………………………………（327）
七、2001FGYM45 ……………………………………………………………（329）
八、2001FGYM46 ……………………………………………………………（336）

第六章 综论 ………………………………………………………………………………（342）
第一节 居住址 ………………………………………………………………………（342）
一、典型陶器 …………………………………………………………………（342）
二、其他器物 …………………………………………………………………（345）
三、器物组合 …………………………………………………………………（349）
四、年代与文化属性 …………………………………………………………（350）
第二节 作坊址 ………………………………………………………………………（352）
一、环境选择与布局 …………………………………………………………（352）
二、冶炼炉、反应罐 …………………………………………………………（353）
三、炼锌工艺流程 ……………………………………………………………（353）
四、年代 ………………………………………………………………………（354）
第三节 汉至六朝墓地 ………………………………………………………………（354）
一、墓葬形制 …………………………………………………………………（354）
二、分期与年代 ………………………………………………………………（356）
三、墓地形态研究 ……………………………………………………………（407）
第四节 结语 …………………………………………………………………………（411）

附表 ……………………………………………………………………………………………（412）
附表一 秦家院子遗址 A 组单位出土陶器陶系统计表 ………………………（412）
附表二 2002FGQH5 出土陶器陶系统计表 ……………………………………（413）
附表三 2002FGQT1110④出土陶器陶系统计表 ………………………………（414）
附表四 秦家院子、袁家岩居住址灰坑统计表 ………………………………（415）
附表五 秦家院子、袁家岩居住址灰沟统计表 ………………………………（415）
附表六 秦家院子、袁家岩居住址窑统计表 …………………………………（416）
附表七 秦家院子、袁家岩作坊址灰坑统计表 ………………………………（416）
附表八 秦家院子、袁家岩作坊址冶炼炉统计表 ……………………………（417）
附表九 秦家院子、袁家岩作坊址灰沟统计表 ………………………………（417）
附表一〇 秦家院子作坊址柱洞统计表 ………………………………………（417）
附表一一 墓葬登记表 …………………………………………………………（418）

后记 ……………………………………………………………………………………………（427）

插 图 目 录

图一	丰都县地理位置及水系图	（2）
图二	关田沟村遗址群位置图	（3）
图三	关田沟村遗址群遗址、墓地分布图	（4）
图四	秦家院子遗址分区图	（13）
图五	秦家院子遗址探方位置图	（15）
图六	袁家岩遗址（2001年度）探方位置图	（16）
图七	袁家岩遗址（2004年度）探方位置图	（17）
图八	2002FGQT0629～T0630西壁剖面图	（18）
图九	2004FGQT0428～T0628南壁剖面图	（19）
图一〇	2004FGQT0622～T1022北壁剖面图	（20）
图一一	2002FGQT1110～T1010北壁剖面图	（21）
图一二	2002FGQT1606～T1706南壁剖面图	（22）
图一三	2001FGYT0828～T0928南壁剖面图	（23）
图一四	2001FGYT1513～T1613南壁剖面图	（23）
图一五	2004FGYT6～T7东壁剖面图	（24）
图一六	秦家院子居住址（中北部）遗迹分布图	（26）
图一七	袁家岩居住址遗迹分布图	（27）
图一八	A组单位出土陶器纹饰拓片（一）	（28）
图一九	A组单位出土陶器纹饰拓片（二）	（29）
图二〇	2002FGQH1平、剖面图	（30）
图二一	秦家院子北区第8层出土器物	（31）
图二二	秦家院子中区第5层出土石器	（32）
图二三	秦家院子南区第6层出土陶器（一）	（33）
图二四	秦家院子南区第6层出土器物	（34）
图二五	秦家院子南区第6层出土陶器（二）	（35）
图二六	秦家院子南区第6层出土石器（一）	（36）
图二七	秦家院子南区第6层出土石器（二）	（37）
图二八	秦家院子晚期遗存单位出土A组陶器	（38）
图二九	B组单位出土陶器纹饰拓片	（39）
图三〇	2001FGYG3平、剖面图	（40）
图三一	秦家院子北区第6、7层出土陶器（一）	（41）
图三二	秦家院子北区第6、7层出土陶器（二）	（42）

图三三	秦家院子北区第7层出土石器	（43）
图三四	袁家岩A发掘点第8层出土陶器	（43）
图三五	C组单位出土陶器纹饰拓片（一）	（45）
图三六	C组单位出土陶器纹饰拓片（二）	（46）
图三七	2002FGQH2平、剖面图	（46）
图三八	2002FGQH3平、剖面图	（47）
图三九	2002FGQH3出土陶器	（48）
图四〇	2002FGQH4平、剖面图	（49）
图四一	2002FGQH4出土陶器	（49）
图四二	2002FGQH5平、剖面图	（50）
图四三	2002FGQH5出土陶器	（51）
图四四	2002FGQH5出土器物	（52）
图四五	2002FGQH6平、剖面图	（53）
图四六	2002FGQH7平、剖面图	（54）
图四七	2001FGYH3平、剖面图	（54）
图四八	秦家院子中区第4层出土陶器（一）	（55）
图四九	秦家院子中区第4层出土陶器（二）	（56）
图五〇	秦家院子中区第4层出土陶网坠	（57）
图五一	秦家院子中区第4层及晚期遗存出土器物	（58）
图五二	秦家院子中区第4层出土石器	（59）
图五三	袁家岩A发掘点第7层出土陶器	（60）
图五四	D组单位出土陶器纹饰拓片	（61）
图五五	2002FGQG1平、剖面图	（62）
图五六	2002FGQG1第7层出土器物	（63）
图五七	2002FGQG2平、剖面图	（64）
图五八	2002FGQG2出土器物	（65）
图五九	2002FGQY1平、剖面图	（66）
图六〇	2002FGQY1出土陶器	（67）
图六一	2001FGYH4平、剖面图	（67）
图六二	2001FGYH5平、剖面图	（68）
图六三	秦家院子北区第4、5层出土器物	（69）
图六四	秦家院子中区第3层出土器物	（70）
图六五	秦家院子南区第4层及晚期地层出土器物	（71）
图六六	袁家岩D组单位出土器物	（72）
图六七	秦家院子作坊址遗迹分布图	（插页）
图六八	袁家岩作坊址遗迹分布图	（74）
图六九	2004FGQL1平、剖面图	（75）
图七〇	2004FGQL2平、剖面图	（76）

图七一	2004FGQL3 平、剖面图	（77）
图七二	2004FGQL4 平、剖面图	（77）
图七三	2004FGYL1 平、剖面图	（78）
图七四	2004FGQH9 平、剖面图	（79）
图七五	2004FGQH4 平、剖面图	（80）
图七六	2004FGQH7 平、剖面图	（80）
图七七	2004FGQH5 平、剖面图	（81）
图七八	2004FGQH10 平、剖面图	（81）
图七九	2004FGYH1 平、剖面图	（81）
图八〇	2004FGQH6 平、剖面图	（82）
图八一	2004FGQH8 平、剖面图	（82）
图八二	2004FGQH1 平、剖面图	（83）
图八三	2004FGQH2 平、剖面图	（84）
图八四	2004FGQH3 平、剖面图	（85）
图八五	2004FGYH2 平、剖面图	（85）
图八六	2004FGQG1 平、剖面图	（86）
图八七	2004FGQG2 平、剖面图	（86）
图八八	2004FGYG1 平、剖面图	（87）
图八九	2004FGQD1~D3 平、剖面图	（87）
图九〇	2004FGQ 出土反应罐	（88）
图九一	2004FGY 出土反应罐	（89）
图九二	2004FGQ 出土器物	（90）
图九三	毛家包墓地墓葬分布图	（92）
图九四	2001FGQM11 平、剖面图	（插页）
图九五	2001FGQM11 出土墓砖（拓片）	（93）
图九六	2001FGQM11 出土陶器（一）	（94）
图九七	2001FGQM11 出土陶器（二）	（94）
图九八	2001FGQM11 出土陶俑	（96）
图九九	2001FGQM11 出土陶俑、鸟形器座	（97）
图一〇〇	2001FGQM11 出土陶器	（98）
图一〇一	2001FGQM11 出土钱币（拓片）	（99）
图一〇二	2001FGQM12 平、剖面图	（100）
图一〇三	2001FGQM12 出土墓砖（拓片）	（101）
图一〇四	2001FGQM12 出土器物（一）	（102）
图一〇五	2001FGQM12 出土器物（二）	（103）
图一〇六	2001FGQM12 出土器物（三）	（104）
图一〇七	2001FGQM12 出土器物（四）	（106）
图一〇八	2001FGQM12 出土器物（五）	（107）

图一〇九	2001FGQM12 出土器物（六）	（108）
图一一〇	2001FGQM12 出土器物（七）	（109）
图一一一	2001FGQM12 出土钱币（拓片）	（110）
图一一二	2001FGQM13 平、剖面图	（111）
图一一三	2001FGQM13 出土墓砖（拓片）	（112）
图一一四	2001FGQM13 出土陶器	（112）
图一一五	2001FGQM13 出土器物	（113）
图一一六	2001FGQM13 出土钱币（拓片）	（114）
图一一七	2001FGQM14 平、剖面图	（115）
图一一八	2001FGQM15 平、剖面图	（116）
图一一九	2001FGQM15 出土器物	（116）
图一二〇	2001FGQM15 出土钱币（拓片）	（117）
图一二一	2001FGQM16 平、剖面图	（118）
图一二二	2001FGQM17 平、剖面图	（119）
图一二三	2001FGQM18 平、剖面图	（120）
图一二四	2001FGQM18 出土陶钵	（121）
图一二五	2001FGQM18 出土陶钵、罐	（122）
图一二六	2001FGQM18 出土器物	（123）
图一二七	2001FGQM18 出土钱币（拓片）	（124）
图一二八	2001FGQM19 平、剖面图	（125）
图一二九	2001FGQM20 平、剖面图	（126）
图一三〇	2001FGQM20 出土瓷器	（126）
图一三一	团尚包墓地墓葬分布图	（127）
图一三二	2001FGQM1 平、剖面图	（128）
图一三三	2001FGQM1 出土墓砖（拓片）	（129）
图一三四	2001FGQM1 出土器物	（130）
图一三五	2001FGQM1 出土瓷器	（131）
图一三六	2001FGQM1 出土料珠	（132）
图一三七	2001FGQM1 出土料珠	（132）
图一三八	2001FGQM2 平、剖面图	（134）
图一三九	2001FGQM2 出土器物	（134）
图一四〇	2001FGQM2 出土钱币（拓片）	（135）
图一四一	2001FGQM3 平、剖面图	（136）
图一四二	2001FGQM3 出土墓砖（拓片）	（136）
图一四三	2001FGQM3 出土器物	（136）
图一四四	2001FGQM4 平、剖面图	（138）
图一四五	2001FGQM4 出土陶盆、钵	（139）
图一四六	2001FGQM4 出土陶罐、仓	（140）

图一四七	2001FGQM4 出土陶器	(141)
图一四八	2001FGQM4 出土器物	(142)
图一四九	2001FGQM4 出土钱币（拓片）	(143)
图一五〇	2001FGQM5 平、剖面图	(145)
图一五一	2001FGQM5 出土墓砖（拓片）	(145)
图一五二	2001FGQM5 出土器物（一）	(146)
图一五三	2001FGQM5 出土器物（二）	(147)
图一五四	2001FGQM5 出土钱币（拓片）	(148)
图一五五	2001FGQM6 平、剖面图	(149)
图一五六	2001FGQM6、M7 出土器物	(150)
图一五七	2001FGQM7 平、剖面图	(151)
图一五八	2001FGQM8 平、剖面图	(152)
图一五九	2001FGQM8 出土陶器（一）	(153)
图一六〇	2001FGQM8 出土陶器（二）	(154)
图一六一	2001FGQM8 出土陶器（三）	(155)
图一六二	2001FGQM8 出土陶器（四）	(156)
图一六三	2001FGQM8 出土器物	(158)
图一六四	2001FGQM8 出土钱币（拓片）	(158)
图一六五	2001FGQM9 平、剖面图	(159)
图一六六	2001FGQM9 出土器物	(160)
图一六七	2001FGQM10 平、剖面图	(162)
图一六八	2001FGQM10 出土墓砖（拓片）	(162)
图一六九	2001FGQM10 出土器物	(163)
图一七〇	2001FGQM10 出土钱币（拓片）	(163)
图一七一	黄岭堡墓地墓葬分布图	(164)
图一七二	2001FGYM28 平、剖面图	(165)
图一七三	2001FGYM28 出土墓砖（拓片）	(166)
图一七四	2001FGYM28 出土陶器（一）	(166)
图一七五	2001FGYM28 出土陶器（二）	(167)
图一七六	2001FGYM28 出土钱币（拓片）	(167)
图一七七	2001FGYM29 平、剖面图	(168)
图一七八	2001FGYM29 出土陶器	(169)
图一七九	2001FGYM29 出土器物	(171)
图一八〇	2001FGYM30 平、剖面图	(172)
图一八一	2001FGYM31 平、剖面图	(173)
图一八二	2001FGYM31 出土器物（一）	(174)
图一八三	2001FGYM31 出土器物（二）	(175)
图一八四	2001FGYM31 出土钱币（拓片）	(175)

图一八五	2001FGYM32 平、剖面图	（176）
图一八六	2001FGYM32 出土钱币（拓片）	（176）
图一八七	2001FGYM33 平、剖面图	（177）
图一八八	2001FGYM33 出土钱币（拓片）	（178）
图一八九	2001FGYM34 平、剖面图	（179）
图一九〇	2001FGYM34 出土陶器（一）	（180）
图一九一	2001FGYM34 出土陶器（二）	（181）
图一九二	2001FGYM34 出土器物	（182）
图一九三	2001FGYM34 出土钱币（拓片）	（182）
图一九四	2001FGYM35 平、剖面图	（184）
图一九五	2001FGYM35 出土墓砖（拓片）	（184）
图一九六	2001FGYM35 出土陶器	（185）
图一九七	2001FGYM35 出土器物	（186）
图一九八	陈文英堡墓地墓葬分布图	（187）
图一九九	2001FGYM19 平、剖面图	（188）
图二〇〇	2001FGYM19 出土墓砖（拓片）	（188）
图二〇一	2001FGYM19 出土陶器（一）	（189）
图二〇二	2001FGYM19 出土陶器（二）	（190）
图二〇三	2001FGYM19 出土陶俑	（191）
图二〇四	2001FGYM19 出土银器、铜器	（192）
图二〇五	2001FGYM19 出土钱币（拓片）	（193）
图二〇六	2001FGYM20 平、剖面图	（194）
图二〇七	2001FGYM20 出土陶器（一）	（195）
图二〇八	2001FGYM20 出土陶器（二）	（196）
图二〇九	2001FGYM20 出土陶俑	（198）
图二一〇	2001FGYM20 出土陶俑、陶鸡	（199）
图二一一	2001FGYM20 出土器物	（200）
图二一二	2001FGYM20 出土钱币（拓片）	（200）
图二一三	2001FGYM21 平、剖面图	（201）
图二一四	2001FGYM21 出土墓砖（拓片）	（201）
图二一五	2001FGYM21 出土陶瓷器	（202）
图二一六	2001FGYM21 出土瓷盏	（203）
图二一七	2001FGYM21 出土器物	（204）
图二一八	2001FGYM21 出土钱币（拓片）	（204）
图二一九	2001FGYM22 平、剖面图	（206）
图二二〇	2001FGYM22 出土陶器（一）	（207）
图二二一	2001FGYM22 出土陶器（二）	（208）
图二二二	2001FGYM22 出土器物	（209）

图二二三	2001FGYM22 出土钱币（拓片）	（210）
图二二四	2001FGYM23 平、剖面图	（211）
图二二五	2001FGYM23 出土器物	（212）
图二二六	2001FGYM24 平、剖面图	（214）
图二二七	2001FGYM24 出土墓砖（拓片）	（215）
图二二八	2001FGYM24 出土陶器（一）	（215）
图二二九	2001FGYM24 出土陶器（二）	（216）
图二三〇	2001FGYM24 出土陶器（三）	（217）
图二三一	2001FGYM24 出土陶器（四）	（218）
图二三二	2001FGYM24 出土器物	（219）
图二三三	2001FGYM24 出土钱币（拓片）	（220）
图二三四	2001FGYM24 出土器物	（221）
图二三五	2001FGYM25 平、剖面图	（222）
图二三六	2001FGYM25 出土墓砖（拓片）	（222）
图二三七	2001FGYM25 出土陶器（一）	（223）
图二三八	2001FGYM25 出土陶器（二）	（224）
图二三九	2001FGYM25 出土器物	（226）
图二四〇	2001FGYM25 出土钱币（拓片）	（226）
图二四一	2001FGYM26 平、剖面图	（228）
图二四二	2001FGYM26 出土器物（一）	（229）
图二四三	2001FGYM26 出土器物（二）	（231）
图二四四	2001FGYM26 出土器物（三）	（231）
图二四五	2001FGYM27 平、剖面图	（232）
图二四六	2001FGYM27 出土器物	（233）
图二四七	2001FGYM27 出土钱币（拓片）	（233）
图二四八	袁家堡墓地墓葬分布图	（234）
图二四九	2001FGYM1 平、剖面图	（235）
图二五〇	2001FGYM1 出土墓砖（拓片）	（236）
图二五一	2001FGYM1 出土钱币（拓片）	（236）
图二五二	2001FGYM2 平、剖面图	（237）
图二五三	2001FGYM2 出土陶釜	（238）
图二五四	2001FGYM2 出土钱币（拓片）	（239）
图二五五	2001FGYM3 平、剖面图	（240）
图二五六	2001FGYM3 出土墓砖（拓片）	（240）
图二五七	2001FGYM3、M4 出土钱币（拓片）	（241）
图二五八	2001FGYM4 平、剖面图	（241）
图二五九	2001FGYM4 出土墓砖（拓片）	（242）
图二六〇	2001FGYM4 出土瓷器	（242）

图二六一	2001FGYM5 平、剖面图	（243）
图二六二	2001FGYM5 出土陶器	（244）
图二六三	2001FGYM5 出土器物	（245）
图二六四	2001FGYM6 平、剖面图	（247）
图二六五	2001FGYM6 出土陶器（一）	（248）
图二六六	2001FGYM6 出土陶器（二）	（249）
图二六七	2001FGYM6 出土陶俑（一）	（250）
图二六八	2001FGYM6 出土陶俑（二）	（251）
图二六九	2001FGYM6 出土陶俑（三）	（252）
图二七〇	2001FGYM6 出土陶俑（四）	（253）
图二七一	2001FGYM6 出土钱币（拓片）	（253）
图二七二	2001FGYM7 平、剖面图	（254）
图二七三	2001FGYM7 出土墓砖（拓片）	（255）
图二七四	2001FGYM7 出土陶器	（256）
图二七五	2001FGYM8 平、剖面图	（257）
图二七六	2001FGYM8 出土墓砖（拓片）	（257）
图二七七	2001FGYM8 出土陶器（一）	（258）
图二七八	2001FGYM8 出土陶器（二）	（259）
图二七九	2001FGYM8 出土陶俑	（260）
图二八〇	2001FGYM8 出土钱币（拓片）	（261）
图二八一	2001FGYM9 平、剖面图	（262）
图二八二	2001FGYM9 出土陶器（一）	（263）
图二八三	2001FGYM9 出土陶器（二）	（264）
图二八四	2001FGYM9 出土器物	（266）
图二八五	2001FGYM9 出土钱币（拓片）	（267）
图二八六	2001FGYM10 平、剖面图	（267）
图二八七	2001FGYM11 平、剖面图	（268）
图二八八	2001FGYM11 出土墓砖（拓片）	（269）
图二八九	2001FGYM11 出土瓷器	（270）
图二九〇	2001FGYM11 出土钱币（拓片）	（270）
图二九一	2001FGYM12 平、剖面图	（271）
图二九二	2001FGYM12 出土器物	（272）
图二九三	2001FGYM13 平、剖面图	（273）
图二九四	2001FGYM13 出土器物	（274）
图二九五	2001FGYM13 出土钱币（拓片）	（275）
图二九六	2001FGYM14 平、剖面图	（276）
图二九七	2001FGYM14 出土陶器（一）	（277）
图二九八	2001FGYM14 出土陶器（二）	（278）

图二九九	2001FGYM14 出土器物	（279）
图三〇〇	2001FGYM14 出土钱币（拓片）	（281）
图三〇一	2001FGYM15 平、剖面图	（282）
图三〇二	2001FGYM15 出土陶器（一）	（283）
图三〇三	2001FGYM15 出土陶器（二）	（284）
图三〇四	2001FGYM15 出土陶器（三）	（285）
图三〇五	2001FGYM15 出土钱币（拓片）	（286）
图三〇六	2001FGYM16 平、剖面图	（287）
图三〇七	2001FGYM16 出土陶器	（288）
图三〇八	2001FGYM16 出土器物	（289）
图三〇九	2001FGYM16 出土钱币（拓片）	（289）
图三一〇	2001FGYM17 平、剖面图	（291）
图三一一	2001FGYM17 出土陶器	（292）
图三一二	2001FGYM17 出土器物	（293）
图三一三	2001FGYM17 出土钱币（拓片）	（294）
图三一四	2001FGYM18 平、剖面图	（295）
图三一五	棺山堡墓地墓葬分布图	（296）
图三一六	2001FGYM36 平、剖面图	（297）
图三一七	2001FGYM36 出土墓砖（拓片）	（297）
图三一八	2001FGYM36 出土器物	（298）
图三一九	2001FGYM37 平、剖面图	（299）
图三二〇	2001FGYM37 出土器物	（300）
图三二一	2001FGYM38 平、剖面图	（301）
图三二二	2001FGYM38 出土墓砖（拓片）	（302）
图三二三	2001FGYM38 出土陶钵（一）	（303）
图三二四	2001FGYM38 出土陶钵（二）	（304）
图三二五	2001FGYM38 出土器物（一）	（304）
图三二六	2001FGYM38 出土器物（二）	（305）
图三二七	黄泥堡墓地墓葬分布图	（306）
图三二八	2001FGYM39 平、剖面图	（307）
图三二九	2001FGYM39 出土器物（一）	（308）
图三三〇	2001FGYM39 出土器物（二）	（309）
图三三一	2001FGYM39 出土器物（三）	（310）
图三三二	2001FGYM39 出土钱币（拓片）	（311）
图三三三	2001FGYM40 平、剖面图	（312）
图三三四	2001FGYM40 出土陶俑（一）	（313）
图三三五	2001FGYM40 出土陶俑（二）	（314）
图三三六	2001FGYM41 平、剖面图	（315）

图三三七	2001FGYM41 出土器物	（316）
图三三八	2001FGYM42 平、剖面图	（318）
图三三九	2001FGYM42 出土陶器（一）	（319）
图三四〇	2001FGYM42 出土陶器（二）	（320）
图三四一	2001FGYM42 出土钱币（拓片）	（321）
图三四二	2001FGYM43 平、剖面图	（322）
图三四三	2001FGYM43 出土陶器	（323）
图三四四	2001FGYM43 出土器物	（324）
图三四五	2001FGYM43 出土陶俑	（325）
图三四六	2001FGYM43 出土陶器	（326）
图三四七	2001FGYM44 平、剖面图	（328）
图三四八	2001FGYM44 出土器物	（329）
图三四九	2001FGYM44 出土钱币（拓片）	（329）
图三五〇	2001FGYM45 平、剖面图	（331）
图三五一	2001FGYM45 出土墓砖（拓片）	（331）
图三五二	2001FGYM45 出土器物	（332）
图三五三	2001FGYM45 出土陶俑（一）	（333）
图三五四	2001FGYM45 出土陶俑（二）	（334）
图三五五	2001FGYM45 出土器物	（335）
图三五六	2001FGYM46 平、剖面图	（337）
图三五七	2001FGYM46 出土陶器（一）	（338）
图三五八	2001FGYM46 出土陶器（二）	（339）
图三五九	2001FGYM46 出土陶器（三）	（340）
图三六〇	2001FGYM46 出土钱币（拓片）	（341）
图三六一	B组、C组单位出土陶尖底盏、钵演变与分期	（343）
图三六二	B组、C组单位出土陶罐演变与分期	（346）
图三六三	B组、C组单位出土陶釜演变与分期	（346）
图三六四	B组、C组单位出土陶壶、瓮、网坠演变与分期	（348）
图三六五	墓葬形制演变与分期	（插页）
图三六六	陶钵演变与分期	（358）
图三六七	陶罐演变与分期（一）	（362）
图三六八	陶罐演变与分期（二）	（364）
图三六九	陶釜演变与分期	（370）
图三七〇	陶盂、甑演变与分期	（372）
图三七一	陶盆演变与分期	（375）
图三七二	陶锺、勺演变与分期	（378）
图三七三	陶魁、盘演变与分期	（380）
图三七四	陶卮、耳杯、博山炉演变与分期	（386）

图三七五	陶灯演变与分期	(389)
图三七六	陶仓、案、房、井演变与分期	(392)
图三七七	瓷钵、盘口壶演变与分期	(395)
图三七八	瓷盏、四系罐演变与分期	(397)
图三七九	铜鍪演变与分期	(398)
图三八〇	钱币演变与分期	(400)

彩 版 目 录

彩版一　　秦家院子遗址、团尚包墓地原貌
彩版二　　秦家院子遗址南区、袁家岩遗址Ⅵ区 A 发掘点
彩版三　　袁家岩遗址Ⅵ区 B 发掘点、黄岭堡墓地
彩版四　　毛家包墓地、团尚包墓地
彩版五　　陈文英堡、袁家堡墓地
彩版六　　棺山堡、黄泥堡墓地
彩版七　　工作照（一）
彩版八　　工作照（二）
彩版九　　工作照（三）
彩版一〇　工作照（四）
彩版一一　秦家院子遗址地层剖面
彩版一二　秦家院子遗址居住址遗迹
彩版一三　秦家院子遗址居住址出土遗物（一）
彩版一四　秦家院子遗址居住址出土遗物（二）
彩版一五　秦家院子遗址居住址出土遗物（三）
彩版一六　秦家院子遗址作坊址遗迹
彩版一七　秦家院子、袁家岩遗址作坊址遗迹
彩版一八　秦家院子遗址作坊址出土遗物
彩版一九　A 型土坑墓（一）
彩版二〇　A 型土坑墓（二）
彩版二一　B 型土坑墓
彩版二二　Ab 型砖室墓
彩版二三　Ac 型砖室墓（一）
彩版二四　Ac 型砖室墓（二）
彩版二五　Ac 型砖室墓（三）
彩版二六　Ac 型砖室墓（四）
彩版二七　B 型砖室墓
彩版二八　器物组合（一）
彩版二九　器物组合（二）
彩版三〇　器物组合（三）
彩版三一　汉—六朝墓葬出土陶锺
彩版三二　汉—六朝墓葬出土陶博山炉
彩版三三　汉—六朝墓葬出土陶人物俑
彩版三四　汉—六朝墓葬出土陶鸟形器座、马及器座

彩版三五　汉—六朝墓葬出土瓷钵
彩版三六　汉—六朝墓葬出土瓷盏
彩版三七　汉—六朝墓葬出土瓷盘口壶、四系罐
彩版三八　汉—六朝墓葬出土铜器、铁器（一）
彩版三九　汉—六朝墓葬出土铜器、铁器（二）
彩版四〇　汉—六朝墓葬出土铜器、银器、料器

图版目录

图版一　汉—六朝墓葬出土陶钵（一）

图版二　汉—六朝墓葬出土陶钵（二）

图版三　汉—六朝墓葬出土陶罐（一）

图版四　汉—六朝墓葬出土陶罐（二）

图版五　汉—六朝墓葬出土陶罐（三）

图版六　汉—六朝墓葬出土陶釜

图版七　汉—六朝墓葬出土陶甑

图版八　汉—六朝墓葬出土陶盂

图版九　汉—六朝墓葬出土陶盆

图版一〇　汉—六朝墓葬出土陶魁

图版一一　汉—六朝墓葬出土陶盘

图版一二　汉—六朝墓葬出土陶灯

图版一三　汉—六朝墓葬出土陶耳杯、卮

图版一四　汉—六朝墓葬出土陶勺

图版一五　汉—六朝墓葬出土陶仓、井盖

图版一六　汉—六朝墓葬出土陶井罐

图版一七　汉—六朝墓葬出土陶房、塘

图版一八　汉—六朝墓葬出土陶人物俑

图版一九　汉—六朝墓葬出土陶动物俑

图版二〇　汉—六朝墓葬出土陶动物俑、镇墓兽

第一章 概　　述

第一节　地理环境

一、丰都县地理环境

重庆市丰都县位于四川盆地东部，地处三峡库区的中上部，东邻石柱，南接武隆，西靠涪陵，北毗忠县，上距重庆172千米，下距宜昌476千米。地理坐标为东经107°28′03″~108°12′37″，北纬20°33′18″~30°16′25″（图一）。全县辖区面积2901.16平方千米，辖2个街道办事处，27个乡镇，总人口约74万。

丰都县地处四川盆地东部边缘平行岭谷与盆周山地过渡地带，由一系列平行褶皱山系构成，长江横贯中部。县内以山地为主（山区约占全县面积的3/5），丘陵次之，仅在河谷、山间有狭小的平坝。县境地势东南高，西北低，主要山脉有七曜山、方斗山、蒋家山、黄草山，山脉呈东北至西南走向，山脉和丘陵、山间槽谷（平坝）相间分布，最低海拔118.5米，最高海拔2000米，呈"四山夹三槽"之势。

丰都县境内溪河纵横，水资源丰富，除长江外，境内大小河流共58条。长江干流（县境内长江流程47千米）、长江南岸源于石柱的最大支流龙河、长江北岸源于忠县的渠溪河，构成县境内三大水系。

丰都属亚热带季风气候区，气候温和，四季分明，降水充沛；光照少，云雾多，霜雪少，无霜期长。年平均气温18.3℃，平均日照1311.8小时，平均年降水量1091.3毫米，无霜期约318天。

丰都矿产资源极为丰富，已发现具有开发价值的矿产资源20多种，其中天然气探明可采储量60亿立方米，水泥用灰岩资源量10亿吨，硫铁矿568.6万吨，铝土矿134万吨，另有蕴藏丰富的大理石、重金石、黄铁矿、石英砂岩、煤等矿产资源。

县境内动植物资源较丰富，长江北岸多丘陵，南岸山大坡陡，竹多林茂，降水充足，气候温暖，为野生动物提供了良好的栖息环境。全县有野生哺乳纲兽类8个目、10余科，约40种；鸟纲12个目、15科，200余种；鱼纲6个目、13科，54种。境内植被层次丰富，种类繁多，天然乔木170余种，竹类10余种，中药材1200种，其中野生药材1015种[1]。

---

[1] 中华人民共和国民政部、中华人民共和国建设部编：《中国县情大全》（西南卷），中国社会出版社，1993年，第319~320页，有改动。

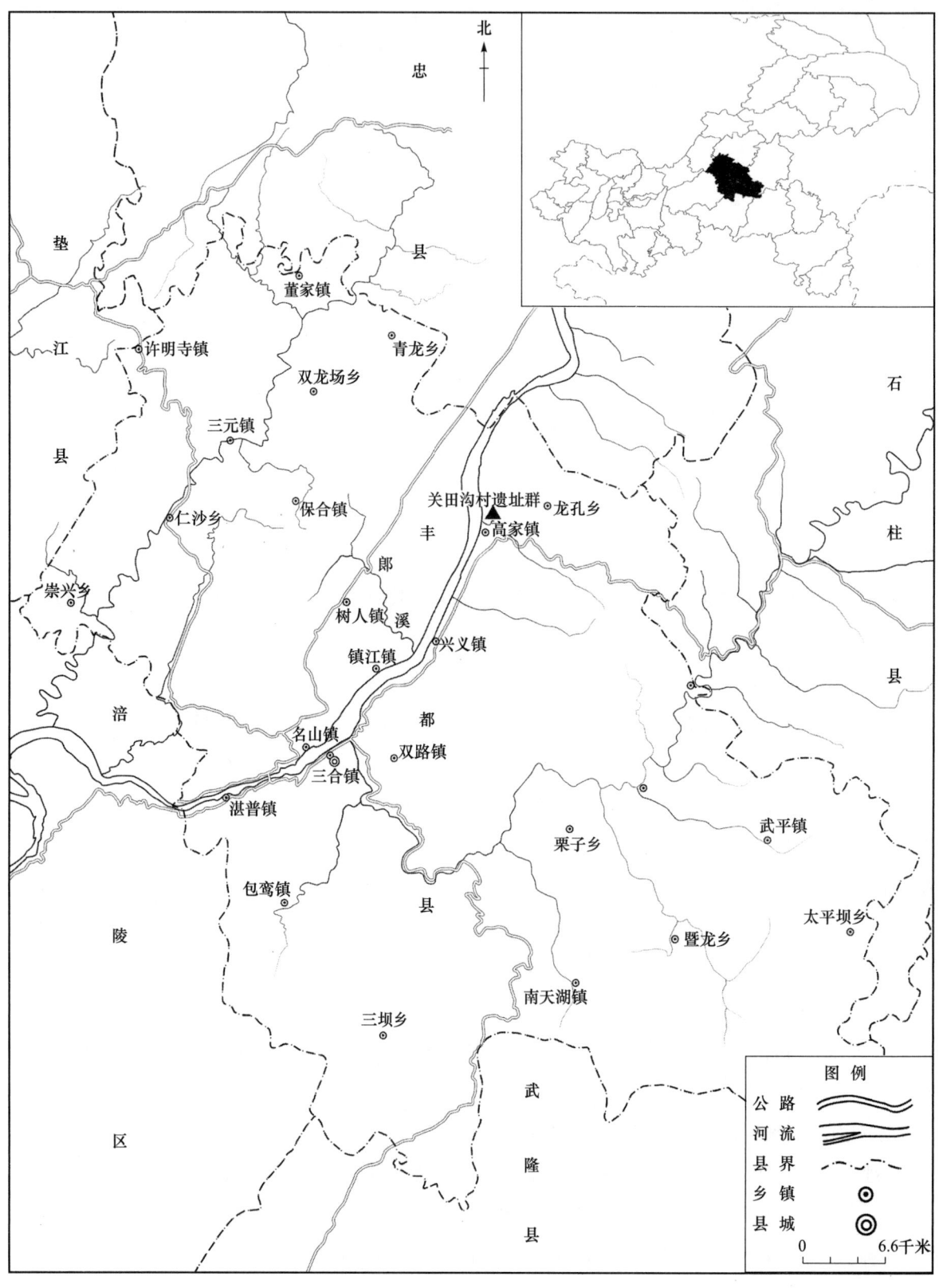

图一　丰都县地理位置及水系图

二、关田沟村遗址群地理环境

（一）高家镇地理环境

关田沟村遗址群所在的高家镇（又名高镇）位于丰都东南部（图二），长江的右岸（长江在该河段由南往北流），距丰都新县城20千米。西临长江，沿长江的第一级阶地上分布有10余个大大小小的土质台地，当地俗称"坝"，是遗址的主要分布区；往东为临江地带的土包，当地俗称"包""梁"，有圆形、椭圆形和狭长形等，墓葬多分布于此；再往东就进入了七曜山的余脉"横梁山"。

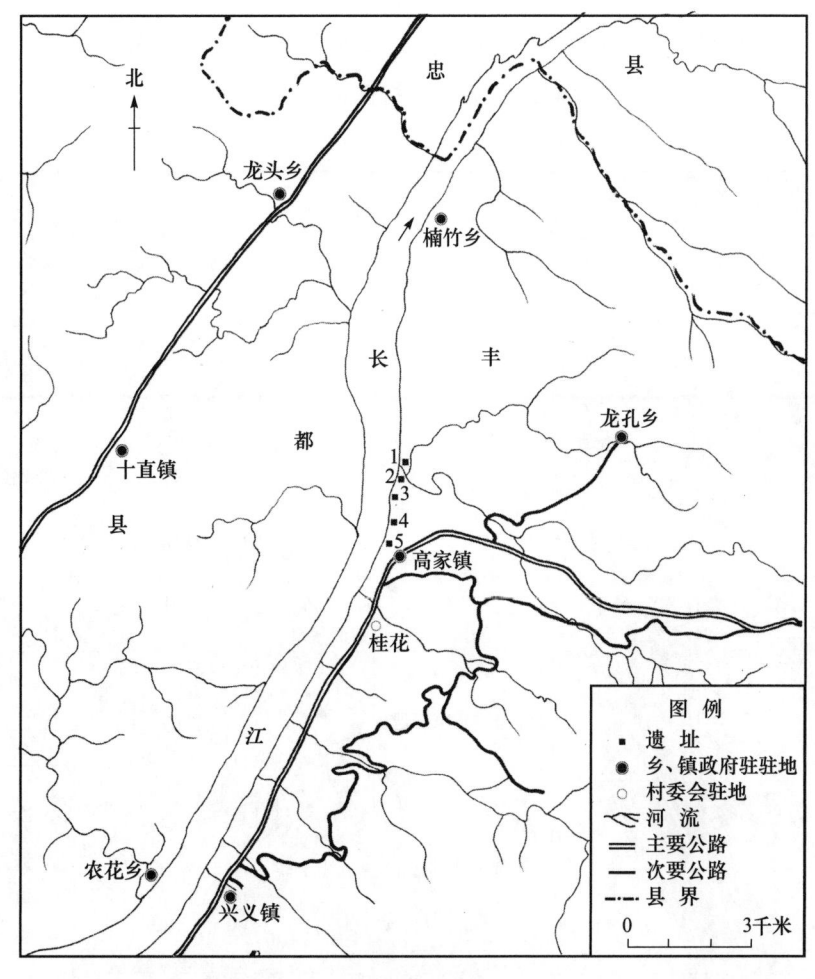

图二　关田沟村遗址群位置图
1. 玉溪坪遗址　2. 玉溪遗址　3. 信号台遗址　4. 关田沟村遗址群　5. 桂花村遗址

高家镇对外交通过去主要依靠长江水上交通，陆路方面有高家镇至石柱、至丰都县城的两条通道（公路），由于距石柱县县城较近，也是石柱县的主要出水口，因此高家镇历来是丰都、石柱、忠县三县物资集散的中心。三峡水库成库后，丰石高速公路（丰都至石柱）、丰忠沿江公路在此通过。1997年面积157.7平方千米，人口3.5万，辖4个居委会和关田沟、金刚等37个行政村。

高家镇沿江多缓坡台地，地理条件较好，土质肥沃，适宜人类繁衍生息。短短三四千米距离内由上至下分布了桂花村、毛家包、秦家院子（彩版一，1）、袁家岩、石地坝、信号台、玉溪等10余处遗址，这些遗址被冲沟和小溪隔断，形成了一个个既相互联系、又相对独立的遗址群。遗址群分属于关田沟村和金刚村，文化内涵十分丰富，以先秦时期的遗存为主，汉、唐遗存次之，延续至明清，另有1处旧石器遗址（桂花村）。

（二）关田沟村遗址群的由来

按照三峡库区文物保护下达的任务，关田沟村范围仅包含毛家包墓群、秦家院子墓群、袁家岩遗址、石地坝遗址4处文物点。在具体实施中，根据考古调查勘探情况，在该区域新发现秦家院子遗址和袁家堡、陈文英堡、黄岭堡、棺山堡、黄泥堡5个墓地。这10处遗迹（包括遗址3处、7处墓地）均位于关田沟村范围内，共同构成关田沟村遗址群（图三）。

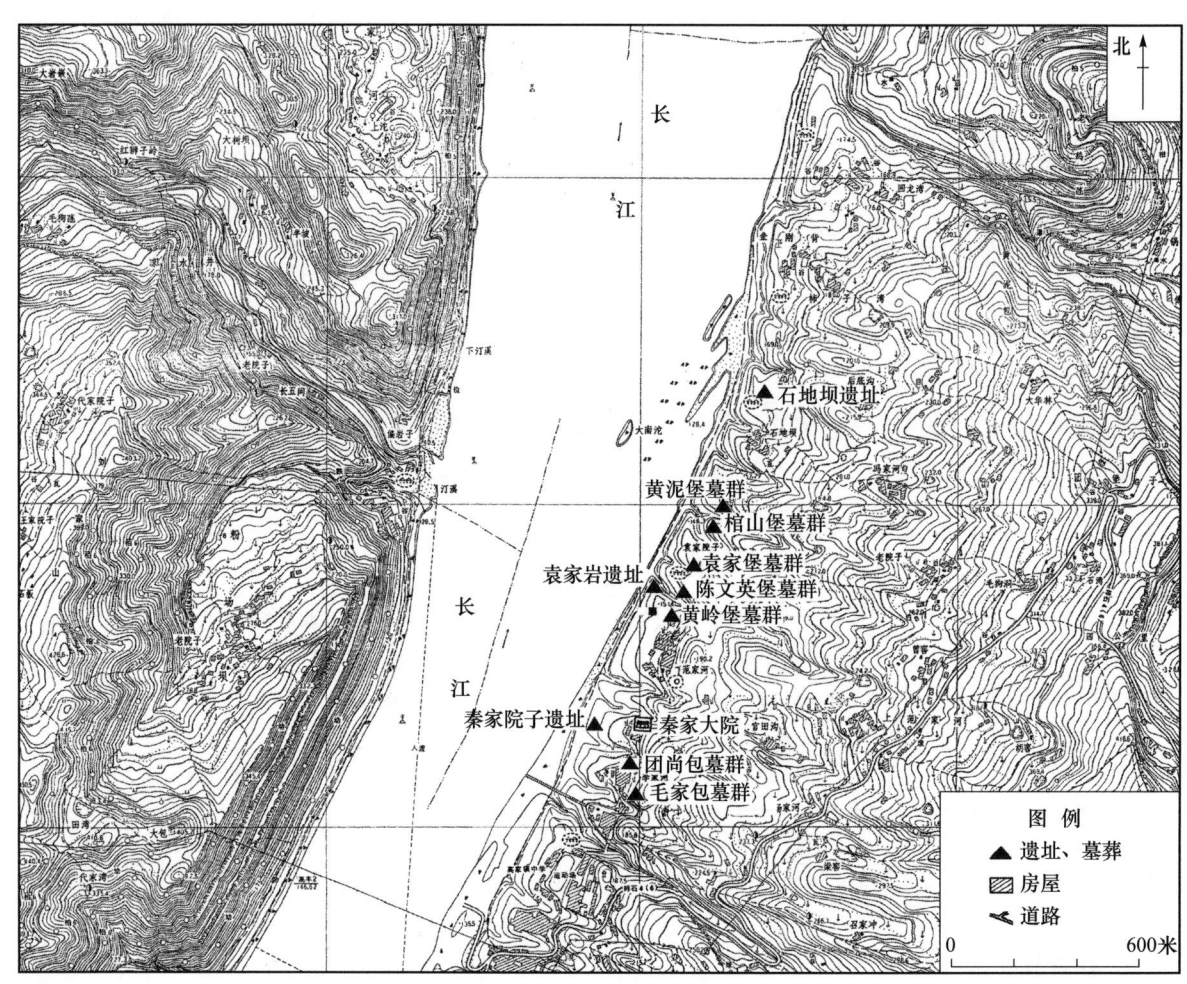

图三　关田沟村遗址群遗址、墓地分布图

第一章 概 述

为对应三峡文物保护项目，在实施中将新发现的袁家堡、陈文英堡、黄岭堡、棺山堡、黄泥堡5个墓地纳入袁家岩遗址发掘项目进行考古发掘；毛家包墓群移民建设施工中新发现了墓葬（南京市博物馆按三峡文物保护项目下达的任务完成后），重庆市文化遗产研究院（原重庆市文物考古所）再次进行了发掘，该墓群新发掘部分与团尚包墓地、秦家院子遗址一并纳入秦家院子墓群发掘项目。

按三峡文物保护要求，石地坝遗址需编撰考古发掘报告，秦家院子墓群、袁家岩遗址只需考古发掘年度简报。由于关田沟村石地坝遗址以外的其余9处遗址（墓地）从发掘的情况看，遗迹遗物丰富、考古信息量大，年度简报受篇幅限制势必对许多珍贵的考古材料进行删减，不足以反映其真实面貌。本着对三峡文物保护负责任的态度，重庆市文化遗产研究院整合力量，将9处看似零散的遗址、墓地的考古发掘材料，在整体、系统进行规划的前提下，整合在一起出版《丰都关田沟》发掘报告，目的是让考古材料尽可能全面地介绍公布出来，供大家研究使用。

需说明的是，本报告虽然采用关田沟村遗址群的概念，但不包含石地坝遗址和毛家包墓群南京市博物馆发掘部分的考古材料。

（三）关田沟村遗址群地理环境

关田沟村遗址群位于丰都县高家镇关田沟村长江南岸（右岸），上起于原"丰都县第二中学校"，下至小地名"石地坝"。西临长江，东隔滨江路与高家镇新镇相望。长江一级阶地上，分布有3个较为平坦的台地，由长江上游起分别为秦家院子、袁家岩、石地坝，台地间隔冲沟彼此相邻，地势较为平坦，地表种植蔬菜，四周种植大量桂圆树，为遗址所处区域。

台地东部的缓坡地带分布有7个山包、山梁，沿长江排开，由上至下分别为毛家包、团尚包、黄岭堡、陈文英堡、袁家堡、棺山堡、黄泥堡。这些山包（梁）为堆积基座阶地，由侏罗系砂岩构成，阶地堆积物上部为15~20米厚的红褐色粉砂，下部为砂岩。顶部较平坦，四周均呈阶梯式坡地（梯田），其上种植辣椒、红薯等农作物。这些山包、山梁埋藏有较密集墓葬，为墓地所处区域，分布面积近19万平方米。

第二节 历史沿革

丰都县历史悠久，近年来的考古发现表明，旧石器时代中期以来，人类一直在这块土地上生息繁衍。

商周时丰都属巴国，曾建"巴子别都"，秦属巴郡枳县（今涪陵），西汉时属益州巴郡枳县。

东汉和帝永元二年（90年），分枳邑置平都县，治所倚平都山（名山），故名。是为平都建县之始。初置益州巴郡；献帝初平元年至建安五年（190~200年），隶益州永宁郡。

蜀汉延熙十七年（254年），并入临江县（今忠县），属梁州巴郡。南朝宋初，属益州巴郡；齐，属巴州巴郡。北朝西魏、北周，属临州临江郡。东晋、梁，属楚州临江郡。

隋开皇三年（583年），境属临州临江县，大业三年（607年），属巴东郡临江县。618年，自临江郡分出置酆都县，隶临州，治所酆民洲，在平都山下。

唐贞观八年（634年），隶山南道忠州。天宝元年（742年），隶山南东道南宾郡。乾元元年（758年），隶山南东道忠州。五代前、后蜀，隶忠州。

北宋贞宗时，隶夔州路忠州南宾郡。徽宗政和元年（1111年），复入临江县。南宋绍兴元年（1131年），酆都县复置。度宗咸淳元年（1265年），隶夔州路咸淳府。至宋时，平都山因苏轼题诗"平都天下古名山"而更名。据《云笈七签》记载，平都山为道教第四十五福地[①]。

元时，隶四川行省重庆路忠州。至元二十一年（1284年），垫江并入酆都；至正二十二年（1362年），明玉珍大夏政权时，垫江分出。

明洪武十年（1377年），酆都县并入涪州，属四川承宣布政使司重庆府；十三年（1380年）自涪州分出复置县，改名酆都，隶重庆府忠州。

清康熙十三年（1674年），为吴三桂军占领；十九年（1680年）清军故复，雍正十二年（1734年），隶忠州直隶州[②]。

辛亥革命（1911年），酆都县隶重庆军政府；中华民国元年（1912年），隶四川省忠州；1913年，隶四川行政公署川东道；1914年，隶四川巡按使公署东川道；1928年，直隶四川省；1935年，隶四川省第八行政督察区。

中华人民共和国建立后，1950年，酆都县隶西南区川东行署区涪陵专区；1952年9月，隶四川省涪陵专区；1958年改县名酆都为丰都。1968年至1996年，丰都县隶四川省涪陵地区；1997年重庆直辖后，丰都县由重庆市直管。

第三节　丰都县考古工作概况

丰都是重庆市的文物大县，共有文物1076处。其中古遗址83处（占总数的7.71%）；古墓葬790处（占总数的73.42%）；古建筑98处（占总数的9.11%）；石窟寺及石刻46处（占总数的4.28%）；近现代重要史迹及代表性建筑58处（占总数的5.39%）；其他遗迹1处（占总数的0.09%）。从文物保护单位级别上看，丰都县有全国重点文物保护单位3处，包括古遗址2处（高家镇遗址、冶锌遗址群），古墓葬1处（汇南墓群）；重庆市级文物保护单位8处，包括古遗址2处（烟墩堡遗址、玉溪遗址），古墓葬2处（狮子包墓群、龙河崖墓群），古建筑3处（名山古建筑群、小官山古建筑群、悟感寺），近现代重要史迹及代表性建筑1处（杜宜清庄园）。

---

① （宋）张君房编、李永晟点校：《云笈七签》卷二十七，《天地宫府图》，中华书局点校本，2003年，第二册，第626页。
② 《民国重修丰都县志》、中国地方志编辑工作委员会编：《中国地方志集成·四川府县志辑》卷47，巴蜀书社，1992年，第497页，有改动。

一、丰都县考古工作概况

丰都县内考古工作始于1958年，大致经历了三个大的阶段。

第一个阶段为1992年以前，丰都县的文物考古工作开展较少，主要进行以下两次考古调查工作。

1958年10月，长江三峡水库考古调查（时四川省博物馆、重庆市博物馆、四川大学历史系），在长江及其支流沿岸发现战国至三国墓地30处[1]，其中部分文物点位于丰都县境内。

1987年第二次全国文物普查，丰都县查明各类文物单位570处，其中，地下文物493处（古遗址13处，古墓葬480处）。

第二阶段：1992~1996年，丰都县三峡工程淹没及迁建区的文物专项调查及同期开展的勘探试掘工作。主要工作有：

1992~1994年，四川省文物考古研究所在丰都县三峡工程淹没及迁建区调查发现、复核各类文物单位76处，其中地下文物57处，地面文物19处；同时对石地坝遗址、玉溪遗址、玉溪坪遗址等14处文物点进行了勘探试掘，发掘面积500平方米。

1996年，对丰都县烟墩堡旧石器遗址、高家镇旧石器遗址进行了发掘，其中烟墩堡遗址出土各种石制品1000余件，其时代至少在距今10万年以前，被评为当年全国十大考古新发现。高家镇旧石器遗址为距今约14万年的一处石料采集和就地加工石制品的作坊，于2001年被国务院公布为第五批全国重点文物保护单位。

第三阶段：1997~2008年，大规模的三峡文物保护工作。三峡考古10年，全国17家考古单位、院校对丰都县境内72处文物点开展了考古发掘工作，发掘面积10余万平方米。通过冉家路口遗址为代表的旧石器遗址，玉溪遗址、玉溪坪遗址、观石滩遗址为代表的新石器遗址，石地坝遗址[2]、秦家院子遗址、信号台遗址[3]为代表的商周遗址，凤凰嘴遗址为代表的战国时期的墓葬，汇南墓群、镇江墓群、大湾墓群、槽房沟墓群、袁家岩墓群等汉至六朝时期墓群，玉溪坪遗址为代表的唐宋时期寺庙遗址，庙背后遗址、秦家院子遗址、九道拐遗址等明代冶锌遗址的发掘，丰都成为重庆地区自新石器时代以来，文化序列最完整、时代最早和延续最长的地区之一。

---

[1] 四川省博物馆：《四川省长江三峡水库考古调查简报》，《考古》1959年第8期。
[2] A.重庆市文物考古所、丰都县文物管理所：《丰都石地坝遗址商周时期遗存发掘报告》，重庆市文物局、重庆市移民局《重庆库区考古报告集·1999卷》，科学出版社，2006年，第702~737页。B.重庆市文物考古所、重庆市文物局、丰都县文物管理所：《丰都石地坝遗址发掘简报》，重庆市文物局、重庆市移民局《重庆库区考古报告集·2001卷·下》，科学出版社，2008年，第1613~1626页。C.重庆市文物考古所、丰都县文物管理所：《丰都石地坝遗址第四次发掘报告》，重庆市文物局、重庆市移民局《重庆库区考古报告集·2002卷·中》，科学出版社，2010年，第1201~1223页。
[3] 白九江：《丰都县信号台新石器时代至明清遗址》，中国考古学会编《中国考古学年鉴（2007）》，文物出版社，2008年，第397页。

二、关田沟村遗址群考古工作

（一）历次考古工作

关田沟村遗址群所属的秦家院子墓群、袁家岩遗址于1992年三峡水库文物调查时发现，1993、1994年复查确认。

1992年，调查队在秦家院子背后的土包（团尚包）上发现暴露的残墓3座，出土陶罐、陶俑残片；1994对该墓群复查时又发现暴露的汉墓3座，墓砖为几何形花纹砖；据此确认为"秦家院子墓群"，时代为汉代。

1992年调查时发现袁家岩遗址。1993、1994年复查时发现文化层多处、窑址一处，其中汉代文化层较零星，六朝、宋代文化层厚1米以上；汉代遗物主要有绳纹灰陶片、绳纹瓦；宋代主要是窑址和冶炼遗址，遗物以冶炼废弃的渣、冶炼罐为主。

1995年，秦家院子墓群、袁家岩遗址纳入《长江三峡工程库区文物古迹保护规划》，并将其列为B级发掘项目。其中，秦家院子墓群规划勘探40000平方米，发掘4000平方米，袁家岩遗址规划勘探23000平方米、发掘3000平方米，分别为2001、2002两个年度任务。

（二）本次考古工作

三峡文物保护启动后，时重庆市文物考古所受重庆市三峡办委托，在丰都县文物管理所的协助下，分别于2001年、2002年和2004年，对关田沟村遗址群涉及的9处遗址、墓地进行了较大规模发掘，共计发掘面积7772.5平方米，清理遗迹54处以及汉至六朝时期墓葬64座。墓葬出土遗物以陶器为主，还有瓷器、铜器、铁器、银器、料器等，共1017余件，铜钱2280余枚。具体情况如下：

2001年9～11月，对团尚包、毛家包两个墓地及秦家院子遗址南部区域进行了发掘。发掘领队袁东山，执行领队徐小林，参加人员有王海阔、封建平、向新民、秦光正、丁韦强、王晗、郎富海、蔡远富、王胜利、孙绍伟、陶一波、杨晓红、曾仙斌、夏志平、王银、张勇，以及丰都县文物管理所的吴天清、何海蓉。勘探面积4万余平方米，发掘面积1404平方米，清理发掘墓葬20座，其中汉至六朝墓葬18座（土坑墓7座、砖室墓11座），明清石室墓2座。出土遗物324件，以陶器为主，瓷器、铜器、铁器、银器、石器次之等，包括料器（珠、管）1348件，铜钱704枚。

2001年10～12月，对袁家岩遗址（西部临江的早期遗存）和袁家堡、陈文英堡、黄岭堡、棺山堡、黄泥堡5个墓地实施发掘工作。发掘领队袁东山，执行领队李大地，参加人员有徐小林、王海阔、董小陈、黎明、陈彤、秦万全、王晗、郎富海、丁韦强、蔡远富、王胜利、陈蓁、孙绍伟、陶一波、杨晓红、曾仙斌、蒲小波，以及丰都县文物管理所的吴天清、何海蓉。本次勘探面积45000平方米，发掘面积2743.5平方米。清理汉至六朝墓葬46座（土坑墓16座，砖室墓29座，砖石混筑墓1座）；墓葬出土遗物共693件，以陶器为主，瓷器、铜器、铁器、银器、石器、料器等次之，包括铜钱1576枚。袁家岩遗址早期遗存由于江水浸泡垮塌，保存状况较差。清理灰坑3个、灰沟1条，出土均为陶器，罐、壶、尖底盏、尖底杯等陶器标本20余件，另有较多陶片。

2002年9~12月，对秦家院子遗址进行了第二次发掘。发掘区选择在遗址的中部、南部。发掘领队袁东山，执行领队李大地，参加人员有王海阔、张典维、罗建平、杨爱民、陈晓坤、丁韦强、王银、金鹏功、秦晓蓉，以及丰都县文物管理所的吴天清、何海蓉。发掘新石器至汉代遗存2075平方米。清理灰坑7个、灰沟2条、烧火坑1座。出土遗物以陶器残片为主，另有瓷器、铜器、骨器、石器、铁器等，共计各类标本800余件。

2004年9月至2005年1月，对秦家院子、袁家岩两个遗址的明代冶锌遗存进行了发掘。发掘领队袁东山，执行领队李大地，参加人员有曾先龙、廖育方、龚玉龙、杨爱民、胡文忠、周浩、孙绍伟、王道新、王新柱等，以及丰都县文物管理所的李国红、何海蓉。其中，秦家院子的发掘区选择在遗址的北部，发掘面积1225平方米；袁家岩的发掘区选择在遗址的东部，发掘面积325平方米。共清理明代冶炼炉5座、灰坑12个、沟3条、柱洞20个。出土遗物以冶炼用的装烧器皿——陶质反应罐为主，另有瓷器、铜器、铁器、石器、铁器等，可复原冶炼罐件、瓷器30余件。

需说明的是，为对应三峡文物保护项目，在考古发掘实施中将2001年发掘的毛家包、团尚包作为秦家院子墓群的两个墓地与2002、2004年秦家院子遗址发掘，一并纳入秦家院子墓群发掘任务（2001、2002两个年度），共计发掘4704平方米；将2001年发掘的袁家堡、陈文英堡、黄岭堡、棺山堡、黄泥堡作为袁家岩遗址的五个墓地和袁家岩遗址早期遗存、2004年袁家岩遗址冶锌遗存的发掘一并纳入袁家岩遗址发掘任务（2001、2002两个年度），共计发掘3068.5平方米（表一）。

表一 三峡文物保护工作项目计划与实施情况一览表

项目名称	三峡文物保护工作项目计划		考古工作实施情况		发掘区域
	任务量		任务完成情况		
	勘探（平方米）	发掘（平方米）	勘探（平方米）	发掘（平方米）	
秦家院子墓群	40000	4000	40000	4704	毛家包墓地（2001年度）
					团尚包墓地（2001年度）
					秦家院子遗址（2002、2004年度）
袁家岩遗址	23000	3000	45000	3068.5	袁家堡墓地
					陈文英堡墓地
					黄岭堡墓地
					棺山堡墓地
					黄泥堡墓地
					袁家岩遗址（2001、2004年度）

第四节 资料整理与报告说明

一、资料整理

在开展各年度考古发掘任务的同时，考古工作队在丰都高家镇整理基地，开展了修复、绘图等基础资料整理。资料整理工作对应三峡文物保护项目，按照秦家院子墓群、袁家岩遗址归类进行，具体安排如下：

2001年11月至2002年6月，对秦家院子墓群的毛家包、团尚包墓地，袁家岩遗址的袁家堡、陈文英堡、黄岭堡、棺山堡、黄泥堡墓地的考古发掘资料进行了整理。袁东山、徐小林、李大地、杨爱民负责资料核对与完善，负责出土器物的类型学研究。徐永江、王家正、肖友红负责器物绘图、制卡，王海阔、蔡远富负责器物修复，王海阔负责了部分铜钱、墓砖拓片。

2004年10月至2005年1月，对秦家院子的遗址部分考古发掘资料进行了整理。李大地、杨爱民负责资料核对与完善，负责出土器物的类型学研究，张典维负责器物绘图、制卡，王海阔、蔡远富负责器物修复，曾先龙负责陶器纹饰标本拓片以及出土文物标本的照相。

2004年11月至2005年4月，对秦家院子、袁家岩遗址冶锌遗存考古发掘资料进行了整理。袁东山、李大地、杨爱民负责资料核对与完善，负责出土器物的类型学研究，杨爱民负责器物绘图、制卡，蔡远富负责器物修复，董小陈对出土器物进行了照相。

2014年3月以来，重庆市文化遗产研究院召集专人对关田沟村遗址群2001、2002、2004年度实施的发掘资料进行全面整理。参加资料整理的有李大地、杨爱民、任建玲、李丹等，在全面清理核对资料的过程中，杨爱民、朱雪莲对部分漏绘器物进行补绘、清描，黄广民拓制了部分拓片，董小陈、陈晓鹏对墓群出土器物进行了照相，陈芙蓉将资料录入完善，陈芙蓉、程涛对全部图纸进行了扫描处理。

二、报告说明

（一）本报告在编写过程中主要遵循以下原则

（1）全面性。尽量全面刊发考古发掘资料。本报告考古发掘资料包含遗址、墓地两大方面内容，为了真实反映关田沟村遗址群的全貌，涉及遗址部分，将清理发掘的遗存尽量进行介绍。墓葬部分将考古发掘出土的所有墓葬逐一进行了介绍。

（2）独立性。客观描述与主观认识分离。本报告在对遗存进行介绍时，分客观描述、主观认识两大部分，前者包括报告第三、四、五章（即"居住址""作坊址""墓群"），本着客观的原则进行介绍；后者即报告的第六章，主要包含对遗址、墓葬的分期、年代和相关认识。

（3）还原性。在发表资料时，我们尽量以单位发表资料，注意单位遗迹、遗物的结合。遗址部分，按遗存单位（地层、遗迹）将遗迹与遗物一并介绍；墓群部分，充分考虑了墓葬、墓地的关系，将墓葬还原到各墓地中，以墓葬为单位（含墓葬形制、随葬品），按墓地顺序逐一介绍。

（4）原始性。在资料整理过程中，注重发掘资料的原始性，在确保对原始材料不进行更改的前提下，对材料进行了必要的补充或对原始材料作出说明。例如：毛家包、团尚包、袁家堡、陈文英堡、黄岭堡、棺山堡、黄泥堡7墓地，为对应三峡文物保护项目，在实施中作为墓地分别纳入秦家院子墓群、袁家岩遗址进行规划、发掘，为还原这些墓地的真实性，本报告将这些墓地从秦家院子墓群、袁家岩遗址中剥离出来，作为独立的墓地逐一进行介绍。

（二）关于关田沟村遗址群的发掘和报告编写，读者需注意以下几点

（1）由于发掘前对墓地缺少统一长远规划，加上发掘过程中遇到了多种形式的困难，各墓地在探方布方形式上存在不统一，有的墓地是以10米×10米布方，有的墓地是以5米×5米布方。

（2）探方编号、墓葬编号的问题。鉴于布方形式的差异，我们对各墓地探方编号体系未做统一要求，探方编号是基于每个墓地采用的是顺序编号；遗址探方编号采用的是坐标法编号。

作为墓葬编号方面，按墓地墓葬发现的先后连续编号。团尚包墓地M1～M10，毛家包墓地M11～M20；袁家堡墓地M1～M8，陈文英堡墓地M19～M27，黄岭堡墓地M28～M35，棺山堡墓地M36～M38，黄泥堡墓地M39～M46。为了保证资料的原始性，报告整理时未做变动修改。

（3）关于墓地、遗迹的编号方法。本报告的探方、遗迹的编号由前缀和主干两部分组成。前缀包括发掘年份、行政隶属、遗址（墓群）代号。发掘年份的标注是以实施发掘的年份确定，如2002年度的发掘任务是在2001年度实施的，其年度编号仍编为2001；遗址（墓地）代码方面，第一个字母F，代表丰都；第二个字母G，代表高家镇；第三个字母代表具体遗址（墓群）。主干是探方号和墓葬（遗迹）编号，其编号规则如上所述。

第二章 文化堆积

第一节 调查、勘探

一、秦家院子遗址

秦家院子遗址位关田沟村3社，长江右岸的一级台地上，西临长江，东依团尚包墓群，南、北隔冲沟分别与毛家包墓群、袁家岩遗址相望，中心坐标为东经107°49′56″、北纬29°59′29″，海拔148～152米。遗址大至呈南北向，南北长300、东西宽120～150米，面积约40000平方米。地表为村民蔬菜地，台地四周种植大量桂圆树。

秦家院子遗址由于改田改土，形成东部高、西部低的两块平地，东部被现代农舍、院落叠压，西部为较平坦的蔬菜地。在布方发掘前，为了对遗址的文化堆积范围、文化内涵以及保存状况有初步了解，我们对秦家院子遗址进行了较全面的勘探工作。以遗址东南角一农舍的墙基为总基点，采用纵横间距5米，在其中间增加一孔的钻探方法，勘探面积达40000余平方米。从勘探情况看，该遗址文化堆积总体由东向西倾斜，堆积厚度由0.5～3.5米。据堆积性质、成因不同，大致可将遗址分为四部分（图四）：

（一）北部区域

堆积中部向南、北、西三面倾斜，自上而下依次为灰黑色粉砂土、红（黄、灰）褐色砂土（淤积层）、深灰色粉砂土、黄褐色粉砂土，堆积厚度0.5～3.5米。其中北部临冲沟部分和南面，灰黑色粉砂土堆积较厚，含大量炉渣、硬陶残片、红烧土块和少量青花瓷片，推断为明、清时期与冶炼活动相关的废弃堆积；中部灰黑色粉砂土堆积较薄，在黄褐色粉砂土内发现有泥质灰、红色陶片、红烧土粒等早期遗存。

（二）中北部区域

堆积自上而下依次为灰黑色粉砂土、红（黄、灰）褐色砂土（淤积层）、深灰色粉砂土，堆积厚度0.5～3.5米。其中灰黑色粉砂土堆积较厚，含大量炉渣、硬陶残片、红烧土块和少量青花瓷片等明、清时期废弃堆积。

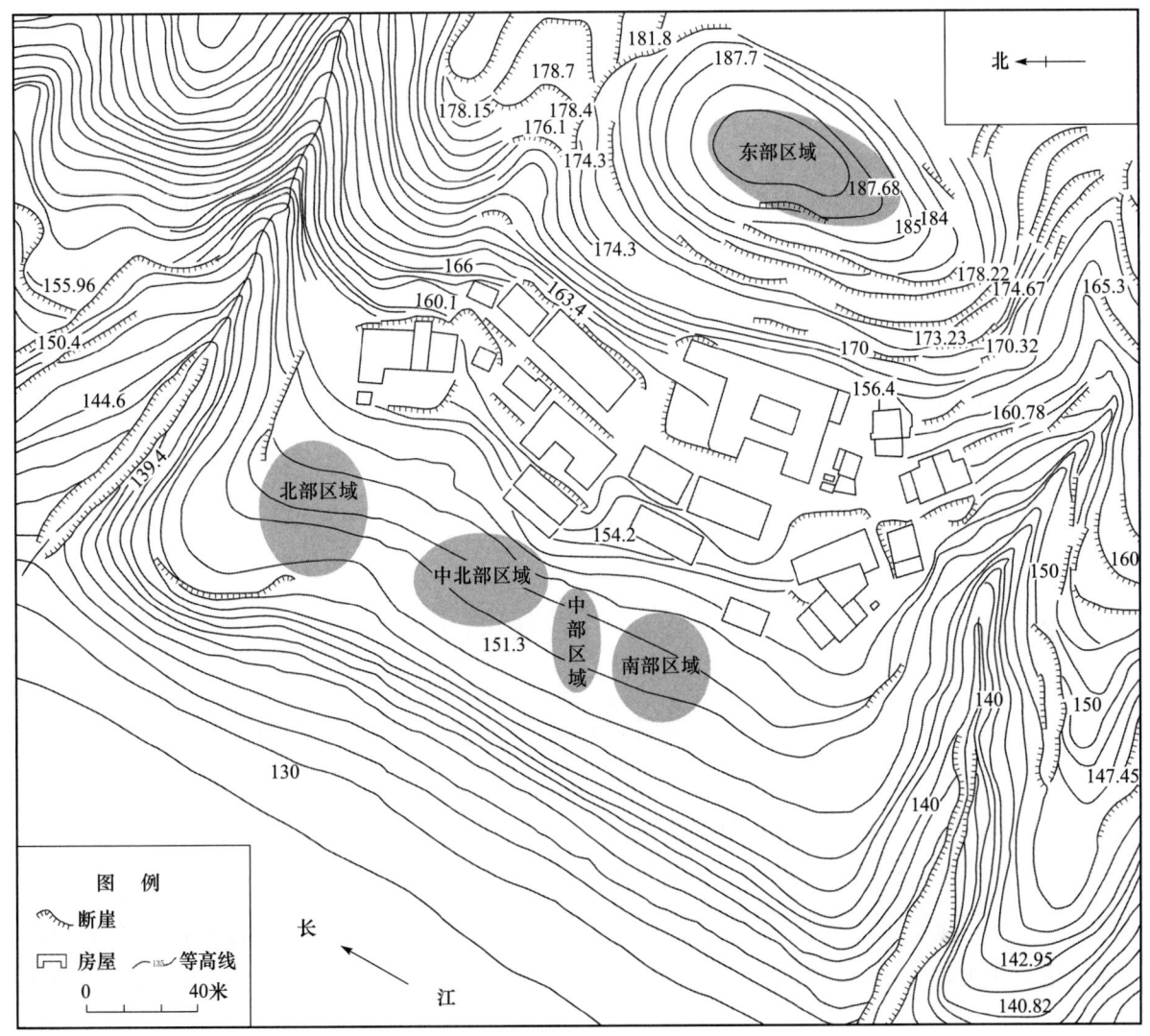

图四　秦家院子遗址分区图

(三) 中部区域

耕土层下依次为灰色粉砂土、黄（浅灰）色淤积砂土层、灰褐色粉砂土、黄褐色粉砂土、灰（黑）褐色粉砂土。堆积厚度 0.8~1.5 米，其中灰（黑）褐色粉砂土内含夹砂红（黄）褐色陶片、骨渣、红烧土粒等早期遗存。

(四) 南部区域

堆积较薄，也较简单，耕土下即为红褐、青灰色沙土，堆积厚度 0.6~2.5 米，较纯净。

此外，在位于遗址东部、东南部小地名"团尚包"和"毛家包"的耕土层下，勘探出一批土坑墓、砖室墓，应为墓葬分布区。

二、袁家岩遗址

袁家岩遗址位于关田沟村2、3社，长江右岸一级阶地上，西临长江，南、北分别隔冲沟与秦家院子遗址、石地坝遗址相望。中心坐标为东经107°51′27″，北纬29°59′47″。海拔120～181米，面积近6万平方米。该遗址于1992年三峡库区文物调查时发现，1993年、1994年又多次进行了复查。

通过45000平方米的勘探工作，在一级阶地（台地）上发现早晚两个时期遗存。台地临江较为平坦区域的黄褐色粉砂土中包含泥质灰、红色陶片、红烧土粒等早期遗存；台地东部堆积有较厚灰黑色粉砂，含大量炉渣、红烧土块和少量青花瓷片。此外，在台地东部、东北部小地名黄岭堡、陈文英堡、袁家堡、棺山堡、黄泥堡的5个山包（梁）的耕土下勘探发现较多的墓葬。

第二节 布方情况

一、秦家院子遗址

结合勘探情况，秦家院子遗址文化堆积范围广、时代跨度大、文化内涵较丰富，主要集中分布于中部、北部。遗址东部、东南部的两个小山包，主要为墓葬区。

2001年9～11月，将遗址东部的毛家包、团尚包作为秦家院子墓群的两个墓地进行考古发掘。共布5米×5米探方34个，10米×10米探方4个，编号2001FGQ，方向正北，实际发掘面积1404平方米。

2002年主要选取遗址早期遗存分布较集中的中部以及北部中段进行发掘。整个发掘区以遗址东南角一农舍的墙基为总基点，按坐标法进行统一布方，所有探方均位于第二象限内。共布5米×5米探方83个，编号2002FGQ，实际发掘面积2075平方米（彩版二，1）。

2004年主要选择遗址中北部进行发掘。以2001年布方总基点为基点，采用象限法正南北向共布5米×5米探方49个，按坐标系统一编号，编号2004FGQT0623～T0823、T0622～T1022、T0621～T1021、T0520～T1020、T0519、T0518～T0718、T0322、T0323、T0222、T0223、T0229、T0329、T0929～T1129、T0228～T1128、T0227～T0627、T0927、T1027。发掘面积1225平方米（图五）。

二、袁家岩遗址

2001年10～12月，对袁家岩遗址及其相关墓地进行了抢救性发掘，发掘面积2743.5平方米。根据地貌将其划分为六个发掘区。

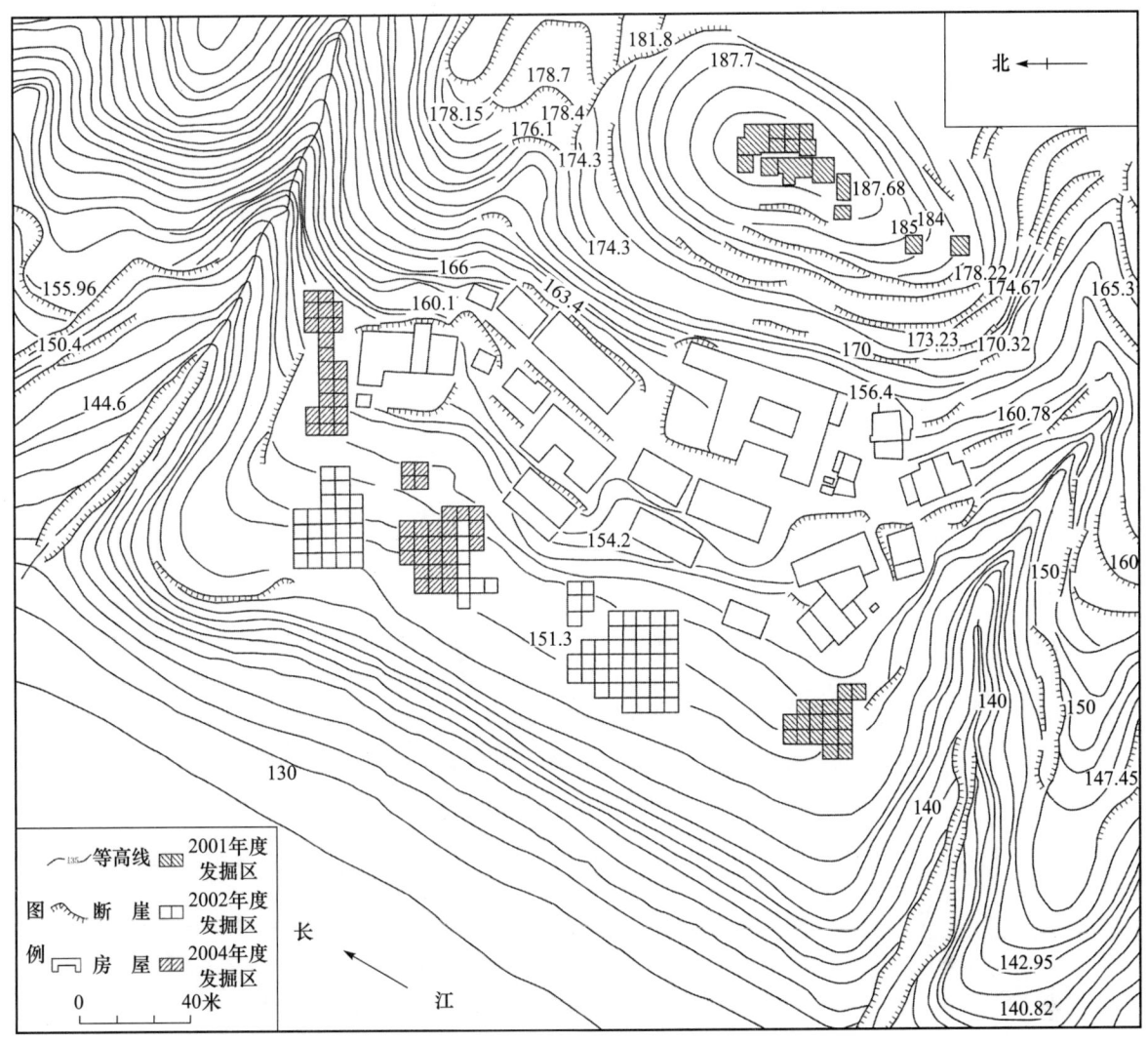

图五 秦家院子遗址探方位置图

Ⅵ区：遗址区，位于临江的一级阶地上，地势较平坦。分A、B两个发掘地点。其中A发掘点位于Ⅵ区北部，采用象限法正南北向布方，共布5米×5米探方11个。探方编号2001FGYT0727～T0927、T0728～T0928、T0729～T0829、T1030～T1130、T1129（彩版二，2）。B发掘点位于Ⅵ区南部，共布5米×5米探方9个，方向25°，编号2001FGYT1512～T1712、T1513～T1813、T1614～T1714（图六；彩版三，1）。发掘面积500平方米。

Ⅰ～Ⅴ区：墓葬区，位于遗址东部、东北部的黄岭堡、陈文英堡、袁家堡、棺山堡、黄泥堡等5个山包（梁）上。本次考古工作，将这些山包（梁）作为袁家岩遗址墓葬区的5个墓地进行发掘，以墓地为单位按顺序独立编号（布方情况见后）。

2004年发掘区选择在遗址东南部，布5米×5米探方13个，编号2004FGYT6～2004FGYT18，方向均为正北，发掘面积325平方米（图七）。

图六　袁家岩遗址（2001年度）探方位置图

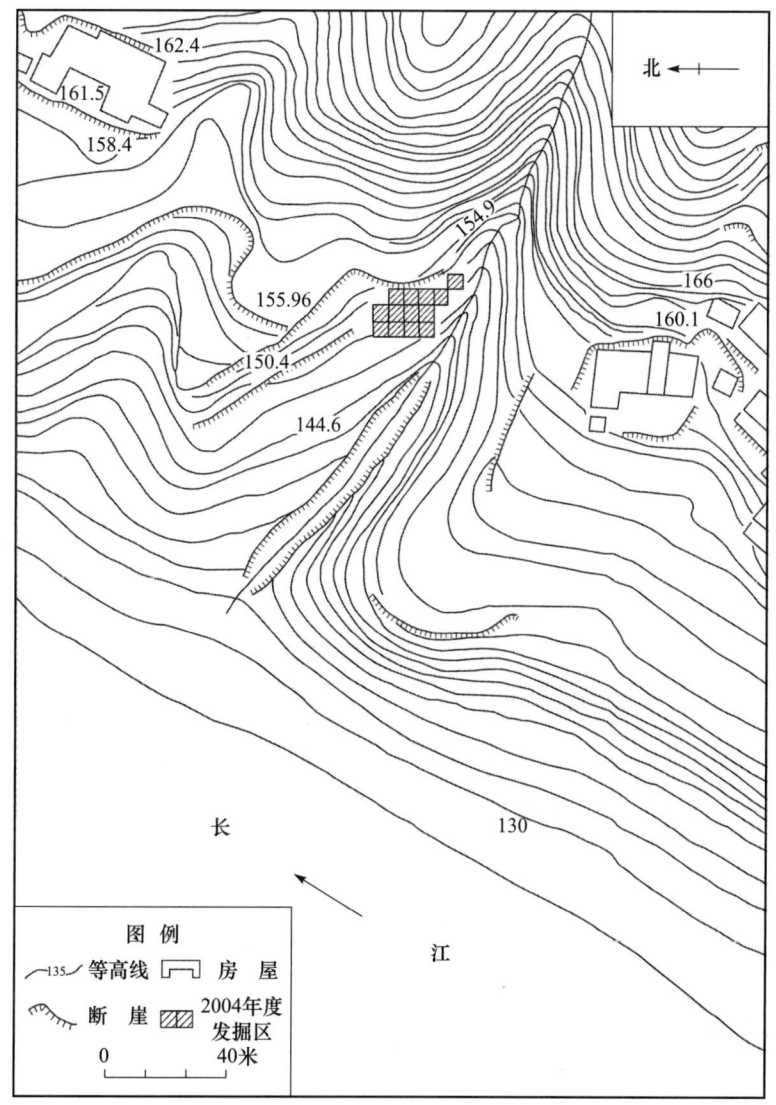

图七　袁家岩遗址（2004年度）探方位置图

第三节　地层堆积

墓葬区，地层堆积简单，墓葬多开口在耕土层下。本报告着重对秦家院子、袁家岩遗址区的堆积情况进行介绍。

一、秦家院子遗址

秦家院子遗址北部、中部较平坦，南部受江水冲毁，略向西倾斜。从发掘情况看，堆积平均厚度约2.5米，局部探方堆积厚达5.5米。遗址的原始地貌由东向西倾斜，堆积上部各地层斜度不大，坡度较缓，且有几条由东向西的大冲沟，经过汉代以来不断平整，地势较平坦；堆积下部地层斜度较大。由于发掘区所处位置不同，其地层堆积、文化内涵存在较大差异，在发掘中我们按北区、中北区、中区、南区四个区分区统一地层。以下分别选择一些典型探方地层剖面进行介绍。

（一）北区文化堆积

以 T0629～T0630 西壁剖面为例（图八）。

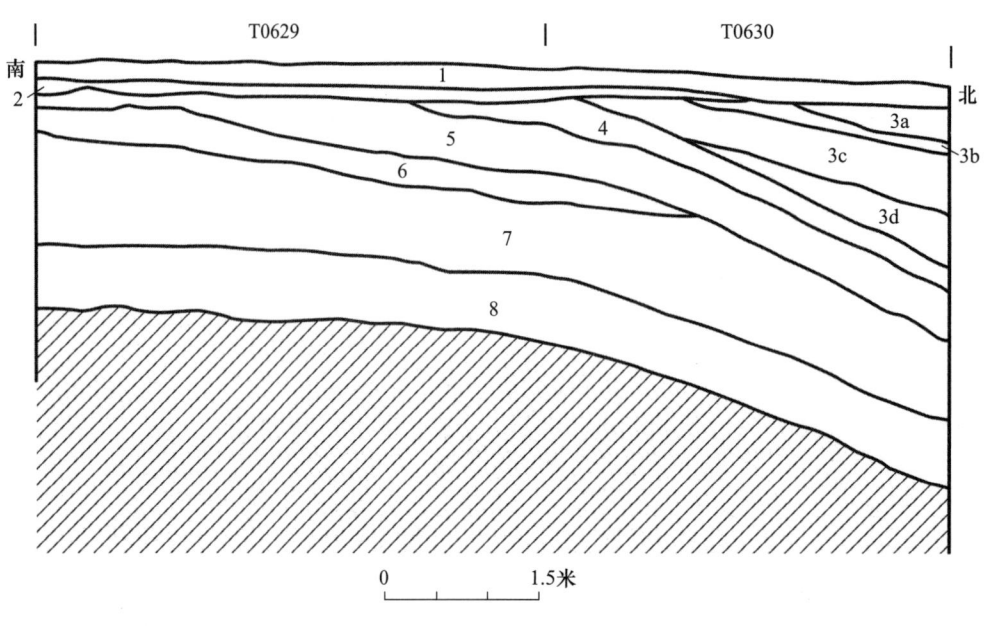

图八　2002FGQT0629～T0630 西壁剖面图

第 1 层：现代农耕层。厚 15～25 厘米。灰黑色粉砂土，疏松。含现代杂物、草木灰和植物根茎等。近水平堆积。

第 2 层：距地表 15～25 厘米，厚 0～30 厘米。灰褐色粉砂土，较紧密。含少量明清青花瓷片、铁钉、石块等。主要分布在探方南部。

第 3 层：分四个亚层，主要分布在 T0630 北部。

第 3a 层：距地表 20～40 厘米，厚 0～30 厘米。红褐色粉砂土，细腻、松软。包含物较少，偶见明清时期碎瓷片。

第 3b 层：距地表 20～75 厘米，厚 0～30 厘米。黄灰色粉砂土，细腻、松软。包含物较少，有零星螺壳等。

第 3c 层：距地表 25～85 厘米，厚 0～85 厘米。灰褐色粉砂土，细腻、松软。包含物较少，有少量青瓷片、螺壳。

第 3d 层：距地表 65～175 厘米，厚 0～50 厘米。黄灰色粉砂土，细腻、松软。包含物极少。

整个第 3a～3d 层推断为明清时期洪水淤积形成的水平层理堆积。

第 4 层：距地表 30～220 厘米，厚 0～38 厘米。灰黑色粉砂土，较紧密。出土绳纹板瓦、筒瓦残片、瓷片等，从包含物看具有汉—六朝的时代特征。主要分布在探方北部。

第5层：距地表25～240厘米，厚30～65厘米。深灰色粉砂土，较紧密。出土板瓦、筒瓦残片，少量陶片、石片等。为汉—六朝文化层。

第6层：距地表95～165厘米，厚0～30厘米。灰褐色粉砂土，较松软。出土泥质红陶、灰陶，夹砂红褐陶片及少量石器等，陶片以素面居多，少量绳纹，可辨器型有罐、尖底杯等。属商周文化层。

第7层：距地表120～280厘米，厚50～90厘米。黄褐色粉砂土，松软。包含物与第6层基本相同。

第8层：距地表280～370厘米，厚55～60厘米。灰褐色粉砂土，较松软。出土少量陶片、石器等，陶片以红、灰褐色夹砂陶为主，多饰绳纹、附加堆纹，可辨器型有罐。属新石器文化层。

（二）中北区文化堆积状况

本区分北部和南部，下面以堆积较厚部分的典型探方剖面为例进行说明。

北部T0428～T0628南壁剖面（图九）。

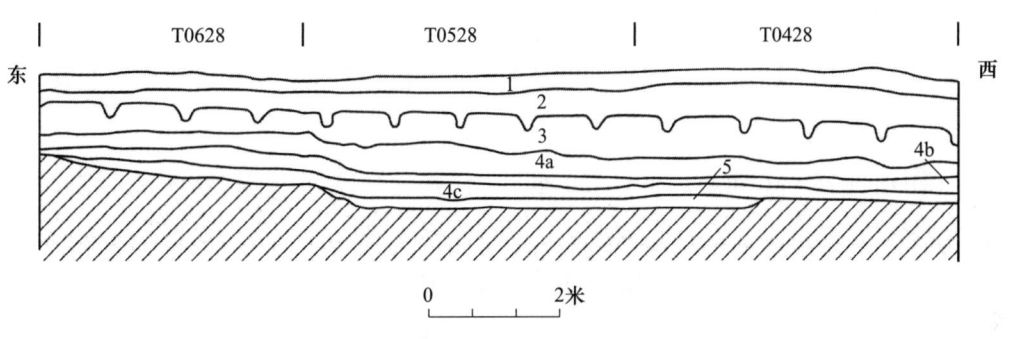

图九　2004FGQT0428～T0628南壁剖面图

第1层：现代农耕土层。厚15～35厘米。灰褐色粉砂土，结构疏松。包含少量植物根茎及现代杂物等。

第2层：洪水淤积层。距地表15～35厘米，厚20～65厘米。红褐色粉砂土，结构较松软，质地细腻。包含物少，仅见少量青花瓷片等。

第3层：早期农耕土层。距地表20～80厘米，厚20～65厘米。灰色粉砂土，结构较紧密。包含少量草木灰、红烧土颗粒等。

第4层：淤积层，分三个亚层。

第4a层：距地表20～155厘米，厚10～40厘米。灰色粉砂土，结构较松软，质地细腻。无包含物。

第4b层：距地表20～155厘米，厚0～20厘米。红褐色粉砂土，结构较松软，质地细腻。

第4c层：距地表50～165厘米，厚0～20厘米。灰黄色粉砂土，结构较松软。包含少量瓷片、反应罐残片等。

第5层：距地表60～185厘米，厚0～25厘米，黑褐色粉砂，结构较疏松。包含少量炭渣、反应罐残片等。2004FGQL2 开口于本层下。

南部 T0622～T1022 北壁剖面（图一〇）。

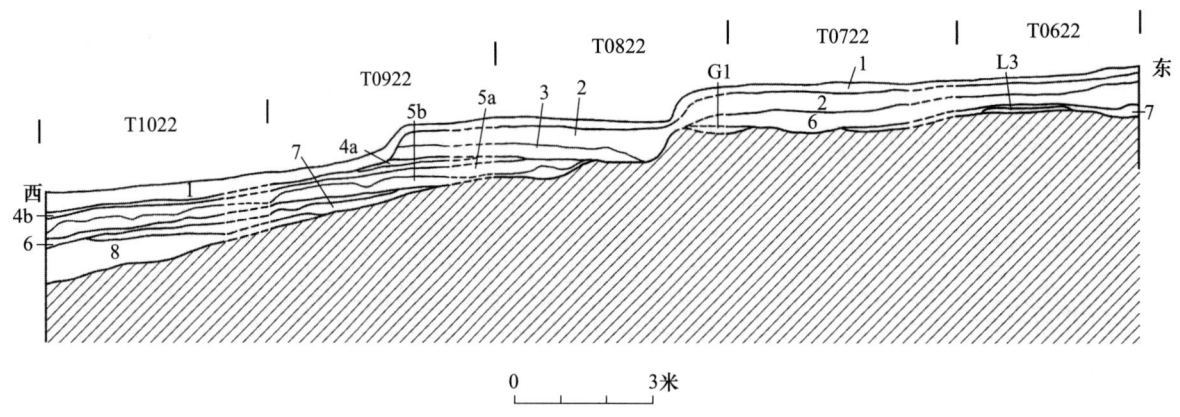

图一〇 2004FGQT0622～T1022 北壁剖面图

第 1 层：现代农耕土层。厚 10～15 厘米。灰褐色粉砂土，结构较疏松。包含少量现代杂物及植物根茎。

第 2 层：距地表 10～15 厘米，厚 0～70 厘米。灰黄色粉砂土，结构较紧密。包含少许炭渣、近代瓷片等。分布于东部探方。

第 3 层：距地表 25～80 厘米，厚 0～30 厘米。红褐色粉砂土，结构较疏松。包含零星炭粒、反应罐残片等。

第 4 层：洪水淤积层，仅分布于西部探方，分两个亚层。

第 4a 层：距地表 25～90 厘米，厚 0～15 厘米。青灰色粉砂土，结构较疏松，质地细腻，纯净无包含物。

第 4b 层：距地表 30～105 厘米，厚 0～15 厘米。红褐色砂土，结构较紧密，质地细腻，纯净无包含物。

第 5 层：早期农耕土层，仅分布于西部探方，分两个亚层。

第 5a 层：距地表 30～90 厘米，厚 0～30 厘米。灰褐色粉砂土，结构较疏松。包含少量炭粒、炭渣等。

第 5b 层：距地表 30～105 厘米，厚 0～35 厘米。灰色粉砂土，结构较疏松。包含少量炭渣及零星清末民国初青花瓷片等。

第 6 层：距地表 75～135 厘米，厚 0～16 厘米。红褐色黏土，结构较紧密，质地细腻。仅分布于西部探方。

第 7 层：距地表 90～136 厘米，厚 0～25 厘米。灰褐色粉砂土，结构较紧密。包含少量炭渣、炭粒。2004FGQL3 开口于本层下。

第 8 层：距地表 100～115 厘米，厚 0～75 厘米。青灰色砂土，结构疏松，纯净无包含物。仅分布于西部探方。2004FGQG1 开口于本层下。

（三）中区文化堆积

以 T1110~T1010 北壁剖面为例（图一一）。

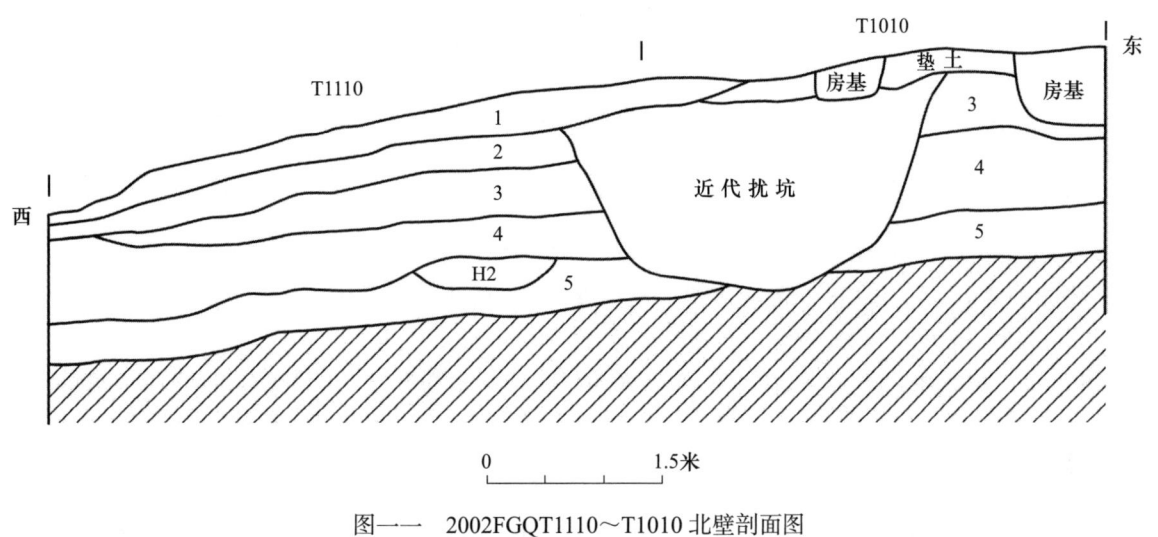

图一一　2002FGQT1110~T1010 北壁剖面图

第1层：现代农耕层。厚 0~25 厘米。灰黑色粉砂土，疏松。含现代杂物，草木灰，植物根茎等。

第2层：距地表 0~25 厘米，厚 0~30 厘米。黑褐色砂土，较紧密。出土大量明清时期青花瓷片、瓦片等。

第3层：距地表 5~45 厘米，厚 0~35 厘米。灰褐色粉砂土，较紧密。出土大量瓷片、汉瓦、陶片等，从包含物看有汉—六朝的时代特征。

第4层：距地表 20~102 厘米，厚 30~82 厘米。黄褐色粉砂土，较紧密。出土大量陶片、石器、兽骨等，陶片有泥质和夹砂两种，以红、红褐、灰褐色为主，多饰绳纹，可辨器型有罐、尖底杯、盏、缸等，具有东周的时代特征。

第5层：距地表 25~175 厘米，厚 20~35 厘米。灰褐色粉砂土，较疏松。出土少量陶片、石器等。陶片以灰褐陶为主，有泥质和夹砂两种，多饰箍带纹，可辨器型有深腹罐，具有新石器时代特征。

（四）南区文化堆积状况

以 T1606~T1706 南壁剖面为例（图一二）。

第1层：现代农耕层，厚 15~25 厘米。灰黑色粉砂土，疏松。含现代杂物、草木灰、植物根茎等。

第2层：红褐色淤砂层，土质细腻、松软，

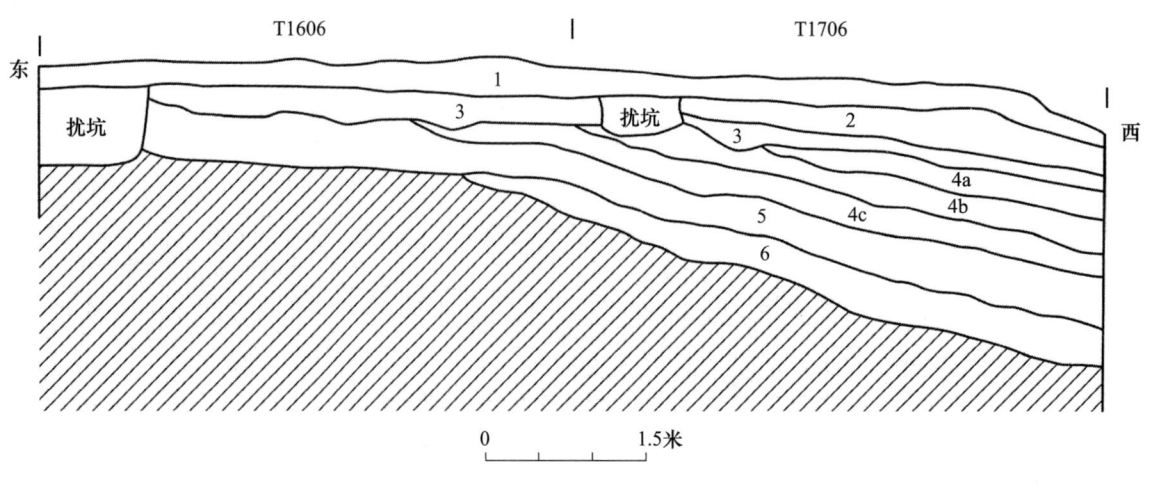

图一二 2002FGQT1606~T1706 南壁剖面图

第3层：距地表25~45厘米，厚10~48厘米。浅灰色粉砂土，较紧密。出土明清时期瓷片、石片。

第4层：洪水淤积层，分三个亚层。

第4a层：距地表50~83厘米，厚0~35厘米。黄色粉砂土，细腻、松软。几乎无包含物。

第4b层：距地表15~25厘米，厚0~30厘米。浅黄色粉砂土，细腻。无包含物。分布于探方西南部。

第4c层：距地表110~135厘米，厚0~35厘米。浅灰色粉砂土，细腻、松软。较纯净。

第5层：距地表40~160厘米，厚35~55厘米。灰褐色砂土，较紧密。出土少量陶片、石片。

第6层：距地表130~155厘米，厚0~50厘米。黑褐色粉砂土，较紧密。出土大量红（黄）褐色夹砂陶片、石器以及动物碎骨、羊牙骨、鹿角、鱼牙、鱼鳃、盖骨、螺壳等。主要分布于探方西部。

二、袁家岩遗址

遗址区的堆积情况，以2001年度A发掘点T0828~T0928南壁剖面（图一三）、B发掘点T1513~T1613南壁剖面（图一四）和2004年发掘区T6~T7东壁剖面（图一五）为例进行介绍。

（一）T0828~T0928南壁剖面

第1层：黑褐色耕土层。土质疏松，厚10~22厘米。含大量植物根茎和近现代砖瓦碎块。

第2层：浅灰褐色粉砂土，土质疏松。距地表10~22厘米，厚0~35厘米。含少量近现代砖瓦碎片。

第3层：灰褐色粉砂土，土质疏松、细腻。距地表19~40厘米，厚0~25厘米。出土少量明清瓷片等。

第4层：黄褐色粉砂土，颗粒较细，结构较紧密，距地表40~80厘米，厚10~60厘米。出土

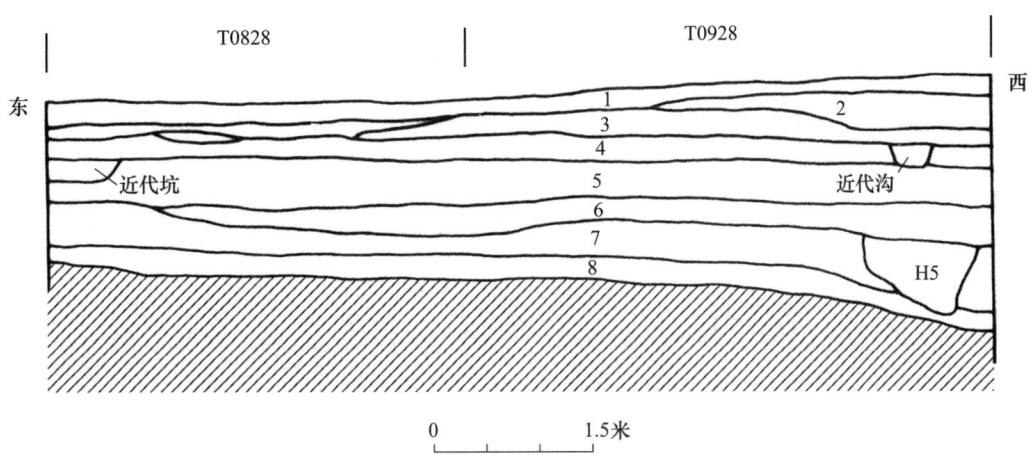

图一三　2001FGYT0828~T0928 南壁剖面图

少量青花瓷片等。

第5层：红褐色粉砂土，颗粒较细，结构较紧密，距地表120~150厘米，厚0~33厘米。含少量唐宋时期瓷片陶片等。

第6层：灰褐色粉砂土，土质结构紧密，距地表180厘米，厚0~27厘米。含唐宋时期瓷片陶片等。H5开口于本层下。

第7层：黄褐色粉砂土，结构较紧密，距地表180~207厘米，厚7~27厘米。出土少量陶片等。

第8层：黄褐色粉砂土，土质较紧密，距地表239厘米，厚32~47厘米。出土少量陶片等。

第8层下为淤砂层。

（二）T1513~T1613 南壁剖面

第1层：灰黑色耕土，土质疏散，厚12~17厘米。含少量近现代杂物等。

第2层：浅灰褐色粉砂土，土质较紧密，距地表12~17厘米，厚10~14厘米。出土少量近现代砖瓦及瓷片等。

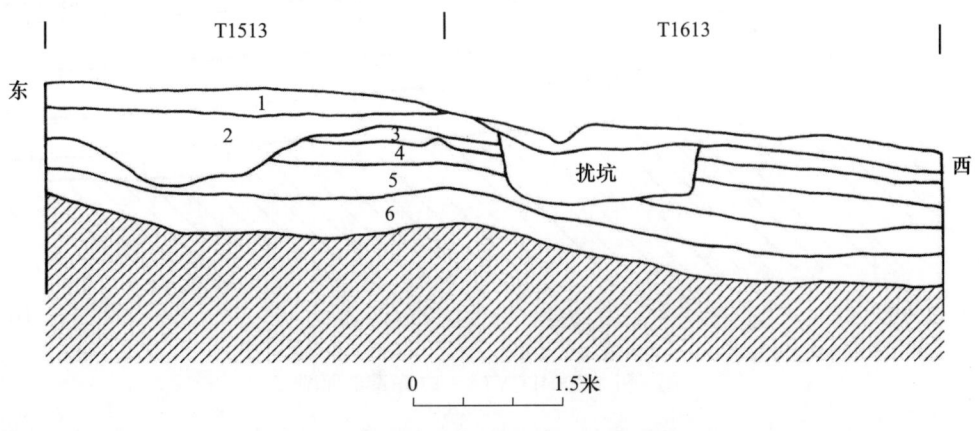

图一四　2001FGYT1513~T1613 南壁剖面图

第3层：灰褐色粉砂土，土质紧密，距地表20~30厘米，厚14~25厘米。出土少量明清瓷片及瓦片等。

第4层：灰黄色粉砂土，土质较紧密，距地表45~73厘米，厚10~17厘米。出土少量陶片等。

第5层：浅红褐色粉砂土，土质较松，细腻，距地表70~88厘米，厚12~15厘米。包含物较少。

第6层：灰褐色粉砂层，土质松软，细腻，距地表100~112厘米，厚20~24厘米。纯净，无其他包含物。

（三）T6~T7东壁剖面

第1层：现代农耕土层。厚10~25厘米。灰褐色粉砂土，结构疏松。包含少量现代杂物及植物根茎等。

第2层：距地表10~25厘米，厚25~40厘米。黄褐色粉砂土，结构较疏松，夹杂大量的料姜石颗粒。包含少量青花瓷片和瓦片等。

第3层：距地表20~65厘米，厚0~25厘米。浅褐色砂土，结构较紧密，较纯净。

第4层：距地表20~90厘米，厚0~45厘米。灰黑色煤灰层，结构疏松，包含少量青花瓷片、反应罐残片等。

第5层：距地表20~125厘米，厚0~40厘米。黄褐色黏土，结构较紧密，夹杂少量煤渣。包含少量青花瓷片、反应罐残片等。

第6层：距地表20~175厘米，厚0~45厘米。灰黑色煤渣层，结构疏松。包含汉砖、反应罐残片、青花瓷片等。冶炼炉、引水沟、炼煤坑、柱洞等开口于本层下。

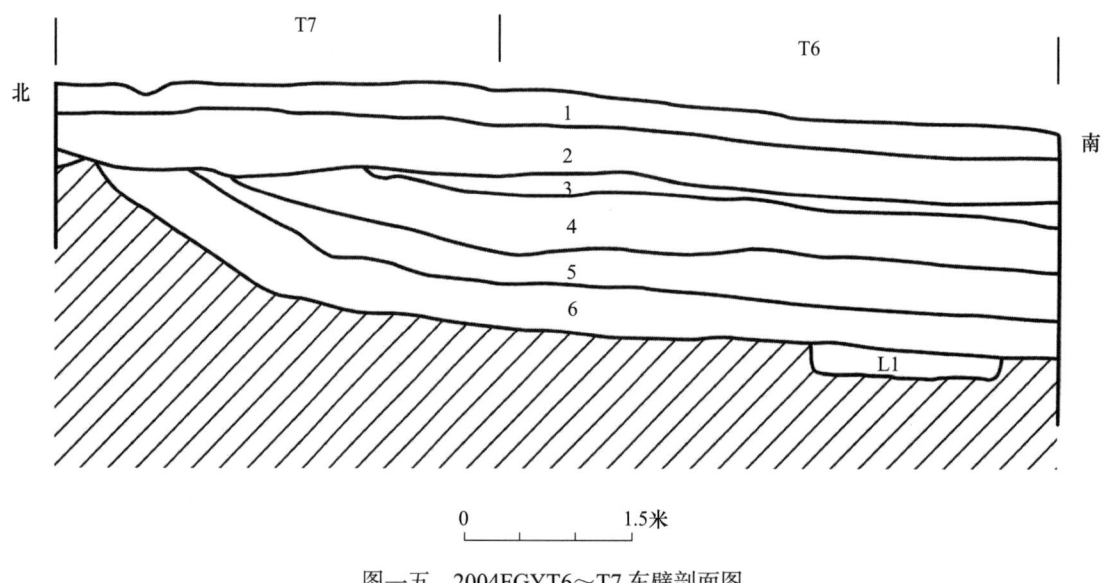

图一五　2004FGYT6~T7东壁剖面图

2004年度发掘区域堆积大致分为三大层，即近现代耕土层（含第1、2层）、洪水淤积层（含第3层）和冶炼物废弃堆积（含第4、5、6层），整个地层由北向南倾斜。

三、地层组的划分

从以上各区域的地层堆积情况不难看出，秦家院子和袁家岩的遗址区文化堆积较简单，各层包含物也较单纯，时代特征明显。根据地层叠压关系，结合对出土遗物的整理，参照近年重庆峡江地区出土文化遗物，我们将这两处遗址的地层堆积划分为五组。

A组：秦家院子遗址北区第8层、中区第5层、南区第6层及H1。

B组：秦家院子遗址北区第6、7层、袁家岩遗址A发掘点的第8层、G3。

C组：包括秦家院子遗址中区第4层、南区第5层及H2、H3、H4、H5、H6、H7；袁家岩遗址A发掘点的第7层和B发掘点的第4、5、6层及H3等。

D组：包括秦家院子遗址北区5层、中区3层、南区4层及Y1、G1、G2；袁家岩遗址A发掘点第6层和B发掘点第3层及H4、H5。

E组：秦家院子遗址包括中北区第3~8层；袁家岩遗址2004年度发掘区第4、5、6层。

根据各单位发现的遗迹和出土遗物，A组至D组主要为与生活相关的遗存，E组主要是与冶炼相关的遗存，这样我们把遗址部分划分为居住址和作坊址。本报告按居住址、作坊址和墓群逐一进行介绍。

第三章　居　住　址

秦家院子遗址、袁家岩遗址的居住址，以生活废弃堆积为主，遗迹总体发现较少，主要为灰坑、沟。其中秦家院子遗址发现的遗迹主要位于遗址的中部，以东周、汉代遗迹居多（图一六）；袁家岩遗址发现的遗迹主要集中于遗址的北部，以汉代为主，另有零星东周时期的灰坑、沟（图一七）。

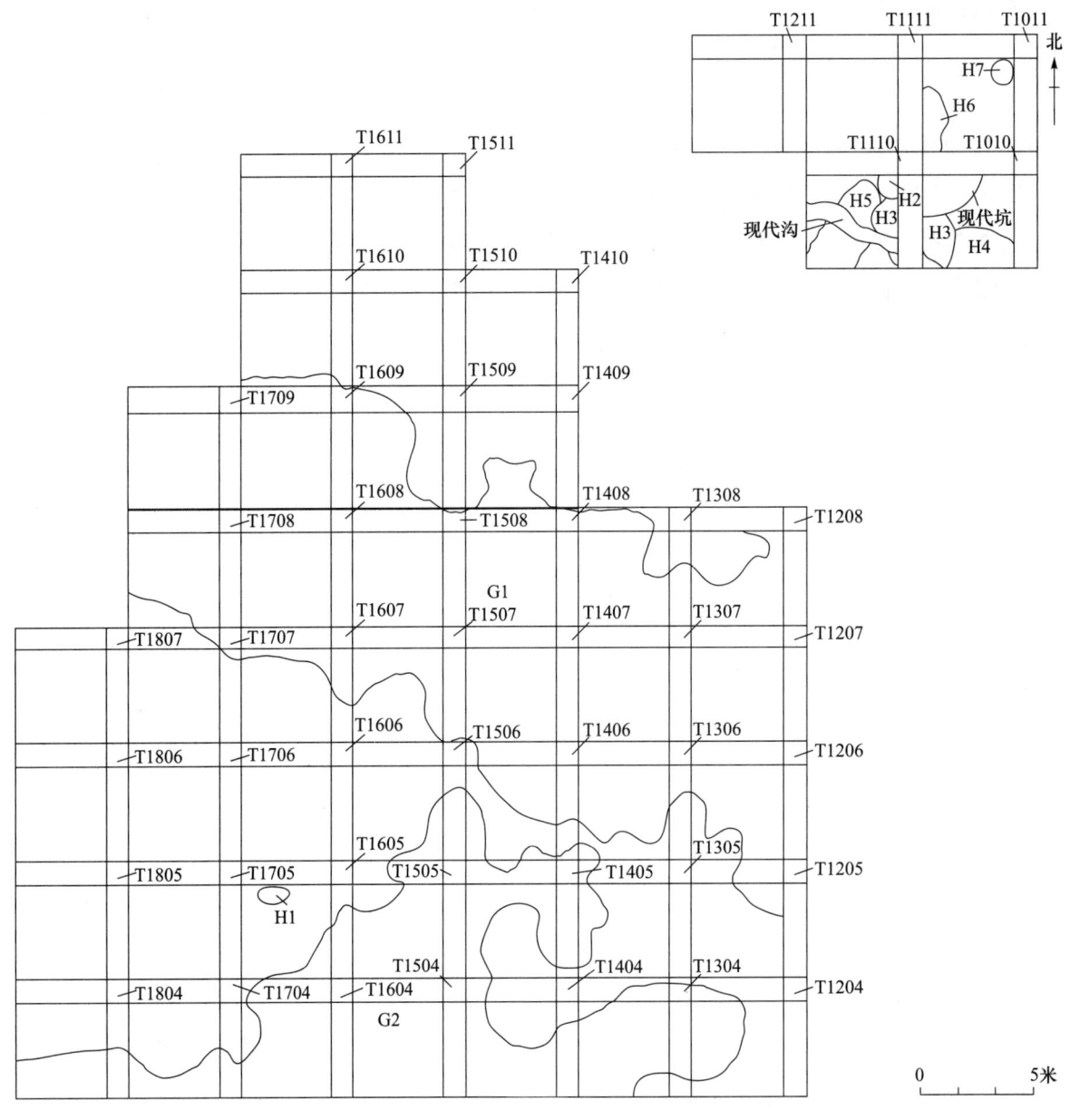

图一六　秦家院子居住址（中北部）遗迹分布图

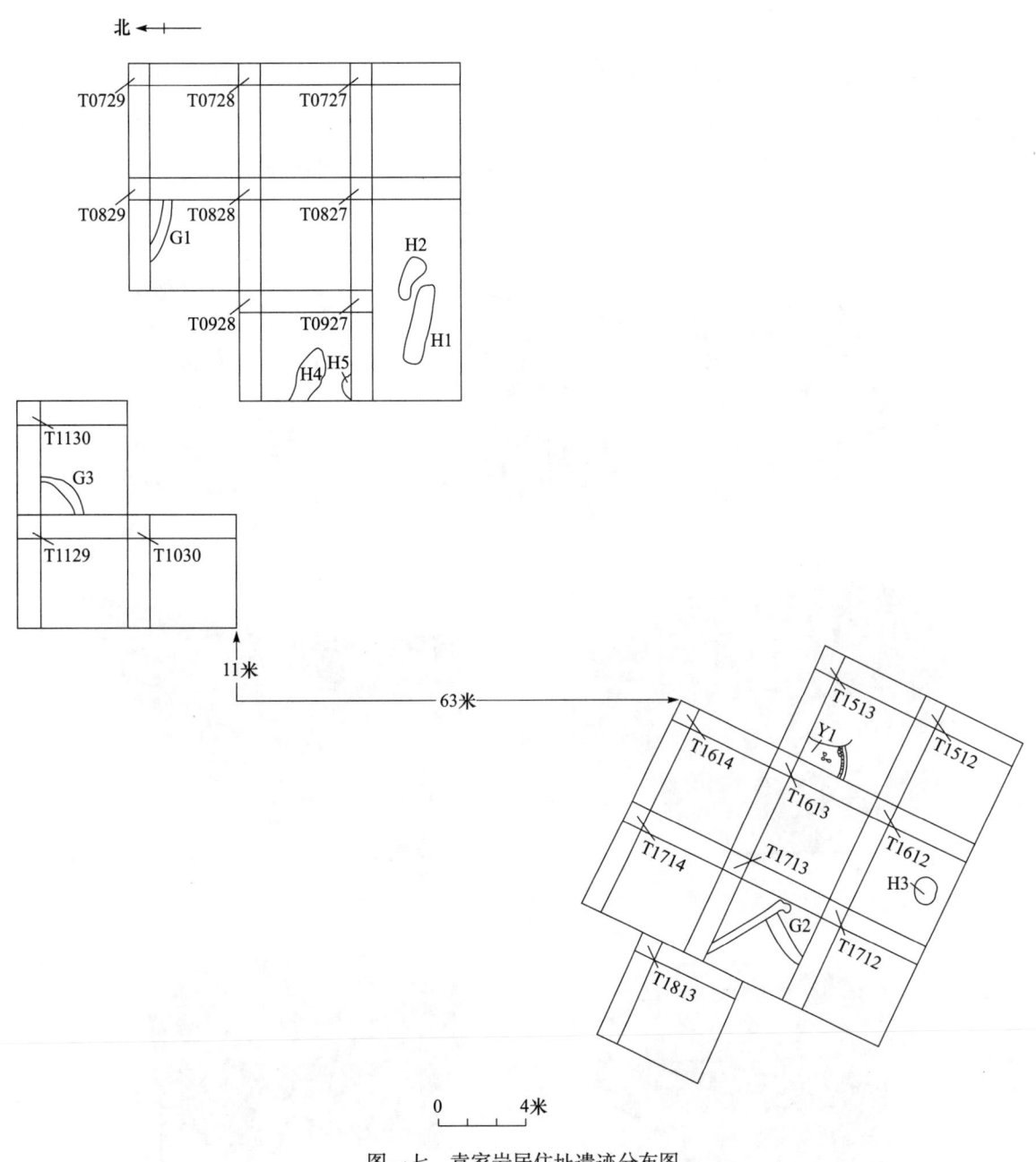

图一七 袁家岩居住址遗迹分布图

第一节 A组单位遗存

一、遗存分布与特征

该组遗存仅在秦家院子遗址有所发现，主要分布于发掘区的中部、南部，包括北区第8层、中区第5层、南区第6层及灰坑H1。其中北区第8层、中区第5层在该区域均有分布，南区第6层主要分布在该区域西南部。

该组单位出土遗物较多，主要有陶器和石器两大类。陶器以残片为主共计1069片，完整和可复原器较少。以夹砂陶为主（占62.7%），泥质陶次之（占37.3%），其中夹砂陶中又以夹粗砂为主。陶色以红（黄）褐色为主（占58%），灰陶次之（占24%），少量红陶、黑陶、黑皮陶（附表一）。

有纹饰的陶器占陶片总数50.6%，以细绳纹为主（约占纹饰陶片65%），粗绳纹次之（占7%），另有菱格纹、附加堆纹、戳印纹、弦纹、刻划纹和少量复合纹饰（如箍带纹＋戳印纹）等。绳纹除有粗、细之分外，还有竖向、横向、交错之别（附表一；图一八、图一九）。

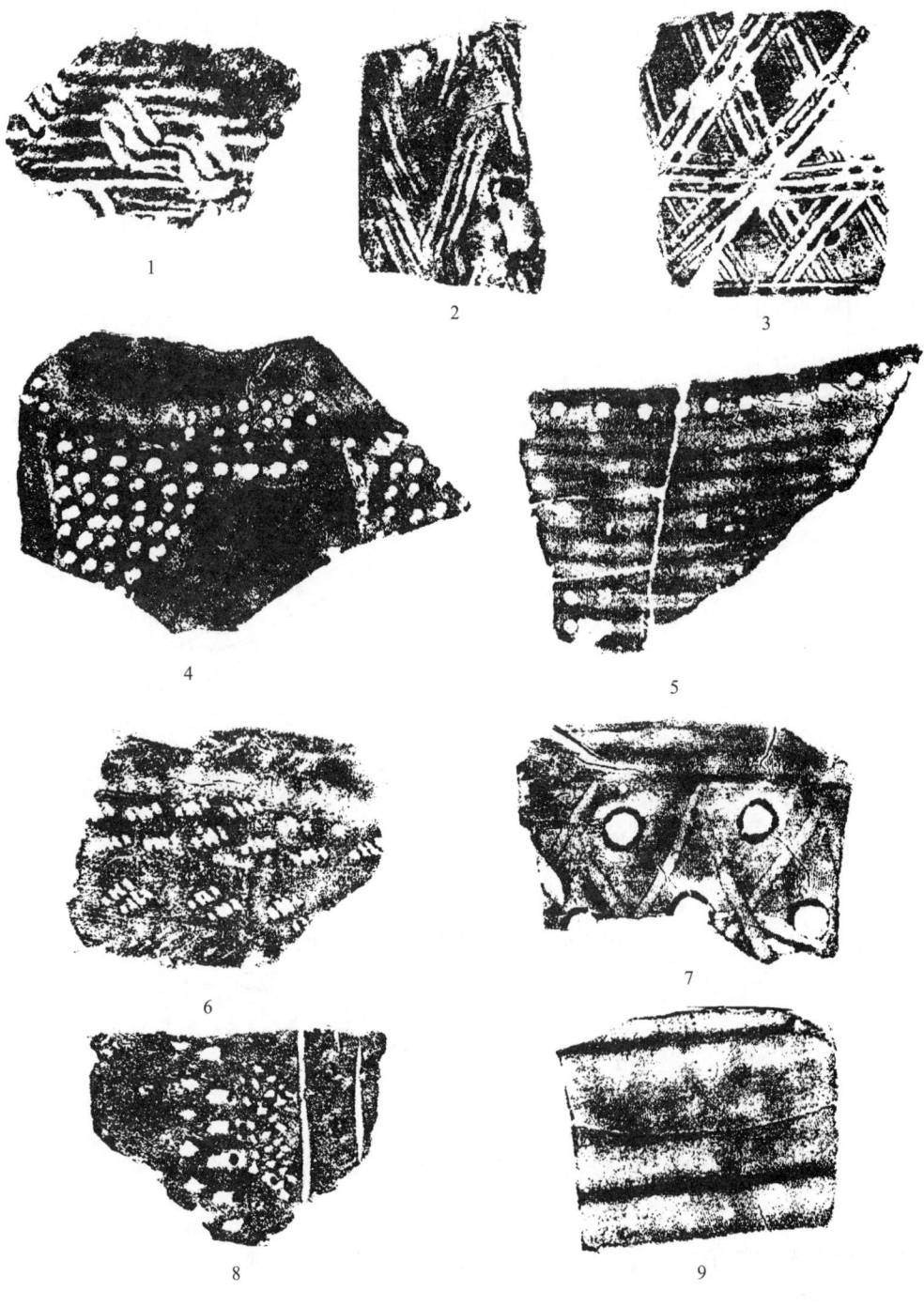

图一八　A组单位出土陶器纹饰拓片（一）
1. 线纹（2002FGQT1707⑥：6）　2、3. 菱格纹（2002FGQT1607⑥、2002FGQT1611⑥：2）
4、6、8. 戳印纹（2002FGQT1706⑥、2002FGQ1607⑥、2002FGQ1705⑥）　5. 联珠纹＋划纹（2002FGQ1706⑥）
7. 镂孔（2002FGQ1705⑥）　9. 箍带纹（2002FGQ1605⑥）

图一九　A组单位出土陶器纹饰拓片（二）
1、2.附加堆纹（2002FGQT1705⑥）　3.交错绳纹（2002FGQT1605⑥）　4.方格纹（2002FGQT1705⑥∶16）
5.细绳纹（2002FGQT0728⑦∶6）　6.粗绳纹（2002FGQT1707⑥）

陶器多以泥条盘筑成形，然后经慢轮修整。部分器物（如深腹罐）的器身、口部、器底，采用先分制成型，后套接为一体，再用慢轮修整，为了使套接处更牢固结合，往往在接合的部位加贴泥条。唇面流行施线切割或压印花边，形成花边口。

器类主要为陶容器，以平底器为主，有罐、盆、钵等。

石器均由砾石加工而成，按制作方法分为打制石器和磨制石器两类。器类有斧、锛、凿、刀，另有砍砸器、刮削器、砺石和石料。

二、遗存单位

（一）H1

H1位于秦家院子遗址南区T1605北部，开口第6层下，打破生土。坑口近椭圆形，圜底，壁面较光滑。长径130、短径80厘米，坑深25厘米。坑内填土为褐色粉砂土，包含物有炭屑、小碎石等。从坑内有大量炭屑推测，此灰坑为人类用火遗迹（图二〇）。

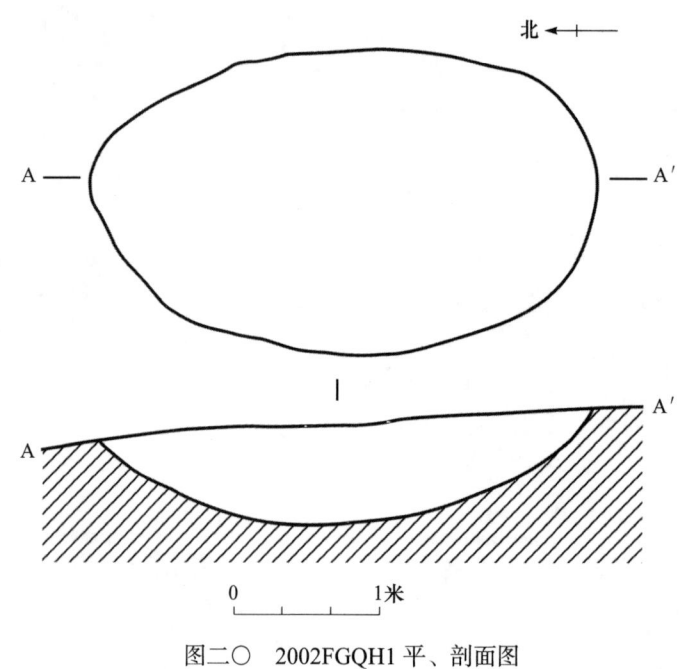

图二〇 2002FGQH1 平、剖面图

（二）秦家院子北区第8层

1. 陶器

深腹罐 6件。标本T0728⑧∶1，夹砂红褐陶。侈口、圆唇，口沿外折，上腹较直、平底。唇下外沿上施一周由左、右斜向绳纹交替压制成的印窝，形成花边口。器表口沿下方的领部饰三道戳印纹，每一道由若干组横向排列的短线组成，每一组又由纵向排列的三道戳印短线组成。腹部及底饰细菱格纹（交错细绳纹），腹部菱格纹上饰三周箍带纹。口径27.4、底径10、高30厘米（图二一，2）。标本T0728⑧∶2，夹砂红褐陶。方唇、窄沿，微鼓腹，下腹及底部残缺。唇上压印细锯齿状花边，口沿下方的领部器饰一周泥条，上压印手窝。器表通饰细菱格纹，腹部斜向贴塑泥条。口径30、残高20厘米（图二一，3）。标本T0730⑧∶1，夹粗砂红褐陶。圆唇，沿面内凹呈浅盘口，腹部及底残缺。唇面饰压印的人字形花边。口径26、残高3.5厘米（图二一，7）。标本T0829⑧∶1，夹砂红褐陶。折沿、方唇。唇面饰压印的锯齿状的花边。口径24、残高3.2厘米（图二一，6）。标本 T0830⑧：1，夹细砂红褐陶。圆唇，口沿向内微折呈盘口。口沿外侧折棱处饰一条带状刻划的水波纹。口径 18、残高 5 厘米（图二一，4）。另出土较多深腹罐器底。标本 T0728⑧：4，底径 10、残高 11.6 厘米（图二一，5）。

高领罐　1 件。标本 T0429⑧：2，砂泥磨光黑陶。圆唇，宽弧沿外卷，高领。口径 14、残高 6 厘米（图二一，8）。

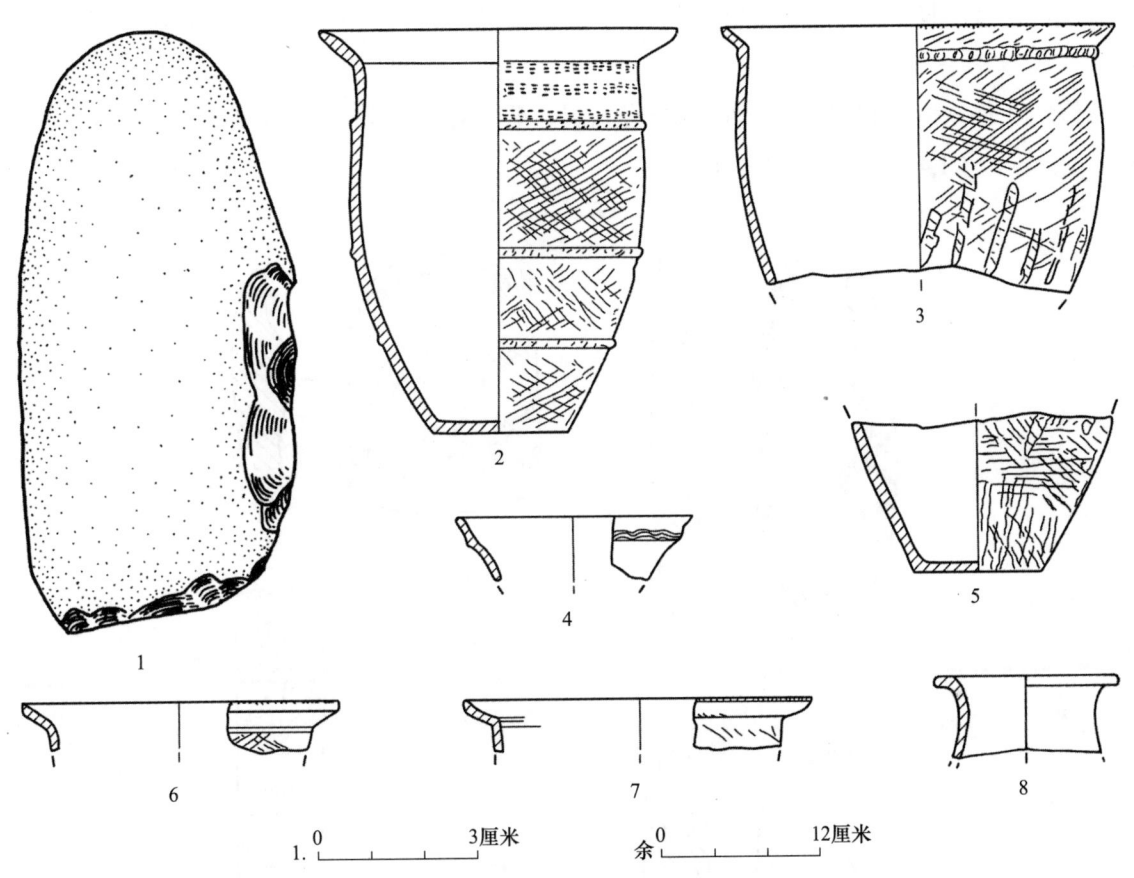

图二一　秦家院子北区第 8 层出土器物
1. 石斧（T0630⑧：4）　2~7. 陶深腹罐（T0728⑧：1、T0728⑧：2、T0830⑧：1、T0728⑧：4、T0829⑧：1、T0730⑧：1）　8. 陶高领罐（T0429⑧：2）

2. 石器

石斧　1 件。标本 T0630⑧：4，平面近椭圆形。弧顶，在砾石的一侧、远端稍打制加工成器。长 11、宽 5、厚 3.2 厘米（图二一，1）。

（三）秦家院子中区第 5 层

1. 陶器

均为陶器腹片，除部分纹饰标本外，无器物标本。

2. 石器

石锛　2件。标本T1011⑤：4，深黄色石料，平面呈长方形。两侧稍加打制修整，刃部磨制，弧刃。长7.6、刃宽5.8、厚1.6厘米（图二二，2）。标本T1010⑤：15，浅绿色石料，平面呈长方形。凸刃，近端稍加打制修整，刃部有使用痕迹。长10、刃宽5.2、厚2厘米（图二二，3）。

石凿　1件。标本T1010⑤：17，淡绿色石料，柱状、斜刃。残长7.5、刃宽1.2、直径1.4厘米（图二二，4）。

石斧　1件。标本T1010⑤：16，深绿色石料，平面呈长条形，砾石两侧留有打制的疤痕。长11.2、宽4.5、厚1.4厘米（图二二，1）。

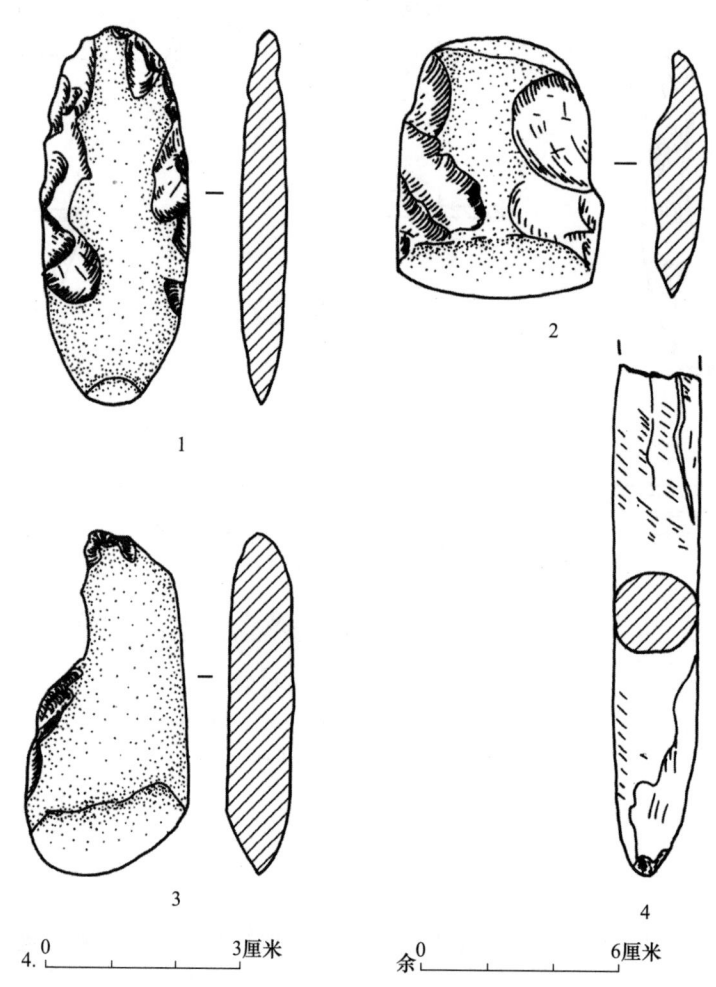

图二二　秦家院子中区第5层出土石器
1. 斧（T1010⑤：16）　2、3. 锛（T1011⑤：4、T1010⑤：15）　4. 凿（T1010⑤：17）

（四）秦家院子南区第6层

1. 陶器

深腹罐　8件。标本T1406⑥：1，夹砂红褐陶，圆唇，口微外撇，瘦弧腹，小平底。外沿下领部贴塑一周泥条，上压印手窝。腹部饰箍带纹23道，器表通饰斜向绳纹，并饰于箍带上。口径35.5、底径11、高45厘米（图二三，4；彩版一三，4）。标本T1705⑥：5，泥质灰黑陶，侈口、斜方唇，上腹较直，下腹及底部残缺。口径10、残高10.4厘米（图二四，3）。标本T1704⑥：1，夹砂红褐陶，方唇，口沿向内折呈盘口。唇面饰花边，口沿外侧折棱处及口领接合部各施一周泥条，上压印手窝。领部饰刻划波折纹。口径16、残高4厘米（图二四，2）。标本T1406⑥：2，夹砂黄褐陶，敞口微侈，圆唇，斜弧腹，下腹部和底部残缺。外沿下领部贴塑一周泥条，上压印手窝。腹部残留五道箍带纹，器表通饰斜向绳纹，并饰于箍带上，上腹部斜向贴塑泥条。口径33.5、残高16厘米（图二三，3）。标本T1611⑥：1，夹砂红褐陶，直口，沿面微上仰，方唇，腹部和底部残缺。唇部饰压印花边，领部饰一周箍带纹，箍带上压印手窝。口径26、残高6厘米（图二三，1）。标本T1804⑥：2，夹粗砂黄褐陶，直口微外撇。口径16、残高5.6厘米（图二四，4）。标本T1305⑥：3，夹细砂黑陶，侈口，尖圆唇，唇部上扬，内沿面斜直，口沿外侧有折棱，腹部和底部残缺。唇面压印锯齿形花边，器表饰纵向刻划的波折纹。口径22.8、残高7厘米（图二四，1）。标本T1804⑥：3，夹粗砂红褐陶，侈口、圆唇，沿面微外翻，上腹较直，下腹和底部残缺。器表饰压印篮纹。口径28、残高12.4厘米（图二三，2）。

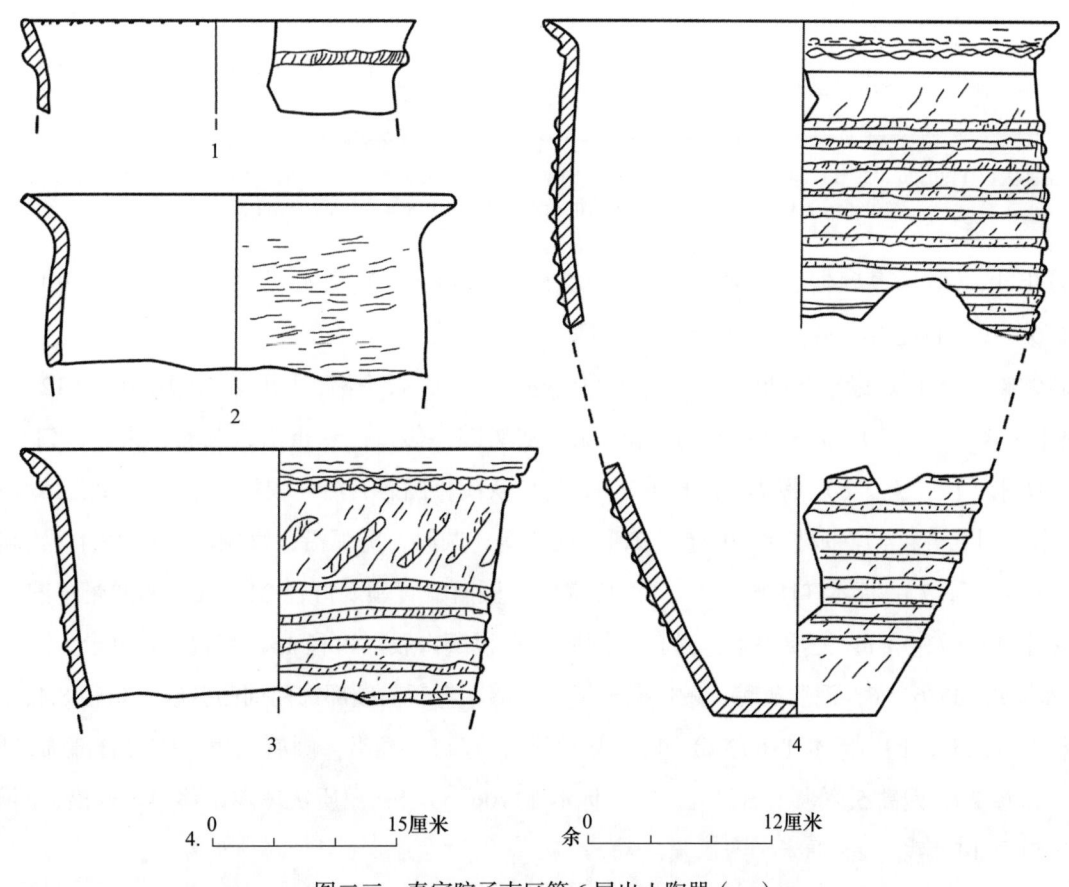

图二三 秦家院子南区第6层出土陶器（一）

1~4. 深腹罐（T1611⑥：1、T1804⑥：3、T1406⑥：2、T1406⑥：1）

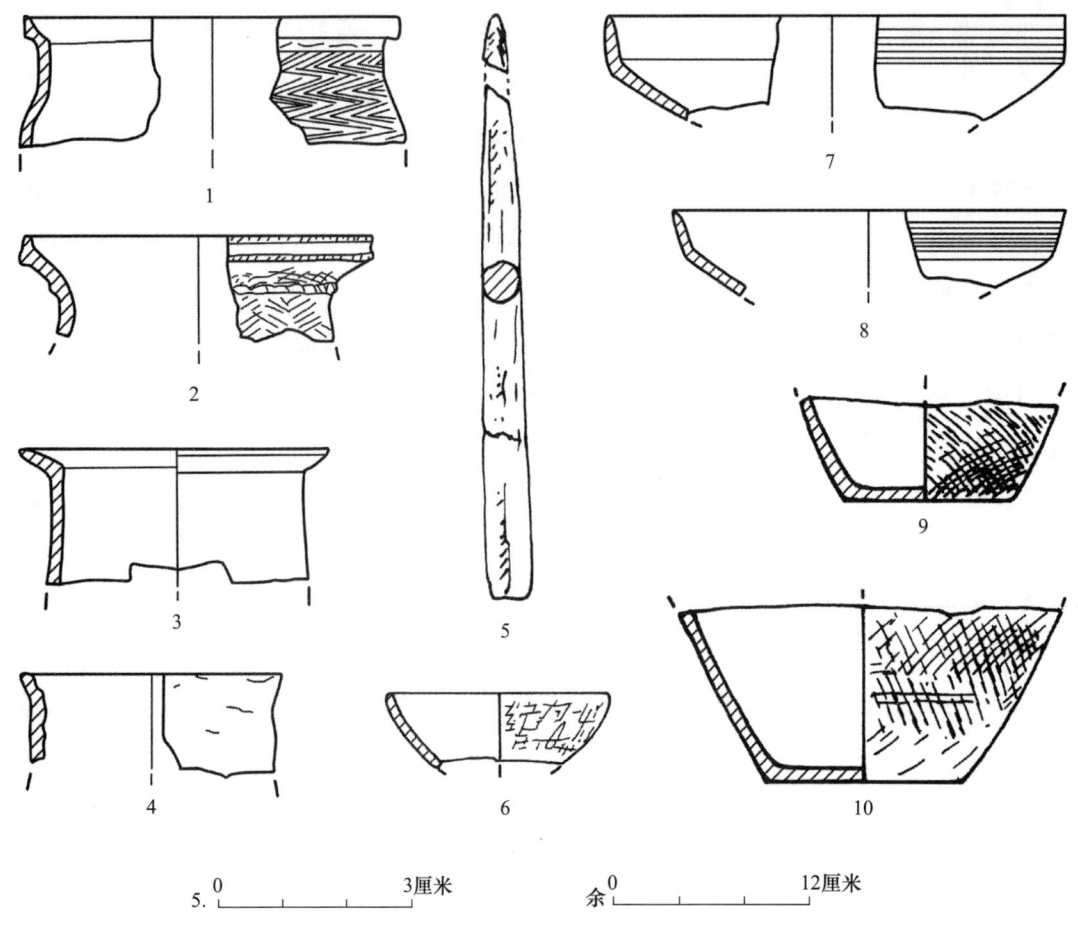

图二四　秦家院子南区第 6 层出土器物

1~4. 深腹罐（T1305⑥：3、T1704⑥：1、T1705⑥：5、T1804⑥：2） 5. 骨器（T1305⑥：2） 6~8. 陶钵（T1704⑥：2、T1705⑥：1、T1804⑥：1） 9、10. 深腹罐器底（T1804⑥：5、T1611⑥：3）

另出土较多深腹罐器底。标本 T1804⑥：5，底径 8.4、残高 4.4 厘米（图二四，9）。标本 T1611⑥：3，底径 10、残高 8.4 厘米（图二四，10）。

高领罐　15 件。标本 T1705⑥：3，泥质黑陶，侈口，折平沿，圆唇，束颈。口径 12、残高 5.5 厘米（图二五，8）。标本 T1707⑥：3，泥质灰黑陶，侈口，卷折沿，圆唇，束颈。口径 18、残高 8 厘米（图二五，2）。标本 T1705⑥：4，泥质灰陶，圆唇，沿面较宽，束颈。口径 18、残高 4.5 厘米（图二五，4）。标本 T1705⑥：7，泥质灰陶，圆唇，宽弧沿，直领。口径 18.4、残高 6.4 厘米（图二五，7）。标本 T1805⑥：1，泥质褐陶，圆唇，直领。口径 24、残高 9 厘米（图二五，6）。标本 T1707⑥：1，泥质褐陶，敞口，圆唇，直领微内收。口径 15、残高 6.6 厘米（图二五，5）。标本 T1705⑥：6，泥质灰陶，敞口微外撇，圆唇，直领。领部饰两周凸弦纹。口径 8.4、残高 4 厘米（图二五，1）。标本 T1605⑥：1，泥质黑陶，侈口、卷沿，圆唇。肩、领接合部饰一周箍带纹。口径 20、残高 5 厘米（图二五，3）。标本 T1706⑥：1，泥质灰黑陶，侈口、卷沿，唇部微下垂。口径 14、残高 2.8 厘米（图二五，9）。

盆　5 件。均为口沿。标本 T1705⑥：8，泥质黑陶，敞口，折平沿，圆唇。口径 32、残高 8 厘米（图二五，11）。

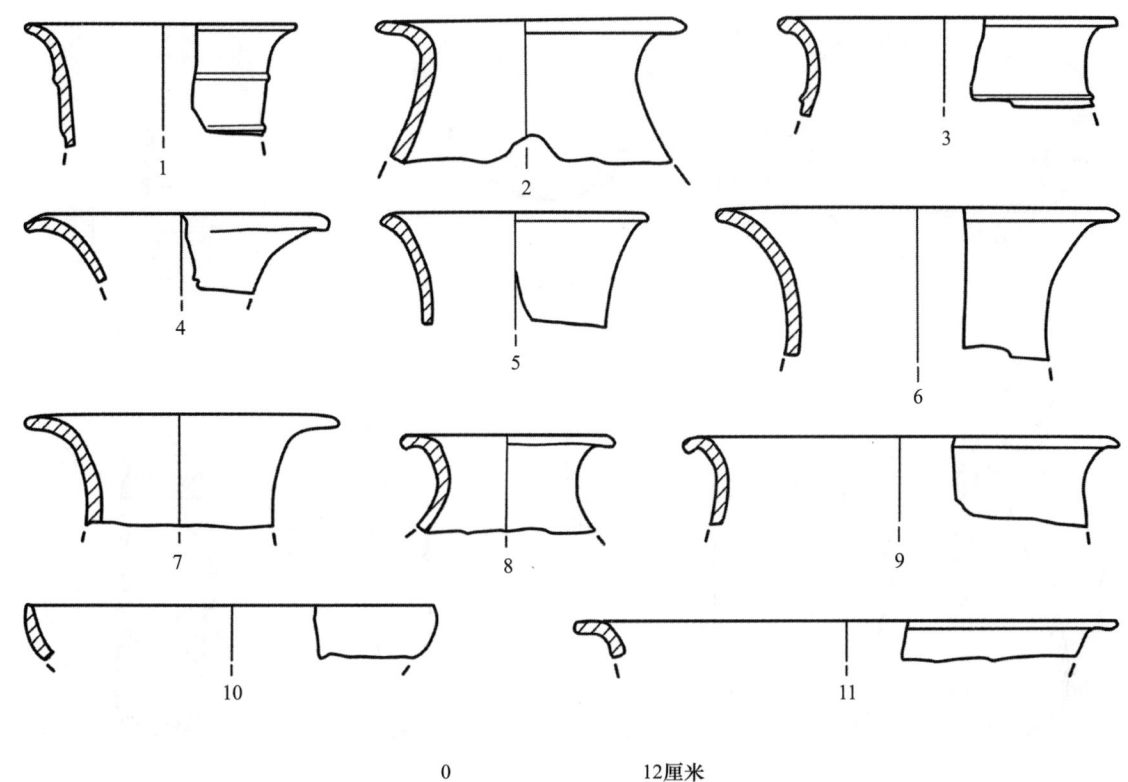

图二五 秦家院子南区第6层出土陶器（二）

1~9.陶高领罐（T1705⑥：6、T1707⑥：3、T1605⑥：1、T1705⑥：4、T1707⑥：1、T1805⑥：1、T1705⑥：7、T1705⑥：3、T1706⑥：1） 10.陶钵（T1705⑥：2） 11.陶盆（T1705⑥：8）

钵 8件。标本T1705⑥：1，泥质磨光黑陶，直口，尖圆唇。上腹部器表饰弦纹。口径28、残高6厘米（图二四，7）。标本T1804⑥：1，泥质褐陶，敞口，尖圆唇。上腹部器表饰弦纹。口径24、残高4.5厘米（图二四，8）。标本T1705⑥：2，泥质红褐陶，敞口，圆唇，弧腹。口径24、残高3.2厘米（图二五，10）。标本T1704⑥：2，泥质红褐陶，敞口，圆唇，弧腹。唇部饰压印花边，器表饰菱格纹。口径14、残高4.4厘米（图二四，6）。

2. 石器

（1）打制石器 7件。

砍砸器 1件。标本T1705⑥：12，平面呈半圆形。弧顶、凹刃，破裂面打击点、放射线较清晰，由自然面向破裂面单向打制成刃。长13.2、宽7.6、厚1.8厘米（图二六，1）。

刮削器 1件。标本T1705⑥：11，平面近椭圆形。弧顶、凸刃，选择石片的自然面向破裂面单向加工成刃。长11.2、宽7.6、厚1.8厘米（图二六，2）。

石斧 2件。标本T1305⑥：4，绿色石料，平面呈长条形，弧刃。由破裂面、自然面交互打制成刃，再稍加修整，保留部分自然面。残存长16、宽7、厚2.6厘米（图二六，4）。标本T1305⑥：6，深绿色石料，平面呈椭圆形，利用砾石两侧、远端进行打制、加工成器。长径12、短径5.4、厚2厘米（图二六，3）。

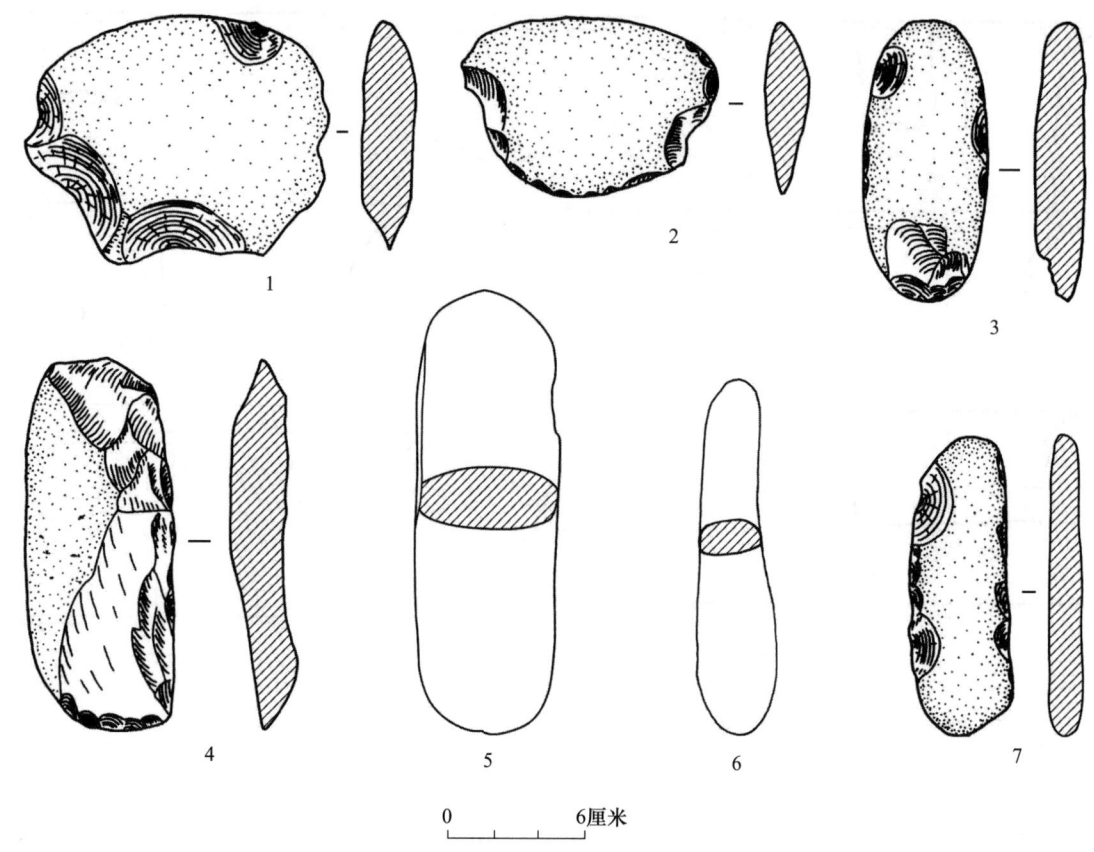

图二六 秦家院子南区第6层出土石器（一）
1. 砍砸器（T1705⑥:12） 2. 刮削器（T1705⑥:11） 3、4. 石斧（T1305⑥:6、T1305⑥:4） 5~7. 石料（T1706⑥:3、T1305⑥:7、T1305⑥:5）

石料 3件。标本T1706⑥:3，深绿色石料，平面呈长条形，砾石两侧有疤痕。长18、宽6、厚2.6厘米（图二六，5）。标本T1305⑥:5，浅绿色石料，平面呈长条形，砾石两侧留有打制的疤痕。长12.6、宽4.4、厚1.8厘米（图二六，7）。标本T1305⑥:7，浅绿色石料，平面呈长条形，砾石两侧留有打制的疤痕。长15、宽5.6、厚1.5厘米（图二六，6）。

（2）磨制石器 12件。

石锛 8件。标本T1305⑥:8，深黄色石料，平面呈长方形。两侧稍加打制修整，刃部磨制，弧刃。长7.4、刃宽5.2、厚1.6厘米（图二七，1）。标本T1610⑥:1，浅绿色石料，平面呈长方形。凸刃，近端稍加打制修整，刃部有使用痕迹。长7.8、刃宽5.2、厚1.7厘米（图二七，2）。标本T1305⑥:10，深黄色石料，平面呈梯形。两侧稍加打制修整，刃部磨制，弧刃。残长6.2、刃宽5、厚2厘米（图二七，3）。标本T1305⑥:11，浅黄色石料，平面呈梯形。两侧稍加打制修整，刃部磨制，弧刃。残长7.4、刃宽5.4、厚2厘米（图二七，4）。

石凿 1件。标本T1305⑥:1，淡绿色石料，平面呈长条形。弧顶、斜刃。长10.2、刃宽2.5、厚2.5厘米（图二七，6）。

石刀 1件。标本T1305⑥:12，深蓝色石料，选扁平石片作料，磨制成刃，残断。残长8、刃部宽5厘米（图二七，5）。

砺石 2件。标本T1705⑥:9，红粗砂石。残长11.6、宽12、厚4.6厘米（图二七，7）。标

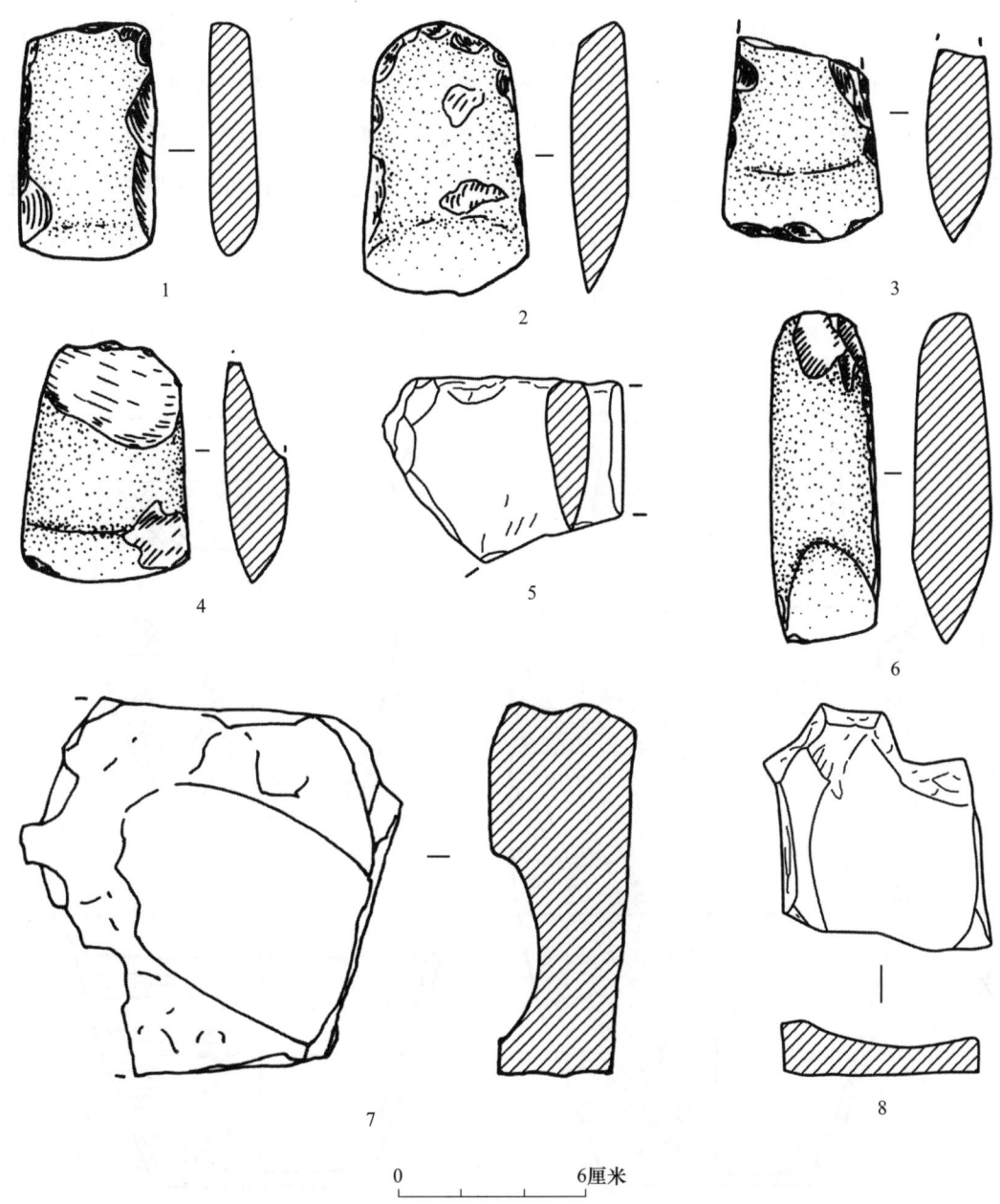

图二七 秦家院子南区第6层出土石器（二）
1~4.锛（T1305⑥:8、T1610⑥:1、T1305⑥:10、T1305⑥:11） 5.刀（T1305⑥:12） 6.凿（T1305⑥:1）
7、8.砺石（T1705⑥:9、T1705⑥:10）

本 T1705⑥:10，红粗砂石。残长8、宽7.2、厚1.6厘米（图二七，8）。

3. 骨器

1件。标本 T1305⑥:2，圆锥状，磨制。残长8.8、直径0.6厘米（图二四，5）。

（五）秦家院子晚期遗存单位出土A组遗物

深腹罐 3件。标本 T1019④:2，夹砂红褐陶，侈口、斜方唇、弧腹。唇面饰一周压印绳纹形成花边口。器表满饰细菱格纹，肩部饰数道横向划纹。口径 34、底径 12、高 40.5 厘米（图二八，2）。标本 T1019④：1，夹粗砂红褐陶，圆唇，沿面较宽，内凹似盘口，直弧腹，平底。口沿下领部饰一周较宽的交错刻划纹，腹部通饰斜向细绳纹和两周凹弦纹。口径 21、底径 8.6、高 23 厘米（图二八，3；彩版一三，3）。标本 G2⑦：7，夹砂灰褐陶，侈口，尖圆唇，内沿面斜直，口沿外侧有折棱，外沿面有一周凹槽。腹部和底部残缺。唇面压印锯齿形花边，肩腹接合处部饰一周弦纹。腹部饰菱格纹。口径 12、残高 4.4 厘米（图二八，1）。

另出土较多深腹罐器底。标本 T1411④：1，底径 12、残高 12.8 厘米（图二八，4）。

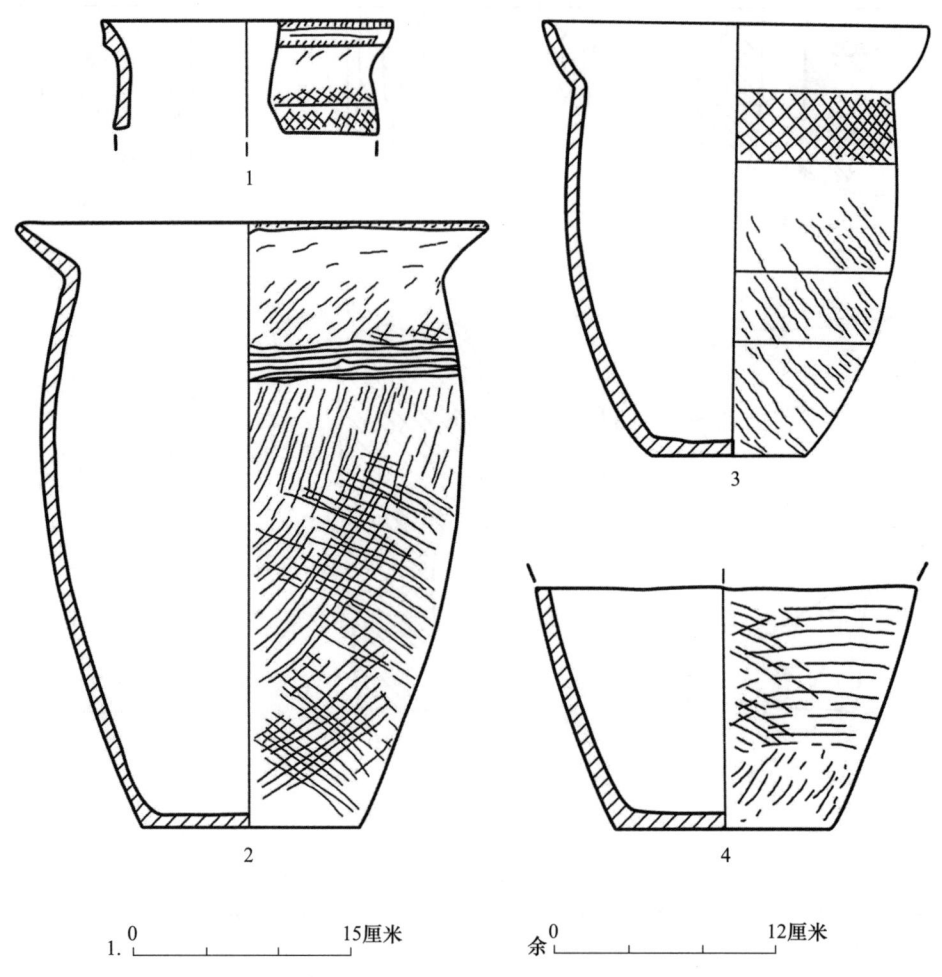

图二八　秦家院子晚期遗存单位出土 A 组陶器
1~3. 深腹罐（G2⑦：7、T1019④：2、T1019④：1）　4. 深腹罐器底（T1411④：1）

第二节　B 组单位遗存

一、遗存分布与特征

该组单位遗存主要包含秦家院子遗址北区部分探方的第 6、7 层，袁家岩遗址 A 发掘点的第 8

层、G3 和 B 发掘点的第 6 层。

出土遗物较少，主要是陶器和少量石器。陶器以夹砂陶为主，其中夹砂褐陶（红褐、灰褐、黄褐）数量最多。泥质陶中以黑皮陶、灰陶为大宗，主要见于豆（灯形器）、壶、钵等器类。纹饰以素面居多，约占 70%，纹饰以绳纹为主，另有少量方格纹、戳印纹，叶脉纹等，部分器型出现花边装饰（图二九）。陶器有手制和轮制两种。器类主要有罐、壶、尖底杯、尖底盏、豆。

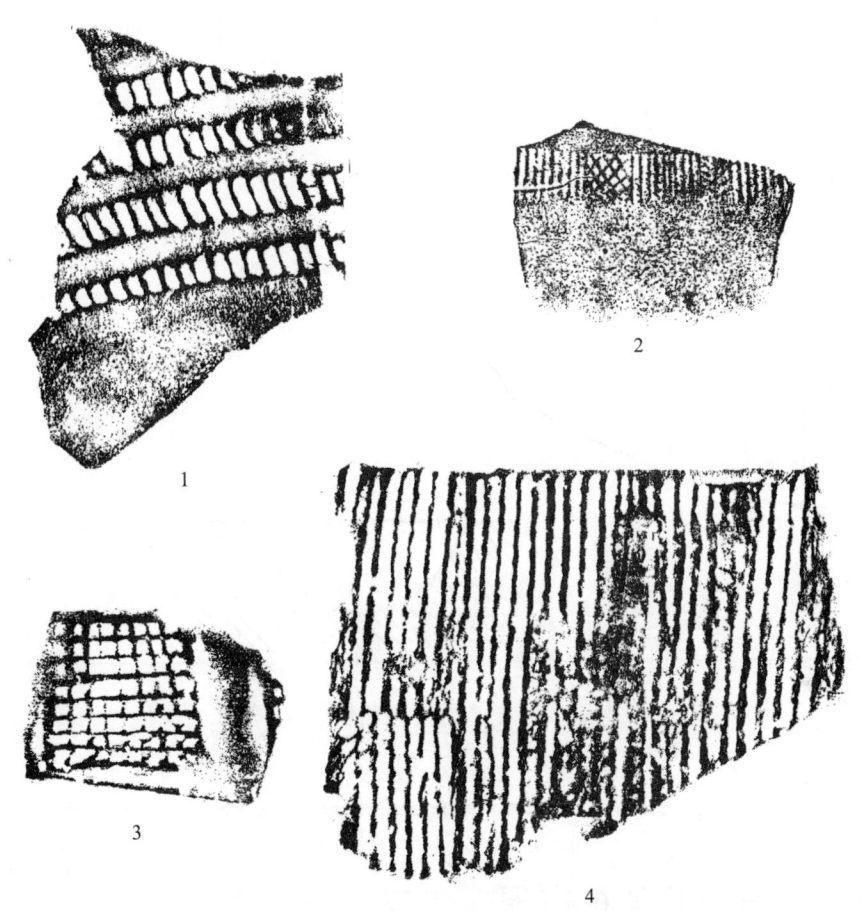

图二九　B 组单位出土陶器纹饰拓片
1. 戳印纹（2002FGQT1011②）　2. 绳纹+方格纹（2002FGQT1111③）　3. 方格纹（2002FGQ1807③∶8）
4. 绳纹（2002FGQ1807③∶9）

二、遗存单位

（一）G3

位于袁家岩遗址 A 发掘点 T1130 的西北角，开口于第 8 层下，打破淤砂层。沟口平面呈长条形，由东向西倾斜，距地表 260 厘米，已清理部分长 250 厘米，宽 20~65 厘米，深 20~25 厘米。沟壁加工痕迹不明显，沟内填土为灰黄色砂土，夹少量碎土，螺蛳壳等。土质较疏松，纯净，无其他包含物（图三〇）。

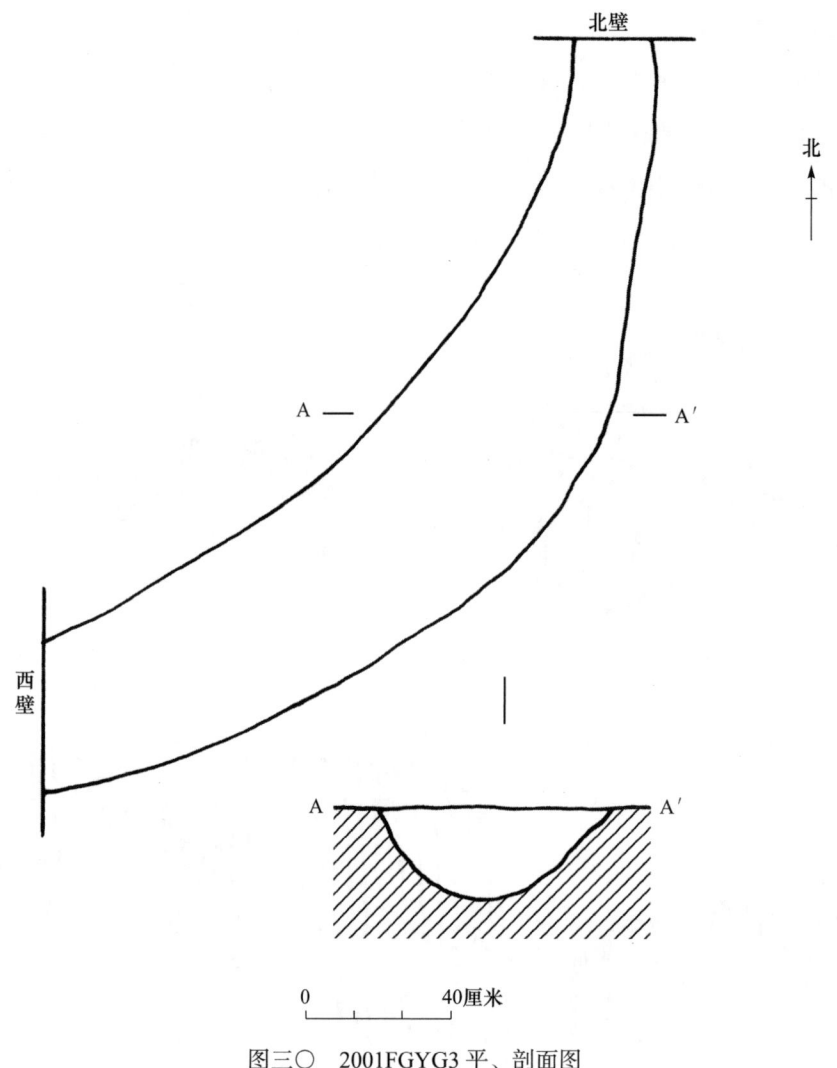

图三〇　2001FGYG3 平、剖面图

（二）秦家院子北区第 6、7 层

1. 陶器

卷沿罐　2件。标本 T0530⑦：3，夹粗砂红褐陶，侈口、圆唇，鼓腹。口径24、残高5厘米（图三一，1）。标本 T0530⑥：4，夹粗砂灰褐陶，侈口、尖圆唇，鼓腹。腹部饰绳纹。口径12、残高6厘米（图三一，2）。

小平底罐　7件。标本 T0529⑥：3，泥质灰陶，侈口、尖唇、卷沿、鼓腹。口径10、残高3厘米（图三二，7）。标本 T0629⑥：3，泥质灰陶，侈口、尖唇，卷沿上扬，弧腹。口径10、残高3.6厘米（图三二，8）。

花边罐　3件。标本 T0630⑦：7，夹砂红褐陶，侈口、卷沿、圆唇。唇部饰花边。口径18、残高4.5厘米（图三一，4）。标本 T0629⑥：2，夹粗砂灰褐陶，侈口、卷平沿、圆唇，直领，鼓腹。唇部饰花边。口径18、残高4.5厘米（图三一，3）。

高领罐　15件。标本T0529⑥：2，泥质灰褐陶。卷平沿、圆唇。口径17、残高5厘米（图三一，5）。标本T0528⑦：4，泥质灰陶。圆唇外翻。口径22、残高3厘米（图三一，6）。标本T0429⑦：2，泥质灰陶罐。敞口、圆唇，高领。口径24、残高12厘米（图三一，7；彩版一五，5）。标本T0629⑦：4，夹砂黑陶。敞口、圆唇。领部饰旋纹。口径18、残高4.2厘米（图三一，8）。

母口尖底盏　19件。标本T0630⑥：2，夹砂红褐陶。直口微敛，圆唇，腹部斜直，器壁较厚。口径10、高7.8厘米（图三一，13）。标本T0528⑥：1，夹砂红褐陶。敛口、尖唇，弧腹，器壁较薄。壁内有轮制螺旋纹痕迹。口径9、高7厘米（图三一，10）。标本T0630⑥：3，夹砂红陶。直口微敛，圆唇。内壁有轮制螺旋纹痕迹。口径12、高7.8厘米（图三一，9）。标本T0630⑦：5，夹砂红褐陶。直口微敛，圆唇。口径12、残高5.5厘米（图三一，12）。标本T0529⑦：1，夹砂红褐陶。圆唇，斜直腹。器内壁有螺旋轮制痕迹。口径11、高7厘米（图三一，11）。

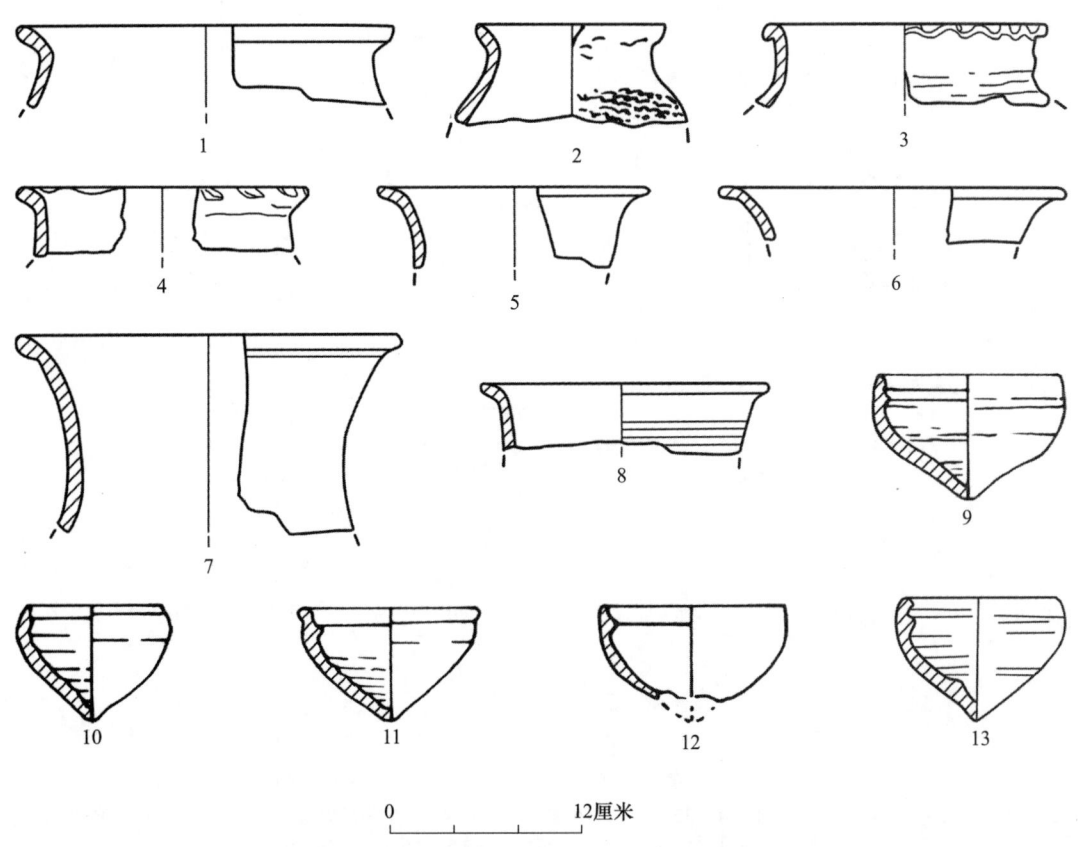

图三一　秦家院子北区第6、7层出土陶器（一）
1、2.卷沿罐（T0530⑦：3、T0530⑥：4）　3、4.花边罐（T0629⑥：2、T0630⑦：7）　5～8.高领罐（T0529⑥：2、T0528⑦：4、T0429⑦：2、T0629⑦：4）　9～13.母口尖底盏（T0630⑥：3、T0528⑥：1、T0529⑦：1、T0630⑦：5、T0630⑥：2）

炮弹形尖底杯　10件。标本T0629⑥：5，泥质磨光黑陶，残存底部，残高4厘米（图三二，4）。标本T0528⑥：3，泥质黑陶，器壁较薄，残存底部，残高6厘米（图三二，5）。

豆柄 3件。标本T0530⑦：2，砂质灰陶。饰凸弦纹。残长10厘米（图三二，2）。标本T0528⑥：5，泥质黑皮陶。残长10、直径3厘米（图三二，3）。

盖纽 1件。标本T0630⑦：6，泥质红褐陶。直径6、残高2.5厘米（图三二，6）。

纺轮 1件。标本T0629⑥：1，泥质红褐陶，圆台形，轮中心有一穿孔。最大直径5.2、最小直径3、厚3厘米（图三二，1）。

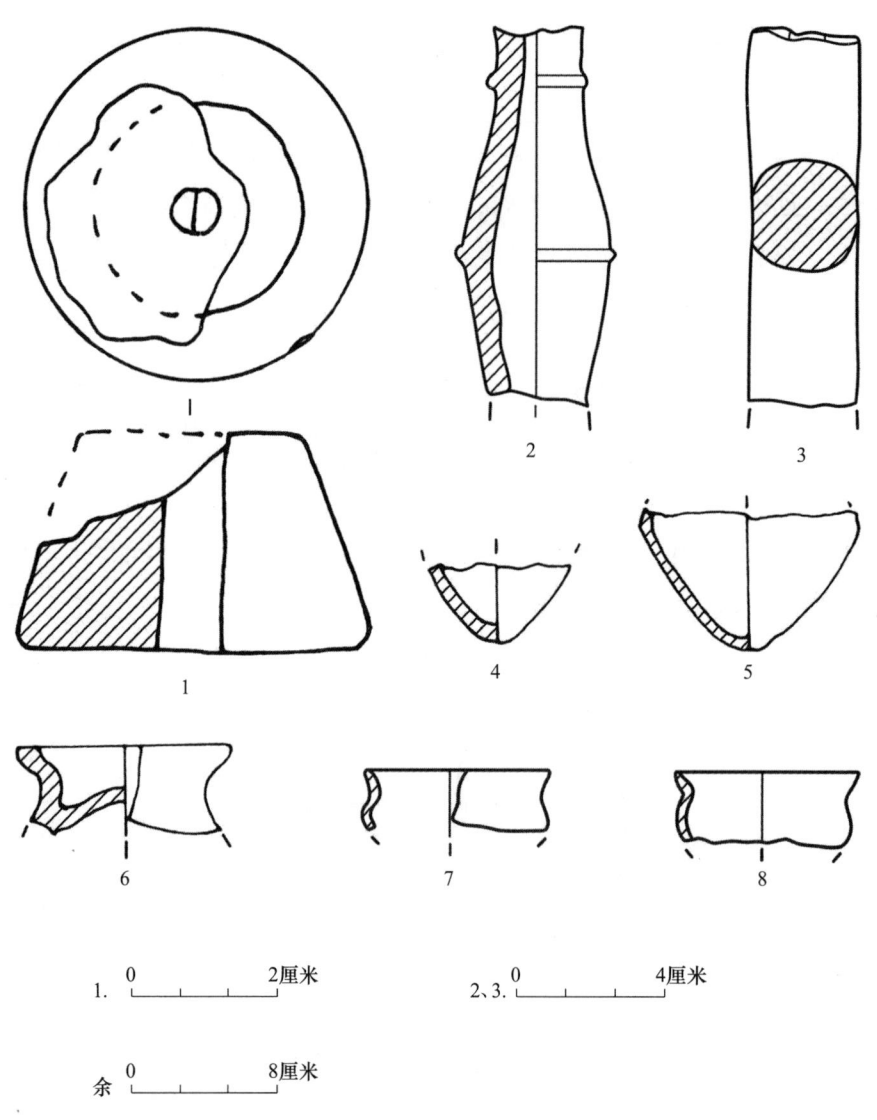

图三二 秦家院子北区第6、7层出土陶器（二）
1.纺轮（T0629⑥：1） 2、3.豆柄（T0530⑦：2、T0528⑥：5） 4、5.炮弹形尖底杯（T0629⑥：5、T0528⑥：3）
6.盖纽（T0630⑦：6） 7、8.小平底罐（T0529⑥：3、T0629⑥：3）

2. 石器

石斧 1件。标本T0528⑦：2，黄色，平面呈椭圆形。斜顶、凸刃。用砾石打制成形，背面保留部分自然面。长11、宽6厘米（图三三，1）。

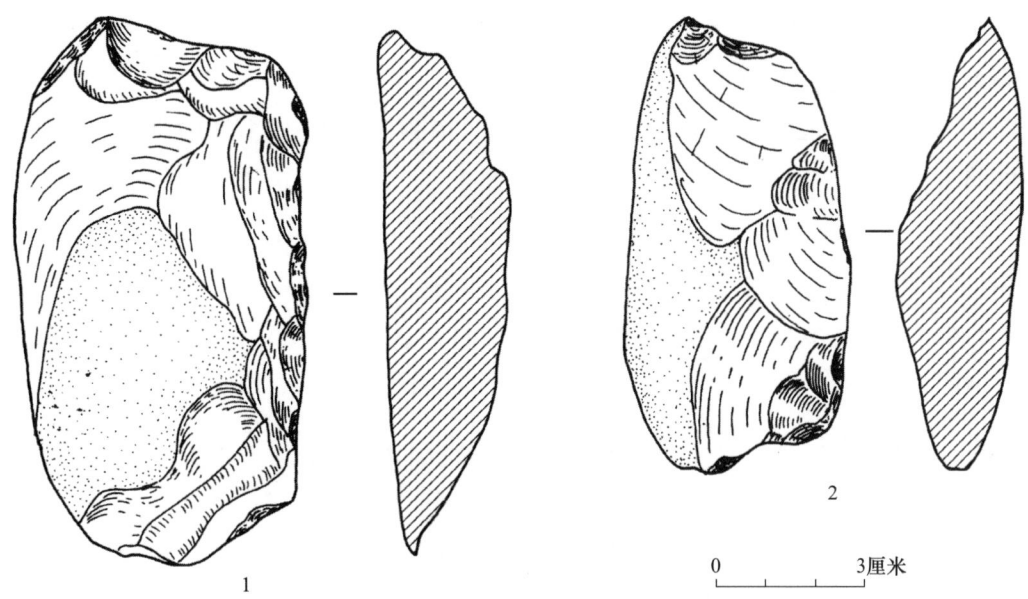

图三三　秦家院子北区第 7 层出土石器
1. 斧（T0528⑦∶2）　2. 刮削器（T0728⑦∶3）

刮削器　1件。标本 T0728⑦∶3，豆绿色，平面呈椭圆形。弧顶、凸刃。打制剥片，由石片的自然面向破裂面打制加工成刃。长 8.5、宽 4.2 厘米（图三三，2）。

（三）袁家岩 A 发掘点第 8 层

花边圜底罐　1件。标本 T0927⑧∶1，圆唇，大口，束颈，溜肩夹砂灰褐陶。口径 32.4 厘米，残高 10 厘米（图三四，1）。

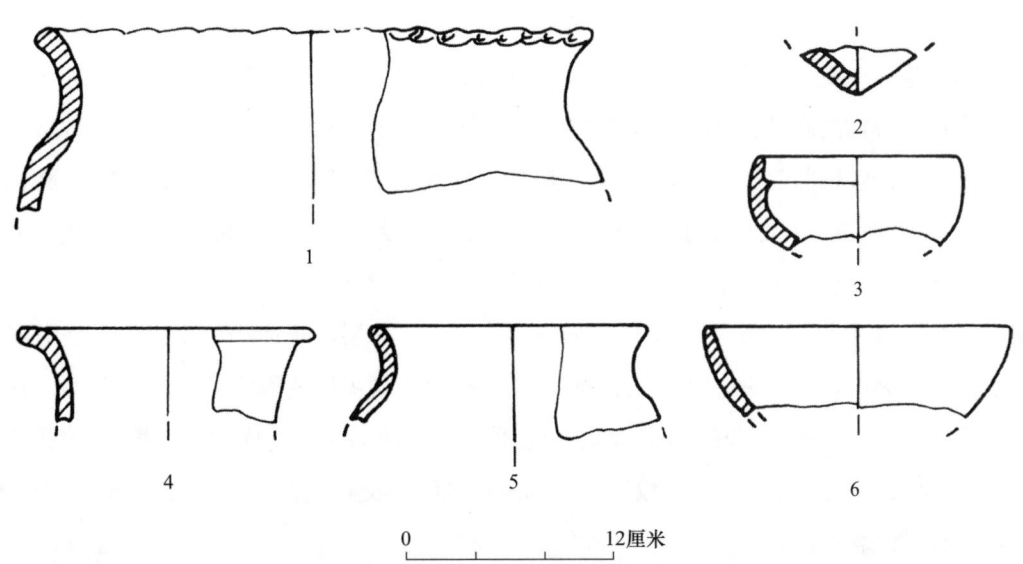

图三四　袁家岩 A 发掘点第 8 层出土陶器
1. 花边圜底罐（T0927⑧∶1）　2. 尖底器（T0928⑧∶2）　3. 盏（T0829⑧∶2）　4. 壶（T0829⑧∶3）
5. 素缘圜底罐（T0828⑧∶4）　6. 钵（T0928⑧∶3）

素缘圜底罐　1件。标本T0828⑧：4，夹砂灰褐陶，圆唇，侈口，束颈，溜肩。口径16厘米，残高5.2厘米（图三四，5）。

壶　1件。标本T0829⑧：3，夹砂灰陶，圆唇，束颈，高领。口径17.2厘米，残高5.2厘米（图三四，4）。

钵　1件。标本T0928⑧：3，夹砂灰褐陶，尖圆唇，敞口，斜弧腹。口径18厘米，残高4.8厘米（图三四，6）。

盏　1件。标本T0829⑧：2，泥质红陶，敛口，斜弧腹。口径12厘米，残高5.2厘米（图三四，3）。

尖底器　1件。标本T0928⑧：2，泥质灰陶，残高2.4厘米（图三四，2）。

第三节　C组单位遗存

一、遗存分布与特征

该组单位遗存主要包含秦家院子遗址中区第4层、南区第5层、H2、H3、H4、H5、H6、H7，袁家岩遗址A发掘点的第7层和B发掘点的第4～6层、H3。

秦家院子遗址该组单位出土遗物较多，主要有陶器、石器和少量铜器。陶器以夹砂红（黄）褐、灰褐等褐色夹砂陶为大宗，夹砂陶占绝大多数（占90%以上）。纹饰以绳纹为主，方格纹次之，另有少量弦纹，釜、罐类器物口部流行压印的花边装饰（图三五）。器类以圜底器占多，其次是平底器、尖底器。器类以釜、罐数量最多，其次为盆、钵、器盖、网坠，少量甗、鬲和豆形器等。

秦家院子遗址H4、H5出土的夹砂陶约占90%，夹粗砂与夹细砂比例相差不大（分别约占46%、43%）；有纹饰的陶片占71%，纹饰以粗绳纹为主（约占63%），少量细绳纹、方格纹、弦纹等（附表二）；器类以圜底为主，其次是尖底器和平底器。中区第4层，南区第5层，及H2、H3、H6、H7夹砂陶数量继续增加，高达94.1%，夹粗砂比例增大（约占64.3%）；绳纹比例增大（约占69.6%）。器类新增加甗、鬲、器盖、豆形器、网坠等。

袁家岩遗址A发掘点的第7层和B发掘点的第4、5、6层出土遗物较少，主要是陶器，以夹砂陶为主，约占80%。泥质陶较少，占总数20%，夹砂陶以灰褐色陶为主，约占50%，其次是红褐色（20%）、灰陶（20%）和红陶（10%）。泥质陶以灰陶为主，红陶次之。陶器器表以素面为主，比例达60%，也有少量绳纹、带纹等，绳纹多粗绳纹、交错绳纹（图三六）。陶器的制法手制、轮制兼有，器型有罐、壶等。

二、遗存单位

（一）H2

位于秦家院子遗址 T1110 东北角，开口第 4 层下、打破 H3、第 5 层。已揭露部分口径约 140 厘米，深 25 厘米。坑内填土为较疏松的黄褐色粉砂土，出土遗物有陶片、石片、兽骨、鱼骨等，陶片多为器物腹片，除纹饰标本外无器物标本（图三七）。

图三五　C 组单位出土陶器纹饰拓片（一）
1、4.细绳纹（2002FGQH4：4、2002FGQT1110④：26）　2、5.粗绳纹（2002FGQH5：29、2002FGQH3：7）
3.方格纹（2002FGQH3：6）

图三六　C组单位出土陶器纹饰拓片（二）
1. 粗绳纹（2001FGYT0729⑤∶1）　2. 交错细绳纹（2001FGYT0827⑦∶4）

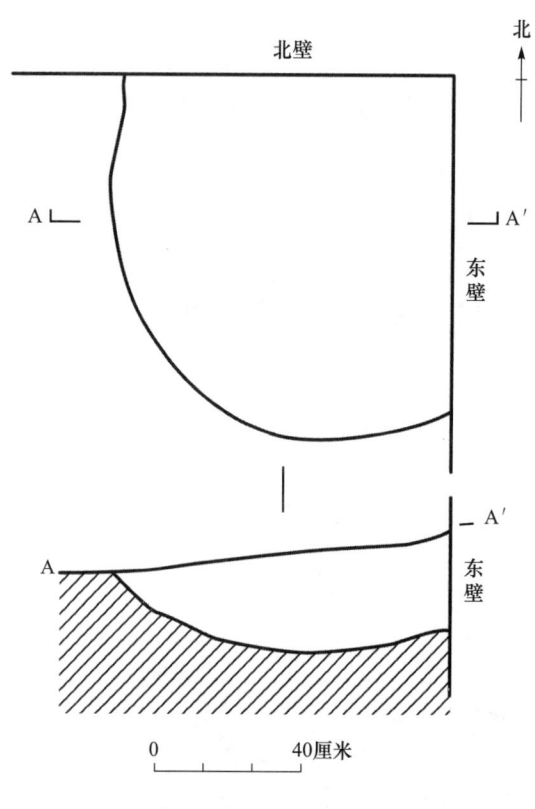

图三七　2002FGQH2平、剖面图

（二）H3

位于秦家院子遗址T1110东部并延伸至T1010西部，开口第4层之下，被H2打破，打破H4、H5及第5层。平面近椭圆形，斜弧壁，圜底。坑口长径400、短径285厘米，深35厘米。坑内填土为灰褐色粉砂土，较疏松，夹杂较多炭屑、红烧土颗粒。出土大量陶片、石片和部分兽骨，可辨器型有罐、釜、尖底杯、钵、网坠等（图三八；彩版一二，1）。

花边釜　15件。标本H3∶6，夹砂红陶，口微侈，颈部微束，腹微鼓，腹部饰斜向绳纹。口径20、残高15厘米（图三九，1）。标本H3∶8，夹砂褐陶，敞口、斜方唇，鼓腹，腹部饰斜向绳纹。口径24、残高11.6厘米（图三九，2）。

素口釜　2件。标本H3∶4，夹砂红陶，敞口、圆唇、中领，饰粗绳纹。口径18、残高8厘米（图三九，3）。

花边圜底罐　8件。标本H3∶1，夹砂红褐陶，直口微侈，腹微鼓，圜底，器表饰粗绳纹。口径11、高12.1厘米（图三九，5）。标本H3∶2，夹粗纱红陶，直口微侈，直弧腹、圜底，器表通体饰粗绳纹。口径11、高13.2厘米（图三九，6）。标本H3∶3，夹粗纱红陶，直口微侈，直弧腹、圜底，器表通体饰粗绳纹。口径11.6、高13.2厘米（图三九，7）。

花边高领罐　3件。标本H3∶9，夹砂红陶，直口微侈，圆唇，口部饰锯齿花边。口径20、残高9.5厘米（图三九，4）。

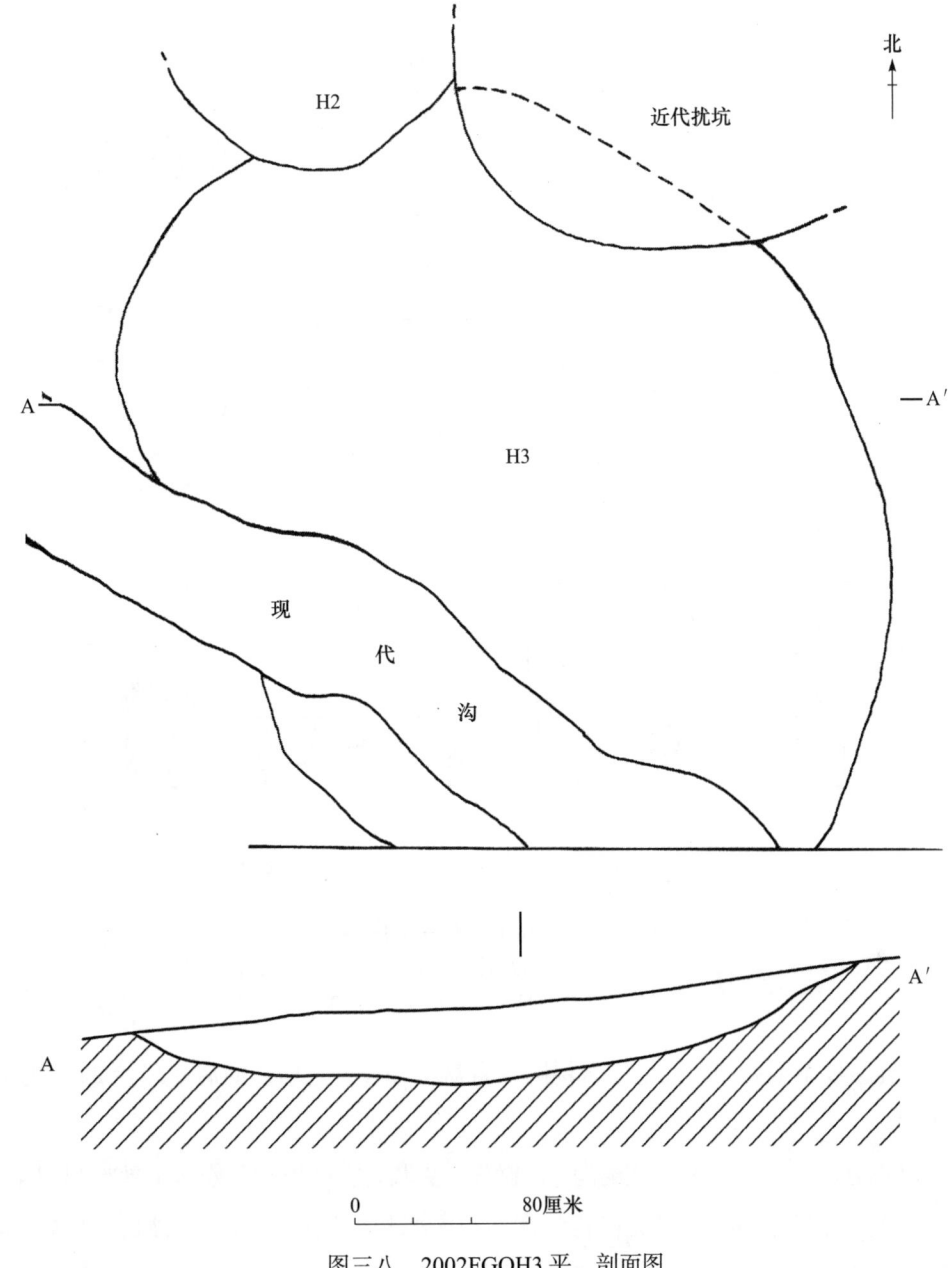

图三八　2002FGQH3 平、剖面图

素侈口罐　2件。标本 H3：10，夹砂灰褐陶，方唇、束颈。口径16、残高 3.2 厘米（图三九，9）。

盖纽　1件。标本 H3：11，细砂褐陶，纽径 4 厘米（图三九，8）。

鬲足　1件。标本 H3：13，夹砂灰褐陶，浅袋足较直，饰粗绳纹。残高 14.8 厘米（图三九，10）。

（三）H4

位于秦家院子遗址 T1010 东南角，开口第 4 层下、被 H3 打破，打破第 5 层。平面呈不规则椭圆形，坑壁无人工加工痕迹。已揭露部分口径约 250 厘米，深 45 厘米。坑内填土为较疏松的黄褐色粉砂土，出土遗物有陶片、石片等（图四〇）。

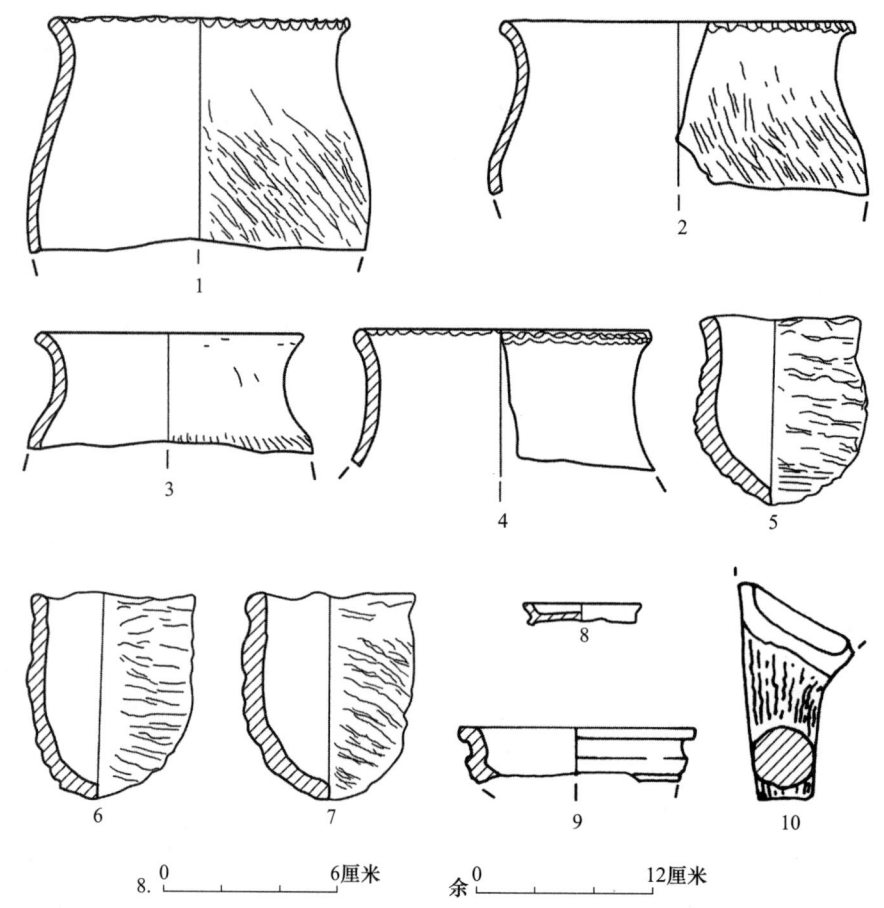

图三九　2002FGQH3 出土陶器

1、2. 花边釜（H3∶6、H3∶8）　3. 素口釜（H3∶4）　4. 花边高领罐（H3∶9）　5～7. 花边圜底罐（H3∶1、H3∶2、H3∶3）　8. 盖纽（H3∶11）　9. 侈口罐（H3∶10）　10. 高足（H3∶13）

盘口罐　1件。标本 H4∶3，夹细砂灰褐陶，素盘口外侈、尖唇，溜肩。口径 24、残高 8 厘米（图四一，3）。

侈口罐　1件。标本 H4∶2，夹砂灰褐陶，口微侈、尖圆唇。口径 32、残高 4 厘米（图四一，2）。

喇叭口罐　1件。标本 H4∶1，夹粗粗红陶，小喇叭口、圆唇、直领、鼓肩。口径 24、残高 31 厘米（图四一，1）。

网坠　2件。标本 H4∶5，泥质灰陶，斜弧腹，呈长条形。残长 6.6、中径 1.4 厘米（图四一，4）。

（四）H5

位于秦家院子遗址 T1110 中南部，开口第 4 层下，被 H3 打破，打破第 5 层。平面呈长条形，斜弧壁，缓圜底。坑口长径 5、短径 2 米，坑深 0.82 米。坑内填土为疏松的灰色粉砂土，夹杂大量草木灰。出土大量陶片及少量兽骨，可辨器型有罐、釜、钵、尖底杯、尖底盏等（图四二）。

花边釜　5件。标本 H5∶6，夹粗纱褐陶，侈口、圆唇、束颈、鼓腹、圜底，腹部及底饰斜向粗绳纹。口径 18、高 20.5 厘米（图四三，1）。标本 H5∶14，夹粗砂褐陶，侈口，圆唇、束颈，腹部饰竖向绳纹。口径 18、残高 15 厘米（图四三，2）。

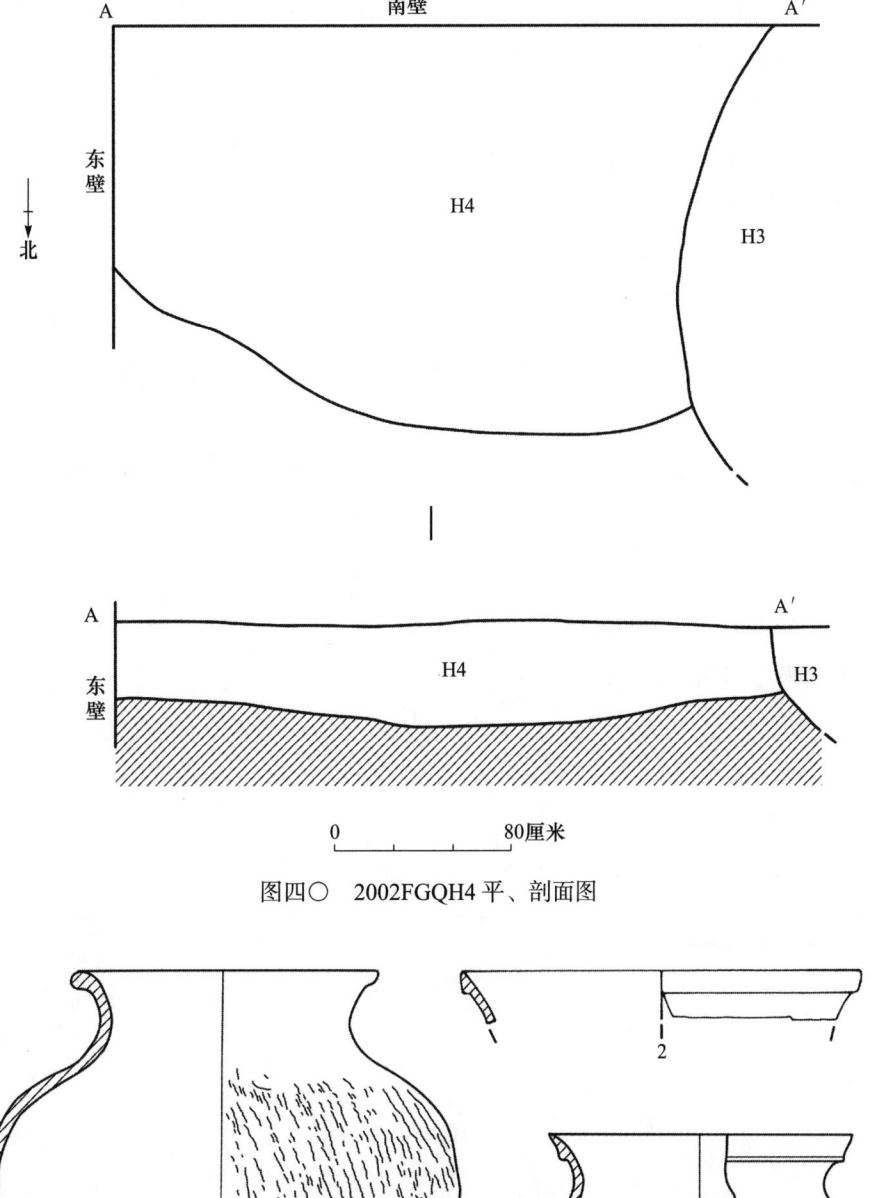

图四〇　2002FGQH4 平、剖面图

图四一　2002FGQH4 出土陶器
1. 素喇叭口罐（H4∶3）　2. 素侈口罐（H4∶2）　3. 素盘口罐（H4∶3）　4. 网坠（H4∶5）

素口釜　8件。标本 H5∶11，夹砂灰褐陶，敞口、圆唇，鼓腹、圜底。器表饰粗绳纹。口径 11、高 13 厘米（图四三，3；彩版一五，4）。标本 H5∶23，夹细砂褐陶，侈口、尖圆唇，鼓腹，腹部饰斜向绳纹。口径 16、残高 11.2 厘米（图四三，4）。标本 H5∶22，夹细砂褐陶，侈口、尖圆唇，鼓腹，腹部饰斜向绳纹。口径10、残高14.2厘米（图四三，5）。H5：28，夹细砂褐陶，侈口、圆唇，鼓腹，腹部饰斜向绳纹。口径10、残高6.8厘米（图四三，6）。

花边圜底罐　10件。标本H5：3，夹砂红褐陶，侈口、束颈，腹微鼓、圜底，饰粗绳纹。口径11、高12厘米（图四三，8）。标本H5：7，夹砂红陶，侈口，腹微鼓，尖圜底，饰粗绳纹。口径10.5、高11.6厘米（图四三，7）。

花边矮领罐　6件。标本H5：15，夹砂红褐陶，侈口、圆唇，弧腹。器表饰斜向绳纹（图四三，11）。标本H5：16，夹砂红褐陶，侈口、尖圆唇，弧腹微鼓。器表饰方格纹。口径18、残高11.5厘米（图四三，10）。标本H5：18，夹砂红褐陶，侈口、圆唇，弧腹微鼓。器表饰绳纹。口径20、残高6厘米（图四三，9）。

素侈口罐　4件。标本H5：20，夹砂红陶，侈口、尖圆唇，腹微鼓。器表饰绳纹。口径16、残高8厘米（图四四，1）。标本H5：4，夹细砂灰陶，直口微侈、圆唇，鼓腹，平底。上腹部饰四周细凹弦纹。口径12.4、底径11.5、高16.8厘米（图四四，2）。

壶　1件。标本H5：25，夹细砂灰陶，侈口、斜折沿、尖圆唇，直领。领部饰两道凸弦纹。口径14、残高7.6厘米（图四四，3）。

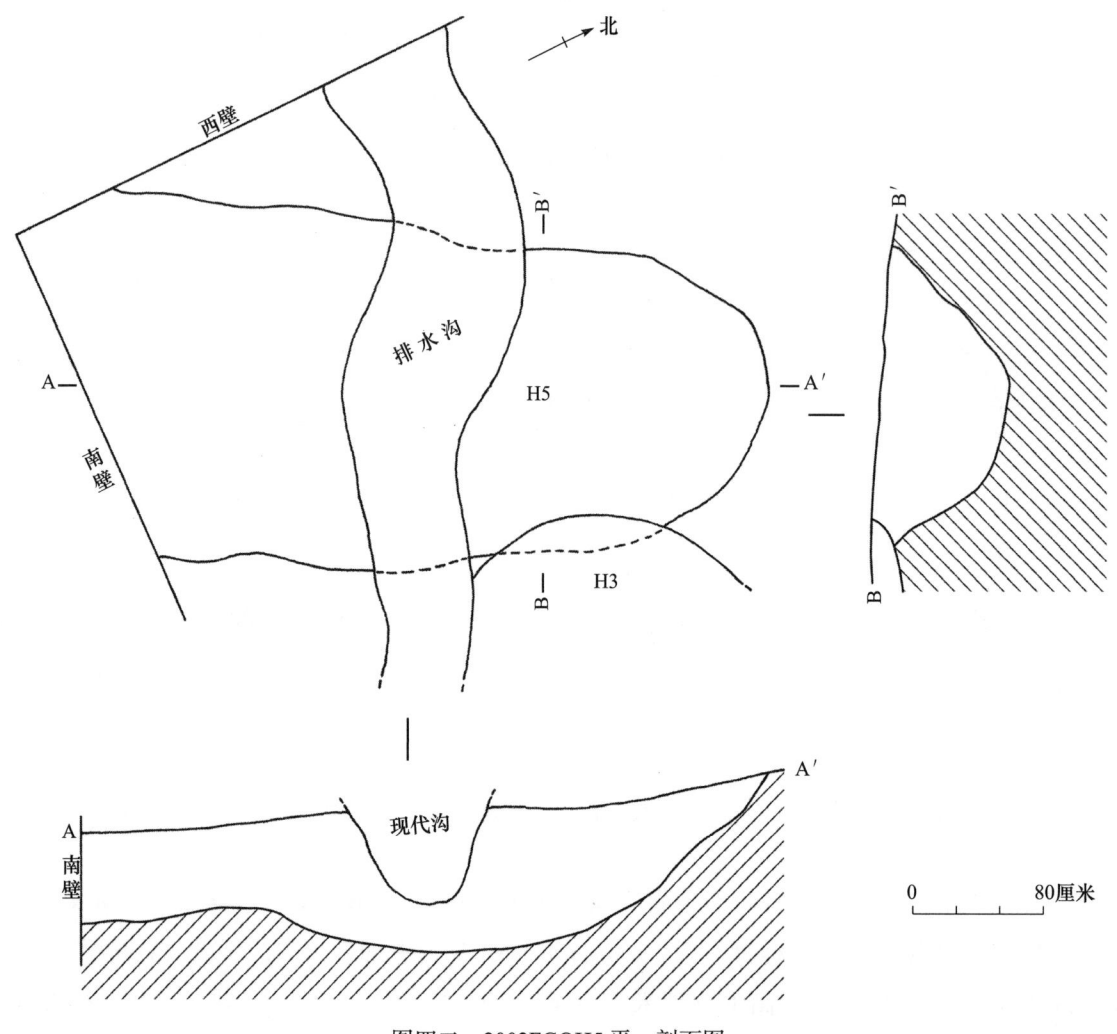

图四二　2002FGQH5平、剖面图

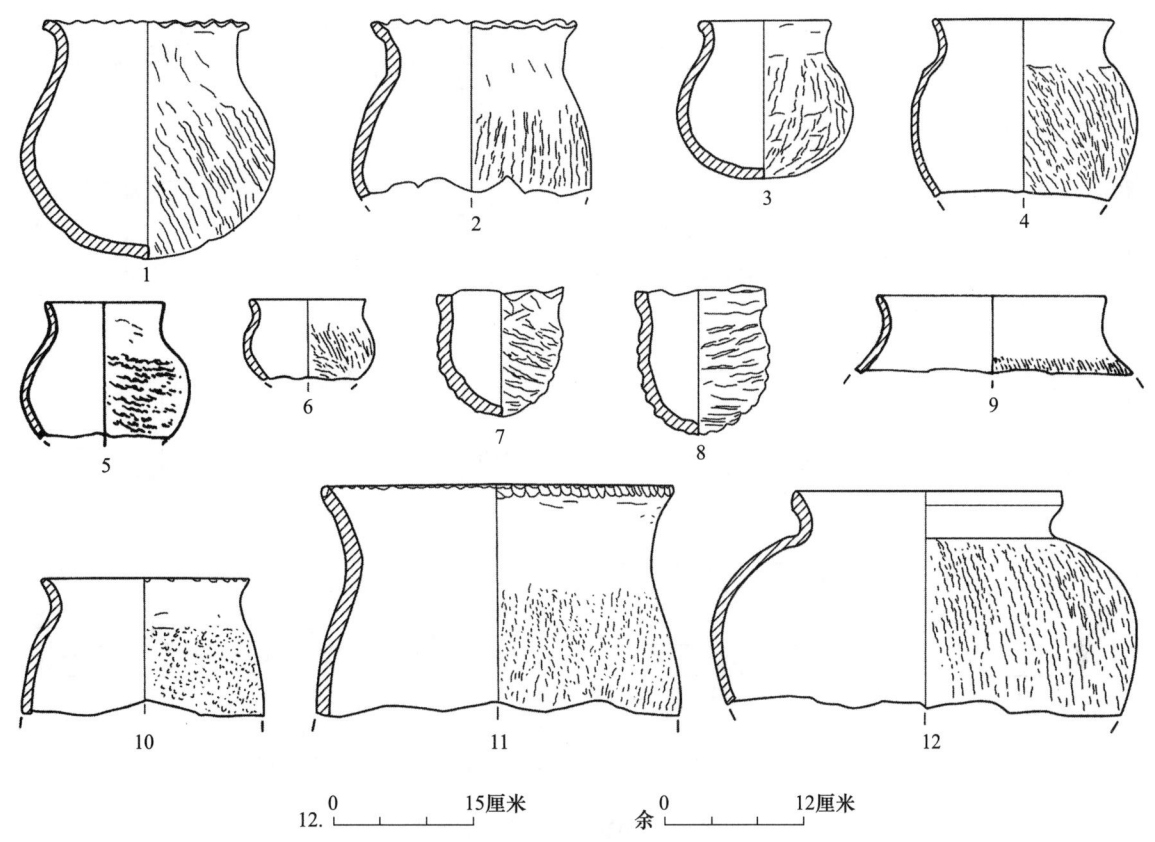

图四三　2002FGQH5 出土陶器
1、2. 花边釜（H5∶6、H5∶14） 3～6. 素口釜（H5∶11、H5∶23、H5∶22、H5∶28） 7、8. 花边圜底罐（H5∶7、H5∶3） 9～11. 花边矮领罐（H5∶18、H5∶16、H5∶15） 12. 瓮（H5∶17）

侈口圜底钵　2件。标本 H5∶10，夹细砂红陶，侈口、折沿、圆唇，鼓腹、圜底。口径 12、高 6.8 厘米（图四四，6）。H5∶8，夹细砂灰陶，圆唇、鼓腹、圜底。口径 10.8、高 7 厘米（图四四，7）。

敞口圜底钵　3件。标本 H5∶9，夹细砂红褐陶，敞口、圆唇、弧腹、圜底。口径 17、高 7.4 厘米（图四四，8；彩版一四，2）。H5∶26，夹细砂灰褐陶，敞口、方唇，斜弧腹、圜底，器腹内壁刻划波浪纹，口径 16、残高 5.8 厘米（图四四，9）。H5∶27，细砂灰褐陶，敞口、方唇，弧腹、圜底，口径 18、高 7.5 厘米（图四四，10）。

小平底钵　2件。H5∶12，泥质灰陶，敛口、斜沿、方唇，上腹外鼓，下腹内收至底呈小平底。口径 16、底径 5.6、高 8.4 厘米（图四四，11）。标本 H5∶2，泥质灰陶，侈口、尖唇、斜折沿、平底。口径 17、底径 6.4、高 7.6 厘米（图四四，12）。

尖底盏　16件。标本 H5∶5，夹细砂褐陶，直口微敛、圆唇。口径 10.6、高 3.5 厘米（图四四，4）。标本 H5∶13，夹细砂红陶，敞口、尖唇、弧腹。口径 12、高 3.8 厘米（图四四，5）。

瓮　1件。标本 H5∶17，夹粗砂褐陶，侈口、圆唇、束颈，腹部饰竖向绳纹。口径 18、残高 15 厘米（图四三，12）。

铜削　1件。标本 H5∶1，圜首弧刃，刃部锋利。削刃两面饰有四对"✿"图案。长 9.2、宽、圜首长径 2、短径 1.3 厘米（图四四，13）。

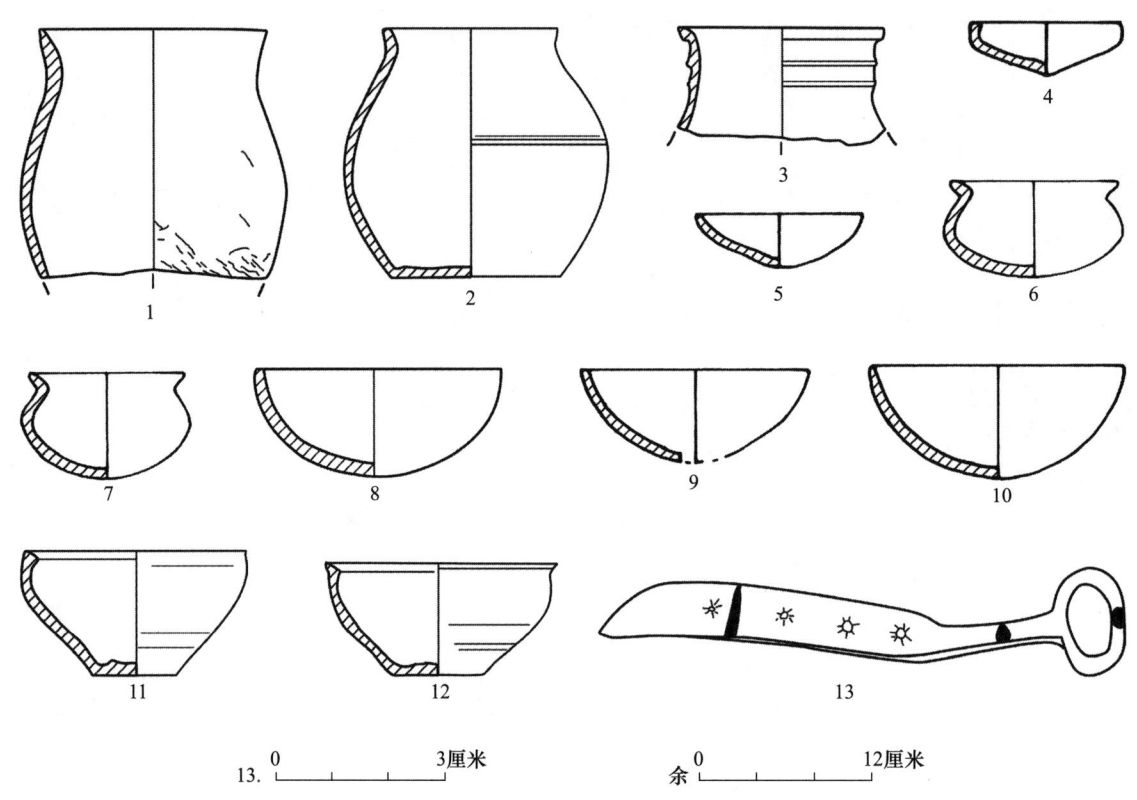

图四四　2002FGQH5 出土器物

1、2. 陶素侈口罐（H5：20、H5：4）　3. 陶壶（H5：25）　4、5. 陶尖底盏（H5：5、H5：13）　6、7. 陶侈口圜底钵（H5：10、H5：8）　8～10. 陶敞口圜底钵（H5：9、H5：26、H5：27）　11、12. 陶小平底钵（H5：12、H5：2）　13. 铜削（H5：1）

（五）H6

H6 位于秦家院子遗址 T1011 西南部，开口第 4 层下、打破第 5 层。平面呈不规则椭圆形，坑壁无人工加工痕迹。已揭露部分长径约 300、短径 190、深 40 厘米。坑内填土为较疏松的黄褐色粉砂土，夹少量炭屑，出土遗物有陶片、兽骨、鱼骨等，陶片均为器物腹片，除纹饰标本外无器物标本（图四五）。

（六）H7

位于秦家院子遗址 T1011 东北角，开口第 4 层下、打破第 5 层。平面呈圆形，斜弧壁，锅底状。坑口直径约 110 厘米，深 60 厘米。坑内填土为较疏松的黄褐色粉砂土，出土遗物有陶片、兽骨、鱼骨等，陶片多为器物腹片，除纹饰标本外无器物标本（图四六）。

（七）2001FGYH3

位于袁家岩遗址 B 发掘点 T1612 中部，开口于第 4 层下，打破第 5 层。坑口距地表约 60 厘米，坑口平面近圆形，直径约 110 厘米，深约 28 厘米。坑底较平坦，坑壁、坑底无明显加工痕迹，坑内填土为灰褐色粉砂土，较紧密，坑内包含物较少，出土部分泥质陶片（图四七）。

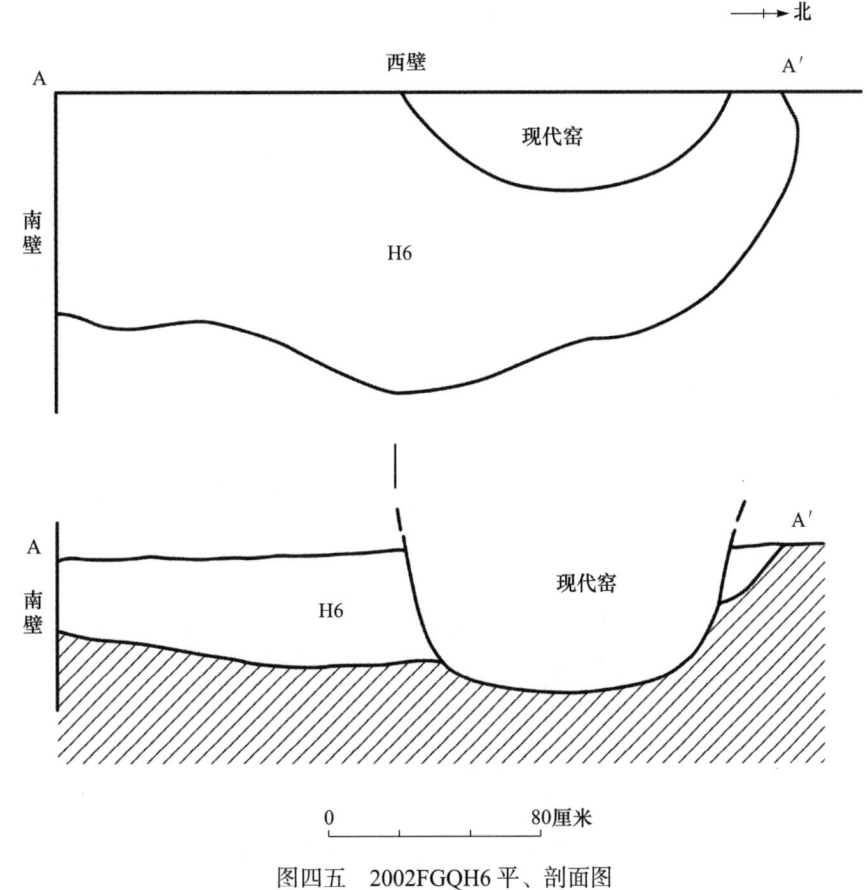

图四五　2002FGQH6 平、剖面图

（八）秦家院子中区第 4 层

1. 陶器

花边釜　50 件。标本 T1211④：3，夹砂褐陶，敞口、尖圆唇。口径 32、残高 9.4 厘米（图四八，1）。标本 T1110④：5，夹砂褐陶，敞口、尖圆唇，领较高。口径 26、残高 10.4 厘米（图四八，2；彩版一五，3）。标本 T1111④：4，夹砂黑陶，侈口、圆唇。口径 26、残高 10.6 厘米（图四八，3）。标本 T1111④：3，夹砂褐陶，侈口、圆唇，唇部外撇，腹部饰粗绳纹。口径 28、残高 15 厘米（图四八，4）。标本 T1111④：2，夹砂褐陶，侈口、圆唇，腹部饰绳纹。口径 32、残高 10.5 厘米（图四八，5）。标本 T1110④：7，夹砂红褐陶，敞口、尖圆唇，器表饰绳纹。口径 2、残高 7 厘米（图四八，6）。

素口釜　70 件。标本 T1110④：17，夹砂褐陶，侈口、圆唇，鼓腹，腹部饰斜向绳纹。口径 12、残高 7 厘米（图四八，7）。标本 T1110④：18，夹砂褐陶，直口微侈、圆唇，溜肩，弧腹。口径 10、残高 10 厘米（图四八，8）。标本 T1010④：5，夹砂褐陶，侈口、尖圆唇，溜肩，弧腹。腹部饰粗绳纹。口径 10、残高 8.5 厘米（图四八，9）。

花边圜底罐　12 件。标本 T1010④：6，夹砂红褐陶，侈口、束颈，腹微鼓、残底，饰粗绳纹。口径 14、残高 6.8 厘米（图四八，14）。标本 T1110④：19，夹砂红褐陶，直口微侈，腹微鼓、

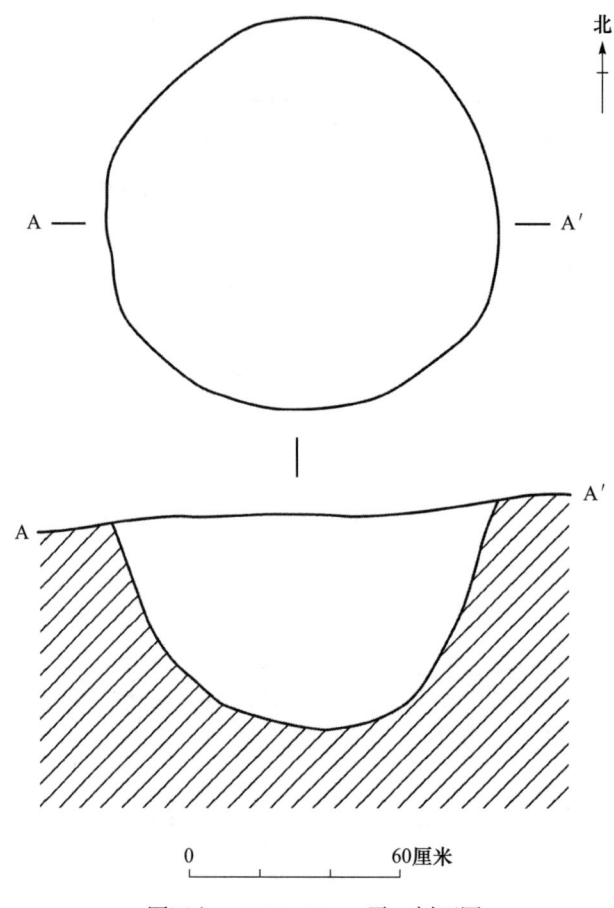

图四六 2002FGQH7 平、剖面图

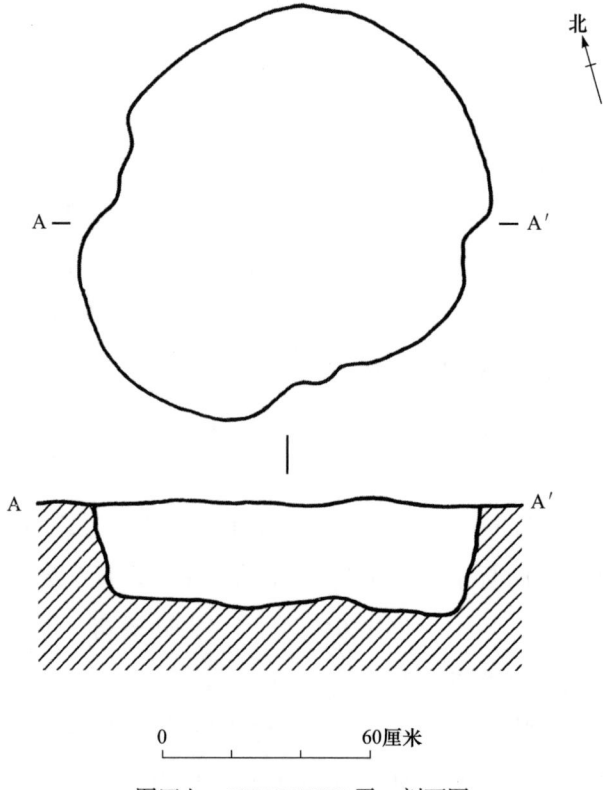

图四七 2001FGYH3 平、剖面图

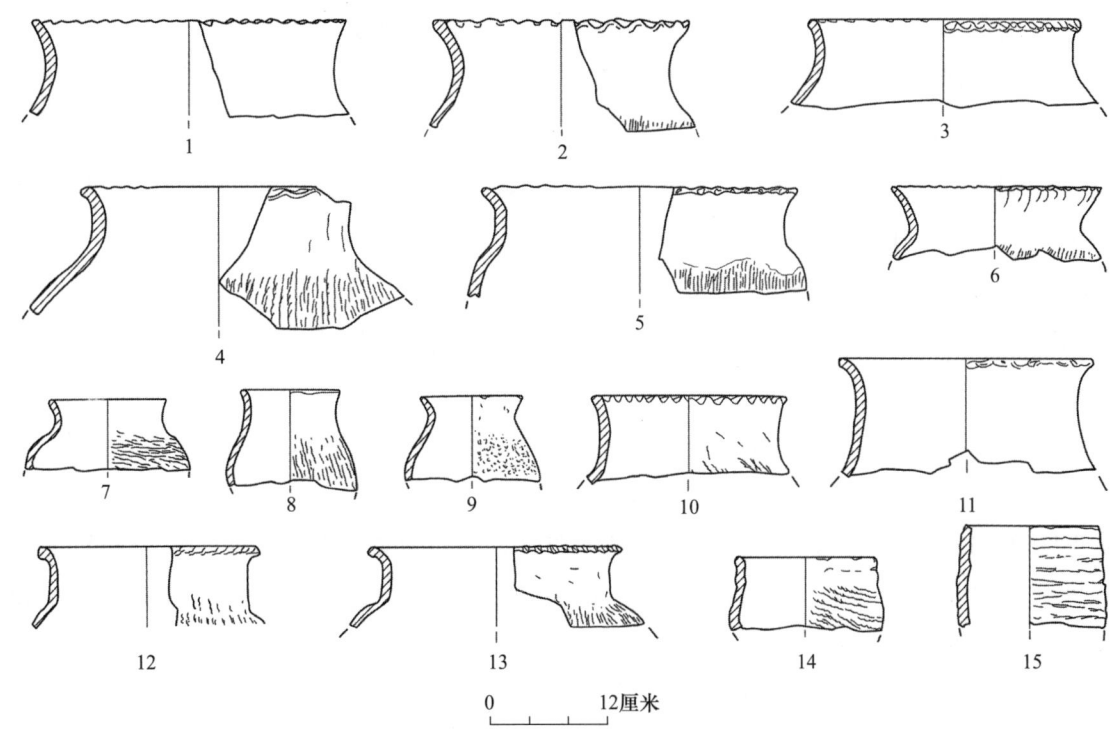

图四八 秦家院子中区第 4 层出土陶器（一）

1～6. 花边釜（T1211④：3、T1110④：5、T1111④：4、T1111④：3、T1111④：2、T1110④：7）　7～9. 素口釜（T1110④：17、T1110④：18、T1010④：5）　10～13. 花边高领罐（T1111④：8、T1110④：6、T1110④：3、T1011④：3）　14、15. 花边圜底罐（T1010④：6、T1110④：19）

残底，饰粗绳纹。口径 14、残高 10 厘米（图四八，15）。

花边高领罐　20 件。标本 T1111④：8，夹粗砂红褐陶，直口微侈，圆唇，口部饰锯齿花边。口径 20、残高 8 厘米（图四八，10）。标本 T1110④：6，夹砂灰陶，侈口、圆唇。口径 26、残高 11 厘米（图四八，11）。标本 T1110④：3，细砂红褐陶，侈口、圆唇，唇外撇，直领。器表饰绳纹。口径 22、残高 8 厘米（图四八，12）。标本 T1011④：3，夹砂灰褐陶，侈口、尖圆唇，沿外翻，直领。器表饰绳纹。口径 26、残高 8 厘米（图四八，13）。

花边矮领罐　15 件。标本 T1111④：9，夹砂灰褐陶，敞口、尖圆唇，弧腹。器表饰斜向粗绳纹。口径 16、残高 16 厘米（图四九，1）。

素盘口罐　24 件。T1111④：10，细砂灰陶，盘口、尖圆唇，鼓肩。器表饰方格纹。口径 26、残高 10 厘米（图四九，2）。标本 T1110④：4，细砂灰陶，盘口、尖圆唇，耸肩。盘口外表施弦纹，器表饰绳纹。口径 32 厘米，残高 10.5 厘米（图四九，3）。标本 T1110④：20，夹砂灰陶、圆唇。口径 50、残高 7 厘米（图四九，4）。

素侈口罐　14 件。标本 T1110④：12，夹砂灰褐陶，侈口、圆唇。口径 24、残高 8.6 厘米（图四九，5）。标本 T1111④：11，泥质灰陶，侈口、尖圆唇。口径 26、残高 6.5 厘米（图四九，6）。标本 T1110④：10，夹砂红褐陶，侈口、圆唇，鼓腹。器表饰粗绳纹。口径 16、残高 11 厘米（图四九，7）。

素直口罐 9件。标本T1110④∶9，夹砂灰褐陶，直口微敛、圆唇。口径24、残高8厘米（图四九，8）。标本T1110④∶11，夹砂红褐陶，直口微侈、圆唇，器表饰粗绳纹。口径16、残高7.5厘米（图四九，9）。

素喇叭口罐 4件。标本T1111④∶5，夹砂灰陶，大喇叭口、尖圆唇。口径33.6厘米、残高13.2厘米（图四九，10）。

敞口圜底钵 21件。标本T1111④∶13，夹粗砂红褐陶，敞口微敛、圆唇，圜底。口径14.8、残高6.6厘米（图四九，11）。标本T1111④∶15，夹粗砂红褐陶，敞口、圆唇，圜底。口径14、残高6.6厘米（图四九，12）。

侈口圜底钵 1件。标本T1111④∶14，夹细砂红陶，侈口、折沿、圆唇、鼓腹、圜底。口径16、高6厘米（图四九，13）。

尖底盏 18件。标本T1110④∶1，夹细砂红陶，敞口微敛、圆唇、斜直腹。口径12.2、高4.6厘米（图四九，14）。标本T1110④∶3，夹细砂灰陶，敞口微敛、圆唇、小平底。口径10.8、高4.4厘米（图四九，15）。

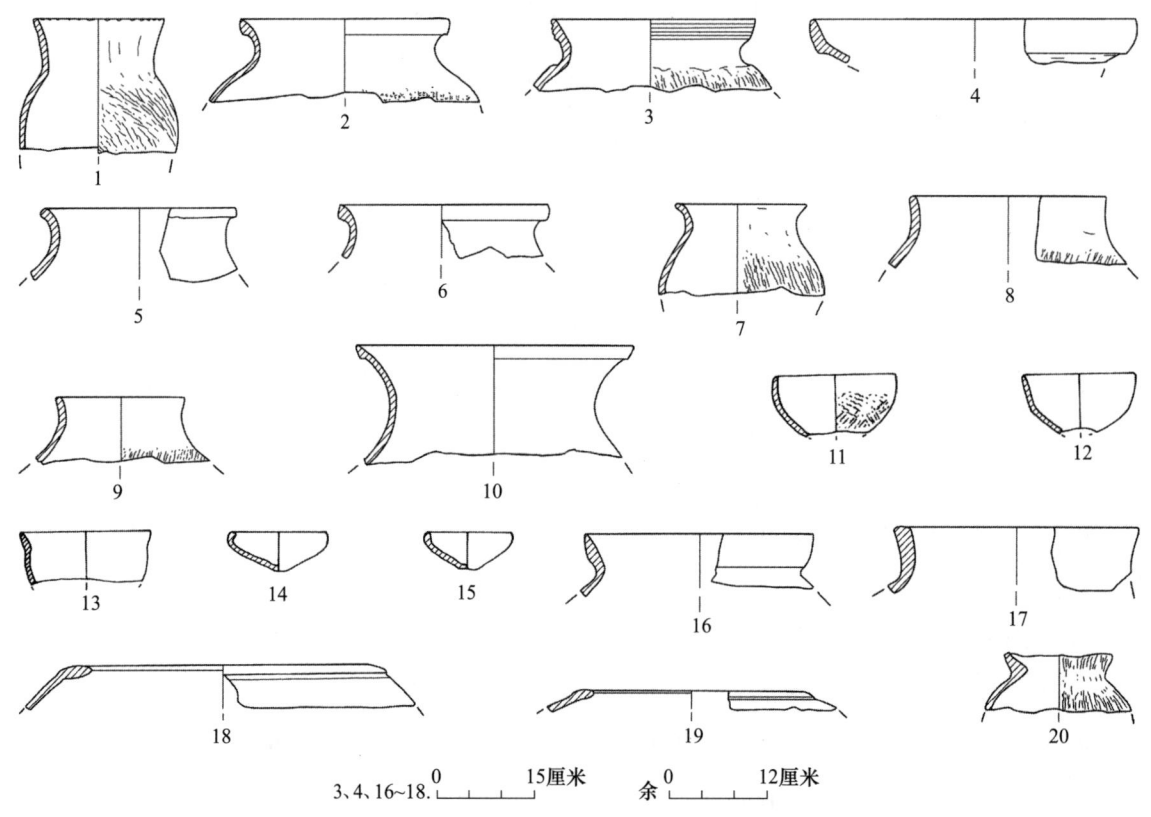

图四九 秦家院子中区第4层出土陶器（二）

1.花边矮领罐（T1111④∶9） 2~4.素盘口罐（T1111④∶10、T1110④∶4、T1110④∶20） 5~7.素侈口罐（T1110④∶12、T1111④∶11、T1110④∶10） 8、9.素直口罐（T1110④∶9、T1110④∶11） 10.素喇叭口罐（T1111④∶5） 11、12.敞口圜底钵（T1111④∶13、T1111④∶15） 13.侈口圜底钵（T1111④∶14） 14、15.尖底盏（T1110④∶1、T1110④∶3） 16~19.瓮（T1110④∶22、T1111④∶16、T1010④∶8、T1111④∶17） 20.甗（T1111④∶7）

瓮 12件。标本T1110④:22,夹砂红陶,直口、尖圆唇。口径36、残高8厘米(图四九,16;彩版一五,6)。标本T1111④:16,夹砂红陶,斜直口、圆唇。口径38、残高8.8厘米(图四九,17)。标本T1010④:8,夹砂灰陶,敛口、圆唇。口径40、残高6.5厘米(图四九,18)。标本T1111④:17,夹砂红陶,敛口、圆唇。口径24、残高2厘米(图四九,19)。

甗 17件,仅残存腰部。标本T1111④:7,夹砂褐陶,外壁饰粗绳纹。残高7厘米(图四九,20)。

网坠 15件。标本T1010④:11,泥质灰陶,斜弧腹,约呈长条形。长6.6、中径1.4厘米(图五〇,1)。标本T1010④:1,泥质灰陶,斜弧腹,约呈长条形。残长4.8、中径1.5厘米(图五〇,2)。标本T1010④:12,泥质灰陶,斜弧腹,约呈长条形。长5.6、中径1.9厘米(图五〇,3)。标本T1010④:3,夹砂黑陶,斜弧腹,约呈长条形。长6、中径1.7厘米(图五〇,4)。标本T1111④:21,夹砂褐陶,微鼓腹,呈橄榄形。长5、中鼓径1.5厘米(图五〇,5)。标

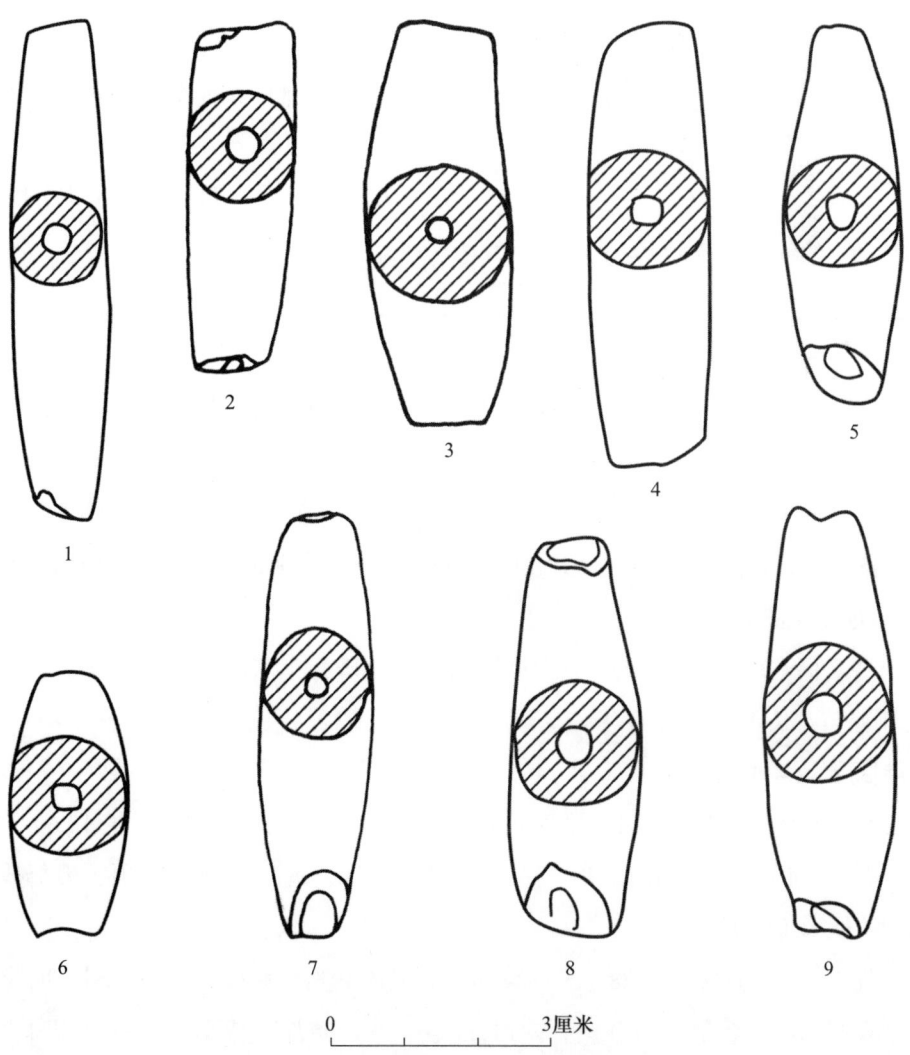

图五〇 秦家院子中区第4层出土陶网坠
1. T1010④:11 2. T1010④:1 3. T1010④:12 4. T1010④:3 5. T1111④:21 6. T1110④:2 7. T1111④:1
8. T1110④:5 9. T1111④:3

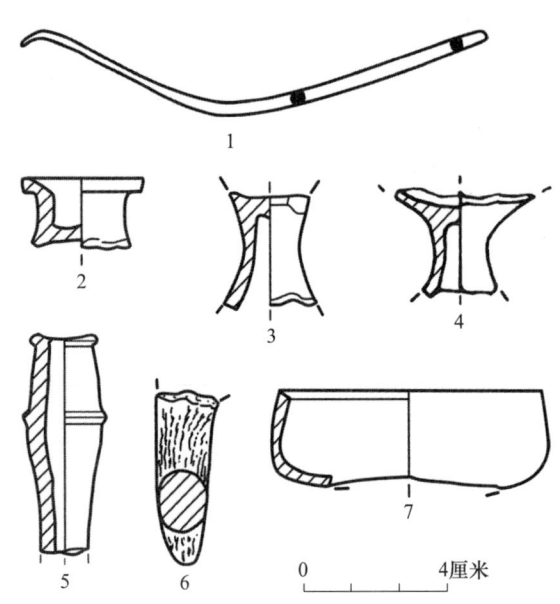

图五一　秦家院子中区第 4 层及晚期遗存出土器物
1. 铜钗（T1010④：2）　2. 陶器盖（T1110④：24）
3. 陶豆柄（T1110④：23）　4、5. 陶豆柄（G1⑦：6、G1⑦：5）　6. 陶器足（T1111④：19）　7. 陶豆盘（T1010④：9）

本 T1111④：1，夹砂褐陶，微鼓腹，呈橄榄形。长 5.6、中鼓径 1.5 厘米（图五〇，7）。标本 T1110④：5，夹砂褐陶，微鼓腹，呈橄榄形。长 5.4、中鼓径 1.8 厘米（图五〇，8）。标本 T1111④：3，夹砂红陶，微鼓腹，呈橄榄形。长 5.5、中径 1.8 厘米（图五〇，9）。标本 T1110④：2，夹砂黑陶，器身矮胖。长 3.5、中径 1.6 厘米（图五〇，6）。

豆盘　7 件。标本 T1010④：9，细砂灰陶，敛口、斜平沿。盘径 14.8、残高 4.8 厘米（图五一，7）。

豆柄　8 件。标本 T1110④：23，夹细砂褐陶，残高 6 厘米（图五一，3）。

器盖　8 件。标本 T1110④：24，夹细砂灰陶，残高 3.8 厘米（图五一，2）。

器足　1 件。标本 T1111④：19，夹砂灰褐陶，足较直，饰粗绳纹。残高 18 厘米（图五一，6）。

2. 石器

共出土石器 7 件，均以深绿色砾石为料，据加工方法分为打制石器和磨制石器两类。

（1）打制石器　3 件。

石锛　2 件。标本 T1211④：6，平面呈长条形。弧顶、直刃，两侧经打制修整。长 16、宽 7、厚 2.8 厘米（图五二，1）。标本 T1211④：4，平面呈长方形。平顶、直刃，两侧打制修整。长 10、宽 7.8、厚 2.6 厘米（图五二，2）。

石斧　1 件。标本 T1211④：5，平面近椭圆形。在砾石上直接打制加工成器，弧顶、凸刃，两侧稍加打制修整。长 15.4、宽 7、厚 2.8 厘米（图五二，3）。

（2）磨制石器　4 件。

石斧　2 件。标本 T1510④：1，平面近梯形，弧顶直刃，刃部磨光。长 10.6、刃宽 6.5、厚 1.8 厘米（图五二，4）。标本 T1211④：7，平面呈长方形，通体磨光，弧顶，刃部残。残长 18、宽 11.6、厚 4.4 厘米（图五二，5）。

石锛　2 件。标本 T1110④：28，平面近梯形。通体磨光，弧刃，刃部锋利，顶残。残长 3.6、刃宽 2.6、厚 0.7 厘米（图五二，6）。标本 T1111④：20，初加工成形，顶部、刃部及两侧磨制，弧顶，刃部残。残长 7、宽 4.4、厚 0.7 厘米（图五二，7）。

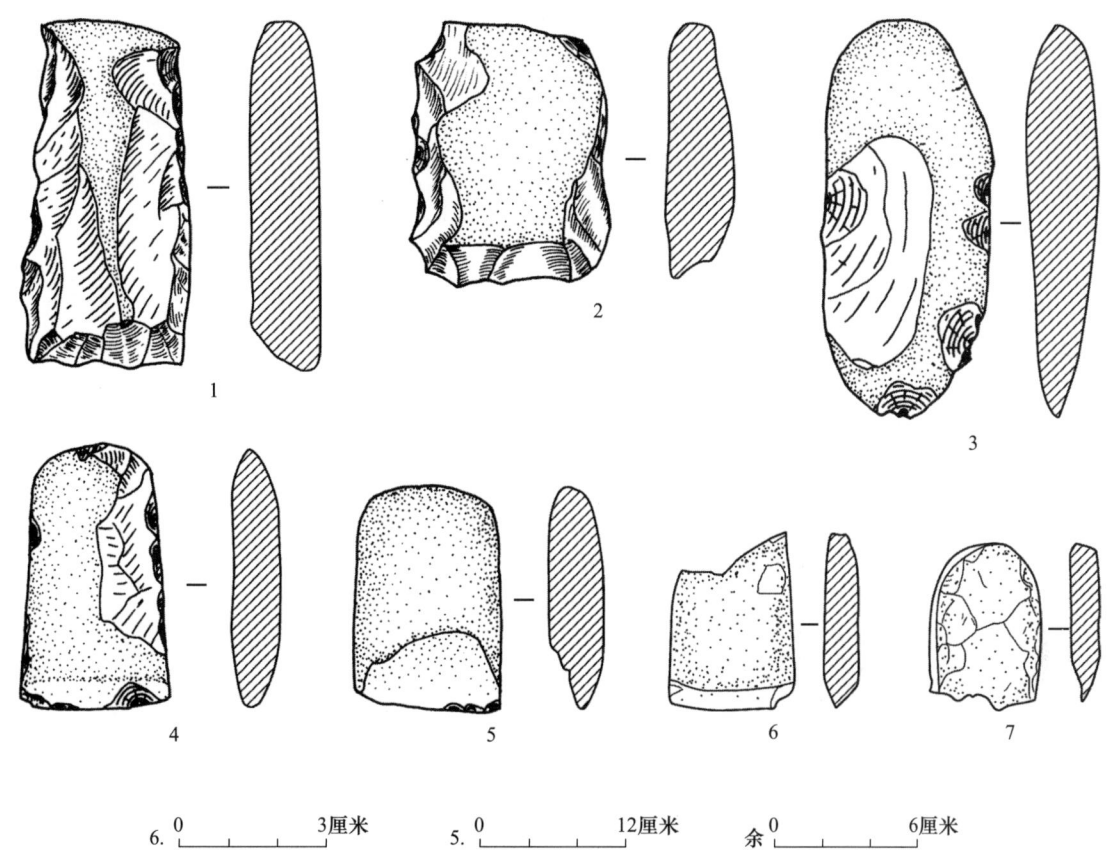

图五二　秦家院子中区第 4 层出土石器
1、2. 打制石锛（T1211④：6、T1211④：4）　3. 打制石斧（T1211④：5）　4、5. 磨制石斧（T1510④：1、④：7）
6、7. 磨制石锛（T1110④：28、T1111④：20）

3. 铜器

铜钗　1件。标本 T1010④：2，锈蚀，变形。长11、中径0.3厘米（图五一，1）。

（九）秦家院子晚期遗存出土该组遗物

豆柄　2件。标本 G1⑦：5，夹细砂褐陶，残高11厘米（图五一，5）。标本 G1⑦：6，夹细砂灰陶，残高5.6厘米（图五一，4）。

（十）袁家岩 A 发掘点第 7 层出土器物

花边圜底罐　2件。标本 T0927⑦：4，圆唇，大口，束颈，溜肩夹砂灰褐陶。口径26、残高9.6、胎厚1~1.2厘米（图五三，1）。标本 T0827⑦：3，圆唇，高领，敛口。口径22、残高7.2厘米（图五三，2）。

壶　1件。标本 T0827⑦：1，夹砂灰陶，圆唇，束颈，高领。口径22、残高3.2厘米（图五三，3）。

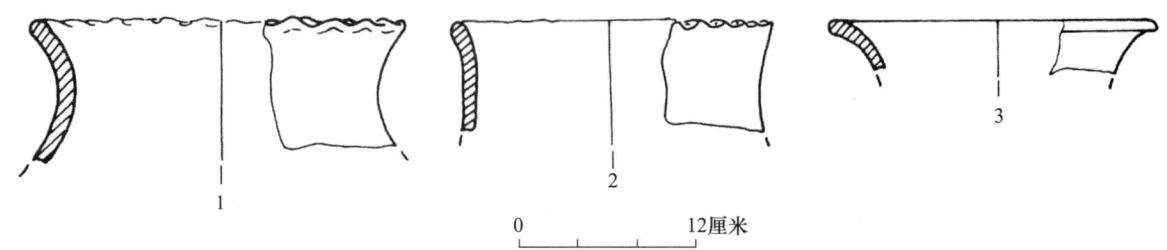

图五三 袁家岩 A 发掘点第 7 层出土陶器
1、2. 花边圜底罐（T0927⑦:4、T0827⑦:3） 3. 壶（T0827⑦:1）

第四节　D 组单位遗存

一、遗存分布与特征

该组单位遗存主要包含秦家院子遗址北区 5 层，中区 3 层，南区 4 层，Y1、G1、G2，袁家岩遗址 A 发掘点第 6 层和 B 发掘点第 3 层、H4、H5。

出土陶器以泥质灰陶为主，纹饰有绳纹、弦纹、方格纹、钱币纹等（图五四）。器类主要为罐、盆（甑）、钵、瓮、壶、筒瓦、板瓦、瓦当等。

二、遗 存 单 位

（一）G1

位于秦家院子遗址南区的中北部，横跨 T1207、T1709 等 20 个探方。开口第 3 层下，打破第 4、5、6 层，开口距地表 35～195 厘米。平面呈不规则长条形，已发掘部分长约 30 米、宽 8～14 米、深 3.8 米，沟内填土分 8 层（图五五）。

第 1 层：厚 0～35 厘米。灰白色粉砂土，土质松软、细腻，纯净无包含物。

第 2 层：厚 0～20 厘米。浅黄褐色粉砂土，土质松软、细腻，无包含物。主要分布在沟的东部。

第 3 层：厚 0～40 厘米。浅灰色粉砂土，土质松软，细腻，无包含物。厚 0～35 厘米。

第 4 层：红褐色粉砂土，松软、细腻，纯净。

第 5 层：厚 0～52 厘米。灰褐色粉砂土，土质松软、细腻，纯净无包含物。

第 6 层：厚 0～115 厘米。暗红色粉砂土，土质松软、细腻，无包含物。

第 7 层：厚 0～180 厘米。黄褐色粉砂土，土质较松软，出土大量陶、瓷片等。

第 8 层：厚 0～210 厘米。灰褐色粉砂土，土质较疏松，出土大量陶片、石片等。

G1 为洪水冲刷形成的一条自然冲沟，堆积可分为三大层，第一层为洪水淤积层（含第 1～6 层），第二层（含第 7 层）为汉、六朝时期堆积，第三层（第 8 层）为汉代堆积，含部分早期陶片。

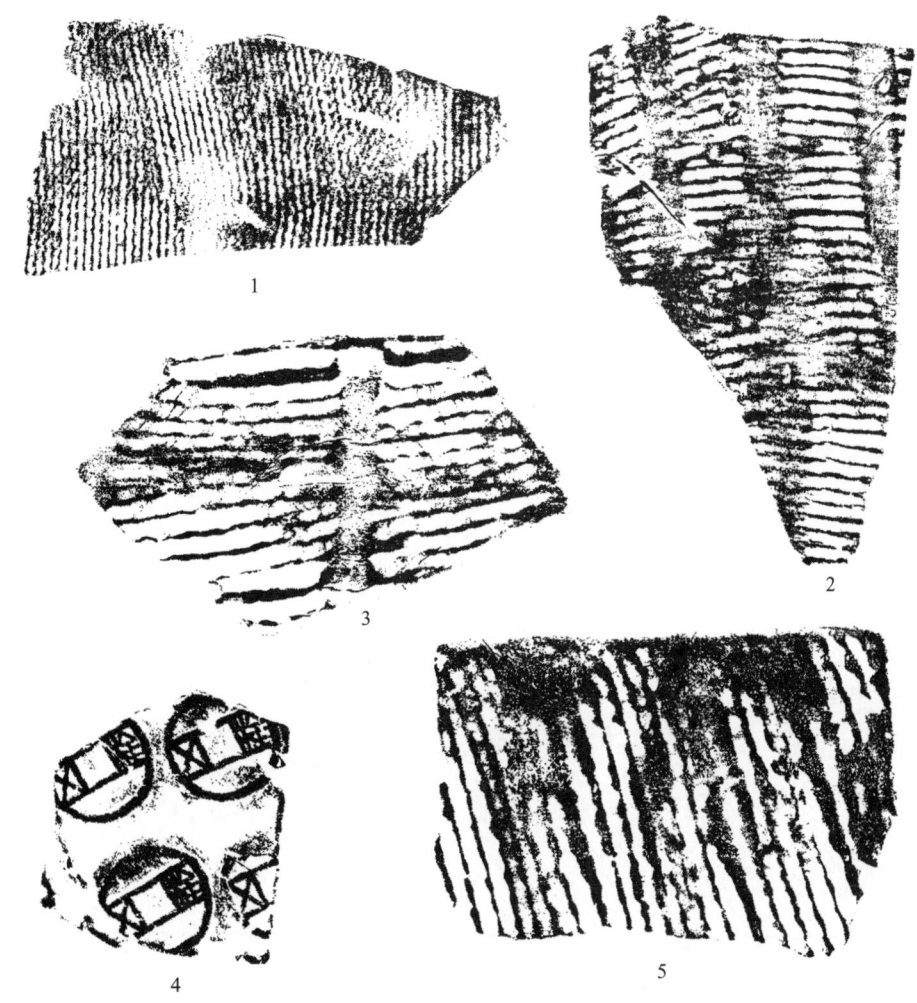

图五四　D组单位出土陶器纹饰拓片
1. 细绳纹（2002FGQG1⑦）　2、3、5. 粗绳纹（2002FGQT0329⑤、2002FGQT0429⑤、2002FGQT0728⑤）
4. 钱纹（2002FGQT0429④）

1. 陶器

甑　仅见箅底2件。标本G1⑦:19，夹砂灰褐陶，箅底有9孔。口径18、残高2.4厘米（图五六，6）。

钵　1件。标本G1⑦:2，泥质灰褐陶。口径18、残高2.4厘米（图五六，5）。

2. 瓷器

钵　1件。标本G1⑦:3，灰白胎，青釉。圆唇，弧腹，假圈足。口径9、底径5.2厘米（图五六，1）。

盘　1件。标本G1⑦:22，青瓷，仅残留器底部分，三足。底径12、残高3厘米（图五六，2）。

器底　3件。标本G1⑦:21，青白瓷，假圈足。底径5、残高1.7厘米（图五六，3）。标本G1⑦:20，青瓷，内壁有轮制弦纹。底径6、残高2.2厘米（图五六，4）。

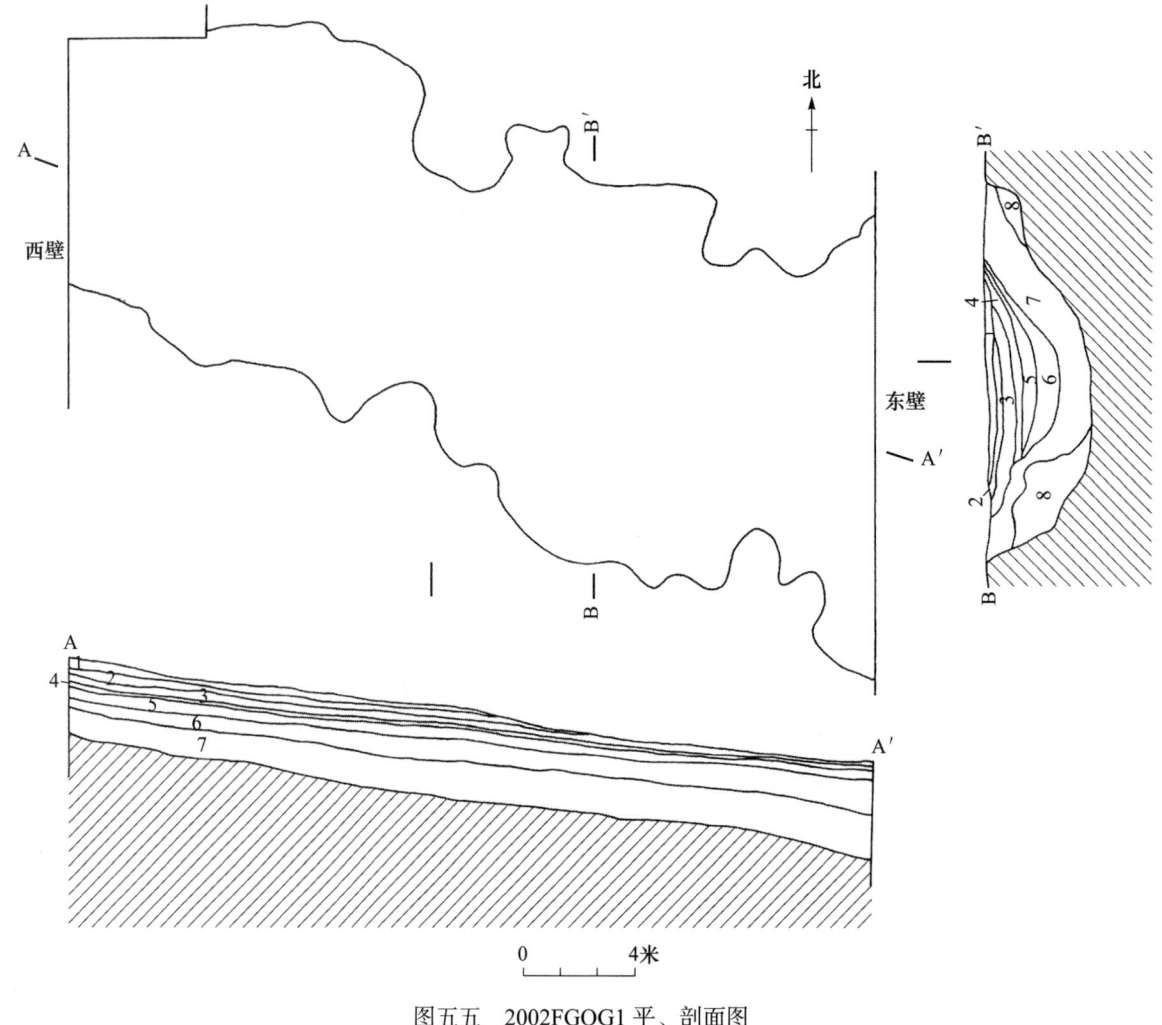

图五五　2002FGQG1 平、剖面图

3. 石器

石斧　1件。G1⑦:1，深绿色，平面呈梯形。磨制，弧刃，圆顶。长8.5、刃宽6.4、厚2.3厘米（图五六，7）。

石锛　5件。标本G1⑦:10，黑色，平面呈梯形。弧刃，通体磨光。长10.2、刃宽5.4、厚2厘米（图五六，8）。标本G1⑦:8，浅绿色，平面呈长方形。磨制，弧刃。长9.6、刃宽4、厚2.4厘米（图五六，9）。标本G1⑧:11，灰色，平面呈梯形。直刃，通体磨光。长7、刃宽4、厚1厘米（图五六，10）。标本G1⑧:12，浅灰色，平面呈梯形。弧刃，通体磨光。长10.6、刃宽4、厚2厘米（图五六，12）。标本G1⑦:13，绿色，平面呈梯形。弧刃，通体磨光。残长4、刃宽3.4、厚1厘米（图五六，11）。

石凿　1件。标本G1⑦:9，灰色，平面呈圭形，尖刃，磨制。长10.4、厚1.6厘米（图五六，13）。

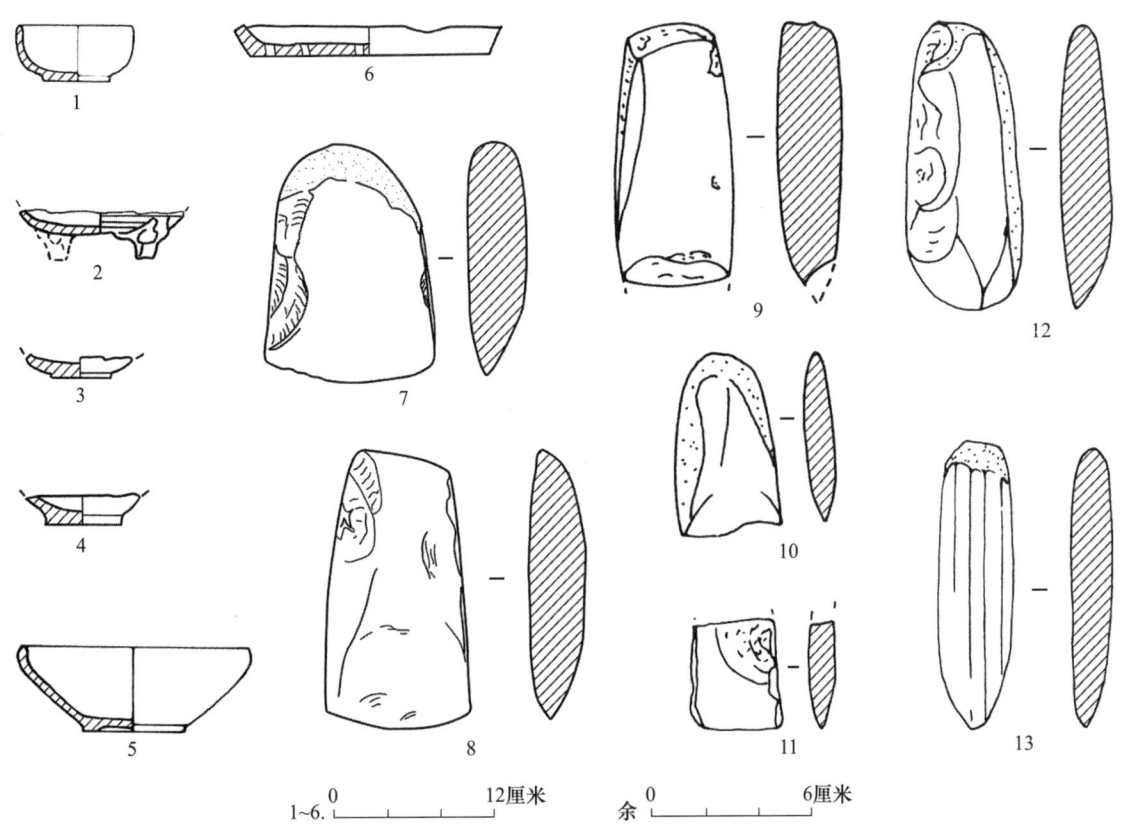

图五六　2002FGQG1 第 7 层出土器物

1. 瓷钵（G1⑦：3）　2. 瓷盘（G1⑦：22）　3、4. 瓷器底（G1⑦：21、G1⑦：20）　5. 陶钵底（G1⑦：2）　6. 陶甑底（G1⑦：19）　7. 石斧（G1⑦：1）　8～12. 石锛（G1⑦：10、G1⑦：8、G1⑧：11、G1⑦：13、G1⑧：12）　13. 石凿（G1⑦：9）

（二）G2

位于秦家院子遗址南区的西南部，横跨 T1204、T1804 等 9 个探方。开口第 3 层下，打破第 4、5、6 层。平面呈不规则形，发掘部分长约 25、宽 8～14、深 3.5 米，沟内填土分 8 层（图五七）。

第 1 层：厚 0～30 厘米。灰白色粉砂土，土质松软、细腻，纯净无包含物。

第 2 层：厚 0～40 厘米。浅黄褐色粉砂土，土质松软、细腻，无包含物。主要分布在沟的东部。

第 3 层：厚 0～20 厘米。浅灰色粉砂土，土质松软、细腻，无包含物。

第 4 层：厚 0～35 厘米。红褐色粉砂土，松软、细腻，纯净。

第 5 层：厚 0～30 厘米。灰褐色粉砂土，土质松软、细腻，纯净无包含物。

第 6 层：厚 0～60 厘米。暗红色粉砂土，土质松软、细腻，无包含物。

第 7 层：厚 0～300 厘米。黄褐色粉砂土，土质较松软，出土大量陶、瓷片等。

第 8 层：厚 0～50 厘米。灰褐色粉砂土，土质较疏松、出土大量陶片、石片等。

G2 为洪水冲刷形成的一条自然冲沟，堆积可分为三大层，第一层为洪水淤积层（含第 1～6 层），第二层（含第 7 层）为汉、六朝时期堆积，第三层（第 8 层）为汉代堆积，含部分早期陶片。

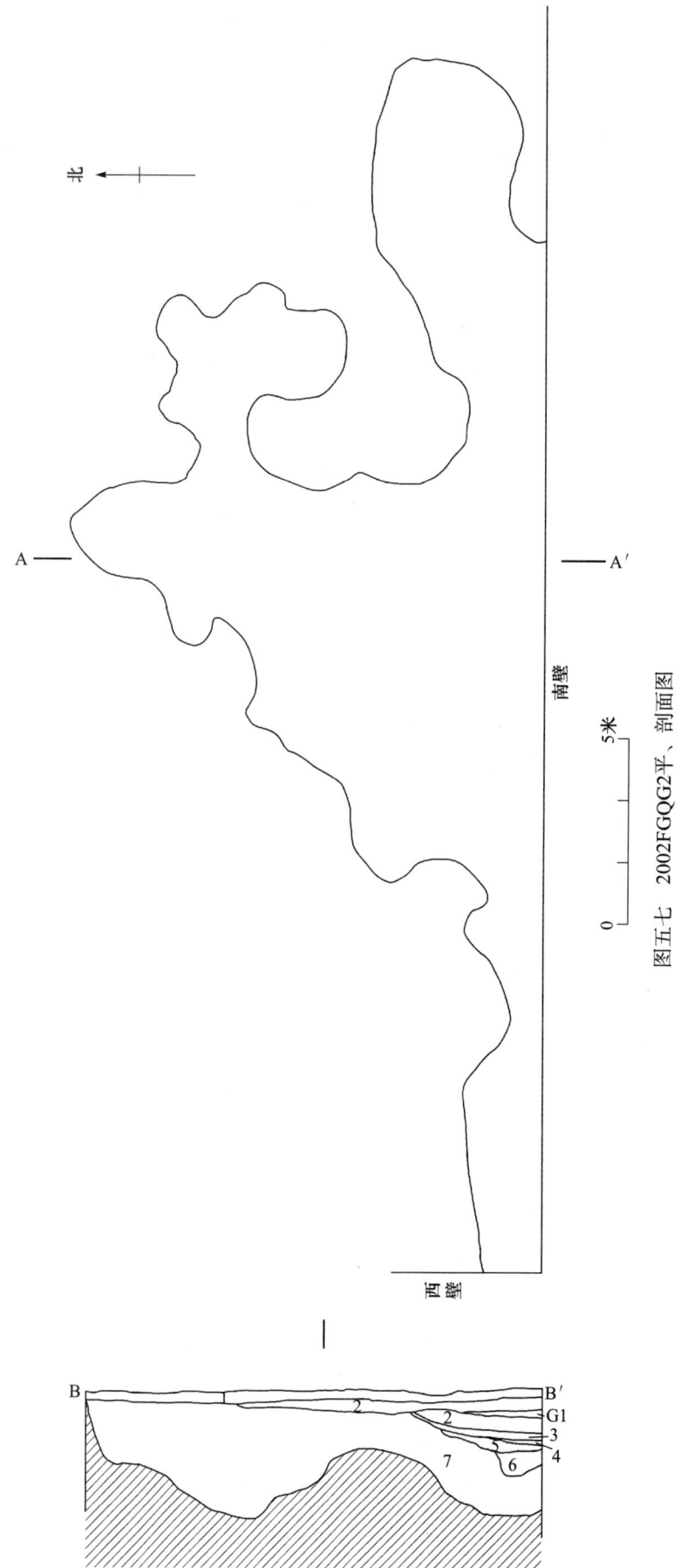

图五七 2002FGQG2平、剖面图

1. 陶器

钵　1件。标本G2⑦：8，泥质灰陶，敞口，折腹。口径16、残高7.6厘米（图五八，3）。

瓮　1件。标本G2⑦：9，泥质灰陶，敛口，圆唇，广肩。口径38、残高3厘米（图五八，2）。

纺轮　1件。标本G2⑦：1，泥质灰褐陶，饼形，中有一穿孔。直径4、厚0.9厘米（图五八，4）。

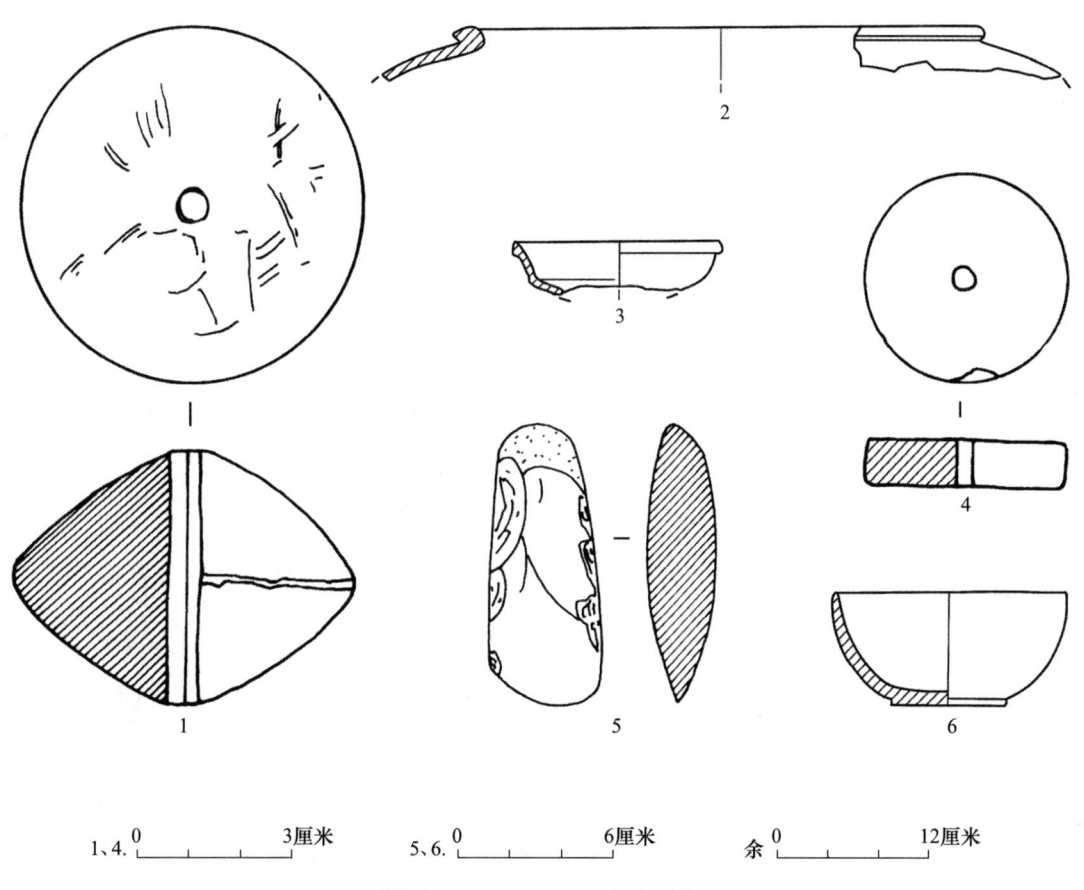

1、4.　0　　　3厘米　　5、6.　0　　　6厘米　　余　0　　　12厘米

图五八　2002FGQG2出土器物

1. 陶网坠（G2⑦：2） 2. 陶瓮（G2⑦：9） 3. 陶钵（G2⑦：8） 4. 陶纺轮（G2⑦：1） 5. 石锛（G2⑧：5）
6. 瓷钵（G2⑦：3）

网坠　1件。标本G2⑦：2，泥质灰褐陶，扁球形，中有一穿孔。6.6厘米（图五八，1）。

2. 瓷器

钵　1件。标本G2⑦：3，灰白胎，青釉，敞口、尖圆唇，弧腹，饼足。口径8.8、底径4.5、高4.2厘米（图五八，6）。

3. 石器

石锛　1件。标本G2⑧：5，浅绿色，平面呈梯形。磨制，弧刃。长11、刃宽4.6、厚2.8厘米（图五八，5）。

(三) Y1

位于秦家院子遗址北区 T0329 中南部，开口第 5 层下。上部破坏严重，仅残存长方形红烧土坑，口长 275、宽 70～74、深 74～88 厘米。壁较直，为厚约 5 厘米的红烧土圹；底部平坦，有用火形成的青灰色板结面，其上残留有厚约 2 厘米的木炭屑。窑内填土为深灰色砂土，出土少量陶片、瓦片等（图五九；彩版一二，2）。

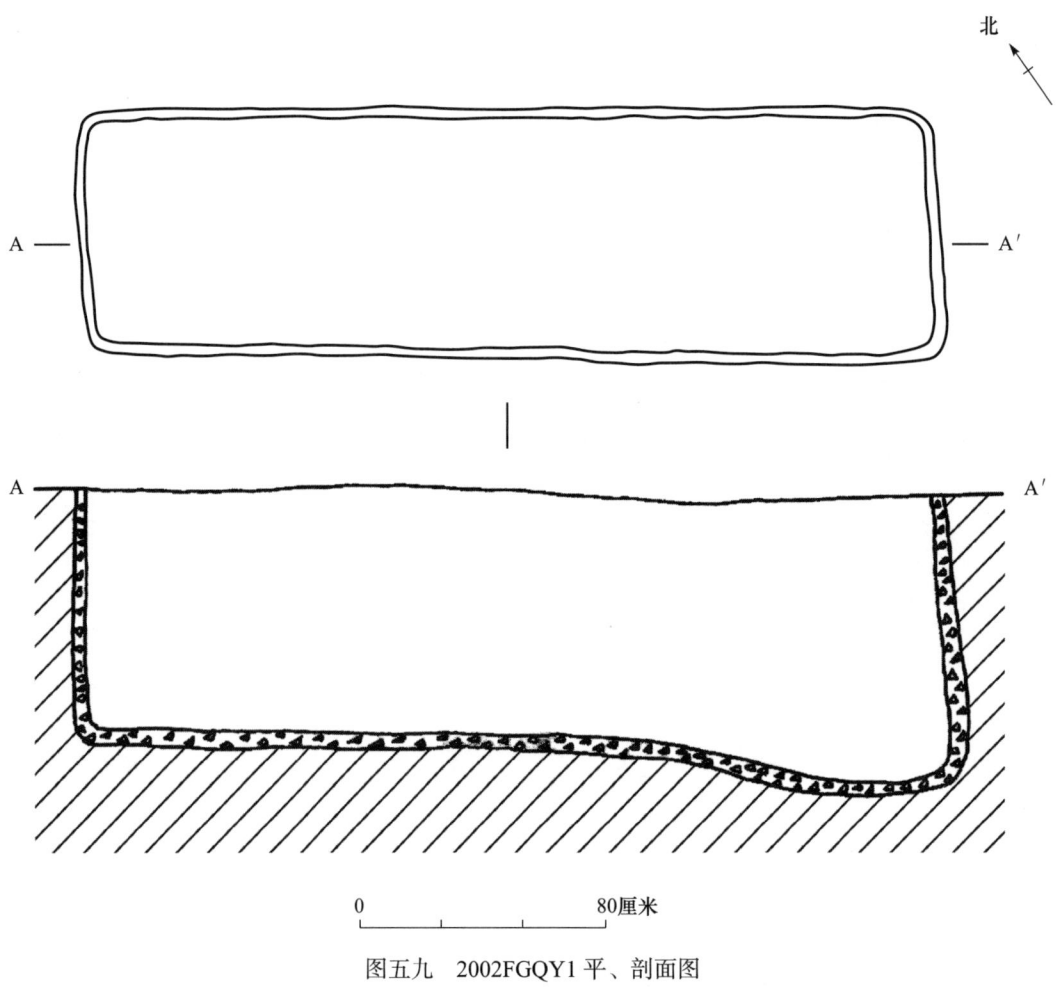

图五九 2002FGQY1 平、剖面图

陶罐 2 件。标本 Y1∶2，泥质灰陶，斜折沿，尖唇，鼓腹。口径 12、残高 9 厘米（图六〇）。

(四) H4

位于袁家岩遗址 A 发掘点 T0928 西部。开口于第 5 层下，打破第 6 层，坑口距地表 100 厘米，坑口平面近椭圆形，长径 278 厘米，短径 115 厘米，深 36～45 厘米。坑壁无加工痕迹，坑底高低不平，中高两侧低，坑内填土为灰褐色砂土，较疏松，夹大量红烧土颗粒，岩屑，石块等，出土较多瓷片、陶器腹片（图六一）。

（五）H5

位于袁家岩遗址 A 发掘点 T0928 南部，开口于第 6 层下，打破第 7 层，坑口距地表 140～160 厘米，坑口平面近圆形，直径约 50 厘米，深 40 厘米，坑壁无明显加工痕迹，锅底状，坑内填土为灰褐色砂土，夹量红烧土颗粒，岩屑，骨渣等，出土少量瓷片、陶片（图六二）。

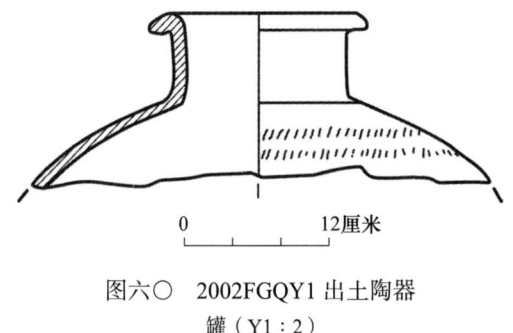

图六〇　2002FGQY1 出土陶器 罐（Y1∶2）

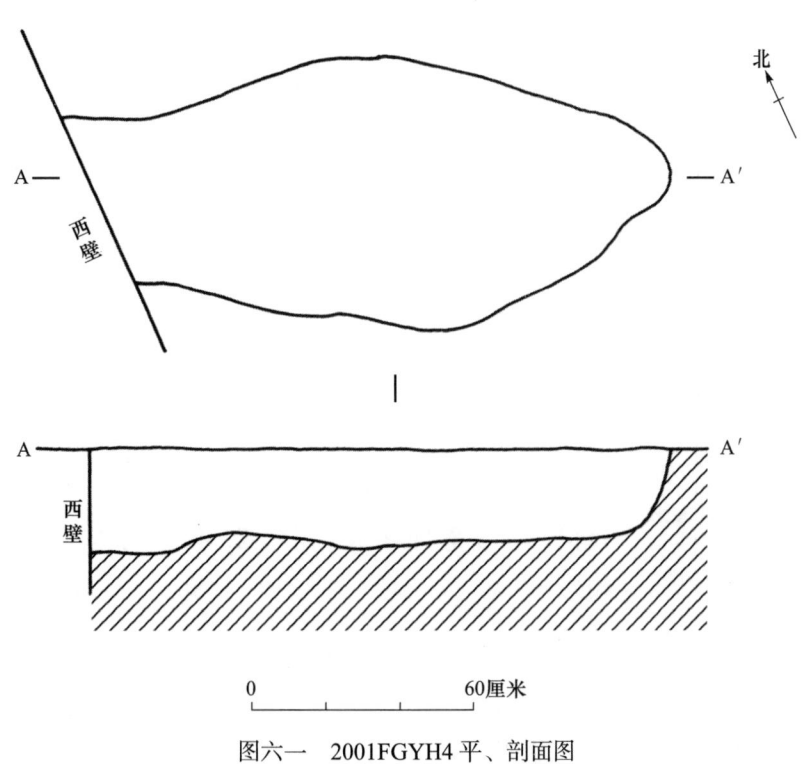

图六一　2001FGYH4 平、剖面图

（六）秦家院子北区第 4、5 层

1. 陶器

盆　5 件。标本 T0429⑤∶3，泥质灰陶，侈口、折平沿，方唇，深腹。口径 60、残高 6.2 厘米（图六三，1）。标本 T0329⑤∶3，泥质灰陶，侈口、折平沿，方唇，束颈。口径 34、残高 4.5 厘米（图六三，2）。标本 T0630⑤∶8，泥质灰陶，敞口、方唇，斜弧腹。上腹部饰一周弦纹。口径 40、残高 9.2 厘米（图六三，3）。标本 T0628⑤∶1，泥质灰陶，敞口微敛。口径 36、残高 5.5 厘米（图六三，4）。标本 T0728⑤∶7，泥质灰陶，微敛口。口径 40、残高 4.8 厘米（图六三，5）。

网坠　2 件。标本 T0429④∶1，夹砂灰陶，器身矮胖。长 3.6、中径 2.4 厘米（图六三，6）。标本 T0329⑤∶1，夹砂灰陶，器身矮胖。长 4、中径 2 厘米（图六三，7）。

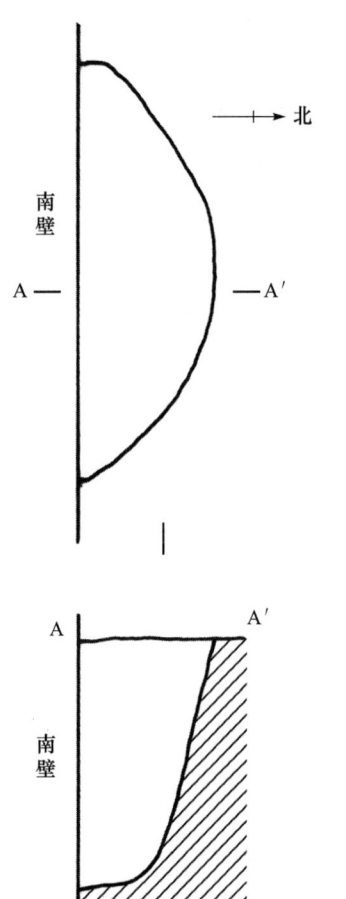

图六二　2001FGYH5 平、剖面图

纺轮　1件。标本 T0630④：1，泥质灰褐陶，饼形，中有一穿孔，侧饰斜绳索纹。直径3、厚1.5厘米（图六三，8）。

板瓦　5件。标本 T0827⑤：2，泥质灰陶，表面饰斜向绳纹，弧度较小。残长9、残宽14.5厘米（图六三，10）。标本 T0528⑤：6，泥质灰陶，表面饰斜向绳纹，弧度较大。残长8.8、残宽10厘米（图六三，11）。标本 T0528⑤：7，泥质灰陶，表面饰斜向绳纹，弧度较小。残长8.8、残宽9厘米（图六三，12）。

2. 铜器

饰件　1件。标本 T0530⑤：1，方台形，底空，两侧对应一圆孔。边长3、高1.2厘米（图六三，9）。

（七）秦家院子中区第3层

1. 陶器

壶　1件。标本 T1011③：5，壶口沿，盘口，束颈。口径13、残高4厘米（图六四，1）。

筒瓦　20件。标本 T1011③：7，泥质灰陶，表面饰竖向绳纹。残长13、残宽11厘米（图六四，10）。标本 T1409③：1，泥质灰陶，表面饰弦断绳纹。残长17、残宽12.5厘米（图六四，11）。

2. 瓷器

罐　1件。标本 T1111③：22，灰白胎、青釉。直口、双重沿、圆唇，鼓腹。外口径18、残高5.5厘米（图六四，2）。

壶　1件。标本 T1011③：12，灰胎、青釉。盘口、尖唇，束颈。盘径18、残高6.2厘米（图六四，3）。

砚　2件。标本 T1011③：13，灰胎、青釉。平底内凹，直口，斜直腹。径13.6、高2.8厘米（图六四，4）。

碗　14件。标本 T1011③：8，灰白胎，青瓷，直口、方唇，深弧腹，假圈足。口径13.2、底径8 高7.4厘米（图六四，5）。标本 T1011③：11，灰白胎，青瓷，侈口、圆唇，弧腹。口径27、残高9.2厘米（图六四，7）。标本 T1011③：9，灰白胎，青釉。侈口、圆唇，弧腹，假圈足。口径11、底径5.8厘米（图六四，6）。

器底　16件。标本 T1011③：10，青白瓷，假圈足（饼足）。底径27、残高9.2厘米（图六四，8）。标本 T1111③：21，底径13、残高6.5厘米（图六四，9）。

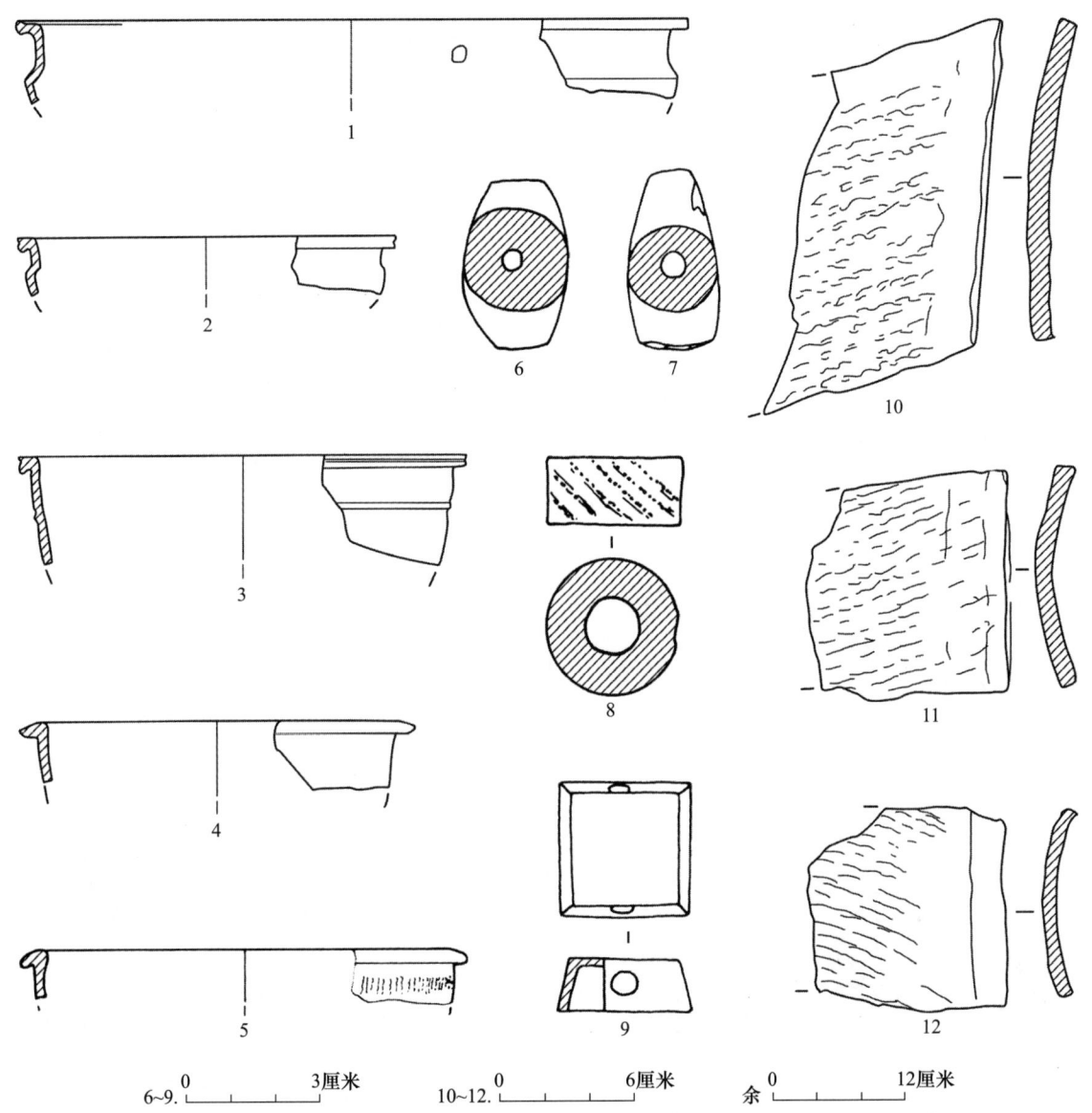

图六三　秦家院子北区第4、5层出土器物

1～5.陶盆（T0429⑤：3、T0329⑤：3、T0630⑤：8、T0628⑤：1、T0728⑤：7）　6、7.陶网坠（T0429④：1、T0329⑤：1）　8.陶纺轮（T0630④：1）　9.铜饰（T0530⑤：1）　10～12.陶板瓦（T0827⑤：2、T0528⑤：6、T0528⑤：7）

（八）秦家院子南区第4层

陶罐　2件。标本T1410④：1，泥质灰陶，侈口、圆唇、束颈。口径16、残高5厘米（图六五，3）。

（九）秦家院子晚期地层出土该组遗物

1. 陶器

罐　2件。标本T1806③B：3，泥质灰陶，斜折沿。口径15、残高4.5厘米（图六五，4）。

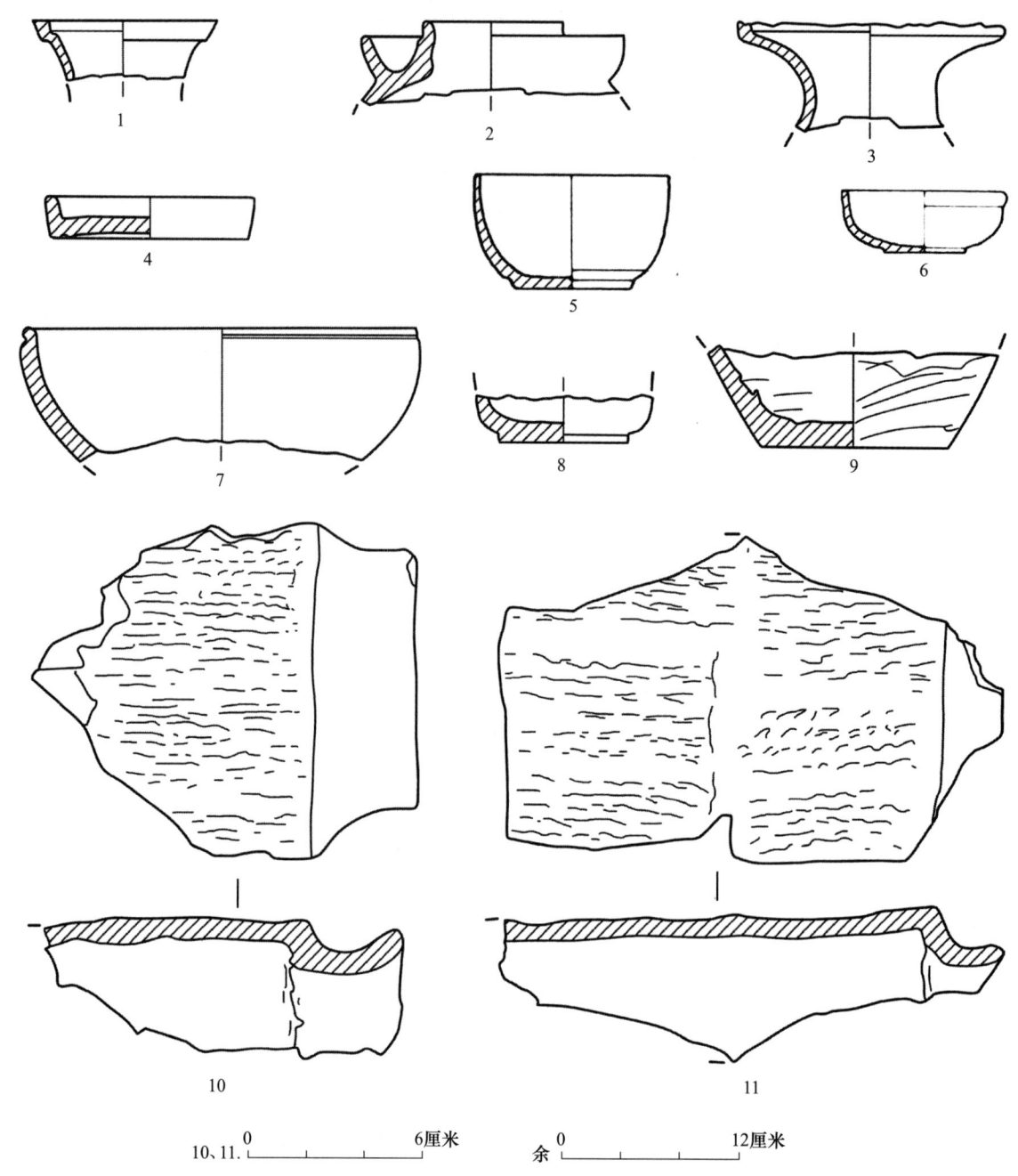

图六四 秦家院子中区第3层出土器物

1. 陶壶（T1011③：5） 2. 瓷罐（T1111③：22） 3. 瓷壶（T1011③：12） 4. 瓷砚（T1011③：13） 5～7. 瓷碗（T1011③：8、T1011③：9、T1011③：11） 8、9. 瓷器底（T1011③：10、T1111③：21） 10、11. 筒瓦（T1011③：7、T1409③：1）

盆（甑） 3件。标本T1807③B：4，泥质灰陶，敞口、圆唇下垂，上腹部有一周弦纹。口径38、残高7.4厘米（图六五，2）。

瓮 1件。标本T1208③：1，泥质灰陶，直口，尖圆唇，鼓腹。口径25、残高7.6厘米（图六五，1）。

2. 石器

石锛 1件。标本T1806③B：1，米黄色，平面近梯形。通体磨光，近直刃。长3.8、刃宽

2.7、厚 0.8 厘米（图六五，5）。

石矛　1件。标本 T1807③B：1，灰色石料，有肩，单刃，打制成形。长13、中宽4.6、厚0.7厘米（图六五，6）。

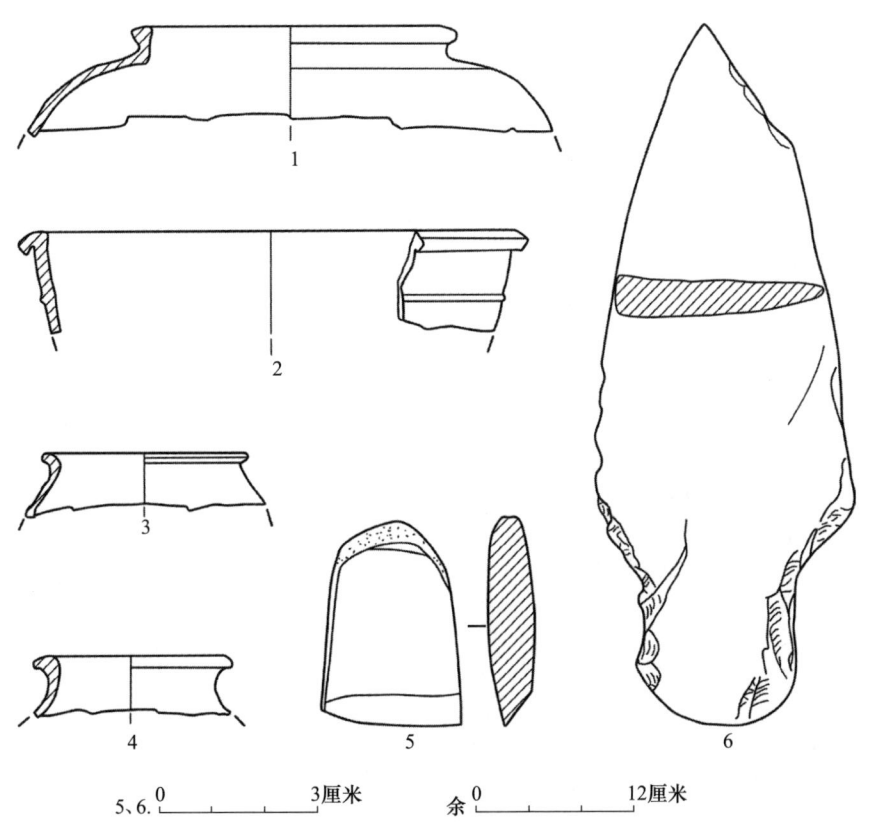

图六五　秦家院子南区第4层及晚期地层出土器物
1. 陶瓮（T1208③：1）　2. 陶盆（甑）（T1807③：4）　3、4. 陶罐（T1410④：1、T1806③B：3）
5. 石锛（T1806③B：1）　6. 石矛（T1807③B：1）

（十）袁家岩遗址D组遗存

1. 陶器

深腹罐　1件。标本 G1：2，泥质灰陶，方折沿，圆唇，斜弧腹，上腹有一周弦纹。口径46、残高5.5厘米（图六六，5）。

拍　1件。标本 G1：3，泥质灰陶，拍面平面呈圆形，后有兽形柄手。直径9、厚4.2厘米（图六六，1）。

瓦当　1件。标本 T1813②：1，泥质灰陶，内饰卷云纹图案。当面直径14、厚1~1.5厘米（图六六，2）。

筒瓦　1件。标本 T0928⑦：5，泥质灰陶，半圆筒状，表面饰绳纹。残长9、残宽6.5厘米（图六六，3）。

2. 瓷器

碗　1件。标本 T0928⑥：7，青白瓷，饼足，弧腹，底径4、残高2厘米（图六六，4）。

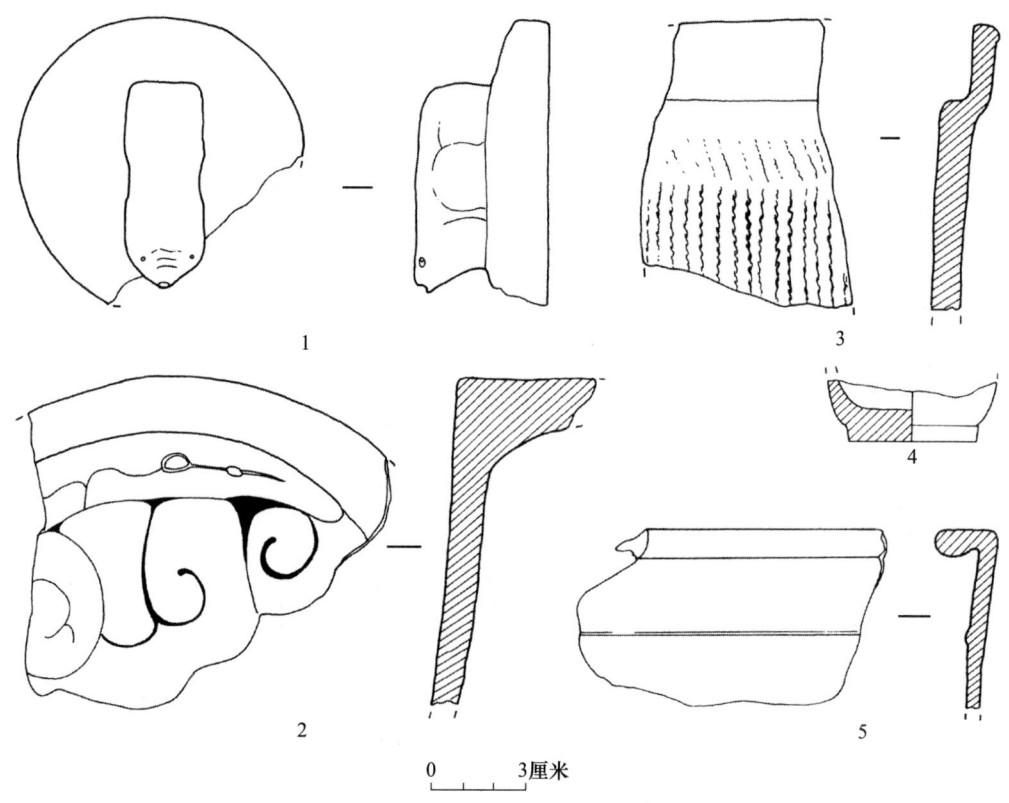

图六六　袁家岩D组单位出土器物
1.陶拍（G1：3）　2.陶瓦当（T1813②：1）　3.陶筒瓦（T0928⑦：5）　4.瓷碗（T0928⑥：7）　5.陶深腹罐（G1：2）

第四章 作 坊 址

关田沟遗址群所发现的作坊遗存，主要位于秦家院子与袁家岩两台地之间冲沟的两侧，秦家院子遗址的中北部和袁家岩遗址东南部。通过考古发掘，在该区域内发现了一批与冶炼相关的遗迹，主要包括冶炼炉、灰坑（沟）和柱洞。其中秦家院子遗址清理了冶炼炉4座、灰坑10个、灰沟2条及一批柱洞（图六七）；袁家岩遗址清理冶炼炉1座，灰坑2个，灰沟1条，及一批柱洞（图六八）。秦家院子中北部第3～8层、袁家岩遗址2004年度发掘区第4、5、6层为冶炼的废弃堆积，堆积较厚，最深处达5米。在废弃堆积的炉渣、炉灰中，发现了大量与冶炼相关的遗物，主要为反应罐残片，少量瓷器残片，另有较多的红烧土块。

第一节 主要遗迹

一、冶 炼 炉

5座。平面均为长条形，由炉床、窑室两部分组成。炉床多在生土上平整而成，高出地面5～10厘米，两边残留有掏火窝，因冶炼过程中用火，热辐射形成一条红烧土面。本次发现的冶炼炉窑室已毁，根据忠县临江二队发现的同时期冶炼炉形制看，窑室为马槽形，由墙体、炉栅构成。炉栅多为汉砖，置于炉床上，下投放柴火，上放置反应罐和煤饼。

2004FGQL1　位于秦家院子遗址T0927、T0928、T1028内，开口于第1层下，打破生土。炉床残长10.7、宽2、残高0.1米，经解剖热辐射形成的红烧土厚30厘米。炉床面北部、南部残留二排掏火窝，间距18～20厘米，深5～8厘米。炉床南侧残留长7.5、宽0.6米的灰黑色工作面，有明显的踩踏痕迹。冶炼炉南北两侧各有一排柱洞（D1～D11），平面呈圆形和长方形，圆形柱洞直径20～25、深15～25厘米，长方形柱洞长30～35、宽15～18、深20～30厘米，推测该冶炼炉有顶棚。距炉床60～80厘米处有一条排水沟，残长950、宽0～50、深8～10厘米（图六九；彩版一六，1）。

2004FGQL2　位于秦家院子遗址T0428～T0628北部。开口于第5层下，打破生土。残留炉床及部分炉栅、墙体。炉床由二层垫土构成：第1层厚0～12厘米，黄灰色粉砂土，含零星烧土颗粒；第2层厚0～40厘米，灰黑色粉砂土，含少量煤渣、反应罐残片；炉床长8.44、宽1.62米，高出地面6厘米，热辐射形成的红烧土厚20～30厘米。东西两端发现用烧土块砌成的墙体，西墙残长60、宽30、残高16～18厘米；东墙残长104、宽20、残高20～22厘米。汉砖砌成的炉栅间距为12～16厘米，残长88、宽7～9、残高20厘米。炼炉东部有一煤坑（图七〇；彩版一六，2）。

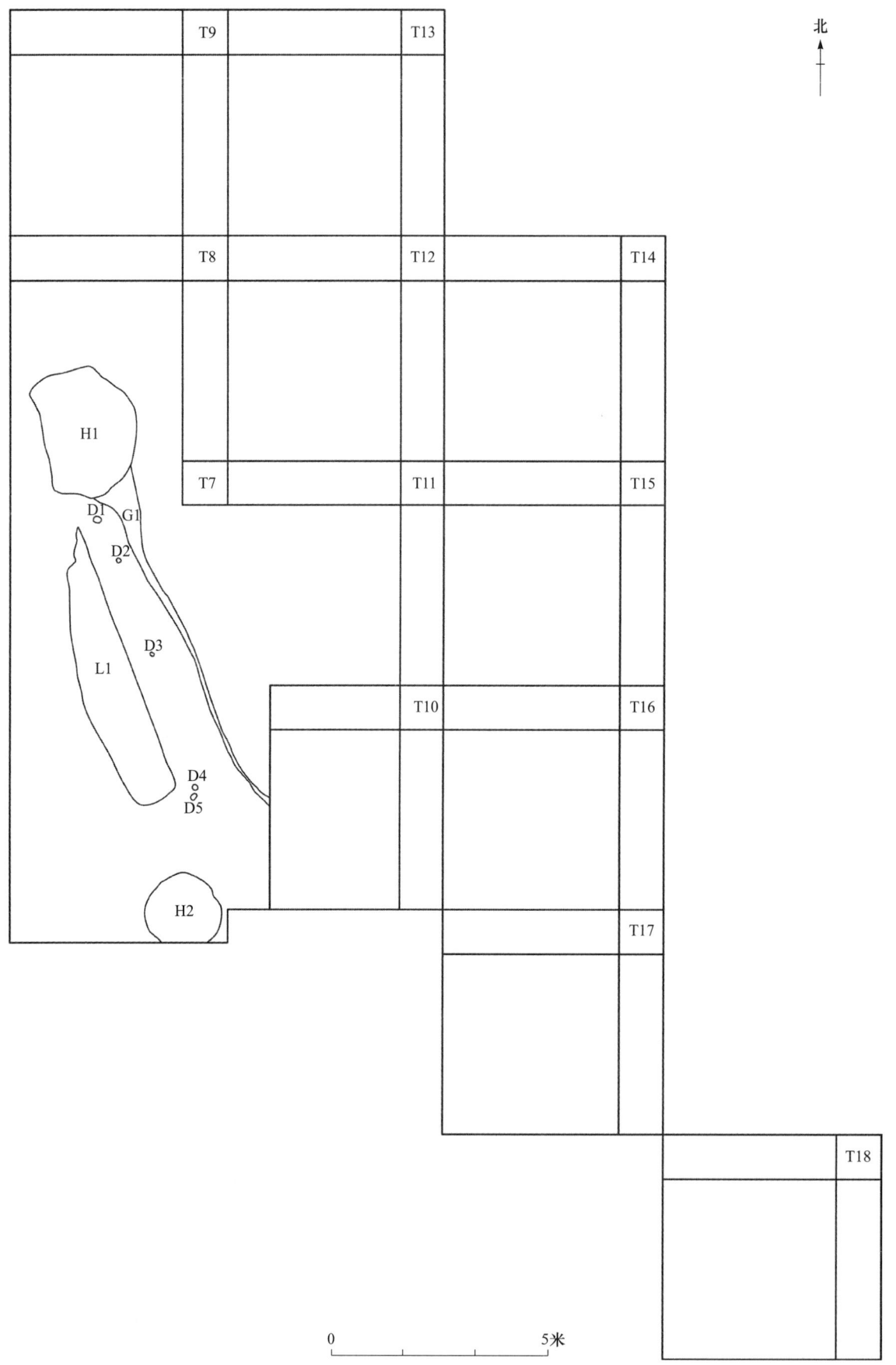

图六八　袁家岩作坊址遗迹分布图

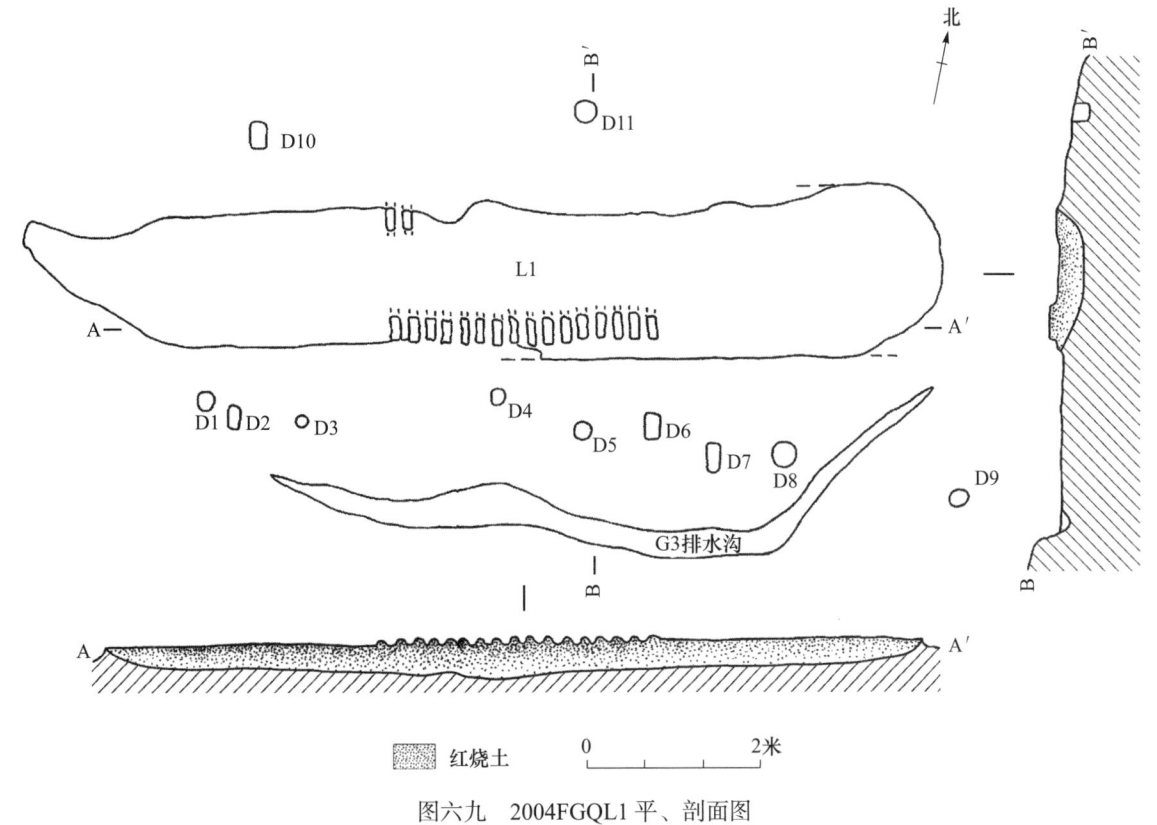

图六九 2004FGQL1 平、剖面图

2004FGQL3 位于秦家院子遗址 T0623、T0622、T0723 中部。开口于第 7 层下、打破生土。破坏严重，仅残留炉床，残长 7.3、宽 1.6 米，高出地面约 5 厘米，热辐射形成的炉床红烧土最厚达 50 厘米。冶炼炉中部两侧共有 3 个柱洞（编号 D1～D3），D1、D2 均呈椭圆形，D1 长径 38、短径 24、深 26 厘米。D2 长径 30、短径 22、深 30 厘米。D3 为圆形，直径 32、深 14 厘米。东部两侧各有一块柱础（编号 D4、D5），其中 D4 仅存方形坑。推测该炉有顶棚。冶炼炉东北部有一取土坑，南部有一炼煤坑（图七一）。

2004FGQL4 位于秦家院子遗址 T0222 中部、T0223 东南部。开口于第 4 层下，被 3 个近现代坑、G2 打破，打破生土。该炉破坏严重，仅残留炉床部分。炉床为热辐射形成的红烧土面，残长 9、宽 0.50～1.70 米，高出地面约 8 厘米。经解剖，热辐射形成的炉床红烧土厚 35 厘米（图七二）。

2004FGYL1 位于袁家岩遗址 T6、T7 东部。开口于第 6 层下，打破生土。炉床西部破坏严重，残长 8.4、残宽 1.6 米，热辐射形成的红烧土厚 10～60 厘米。炉床面中部残留 17 排由汉砖构成的炉栅，间距 13～16 厘米，高 18 厘米。炉栅之间上部堆积粉红色煤灰，下部为未燃烧的煤块。炉床外东侧有一长约 9.6、宽 2 米的工作面，残留有厚约 5～10 厘米的踩踏面（细煤渣层）。工作面东部有一排柱洞（编号 D1～D5），深 20～30 厘米，D2、D3、D4 直径约 10 厘米，D1、D5 直径约 15 厘米，推测该炉有顶棚。另有一条引水沟、一炼煤坑（图七三；彩版一七，2）。

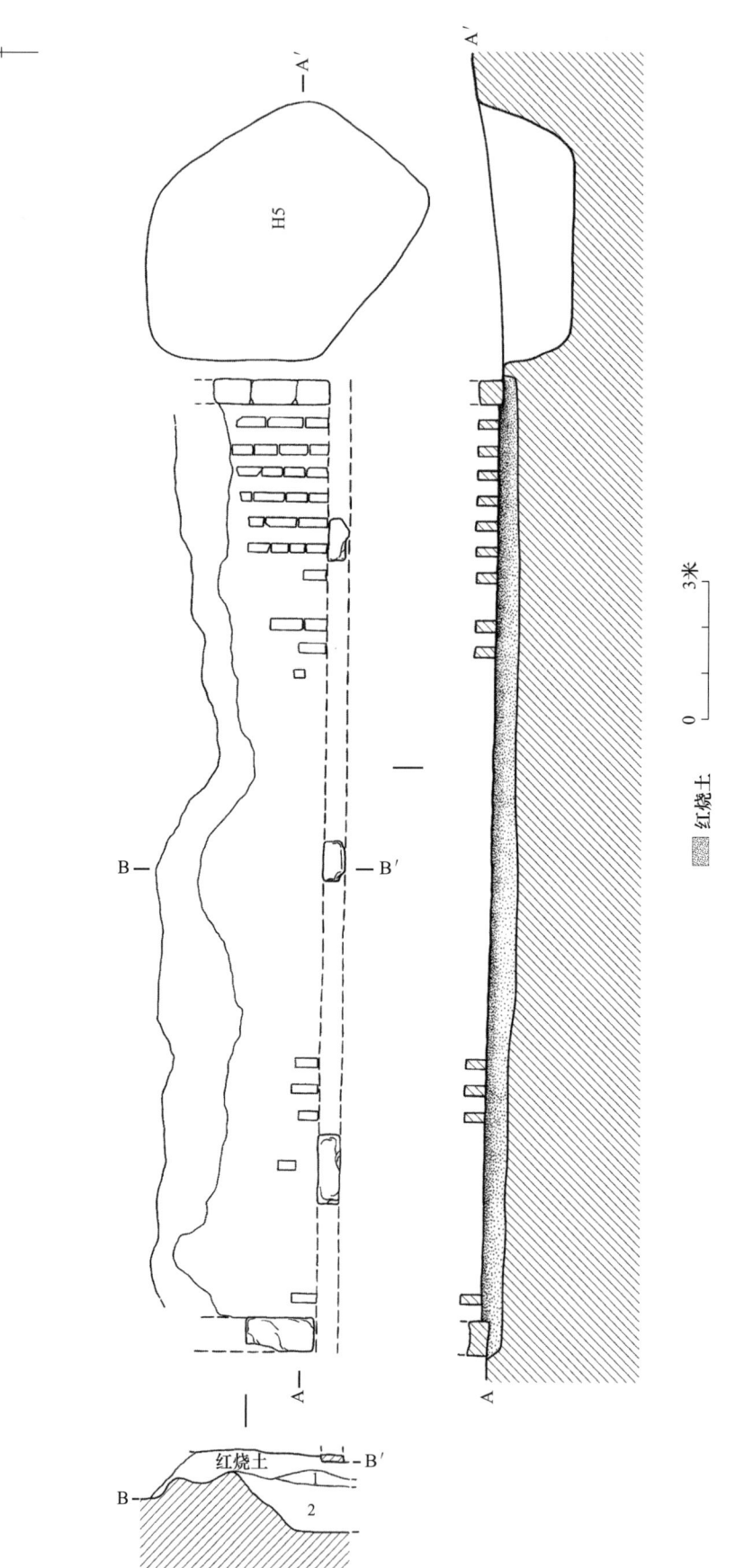

图七〇 2004FGQL2平、剖面图
红烧土

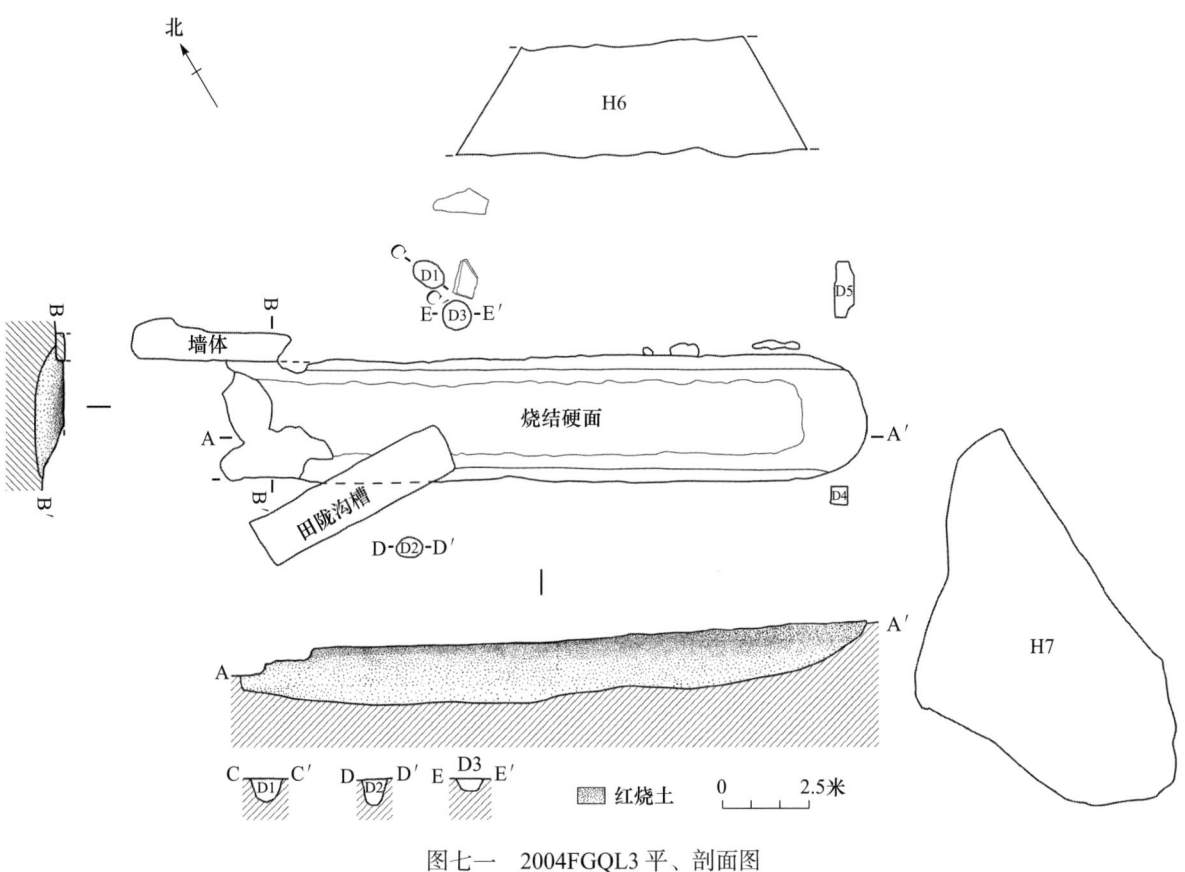

图七一　2004FGQL3 平、剖面图

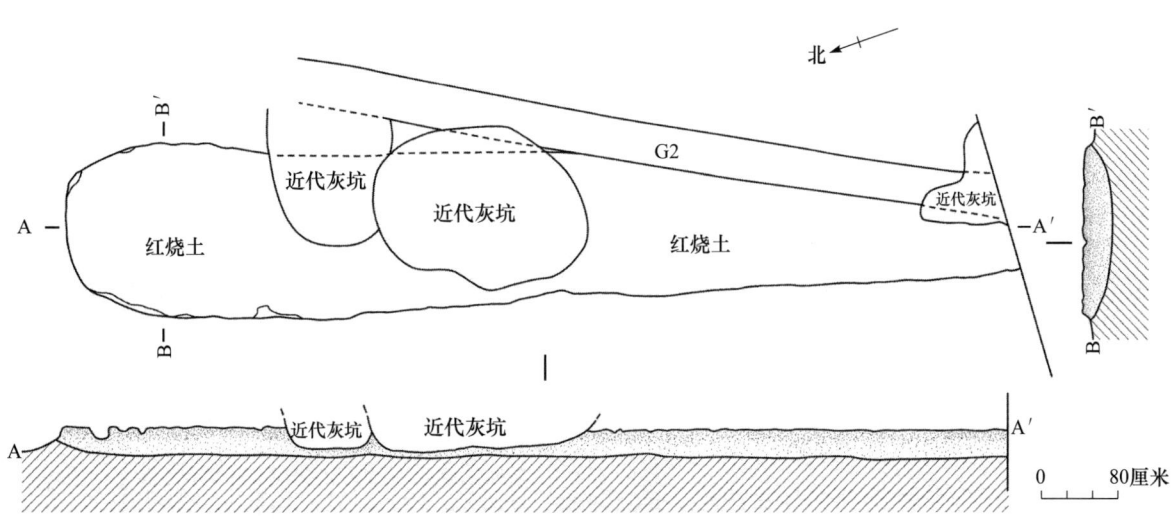

图七二　2004FGQL4 平、剖面图

二、灰　　坑

共计 12 个。根据形制、坑底部残留物，分为堆煤坑、炼煤坑、取土坑、垃圾坑。

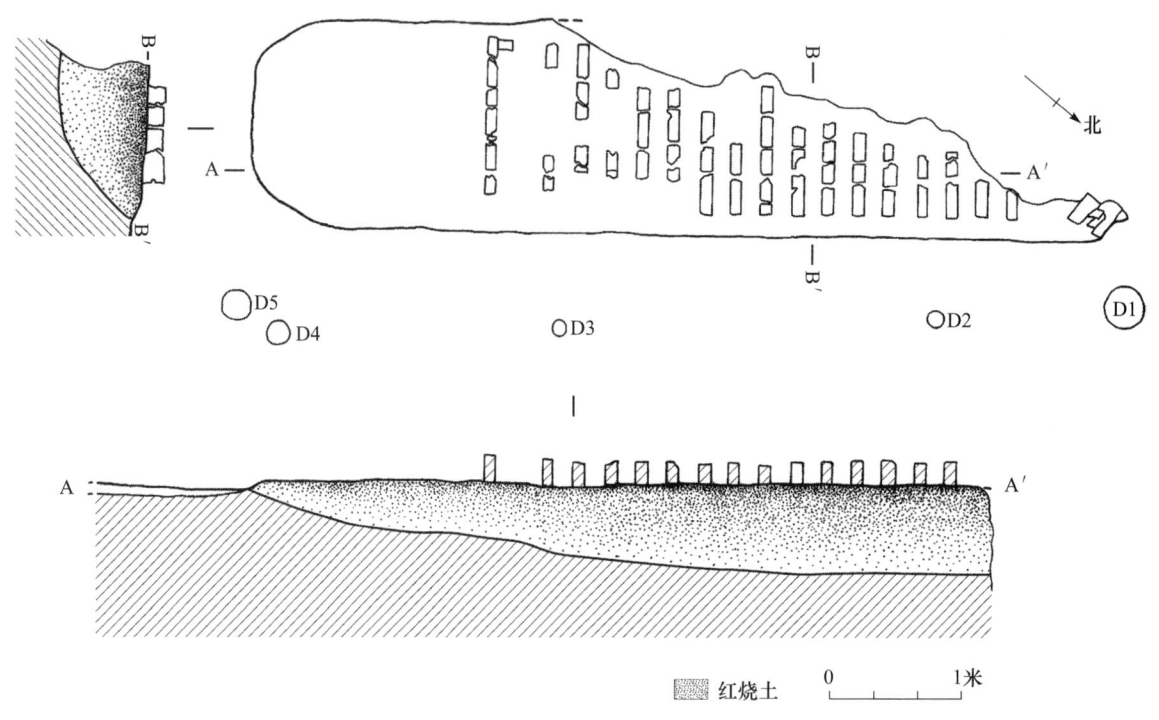

图七三 2004FGYL1 平、剖面图

（一）堆煤坑

2个。形状较规整，平面多为近椭圆形；斜直壁、平底；壁、底面均经过加工，较光滑；坑内底层往往残留有原煤。

2004FGQH9 位于秦家院子遗址T0323中南部、T0322中北部。开口于第4层下，打破生土。坑口距地表15厘米。此坑西部遭破坏，残存部分平面近椭圆形，长径260、短径130、深46厘米。坑内堆积分二层：上层厚0～40厘米，黑灰色炭渣层，含少量反应罐残片、红烧土块等；下层残留厚2～6厘米的原煤（图七四）。

2004FGQH4 位于秦家院子遗址T1128东部，部分延伸至T1128东隔梁内。开口于第2层下，打破生土。坑口距地表30～40厘米。平面呈椭圆形，弧壁、平底。长径355、短径240、深12厘米。坑底堆积有原煤（图七五）。

（二）炼煤坑

4个。也称整煤池。该类坑体量较大，底部残留一层原煤与黏土的混合物，一层原煤一层黄色（灰黄色）黏土交替叠压，部分坑内残留有煤饼。

2004FGQH7 位于秦家院子遗址T0622南部、T0621北部。开口于第7层下，坑口距地表1米。坑口平面呈不规则椭圆形，弧壁、平底，坑壁、底面加工痕迹明显。长径4.4、短径2.4米，坑深0.68米。坑内堆积有二层：上层厚45～56厘米，为较疏松灰黑色炭渣层，含少量反应罐残片；下层厚18～20厘米，为原煤与灰色黏土混合物（图七六）。

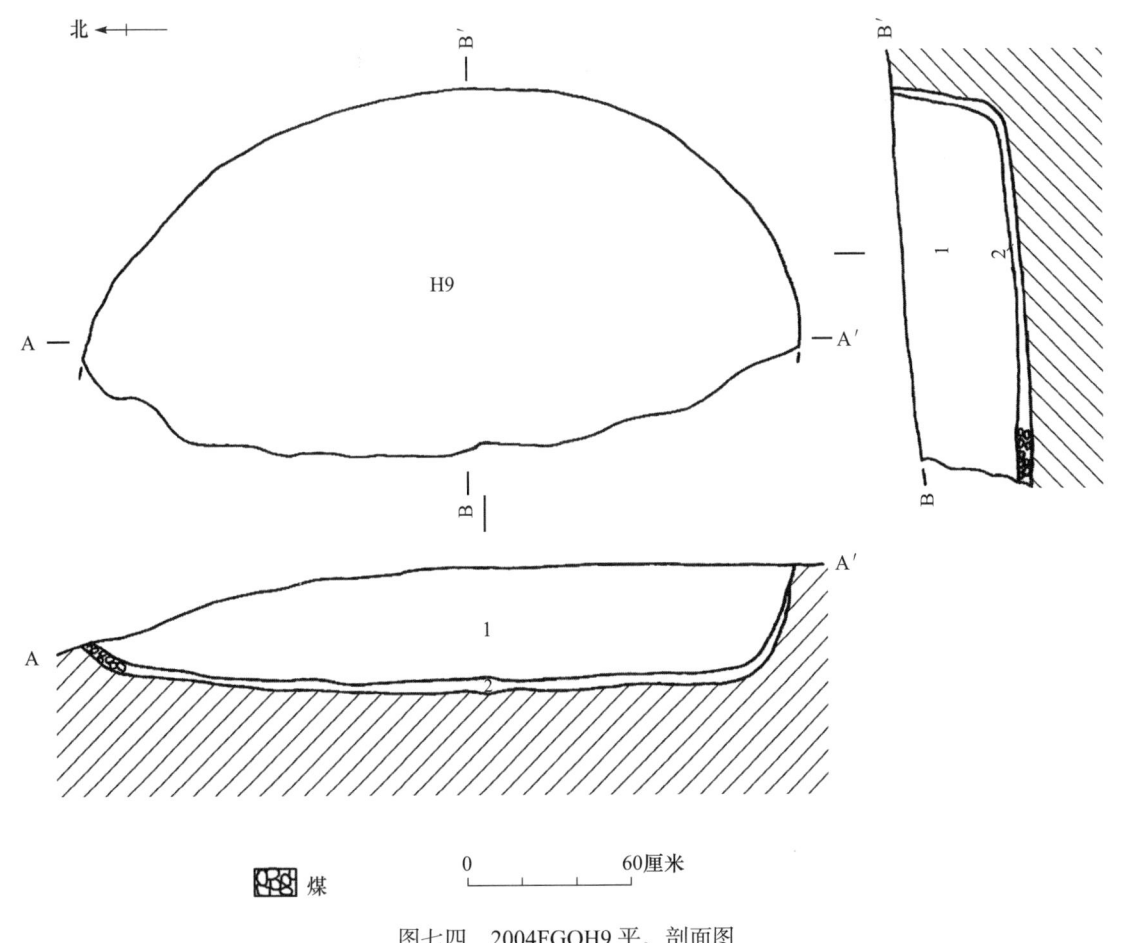

图七四　2004FGQH9 平、剖面图

2004FGQH5　位于秦家院子遗址 T0628 东北部，西部与冶炼炉 L2 相邻。开口于第 5 层下，打破生土。坑口平面近椭圆形，距地表 0.75～1.55 米，长径 2.75、短径 2 米，坑底长径 2、短径 1.4 米，深 0.64～0.86 米。弧壁、平底。坑内堆积有二层：上层为较紧密的灰黄色粉砂土，含少量反应罐残片；下层为疏松的灰黑色粉砂土，含较多的反应罐残片和 1 片明青花瓷片，坑底面残留有原煤与灰色黏土混合物（图七七；彩版一七，1）。

2004FGQH10　位于秦家院子遗址 T0322 西南角，开口于第 4 层下，打破生土。坑口平面近圆形，距地表 35 厘米，直径 160、深 110 厘米。直弧壁、平底，坑壁较光滑。坑内堆积较疏松的灰黑色煤渣，坑底面残留有原煤与灰色黏土混合物（图七八）。

2004FGQYH1　位于袁家岩遗址 T8 南部，向南延伸至 T7 北隔梁内。开口于第 6 层下，打破 G1 及生土。坑口平面呈不规则椭圆形（西部已毁），直壁、平底。长径 2.9、短径 1.9、深 0.45 米。坑内堆积分二层：上层厚 20～25 厘米，疏松灰黑色煤渣层，含大量反应罐残片、红烧土块及少量青花瓷片；下层厚 15～20 厘米，黑色原煤夹少量灰黄色黏土层，出土一小片青花瓷片（图七九）。

（三）取土坑

2 个。H6、H8。

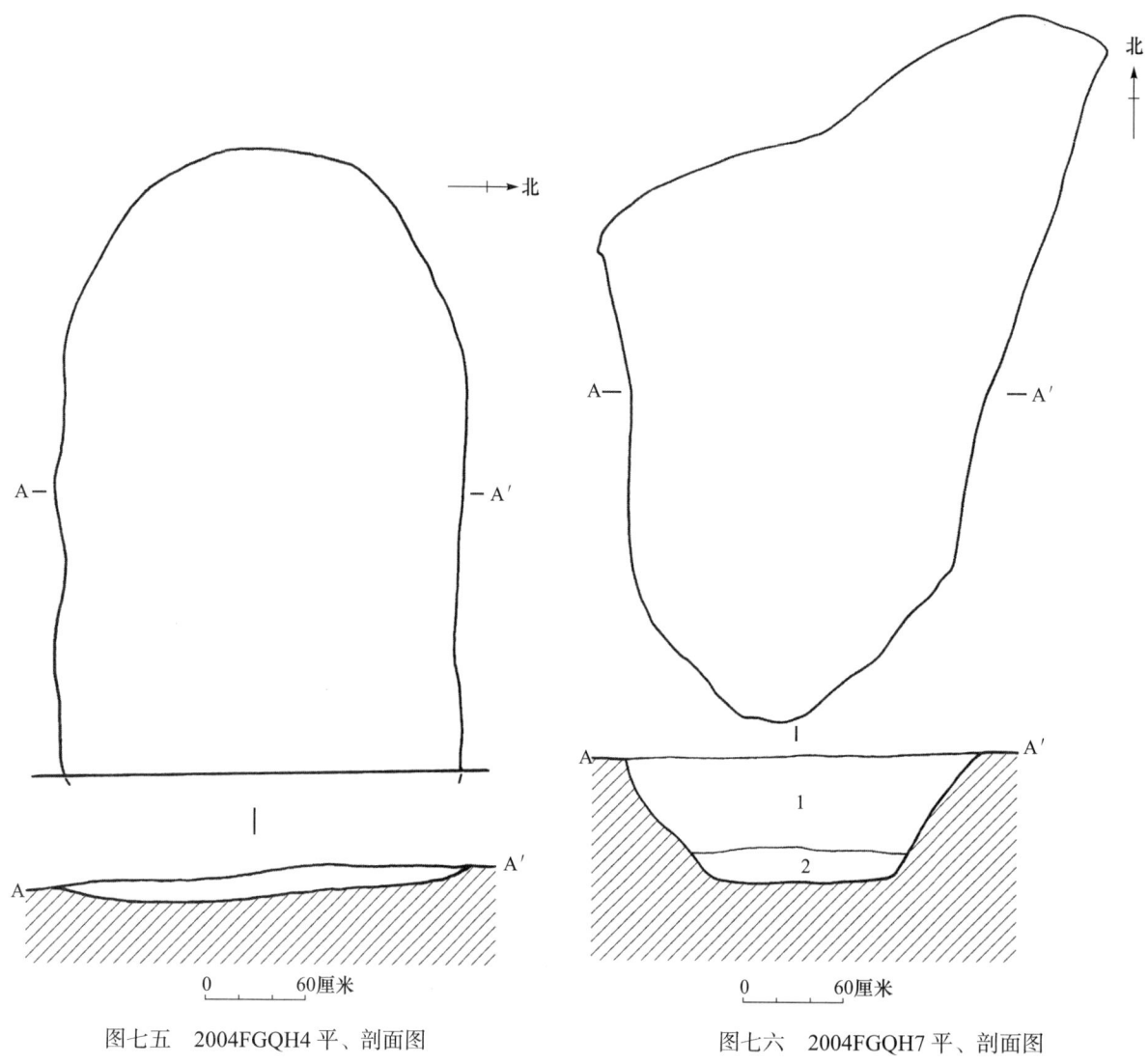

图七五　2004FGQH4 平、剖面图

图七六　2004FGQH7 平、剖面图

2004FGQH6　位于秦家院子遗址 T0623 东北角。开口于第 7 层下，打破生土，坑口距地表 0.85～1.1 米。坑口（已发掘部分）平面呈长条形，长 4.1、宽 1.1～1.4、深 0.74～1.3 米。东壁较直，南壁上部直，下部留有一踏步，坑底因取土形成中部高两边低的阶梯形。坑内堆积较疏松的灰黑色炭渣，夹少量红烧土块、反应罐残片等。由于坑壁、底的土质、土色与炼煤坑内的黏土、煤饼内的掺合物相同，据此推断该类坑作为取土之用（图八〇）。

2004FGQH8　位于秦家院子遗址 T0222 东南角。开口于第 2 层下，打破第 3 层。坑口距地表 45 厘米，已发掘露部分平面呈长条形，长 190、宽 85、深 75 厘米。坑壁较直，较光滑，坑底近平。坑内堆积较疏松的灰黄色粉砂土（图八一）。

（四）垃圾坑

4 个。该类坑往往形状不太规整，包含物杂乱。

2004FGQH1　位于秦家院子遗址 T0229 中部。开口于第 1 层下，打破第 4、5 层。平面不规整，弧壁，底部起伏大不规整。长径 2.2、短径 1.35、深 0.95 米。坑内填以灰黑色粉砂土，包含物

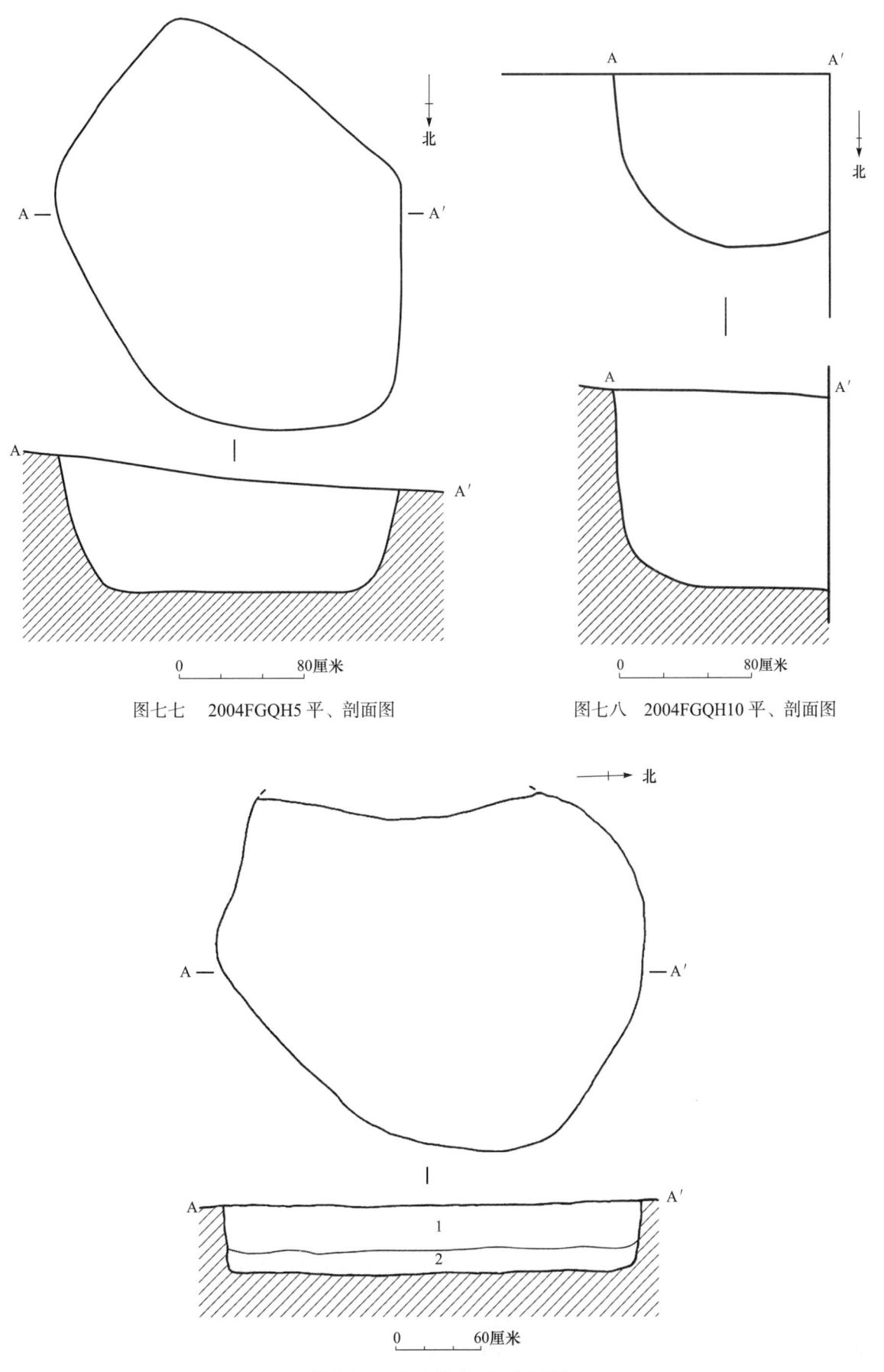

图七七　2004FGQH5 平、剖面图

图七八　2004FGQH10 平、剖面图

图七九　2004FGYH1 平、剖面图

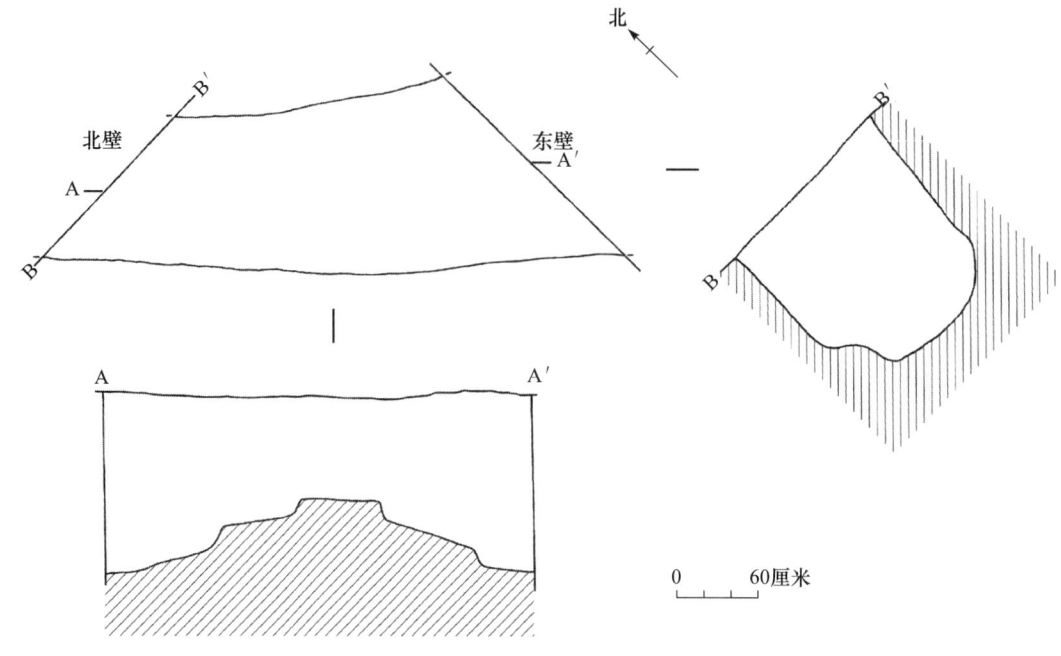

图八〇　2004FGQH6 平、剖面图

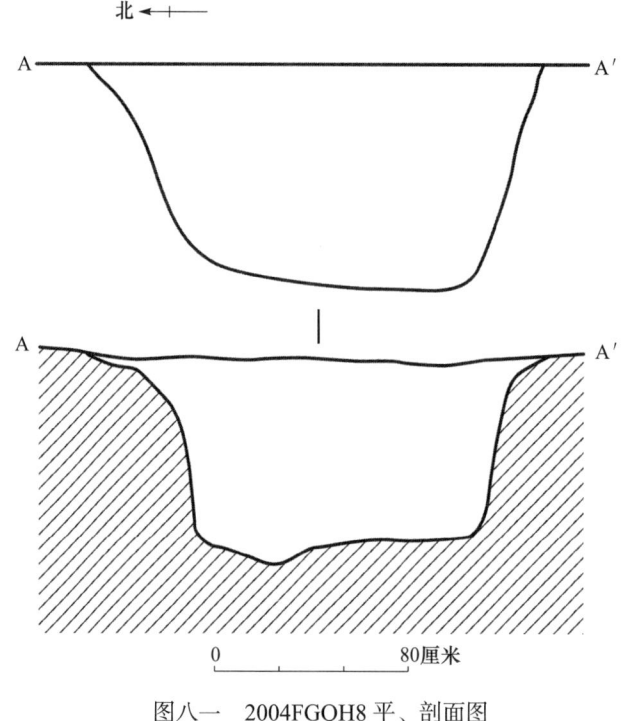

图八一　2004FGQH8 平、剖面图

杂乱，出土大量碎石片、青花瓷片、硬陶片等，器型有碗、盘、杯等（图八二）。

2004FGQH2　位于秦家院子遗址 T0229 南部。部分延伸至 T0228 北隔梁内。开口于第 1 层下，被 H1 打破，打破第 4 层。坑口平面呈不规则，距地表 12～15 厘米，最宽 152、最长 190、坑深 120 厘米。坑内堆积大量灰红色煤渣，出少量青花瓷片（图八三）。

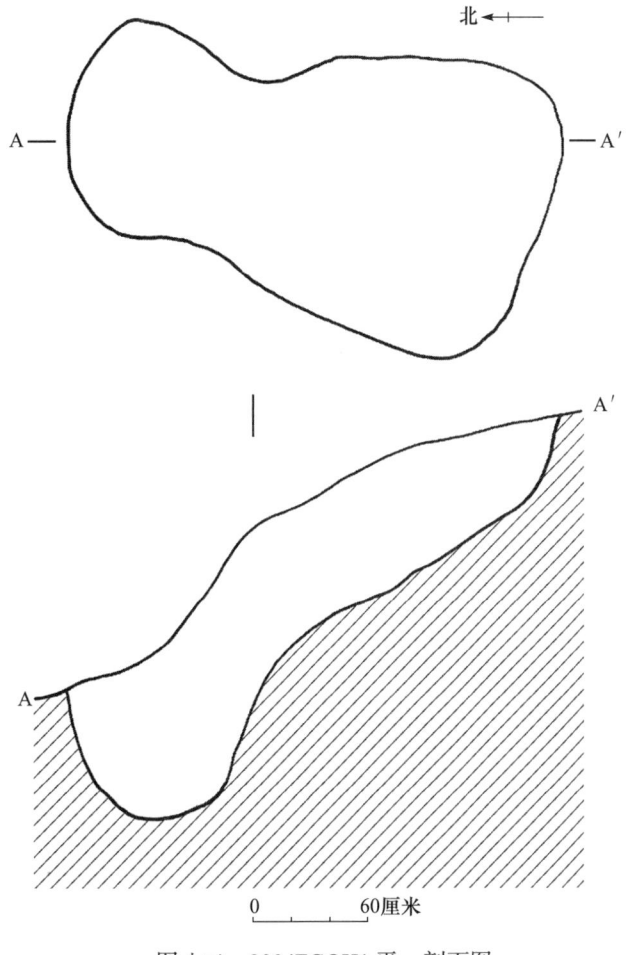

图八二　2004FGQH1 平、剖面图

2004FGQH3　位于秦家院子遗址 T0922 南部，部分延伸至隔梁内。开口于第 3 层下，打破第 4 层。坑口平面呈不规则形，距地表 110 厘米，长 172 厘米，中部宽 70 厘米，坑深 60 厘米。坑内堆积灰色淤沙，包含少量反应罐残片（图八四）。

2004FGYH2　位于袁家岩遗址 T6 南部。开口于第 6 层下，打破 L1 和生土，坑口距地表 0.80~1.95 米。平面近圆形，斜弧壁、平底，加工痕迹不明显。直径 1.7、深 0.8 米。坑内堆积分二层：第 1 层，厚 30~40 厘米，灰黑色煤渣层，土质疏松，出土少量反应罐残片等；第 2 层，厚 25~35 厘米，黄褐色黏土，土质较紧密，出土少量反应罐残片、汉砖、青花瓷片及红烧土块等（图八五）。

三、沟

2004FGQG1　位于秦家院子遗址的中北部。跨 T0520、T0620、T0720、T1021、T1022 等 15 个探方。开口于第 6 层下，打破生土，开口距地表 60~95 厘米。开口平面呈不规则长条形，发掘部分长 23、宽 5~8、深 3~4.5 米。沟内堆积有 6 层，均为较疏松灰黑色炭渣层，含少量反应罐残片（图八六）。

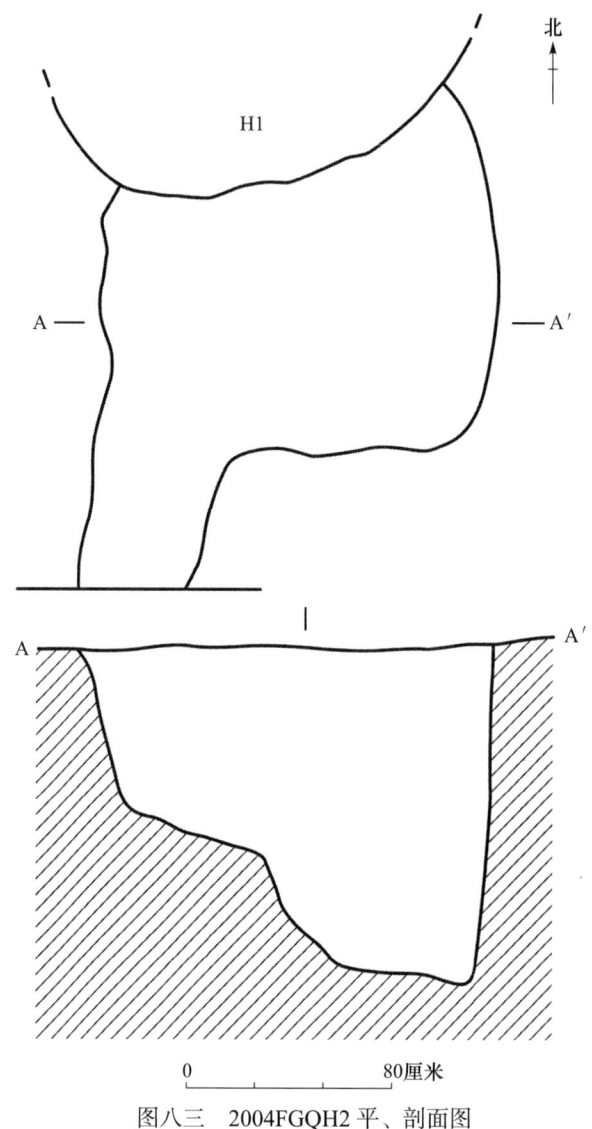

图八三　2004FGQH2 平、剖面图

2004FGQG2　位于秦家院子遗址的中北部。位于 T0222、T0223 东部。开口于第 4 层下，打破 L4 及生土，被近现代灰坑打破。开口距地表深 80 厘米。开口平面呈长条形，发掘长 10、宽 0.45~0.5、深 0.45~0.65 米。沟内堆积为较疏松浅灰色沙土层，含少量红烧土块，出土少量的青花瓷片等（图八七）。

2004FGYG1　位于袁家岩遗址 T7、T6 内，并向东南向延伸西北隅被 H1 打破。开口于第 6 层下，打破生土。平面呈长条形（北部接近 H1 部分较宽），大致由东南向西北倾斜。弧壁、圜底，沟壁、底光滑。发掘部分长 8.4、宽 0.1~0.6、深 0.08 米。沟内堆积疏松的灰黑色煤渣，推测为 L1 的引水沟（图八八）。

四、柱　洞

共清理 20 个。均位于冶炼工作场内，多数分布在冶炼炉的两侧。平面多为圆形或椭圆形，直壁、平底。

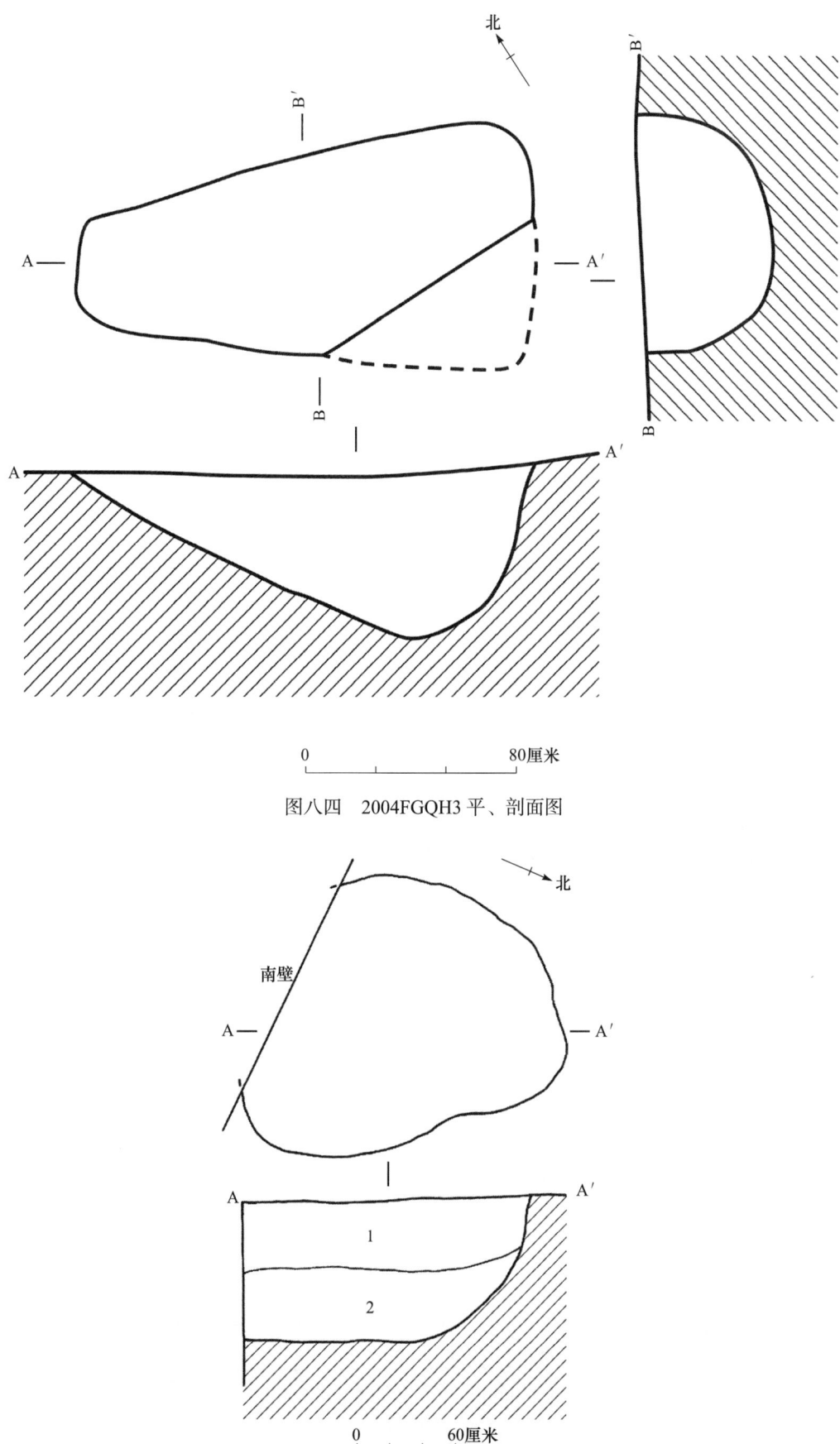

图八四　2004FGQH3 平、剖面图

图八五　2004FGYH2 平、剖面图

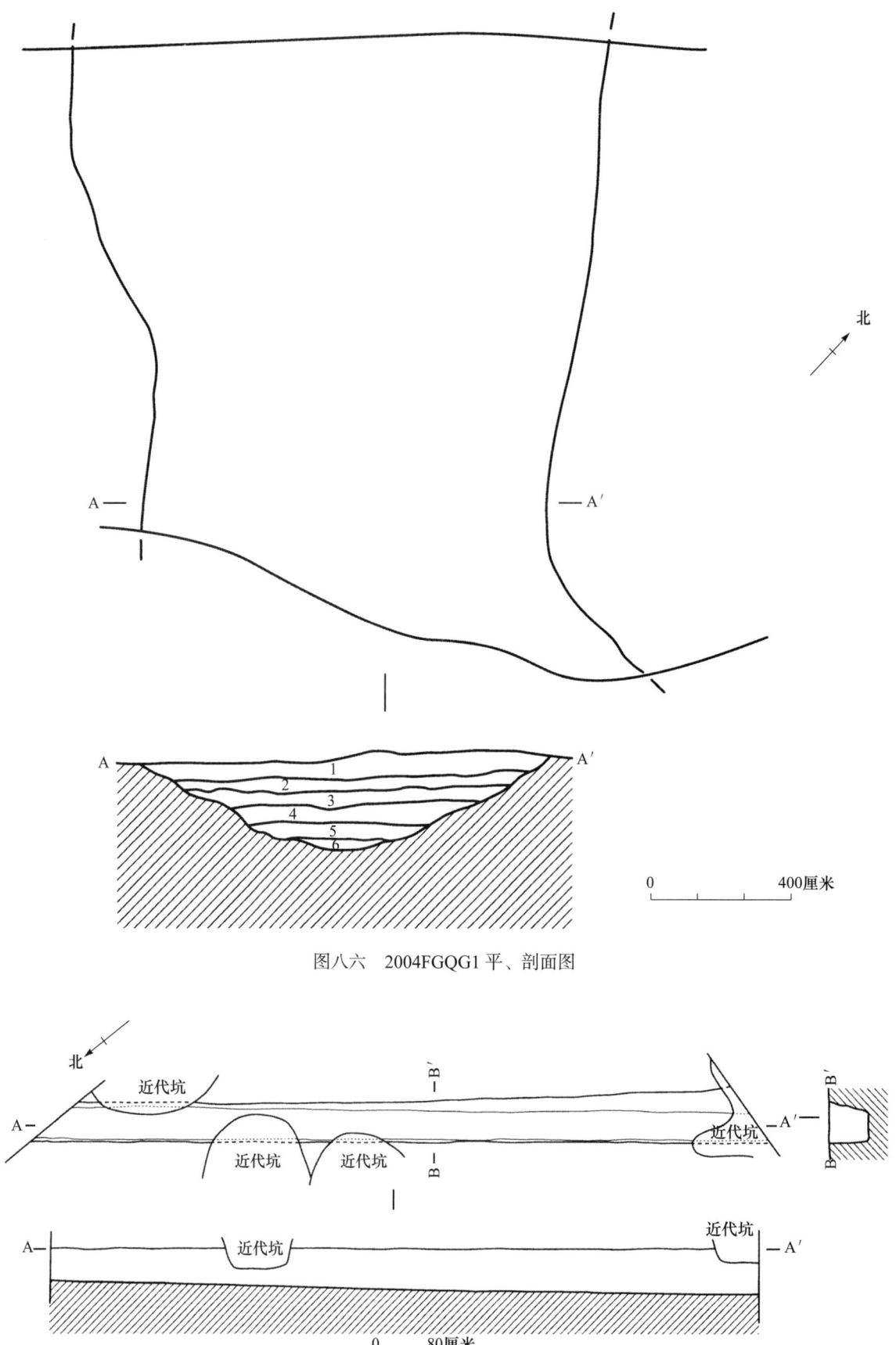

图八六　2004FGQG1 平、剖面图

图八七　2004FGQG2 平、剖面图

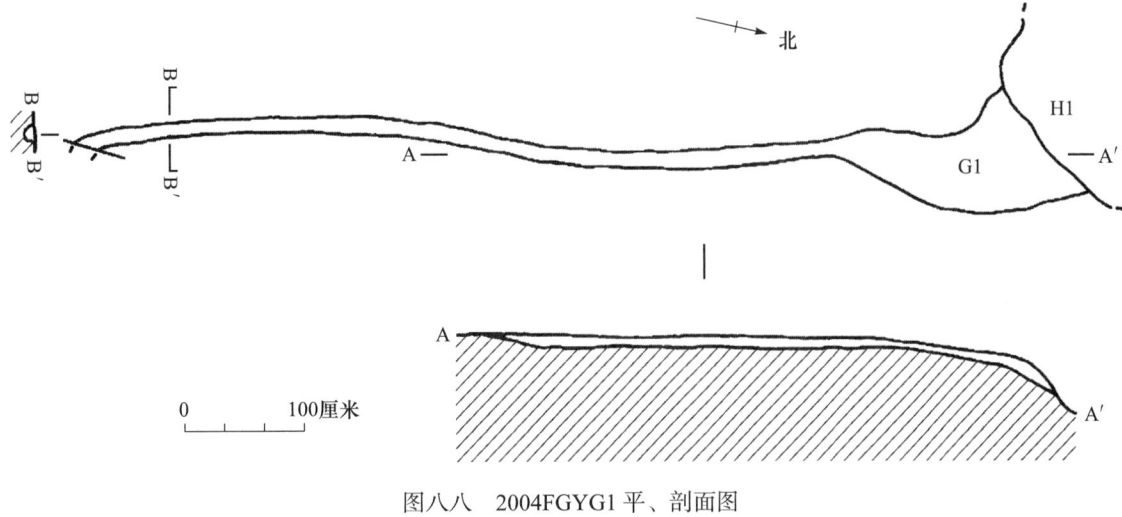

图八八 2004FGYG1 平、剖面图

2004FGQD1～D3 位于秦家院子遗址 T0322 东部。开口于第 4 层下,打破生土。平面呈圆形,直壁、平底,壁、底面光滑。三个柱洞处于一条直线上（D1、D2 间距 113 厘米,D2、D3 间距 104 厘米）,其中 D1、D2 直径 25 厘米,深分别为 8、15 厘米；D3 直径 30 厘米,深 25 厘米。柱洞内填土为煤渣及煤块（图八九）。

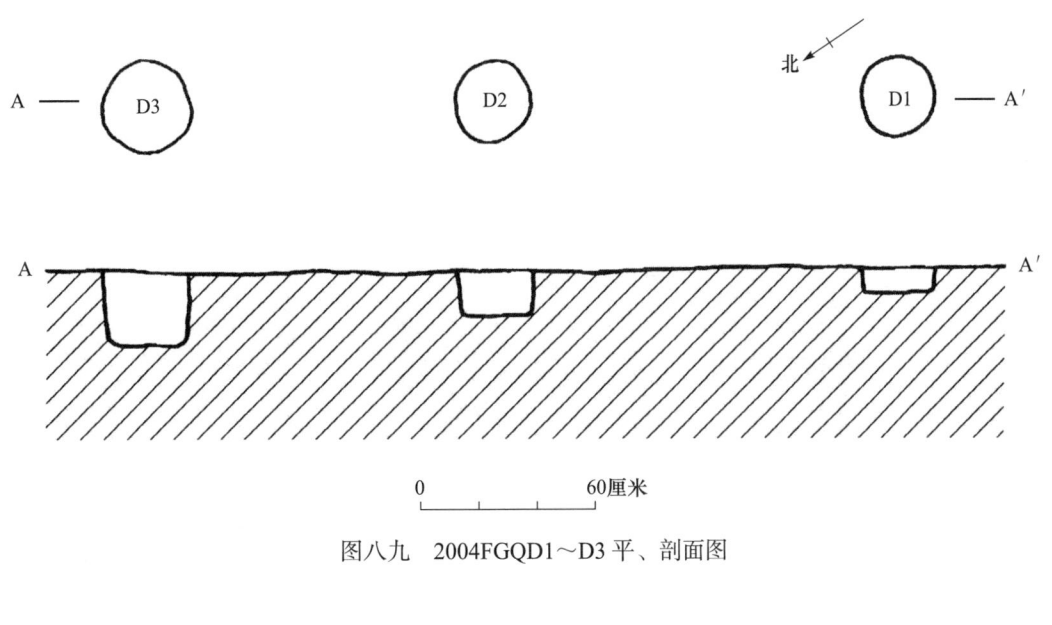

图八九 2004FGQD1～D3 平、剖面图

第二节 遗 物

出土遗物以冶炼用的装烧器皿——陶质反应罐为主,少量日常生活陶、瓷器残片,另有少量与其冶炼有关的铁、石制品。此外,出土大量冶炼炉炉壁残块和一定量的煤、木炭等燃料。

一、反 应 罐

出土数量大,但多为残片,完整器较少。由反应室和冷凝区两部分组成。

(1)反应室即为一种轮制(内壁有明显的轮制弦纹)的灰色夹粗砂硬陶深腹罐。基本形态为侈口、卷沿、圆唇,深腹,平底。

标本 2004FGQT1029③:5,口径 9.5、底径 9、高 28.5 厘米(图九〇,1)。2004FGQG1:9,口径 9.5、底径 8、高 27.3 厘米(图九〇,2;彩版一八,3-1)。标本 2004FGQH7:2,口径 9、底径 9、高 28 厘米(图九〇,3)。标本 2004FGYT6⑥:2,口径 9.5、残高 18 厘米(图九一,1)。

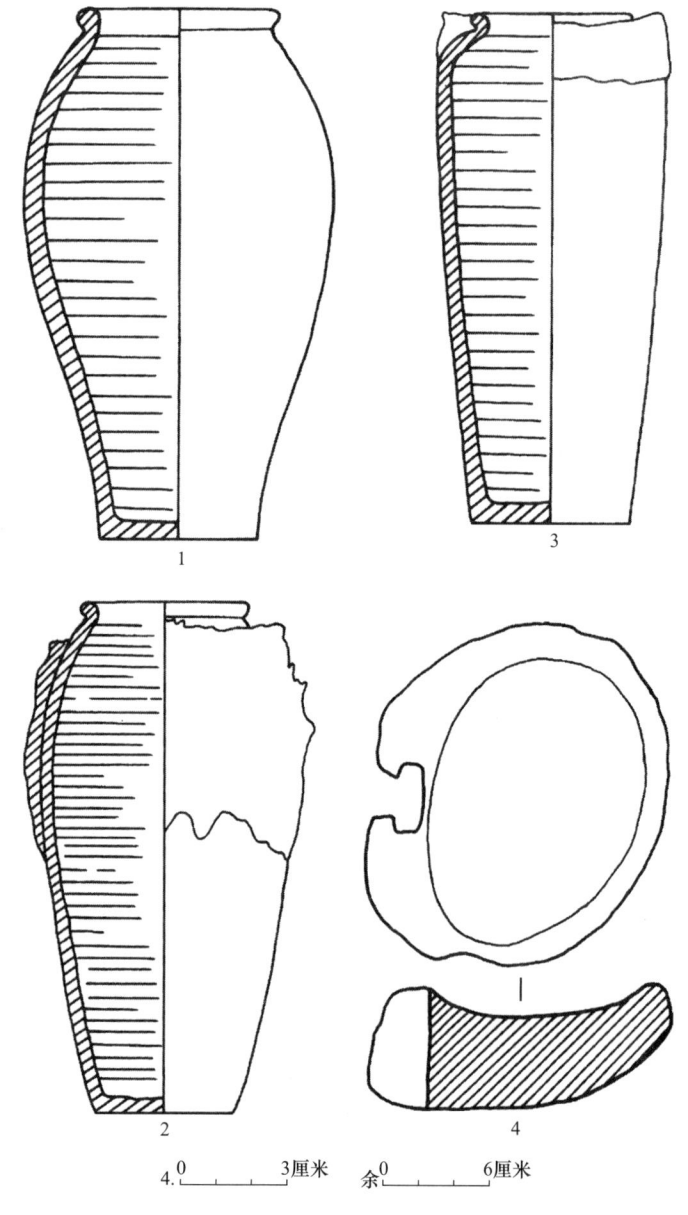

图九〇 2004FGQ 出土反应罐

1~3.反应室(2004FGQT1029③:5、2004FGQG1:9、2004FGQH7:2) 4.冷凝窝(2004FGQT1021⑥:1)

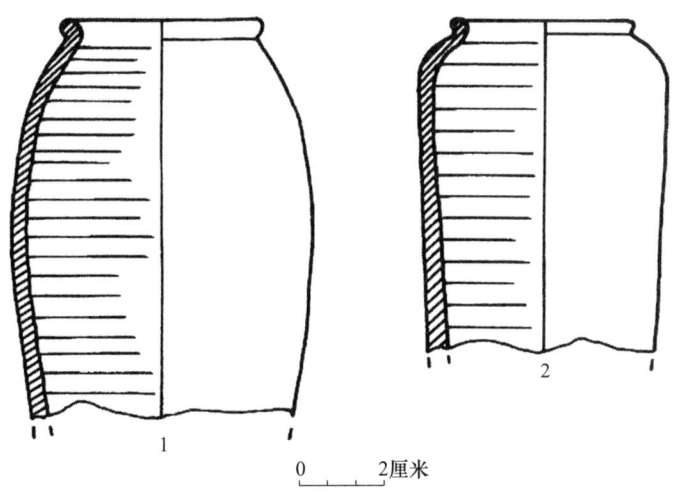

图九一　2004FGY 出土反应罐
1. 2004FGYT6⑥：2　2. 2004FGYT7⑥：1

标本 2004FGYT7⑥：1，口径 9、残高 15 厘米（图九一，2）。

（2）冷凝区即在罐体的肩部用黏土（耐火泥）上接一节，形成一口径 9.5、高 5.5 厘米的孔腔，罐口内放置的冷凝窝，上置盖板，共同组成反应罐的冷凝区。

冷凝窝是冷凝区的组成部分，用耐火黄沙泥捏制而成，置于反应罐的口部。平面呈圆形，内凹，边缘上戳有一长方形的透气孔。用来盛接冶炼出的气态锌冷凝成的液态金属锌。标本 2004FGQT1021⑥：1，直径 9.5、厚 3 厘米，透气孔长约 2、宽 1 厘米（图九〇，4；彩版一八，4）。

二、瓷　　器

多为残片，复原器仅 20 件。以青花器瓷器为主，器型主要有碗、盘、杯等。

碗　5 件。标本 2004FGQH1：9，敞口，圆唇，斜直腹，内底微突，圈足较高。内壁装饰鱼纹，外壁饰以花卉纹。口径 13、底径 6.4、高 5 厘米（图九二，2）。标本 2004FGQT0329③：5，敞口，尖圆唇，斜弧腹，矮圈足，有涩圈。器表饰草叶纹。口径 14、底径 7、高 5.2 厘米（图九二，3）。标本 2004FGQH1：16，敞口，圆唇，弧腹，圈足较高，有涩圈。器表饰团花、缠枝纹。口径 12、底径 6.4、高 5.2 厘米（图九二，4）。标本 2004FGQH1：14，敞口，尖圆唇，弧腹，矮圈足。外壁饰草叶纹。口径 13、底径 6.2、高 5 厘米（图九二，5）。标本 2004FGQG1：7，侈口，尖圆唇，弧腹，小圈足。器表饰草叶纹。口径 12、底径 4.6、高 5 厘米（图九二，6）。标本 2004FGQH1：5，直口微敞，尖圆唇，直弧腹，圈较高足，有涩圈。器表饰草叶纹。口径 11、底径 6.8、高 5 厘米（图九二，7）。

盘　1 件。标本 2004FGQH1：1，敞口，尖圆唇，斜弧腹，圈足，有涩圈。器内饰鸟纹和草叶纹。口径 12、底径 7.2、高 2.8 厘米（图九二，1）。

杯　2 件。标本 2004FGQH1：3，侈口，圆唇，斜弧腹，圈足较直。器表饰团花缠枝纹。口径 10、底径 4.4、高 5 厘米（图九二，8）。标本 2004FGQH1：2，敞口微敛，圆唇，斜弧腹，圈足略外撇，底不施釉。器表饰草叶纹。口径5、底径2.7、高2.2厘米（图九二，9）。

三、石　器

石范　1件。标本2004FGQT0920⑦：1，残。中部打磨成圆窝形。残长22、宽8.8~18、厚3.6~8厘米（图九二，10）。

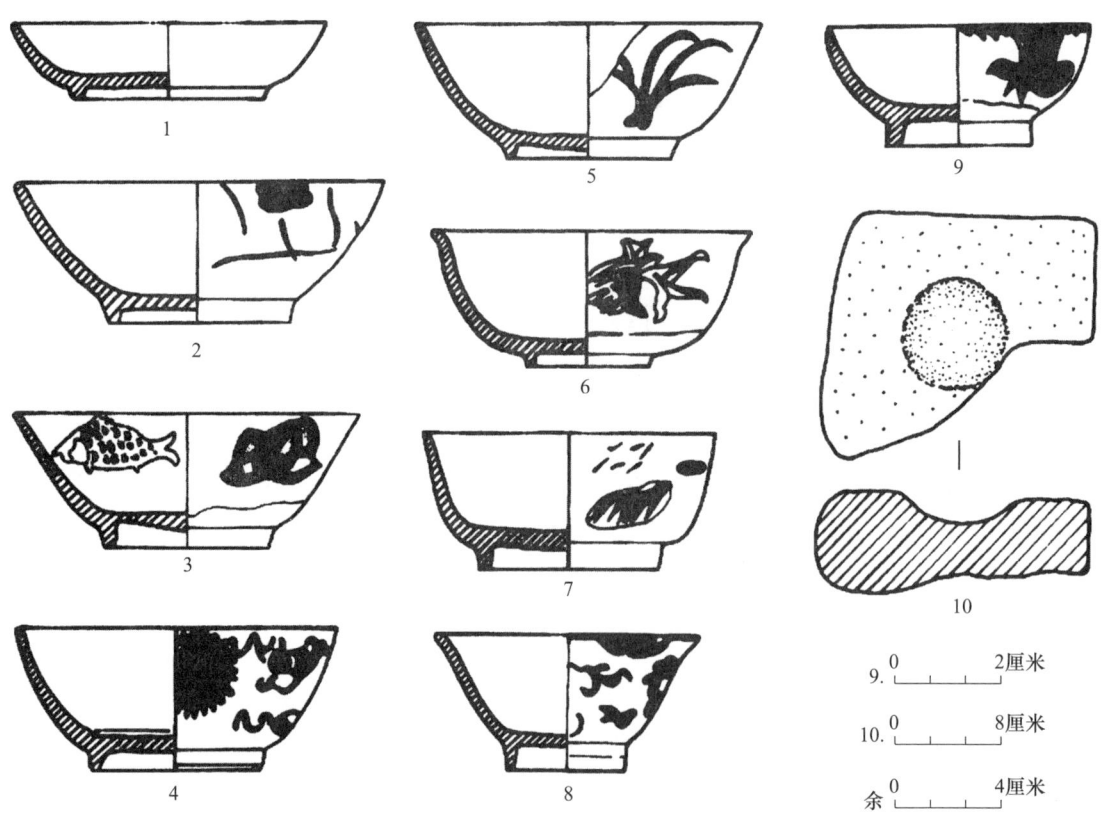

图九二　2004FGQ出土器物

1. 瓷盘（2004FGQH1：1）　2~7. 瓷碗（2004FGQH1：9、2004FGQT0329③：5、2004FGQH1：16、2004FGQH1：14、2004FGQG1：7、2004FGQH1：5）　8、9. 瓷杯（2004FGQH1：3、2004FGQH1：2）　10. 石范（2004FGQT0920⑦：1）

第五章 墓　　地

关田沟村临长江二级阶地的山包（梁）上，自长江上游起依次分布有7个墓地，这些墓地之间隔冲沟彼此相邻，时代接近，共同组成关田沟墓群。2001年度的考古发掘中共清理墓葬66座，其中汉至六朝时期墓葬64座（包括土坑墓23座，砖室墓40座，砖石混筑墓1座）、明清石室墓2座。这批汉至六朝墓葬共计出土随葬器物1017件，以陶器为主，瓷器次之，另有一定数量的铜器、铁器、银器、石器、料器等。

第一节　毛家包墓地

毛家包墓地位于关田沟村四社，墓群的最南部，西临长江，东临高家镇新修沿江公路，北临团尚包墓地。该墓地为东西走向的小山包，顶部较平坦，西、南、北三面由于改田改土形成阶梯式坡地，其上种植辣椒、红薯等农作物。该墓地按正南北向，采用探方法共布5米×5米探方22个，编号2001FGQⅡ区T1~T22。加之扩方，实际发掘面积677平方米。清理墓葬10座，主要分布在墓地北部、南部，编号2001FGQM11~2001FGQM20，其中M11、M12、M13、M14、M18为砖室墓，M15、M19、M20为土坑墓，M16、M17为石室墓（图九三；彩版四，1）。

一、2001FGQM11

（一）墓葬形制

M11位于毛家包墓地南部的T3、T4、T5、T6内，开口于第1层下，墓口距地表0.1~0.4米，打破生土。墓内填土为棕褐夹暗红色粉砂土，土质较硬，含较多砖屑、部分器物残片。

在原发掘工作，将M11作为一座墓葬清理，在后期整理工作中发现M11实际经历了前后两次建造、使用。原M11平面呈"L"形，方向193°。由墓道、甬道、墓室组成，总长约8米，最宽处8.02米。墓砖为长方形砖和楔卯砖两种，前者有三种规格：分别长43、宽19、厚8厘米，长46、宽16、厚8厘米，长45、宽16、厚4厘米；后者长36、宽16、厚6厘米。墓砖朝墓室面饰有几何菱形纹、细绳纹。

根据打破关系，将原M11分为两座墓葬（编号M11-A、M11-B），M11-B为东西向凸字形墓，M11-A为后期利用M11-B墓室，重新修建成南北向凸字形墓。具体介绍如下（图九四、图九五）。

M11-A平面呈凸字形，方向193°。由墓道、甬道、墓室组成，总长8米，最宽处5.36米。墓道为长方形斜坡墓道，长1.08、宽1.12、深0~0.7米，坡度15°。

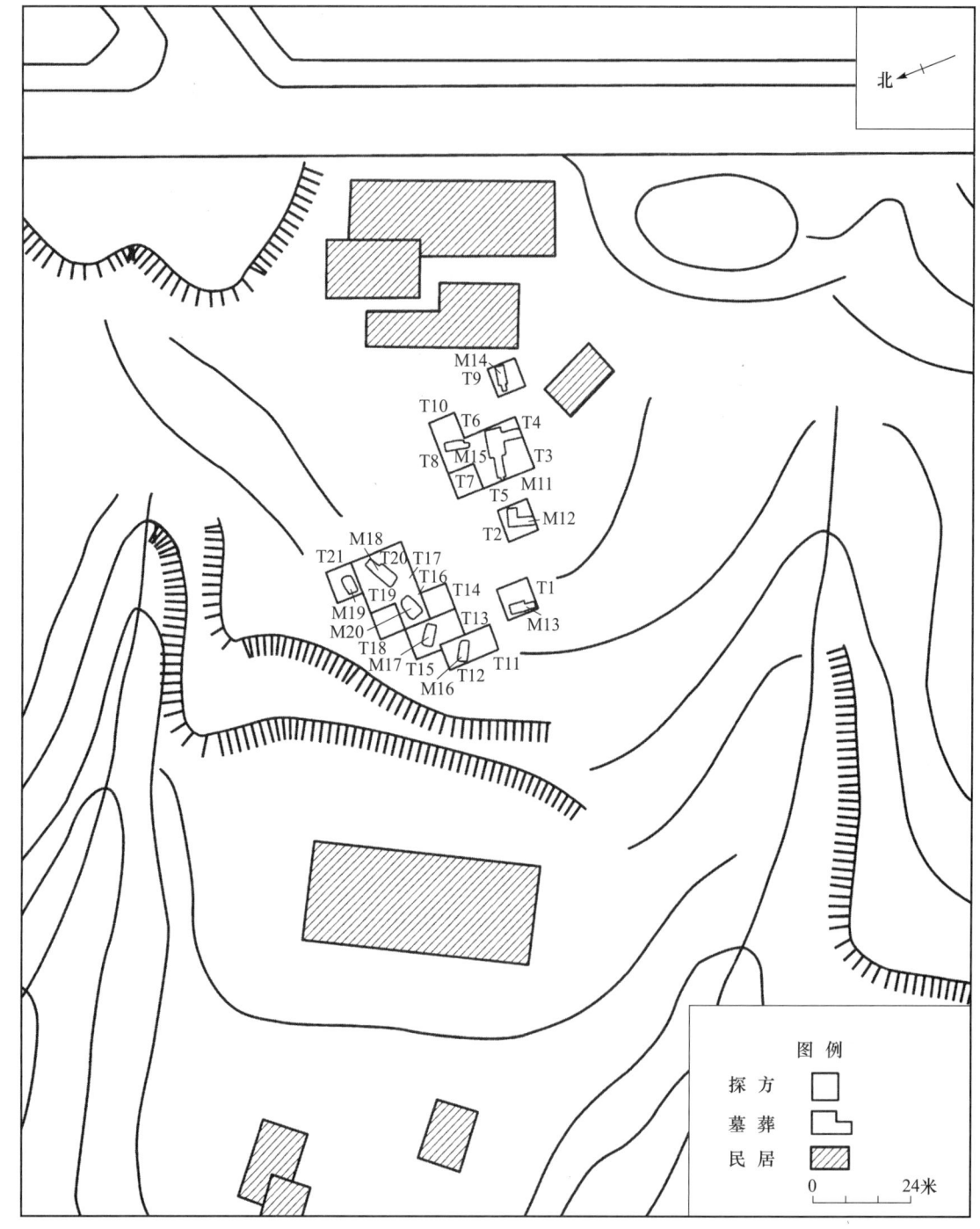

图九三 毛家包墓地墓葬分布图

甬道位于墓室南部，残长 2.8、宽 1.4、残高 0.9 米。墓室内长 4.7、宽 2.8、残高 1.56 米。

墓室底部采用长方形砖纵向对缝平铺，甬道底部用长方形砖横向对缝平铺，高出墓室底部约 3 厘米。甬道壁及墓室壁均用长方形砖横向错缝平砌，其中墓室东壁处用长方形砖将 M11-B 的甬道隔开，封闭而成 M11-A 的墓室。墓室、甬道顶部用楔形榫卯砖起券。

M11-B 平面呈凸字形，方向 288°。由甬道、墓室两部分组成，总长 8.02、最宽处 3.6 米。

甬道位于墓室东部，内长 2.6、宽 1.4、残高 0.84 米。墓室内长 4.7、宽 2.8、残高 1.56 米。

墓室及甬道底部采用长方形砖横向对缝平铺。甬道壁及墓室壁均用长方形砖横向错缝平砌，顶部用楔形榫卯砖起券。甬道外有排水沟，沟旁有盗洞。

由于该墓经历了前后两次建造、使用，加之经历后期盗扰，无法准确判断墓内人骨、随葬器物的归属，只能根据墓葬打破关系将现存于M11-A甬道及墓室内的器物归于M11-A，M11-B甬道内的器物归于M11-B。通过M11-A墓室西部的棺痕判断，葬具为木棺，应为M11-A所有。

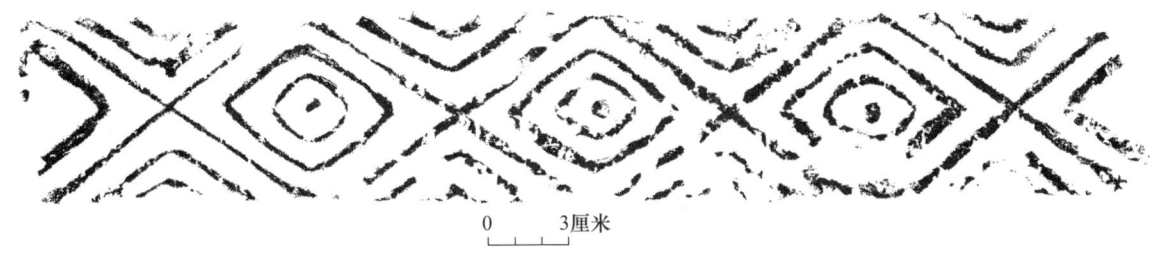

图九五　2001FGQM11出土墓砖（拓片）

（二）随葬器物

该墓随葬器物较丰富，共出土有41件[①]。包括陶器、铜器、铁器、石器四类。随葬器物以陶器为主，器型有钵、罐、簋、杯、灯、盘、器盖、俑等。铜器为铜钱。铁器为铁刀。石器为璋板、饰件。

1. 陶器

该墓共出土有陶器36件，以泥质灰黑陶为主，另有泥质灰陶，夹细砂灰陶，泥质红褐陶等。陶器以轮制为主，部分手制、模制，部分器物不同部件为分别轮制和模制后黏合而成。纹饰有凹弦纹、刻划纹、水波纹、戳印纹、三角纹等。

钵　3件。2001FGQM11：1，泥质黑灰陶，敛口，尖圆唇，斜腹，平底。口径10.5、底径4.3、高3.4厘米（图九六，1）。2001FGQM11：4，泥质灰褐陶，敛口，圆唇，斜弧腹，饼足。口径9.3、底径3.2、高4厘米（图九六，2）。2001FGQM11：94，泥质灰黑陶，器内及口沿部饰深灰色釉。侈口，尖圆唇，斜弧腹，假圈足内弧。器内口沿下饰有一周凹弦纹。口径18.6、底径6、高5.7厘米（图九六，6）。

罐　1件。2001FGQM11：39，汲水罐。泥质灰黑陶，敞口，圆唇，束颈，溜肩，扁鼓腹，平底。颈部饰有一对小穿孔。口径2.8、最大腹径4.4、底径2.3、高3.2厘米（图九六，10）。

盆　1件。2001FGQM11：74，泥质红陶胎，器表施黄色陶衣。侈口，圆唇，平折沿，上腹较直，下腹弧收成平底。内底微凸。上腹部饰有三周凸弦纹。口径24、底径10、高10厘米（图九七，2）。

[①] 随葬器物为后期整理的可修复及可辨器型的描述，与墓葬平面图中的器物总数不完全一致；同时，平面图中被叠压的遗物在图中未标明，但图注中做了说明。不再一一赘述，下同。

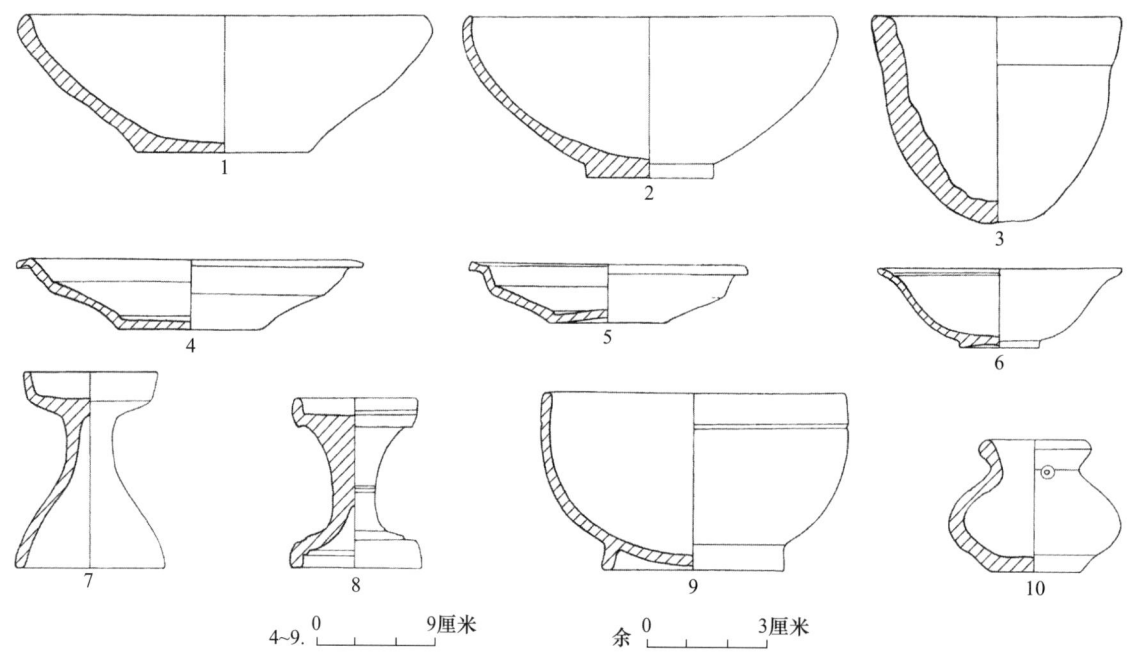

图九六 2001FGQM11 出土陶器（一）

1、2、6.钵（2001FGQM11：1、2001FGQM11：4、2001FGQM11：94） 3.杯（2001FGQM11：11） 4、5.盘（2001FGQM11：78、2001FGQM11：80） 7、8.灯（2001FGQM11：25、2001FGQM11：68） 9.簋（2001FGQM11：53） 10.罐（2001FGQM11：39）

盒 1件。2001FGQM11：59，泥质红陶胎，器表施黄釉，部分剥落。直口，方唇，上腹较直，折腹斜收成平顶，矮圈足。外壁口沿下饰有两周凹弦纹。器内有轮制痕迹。口径17.6、顶径10.2、高6.2厘米（图九七，1）。

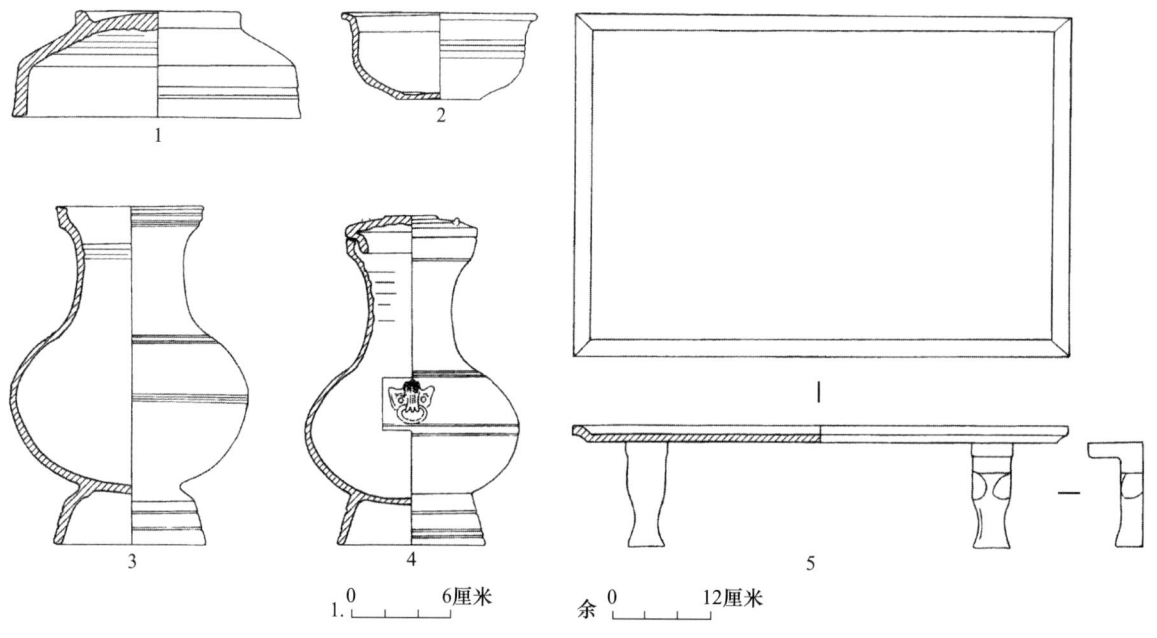

图九七 2001FGQM11 出土陶器（二）

1.盒（2001FGQM11：59） 2.盆（2001FGQM11：74） 3、4.钟（2001FGQM11：61、2001FGQM11：62） 5.案（2001FGQM11：40）

锺　2件。2001FGQM11：61，泥质灰陶胎，器表有朱砂彩绘。盘口，方唇，束颈，溜肩，鼓腹，圈足。肩部饰有两周凹弦纹，腹部饰有三周凹弦纹，圈足饰有两周凹弦纹。器表及器内均有轮制的痕迹。口径18、最大腹径28.8、底径18.4、高40厘米（图九七，3）。2001FGQM11：62，泥质红陶胎，器表施酱黄釉。器身为浅盘口，方唇，束颈，溜肩，鼓腹，圈足。外壁口沿下饰有一周凹弦纹，肩部饰有两周凹弦纹及两个对称的衔环铺首，腹部饰有两周凹弦纹，圈足饰有三周凹弦纹。带盖，盖为子母口，圆唇，斜腹平底。盖腹部饰有三个乳丁状纽。器内有轮制的痕迹。盖口径16、顶径6.4、器身口径15.8、最大腹径26.4、足径18、通高38.8厘米（图九七，4）。

簋　1件。2001FGQM11：53，泥质红褐陶，敛口，圆唇，弧腹，圈足。外壁口沿下饰有一周凹弦纹。通体磨光。口径22.8、底径13.8、高12.8厘米（图九六，9）。

灯　2件。2001FGQM11：25，泥质灰褐陶，敞口，尖圆唇，浅盘腹，柱形柄，喇叭状座。口径10.2、底径11.4、高14.2厘米（图九六，7）。2001FGQM11：68，泥质红陶胎，器表施黄色陶衣。直口微侈，圆唇，浅盘腹，柱形柄，覆钵状底。柄部饰有两周凹弦纹。器表及器内均有轮制痕迹。口径9.6、底径9.9、高12.3厘米（图九六，8）。

杯　1件。2001FGQM11：11，泥质红陶，敞口，尖圆唇，斜腹，圜底。口径6.3、高5厘米（图九六，3）。

盘　2件。2001FGQM11：78，泥质红褐陶，敞口，方唇，平折沿，上腹斜直，折腹斜收成平底。器表有轮制痕迹。口径24.9、底径11、高5.1厘米（图九六，4）。2001FGQM11：80，泥质红陶胎，器表施黄绿釉。侈口，方唇，平折沿，上腹斜直，折腹斜收成平底。底部微凹。口径21、底径8.7、高4.2厘米（图九六，5）。

器座　2件。2001FGQM11：33，泥质红陶胎，器表施白色陶衣。椭圆筒形，正面左右各立一持物的兽首人，兽首人着上衣下裤，赤脚。其中一人猪鼻、长獠牙，另一人三角嘴，二人均怒目，面目凶恶狰狞。高26厘米（图一〇〇，3）。2001FGQM11：58，泥质红陶胎，器表施白色陶衣。上部残。下呈三角形，上呈菱形，正面塑有西王母乘坐龙虎椅之情景。菱形面上有四个支点。高16.2厘米（图一〇〇，4；彩版三四，2）。

案　1件。2001FGQM11：40，泥质黑灰陶，长方形，平沿，壁微弧，四足呈牛首状。长60、宽40、高14.4厘米（图九七，5）。

侍俑　2件。2001FGQM11：14，泥质红陶胎，器表施白色陶衣。头戴平巾帻，面容安详，裹衣圆领，中衣、深衣交领右衽，宽袖，束腰，及地。脚穿翘头履。双手相拥作侍立状。高25厘米（图九九，1）。2001FGQM11：23，泥质灰褐陶。束巾，面容安详，裹衣圆领，中衣、深衣交领右衽，宽袖，束腰，及地。脚穿翘头履。双手相拥作侍立状。高15.5厘米（图九九，2）。

击筑俑　1件。2001FGQM11：81，泥质红陶胎，器表施白色陶衣，彩绘基本剥落。头戴平巾帻，面容安详，裹衣圆领，中衣、深衣交领右衽，宽袖，束腰，及地。脚穿履，跽坐。双臂向前作击筑状，双手处为空洞。高18.8厘米（图九八，6）。

抚耳俑　1件。2001FGQM11：38，泥质红陶胎，器表施白色陶衣，有朱砂等彩绘。头戴介帻，神情专注，裹衣圆领，中衣、深衣交领右衽，宽袖，束腰，及地。脚穿履，跽坐。头微仰视左前

图九八　2001FGQM11 出土陶俑
1. 盛物俑（2001FGQM11∶13）　2. 击搏拊俑（2001FGQM11∶6）　3. 抚耳俑（2001FGQM11∶38）　4. 舞俑（2001FGQM11∶5）　5. 吹埙俑（2001FGQM11∶15）　6. 击筑俑（2001FGQM11∶81）

方，右手置于右膝上，左手置于左腿上。高 21.4 厘米（图九八，3）。

执物俑　1 件。2001FGQM11∶16，泥质红陶胎，器表施黑色陶衣，大部分剥落。束巾，面容不清，圆披肩领，外着深衣，宽袖，束腰，及地，下摆有褶边。脚穿翘头履。双手各持一物，举于胸前。高 13.2 厘米（图九九，3）。

吹埙俑　1 件。2001FGQM11∶15，泥质黑陶胎，器表施白色陶衣。头戴平巾帻，面容安详，褒衣圆领，中衣、深衣交领右衽，宽袖，束腰，及地。脚穿履，跽坐。双手平悬相握筝于嘴边作吹奏状。高 19.6 厘米（图九八，5）。

盛物俑　1 件。2001FGQM11∶13，泥质红陶胎，器表施白色陶衣，头发有黑彩。头戴介帻，面露微笑，褒衣圆领，中衣、深衣交领右衽，宽袖，下着裤。脚穿履，跽坐。左手高举作盛物状，右手抚膝。高 21.5 厘米（图九八，1）。

击搏拊俑　1 件。2001FGQM11∶6，泥质红陶胎，器表施白色陶衣，着黑彩、灰彩、红彩，部分剥落。梳髻，戴无帻之冠，笑容满面，褒衣圆领，中衣、深衣交领右衽，宽袖，束腰，及地。跽坐，身向后仰。膝间有一乐器，双手摊开掌心向上置于腿上。高 17.6 厘米（图九八，2）。

舞俑　1件。2001FGQM11:5，泥质红陶。梳高髻，束巾，面露微笑。褒衣圆领，中衣、深衣交领右衽，荷叶形褶边，束腰，下摆成裙状。左手掖袖提裙，右手上举于胸侧，左腿微曲，作舞蹈状。高28厘米（图九八，4）。

玩鸟俑　1件。2001FGQM11:18，泥质红陶。束巾，面露微笑，褒衣圆领，外衣交领右衽，宽袖，束腰，及地。脚穿履。左手执一鸟。高17.6厘米（图九九，5）。

俑头　3件。2001FGQM11:41，泥质红陶胎，器表施白色陶衣。梳双环髻，面露微笑。残高4.4厘米（图一○○，1）。2001FGQM11:82，泥质红陶。头戴平上帻，面容安详。残高6.5厘米（图一○○，2）。2001FGQM11:87，泥质红陶。梳山形髻，束巾，面露微笑。残高7.4厘米（图九九，4）。

图九九　2001FGQM11出土陶俑、鸟形器座

1、2.侍俑（2001FGQM11:14、2001FGQM11:23）　3.执物俑（2001FGQM11:16）　4.俑头（2001FGQM11:87）　5.玩鸟俑（2001FGQM11:18）　6.鸟形器座（2001FGQM11:26）

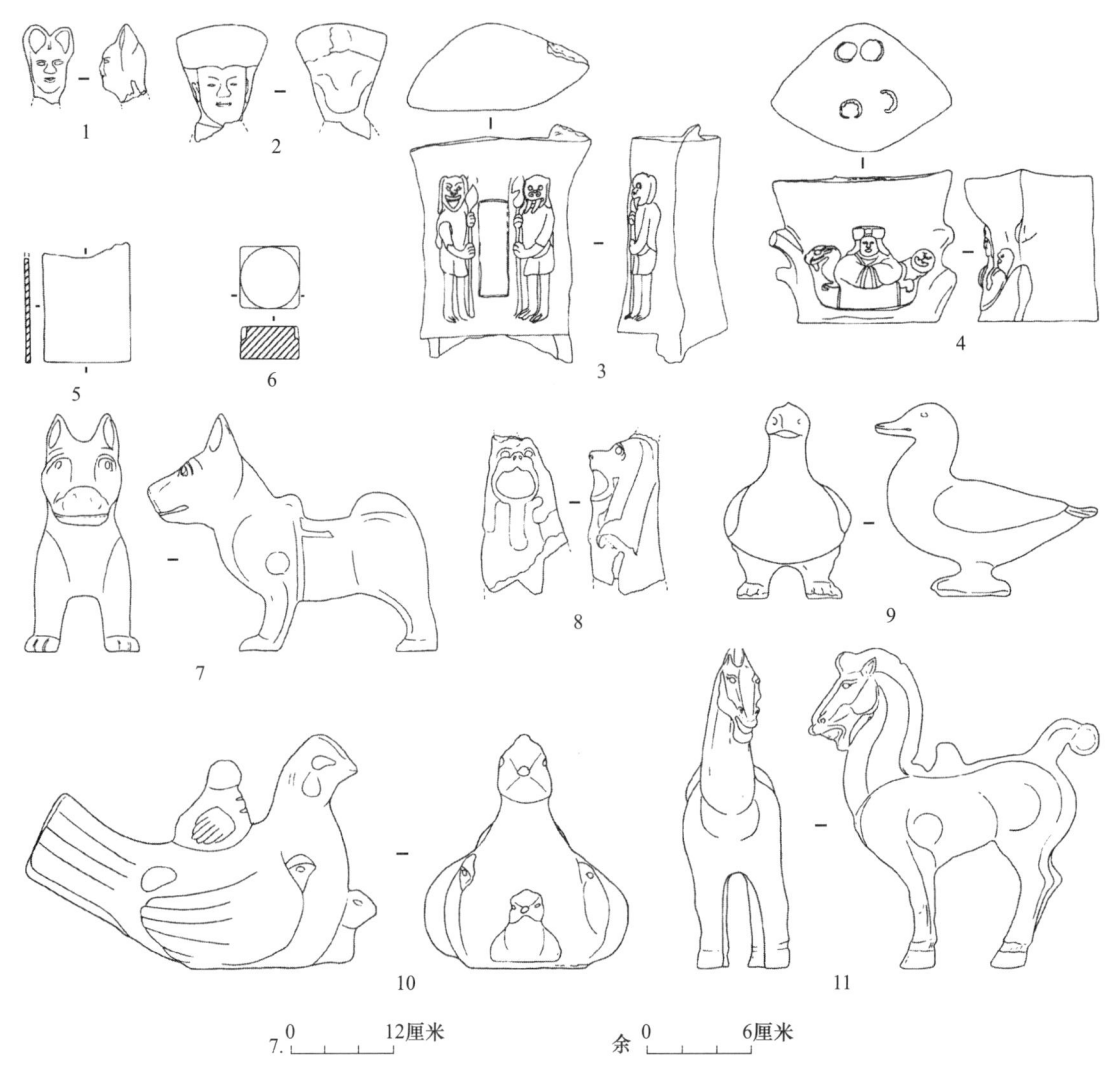

图一〇〇　2001FGQM11 出土陶器

1、2. 陶俑头（2001FGQM11：41、2001FGQM11：82）　3、4. 陶器座（2001FGQM11：33、2001FGQM11：58）　5. 石璋板（2001FGQM11：84）　6. 石饰件（2001FGQM11：85）　7. 陶狗（2001FGQM11：17）　8. 陶兽首（2001FGQM11：88）　9. 陶鸭（2001FGQM11：19）　10. 陶子母鸡（2001FGQM11：21）　11. 陶马（2001FGQM11：57）

狗　1件。2001FGQM11：17，泥质红陶。昂首，耸耳，短嘴，四足直立，卷尾。兜肚系栓环。高26.4、长33厘米（图一〇〇，7）。

马　1件。2001FGQM11：57，泥质红陶胎，器表施白色陶衣。张嘴作嘶鸣状，尖耳，体肥，四足粗壮，束尾翘起。背部有马鞍。高18、长16.8厘米（图一〇〇，11；彩版三四，2；图版二〇，5）。

子母鸡　1件。2001FGQM11：21，泥质红陶胎，器表施白色陶衣，有朱砂，部分剥落。昂首蹲伏状，翘尾，背负一小鸡，左右翅下各有一小鸡，腹下一小鸡。高13厘米（图一〇〇，10）。

鸭　1件。2001FGQM11：19，泥质红陶。昂首，尾部呈尖状，立足。高10.9厘米（图一〇〇，9）。

鸟形器座　1件。2001FGQM11：26，夹细砂红陶。昂首，衔石，直顶绶，翅膀张开，翘尾，立足。头顶有一穿眼。高31.8厘米（图九九，6；彩版三四，1）。

兽首　1件。2001FGQM11：88，泥质红陶胎，器表施白色陶衣。仅存头部。瞠目，张口。

残高 9 厘米（图一〇〇，8）。

2. 铜器

铜钱　68 枚。有五铢和货泉两种。

五铢钱　48 枚。2001FGQM11：2-1，"五"字交笔弯曲，"金"字头呈三角形，"朱"字上方下圆。钱径 2.5、穿宽 0.9 厘米（图一〇一，1）。2001FGQM11：2-2，"五"字交笔弯曲，字体瘦长，"金"字头呈箭镞形，"朱"字上方下圆。钱径 2.5、穿宽 1 厘米（图一〇一，2）。

货泉　20 枚。2001FGQM11：3，有郭，钱文"泉"字中竖中断，内郭有单双。钱径 2.0、穿宽 0.8 厘米。

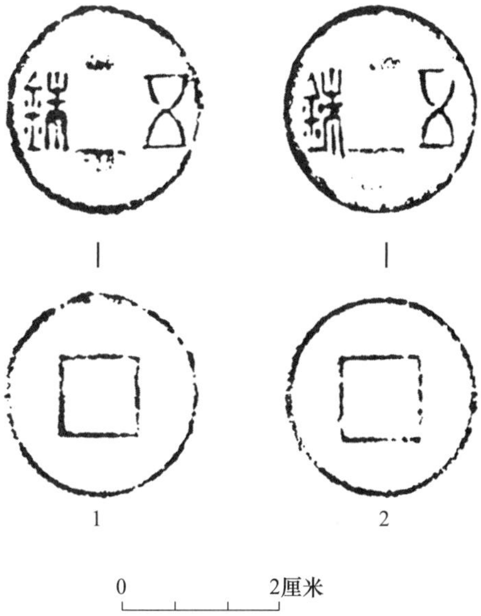

图一〇一　2001FGQM11 出土钱币（拓片）
1、2. 五铢（2001FGQM11：2-1、2001FGQM11：2-2）

3. 铁器

刀　1 件。2001FGQM11：51，锈蚀严重。

4. 石器

璋板　1 件。2001FGQM11：84，灰褐色青石，已残。长方形，两边磨平。残长 6.6、宽 5、厚 0.2 厘米（图一〇〇，5）。

饰件　1 件。2001FGQM11：85，灰褐色砂岩。上圆下方。边长 3.5、厚 1.8 厘米（图一〇〇，6）。

二、2001FGQM12

（一）墓葬形制

M12 位于毛家包墓地的南部，该墓地 T2 的东部，开口于第 1 层下，墓口距地表 0.25～0.3 米，被一座清代石室墓打破，打破生土。该墓填土可分为两种，上部为灰褐色黏土，土质疏松，含较多碎砖、料姜石、炭粒及少量陶片等，近底部为黄褐色砂土，土质松软，含大量陶片、部分完整器物、较多的铜钱以及零星骨渣等。

M12 为砖室墓，平面呈刀把形，方向 192°。由墓道、甬道、墓室三部分组成，总长 6.8 米，最宽处 4.54 米。

墓道为梯形斜坡墓道，残长 1.2、宽 1.3～1.5 米，坡度 23°。甬道位于墓室南部，内长 2.3、宽 1.6、残高 1.1 米。墓室内长 2.34、宽 3.32、残高 2.54 米。

甬道内 10 厘米，外 8 厘米砌封门砖。墓底无铺地砖，甬道壁与墓壁采用长方形砖横向错缝平砌。残墓顶采用榫卯砖错缝券砌。墓砖为长方形砖和榫卯砖，前者长 44、宽 19、厚 9 厘米，后者

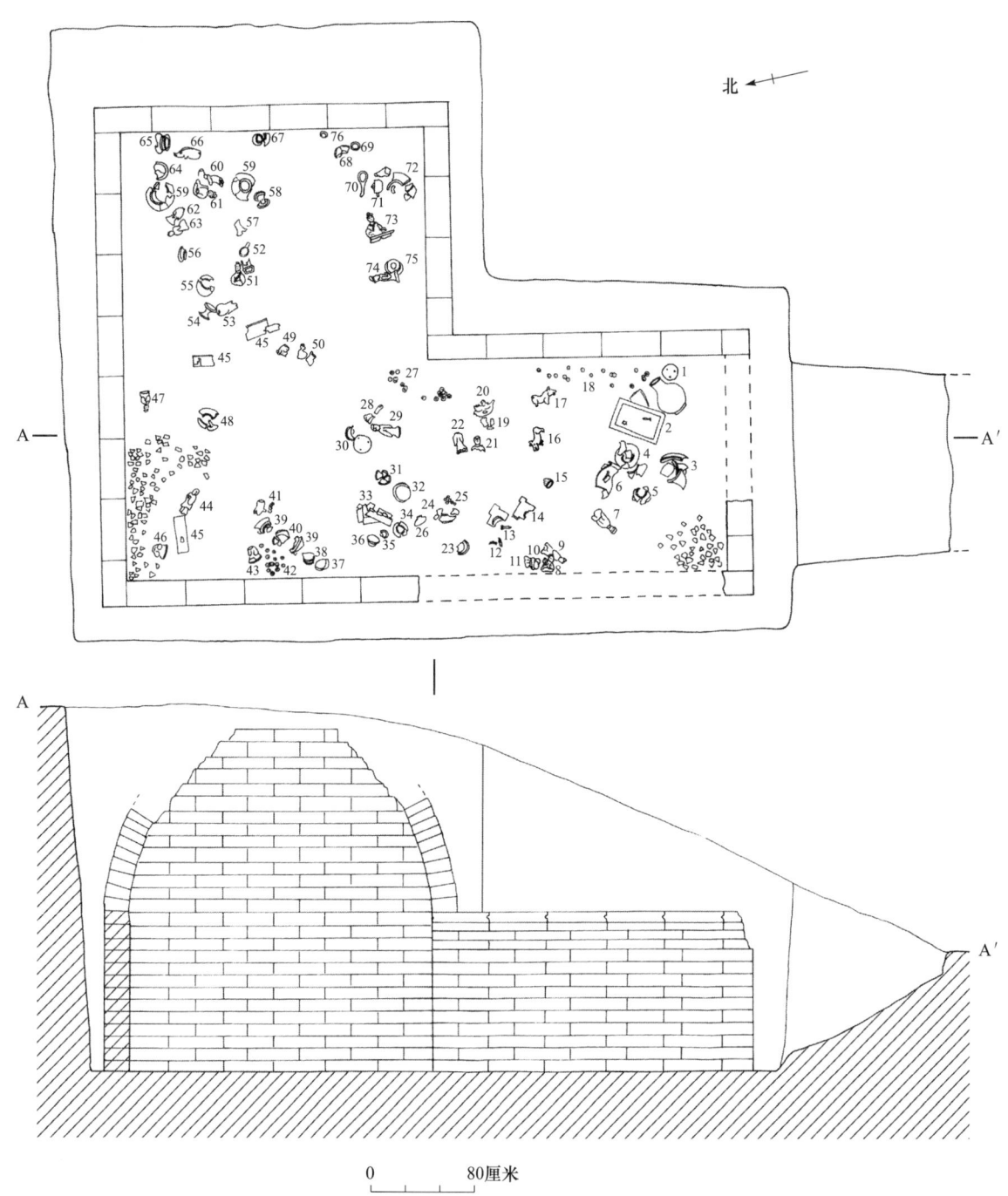

图一〇二　2001FGQM12 平、剖面图

1、30、59.陶锤　2.陶塘　3.陶甑　4、5、24、34、39、55、72、76.陶罐　6、13、14.陶井　7～11、21、22、28、29、43、44、46、47、49、51、61～63、73、74.陶俑　12.铜指环　15、36.陶博山炉盖　16、17、50.陶狗　18、25、27、42.铜钱　19、53、66.陶猪　20.陶子母鸡　23、31、32.陶盒　26.贝壳　33、71.陶房　35、57.陶灯　37、38、77～79.陶钵　40、75.陶魁　41.陶鸡　45.陶碓房　48.陶盆　52、69、70.陶勺　54、58.陶博山炉　56、64、65、67.陶盂　60.陶兽腿　68.陶盘

长 48.5、宽 18、厚 11 厘米。墓砖朝墓室面饰有几何菱形纹、细绳纹。

葬具人骨均已不存，因该墓被扰，随葬品摆放零乱，散乱摆放在甬道及墓室各处（图一〇二、一〇三）。

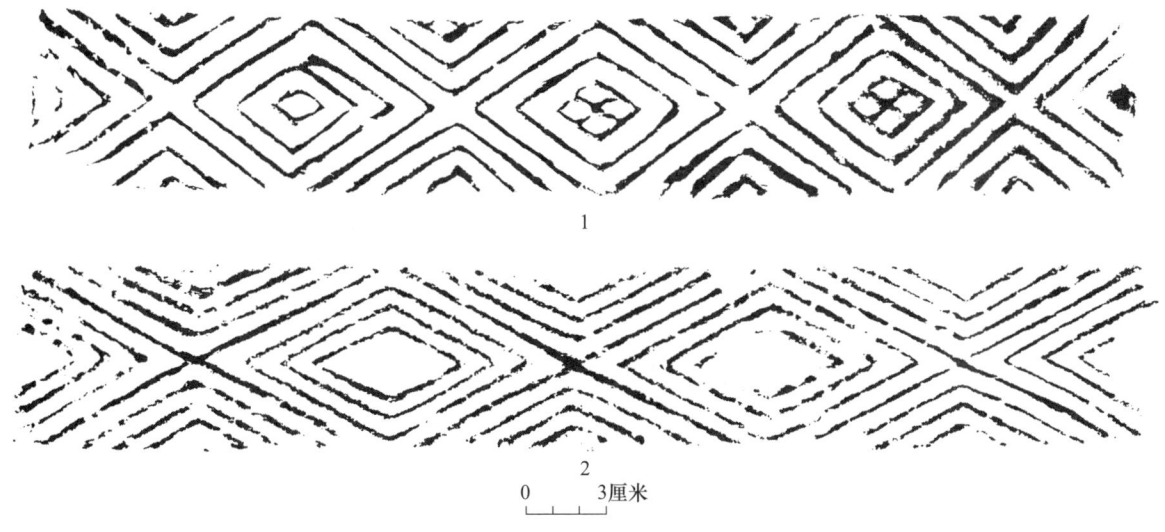

图一〇三　2001FGQM12 出土墓砖（拓片）

（二）随葬器物

该墓随葬器物丰富，共出土有 61 件，包括陶器、铜器、贝器三类。随葬器物以陶器为主，器型有钵、罐、盆、盂、盘、勺、器盖、俑、房等。铜器为环、铜钱。贝器为残蚌壳。

1. 陶器

该墓共出土有陶器 58 件，以泥质红陶为主，泥质红陶中有部分施酱釉、酱黄釉，另有部分泥质灰陶、泥质灰黑陶、夹细砂红陶等。陶器以模制为主，部分轮制，部分器物不同部件为分别轮制和模制后黏合而成。纹饰有凹弦纹、凸弦纹、三角形戳印纹、压印纹等。

钵　5 件。2001FGQM12：37，泥质灰陶。敞口，圆唇，上腹斜直，折腹斜收成平底。口径 12.6、底径 4.4、高 4.4 厘米（图一〇四，1）。2001FGQM12：38，泥质灰陶。敞口，圆唇，上腹斜直，折腹斜收成平底。口径 12.6、底径 4、高 4.4 厘米（图一〇四，2）。2001FGQM12：77，泥质灰陶。敞口，圆唇，上腹斜直，折腹斜收成平底。器表有轮制痕迹。口径 12.6、底径 4、高 4.4 厘米（图一〇四，3）。2001FGQM12：78，泥质灰陶。敞口，圆唇，弧腹，平底。口径 12.4、底径 4、高 4.4 厘米（图一〇四，4）。2001FGQM12：79，泥质灰陶。敛口，圆唇，上腹斜直，折腹斜收成平底，内底微凹。口径 11.8、底径 4.2、高 4.3 厘米（图一〇四，5）。

罐　6 件。2001FGQM12：4，泥质灰陶。侈口，尖圆唇，矮领，耸肩，鼓腹，平底。底部微凹。口径 13.6、最大腹径 25.8、底径 16.5、高 15.5 厘米（图一〇六，9）。2001FGQM12：5，泥质灰陶。敛口，圆唇，矮领，斜肩，斜弧腹，平底。下腹部饰有三周凸弦纹。器内有轮制痕迹。口径 14.4、最大腹径 24、底径 15.2、高 15.6 厘米（图一〇六，10）。2001FGQM12：34，泥质灰陶。侈口，圆唇，束颈，鼓肩，鼓腹，平底。器表及器内均有轮制痕迹。口径 10.2、最大腹径 15.2、底径 6、高 11.4 厘米（图一〇六，6）。2001FGQM12：55，泥质灰陶。侈口，圆唇，束颈，圆折肩，鼓腹，平底。肩部饰有两周三角形压印纹及一周凹弦纹。器表有轮制痕迹。口径 10、最大腹径 18、

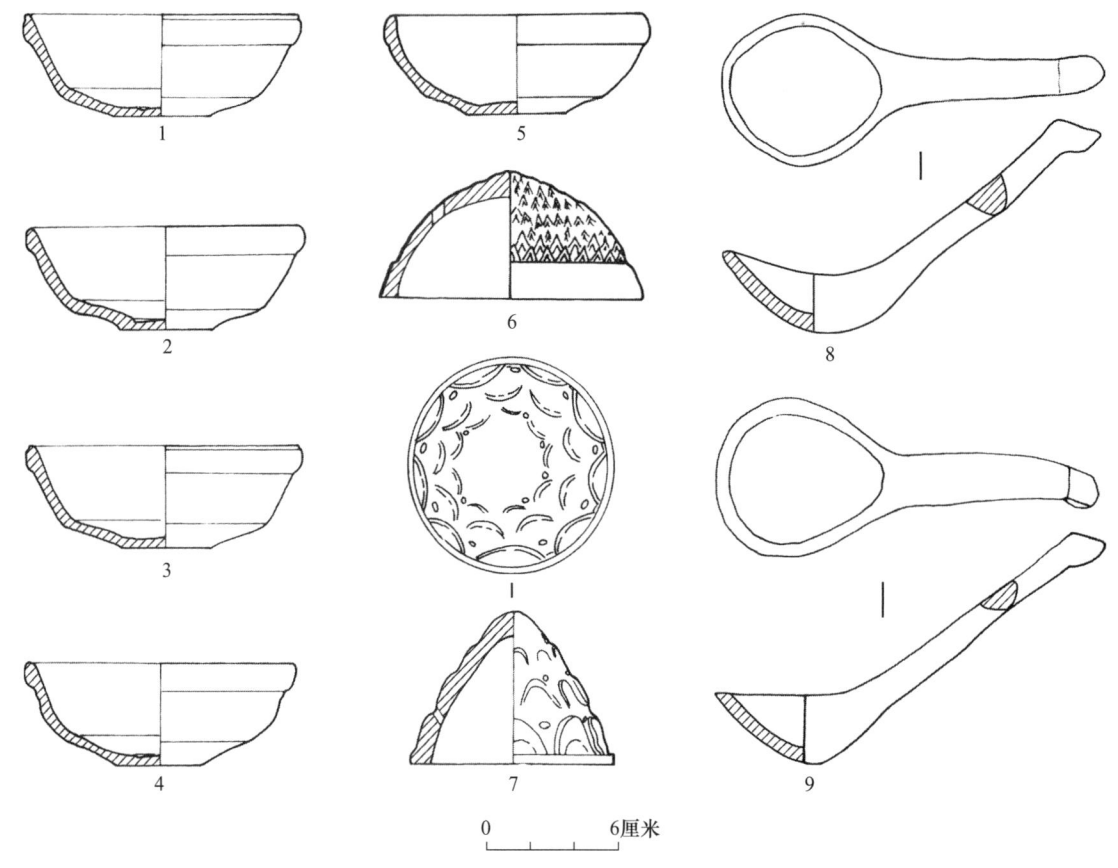

图一〇四　2001FGQM12 出土器物（一）

1~5. 钵（2001FGQM12：37、2001FGQM12：38、2001FGQM12：77、2001FGQM12：78、2001FGQM12：79）　6、7. 博山炉盖（2001FGQM12：36、2001FGQM12：15）　8、9. 勺（2001FGQM12：52、2001FGQM12：69）

底径 5.2、高 11.8 厘米（图一〇六，7）。2001FGQM12：72，泥质灰陶。侈口，圆唇，束颈，圆折肩，鼓腹，平底。底部微凹。肩部饰有两周三角形戳印纹及一周凹弦纹。器表及器内均有轮制痕迹。口径 10、最大腹径 16、底径 7.2、高 11 厘米（图一〇六，8）。2001FGQM12：76，汲水罐。夹细砂红陶。敛口，圆唇，溜肩，斜腹，平底。底部微凹。口径 4.4、最大腹径 6.3、高 3.7 厘米（图一〇六，5）。

盂　4 件。2001FGQM12：56，泥质红陶胎，器表施酱釉。下腹部及底部残。侈口，方圆唇，平折沿，束颈，溜肩，鼓腹。腹部饰有一周宽凹弦纹。口径 13，最大腹径 15、残高 7 厘米（图一〇五，1）。2001FGQM12：64，泥质红陶胎，器表施酱釉。侈口，圆唇，平折沿，束颈，溜肩，垂腹，圜底近平。肩部饰有一周宽凹弦纹。口径 13.2、最大腹径 14、高 8.8 厘米（图一〇五，2）。2001FGQM12：65，泥质红陶胎，器表施酱釉，部分剥落。侈口，圆唇，平折沿，束颈，溜肩，折腹，圜底近平。肩部饰有一周宽凹弦纹。口径 12、最大腹径 13.2、高 9.8 厘米（图一〇五，3）。2001FGQM12：67，泥质红陶胎，器表施酱釉。侈口，圆唇，斜折沿，束颈，溜肩，垂腹，平底。肩部饰有一周凹弦纹。器内底部有轮制痕迹。口径 12.6、最大腹径 13.4、底径 7、高 10 厘米（图一〇五，4）。

盆　1 件。2001FGQM12：48，泥质灰陶胎，器表施黑色陶衣。侈口，尖圆唇，斜弧腹，平底。口径 37.6、底径 13.6、高 23.6 厘米（图一〇六，11）。

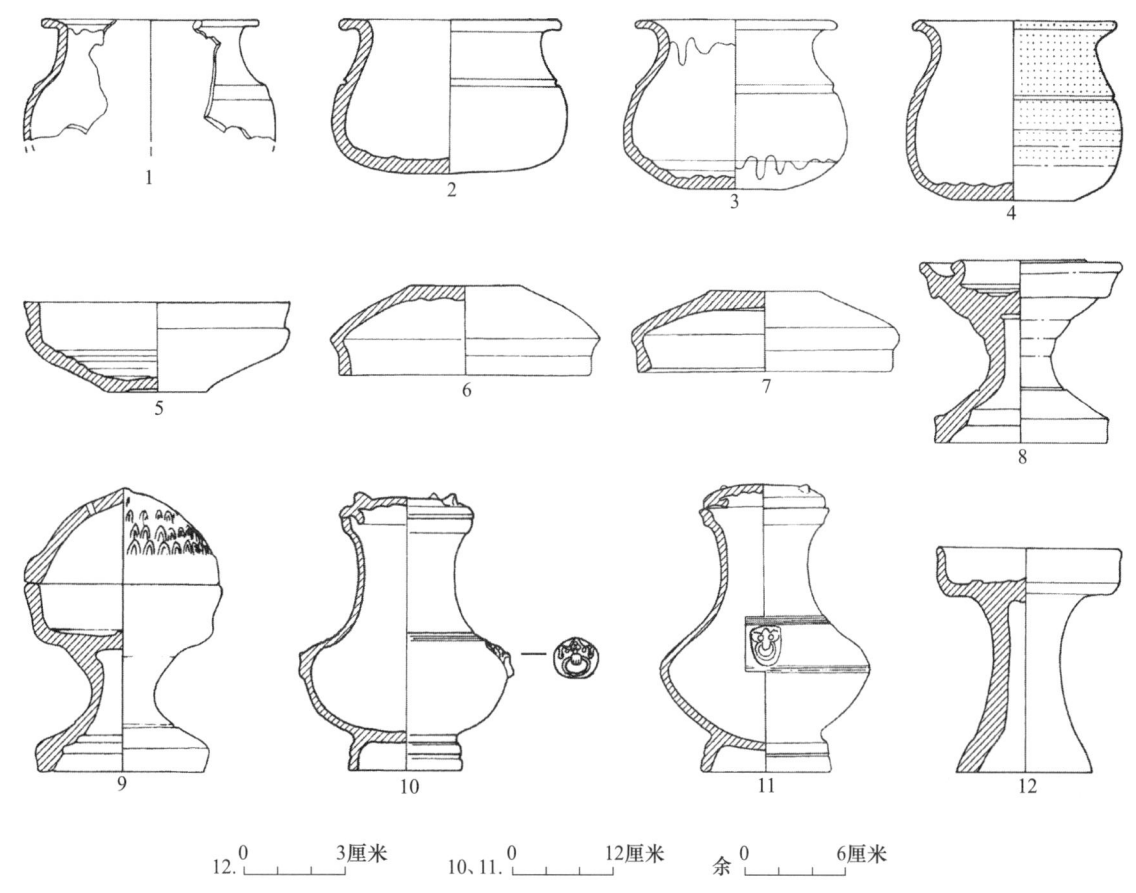

图一〇五 2001FGQM12 出土器物（二）

1~4. 盂（2001FGQM12：56、2001FGQM12：64、2001FGQM12：65、2001FGQM12：67） 5~7. 盒（2001FGQM12：23、2001FGQM12：31、2001FGQM12：32） 8、9. 博山炉（2001FGQM12：54、2001FGQM12：58） 10、11. 锺（2001FGQM12：1、2001FGQM12：30） 12. 灯（2001FGQM12：35）

甑 1件。2001FGQM12：3，泥质灰褐陶。侈口，尖圆唇，斜折沿，上腹斜直，下腹微凹，平底。底部微凹。器表有轮制痕迹。口径31.6、底径14、高18.4厘米（图一一〇，3）。

盒 3件。2001FGQM12：23，泥质红陶胎，外壁施酱黄釉。直口，方唇，斜腹，平底。底部微凹。器内有轮制痕迹。口径16、底径6、高5.2厘米（图一〇五，5）。2001FGQM12：31，泥质红陶胎，外壁施酱黄釉，部分剥落。敛口，方唇，上腹斜直，折腹斜收成平顶。内壁有轮制痕迹。口径15、顶径6.6、高5.1厘米（图一〇五，6）。2001FGQM12：32，泥质红陶胎，外壁施酱黄釉，部分剥落。敛口，方唇，上腹斜直，折腹斜收成平顶。口径15.2、顶径6.7、高4.6厘米（图一〇五，7）。

锺 2件。2001FGQM12：1，泥质红陶胎，器表施酱釉。器身为浅盘口，方唇，束颈，圆折肩，鼓腹，圈足。肩部饰有三周凹弦纹及两个对称的衔环铺首。圈足饰有两周凹弦纹。带盖，盖为子母口，方圆唇，圜顶近平。盖面饰有3个乳丁状纽。盖口径16、器身口径15、最大腹径25.4、足径13.2、通高32.2厘米（图一〇五，10）。2001FGQM12：30，泥质红陶胎，器表施酱釉。器身为浅盘口，方唇，束颈，溜肩，折腹，圈足。肩部饰有七周凹弦纹及两个对称的衔环铺首。圈足饰有一周凹弦纹。带盖，盖为子母口，方圆唇，圜顶近平。盖面饰有3个乳丁状纽。盖口径14.2、器身口径15.3、最大腹径25.1、足径15.6、通高33.2厘米（图一〇五，11；彩版三一，7）。

博山炉　2件。2001FGQM12∶54，泥质红陶胎，器表施酱黄釉，部分剥落。仅存器座。座为子母口，圆唇，斜腹，浅盘，柱形柄，盘状底。柄部饰有一周凹弦纹。器表及器内均有轮制痕迹。口径12.4、底径10.4、通高11厘米（图一〇五，8）。2001FGQM12∶58，泥质红陶胎，器表施酱黄釉，大部分剥落。由炉座、炉盖两部分组成。炉座为直口微侈，方唇，浅盘腹，柱形柄，盘状底。炉盖为敞口，方唇，弧形顶。炉座柄部饰有一周凹弦纹。炉盖饰有山形纹及方形镂孔，顶部有一乳突。炉盖口径11.8厘米，炉座口径11.8、座径10、通高10.6厘米（图一〇五，9）。

博山炉盖　2件。2001FGQM12∶15，泥质红陶胎，器表施酱黄釉，部分剥落。方唇，弧形顶。盖顶有一乳突，其下饰有山形纹。其间有两周圆形镂孔。口径9.2、高6.6厘米（图一〇四，7）。2001FGQM12∶36，泥质红陶胎，器表施酱黄釉，部分剥落。敞口，方唇，弧形顶。盖顶有一乳突，其下饰有若干山形纹饰，间有镂孔。口径11.7、高5.6厘米（图一〇四，6）。

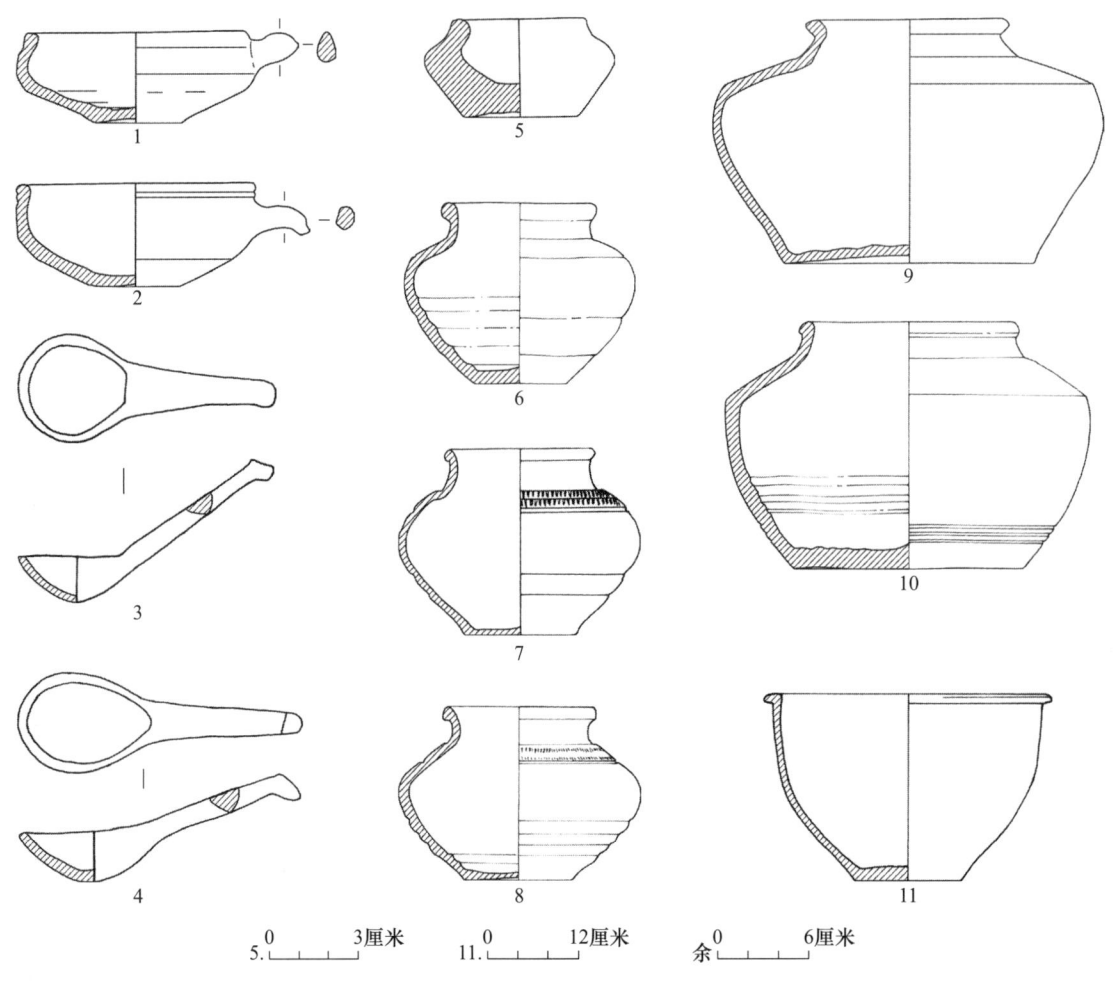

图一〇六　2001FGQM12出土器物（三）

1、2.魁（2001FGQM12∶40、2001FGQM12∶75）　3、4.勺（2001FGQM12∶70、2001FGQM12∶80）　5~10.罐（2001FGQM12∶76、2001FGQM12∶34、2001FGQM12∶55、2001FGQM12∶72、2001FGQM12∶4、2001FGQM12∶5）　11.盆（2001FGQM12∶48）

魁　2件。2001FGQM12：40，泥质红陶胎，器表及器内均施酱黄釉，外壁大部分剥落。敛口，方唇，上腹斜直，弧腹斜收成平底。底部微凹。鸟首状柄。器柄为模制，器身为轮制，分别制成后黏合而成。器表及器内均有轮制痕迹。口径14.7、底径6、高5.8、长18.6厘米（图一〇六，1）。2001FGQM12：75，泥质红陶胎，器表及器内均施酱黄釉，外壁大部分剥落。敛口，方圆唇，上腹较直，折腹斜收成平底，底部微凹。鸟首状柄。器柄为模制，器身为轮制，分别制成后黏合而成。外壁口沿下饰有一周凸弦纹。器表有轮制痕迹。口径15.9、底径8.4、高6.4、长19.5厘米（图一〇六，2）。

勺　4件。2001FGQM12：52，泥质红陶胎，器表施酱黄釉。勺身呈椭圆形，浅腹，直柄较长，尾部斜曲。长17.2厘米（图一〇四，8）。2001FGQM12：80，泥质红陶。勺身呈椭圆形，深腹，直柄较长，尾部斜曲。长18厘米（图一〇六，4）。2001FGQM12：69，泥质红陶胎，器表施酱黄釉。勺身略呈圆形，深腹，直柄较长，尾部斜曲。长17.5厘米（图一〇四，9）。2001FGQM12：70，泥质红陶胎，器表施酱褐釉。勺身略呈圆形，深腹，直柄较长，尾部斜曲。长17.8厘米（图一〇六，3）。

灯　1件。2001FGQM12：35，泥质红陶胎，器表及器内均施酱黄釉。直口微侈，尖唇，直腹，浅盘，柱形柄，喇叭状座。口径11、底径8.2、高12.8厘米（图一〇五，12）。

井　1件。2001FGQM12：6，泥质灰陶，器表施黑色陶衣。由井身、井盖、井架三部分组成。井盖平面呈方形，四角内凹，圆形井圈，两侧有对称长方形孔。表面饰有几何纹。井身为敛口，尖圆唇，折肩，筒腹，平底。井盖边长22.8厘米，井身口径15、底径15.4、通高35.2厘米（图一一〇，6）。

侍俑　4件。2001FGQM12：7，泥质红陶。头戴平巾帻，面目不清。褒衣圆领，中衣、深衣交领右衽，宽袖，束腰，及地。双手相拥作侍立状。高20厘米（图一〇七，1）。2001FGQM12：9，泥质红褐陶。头部、下部残。褒衣圆领，中衣、深衣交领右衽，宽袖，束腰。两手相拥作侍立状。残高18.6厘米（图一〇七，2）。2001FGQM12：29，泥质红陶。头戴平巾帻，面露微笑，褒衣圆领，中衣、深衣交领右衽。手臂残，宽袖，束腰，及地。侍立状。高17.5厘米（图一〇七，4）。2001FGQM12：63，泥质红陶。头戴平巾帻，面容安详，褒衣圆领，中衣、深衣交领右衽，宽袖，束腰，及地。双手相拥作侍立状。高20厘米（图一〇七，3）。

佩剑侍卫俑　2件。2001FGQM12：11，泥质红陶。头戴平巾帻，面容安详，褒衣圆领，中衣、深衣交领右衽，宽袖，束腰，及地。脚穿履。双手相拥于胸前，左臂挟剑。高22.3厘米（图一〇七，7）。2001FGQM12：51，泥质红陶。头戴平巾帻，面容安详，褒衣圆领，中衣、深衣交领右衽，宽袖，束腰，及地，脚着翘头履。双手相拥于胸前，左臂挟剑。高21.8厘米（图一〇七，8）。

妇人背子俑　1件。2001FGQM12：8，泥质红陶。梳髻，束巾，面露微笑，褒衣圆领，中衣、深衣交领右衽，宽袖，束腰，及地，下摆有缀花褶边，脚穿翘头履。右肩背负一小孩，系结于胸前，小孩右手持一摇鼓。高18.8厘米（图一〇八，6）。

吹埙俑　1件。2001FGQM12：74，泥质红陶。头戴尖帽，外衣窄袖，束腰。跽坐，双手相握捧于嘴边作吹奏状，应为吹埙。高17厘米（图一〇八，3）。

图一〇七 2001FGQM12 出土器物（四）
1~4.侍俑（2001FGQM12：7、2001FGQM12：9、2001FGQM12：63、2001FGQM12：29） 5、6.执物俑（2001FGQM12：22、2001FGQM12：47） 7、8.佩剑侍卫俑（2001FGQM12：11、2001FGQM12：51）

抚琴俑 1件。2001FGQM12：73，泥质红陶。裹发，束巾，面露微笑，褒衣圆领，中衣、深衣交领右衽，宽袖，及地。跽坐，双手抚膝上之琴。高18.5厘米（图一〇八，1）。

击鼓俑 1件。2001FGQM12：61，夹细砂红陶。头戴进贤冠，面露微笑，褒衣圆领，中衣、深衣交领右衽，宽袖，束腰，及地。跽坐，左膝前置鼓，左手抚鼓，右手上举，作击鼓状。高15.8厘米（图一〇八，4）。

舞俑 1件。2001FGQM12：10，泥质红褐陶。发饰、面目不清，褒衣圆领，荷叶形褶边，下摆成裙状。右手披袖提裙，左手上举于胸侧，左腿微曲，作舞蹈状。高23.5厘米（图一〇八，2）。

跽坐俑 1件。2001FGQM12：44，夹砂红褐陶，下身残。裹发，面容安详，褒衣圆领，中衣、

图一〇八　2001FGQM12 出土器物（五）

1. 抚琴俑（2001FGQM12：73）　2. 舞俑（2001FGQM12：10）　3. 吹埙俑（2001FGQM12：74）　4. 击鼓俑（2001FGQM12：61）　5. 抚耳俑（2001FGQM12：43）　6. 妇人背子俑（2001FGQM12：8）

深衣交领右衽，宽袖，束腰。跽坐，双手相拥于胸前。残高 10 厘米（图一〇九，1）。

抚耳俑　1 件。2001FGQM12：43，泥质红陶。裹发，束巾，面露微笑，裹衣圆领，中衣、深衣交领右衽，宽袖，束腰，及地。跽坐，左手按膝，右手放于耳边作倾听状。高 18.5 厘米（图一〇八，5）。

执物俑　2 件。2001FGQM12：22，泥质红陶。头部已残。宽袖，脚穿履。双手各持一物，举于胸前。残高 11 厘米（图一〇七，5）。2001FGQM12：47，泥质红陶。裹发，面目不清，宽袖，及地。双手各持一物，举于胸前。高 16.4 厘米（图一〇七，6）。

碓房　1 件。2001FGQM12：45，泥质灰陶。顶部残，残存碓架一侧为两熊相背蹲坐，碓房内用具缺失。宽 10.8、残高 9.7 厘米（图一〇九，4）。

子母鸡　1 件。2001FGQM12：20，夹细砂红陶。昂首蹲伏状，尾部残，背负一小鸡，腹下一小鸡。高 10.5 厘米（图一〇九，2）。

鸡　1 件。2001FGQM12：41，夹细砂红陶。昂首，有鸡绶，翘尾，尾部呈尖状，立姿。座两侧雕出站立双足。高 19.2 厘米（图一〇九，3）。

图一○九 2001FGQM12 出土器物（六）
1. 跪坐俑（2001FGQM12：44） 2. 子母鸡（2001FGQM12：20） 3. 鸡（2001FGQM12：41） 4. 碓房（2001FGQM12：45）
5、6. 猪（2001FGQM12：19、2001FGQM12：53） 7、8. 狗（2001FGQM12：16、2001FGQM12：17）

狗　2件。2001FGQM12：16，泥质红陶。昂首，耸耳，短嘴露齿，四足直立，卷尾。兜肚系栓环。高22.4、长29.5厘米（图一○九，7）。2001FGQM12：17，泥质红陶胎，器表施黑色陶衣，大部分剥落。昂首，耸耳，短嘴，露齿，四足直立，卷尾。兜肚系栓环。高21.4、长28.6厘米（图一○九，8）。

猪　2件。2001FGQM12：19，泥质红陶胎，器表施红褐色陶衣，部分剥落。鼓眼，小耳，鬃毛高竖，体肥，四肢粗短，卷尾。高13.4、长25厘米（图一○九，5）。2001FGQM12：53，泥质红陶。鼓眼，小耳，鬃毛高竖，体肥，四肢粗短，卷尾。高12、长21.5厘米（图一○九，6）。

塘　1件。2001FGQM12：2，泥质灰陶。长方形。有田埂。塘中塑有蛙、田螺、鸭、鱼、龟、鹅、贝。长36.4、宽23.6、高3.8厘米（图一一○，2，图版一七，5）。

房　1件。2001FGQM12：33，泥质灰陶。两面坡顶，顶中有脊，脊正面有五组筒瓦，背面有四组筒瓦。楼檐下左右立两柱，柱上为一斗三升。房内有门。宽37.5、厚15、高32.4厘米（图一一○，1）。

2. 铜器

该墓共出土有铜器2件，为铜环、铜钱。

指环　1对。2001FGQM12：12-1。圆环形。直径2.1厘米（图一一○，4）。2001FGQMJM2：12-2。圆环形。直径2.3厘米（图一一○，5）。

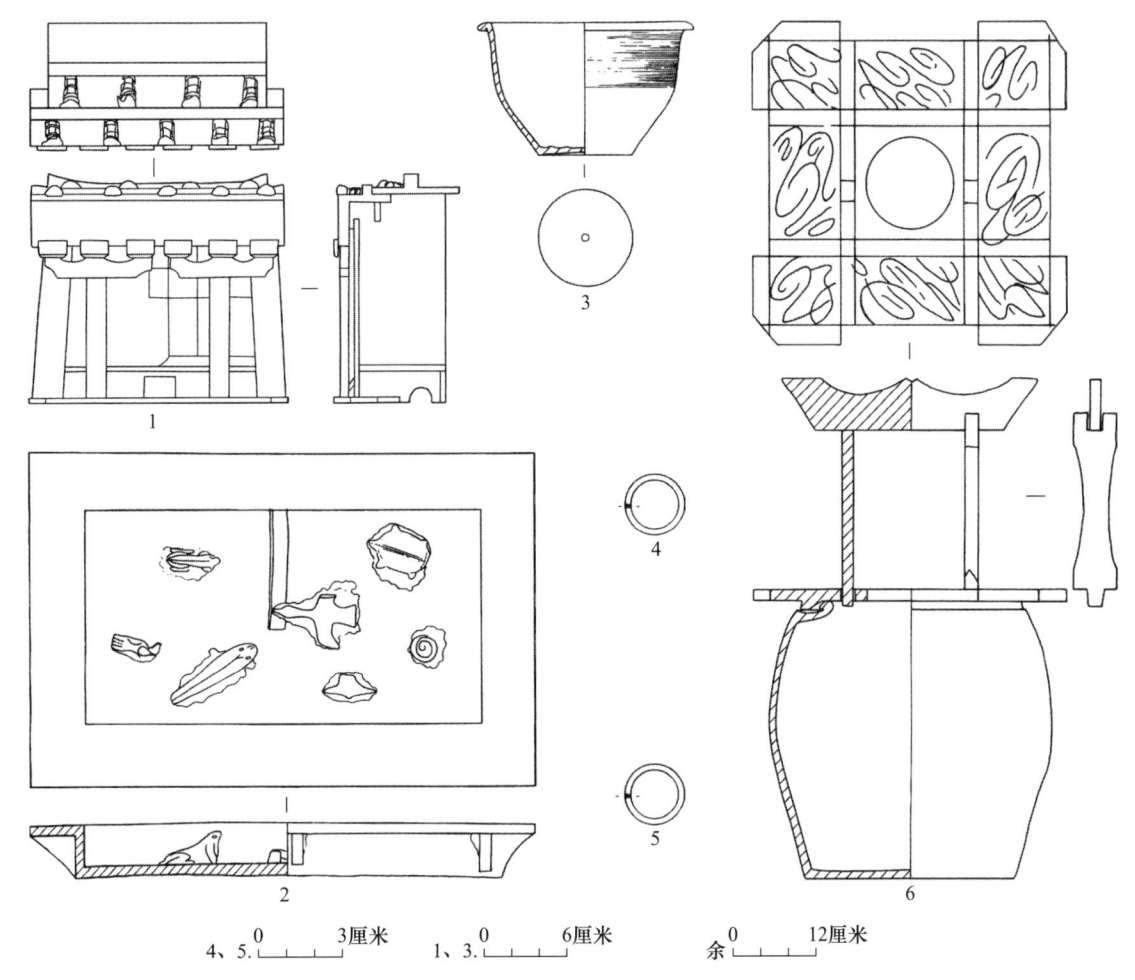

图一一○ 2001FGQM12 出土器物（七）
1. 陶房（2001FGQM12：33） 2. 陶塘（2001FGQM12：2） 3. 陶甑（2001FGQM12：3） 4、5. 铜指环（2001FGQM12：12-1、2001FGQM12：12-2） 6. 陶井（2001FGQM12：6）

铜钱　191 枚。均为五铢。

A 型　188 枚。未磨郭。2001FGQM12：18-3，"五"字交笔弯曲，字体瘦长，"金"字头呈三角形，"朱"字上下圆折。钱径 2.6 厘米，穿宽 1 厘米（图一一一，1）。2001FGQM12：18-5，"五"字交笔弯曲，相交处不相连，"金"字头呈大三角形，"朱"字上下圆折。钱径 2.5 厘米，穿宽 1 厘米（图一一一，2）。

B 型　3 枚。磨郭。2001FGQM12：18-6，肉薄径较小，有文。钱径 2.3、穿宽 1 厘米。

三、2001FGQM13

（一）墓葬形制

M13 位于毛家包墓地西南部的 T1 探方的西部，开口于第 1 层下，墓口距地表 0.2～0.35 米，打破生土。该墓填土可分为两种，上部为灰褐色粉砂土，土质疏松，含大量青砖块、料姜石及少量陶片、青瓷片等；近底部为黄褐色沙土，土质松软，含较多陶片、瓷片、骨头及较完整的器物。

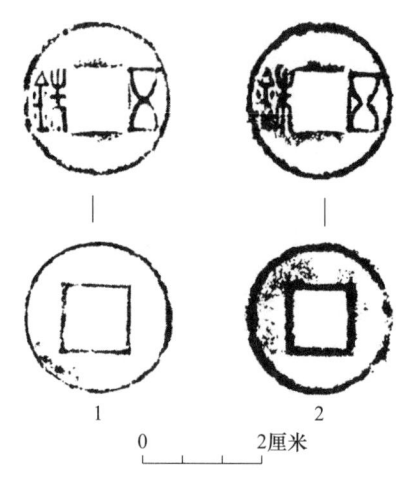

图一一一　2001FGQM12 出土钱币（拓片）
五铢钱（2001FGQM12∶18-3、
2001FGQM12∶18-5）

M13 为砖室墓，平面呈刀把形，方向 195°。由墓道、甬道、墓室三部分组成，总长 6.85 米，最宽处 3.5 米。

墓道为长方形斜坡式墓道，残长 0.88、宽 1.8、深 0.66～1.24 米，坡度 15°。甬道位于墓室南部，内长 1.78、宽 1.44、残高 1.6 米。墓室内长 3.46、宽 2.46、残高 1.82 米。

甬道内砌封门砖，距墓口 10 厘米。墓底采用长方形砖纵向对缝或错缝平铺，甬道壁及墓壁采用长方形砖横向错缝平砌。残墓顶采用榫卯砖错缝起券。墓砖为长方形砖和榫卯砖，前者分别长 45、宽 20、厚 7.5 厘米，长 46、宽 18、厚 8.5 厘米；后者长 45、宽 21、厚 7～8 厘米。墓砖朝墓室面饰有几何菱形纹、细绳纹。

葬具可能为木棺，人骨 2 具，皆头南足北，仰身直肢，因该墓被扰，随葬品摆放较零乱，主要摆放于甬道及墓室西侧人骨附近（图一一二，图一一三）。

（二）随葬器物

该墓随葬器物较丰富，共出土有 17 件。包括陶器、瓷器、铜器三类。以陶器、瓷器为主。陶器器型有钵、罐、釜、纺轮。瓷器为盏、盘口壶、四系罐。铜器为铜钱。

1. 陶器

该墓共出土有陶器 8 件，以泥质灰陶为主，另有少量夹粗砂灰黑陶、夹粗砂红褐陶、泥质红陶。陶器以轮制为主，个别手制。纹饰有细绳纹、凹弦纹。

钵　1 件。2001FGQM13∶11，泥质红褐陶，器表及器内均施黑釉。敞口，圆唇，斜腹，平底，底部微凹。口径 18.2、底径 6.8、高 6.4 厘米（图一一五，4）。

罐　2 件。2001FGQM13∶8，泥质灰陶。侈口，方唇，束颈，斜折肩，斜腹，平底。底部微凹。腹部饰有两周竖向细绳纹及一周宽凹弦纹。器表有轮制痕迹。口径 12.4、最大腹径 22、底径 12、高 15.2 厘米（图一一四，1）。2001FGQM13∶9，泥质灰陶。侈口，方唇，束颈，折肩，弧腹，圜底。底部微凹。腹部至底部饰有竖向细绳纹。器表有轮制痕迹。口径 14.4、最大腹径 21.6、高 16.4 厘米（图一一四，2）。

釜　3 件。2001FGQM13∶1，夹粗砂红褐陶。敞口，方唇，斜折沿，溜肩，垂腹，圜底。通体饰有竖向细绳纹。口径 16.4、最大腹径 16.2、高 16.2 厘米（图一一四，4）。2001FGQM13∶4，夹粗砂红褐陶。敞口，方唇，斜折沿，溜肩，鼓腹，圜底。口沿饰有斜向细绳纹，肩部至底部饰有竖向细绳纹。口径 24、最大腹径 23.2、高 21.6 厘米（图一一四，5）。2001FGQM13∶15，夹粗砂红褐陶，仅存口沿至肩部。敞口，方唇，斜折沿，溜肩。口径 27.2 厘米（图一一四，6）。

盂　1 件。2001FGQM13∶7，泥质灰陶。敛口，方唇，斜直沿，溜肩，垂腹，平底。腹部饰有三周宽凹弦纹。口径 23.6、最大腹径 22、底径 15.6、高 16.4 厘米（图一一四，3）。

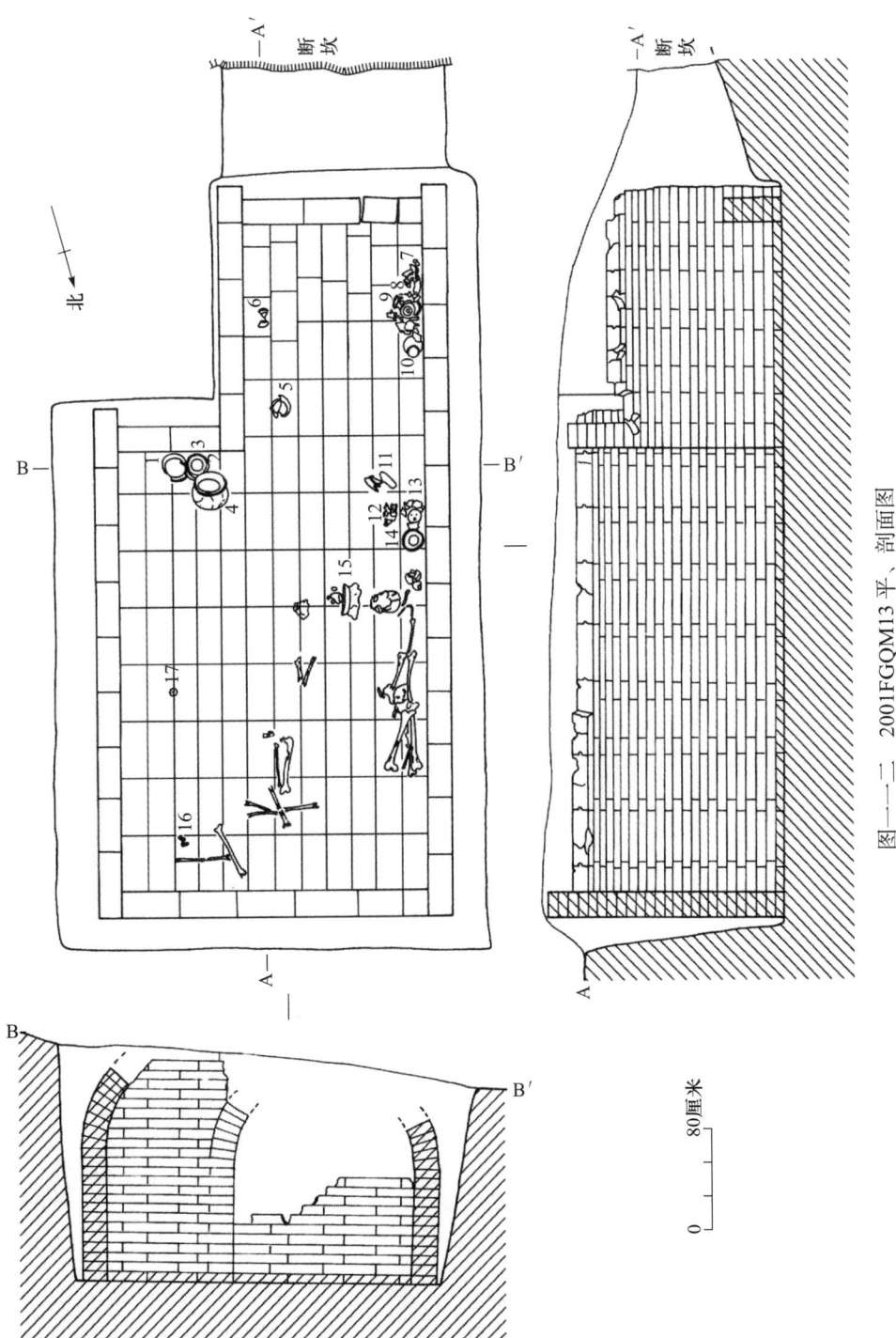

图一一二 2001FGQM13 平、剖面图
1、4、15. 陶釜　2、3、5、13. 瓷钵　6. 瓷盏　7. 陶盂　8、9. 陶罐　10、12、14. 瓷盘口壶　11. 陶钵　16. 铜钱　17. 陶纺轮

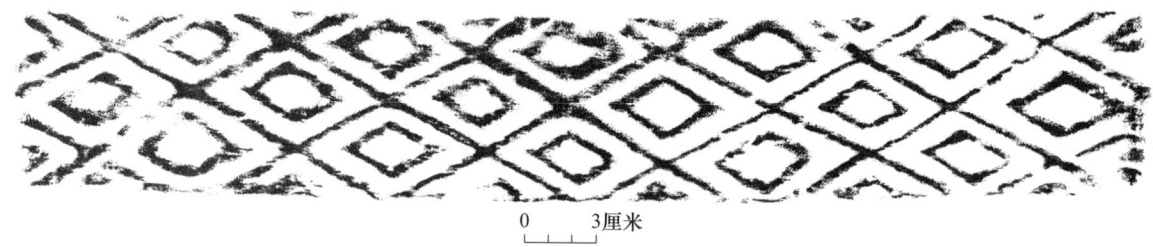

图一一三 2001FGQM13 出土墓砖（拓片）

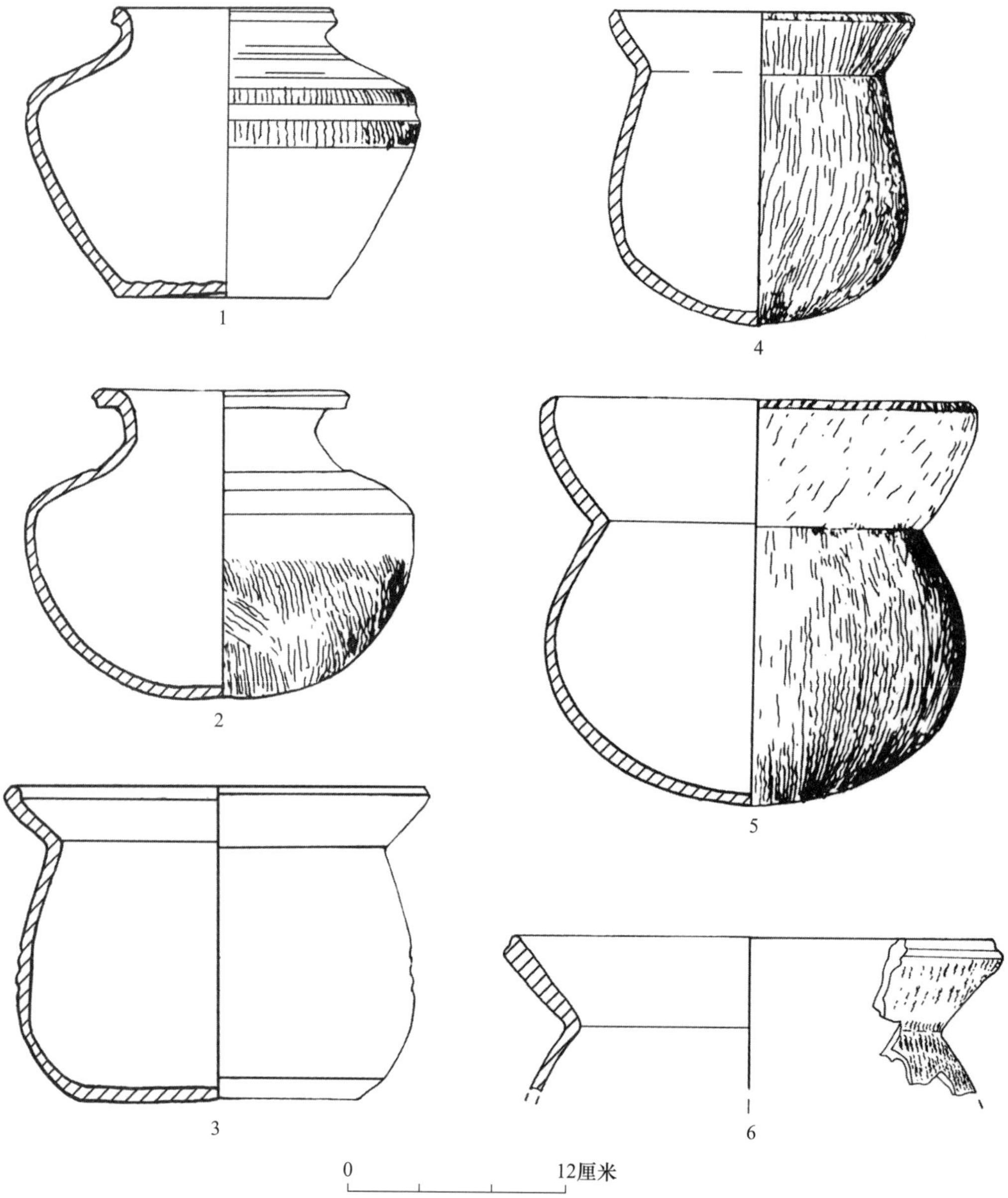

图一一四 2001FGQM13 出土陶器
1、2.罐（2001FGQM13∶8、2001FGQM13∶9） 3.盂（2001FGQM13∶7） 4～6.釜（2001FGQM13∶1、2001FGQM13∶4、2001FGQM13∶15）

纺轮 1件。2001FGQM13∶17，泥质灰陶。圆形，两面平直，中有一圆孔，内残存铁棒。直径4.2、孔径0.8、厚0.4厘米（图一一五，10）。

2. 瓷器

该墓共出土有瓷器8件，以灰白胎为主，个别灰胎，器表施青釉、青黄釉。瓷器为轮制。纹饰有凹弦纹。

钵 4件。2001FGQM13：2，灰白胎，器表施青釉，部分剥落。敞口，尖唇，斜弧腹，假圈足内弧。器表及器内均有轮制痕迹。器内底部有支烧痕迹。口径15.9、底径8.7、高7.2厘米（图一一五，5）。2001FGQM13：3，灰白胎，器表施青黄釉，部分剥落。敞口，尖唇，弧腹，假圈足内弧。器内底部有支烧痕迹。口径15.9、底径10.5、高7.4厘米（图一一五，6）。2001FGQM13：5，灰白胎，器表施青釉，部分脱落。敞口，尖唇，斜弧腹，假圈足。外壁口沿下饰有一周凹弦纹，底部有螺旋状切割痕。器内底部有支烧痕迹。口径21、底径12.9、高7厘米（图一一五，7）。2001FGQM13：13，灰白胎，器表及器内施青绿釉，唇部饰有酱釉彩饰，部分脱落。敛口，尖圆唇，斜直腹，平底。底部微凹。器内底部有支烧痕迹。口径17.8、底径9.4、高5.8厘米（图一一五，7；彩版三五，5）。

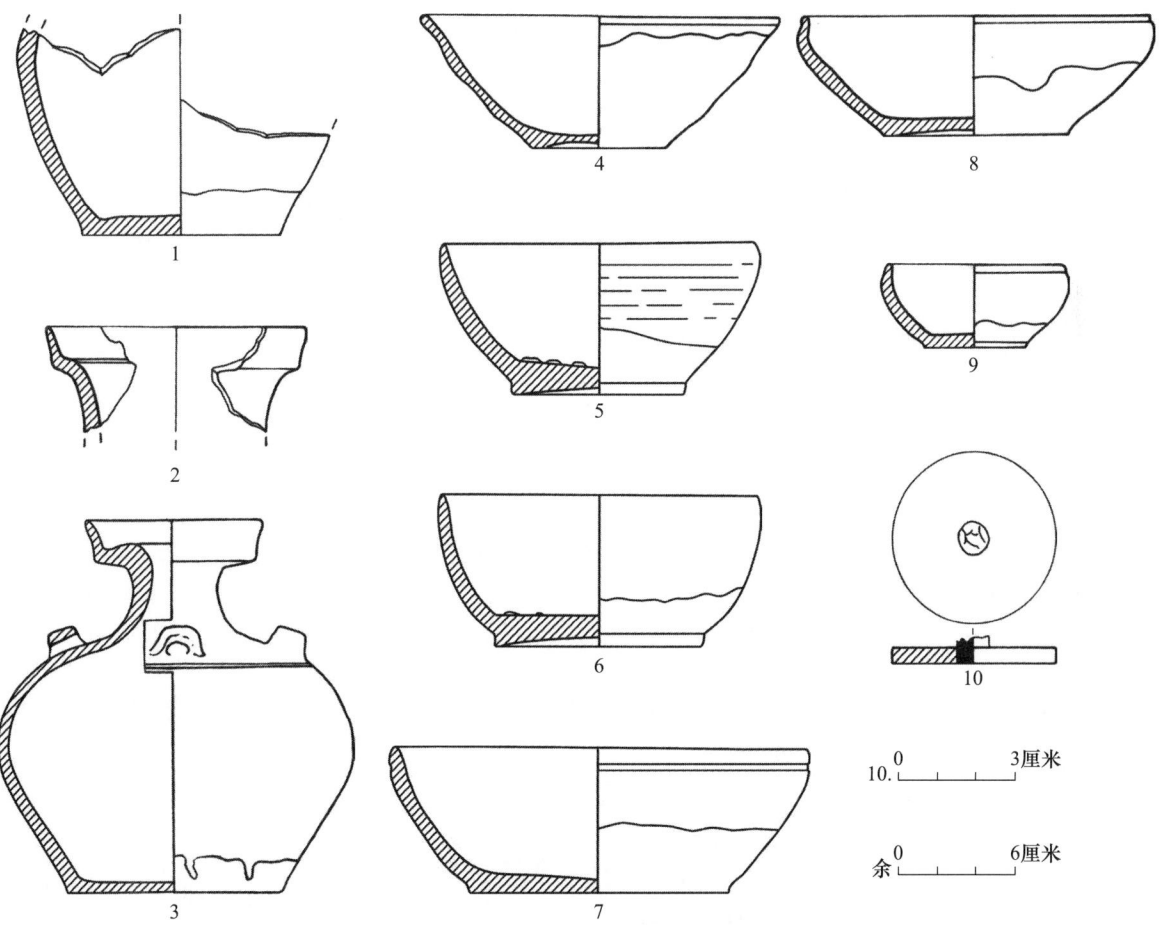

图一一五 2001FGQM13 出土器物

1~3.瓷盘口壶（2001FGQM13：10、2001FGQM13：12、2001FGQM13：14） 4.陶钵（2001FGQM13：11） 5~8.瓷钵（2001FGQM13：2、2001FGQM13：3、2001FGQM13：5、2001FGQM13：13） 9.瓷盏（2001FGQM13：6） 10.陶纺轮（2001FGQM13：17）

盏 1件。2001FGQM13：6，灰白胎。器表施灰白釉，部分剥落。敛口，尖圆唇，弧腹，饼足。口径9、底径5.3、高4厘米（图一一五，9）。

盘口壶 3件。2001FGQM13：10，仅存腹部及底部，灰白胎，器表施青绿釉，部分已脱落。鼓腹，平底。底径10、残高10厘米（图一一五，1）。2001FGQM13：12，仅存口沿及部分颈部。灰白胎，器表及器内均施青绿釉。浅盘口，尖唇，束颈。口径13.2、残高5厘米（图一一五，2）。2001FGQM13：14，灰胎，器表施黄绿釉，部分剥落。浅盘口，尖唇，束颈，鼓肩，鼓腹，平底。肩部饰有一周凹弦纹，弦纹间有对称横向四系。口径9、最大腹径18、底径10.8、高18厘米（图一一五，3）。

3. 铜器

铜钱 8枚。其中4枚残破不可辨。均为五铢。

A型 1枚。未磨郭。2001FGQM13：16-1，"五"字交笔弯曲，"金"字头呈三角形，"朱"字上下圆折。钱径2.5厘米，穿宽1.1厘米（图一一六，1）。

B型 3枚。剪轮五铢。2001FGQM13：16-2，肉薄径小，有文。钱径1.4~1.9、穿宽0.7~0.9厘米（图一一六，2）。

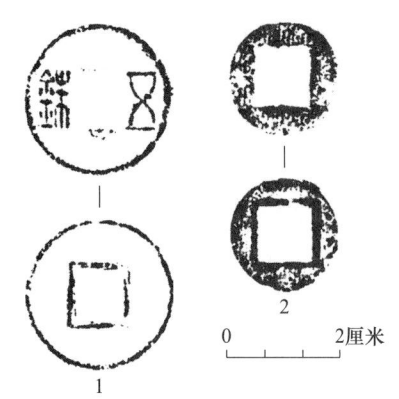

图一一六 2001FGQM13 出土钱币（拓片）
1. A型五铢（2001FGQM13：16-1）
2. B型五铢（2001FGQM13：16-2）

四、2001FGQM14

M14位于毛家包墓地的东南部，该墓地T9的中部，开口于第1层下，墓口距地表0.15~0.4米，打破生土。墓内填土为棕褐夹暗红色粉砂土，土质较硬，含较多残砖块、砖屑及部分陶片。

M14为砖室墓，平面呈"凸"字形，方向294°。由甬道、墓室两部分组成，总长4.75、宽2.26米。

甬道位于墓室西部，内长1.26、宽1.2、残高0.44米。墓室内长2.74、残高0.36米。

甬道内砌封门砖，齐墓口。无铺地砖，甬道壁及墓壁采用长方形砖横向错缝平砌。墓顶情况不明。残存墓砖为长方形砖，分别长45、宽19、厚8厘米，长43、宽20、厚7厘米。墓砖朝墓室面饰有几何菱形纹饰。

葬具和人骨均已不存，因该墓被扰，随葬品摆放较零乱，主要摆放于甬道内。该墓随葬器物仅存1件残陶钵、2件残陶罐、1件残陶俑（图一一七）。

五、2001FGQM15

（一）墓葬形制

M15位于毛家包墓地的东部，该墓地T10的西南部、T8的东南部及T6的北部，开口于第1

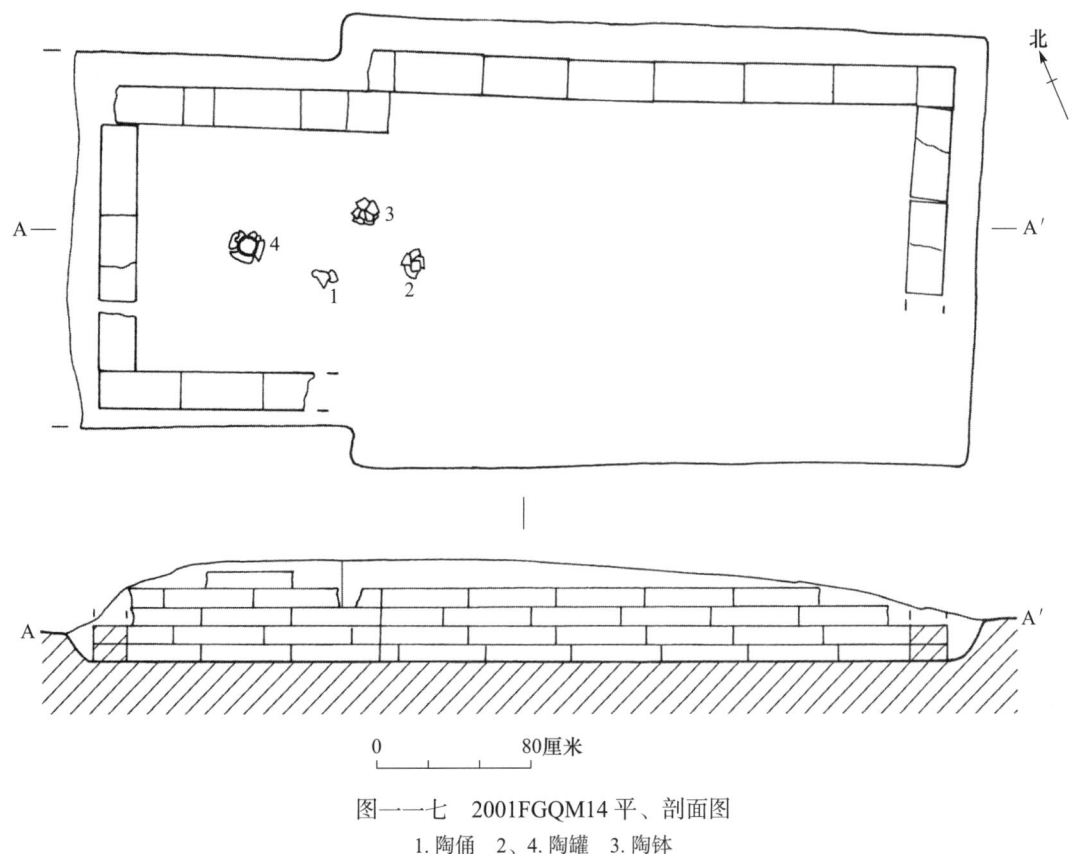

图一一七 2001FGQM14 平、剖面图
1. 陶俑 2、4. 陶罐 3. 陶钵

层下，墓口距地表 0.2～0.3 米，打破生土。墓内填土为红褐色及灰褐色混杂黏土，土质松软，含大量陶片、红烧土颗粒以及零星红褐色漆皮。

M15 为竖穴土坑墓，带头龛，墓室平面呈长方形，方向 201°。无墓道，墓口长 3.66、宽 1.88 米，墓底长 3.36、宽 1.72、深 1.2 米。墓口略大于墓底，坑壁均不直，四角转折不方稍圆，头龛略呈圆形，且略低于墓底，墓北端近底筑有低矮的熟土二层台。

葬具可能为木棺，人骨不存，因该墓被扰，随葬品摆放较零乱，主要摆放于头龛内（图一一八）。

（二）随葬器物

该墓随葬器物较少，共出土有 12 件，包括陶器、铜器、银器三类。随葬器物以陶器为主，器型有钵、罐、甑、锺、井、器盖。铜器为铜钱。银器为银耳环。

1. 陶器

该墓共出土有陶器 8 件。以泥质灰陶为主，另有泥质灰褐陶、夹砂灰褐陶。陶器均轮制。纹饰有菱形纹、凹弦纹。

钵 4 件。2001FGQM15：7，泥质灰褐陶。敞口，圆唇，上腹斜直，折腹斜收成平底。底部微凹。口径 13.8、底径 4.4、高 5.1 厘米（图一一九，1）。2001FGQM15：8，泥质灰陶。敞口，圆唇，上腹斜直，折腹斜收成平底。器表及器内均有轮制痕迹。口径 17、底径 5.8、高 5.8 厘米（图一一九，

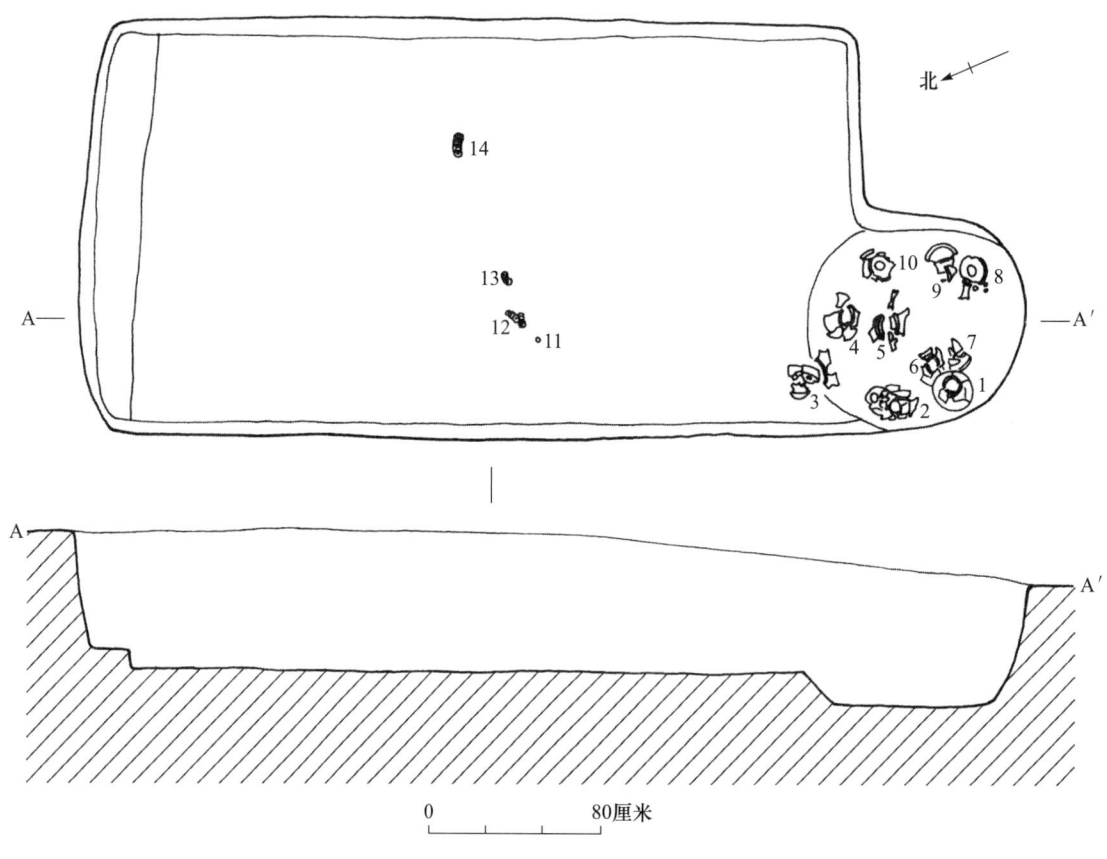

图一一八　2001FGQM15 平、剖面图

1、4、6.陶罐　2.陶锤　3.陶甑　5.陶井　7、8、10.陶钵　9.陶器盖　11.银耳环　12～14.铜钱

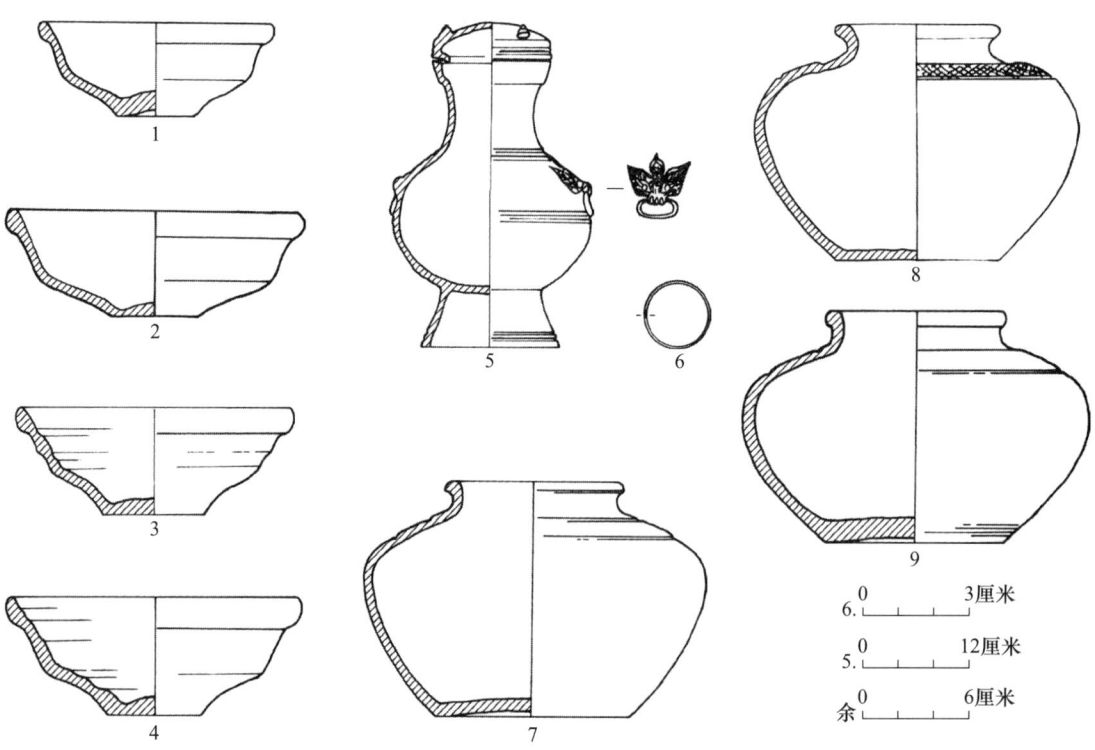

图一一九　2001FGQM15 出土器物

1～4.陶钵（2001FGQM15：7、2001FGQM15：15、2001FGQM15：8、2001FGQM15：10）　5.陶锤（2001FGQM15：2）
6.银耳环（2001FGQM15：11）　7～9.陶罐（2001FGQM15：4、2001FGQM15：1、2001FGQM15：6）

3）。2001FGQM15：10，泥质灰陶。敞口，圆唇，上腹斜直，折腹斜收成平底，底部微凹。器内有轮制痕迹。口径17、底径5.2、高6.4厘米（图一一九，4）。2001FGQM15：15，泥质灰陶。敞口，圆唇，上腹较直，折腹斜收成平底。底部微内凹。口径17.2、底径5、高5.9厘米（图一一九，2）。

罐 3件。2001FGQM15：1，泥质灰陶。侈口，圆唇，束颈，鼓肩，鼓腹，平底。肩部饰有一周菱形纹及一周凹弦纹。口径9.6、最大腹径18.3、底径9.3、高13.1厘米（图一一九，8）。2001FGQM15：4，夹砂灰褐陶。侈口，尖圆唇，束颈，折肩，鼓腹，平底。器内有轮制痕迹。口径10.2、最大腹径19.6、底径11.2、高13厘米（图一一九，7）。2001FGQM15：6，泥质灰陶。侈口，圆唇，束颈，溜肩，鼓腹，平底。肩部饰有一周凹弦纹。口径10.2、最大腹径19.6、底径10、高12.6厘米（图一一九，9）。

锺 1件。2001FGQM15：2，泥质红陶，器表施酱黄釉。器身为盘口，方唇，束颈，溜肩，鼓腹，高圈足。肩部、腹部各饰两周凹弦纹，圈足饰有两周凹弦纹。腹部饰有两个对称的衔环铺首。带盖，盖为子母口，圆唇，圜顶。盖顶部饰有3个螺旋钉形纽。盖口径13.8、器身口径13.8、最大腹径23、底径15.8、通高35.6厘米（图一一九，5）。

2. 铜器

铜钱 49枚。有五铢和大泉五十两种。

五铢 43枚。

A型 42枚。未磨郭。2001FGQM15：12-4，"五"字交笔缓曲，"朱"字上方下圆。钱径2.5、穿宽1厘米（图一二〇，1）。

B型 1枚。剪轮五铢。2001FGQM15：13-2，肉薄径较小，有文。钱径2.3、穿宽1厘米（图一二〇，2）。

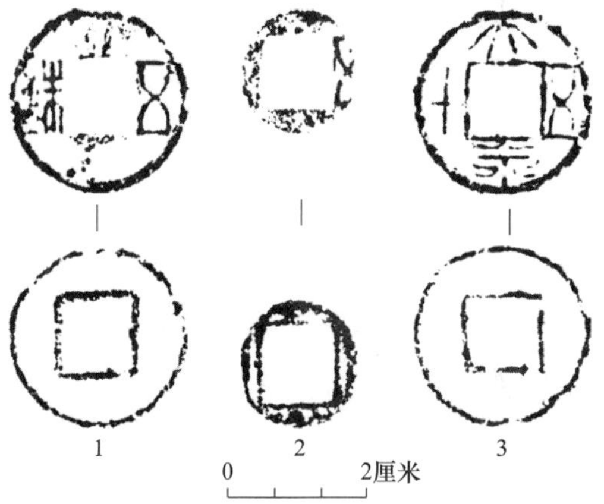

大泉五十 6枚。001FGQM15：14，有郭，钱文"大"字呈圆弧形，"泉"字中竖中断。钱径2.6、穿宽1.1厘米（图一二〇，3）。

图一二〇 2001FGQM15出土钱币（拓片）
1. A型五铢（2001FGQM15：14-8） 2. B型五铢（2001FGQM15：13-2） 3. 大泉五十（2001FGQM15：14）

3. 银器

耳环 1件。2001FGQM15：11，圆形。直径1.9厘米（图一一九，6）。

六、2001FGQM16

M16位于毛家包墓地的西部，该墓地T11的北部、T12的南部，开口于扰土层下，墓口距地表0.4~0.9米，打破生土。墓内填土为灰黄褐色黏土，土质紧密，含大量料姜石、残砖、陶瓷片及少量青花瓷片等。

M16为石室墓，平面略呈梯形，方向136°。总长4.46、最宽处2.4米。墓室内长2.9、宽

0.92~1.2、残高 1.1 米。墓圹用不规则的石块、碎砖、小石块经粗加工并沿墓室土坑边砌筑，外侧较整齐，略向内倾斜。墓室东端设瓦枕，置于 8 厘米高的垫土上，瓦枕长 46、宽 18、高 10 厘米。墓顶被扰毁。

葬具可能为木棺，人骨 1 具，头东足西，仰身直肢。该墓未见任何随葬器物（图一二一）。

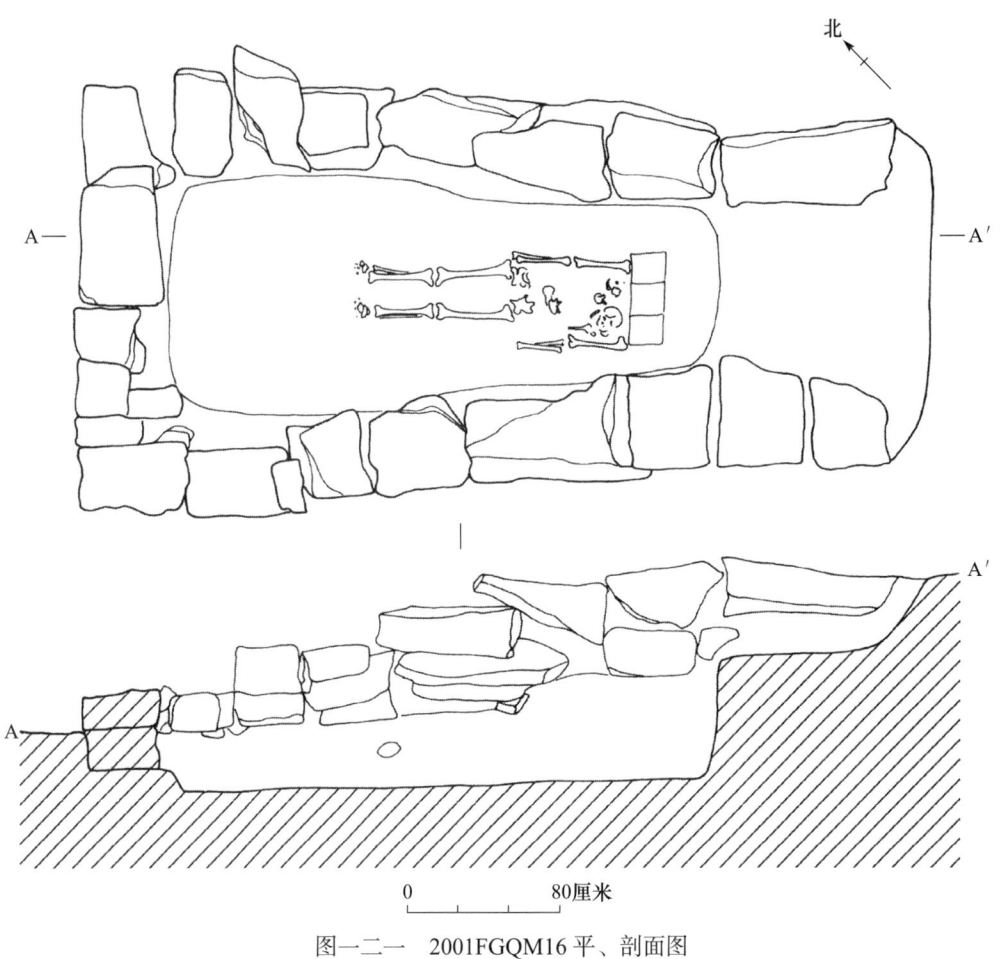

图一二一　2001FGQM16 平、剖面图

七、2001FGQM17

M17 位于毛家包墓地的西部，该墓地 T13 的北部、T15 的南部，开口于扰土层下，墓口距地表 0.4~1.1 米，打破生土。墓内填土为灰黄褐色土，土质较硬，含若干陶片等。

M17 为石室墓，平面略呈长方形，方向 122°。总长 5.15、最宽处 4.75 米。墓室内长 2.8、宽 1.08、残高 1.24 米。墓室用钉子形石块砌筑，外侧较规整，内侧较粗糙。墓室前半部上部已被扰毁，残存一较大石块，该石块表面分为两个平面，其交界线呈"凹"字形。墓顶情况不明。墓两旁有用不规则石块堆砌的较为整齐的石列，墓底呈台阶状，东南部高，北部低，使东南部台阶与北、西部墓壁形成一个小框。墓底人头骨下设瓦枕，瓦枕长 40、宽 21、高 6 厘米。

墓葬人骨上及以下均有一层比骨架范围稍大的黑皮状物，葬具可能为木棺，人骨 1 具，头东足西，仰身直肢。该墓未见任何随葬器物（图一二二）。

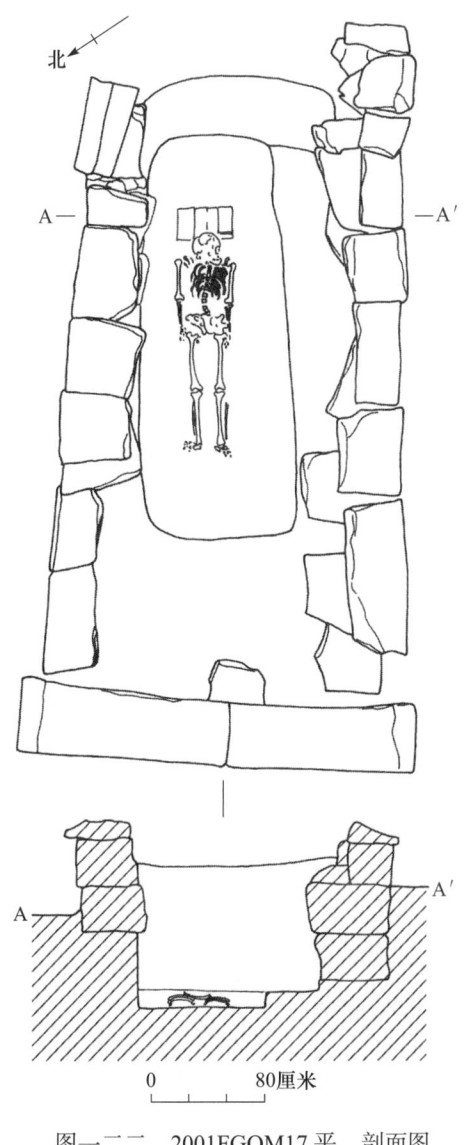

图一二二　2001FGQM17 平、剖面图

八、2001FGQM18

（一）墓葬形制

M18 位于毛家包墓地的北部，该墓地 T17 的东北部，T19 的东南部，T20 的西南部，T22 的西北部，开口于扰土层下，墓口距地表 0.4～0.7 米，打破生土。该墓填土可分为两种，上部为灰褐色黏土，土质疏松，含较多碎砖、料姜石、炭粒和少量陶片等；近底部为黄褐色沙土，含大量陶片、部分完整器物、较多的铜钱及零星骨渣等。

M18 为砖室墓，平面形状不明，方向 225°，由墓道、墓室两部分组成，总长 5.65、残宽 3 米。

墓道为长方形斜坡墓道，长 1.43、残宽 1.2 米。墓室内长 3.6、残宽 2.66、残高 1 米。

M18 因扰毁严重，券顶及整座墓西侧皆不存。墓道由东北向西南倾斜至封门处形成一土台阶，残长 1.1、宽 0.15、深 0.1 米。甬道外砌封门砖，齐墓口。墓底采用长方形砖对缝平铺，甬道壁与墓壁采用长方形砖横向错缝平砌。墓顶情况不明。残墓砖为长方形砖，分别长40、宽18、厚7厘米，长38、宽18、厚5厘米。

葬具及人骨均不存，因该墓被扰，随葬品摆放较零乱，主要摆放于甬道及墓室后部（图一二三）。

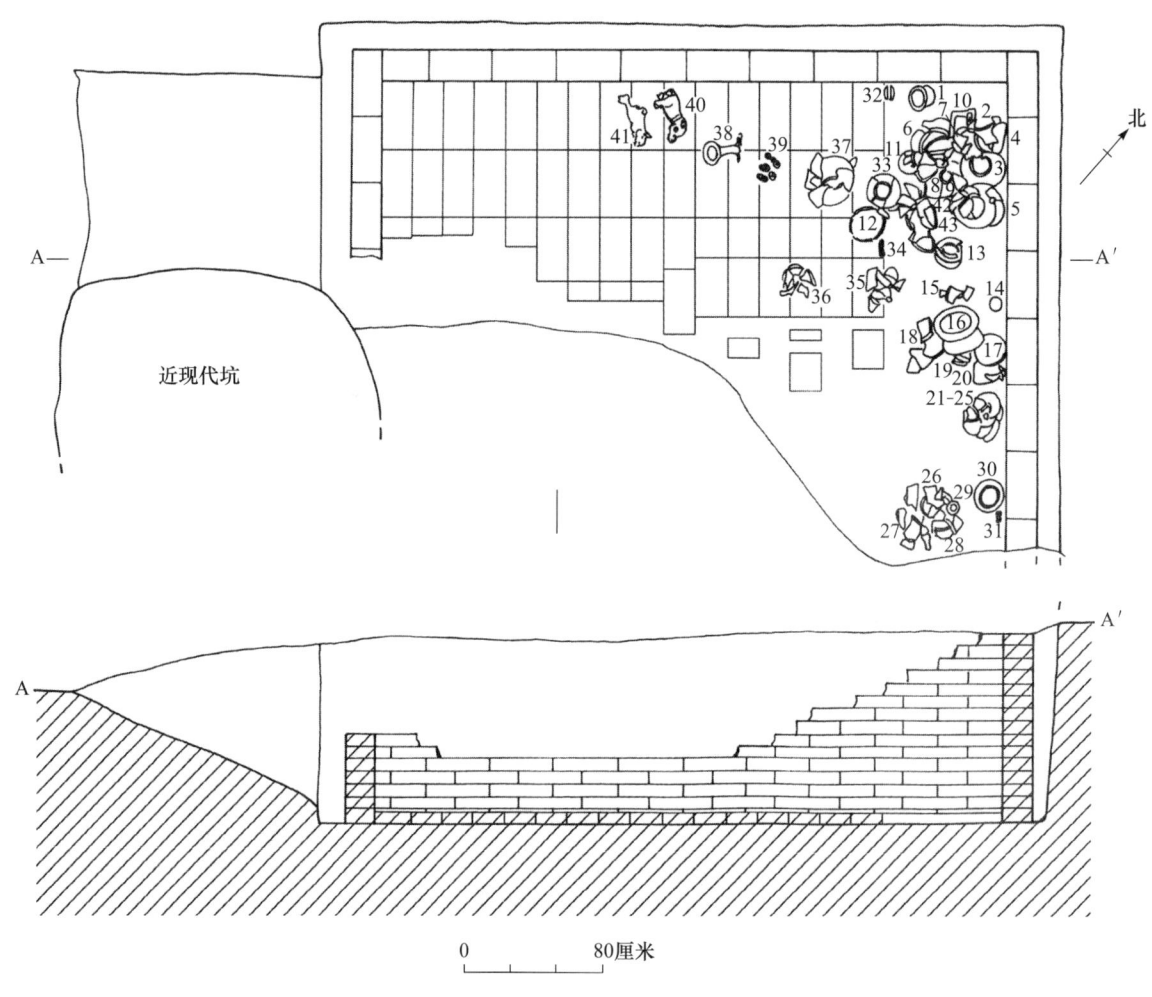

图一二三　2001FGQM18平、剖面图

1、13.陶盉　2、3、5、7、10、28、29、33、37.陶罐　4、8、9、18、20~24、27、35、36、42、43.陶钵　6、11、15、19、25.陶盆　12.陶锺　14.银手镯　16.铜鍪　17.陶魁　26.陶井　30.陶器盖　31、34、39.铜钱　32.鎏金铜饰件　38.陶灯　40、41.陶狗　44.陶盆　45.陶勺

（二）随葬器物

该墓随葬器物丰富，共出土有36件。包括陶器、铜器、银器三类。随葬器物以陶器为主，器型有钵、罐、釜、盆、锺、魁、勺、灯、俑等。铜器为釜、铜钱。银器为手镯。

1. 陶器

该墓共出土有陶器33件，以泥质灰陶为主。另有部分泥质黑灰陶等。陶器以轮制为主，部分模制。纹饰有凹弦纹、三角形戳印纹、凸弦纹。

钵　15件。2001FGQM18：4，泥质灰陶。敞口，圆唇，上腹斜直，折腹斜收成平底，底部微凹。口径18.6、底径5.4、高6.2厘米（图一二五，3）。2001FGQM18：8，泥质灰陶。敞口，圆唇，上腹斜直，折腹斜收成平底。口径17.2、底径5.6、高6厘米（图一二四，6）。2001FGQM18：9，泥质灰陶。敞口，圆唇，上腹斜直，折腹斜收成平底。口径13、底径3.2、高4.6厘米（图一二四，1）。2001FGQM18：18，泥质灰陶。敞口，圆唇，上腹斜直，折腹斜收成平底。口径18、底径6.2、高6厘米（图一二四，6）。2001FGQM18：20，泥质灰陶。敞口，圆唇，上腹斜直，折腹斜收成平底，底部微凹。口径13、底径4.2、高4.2厘米（图一二五，1）。2001FGQM18：21，泥质灰陶。敞口，尖圆唇，上腹斜直，折腹斜收成平底。器表有轮制痕迹。口径13、底径4、高4.5厘米（图一二四，2）。2001FGQM18：22，泥质灰陶。敞口，尖圆唇，弧腹，平底。口径13.6、底径4.2、高4.6厘米（图一二四，3）。2001FGQM18：23，泥质灰陶。敞口，圆唇，上腹斜直，折腹斜收成平底。口径13.2、底径3.8、高4.2厘米（图一二四，4）。2001FGQM18：24，泥质灰陶。敞口，尖圆唇，上腹斜直，折腹斜收成平底。器表有轮制痕迹。口径13.2、底径4.4、高4.4厘米（图一二四，5）。2001FGQM18：27，泥质灰陶。敞口，圆唇，上腹斜直，折腹斜收成平底。器表有轮制痕迹。口径13.2、底径3.9、高4.2厘米（图一二四，7）。2001FGQM18：35，泥质灰陶。敞口，圆唇，上腹斜直，折腹斜收成平底。口径17、底径4.4、高6厘米（图一二四，9）。2001FGQM18：36，泥质灰陶。敞口，尖圆唇，上腹斜直，弧腹斜收成平底。口径13、底径4、高3.8厘米（图一二四，8）。2001FGQM18：42，泥质灰陶。敞口，尖唇，上腹斜直，弧腹斜收成平底。口径12.2、底径3.8、高4厘米（图一二四，10）。2001FGQM18：43，泥质灰陶。敞口，圆唇，弧腹，平底。器表有轮制痕迹。

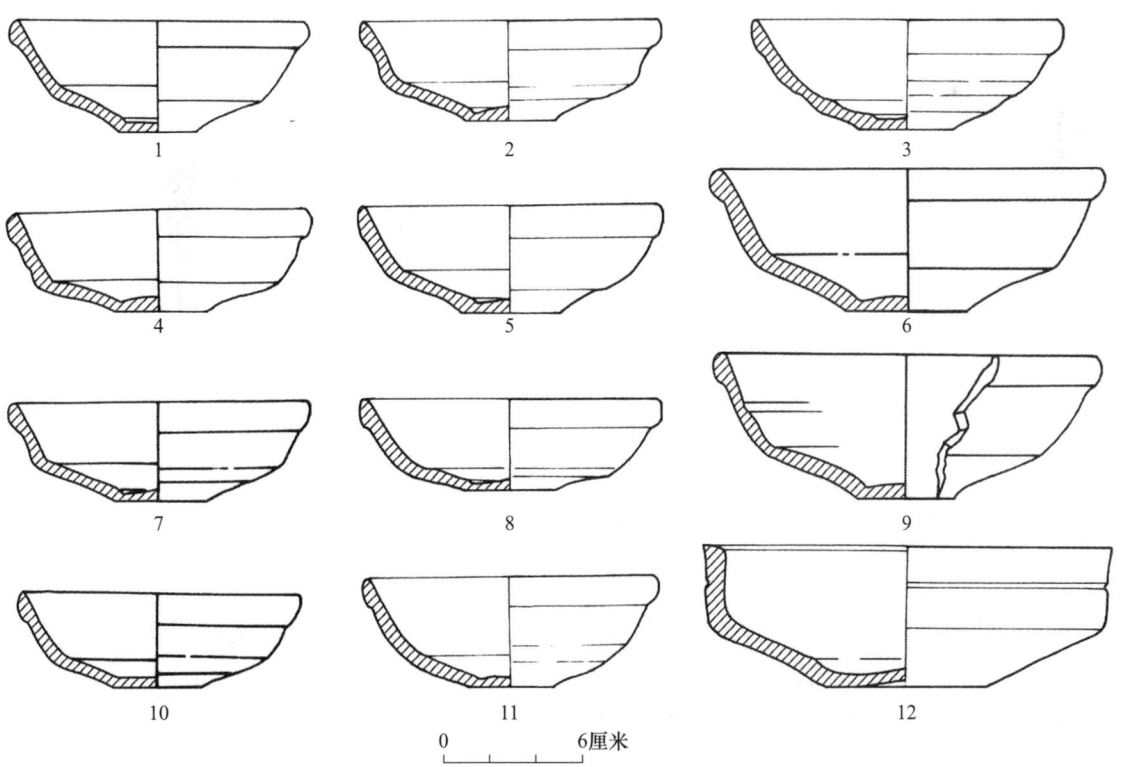

图一二四　2001FGQM18出土陶钵

1~12.陶钵（2001FGQM18：9、2001FGQM18：21、2001FGQM18：22、2001FGQM18：23、2001FGQM18：24、2001FGQM18：8、2001FGQM18：27、2001FGQM18：36、2001FGQM18：35、2001FGQM18：42、2001FGQM18：43、2001FGQM18：44）

口径12.8、底径3.6、高4.6厘米（图一二四，11）。2001FGQM18：46，泥质灰陶。敞口，尖圆唇，上腹斜直，圆折腹斜收成平底。口径17.2、底径5.6、高6厘米（图一二五，2）。

罐　7件。2001FGQM18：2，泥质灰陶。侈口，尖圆唇，束颈，斜肩，鼓腹，平底。底部微凹。器表有轮制痕迹。口径12.6、最大腹径22.8、底径14.4、高15.5厘米（图一二六，5）。2001FGQM18：3，泥质灰陶。侈口，圆唇，束颈，斜肩，鼓腹，平底。肩部饰有一周凹弦纹。器表有轮制痕迹。口径11、最大腹径16.6、底径8.6、高11.4厘米（图一二五，5）。2001FGQM18：5，泥质灰陶，侈口，尖唇，矮领，斜折肩，斜腹，平底。底部微凹。器表及器内均有轮制痕迹。口径11.2、最大腹径16.2、底径8.4、高11.2厘米（图一二五，6）。2001FGQM18：7，泥质灰陶。侈口，圆唇，束颈，鼓肩，鼓腹，平底，底部微凹。肩部饰有一周三角形模印纹及一周凹弦纹。口径10.4、最大腹径22、底径14.4、高14.8厘米（图一二五，7）。2001FGQM18：29，汲水罐。泥质黑灰陶。汲水罐。侈口，圆唇，束颈，溜肩，鼓腹，平底。器表有轮制痕迹。口径4.9、最大腹径6.6、底径4.5、高4厘米（图一二五，4）。2001FGQM18：33，泥质灰陶。侈口，圆唇，束颈，溜肩，鼓腹，平底。肩部饰有一周三角形戳印纹及一周凹弦纹。器内有轮制痕迹。口径9.4、最大腹径15.2、底径8.4、高11.5厘米（图一二五，9）。2001FGQM18：37，泥质灰陶。侈口，圆唇，束颈，圆鼓肩，鼓腹，平底。肩部饰有一周三角形戳印纹及一周凹弦纹。腹部饰有五周凹弦纹。器表及器内有轮制痕迹。口径9.2、最大腹径15.8、底径8.4、高12.2厘米（图一二五，8）。

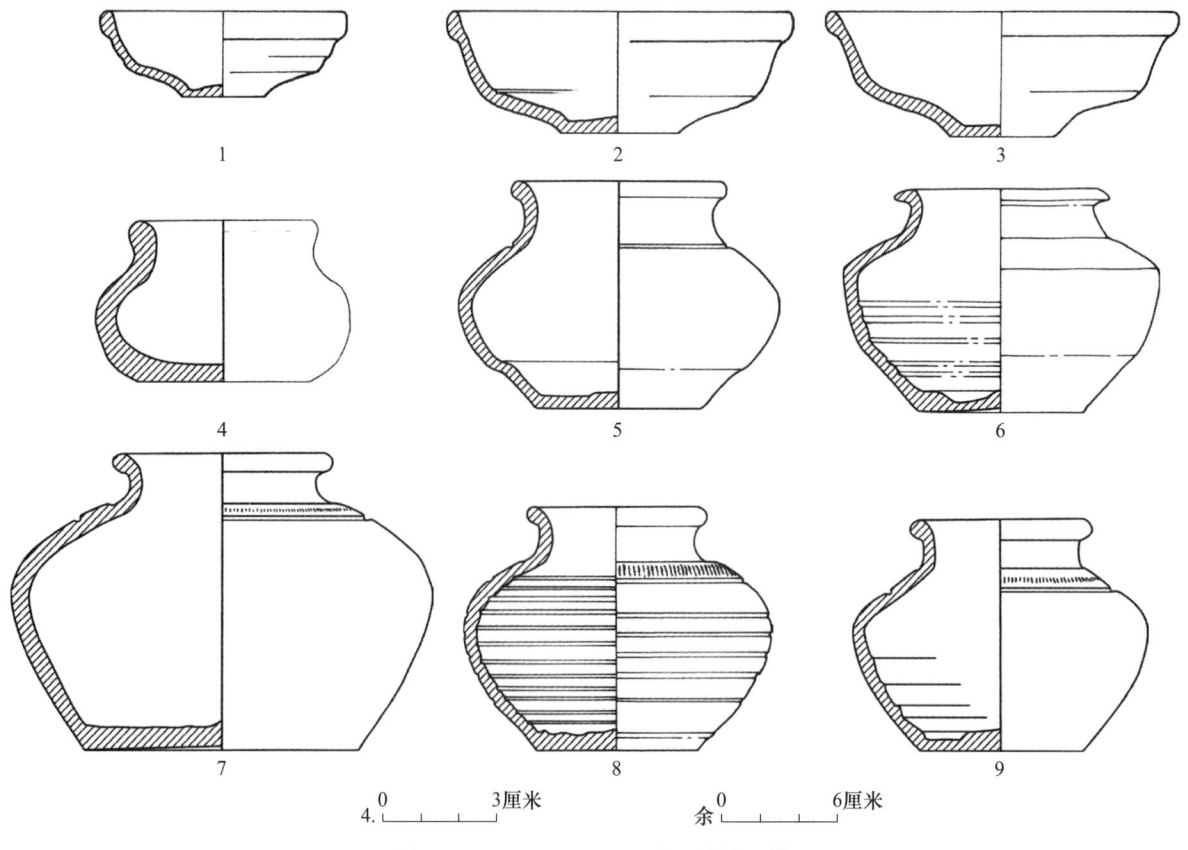

图一二五　2001FGQM18出土陶钵、罐

1～3.钵（2001FGQM18：20、2001FGQM18：46、2001FGQM18：4）　4～9.罐（2001FGQM18：29、2001FGQM18：3、2001FGQM18：5、2001FGQM18：7、2001FGQM18：37、2001FGQM18：33）

盂 2件。2001FGQM18∶1，泥质红陶胎，器表施酱釉，部分剥落。侈口，尖圆唇，斜折沿，束颈，溜肩，垂腹，平底。肩部饰有对称两纽。器表及器内均有轮制痕迹。口径13.2、最大腹径14、底径10、高9.5厘米（图一二六，1）。2001FGQM18∶13，泥质红陶，器表施酱釉。侈口，圆唇，斜折沿，束颈，圆折肩，圆折腹，圜底。肩部饰有两周凹弦纹及对称两纽。口径11.6、最大腹径14.4、高12.2厘米（图一二六，2）。

盆 3件。2001FGQM18∶6，泥质灰陶。敛口，方唇，平折沿，斜弧腹，平底。外壁口沿下饰有一周凸弦纹。口径32、底径12.4、高18.4厘米（图一二六，10）。2001FGQM18∶11，泥质灰陶，侈口，方唇，斜折沿，束颈，斜弧腹，平底。腹部饰有两周宽凸弦纹。口径23.2、底径9.4、高9.2厘米（图一二六，9）。2001FGQM18∶25，泥质灰陶。敞口，方圆唇，平折沿。上腹较直，圆折腹斜收成平底。底部微凹。外壁口沿下饰有一周凹弦纹，下腹部饰有一周凹弦纹。口径21.2、底径7、高8厘米（图一二六，8）。

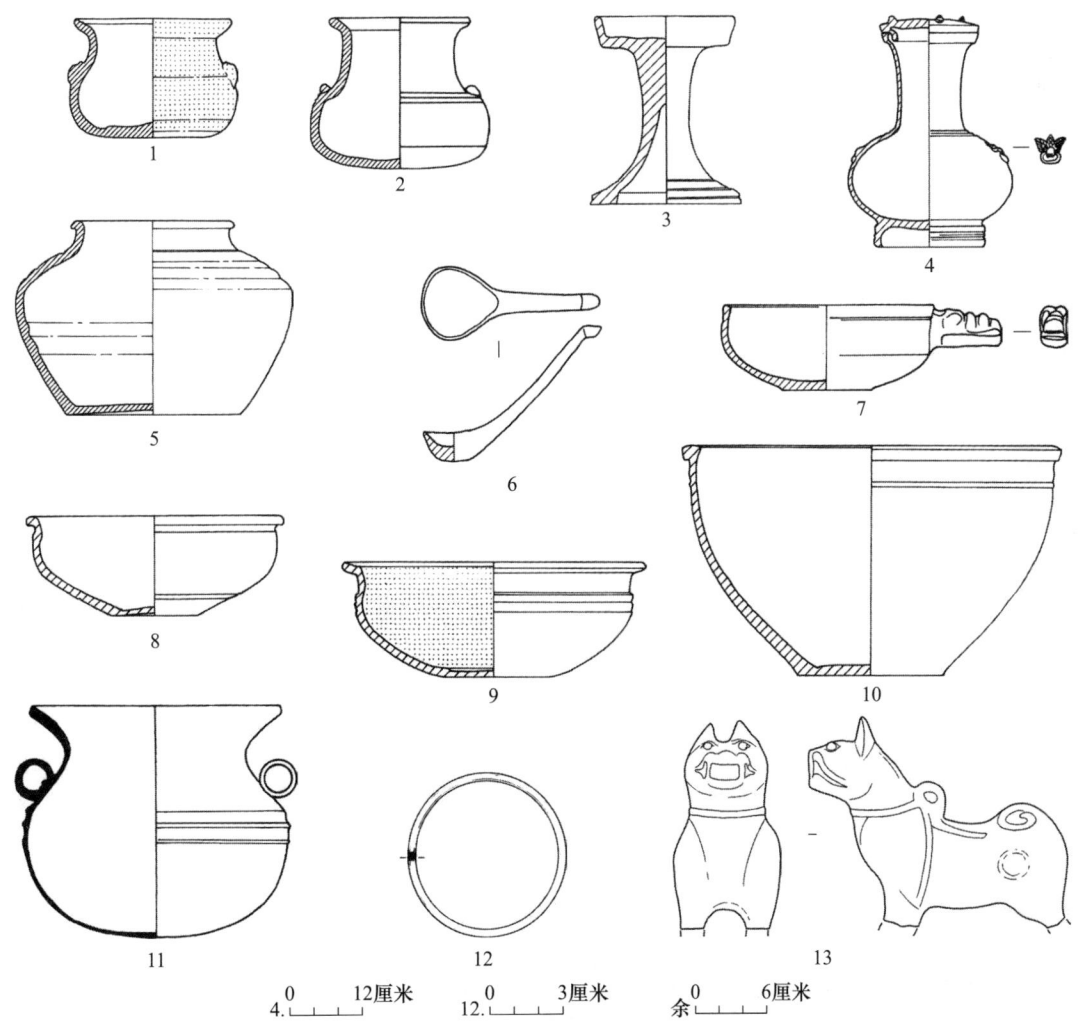

图一二六 2001FGQM18出土器物

1、2.陶盂（2001FGQM18∶1、2001FGQM18∶13） 3.陶灯（2001FGQM18∶38） 4.陶锤（2001FGQM18∶12） 5.陶罐（2001FGQM18∶2） 6.陶勺（2001FGQM18∶45） 7.陶魁（2001FGQM18∶17） 8~10.陶盆（2001FGQM18∶25、2001FGQM18∶11、2001FGQM18∶6） 11.铜鍪（2001FGQM18∶16） 12.银手镯（2001FGQM18∶14） 13.陶狗（2001FGQM18∶41）

盒　1件。2001FGQM18：44，泥质红陶胎，器表施酱黄釉。直口，方唇，上腹较直，折腹斜收成平底。底部微凹。外壁口沿下饰有一周凹弦纹。器表有轮制痕迹。口径18、底径6.9、高6厘米（图一一八，12）。

锺　1件。2001FGQM18：12，泥质红陶胎，器表施酱釉，部分剥落。无盖，器身为盘口，方唇，束颈，溜肩，鼓腹，矮圈足。肩部、腹部各饰两周凹弦纹，圈足饰有一周凹弦纹。腹部饰有两个对称的衔环铺首。带盖，盖为子母口，圆唇，圜顶。盖顶部饰有3个乳丁纽。盖口径16、器身口径16、最大腹径27.2、底径37.4、通高18厘米（图一二六，4）。

魁　1件。2001FGQM18：17，泥质红陶胎，器表及器内均施酱釉。敛口，上腹较直，下腹折收成平底，蛇首状柄。器柄为模制，器身为轮制，分别制成后黏合而成。口径18、底径7.4、高6.7、长23.4厘米（图一二六，7）。

勺　1件。2001FGQM18：45，泥质红陶。勺身呈椭圆形，浅腹，直柄较长。长14.6厘米（图一二六，6）。

灯　1件。2001FGQM18：38，泥质灰陶。敞口，圆唇，浅盘腹，柱形柄，中空，喇叭状座。器座上饰有两周凹弦纹。口径11.4、底径12.6、高15.2厘米（图一二六，3）。

狗　1件。2001FGQM18：40，夹砂灰褐陶。昂首，耸耳，鼓眼，短嘴，四足已残，卷尾。兜肚系栓环。残高16.4、残长22.3厘米（图一二六，13）。

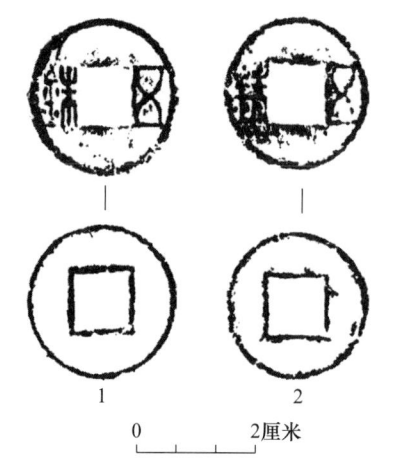

图一二七　2001FGQM18出土钱币（拓片）
五铢（2001FGQM18：34-1、2001FGQM18：34-2）

2. 铜器

该墓共出土有铜器2件，为鍪、铜钱。

鍪　1件。2001FGQM18：16。敞口，尖唇，束颈，溜肩，圆鼓腹，圜底。肩部有对称两耳。口径20.8、最大腹径22、高18.4厘米（图一二六，11）。

铜钱　27枚。均为五铢，皆未磨郭。2001FGQM18：34-1，"五"字交笔弯曲，上下两横出头接于内、外郭，"金"字头呈大三角形，"朱"字上下圆折。钱径2.6、穿宽0.9厘米（图一二七，1）。2001FGQM18：34-2，"五"字交笔缓曲，钱文较细长，"金"字头呈三角形，"朱"字上方下圆。钱径2.4、穿宽0.9厘米（图一二七，2）。

3. 银器

手镯　1件。2001FGQM18：14。圆环形。直径6.5厘米（图一二六，12）。

九、2001FGQM19

M19位于毛家包墓地的北部，该墓地T21的西南部，开口于扰土层下，墓口距地表0.4～1米，打破生土。墓内填土为红、黄色相杂五花土，土质黏软，含较多陶片、釉陶片。

M19为竖穴土坑墓，平面略呈长方形，方向254°。墓口长3.7、宽2.16米，墓底长3.32、宽1.96、残深0.5~0.76米，墓口略大于墓底，墓壁不平整，呈斜坡至墓底。

葬具及人骨均已不存，该墓未见任何随葬器物（图一二八）。

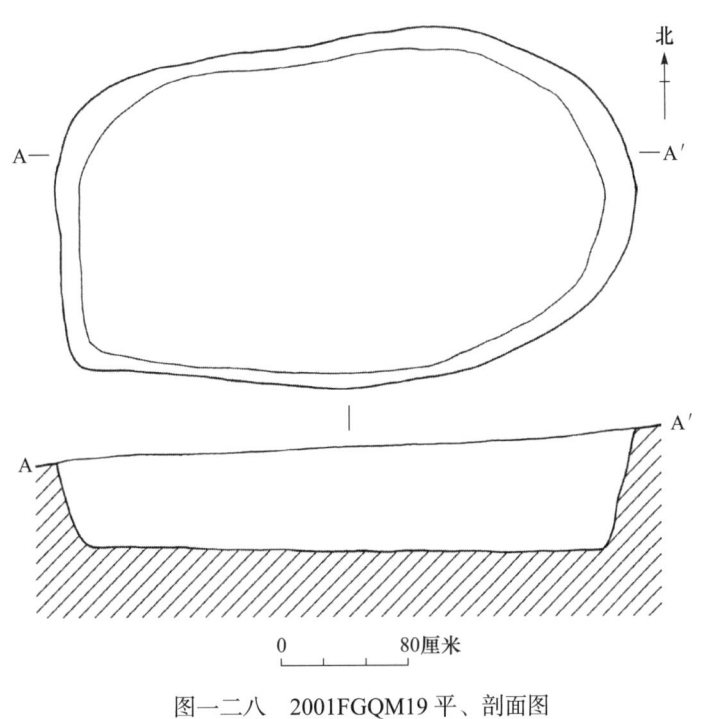

图一二八　2001FGQM19平、剖面图

一〇、2001FGQM20

（一）墓葬形制

M20位于毛家包墓地的北部，该墓地T16的中部、T17的西部，开口于扰土层下，墓口距地表0.7米，打破生土。墓内填土为红黄色相杂的五花土，土质较硬，含较多陶片。

M20为竖穴土坑墓，平面略呈长方形，方向250°。无墓道，墓口长3.4、宽1.9米，墓底长3.3、宽1.82、深1.68米。墓口略大于墓底，坑壁较直。

葬具及人骨均不存，随葬品极少，主要摆放于墓室北壁附近（图一二九）。

（二）随葬器物

该墓随葬器物极少，共出土有5件，包括陶器、瓷器两类。随葬品以瓷器为主，为盏、灯柄。陶器为残陶罐。

盏　3件。2001FGQM20∶1，钢胎。侈口，尖圆唇，弧腹，饼足。口径10.2、底径4.2、高5.5厘米（图一三〇，3）。2001FGQM20∶5，钢胎。侈口，尖圆唇，弧腹，饼足。口径10.2、底径4、高3.8厘米（图一三〇，2）。2001FGQM20∶3为残瓷盏（图一三〇，1）。

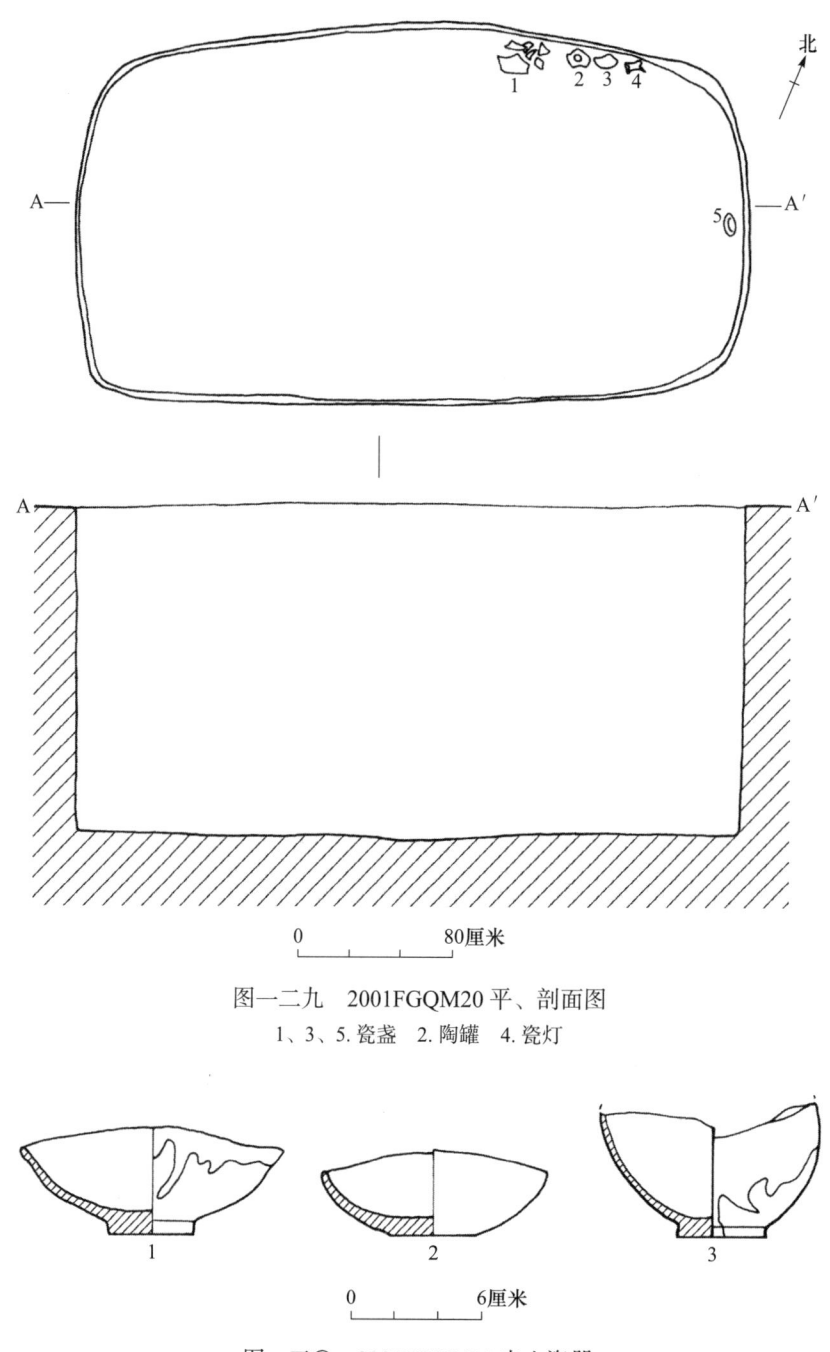

图一二九　2001FGQM20 平、剖面图
1、3、5.瓷盏　2.陶罐　4.瓷灯

图一三〇　2001FGQM20 出土瓷器
1～3.盏（2001FGQM20：3、2001FGQM20：5、2001FGQM20：1）

第二节　团尚包墓地

团尚包墓地位于关田沟村三社，西临长江，东依高家镇新镇，南临毛家包墓地，北为一冲沟。该墓地为一椭圆形小山包，顶部较平坦，四周均呈阶梯式坡地（彩版一，2）。按正南北向，采用探方法共布 5 米 ×5 米探方 14 个，10 米 ×10 米探方 2 个，编号 2001FGQ Ⅰ 区 T1～T16。加之扩

方实际发掘面积727平方米。清理墓葬10座，主要分布在墓地北部，南部有少量分布，其中M4、M6、M8、M9为竖穴土坑墓，其余为砖室墓（图一三一；彩版四，2）。

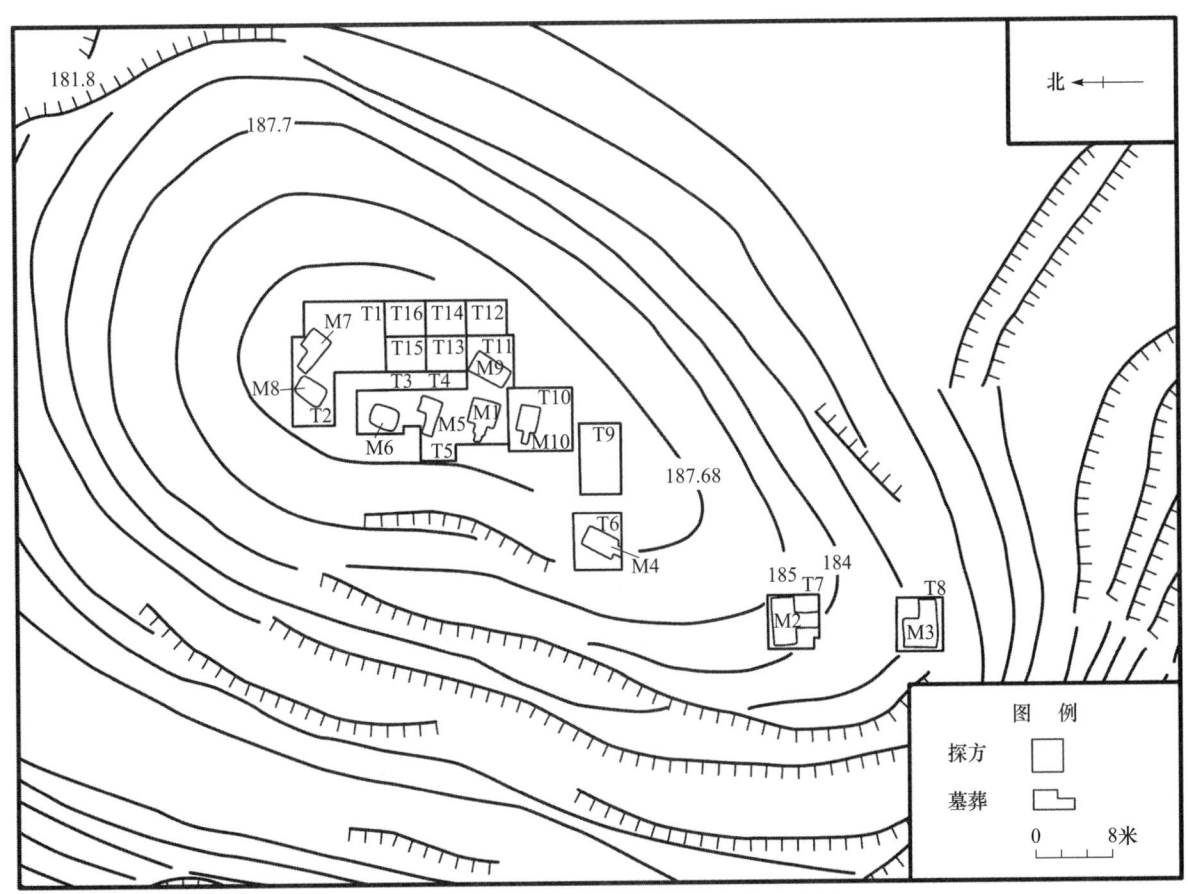

图一三一　团尚包墓地墓葬分布图

一、2001FGQM1

（一）墓葬形制

M1位于团尚包墓地的中部偏北，该墓地T4的西南部，开口于第1层下，墓口距地表0.15～0.3米，打破生土。该墓填土可分为两种，上层为灰褐色黏土，土质疏松，含大量碎砖、炭粒、少量陶瓷片等，近底部为黄褐色砂土，土质松软，包含较多陶片、完整器物、骨渣等。

M1为砖室墓，平面呈凸字形，方向288°。由墓道、甬道、墓室三部分组成，总长6.9、最宽处4.58米。

墓道为长方形斜坡式，长1.7、宽1.5、深0～1.8米。甬道位于墓室西部，内长2.34、宽1.48、高1.55米。墓室内长2.4、宽4.04、残高1.3米。

墓道由西向东倾斜至封门处形成一长2、宽0.15、高0.65米的土台阶。甬道内采用长方形砖横向错缝平砌封门，齐墓口。墓底采用长方形砖对角线交叉呈三角形平铺。在距墓室1.4米处，用砖砌台阶一级，规格为长 41、宽 12、高 22 厘米。甬道壁及墓室壁均用长方形砖横向错缝平砌，残墓顶用楔卯砖错缝券砌。墓砖有长方形砖和榫卯砖两种，前者长 41、宽 17、厚 7 厘米，后者长 42.5、宽 17、厚 7 厘米。墓砖朝墓室面饰有几何菱形纹饰。

墓室右侧靠近北壁发现较厚板灰，此范围内还发现大量骨渣粉末及首饰珠子等，葬具可能为木棺，人骨 1 具。因该墓被扰，随葬品摆放较零乱，主要摆放在甬道和墓室前部（图一三二，图一三三）。

（二）随葬器物

该墓随葬器物较丰富，共出土有 19 件，包括陶器、瓷器、铜器、料器四类。随葬器物以瓷器为主，器型有钵、盏、四系罐。陶器为钵、釜、甑、三足盘、俑。铜器为铜钱。料器为料珠。

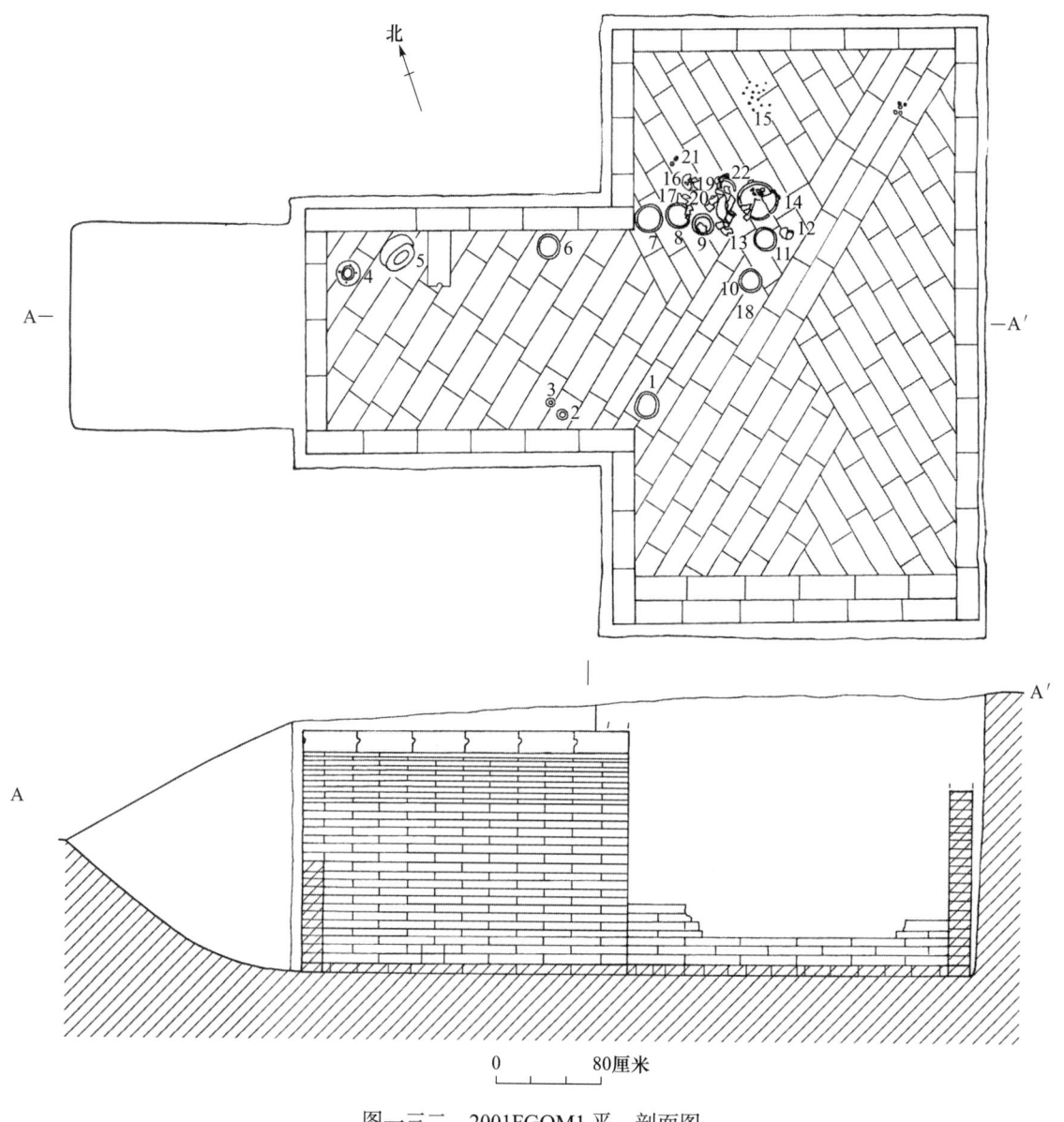

图一三二　2001FGQM1 平、剖面图
1、12、16. 陶钵　2、3. 瓷盏　4、22. 瓷四系罐　5. 陶釜　6~11. 瓷钵　13. 陶甑　14. 陶三足盘　15. 料珠　17、20. 陶狗　18、21. 铜钱　19. 陶俑

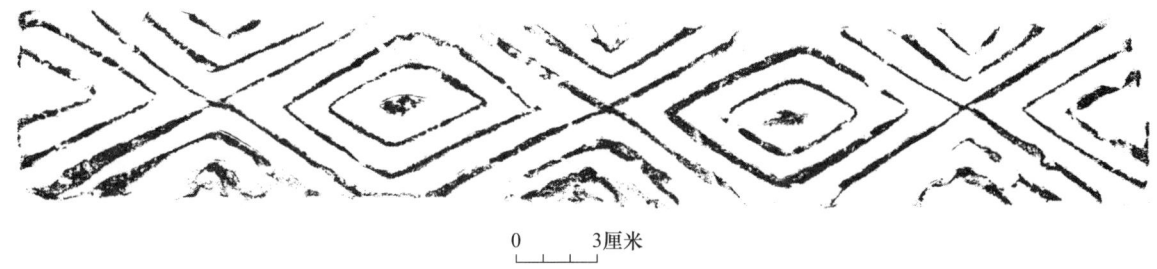

图一三三　2001FGQM1 出土墓砖（拓片）

1. 陶器

该墓共出土陶器 8 件，以泥质灰陶为主，另有少量泥质红陶、夹砂红褐陶。陶器以轮制为主，部分为手制。纹饰有细绳纹。

钵　3 件。2001FGQM1：1，泥质灰陶。直口微侈，圆唇，弧腹微鼓，平底。近底部有明显的削痕。口径 15、底径 7.2、高 6.5 厘米（图一三四，1；图版二，6）。2001FGQM1：12，泥质灰陶。侈口，尖圆唇，弧腹，平底，底部微凹。口径 9.1、底径 5.6、高 3.3 厘米（图一三四，2）。2001FGQM1：16，泥质灰陶。侈口，尖圆唇，弧腹，平底。口径 15.8、底径 8、高 6.3 厘米（图一三四，3）。

釜　1 件。2001FGQM1：5，夹砂红褐陶。敞口，方唇，斜折沿，溜肩，垂腹，圜底。通体饰竖向细绳纹。口径 29.4、最大腹径 28.6、高 19.8 厘米（图一三四，4）。

甑　1 件。2001FGQM1：13，泥质灰陶。直口微侈，卷沿，尖唇，短束颈，上腹较直，下腹斜直收，平底，底部微凹。底部有 6 个箅孔。器表有轮制痕迹。口径 29.6、底径 14.2、高 17 厘米（图一三四，5）。

三足盘　1 件。2001FGQM1：14，泥质黑灰陶。口微侈，圆唇，浅盘，盘壁内移，盘下三足呈束腰圆柱形，柱上部突出似兽面。口径 26、高 7 厘米（图一三四，6）。

俑头　1 件。2001FGQM1：19，泥质红陶，仅存头部。头戴平巾帻，面容安详。高 7.3 厘米（图一三四，7）。

狗　1 件。2001FGQM1：17，泥质红陶。昂首，耸耳，四足直立，卷尾。兜肚系栓环。残高 25.6、残长 33 厘米（图一三四，8）。

2. 瓷器

该墓共出土有瓷器 9 件，均为灰白胎，器表施青釉、青绿釉、绿黄釉、青黄釉。瓷器均为轮制。纹饰有凹弦纹。

钵　5 件。2001FGQM1：6，灰白胎，器表施青绿釉。侈口，尖唇，斜弧腹，平底，底部微凹。口径 17.8、底径 10、高 5.6 厘米（图一三五，2；彩版三五，4）。2001FGQM1：7，灰白胎，器表上半部施青釉，口沿处有点彩。直口微侈，尖圆唇，斜弧腹，平底。内底微凸。口径 17.2、底径 10.8、高 6.6 厘米（图一三五，1）。2001FGQM1：8，灰白胎，器表上半部及器内均施青釉。敛口，

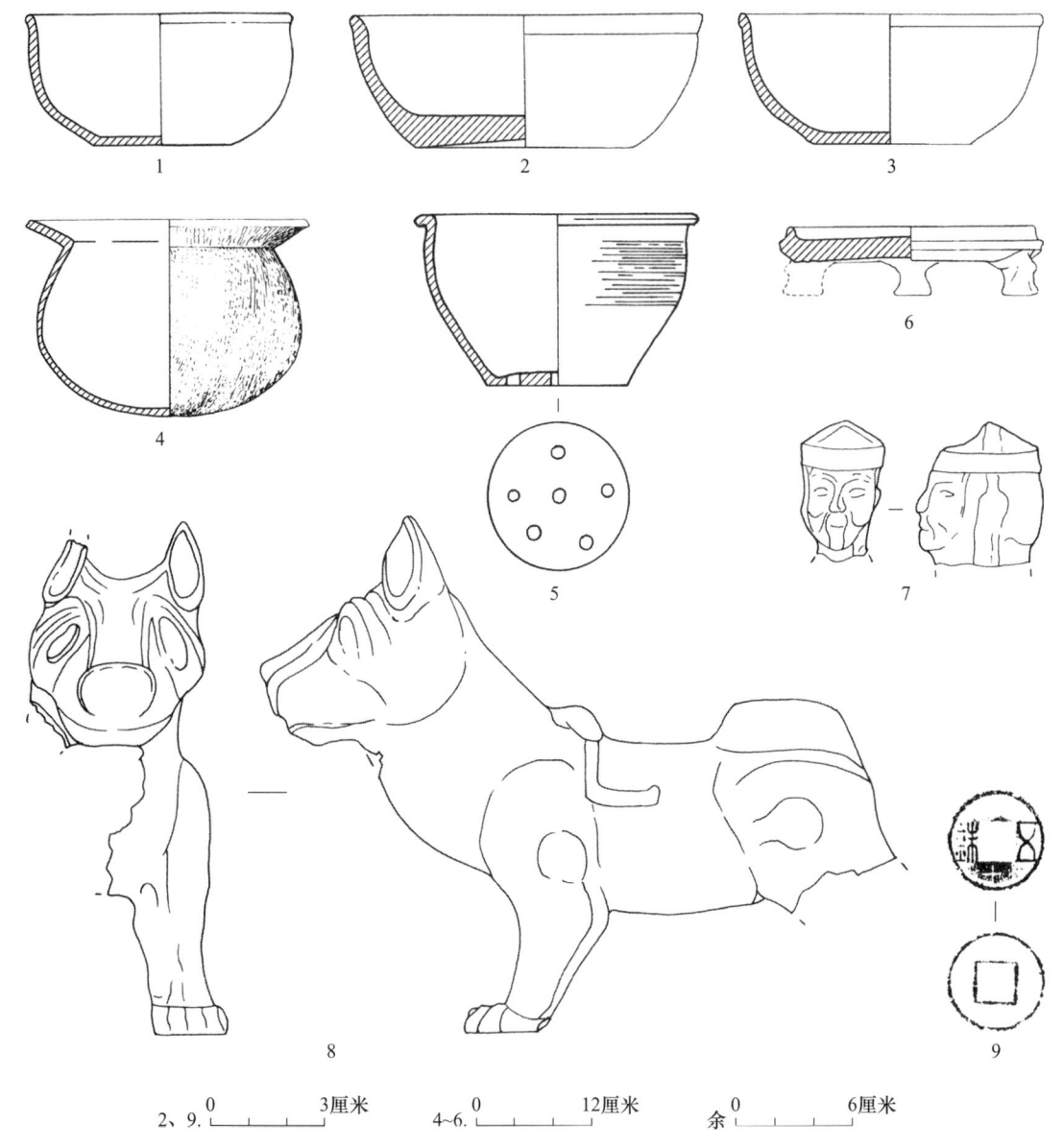

图一三四 2001FGQM1 出土器物

1~3.陶钵（2001FGQM1：1、2001FGQM1：12、2001FGQM1：16） 4.陶釜（2001FGQM1：5） 5.陶甑（2001FGQM1：13） 6.陶三足盘（2001FGQM1：14） 7.陶俑头（2001FGQM1：19） 8.陶狗（2001FGQM1：17） 9.铜钱拓片（2001FGQM1：21-1）

圆唇，斜直腹，平底。外壁口沿下饰有一周凹弦纹，器内底部有支烧垫痕。口径17.6、底径10、高6.2厘米（图一三五，5）。2001FGQM1：9，灰白胎，器表施青釉。敞口，尖唇，弧腹，假圈足微凹。口径15.5，底径11.2，高6.9厘米（图一三五，3）。2001FGQM1：11，灰白胎，器表、器内均施青釉。敛口，尖唇，弧腹，饼足，底部微内凹。底部饰有一周弦纹。口径15.6、底径10.4、高6.6厘米（图一三五，4）。

盏 2件。2001FGQM1：2，灰白胎，器表施青黄釉。侈口，尖唇，弧腹，平底，饼足。口径7.8、底径4、高4厘米（图一三五，6）。2001FGQM1：3，灰白胎，器表施绿黄釉。敛口，圆唇，斜弧腹，饼足。外壁口沿下饰有一周凹弦纹。口径8、底径4.9、高4厘米（图一三五，7）。

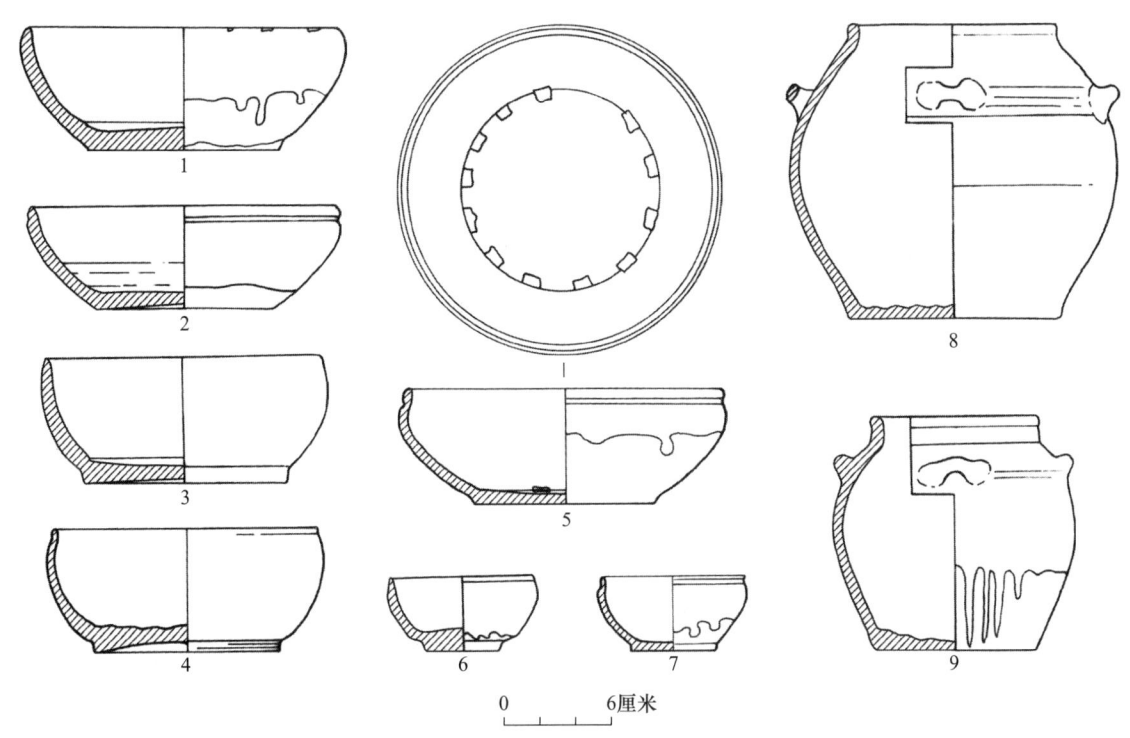

图一三五　2001FGQM1 出土瓷器

1～5. 钵（2001FGQM1∶7、2001FGQM1∶6、2001FGQM1∶9、2001FGQM1∶11、2001FGQM1∶8）　6、7. 盏（2001FGQM1∶2、2001FGQM1∶3）　8、9. 四系罐（2001FGQM1∶4、2001FGQM1∶22）

四系罐　2件。2001FGQM1∶4，灰白胎，器表上半部施青釉。直口，圆唇，溜肩，鼓腹，平底。肩部饰有对称横向四系。器表及器内均有轮制的痕迹。口径11.7、最大腹径18.4、底径12、高16.5厘米（图一三五，8）。2001FGQM1∶22，灰白胎，器表上半部施青釉。直口，圆唇，短颈，溜肩，鼓腹，平底。肩部饰有一周凹弦纹，弦纹间有对称横向四系。口径9.8、最大腹径13.5、底径9、高12.6厘米（图一三五，9）。

3. 铜器

铜钱　2枚。其中一枚为五铢，一枚残破无法辨识。

2001FGQM1∶21-1，未磨郭，"五"字交笔弯曲，上下两横出头接于内、外郭，"铢"字的"金"字头呈大三角形，"铢"字上下两笔均圆折。穿下有"十"字标记。钱径2.5、穿宽1厘米（图一三四，9）。

4. 料器

料珠　1348粒。2001FGQM1∶15-1～12，球状或圆柱状，中有一圆孔，孔径0.1～0.2厘米（图一三六）。2001FGQM1∶15-13～24，球状或圆柱状，中有一圆孔，孔径0.1～0.2厘米（图一三七）。

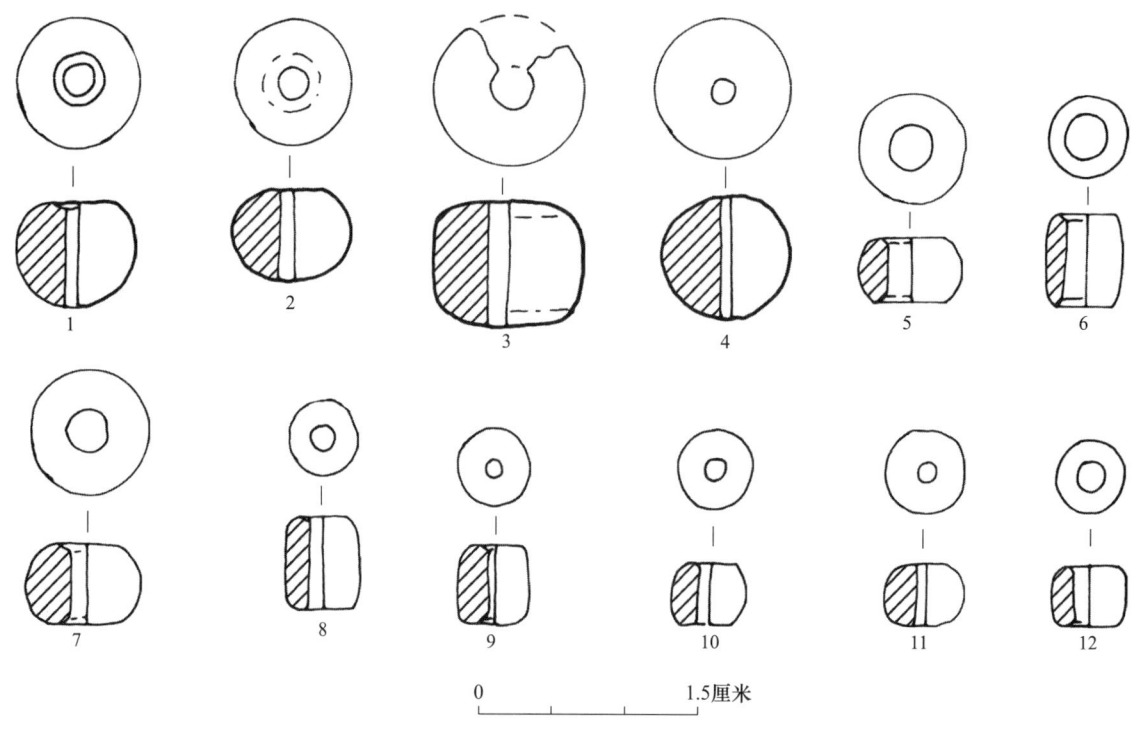

图一三六　2001FGQM1 出土料珠

1~12. 料珠（2001FGQM1：15-1、2001FGQM1：15-2、2001FGQM1：15-3、2001FGQM1：15-4、2001FGQM1：15-5、2001FGQM1：15-6、2001FGQM1：15-7、2001FGQM1：15-8、2001FGQM1：15-9、2001FGQM1：15-10、2001FGQM1：15-11、2001FGQM1：15-12）

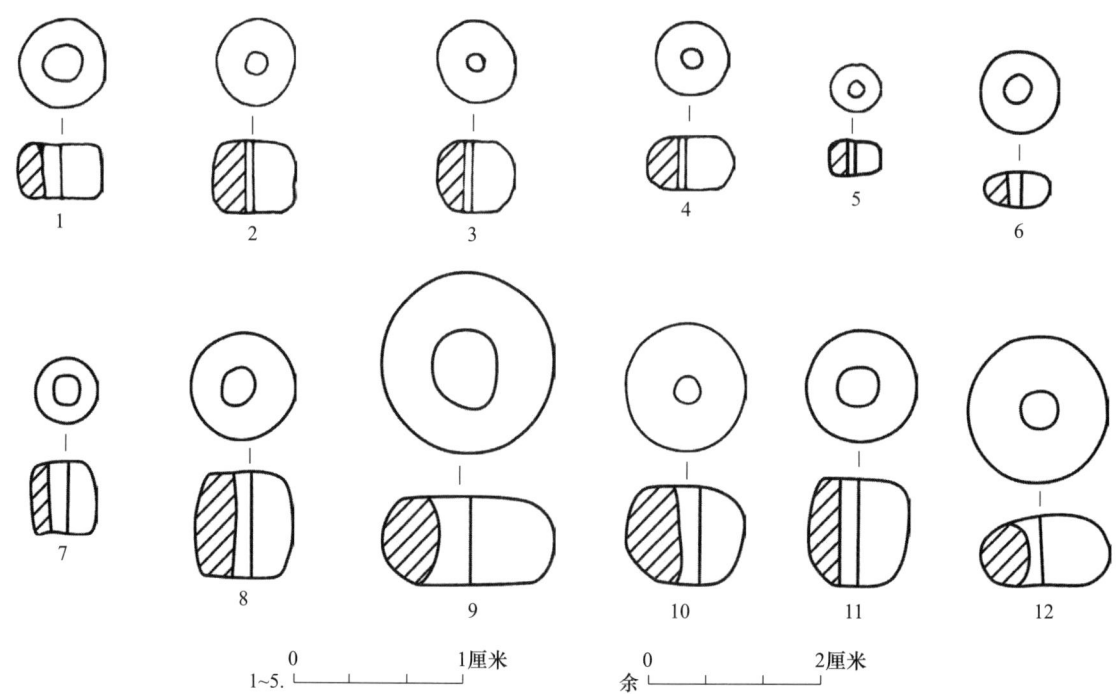

图一三七　2001FGQM1 出土料珠

1~12. 料珠（2001FGQM1：15-13、2001FGQM1：15-14、2001FGQM1：15-15、2001FGQM1：15-16、2001FGQM1：15-17、2001FGQM1：15-18、2001FGQM1：15-19、2001FGQM1：15-20、2001FGQM1：15-21、2001FGQM1：15-22、2001FGQM1：15-23、2001FGQM1：15-24）

二、2001FGQM2

（一）墓葬形制

M2 位于团尚包墓地的西南部，该墓地 T7 的中部偏东，开口于第 1 层下，墓口距地表 0.2～0.25 米，打破生土，墓室东部被一现代灰坑打破。墓内填土为黑褐色黏土，土质松软，含大量青砖块、少量陶片和青瓷片等。

M2 为砖室墓，平面呈凸字形，方向 172°。由墓道、甬道、墓室三部分组成，总长 6.42、最宽处 4 米。

墓道平面为长条形，长 2.44、宽 1.98、深 0.22～0.26 米。甬道位于墓室南部，内长 0.88 米，宽度不明，残高 0.08 米。墓室内长 2.87、宽 3.6、残高 0.08 米。

甬道内采用长方形砖横向错缝平砌封门，齐墓口。墓底无铺地砖。残存甬道壁及墓壁用长方形砖横向错缝平砌。墓顶情况不明。残存墓砖为长方形砖、榫卯砖，前者长 46、宽 17、厚 8 厘米，后者长 48.5、宽 17、厚 8 厘米。墓砖朝墓室面饰有几何菱形纹饰。

葬具及人骨均已不存。因该墓被扰，随葬器物摆放较零乱，主要摆放在甬道和墓室前部（图一三八）。

（二）随葬器物

该墓随葬器物较少，共出土有 5 件，包括陶器、瓷器、铜器三类。随葬器物以瓷器为主，器型有瓷钵、瓷盏、瓷盘口壶。陶器为残陶罐。铜器为铜钱。

1. 陶器

罐　1 件。2001FGQM2：4，泥质黑灰陶胎。仅存腹部及底部。鼓腹，下腹斜收成平底。最大腹径 30、底径 16、残高 21.2 厘米（图一三九，4）。

2. 瓷器

该墓共出土有瓷器 3 件，均为灰白胎，器表施绿黄釉、青黄釉、青釉。瓷器均为轮制。纹饰为凹弦纹。

钵　1 件。2001FGQM2：6，灰白胎，器表施青釉，部分剥落，口沿处有黑釉彩饰。直口微侈，尖圆唇，斜弧腹，平底，底部微凹。外壁口沿下饰有一周凹弦纹。口径 17.4、底径 10.5、高 6.6 厘米（图一三九，2）。

盏　1 件。2001FGQM2：1，灰白胎，器表施绿黄釉。敛口，尖唇，弧腹，底部微凹，假圈足。器内底部有 3 个支烧痕，器表及器内均有轮制痕迹。口径 8.4、底径 5.2、高 4 厘米（图一三九，3）。

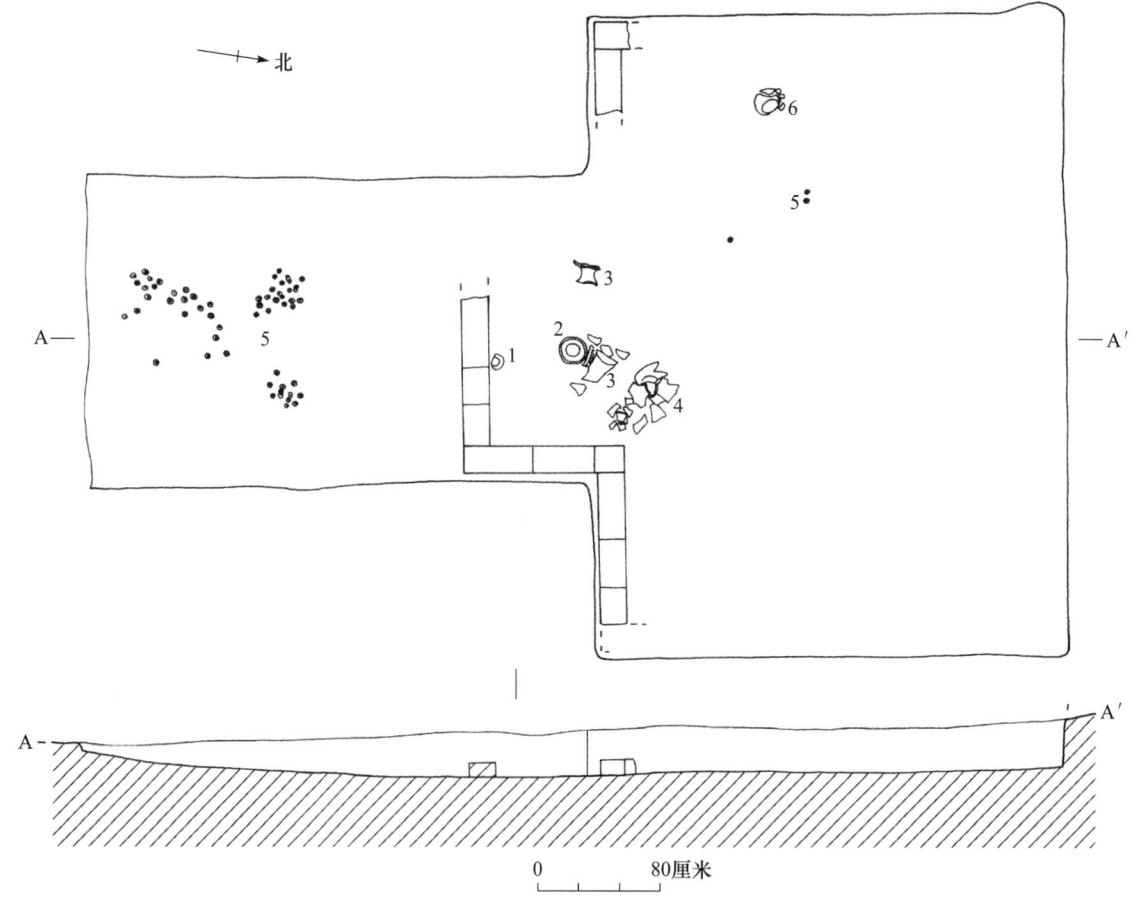

图一三八　2001FGQM2 平、剖面图
1. 瓷盏　2、6. 瓷钵　3、5. 瓷盘口壶　4. 陶罐　7. 铜钱

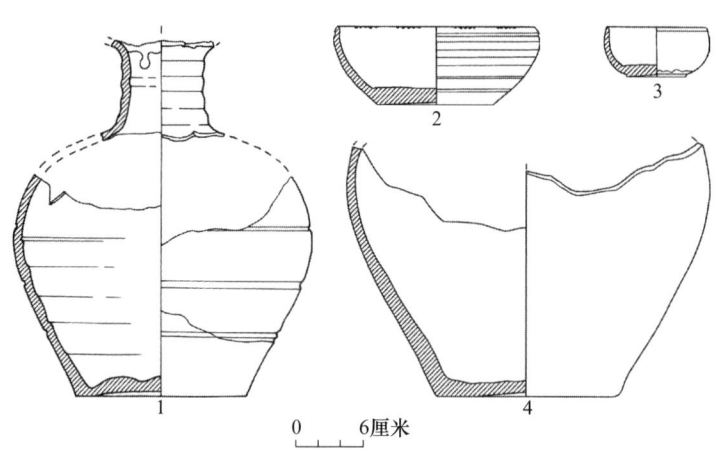

图一三九　2001FGQM2 出土器物
1. 瓷盘口壶（2001FGQM2：3）　2. 瓷钵（2001FGQM2：6）　3. 瓷盏（2001FGQM2：1）　4. 陶罐（2001FGQM2：4）

盘口壶　1件。2001FGQM2：3，灰白胎，器表施青釉。口部残。鼓肩，鼓腹，平底。底部微凹。腹部饰有三周凹弦纹。器内有轮制痕迹。最大腹径26.4、底径15.2、残高30厘米（图一三九，1）。

3. 铜器

铜钱　41枚。有五铢和大泉五十两种。

五铢　40枚。皆未磨郭。2001FGQM2：7-1，"五"字交笔弯曲，"铢"字的金字头呈大三角形，"铢"字上下圆折。钱径2.5、穿宽1厘米（图一四〇，1）。2001FGQM2：7-2，钱文字体较粗，"五"字交笔较直，"铢"字的金字头呈等腰三角形，"铢"字上方下圆。钱径2.5、穿宽1厘米（图一四〇，2）。2001FGQM2：7-3，钱文较细，"五"字交笔弯曲，字体瘦长，"铢"字的金字头大三角形，"铢"字上方下圆。钱径2.5、穿宽1厘米（图一四〇，3）。

大泉五十　1枚。2001FGQM2：7-4，有郭，钱文"大"字呈圆弧形，"泉"字中竖中断。钱径2.6、穿宽1.1厘米（图一四〇，4）。

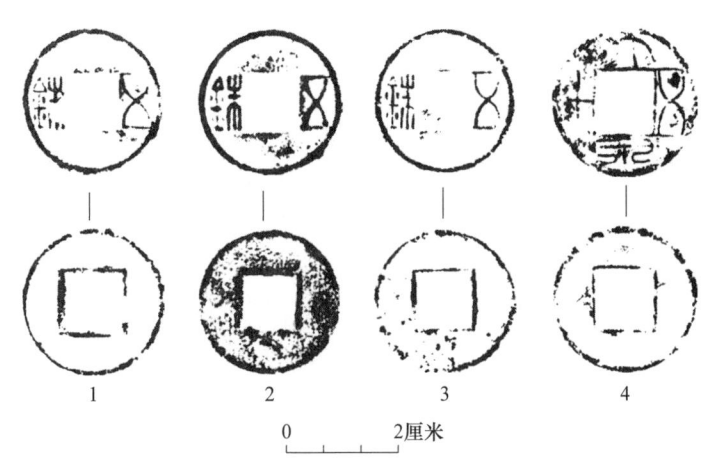

图一四〇　2001FGQM2出土钱币（拓片）

1～3.五铢（2001FGQM2：7-1、2001FGQM2：7-2、2001FGQM2：7-3）　4.大泉五十（2001FGQM2：7-4）

三、2001FGQM3

（一）墓葬形制

M3位于团尚包墓地的西南部，该墓地T8的中部，开口于第1层下，墓口距地表0.2～0.35米，打破生土。墓内填土为黑褐色黏土，土质疏松，含大量碎砖、少量陶片等。

M3为砖室墓，平面呈刀把形，方向88°。由甬道、墓室两部分组成，总长5.75、最宽处3米。甬道位于墓室南部，内长2.2、宽1.44、残高0.18米。墓室内长2.8、宽2.48、残高0.18米。

甬道内采用长方形砖横向错缝平砌封门，齐墓口。墓底用长方形砖横向纵错缝平铺。残存甬道壁及墓室壁用长方形砖横向错缝平砌。墓顶情况不明。墓砖为长方形砖，墙砖长46、宽17、厚8.5厘米，铺地砖长44、宽22、厚5厘米。墓砖朝墓室面饰有几何菱形纹饰。

葬具及人骨均已不存，因该墓被扰，随葬品摆放较零乱，摆放在甬道和墓室前部（图一四一、一四二）。

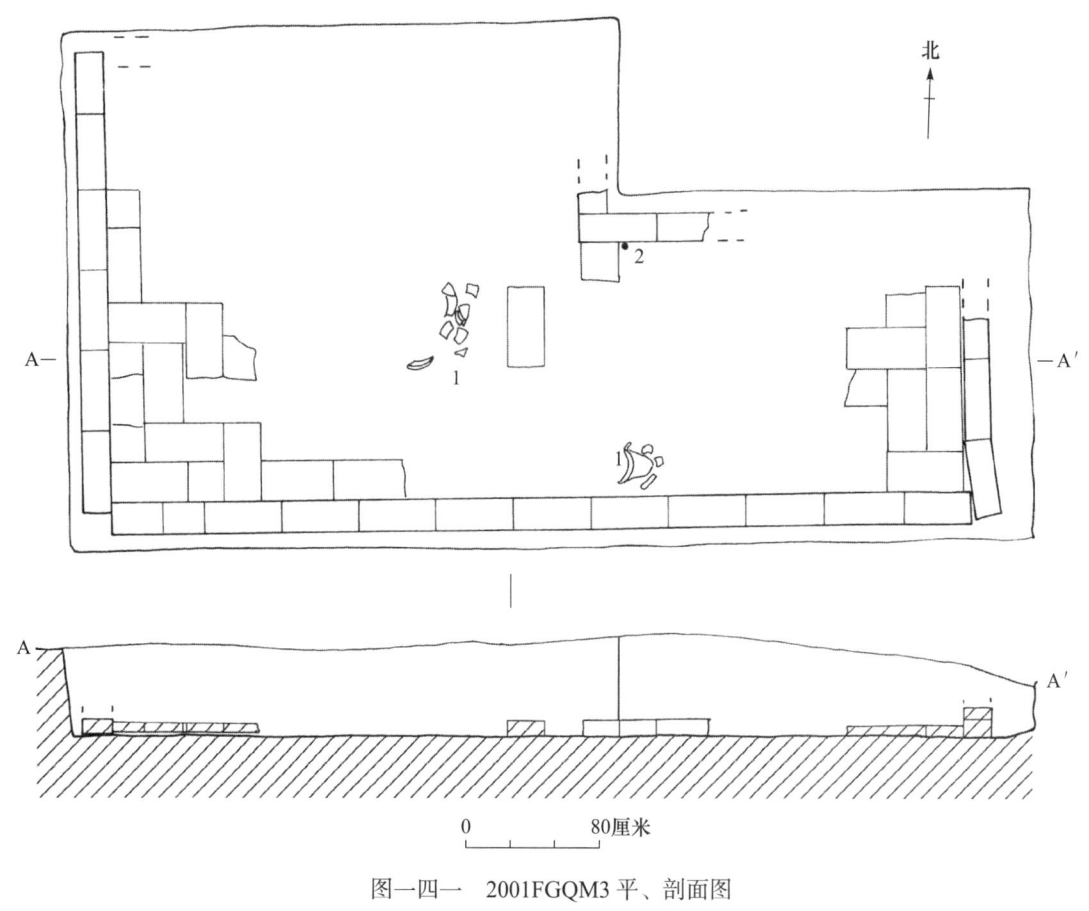

图一四一　2001FGQM3 平、剖面图
1. 陶釜　2. 铜钱

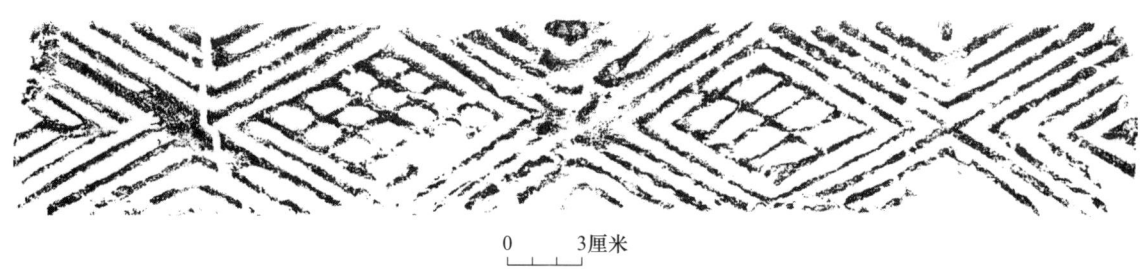

图一四二　2001FGQM3 出土墓砖（拓片）

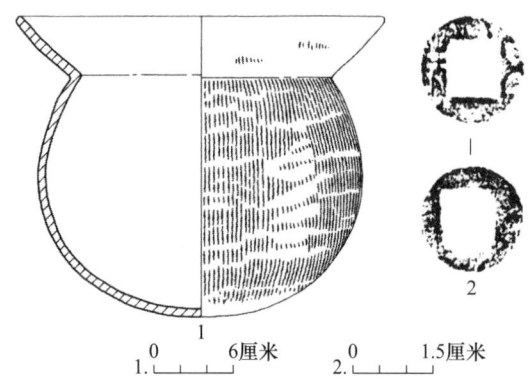

图一四三　2001FGQM3 出土器物
1. 陶釜（2001FGQM3：1）　2. 铜钱拓片（2001FGQM3：2）

（二）随葬器物

该墓随葬器物极少，共出土 2 件器物，为一件陶釜、一枚铜钱。

陶釜　1 件。2001FGQM3：1，泥质灰陶。敞口，方圆唇，束颈，溜肩，垂腹，圜底。颈部以下饰有竖向细绳纹，口沿饰有竖向细绳纹。口径 28、最大腹径 24.6、高 21.7 厘米（图一四三，1；图版六，5）。

铜钱　1枚。为剪轮五铢。2001FGQM3：2，肉薄径小，有文。钱径1.9、穿宽1厘米（图一四三，2）。

四、2001FGQM4

（一）墓葬形制

M4位于团尚包墓地的西部，该墓地T6的东部，开口于第1层下，墓口距地表0.25～0.3米，打破生土。墓内填土为黄褐色黏土，土质紧密，经夯筑，含少量陶片。

M4为竖穴土坑墓，平面呈凸字形，方向200°。由墓道、墓室两部分组成，总长4.74、宽2.52米。

墓道为长方形斜坡式墓道，位于墓室南端中部，由南向北倾斜至墓底，口部残长1.2、宽1、深0.33米，底部残长1.32、宽0.92米，深0.3～1.2米，坡度40°。墓口长3.6、宽2.46米，墓底长3.3、宽2.18、深1.3米。墓口略大于墓底，坑壁近直，较光滑，墓底较平。

墓室内有板灰痕迹，葬具可能为一椁二棺，人骨2具，皆仰身直肢，东侧人骨头北足南，西侧人骨头南足北。随葬器物摆放较规整，主要摆放于东侧人骨头部，两骨架间摆放部分随葬品，骨架周围有少量分布（图一四四；彩版二一，1、2）。

（二）随葬器物

该墓随葬器物丰富，共出土有44件，包括陶器、铜器、铁器、石器四类。随葬器物以陶器为主，器型有钵、罐、釜、甑、锺、博山炉等。铜器为铜扣饰。铁器为釜、刀、铲。石器为石饰件。

1. 陶器

该墓共出土有陶器37件，以夹细砂灰陶为主，另有部分泥质灰陶、泥质红陶、泥质灰黑陶、泥质灰褐陶，泥质灰陶中部分施酱黄釉、酱釉、黑色陶衣。陶器以轮制为主，部分为手制。纹饰有凹弦纹、戳印纹、三角纹、附加堆纹。

钵　13件。2001FGQM4：15，泥质灰陶。敞口，尖唇，上腹斜直，弧腹斜收成平底。口径13.4、底径3.8、高4.5厘米（图一四五，4）。2001FGQM4：21-1，泥质灰陶。敞口，圆唇，上腹斜直，折腹斜收成平底。器表有轮制痕迹。口径18、底径5.2、高6.4厘米（图一四五，2）。2001FGQM4：21-3，泥质灰陶。敞口，尖唇，上腹斜直，折腹斜收成平底。内底微凸。器表有轮制痕迹。口径12.4、底径4、高4厘米（图一四五，5）。2001FGQM4：21-4，泥质黑灰陶。敞口，尖圆唇，上腹斜直，斜弧腹，底部微凹。口径13.2、底径4、高5厘米（图一四五，6）。2001FGQM4：21-5，泥质黑灰陶。敞口，尖圆唇，上腹斜直，折腹斜收成平底。器表有轮制痕迹。口径12、底径3.8、高4.2厘米（图一四五，7）。2001FGQM4：23，泥质灰褐陶。敞口，圆唇，上腹斜直，折腹斜收成平底。口径18.5、底径4.6、高6.6厘米（图一四五，3）。2001FGQM4：

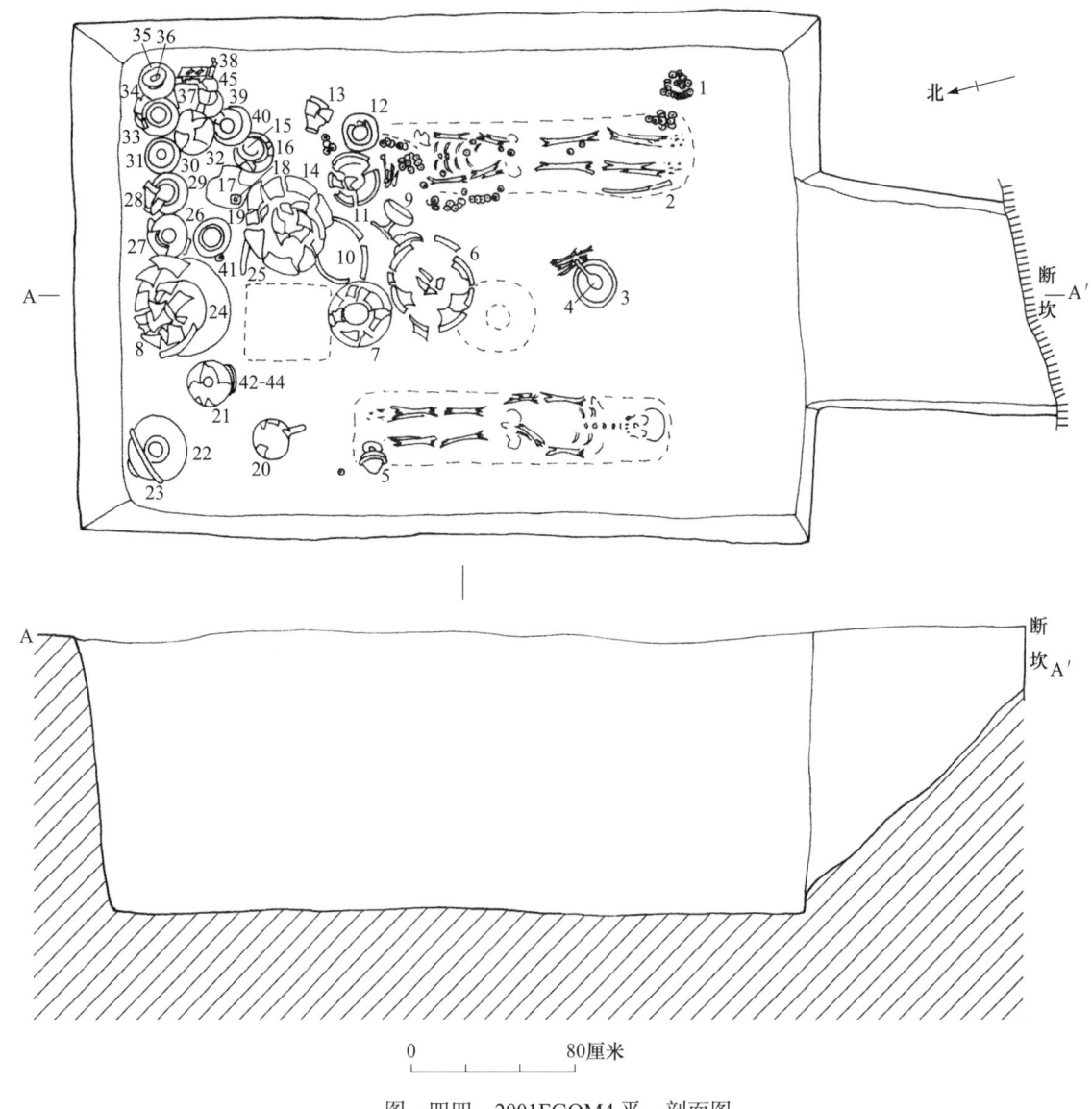

图一四四　2001FGQM4 平、剖面图

1. 铜钱　2、25. 铁刀　3、6、11、32. 陶盒　4. 陶勺　5. 陶博山炉　7. 陶锺　8. 陶甑　9. 陶灯　10. 铜扣饰　12. 陶盂
13. 陶厄　14、22、26、29、34、36、37. 陶罐　15、23、27、28、30、33、35. 陶钵　16. 陶釜　17. 铁铲　18. 陶饰件
19、31. 陶仓　20. 陶魁　21. 陶盆　24. 铁釜　38~40. 陶井　41. 石饰件

27，泥质灰陶。敞口，尖圆唇，上腹斜直，折腹斜收成平底。内底微凸。口径18、底5、高6.4厘米（图一四五，12）。2001FGQM4：28，泥质灰陶。敞口，尖圆唇，上腹斜直，折腹斜收成平底。口径14.3、底径5、高4.6厘米（图一四五，8）。2001FGQM4：30，泥质灰陶。敞口，尖圆唇，上腹斜直，折腹斜收成平底。内底微凸。口径13、底径3.5、高4.5厘米（图一四五，9；图版一，4）。2001FGQM4：33，夹细砂灰陶。敞口，圆唇，上腹斜直，折腹斜收成平底。内底微凸。口径12.6、底径3.6、高4厘米（图一四五，10）。2001FGQM4：35，夹细砂灰陶。敞口，尖圆唇，弧腹斜成平底。口径12.8、底径4、高4.2厘米（图一四五，11；图版二，2）。2001FGQM4：42，泥质灰陶。敞口，圆唇，上腹斜直，折腹斜收成平底。器表有轮制痕迹。口径18.4、底径5.4、高6.4厘米（图一四五，13）。2001FGQM4：43，泥质灰陶。敞口，尖圆唇，上腹斜直，折腹斜收成平底。

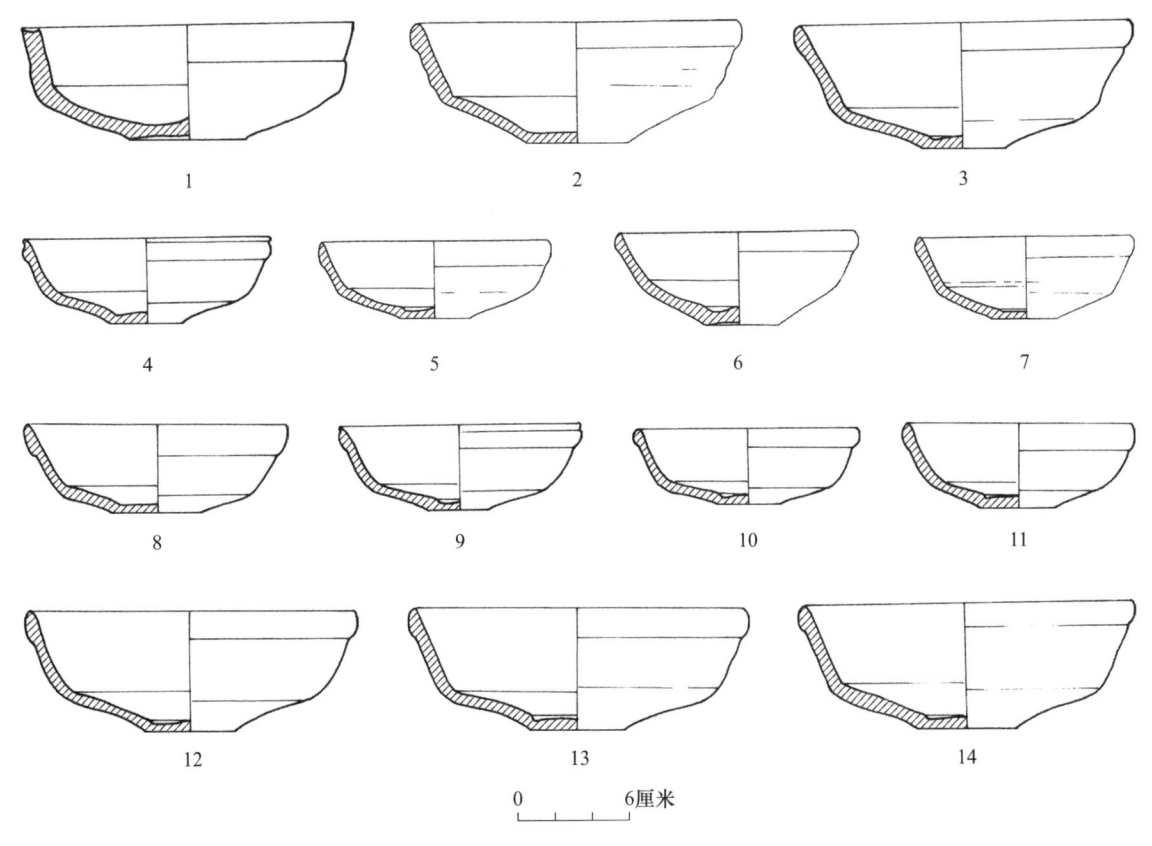

图一四五　2001FGQM4 出土陶盒、钵

1.盒（2001FGQM4：3）　2～14.钵（2001FGQM4：21-1、2001FGQM4：23、2001FGQM4：15、2001FGQM4：21-3、2001FGQM4：21-4、2001FGQM4：21-5、2001FGQM4：28、2001FGQM4：30、2001FGQM4：33、2001FGQM4：35、2001FGQM4：27、2001FGQM4：42、2001FGQM4：43）

器表有轮制痕迹。口径18.4、底径5.5、高6.4厘米（图一四五，14）。

罐　7件。2001FGQM4：14，泥质灰陶胎，器表施深灰色陶衣，部分剥落。侈口，圆唇，束颈，鼓肩，鼓腹，平底。肩部饰有一周凹弦纹及一周附加堆纹，附加堆纹上饰有一周戳印纹。口径14.8、最大腹径29.6、底径20、高21.6厘米（图一四六，1）。2001FGQM4：22，泥质灰陶。敛口，尖圆唇，束颈，斜肩，鼓腹，平底，底部微凹。肩部饰有两周凹弦纹。器表及器内均有轮制痕迹。口径12、最大腹径27.2、底径17.6、高19厘米（图一四六，2）。2001FGQM4：26，夹细砂灰陶。敛口，尖唇，矮领，折肩，斜弧腹，平底，底部微凹。口径10.4、最大腹径16.4、底径8.4、高10.4厘米（图一四六，3）。2001FGQM4：29，夹细砂灰陶。敛口，圆唇，矮领，折肩，斜弧腹，平底。底部微凹。口径11.2、最大腹径16.4、底径9.2、高11.8厘米（图一四六，4）。2001FGQM4：34，夹细砂灰陶。侈口，尖圆唇，矮领，耸肩，斜弧腹，平底。底部微凹。器表及器内均有轮制痕迹。口径11.2、最大腹径17.6、底径8.4、高11.4厘米（图一四六，5、图版四，4）。2001FGQM4：36，夹细砂灰陶。侈口，圆唇，束颈，鼓肩，鼓腹，平底。底部微凹。肩部饰有一周三角形戳印纹及一周凹弦纹。口径10.8、最大腹径18、底径9.2、高12.8厘米（图一四六，6）。2001FGQM4：37，夹细砂灰陶，侈口，圆唇，束颈，鼓肩，鼓腹，平底。底部微凹。肩部饰有一周三角戳印纹及一周凹弦纹。口径11.4、最大腹径16.1、底径8.4、高13.5厘米（图一四六，7）。

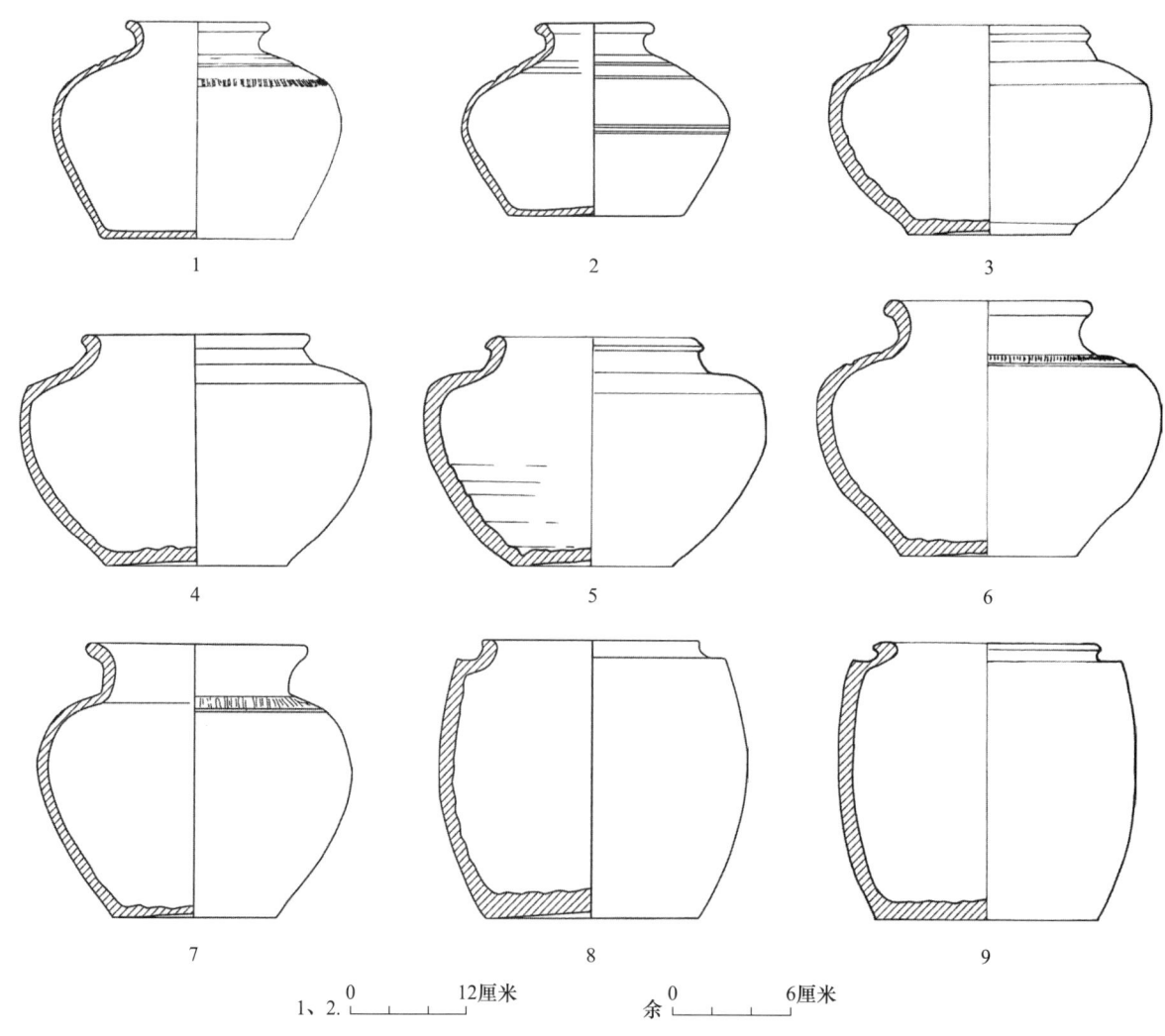

图一四六 2001FGQM4 出土陶罐、仓

1~7.罐（2001FGQM4：14、2001FGQM4：22、2001FGQM4：26、2001FGQM4：29、2001FGQM4：34、2001FGQM4：36、2001FGQM4：37） 8、9.仓（2001FGQM4：19、2001FGQM4：31）

釜 1件。2001FGQM4：16，泥质灰陶胎，器表施一层黑色陶衣，部分剥落。侈口，圆唇，卷沿，束颈，溜肩，斜折腹，圜底。颈部饰有一周凹弦纹，颈部饰有一周凹弦纹，腹部饰有四周三角形戳印纹，底部饰有旋涡状绳纹。口径14.4、最大腹径16、高11厘米（图一四七，1）。

甑 1件。2001FGQM4：8，泥质灰陶胎，器表上腹施一层深灰色陶衣。直口，尖唇，卷沿，圆折腹，平底，底部微凹。底部有6个箅孔。外壁口沿下饰有两周三角形戳印纹，腹部饰有一周菱格纹。器表有轮制痕迹。口径31、底径16.5、高19厘米（图一四七，6）。

盂 1件。2001FGQM4：12，泥质红陶胎，器表施酱黄釉。侈口，圆唇，斜直沿，束颈，圆折肩，圆折腹，圜底。肩部饰有二纽，腹部饰有两周凹弦纹。器表及器内均有轮制痕迹。口径12、最大腹径14.4、高10.7厘米（图一四七，8）。

盆 4件。2001FGQM4：6，泥质灰陶。敞口，圆唇，斜折沿，斜弧腹，平底，腹部饰有一周凸弦纹，外壁有轮制痕迹。口径33.7、最大腹径30.4、底径16、高17.6厘米（图一四七，5）。2001-FGQM4：11，泥质红陶胎，器表施酱釉。侈口，平折沿，圆唇，束颈，上腹较直，弧腹斜收成平

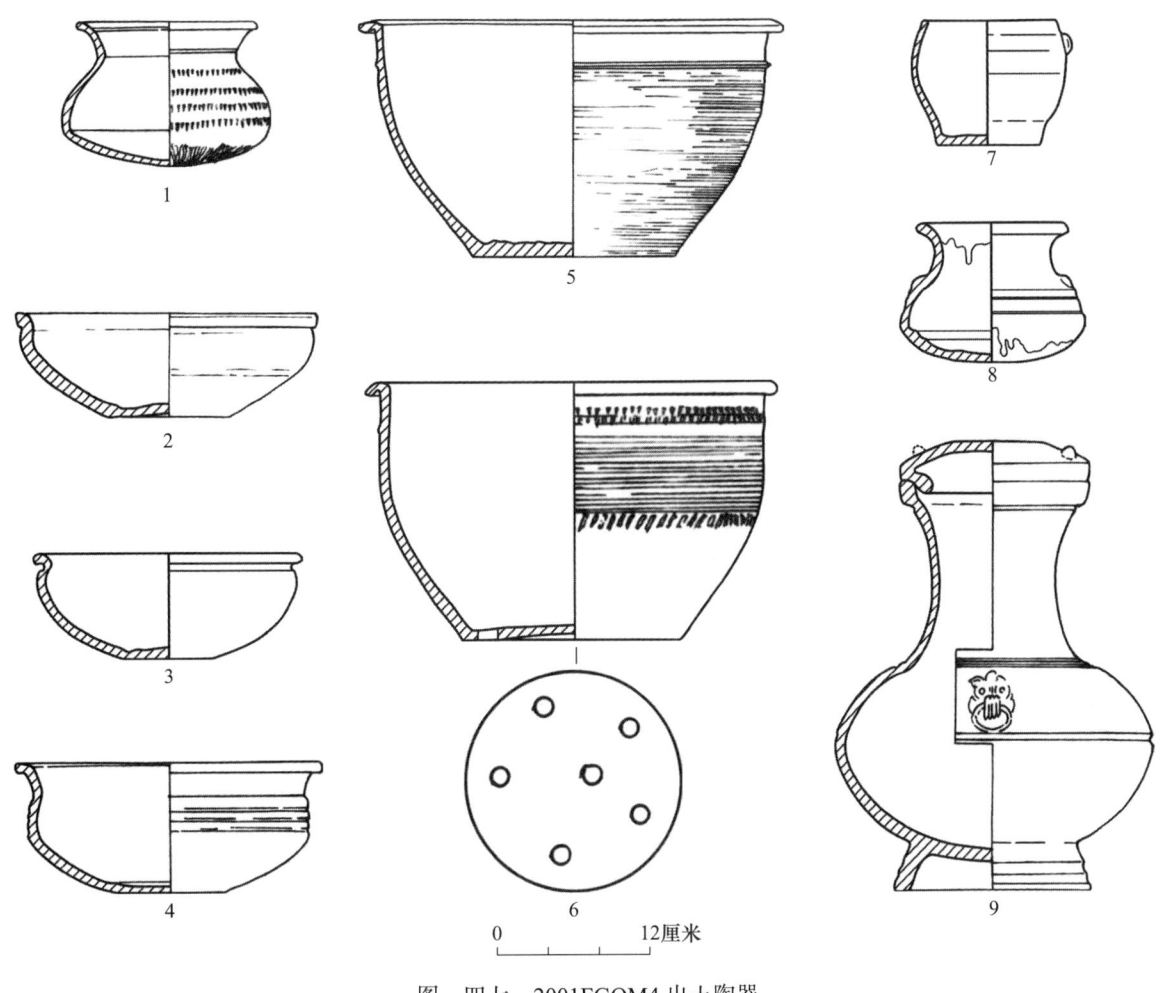

图一四七　2001FGQM4 出土陶器

1. 釜（2001FGQM4：16）　2～5. 盆（2001FGQM4：21-2、2001FGQM4：45、2001FGQM4：11、2001FGQM4：6）　6. 甑（2001FGQM4：8）　7. 卮（2001FGQM4：13）　8. 盂（2001FGQM4：12）　9. 锺（2001FGQM4：7）

底。腹部饰有三周凸弦纹。口径 24.3、底径 8.4、高 9.8 厘米（图一四七，4）。2001FGQM4：21-2，泥质灰褐陶。侈口，尖圆唇，卷沿，斜腹，平底。底部微凹。口径 23.6、底径 8.8、高 8 厘米（图一四七，2）。2001FGQM4：45，泥质灰陶。敞口，圆唇，平折沿，束颈，弧腹，平底。口径 21、底径 7、高 8 厘米（图一四七，3）。

盒　1 件。2001FGQM4：3，泥质红陶胎，器表施酱黄釉。敞口，方唇，上腹斜直，下腹斜收成平底。底部微凹。口径 18、底径 6.5、高 5.9 厘米（图一四五，1）。

锺　1 件。2001FGQM4：7，泥质红陶胎，器表施绿黄釉。器身为浅盘口，方唇，束颈，溜肩，鼓腹，圈足。颈部饰有一周凹弦纹，肩部饰有两周凹弦纹，腹部饰有一周凹弦纹，肩部有两个对称衔环铺首。圈足饰有两周宽凹弦纹。带盖，盖为子母口，口内折明显，圆唇，折腹斜收成平顶，盖顶中央有三个乳丁状纽。盖口径 14.8、口径 15.2、最大腹径 25.2、足径 15.6、高 34.4 厘米（图一四七，9；彩版三一，2）。

博山炉　1 件。2001FGQM4：5，泥质红陶胎，器表施酱釉，部分剥落。由炉座、炉盖两部分组成。炉座为子母口内敛，圆唇，斜直壁，浅腹。柱形柄，中空。盘状浅座。炉盖为敞口，方唇，弧形顶。炉盖饰有三角形镂孔，盖顶有一圆柱形纽。炉盖口径12、炉座口径12、座径9、通高16.2厘米（图一四八，4；彩版三二，2）。

魁　1件。2001FGQM4：20，泥质红陶胎，器表施黄绿釉，部分剥落。器柄为模制，器身为轮制，分别制成后黏合而成。侈口，圆唇，弧腹斜收成平底。底部微凹。蛇首状柄。器表有轮制痕迹。口径18、底径6.6、高6、长24.6厘米（图一四八，2）。

勺　1件。2001FGQM4：4，泥质红褐陶胎，器表施深红褐色釉，大部分已剥落。勺身略呈椭圆形，深腹，曲柄较长。长16.7厘米（图一四八，1；图版一四，4）。

灯　1件。2001FGQM4：9，泥质红陶胎，器表施酱黄釉。敞口，尖圆唇，折腹，浅盘，长细柄，浅盘状座。口径12.4、底径9、高10.2厘米（图一四八，3）。

卮　1件。2001FGQM4：13，泥质红陶胎，器表施酱黄釉。敛口，圆唇，溜肩，鼓腹，平底。肩部有一錾。器表有轮制的痕迹。口径10.8、最大腹径12.3、底径8.4、高9.6厘米（图一四七，

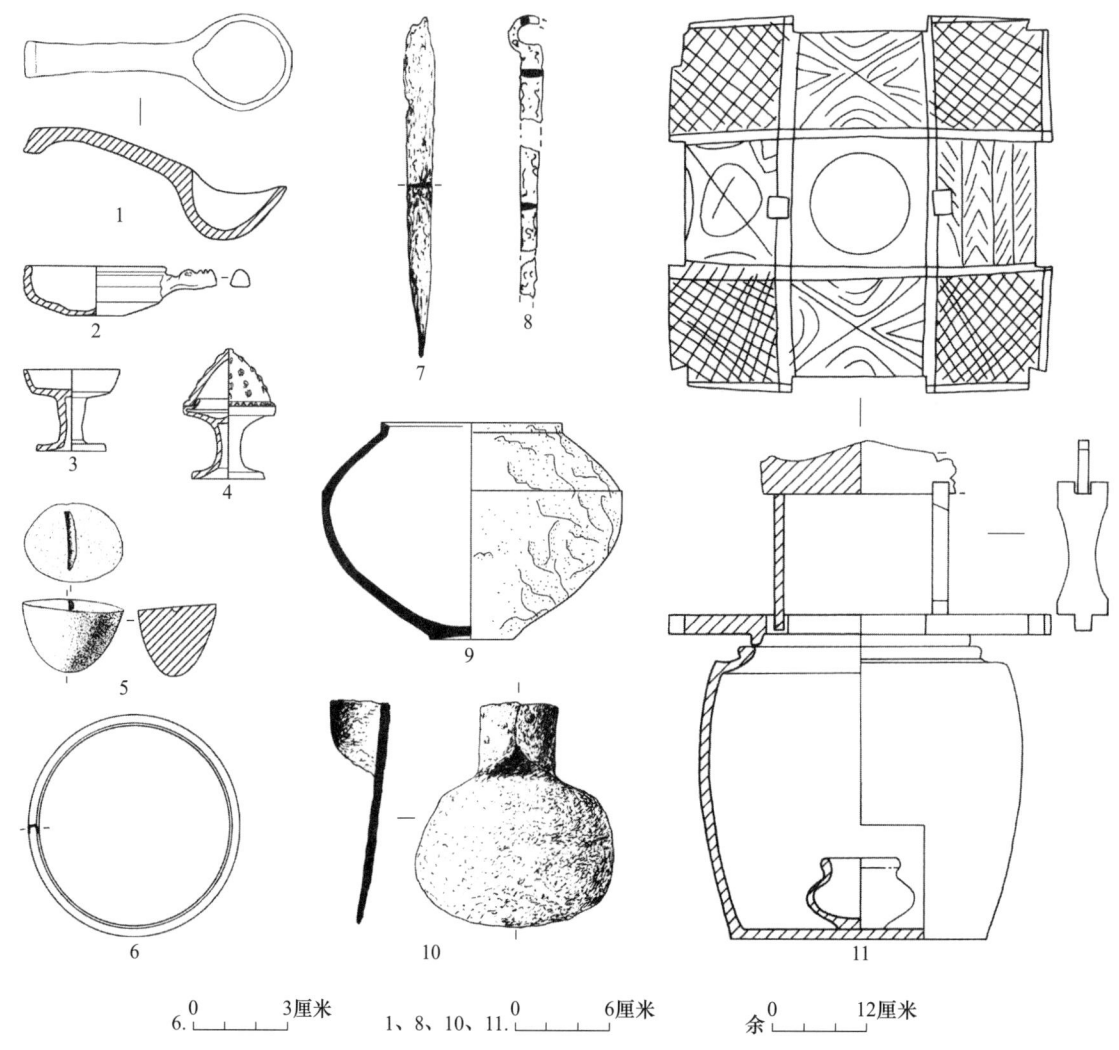

图一四八　2001FGQM4出土器物
1. 陶勺（2001FGQM4：4）　2. 陶魁（2001FGQM4：20）　3. 陶灯（2001FGQM4：9）　4. 陶博山炉（2001FGQM4：5）
5. 石饰件（2001FGQM4：41）6. 铜环（2001FGQM4：10）　7、8. 铁刀（2001FGQM4：2、2001FGQM4：25）9. 铁釜
　　（2001FGQM4：24）　10. 铁铲（2001FGQM4：17）　11. 陶井（2001FGQM4：38）

7；图版一三，5）。

仓 2件。2001FGQM4：19，夹细砂灰陶。敛口，圆唇，矮领，折肩，筒腹微鼓，平底。底部微凹。口径11.5、最大腹径16.2、底径10.8、高13.9厘米（图一四六，8；图版一五，1）。2001FGQM4：31，夹细砂黑灰陶。敛口，尖圆唇，折肩，筒腹，平底。口径11.6、最大腹径15.2、底径11.6厘米（图一四六，9）。

井 1件。2001FGQM4：38，泥质黑灰陶。由井身、井盖、井架三部分组成。井盖平面呈方形，四角内凹，圆形井圈，两侧有对称方形孔。表面饰有网格纹、麦穗纹、几何纹。井身为敛

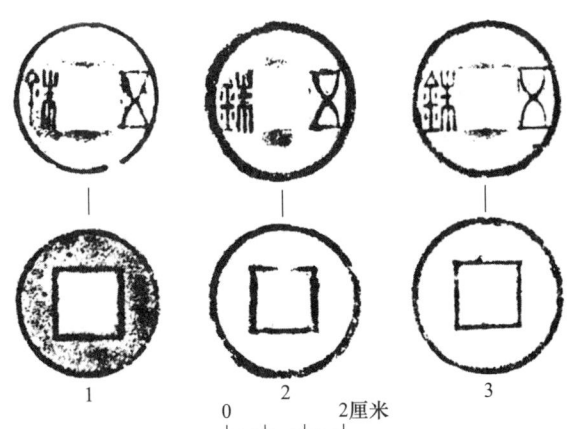

图一四九 2001FGQM4出土钱币（拓片）
1~3.A型五铢（2001FGQM4：1-5、2001FGQM4：1-6、2001FGQM4：1-15）

口，尖圆唇，折肩，筒腹、平底。内有一小罐，侈口，圆唇，束颈，溜肩，鼓腹，平底。小罐口径5、最大腹径6.8、底径3、高4.4厘米，井盖边长24厘米，井身口径15.2，底径16，通高30.6厘米（图一四八，11；图版一五，5）。

2. 铜器

铜器共出土2件，为扣饰、铜钱。

扣饰 1件。2001FGQM4：10，鎏金，部分脱落。圆环状，内槽有木屑。直径27.5厘米（图一四八，6）。

铜钱 119枚，均为五铢，其中41枚残破。

A型 76枚。未磨郭。2001FGQM4：1-5，"五"字交笔较直，"朱"字上方下圆。钱径2.4、穿宽1厘米（图一四九，1）。2001FGQM4：1-6，"五"字交笔缓曲，字体瘦长，"金"字头呈三角形，"朱"字上方下圆。钱径2.6、穿宽1厘米（图一四九，2）。2001FGQM4：1-15，"五"字瘦长，交笔缓曲，上下两横出头接于内、外郭，"金"字头呈三角形，"朱"字上下圆折。钱径2.5、穿宽1厘米（图一四九，3）。

B型 2枚。剪轮五铢，皆残不可辨。

3. 铁器

铁器共出土4件，为刀、铲、釜。

釜 1件。2001FGQM4：24，锈蚀。敛口，方唇，溜肩，鼓腹，平底。腹部饰有一周凸弦纹。口径23.2、最大腹径38.4、底径10.4、高26.8厘米（图一四八，9；彩版三八，6）。

刀 2件。2001FGQM4：2，锈蚀严重。柳叶形，无柄，单面刃。长41.5、宽3.8、厚0.5厘米（图一四八，7）。2001FGQM4：25，环首，窄颈，单面刃。残长17、宽1.4厘米（图一四八，8）。

铲　1件。2001FGQM4：17，锈蚀严重。銎为椭圆形，铲页为椭圆形，弧刃。长13.8、宽12.5厘米（图一四八，10；彩版三九，8）。

4. 石器

饰件　1件。2001FGQM4：41，褐青色。圆锥体状，平底，底部中间有一凹槽。有打磨痕迹。高2厘米（图一四八，5）。

五、2001FGQM5

（一）墓葬形制

M5位于团尚包墓地的中部偏北，该墓地T4西北部，开口于第1层下，墓口距地表0.15~0.2米，打破生土。该墓填土可分为两种，上层为灰褐色黏土，土质疏松，含较多碎砖、炭粒、骨渣、少量陶瓷片、金属器具、铜钱等，近底部为黄褐色砂土，土质松软，含较多陶瓷片、完整器物、石灰及骨渣等。

M5为砖室墓，平面呈刀把形，方向287°。由墓道、甬道、墓室三部分组成，总长7.15、最宽处3.82米。

墓道为长方形斜坡式，长2、宽2.1、深0~2米。甬道位于墓室西部，内长1.8、宽1.44、高1.58米。墓室内长2.44、宽3.3、高2.66米。

墓道由西向东倾斜至封门处形成一长2.1、宽0.2、高0.5米的土台阶，甬道内用长方形砖横向错缝平砌封门，齐墓口。墓底采用连沙砾石夯平铺地。甬道壁及墓室壁均用长方形砖横向错缝平砌，墓顶用榫卯砖错缝券砌。甬道和墓室保存完好。墓砖有长方形砖和楔卯砖两种，前者长45、宽20、厚8厘米，后者长48、宽20、厚8厘米。墓砖朝墓室面饰有几何菱形纹饰。

墓室北面靠壁部分发现有较厚的连沙砾石夯平铺地，其上及周围壁上均附有一层较厚的石灰，葬具可能为木棺，人骨已朽成粉末。因该墓被扰，随葬品摆放较零乱，主要摆放在墓室北部、南部，少量分布于甬道（图一五〇、图一五一）。

（二）随葬器物

该墓随葬品较少，共有12件，包括陶器、瓷器、铜器、铁器、银器五类。随葬器物以铜器为主，器型有指环、花、铜钱。陶器为陶罐。瓷器为钵、盏、盘口壶。铁器为铁刀。银器为银条。

1. 陶器

该墓共出土有陶器3件，以泥质灰陶为主，另有泥质黑灰陶。陶器均为轮制。纹饰有凹弦纹、戳印纹。

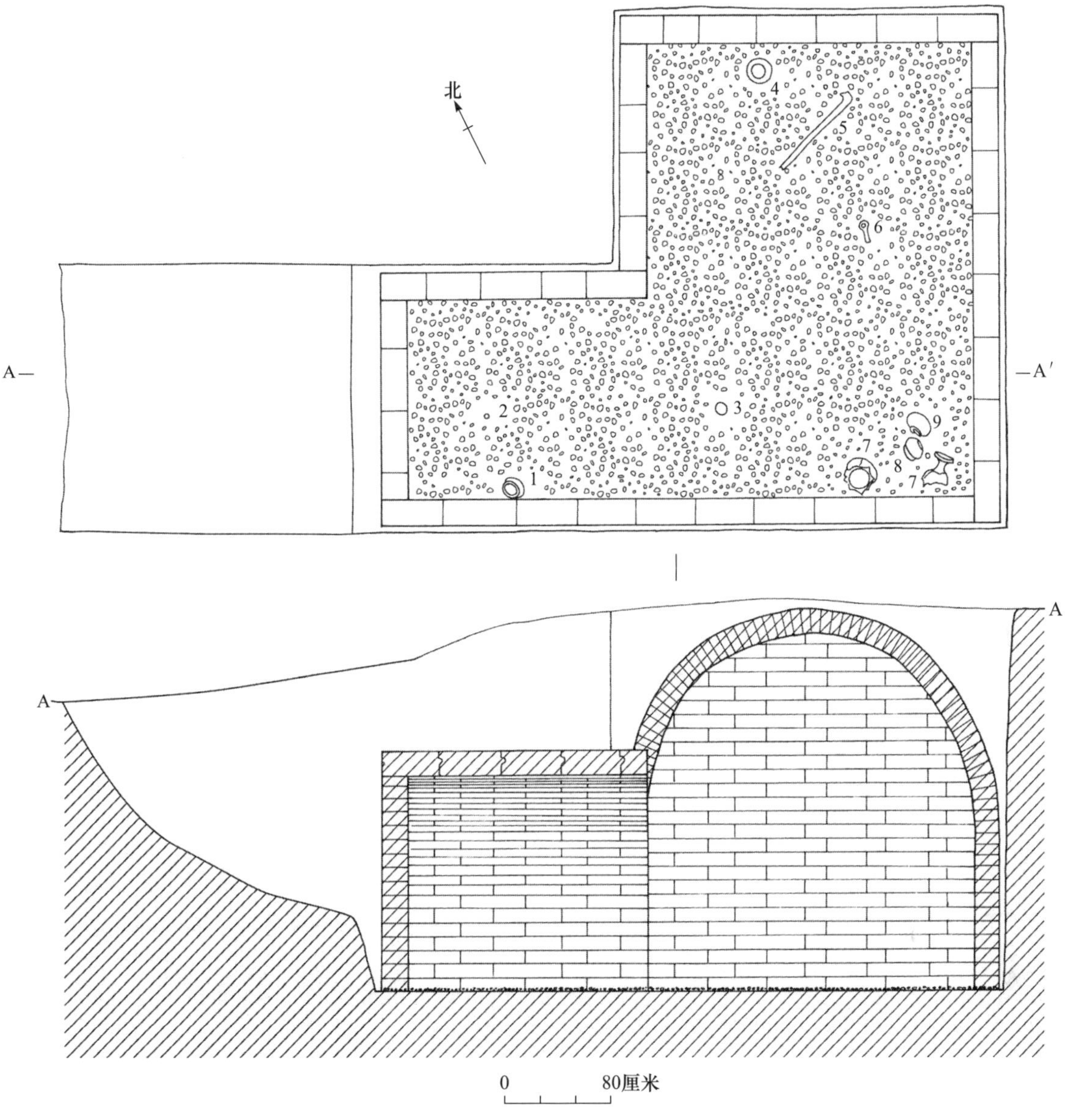

第五章　墓　地

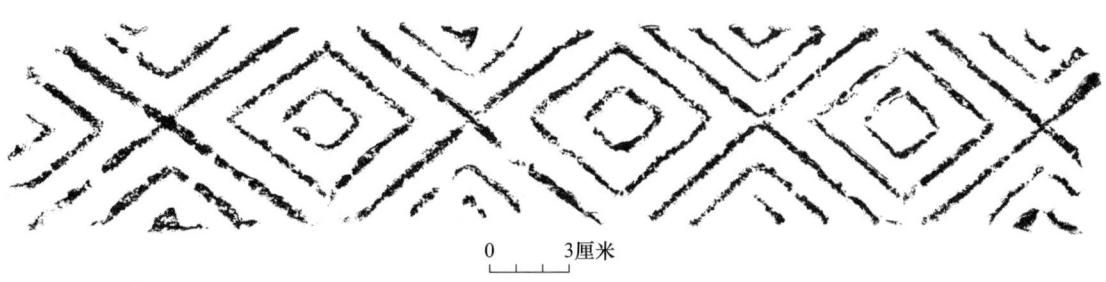

图一五〇　2001FGQM5 平、剖面图
1、8、9.陶罐　2.铜指环　3.瓷盏　4.瓷钵　5、6.铁刀　7.瓷盘口壶

图一五一　2001FGQM5 出土墓砖（拓片）

罐　3件。2001FGQM5：1，泥质黑灰陶。侈口，尖圆唇，束颈，斜折肩，鼓腹，平底。肩

部饰有一周凹弦纹。器表及器内均有轮制痕迹。口径10.8、最大腹径15、底径6.6、高10.2厘米（图一五二，1）。2001FGQM5：8，泥质灰陶。侈口，卷沿，尖唇，束颈，耸肩，鼓腹，平底。底部微凹。肩部饰有一周凹弦纹。口径10.8、最大腹径17.1、底径10.2、高10.5厘米（图一五二，2）。2001FGQM5：9，泥质灰陶。侈口，圆唇，束颈，圆折肩，鼓腹，平底。底部微凹。肩部饰有一周三角形戳印纹及一周凹弦纹。器内有轮制痕迹。口径11、最大腹径18、底径9、高12.6厘米（图一五二，3）。

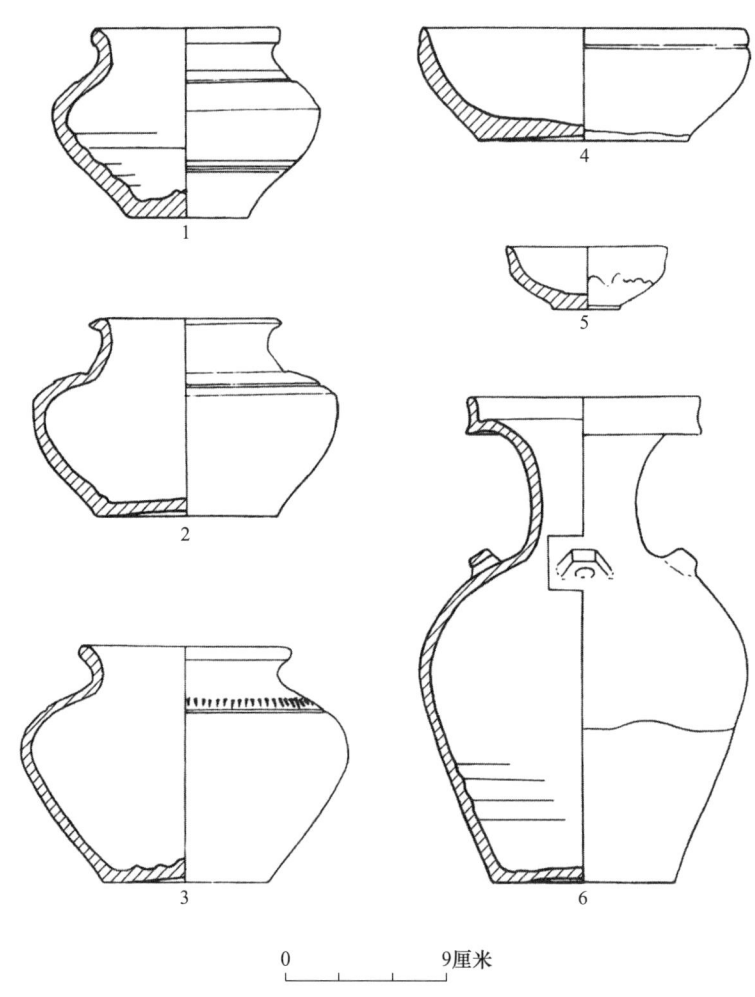

图一五二　2001FGQM5出土器物（一）
1～3. 陶罐（2001FGQM5：1、2001FGQM5：8、2001FGQM5：9）　4. 瓷钵（2001FGQM5：4）　5. 瓷盏（2001FGQM5：3）
6. 瓷盘口壶（2001FGQM5：7）

2. 瓷器

该墓共出土有瓷器3件，为灰白胎、灰胎、黑灰胎。器表施青釉、青黄褐釉、青灰釉。瓷器均为轮制。纹饰有凹弦纹。

钵　1件。2001FGQM5：4，灰胎，器表及器内施青灰釉。敞口，尖唇，斜弧腹，平底。底部微凹。外壁口沿下饰有一周凹弦纹，器内底部有7个支烧痕迹。口径18、底径11.4、高6厘米

（图一五二，4）。

盏　1件。2001FGQM5：3，黑灰胎，器表及器内施青黄褐釉，部分剥落。侈口，尖唇，弧腹，饼足。口径8.4、底径3.3、高3.4厘米（图一五二，5）。

盘口壶　1件。2001FGQM5：7，灰白胎，器表施青绿釉，部分剥落。浅盘口，圆唇，束颈，溜肩，鼓腹，平底。底部微凹。肩部有对称横向四系。口径12.6、最大腹径18、底径10.2、高26.1厘米（图一五二，6）。

3. 铜器

铜器共出土3件，为指环、花、铜钱。

指环　1件。2001FGQM5：2，圆环状。直径1.8厘米（图一五三，3）。

铜花　1件。2001FGQM5：13，残。呈六瓣花形，中间有一圆孔。长2.2、宽2.2厘米（图一五三，4）。

铜钱　8枚。有半两和五铢两种。

半两　1枚。2001FGQM5：14-1，文字较高挺，篆意浓，"半"字下横及"两"字上横较短。钱径2.5、穿宽0.8厘米（图一五四，1）。

五铢　7枚。

A型　5枚。未磨郭。2001FGQM5：14-3，"五"字交笔弯曲，"金"字头呈箭镞形，"朱"字上方下圆。钱径2.5、穿宽1厘米（图一五四，2）。

B型　2枚。剪轮五铢。2001FGQM5：14-2，肉薄径小，有文。钱径2.2、穿宽0.9厘米（图一五四，3）。

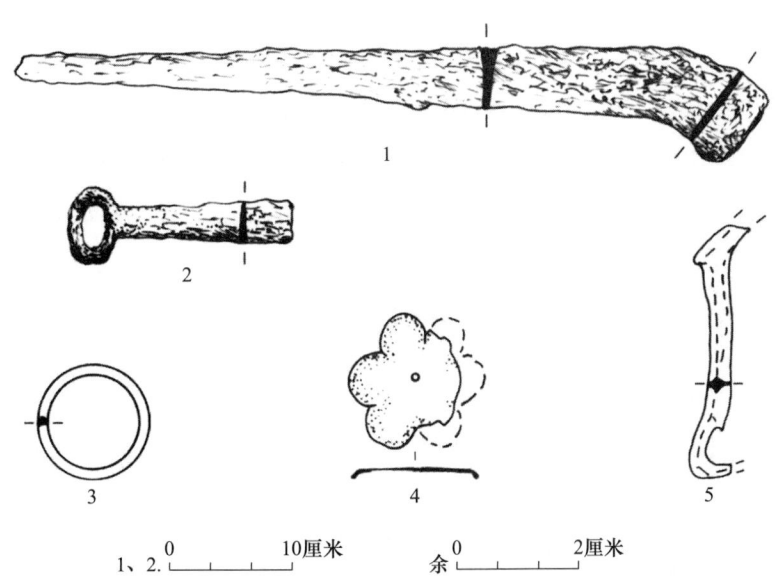

图一五三　2001FGQM5出土器物（二）

1、2.铁刀（2001FGQM5：5、2001FGQM5：6）　3.铜指环（2001FGQM5：2）　4.铜花（2001FGQM5：13）
5.银条（2001FGQM5：11）

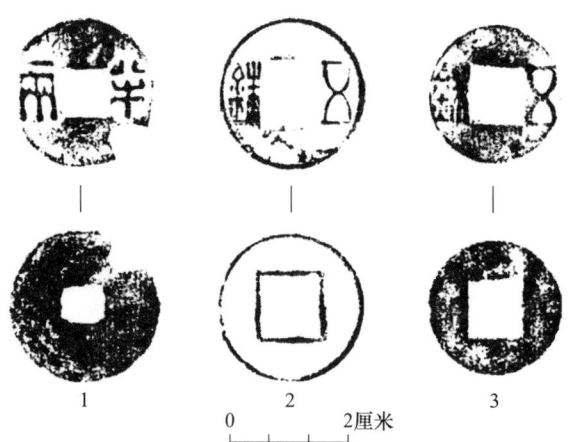

图一五四　2001FGQM5 出土钱币（拓片）
1. 半两（2001FGQM5：14-1）　2. A 型五铢（2001FGQM5：14-3）　3. B 型五铢（2001FGQM5：14-2）

4. 铁器

刀　2件。2001FGQM5：5，锈蚀严重。单面刃，曲柄。残长61厘米（图一五三，1）。2001FGQM5：6，锈蚀严重。环首，窄茎，单面刃。残长18厘米（图一五三，2）。

5. 银器

银条　1件。2001FGQM5：11。条状，前段为钩形。残长4厘米（图一五三，5）。

六、2001FGQM6

（一）墓葬形制

M6位于团尚包墓地的北部，该墓地T6的西南部，开口于第1层下，墓口距地表0.15～0.2米，打破生土。墓内填土为黑褐、棕褐色混杂黏土，土质上部紧硬下部松软，含少量陶片。

M6为竖穴土坑墓，平面呈长方形，方向16°。总长3.88、宽2.92、深2米。平底近直壁。墓口下西面54、北面54、南面86厘米处各有一道红褐色熟土二层台。

墓底西北角发现两板残存棺木腐痕，腐痕内发现一枚棺钉，葬具可能为木棺，人骨1具，葬式不详。因该墓被扰，随葬品摆放零乱，主要摆放于墓底四壁附近（图一五五）。

（二）随葬器物

该墓随葬器物少，共出土有6件。包括陶器、铜器、铁器三类。随葬器物以铜器为主，为铜钱。陶器为残陶罐，铁器为残铁工具。

铜钱　89枚，其中54枚残破不可辨，其余均为货泉。2001FGQM6：3，有郭，钱文"泉"字中竖中断，内郭有单双或穿上无郭。钱径2～2.1、穿宽0.7～0.8厘米（图一五六）。

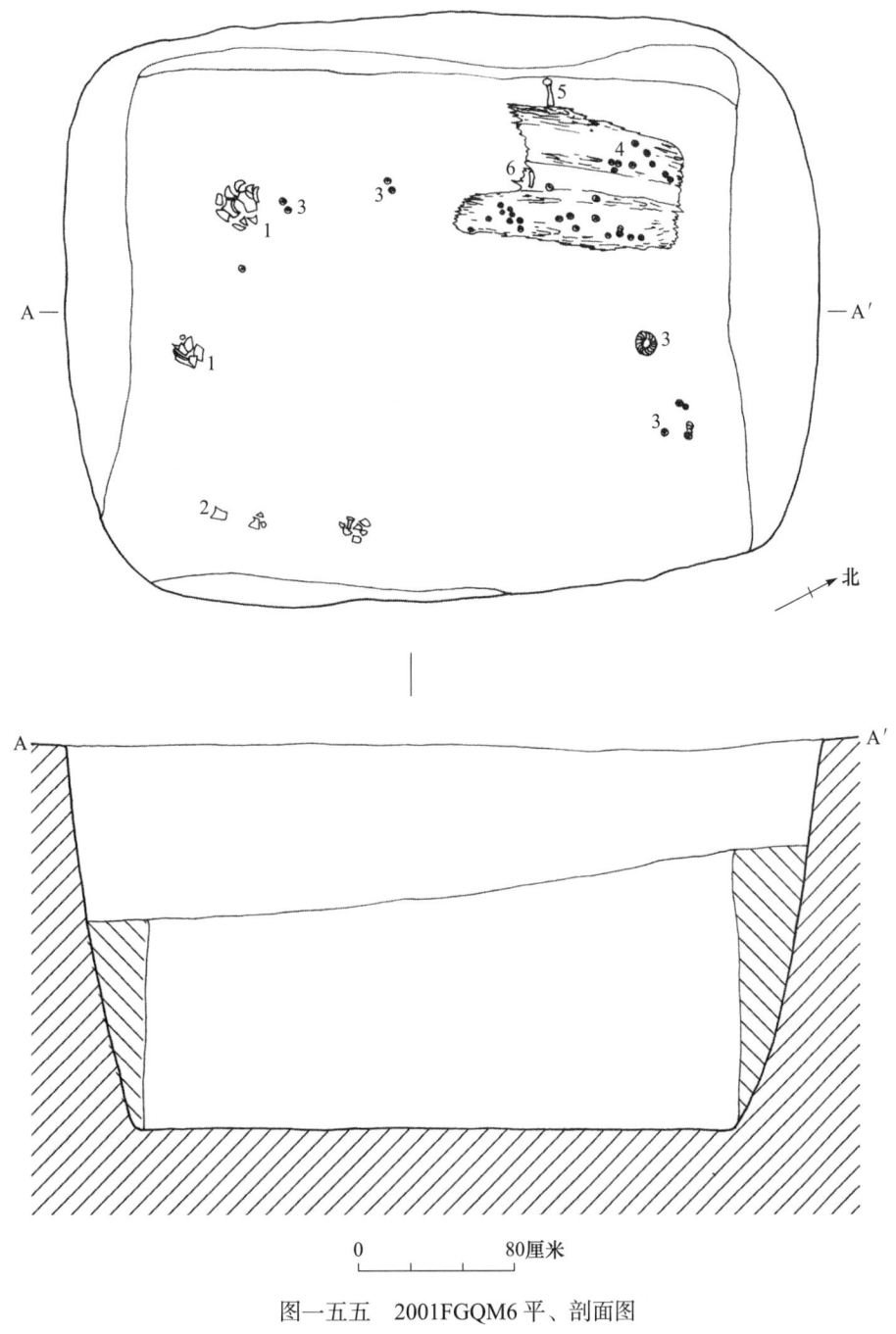

图一五五　2001FGQM6平、剖面图
1.陶罐　2.铁器　3、4.铜钱　5.铁工具　6.铁棺钉

七、2001FGQM7

（一）墓葬形制

M7位于团尚包墓地的北部，该墓地T1的北部，开口于第1层下，墓口距地表0.15~0.21米，打破生土。该墓填土可分为两种，上层为灰黑色黏土，土质疏松，近底部为黄褐色黏土，土质紧密，包含大量陶片、碎砖等。

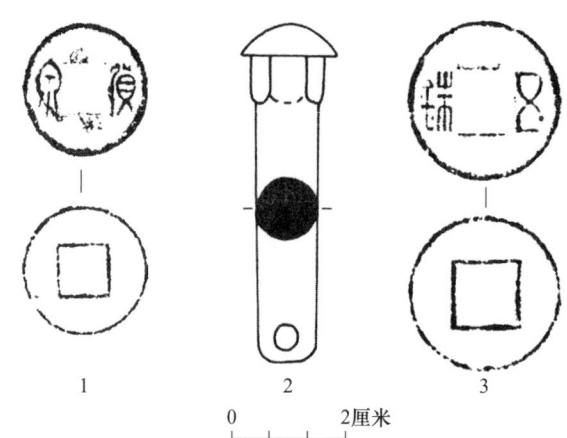

图一五六　2001FGQM6、M7 出土器物
1、3.铜钱拓片（2001FGQM6：3、2001FGQM7：2-5）　2.铜饰件（2001FGQM7：3）

M7 为砖室墓，平面呈刀把形，方向 335°。由甬道、墓室两部分组成，总长 5.3、最宽处 3.5 米。甬道位于墓室西部，内长 2.26、宽 1.4、残高 1.47 米。墓室内长 2.4、宽 3.05、残高 1.32 米。

甬道内采用长方形砖横向错缝平砌封门，齐墓口。墓底用长方形砖一横两竖错缝平铺，甬道壁及墓壁采用长方形砖横向错缝平砌。墓顶用楔卯砖错缝券砌。墓砖为长方形砖和楔卯砖，前者有三种规格，分别为长 42、宽 20、厚 8 厘米，长 43、宽 20、厚 8 厘米，长 36、宽 16、厚 6 厘米。后者长 44、宽 20、厚 8 厘米。墓砖朝墓室面饰有几何菱格纹饰。

葬具及人骨均已不存，因该墓被扰，随葬品较少，摆放在甬道和墓室后部（图一五七）。

（二）随葬器物

该墓随葬器物极少。共出土有 3 件，包括陶器、铜器，铜器为铜钱、残饰件，陶器为残陶钵。

饰件　1 件。2001FGQM7：3，呈柱形，顶端伞状。底部中间有一圆孔。长 5.5、宽 1、孔径 0.4 厘米（图一五六，2）

铜钱　15 枚。有五铢和大泉五十两种。

五铢　13 枚。分两型。

A 型　5 枚。未磨郭。2001FGQM7：2-5，"五"字交笔弯曲，"金"字头呈三角形，"朱"字上方下圆。钱径 2.5、穿宽 1 厘米（图一五六，3）。

B 型　8 枚。剪轮五铢。皆残，钱文不可辨。

大泉五十　2 枚。已残，有郭，钱文"大"字呈圆弧形，"泉"字中竖中断。

八、2001FGQM8

（一）墓葬形制

M8 位于团尚包墓地的北部，该墓地 T2 的东部，开口于第 1 层下，墓口距地表 0.15～0.2 米，

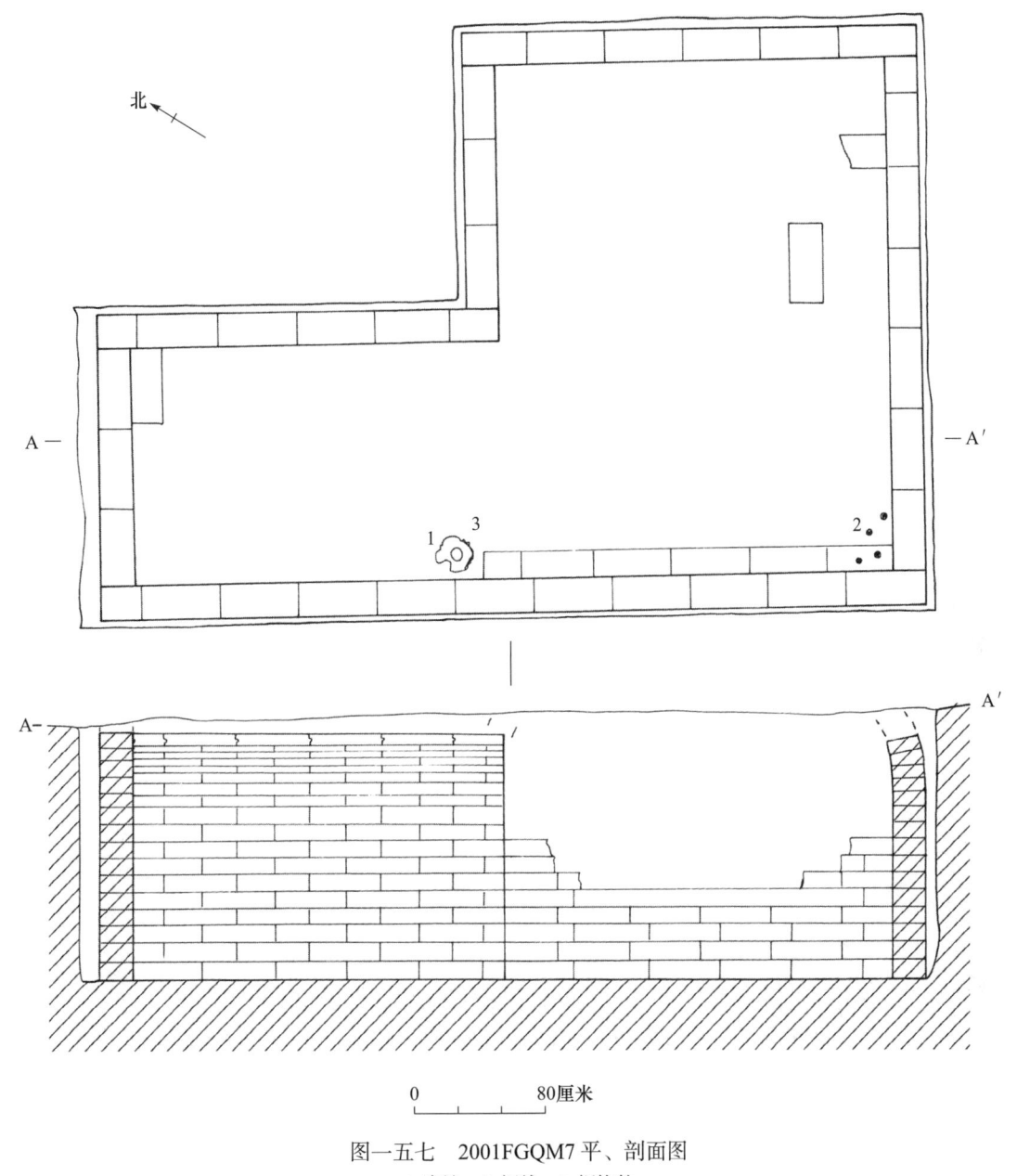

图一五七 2001FGQM7 平、剖面图
1. 陶钵 2. 铜钱 3. 铜饰件

打破生土。该墓填土可分为两种，上部为黄褐色黏土，土质紧密，含大量小石子，近底部为灰褐色沙土，土质疏松，含大量石灰残渣。

M8 为竖穴土坑墓，平面呈长方形，方向206°。无墓道。墓口长3.7、宽2.6米，墓底长3.34、宽2.28、深1.28米。

墓底发现两具腐朽棺木，葬具可能为双棺，人骨2具，头南足北，仰身直肢。该墓随葬品摆放较规整，主要摆放于墓室南部，西侧人骨头部附近，东侧人骨头部也有少量分布（图一五八）。

（二）随葬器物

该墓随葬器物较丰富，共出土有40件。包括陶器、铜器、铁器、料器四类。随葬器物以陶器

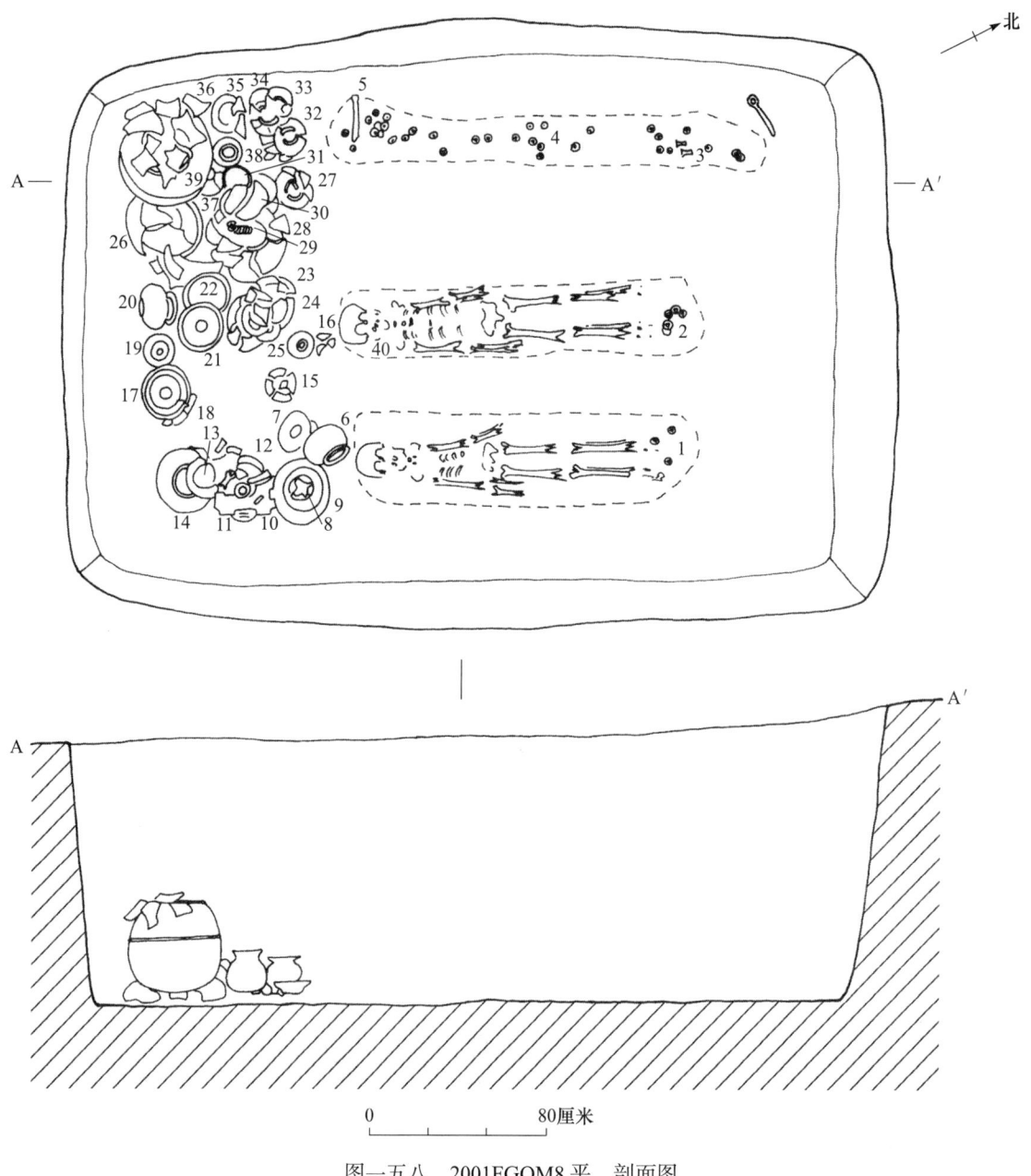

图一五八　2001FGQM8 平、剖面图

1、2、4、29. 铜钱　3. 琉璃耳珰　5. 铁刀　6、7、9、14、20、27、34. 陶罐　8、13、15、18、19、33、37. 陶钵　10～12. 陶井　16、31. 陶博山炉　17、23. 陶盘　21、22. 陶盒　24. 陶魁　25、26. 陶盆　28、40. 陶甑　30. 陶锺　32. 陶仓　35、38. 陶釜　36. 陶勺　39. 铁釜

为主，器型有钵、罐、釜、甑、盆、盒、锺、博山炉、魁、盘、勺、井。铜器为铜钱。铁器为釜、刀。料器为琉璃耳珰。

1. 陶器

该墓共出土有陶器 32 件，以夹细砂灰陶为主。另有部分泥质灰陶、泥质黑灰陶、泥质红陶，泥质红陶施酱釉、酱黄釉。陶器以轮制为主，个别手制。纹饰有凹弦纹、波折纹、附加堆纹、几何纹、叶脉纹、菱格纹等。

钵 8件。2001FGQM8：8，泥质灰陶。敞口，尖圆唇，上腹斜直，折腹斜收成平底。口径18.8、底径5.6、高6.4厘米（图一五九，8）。2001FGQM8：13，夹细砂灰陶。敞口，圆唇，上腹斜直，折腹斜收成平底。口径14.4、底径4.4、高5厘米（图一五九，1）。2001FGQM8：15，夹细砂灰陶。敞口，圆唇，上腹斜直，折腹斜收成平底。口径13.2、底径3.8、高4.2厘米（图一五九，2）。2001FGQM8：18，夹细砂灰陶。敞口，尖圆唇，上腹斜直，折腹斜收成平底。口径18、底径4.6、高6.2厘米（图一五九，7）。2001FGQM8：19，夹细砂灰陶。敞口，尖圆唇，上腹斜直，折腹斜收成平底。口径13.6、底径4、高5厘米（图一五九，3）。2001FGQM8：33，夹细砂灰陶。敞口，尖圆唇，上腹斜直，折腹斜收成平底，器表有轮制痕迹。口径13.8、底径4.2、高4.8厘米（图一五九，4）。2001FGQM8：37，泥质黑灰陶。敞口，圆唇，上腹斜直，折腹斜收成平底，器表有轮制痕迹。口径12.4、底径3.8、高3.6厘米（图一五九，5）。2001FGQM8：44，泥质灰陶，敞口，尖唇，上腹斜直，折腹斜收成平底。口径13.4、底径4.1、高4.9厘米（图一五九，6）。

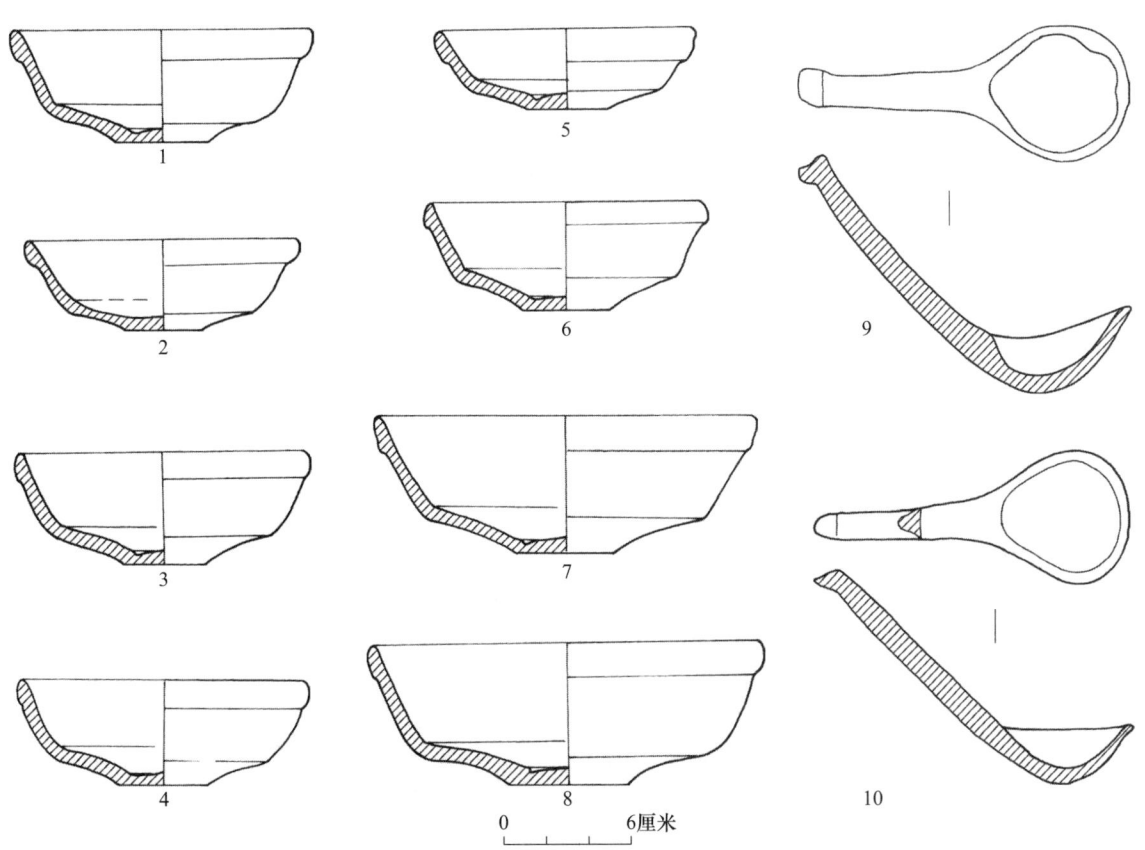

图一五九　2001FGQM8出土陶器（一）
1～8.钵（2001FGQM8：13、2001FGQM8：15、2001FGQM8：19、2001FGQM8：33、2001FGQM8：37、2001FGQM8：44、2001FGQM8：18、2001FGQM8：8）　9、10.勺（2001FGQM8：36、2001FGQM8：45）

罐 7件。2001FGQM8：6，泥质灰陶。侈口，圆唇，束颈，鼓肩，鼓腹，平底。肩部饰有一周三角形戳印纹及一周凹弦纹。口径10.4、最大腹径16、底径7、高11.4厘米（图一六〇，9）。2001FGQM8：7，泥质黑灰陶。侈口，圆唇，束颈，斜肩，鼓腹，平底，底部微凹。肩部饰有一周三角形戳印纹及一周凹弦纹。口径11.8、底径8、高11.6厘米（图一六〇，6）。2001FGQM8：9，泥质灰陶。侈口，方圆唇，束颈，鼓肩，鼓腹，平底。底部微凹。肩部饰有一周三角形戳印纹及一周凹弦纹。口径12.4、最大腹径24.8、底径16、高16.8厘米（图一六二，5；图版五，6）。2001FGQM8：14，泥质黑灰陶。侈口，圆唇，束颈，鼓肩，鼓腹，平底。底部微凹。颈部及肩部饰有细篦齿刻划的漩涡纹、水波纹及一周凹弦纹。口径13.2、最大腹径29.2、底径20.4、高20厘米（图一六二，6；图版五，2）。2001FGQM8：20，泥质灰陶。侈口，圆唇，束颈，鼓肩，鼓腹，平底。底部微凹。肩部饰有一周三角形戳印纹及一周凹弦纹。器表及器内均有轮制痕迹。口径10.4、最大腹径16.7、底径7.8、高10.7厘米（图一六〇，7）。2001FGQM8：27，夹细砂灰陶。侈口，圆唇，矮领，圆鼓肩，鼓腹，平底，底部微凹。肩部饰有一周三角形戳印纹及一周凹弦纹。器内有轮制痕迹。口径10.2、最大腹径15.6、底径7.6、高12.2厘米（图一六〇，8）。2001FGQM8：34，夹细砂灰陶。侈口，圆唇，矮领，鼓肩，鼓腹，平底。肩部饰有一周三角形戳印纹及一周凹弦纹。器内有轮制痕迹。口径10.4、最大腹径16.8、底径7.2、高11.9厘米（图一六〇，10）。

釜　2件。2001FGQM8：35，夹细砂灰陶。侈口，尖唇，束颈，溜肩，垂腹，圜底近平。腹部饰有四周戳印纹，近底部饰有拍印细绳纹。器内有轮制痕迹。口径16.8、最大腹径16.4、高11.8厘

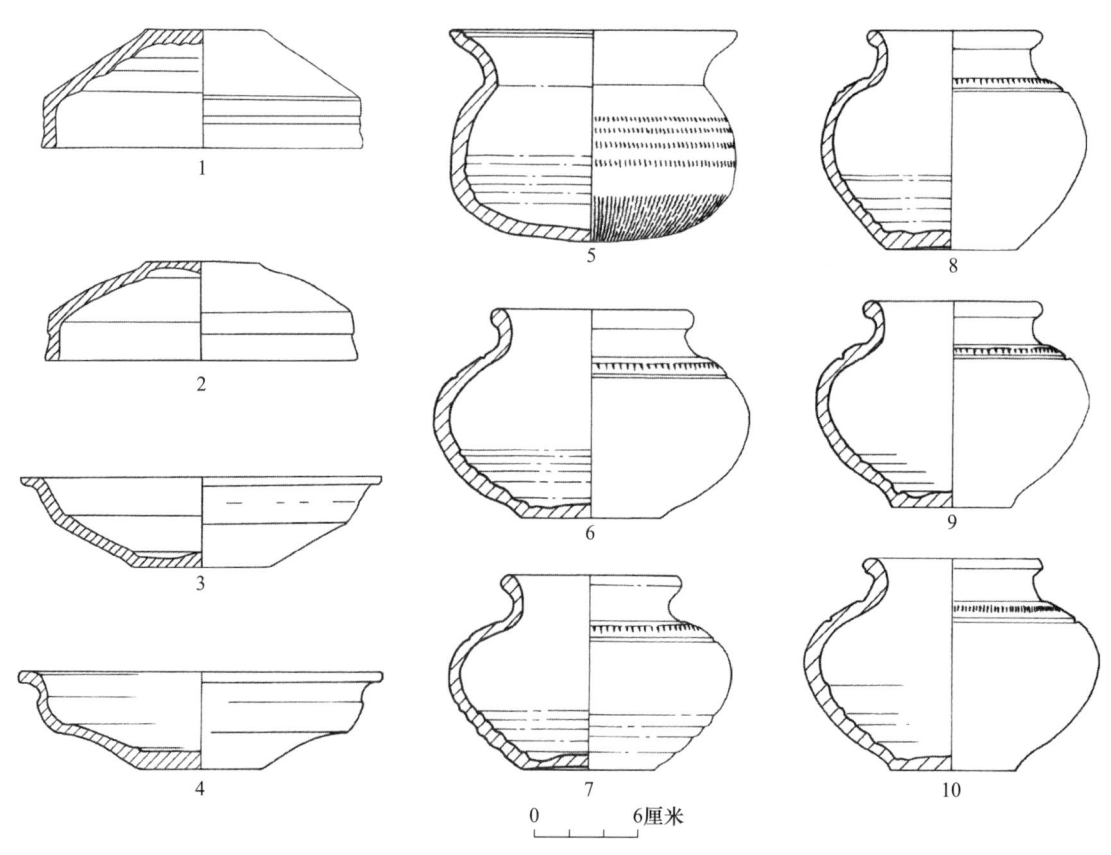

图一六〇　2001FGQM8出土陶器（二）

1、2.盒（2001FGQM8：21、2001FGQM8：22）　3、4.盘（2001FGQM8：23、2001FGQM8：17）　5.釜（2001FGQM8：35）　6~10.罐（2001FGQM8：7、2001FGQM8：20、2001FGQM8：27、2001FGQM8：6、2001FGQM8：34）

米（图一六〇，5；图版六，4）。2001FGQM8：38，夹细砂灰陶。侈口，圆唇，束颈，折肩，上腹较直，折腹弧收成圜底。颈部饰有一周凸弦纹。腹部至底部饰有竖向细绳纹。口径15.4、最大腹径16、高11.6厘米（图一六一，1）。

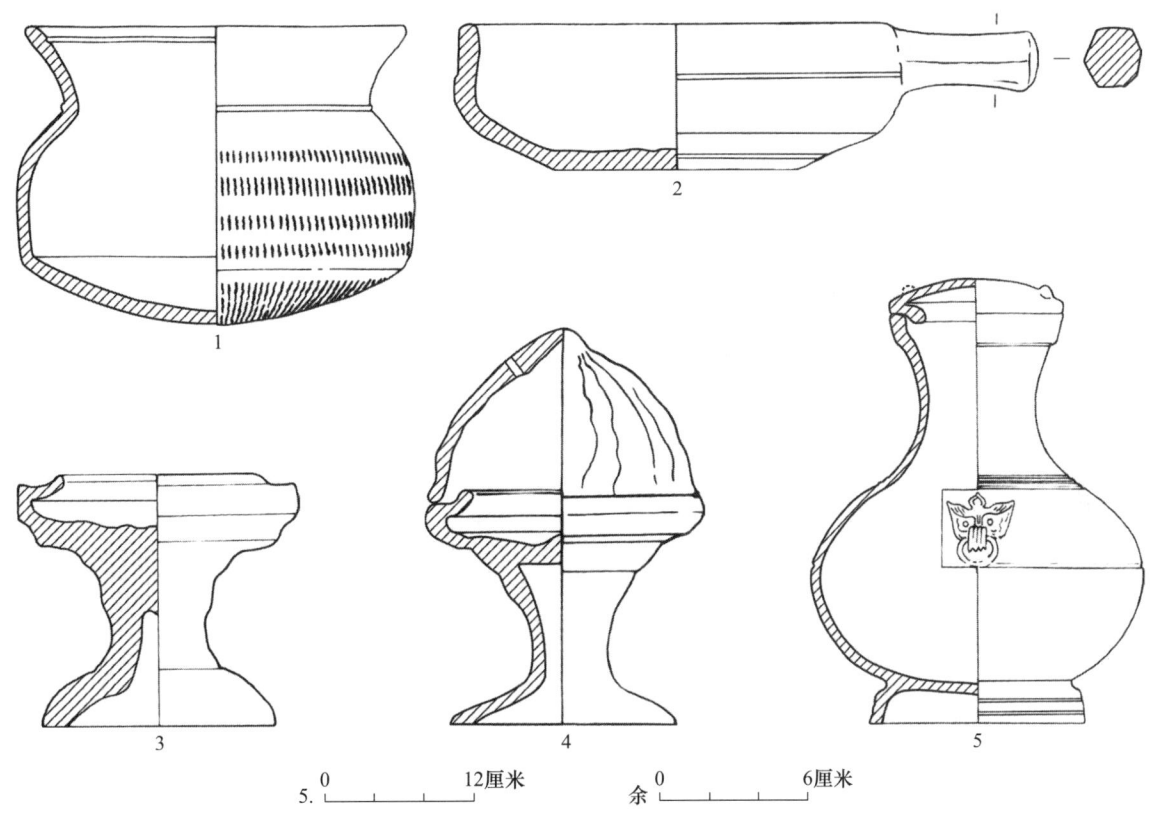

图一六一　2001FGQM8出土器物（三）

1.釜（2001FGQM8：38）　2.魁（2001FGQM8：24）　3、4.博山炉（2001FGQM8：16、2001FGQM8：31）　5.锺（2001FGQM8：30）

甑　1件。2001FGQM8：28，泥质灰陶。直口，平折沿，方唇，圆折腹，平底，底部微凹。底部有10个箅孔。腹部饰有两周三角形戳印纹，其下模印三周菱格纹。口径40、底径18、高21.3厘米（图一六二，1）。

盆　2件。2001FGQM8：25，泥质黑灰陶。侈口，卷沿，方圆唇，上腹较直，下腹折收成平底。腹部饰有两周刻划纹。口径21.4、底径7.2、高7.8厘米（图一六二，4）。2001FGQM8：26，泥质灰陶。直口，卷唇，方唇，斜腹，平底。口径33、底径16、高17.5厘米（图一六二，3；图版九，1）。

盒　2件。2001FGQM8：21，泥质红陶胎，器表施酱釉。敛口，方唇，折腹，平顶。器表及器内均有轮制痕迹。腹部饰有一周凸弦纹。口径18.7、顶径7、高6.7厘米（图一六〇，1）。2001FGQM8：22，泥质红陶胎，器表施酱釉。直口，方唇，折腹，平顶。器表及器内均有轮制痕迹。腹部饰有一周凹弦纹。口径18.4、顶径6.8、高5.5厘米（图一六〇，2）

锺　1件。2001FGQM8：30，泥质灰陶。浅盘口，方唇，束颈，溜肩，鼓腹，圈足。带盖，盖

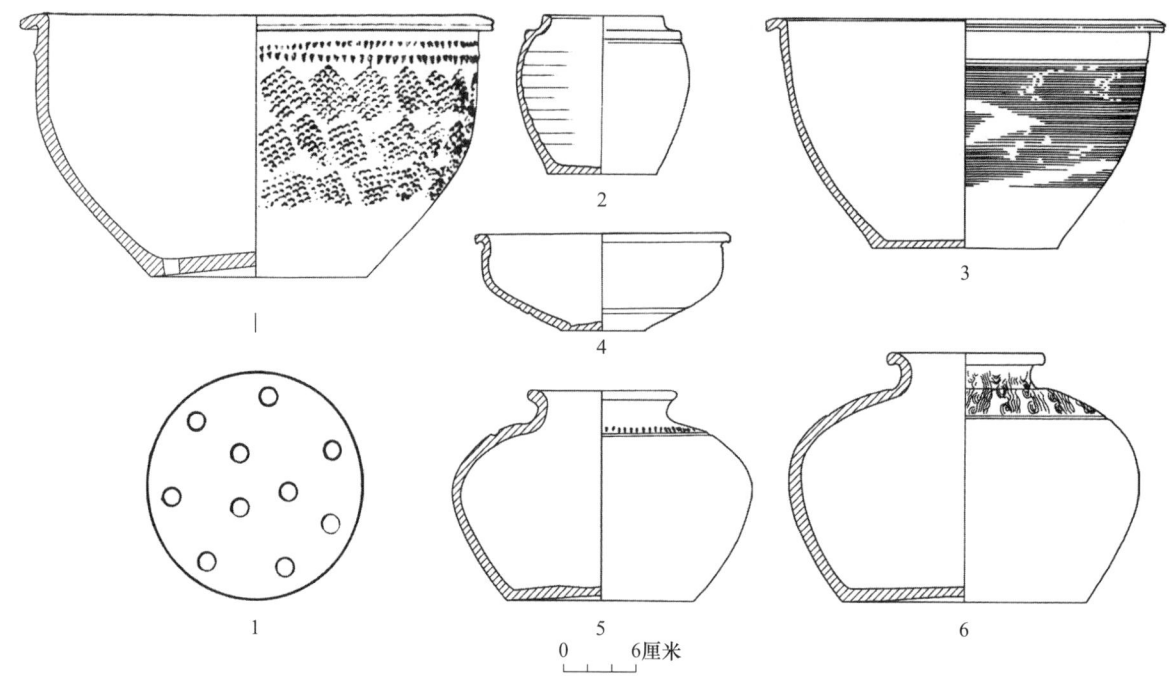

图一六二　2001FGQM8 出土陶器（四）
1. 甑（2001FGQM8：28） 2. 仓（2001FGQM8：32） 3、4. 盆（2001FGQM8：26、2001FGQM8：25）
5、6. 罐（2001FGQM8：9、2001FGQM8：14）

为子母口，口内折明显，圆唇，弧形顶。肩部饰有三周凹弦纹，腹部饰有一周凹弦纹，肩部有两个对称衔环铺首。足部饰有两周凹弦纹。盖面有三个三角形纽。盖口径14.8、器身口径14.8、最大腹径27.2、足径17.2、通高34.4厘米（图一六一，5）。

博山炉　2件。2001FGQM8：16，泥质黑灰陶。仅存器座。子母口内敛，尖圆唇，浅盘，柱形柄，中空，喇叭状座。器表有轮制痕迹。口径11.2、座径9.4、高9.8厘米（图一六一，3）。2001FGQM8：31，泥质灰陶。由炉座、炉盖两部分组成。炉座为子母口内敛，方圆唇，弧腹，浅盘，柱形柄，中空，喇叭状浅座。炉盖为侈口，圆唇，弧形顶。炉盖饰有波折纹，上部有四个方形气孔。炉盖口径10.8、炉座口径11、座径9、通高15.6厘米（图一六一，4）。

魁　1件，2001FGQM8：24，夹细砂灰陶胎，器内及器表均施黑色陶衣，部分剥落。直口微侈，圆唇，上腹较直，折腹斜收成平底。下腹部饰有一周凹弦纹。器表有轮制痕迹。条柱状柄。器柄为模制，器身为轮制，分别制成后黏合而成。口径17.1、底径9.6、高5.7、长23.4厘米（图一六一，2）。

勺　2件。2001FGQM8：36，泥质红陶胎，器表施酱黄釉。勺身呈椭圆形，浅腹，曲柄较长。长15.6厘米（图一五九，9）。2001FGQM8：45，泥质红陶。勺身略呈椭圆形，浅腹，直柄较长。长17厘米（图一五九，10；图版一四，2）。

盘　2件。2001FGQTSM8：17，侈口，圆唇，上腹斜直，折腹斜收成平底。口径21.2，底径7.2，高5.4厘米（图一六〇，4）。2001FGQM8：23，夹细砂灰陶。敞口，平折沿，尖圆唇，上腹斜直，折腹斜收成平底。器表有轮制痕迹。口径21、底径7.5、高5.1厘米（图一六〇，3；图版一一，5）。

仓　1件。2001FGQM8：32，泥质灰陶。敛口，方唇，折肩，弧腹，平底。口径10、最大腹径14.4、底径9.2、高12.8厘米（图一六二，2）。

井　1件。2001FGQM8：10，泥质灰陶。由井身、井盖、井架三部分组成。井盖平面呈方形，四角内凹，圆形井圈，两侧有对称长方形孔。表面饰有菱格纹、叶脉纹、几何纹。井身为敞口，圆唇，折肩，筒腹，平底，底部微凹。内有一小罐，泥质灰陶。侈口，圆唇，束颈，溜肩，鼓腹，平底，假圈足。器表有轮制痕迹。小罐口径4.4、最大腹径5.5、底径4、高4厘米，井盖边长21.6厘米，井身口径14.4、底径15.2、高29.2厘米（图一六三，1；图版一六，1）。

2. 铜器

铜钱　78枚。有五铢、大泉五十、货泉三种。

五铢　69枚。

A型　66枚。2001FGQM8：1-1，"五"字交笔弯曲，字体瘦长，"金"字头呈三角形，"朱"字上下圆折。钱径2.5、穿宽1厘米（图一六四，1）。2001FGQM8：4-8，钱文较粗，郭沿较宽，"五"字交笔缓曲，"金"字头呈三角形，"朱"字上方下圆。钱径2.5、穿宽0.9厘米（图一六四，2）。

B型　3枚。剪轮五铢。2001FGQM8：1-2，肉薄径小，有文。"五"字交笔较直，"金"字头呈三角形，"朱"字头上下圆折。钱径1.8、穿宽0.8厘米（图一六四，3）。

大泉五十　3枚。2001FGQM8：2，有郭，钱文"大"字呈圆弧形，"泉"字中竖中断。钱径2.5～2.6、穿宽1.0～1.1厘米（图一六四，4）。

货泉　6枚。2001FGQM8：29-1，钱文"泉"字中竖中断，内有双郭。钱径2.0～2.1、穿宽0.7～0.8厘米（图一六四，5）。

3. 铁器

该墓共出土有铁器3件，为釜、刀。

釜　1件。2001FGQM8：39，锈蚀严重。敛口，圆唇，溜肩，鼓腹，平底。腹部饰有一周凸弦纹，器表有烧痕。口径26.8、最大腹径44、底径10.4、高31.6厘米（图一六三，6；彩版三八，5）。

刀　2件。2001FGQM8：5，锈蚀严重。长条形叶，单面刃，扁平柄。残长15.8厘米（图一六三，3）。2001FGQM8：41，锈蚀严重。环首，单面刃。长20.2厘米（图一六三，2）。

4. 料器

耳珰　2枚。2001FGQM8：3。蓝色绿松石。喇叭状，中间有一圆孔。高1.6厘米（图一六三，4、5）。

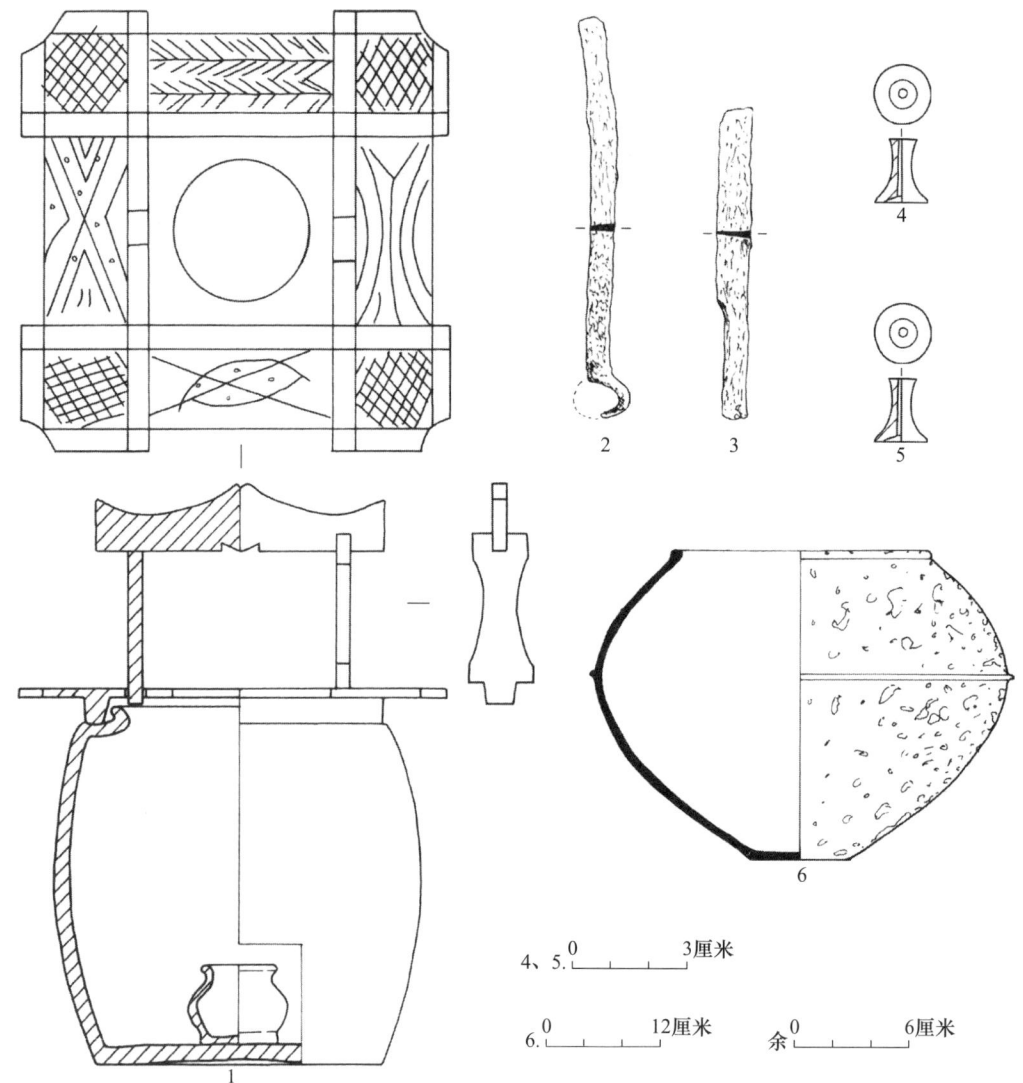

图一六三　2001FGQM8 出土器物

1. 陶井（2001FGQM8：10）　2、3. 铁刀（2001FGQM8：41、2001FGQM8：5）　4、5. 琉璃耳珰（2001FGQM8：3-1、2001FGQM8：3-2）　6. 铁釜（2001FGQM8：39）

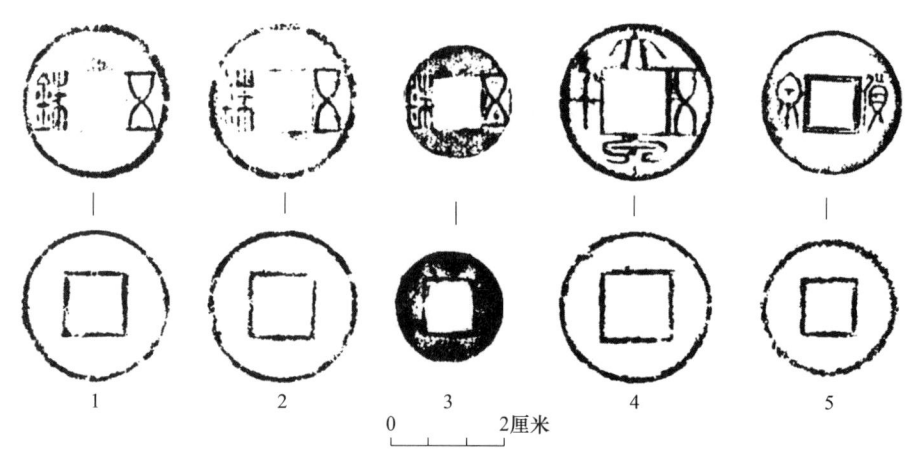

图一六四　2001FGQM8 出土钱币（拓片）

1、2. A 型五铢（2001FGQM8：1-1、2001FGQM8：4-8）　3. B 型五铢（2001FGQM8：1-2）　4. 大泉五十（2001FGQM8：2）　5. 货泉（2001FGQM8：29-1）

九、2001FGQM9

（一）墓葬形制

M9 位于团尚包墓地的中部偏北，该墓地 T11 西部，开口于第 1 层下，墓口距地表 0.25 米，打破生土。该墓填土可分为两种，上部为五花土，土质较硬，含少量炭渣和红烧土粒，近底部为灰褐色沙土，土质疏松，包含大量石灰渣。

M9 为竖穴土坑墓，平面呈长方形，方向 210°。无墓道。墓口长 5.2、宽 2.3 米，墓底长 4.8、宽 2.1、深 1.75 米。

墓底有一长方形腐痕范围呈坑状，人骨架置于其中，葬具可能为一椁一棺，人骨 1 具，头南足北，侧身直肢。该墓随葬品摆放较规整，主要摆放于人骨头部附近（图一六五）。

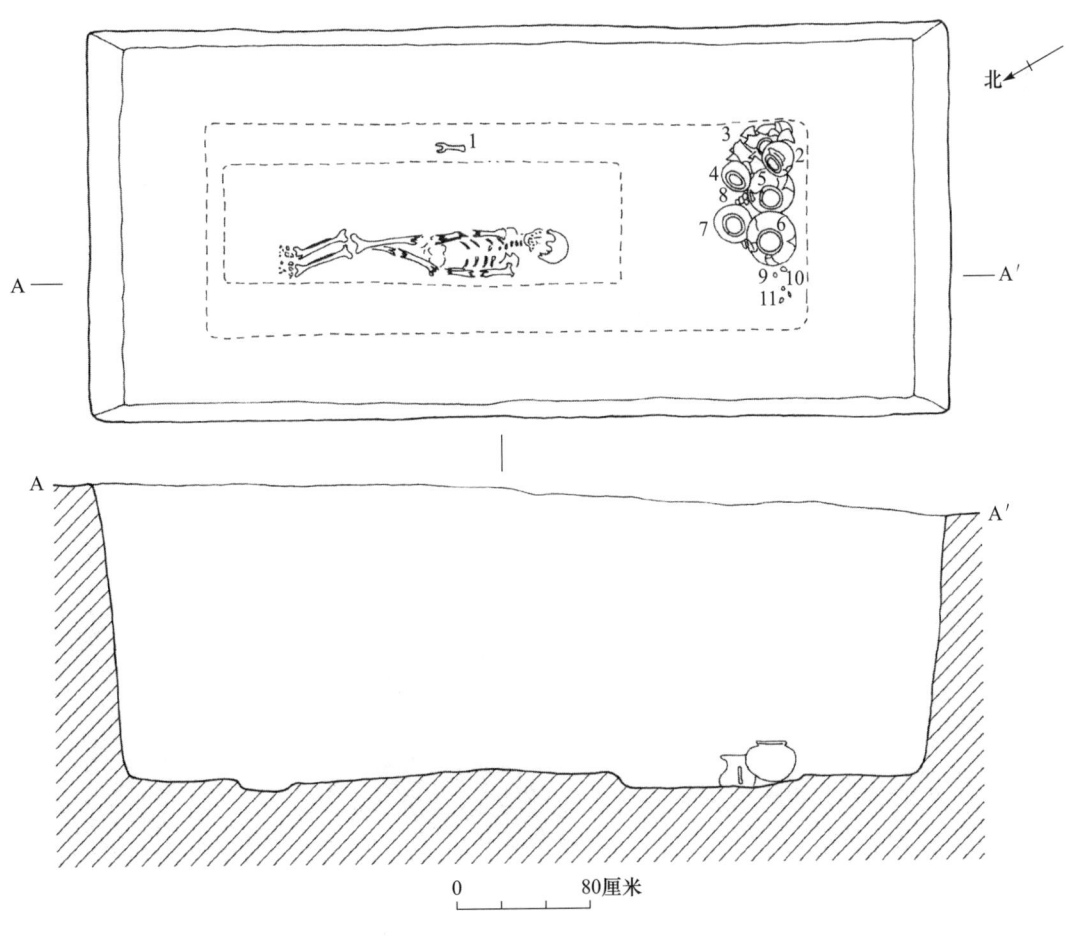

图一六五　2001FGQM9 平、剖面图
1. 铁锸　2～6. 陶罐　7. 铜鍪　8. 铜钱　9～11. 铜环

（二）随葬器物

该墓随葬器物较少，共出土有 12 件，包括陶器、铜器、铁器三类。随葬器物以陶器为主，器

型为陶钵、罐。铜器为鍪、环、铜钱。铁器为铁叉。

1. 陶器

该墓共出土有陶器6件，以泥质灰陶为主，另有个别夹细砂灰陶、夹砂灰陶，夹细砂灰陶中有施深灰色陶衣。陶器均为轮制。纹饰有凹弦纹、细绳纹等。

钵　1件。2001FGQM9：14，泥质灰陶。敞口，尖圆唇，上腹斜直，折腹斜收成平底。口径13、底径4.6、高5厘米（图一六六，5）。

罐　5件。2001FGQM9：2，夹砂灰陶。侈口，方唇，束颈，圆鼓肩，鼓腹，平底。肩部饰有两周凹弦纹。器表及器内均有轮制痕迹。口径11.6、最大腹径21.6、底径12.8、高18.6厘米（图一六六，8）。2001FGQM9：3，夹细砂灰陶。敛口，方唇，矮领，折肩，垂腹，圜底。肩部以下饰有竖向细绳纹及菱格纹。口径13.8、最大腹径27.2、高22.4厘米（图一六六，9；图版四，3）。2001FGQM9：4，泥质灰陶。侈口，尖唇，束颈，圆鼓肩，鼓腹，平底。肩部饰有一周凹弦纹。口

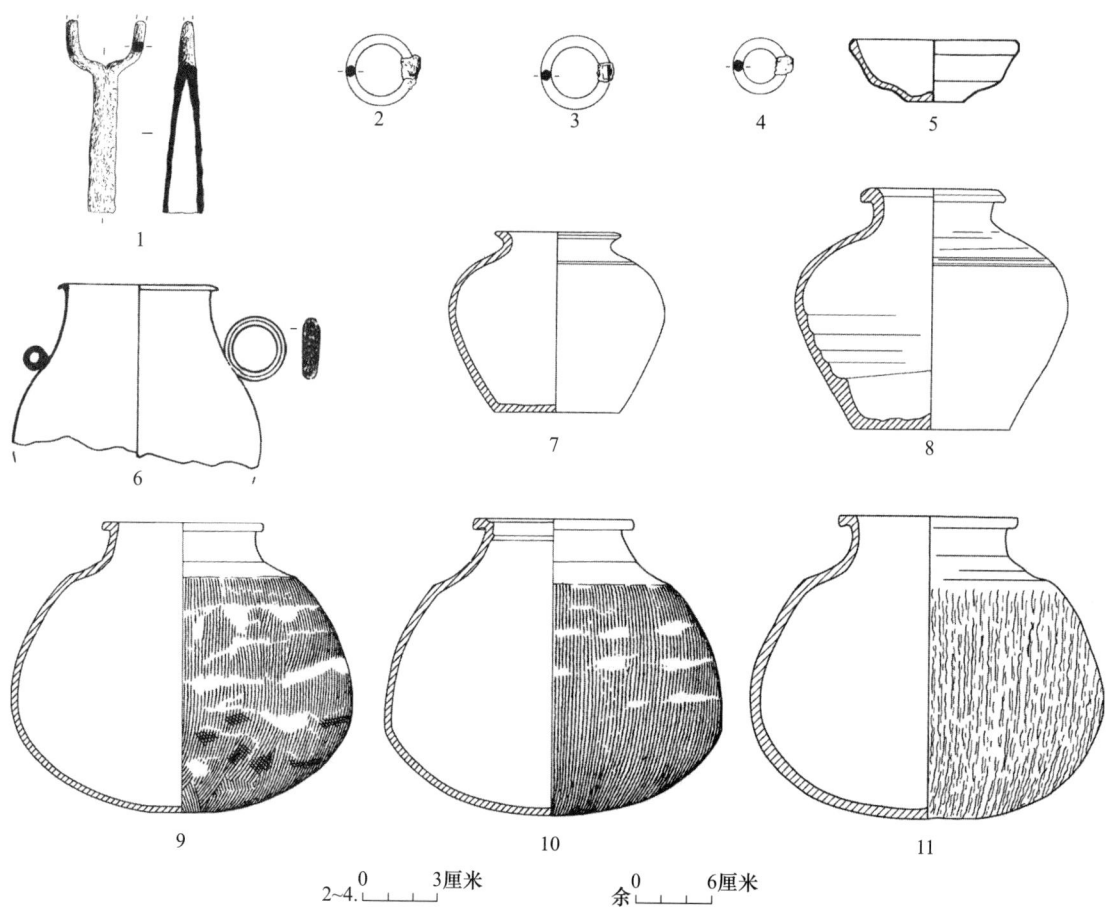

图一六六　2001FGQM9出土器物
1. 铁叉（2001FGQM9：1）　2~4. 铜环（2001FGQM9：10、2001FGQM9：11、2001FGQM9：9）　5. 陶钵（2001FGQM9：14）　6. 铜鍪（2001FGQM9：7）　7~11. 陶罐（2001FGQM9：4、2001FGQM9：2、2001FGQM9：3、2001FGQM9：6、2001FGQM9：5）

径10.6、最大腹径16.8、底径10.4、高14厘米（图一六六，7；图版三，1）。2001FGQM9：5，泥质灰陶。敛口，方唇，矮领，圆折肩，垂腹，圜底。领部饰有一周凹弦纹，肩部以下饰有竖向细绳纹。口径14.2、最大腹径28、高23.2厘米（图一六六，11）。2001FGQM9：6，夹细砂灰陶。敛口，方唇，矮领，折肩，垂腹，圜底。肩部以下饰有竖向细绳纹。口径13.8、最大腹径26.8、高23厘米（图一六六，10）。

2. 铜器

该墓共出土有铜器5件，为鍪、环、铜钱。铜钱皆残不可辨。

鍪　1件。2001FGQM9：7，直口，尖唇，束颈，溜肩，鼓腹，底部已残。肩部饰有两个大小不一的对称环耳。口径12.8、最大腹径20、残高13.2厘米（图一六六，6）。

环　3件。2001FGQM9：9，圆环状，直径3厘米（图一六六，4）。2001FGQM9：10。圆环状，直径2.9厘米（图一六六，2）。2001FGQM9：11，圆环状，直径2.1厘米（图一六六，3）。

3. 铁器

叉　1件。2001FGQM9：1，锈蚀严重。銎端为长方形，中有一方孔，另一端为"Y"形。长14.8、宽6.5、銎长3.4、宽2厘米（图一六六，1；彩版三九，7）。

一〇、2001FGQM10

（一）墓葬形制

M10位于团尚包墓地的中部偏北，该墓地T10西北部，开口于第1层下，墓口距地表0.2~0.25米，打破生土。墓内填土为黄褐色黏土，土质较疏松，包含大量砖块和少量陶片。

M10为砖室墓，平面呈凸字形，方向276°。由墓道、甬道、墓室三部分组成，总长5.68、最宽处3.3米。

墓道为长方形斜坡式，残长0.68、宽1.88、深0~0.47米。甬道位于墓室西部，内长2.24、宽1.42、残高0.44米。墓室内长2.4、宽2.86、残高0.48米。

甬道内采用长方形砖横向错缝平砌封门，齐墓口。墓底用长方形砖斜置平铺成人字形，甬道壁及墓壁采用长方形砖横向错缝平砌。墓顶情况不明。残存墓砖为长方形砖，长48、宽18、厚9厘米。墓砖朝墓室面饰有几何菱形纹、田字纹。

葬具不存，仅发现一人头骨，葬式不详，因该墓被扰，随葬品较少，摆放在甬道和墓室后部（图一六七，一六八）。

（二）随葬器物

该墓随葬器物极少，共出土5件。包括陶器、瓷器、铜器、料器四类。随葬器物以陶器为主，

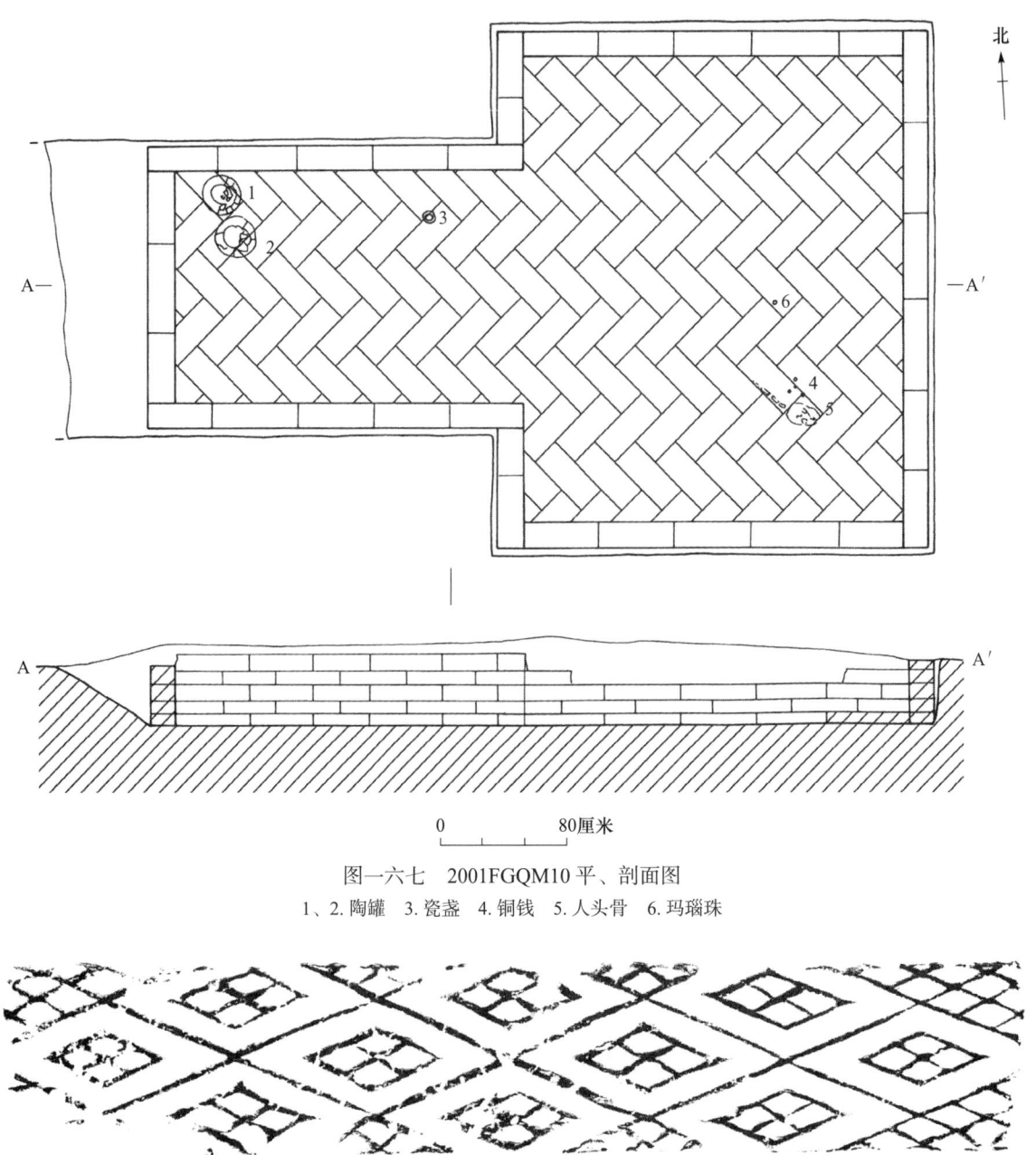

图一六七　2001FGQM10 平、剖面图
1、2. 陶罐　3. 瓷盏　4. 铜钱　5. 人头骨　6. 玛瑙珠

图一六八　2001FGQM10 出土墓砖（拓片）

器型为釜。瓷器为瓷盏。铜器为铜钱。料器为玛瑙珠。

1. 陶器

该墓共出土有陶器2件，为夹粗砂红陶、夹细砂灰陶。均为轮制。纹饰有细绳纹。

釜　2件。2001FGQM10∶1，夹粗砂红陶，敞口，方唇，束颈，溜肩，垂腹，圜底。口沿及腹部饰有竖向细绳纹。口径26.2、最大腹径23.6、高19.4厘米（图一六九，2）。2001FGQM10∶2，夹细砂灰陶。口部残。束颈，溜肩，垂腹，圜底。腹部及以下饰有竖向细绳纹。最大腹径20.5、残高13.6厘米（图一六九，1）。

2. 瓷器

盏　1件。2001FGQM10∶3，灰白胎，器表及器内施绿黄釉，部分剥落。侈口，尖圆唇，上腹较直，下腹斜收，假圈足微内弧。器表有轮制痕迹。口径7.5、底径3.9、高2.7厘米（图一六九，3）。

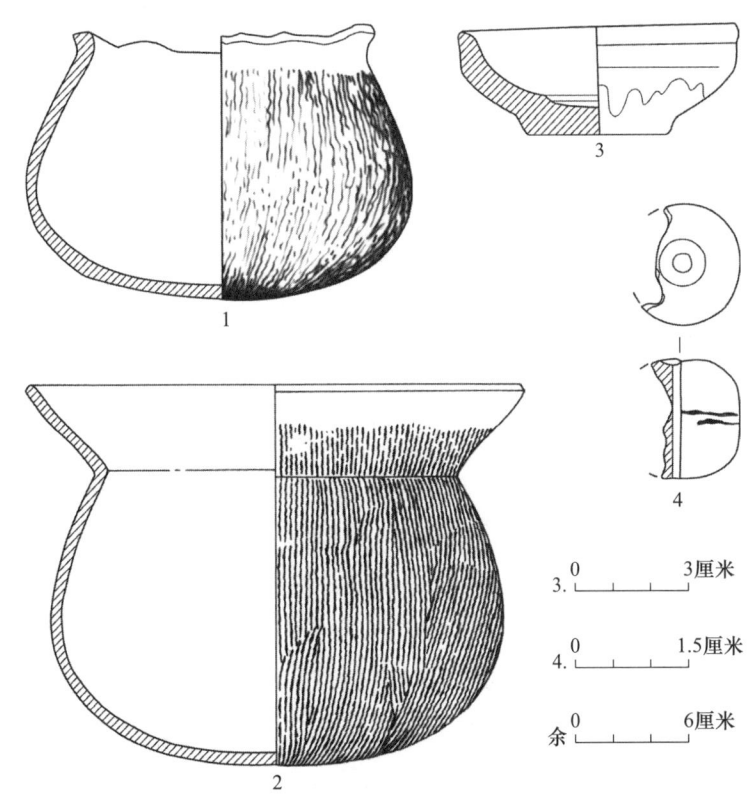

图一六九　2001FGQM10出土器物
1、2.陶釜（2001FGQM10∶2、2001FGQM10∶1）　3.瓷盏（2001FGQM10∶3）　4.玛瑙珠（2001FGQM10∶6）

3. 铜器

铜钱　7枚。有剪轮五铢和四铢两种。

剪轮五铢　6枚。肉薄径小，有文。钱径1.6、穿宽1厘米（图一七〇，1）。

四铢　1枚。2001FGQM10∶4-1，有郭，"铢"字"金"头呈三角形，"朱"圆折，上下对称。钱径2.2、穿宽0.9厘米（图一七〇，2）。

4. 料器

玛瑙珠　1件。2001FGQM10∶6，橘红色。圆柱状，中有一圆孔。直径1.5、孔径0.6、厚0.45厘米（图一六九，4；彩版四〇，6）。

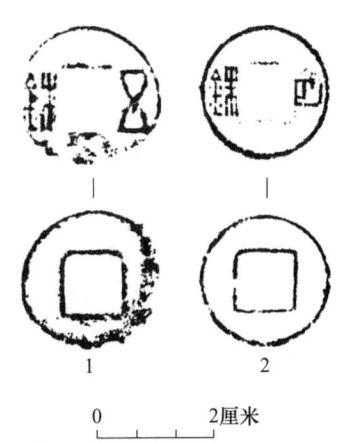

图一七〇　2001FGQM10出土钱币（拓片）
1.剪轮五铢（2001FGQM10）　2.四铢（2001FGQM10∶4-1）

第三节　黄岭堡墓地

黄岭堡墓地位于关田沟村三社，西临长江，东依高家镇新镇，南部、北部分别与秦家院子遗址、陈文英堡墓地隔沟相望，地形较缓，西低东高。该墓地按正南北向，采用探方法在其顶部共布5米×5米探方5个。实际发掘面积243.5平方米。共发掘墓葬8座，编号依次为2001F-GYM28～M35，其中M29、M30、M31、M32、M34为竖穴土坑墓，其余均为砖室墓（图一七一；彩版三，2）。

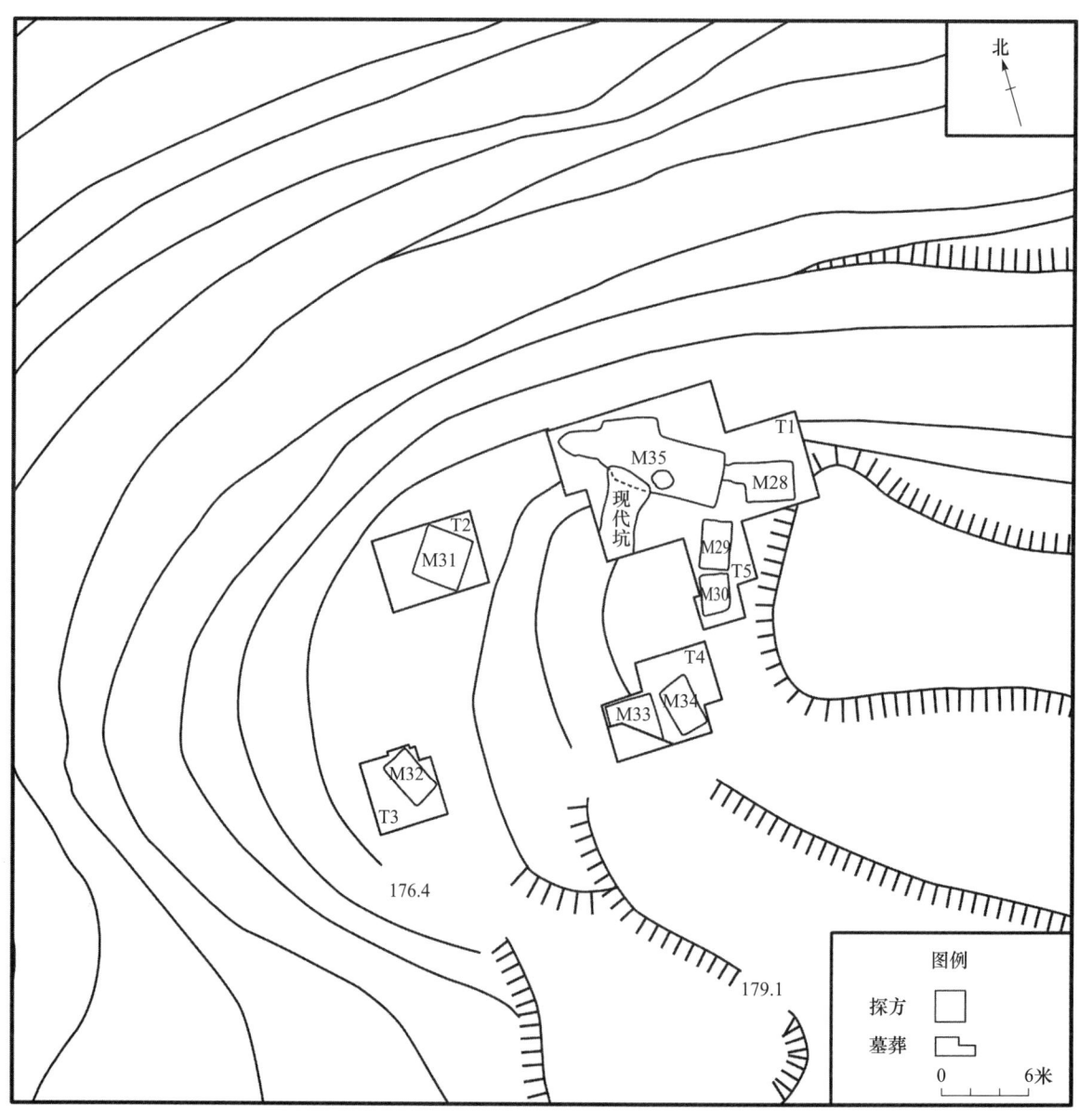

图一七一　黄岭堡墓地墓葬分布图

一、2001FGYM28

(一)墓葬形制

M28 位于黄岭堡墓地的东北部,位于该墓地 T1 的东南部,开口于第 2 层下,墓口距地表 0.05～0.25 米,被 2001FGYM35 打破,打破生土。墓内填土分为两层,上层为灰褐色黏土,土质较紧密,包含有较多的陶器残片和墓砖残块;下层为灰褐色淤泥土,土质细密松软,黏性较大,包含有陶器及残片、五铢钱。

M28 为砖室墓,平面呈刀把形,方向 285°,由墓道、甬道、墓室三部分组成。总长 4.92、最宽 2.7 米。

墓道位于墓室的北部,被 2001FGYM35 打破,残长 0.74、宽 0.94、深 0.84 米,墓道壁加工较直、较光滑。甬道内长 1.4、宽 0.98、高 0.89 米。墓室内长 2.2、宽 1.76、高 0.9 米。

墓道与甬道间使用长方形砖横向错缝平砌封门,封门砖砌于甬道内,残存六层砖。墓室底部未铺砖,使用加工后的生土面作为墓底。墓壁和甬道壁均采用长方形砖错缝平砌,券顶采用榫卯砖错缝砌筑,大部分已不存。墓砖有长方形砖和榫卯砖两种,长方形砖长 42、宽 20、厚 7 厘米,榫卯砖长 48、宽 20、厚 6～7 厘米,两种墓砖朝墓室面饰有菱形几何纹。

墓室仅发现少量骨骼碎渣,故墓主葬式、性别、年龄等不详。葬具已不存。随葬器物较少,分布在墓室的东侧和西侧(图一七二、图一七三)。

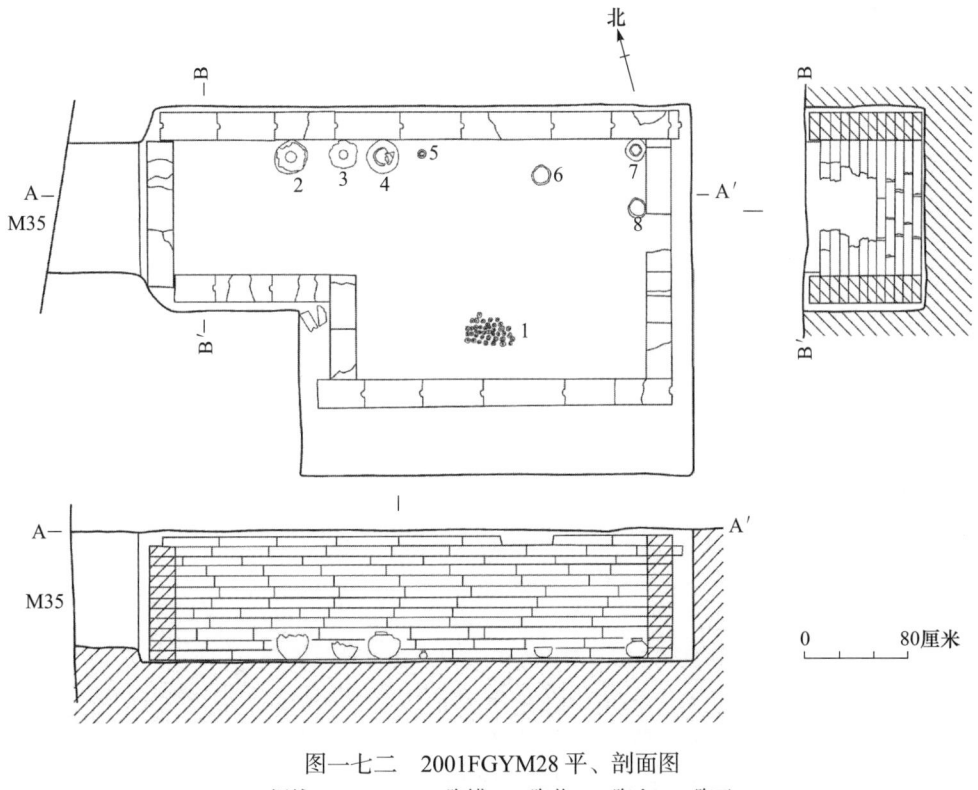

图一七二 2001FGYM28 平、剖面图
1. 铜钱 2、4、5、7. 陶罐 3. 陶井 6. 陶盒 8. 陶盂

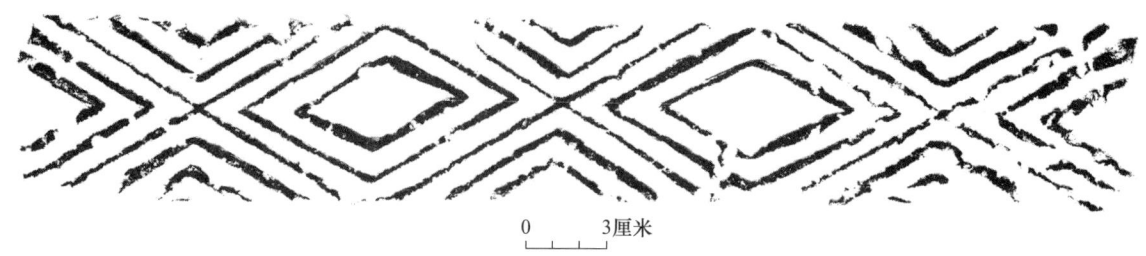

图一七三　2001FGYM28 出土墓砖（拓片）

（二）随葬器物

随葬器物较少，共出土 7 件，包括陶器和铜器两类，其中陶器居多。陶器的器型包含罐、盂、盒、井。铜器为铜钱。

1. 陶器

该墓共出土陶器 6 件，主要为泥质灰陶，还有少量泥质红陶。陶器均轮制。纹饰主要为凹弦纹。

罐　3 件。2001FGYM28：2，泥质灰陶。侈口，尖圆唇，宽沿，束颈，斜肩，鼓腹，大平底。素面，器内壁近底部留有轮制痕迹。口径 14、最大腹径 23.2、底径 15.6、高 15.6 厘米（图一七四，1）。2001FGYM28：4，泥质灰陶。侈口，尖圆唇，宽沿，束颈，斜肩，鼓腹，大平底。腹部留有数周轮制抹纹。口径 15.4、最大腹径 24.4、底径 16.8、高 15.2 厘米（图一七四，2）。2001FGYM28：7，泥质灰陶。敞口，圆唇，斜直领，斜折肩，鼓腹，平底。肩部饰一周凹弦纹。

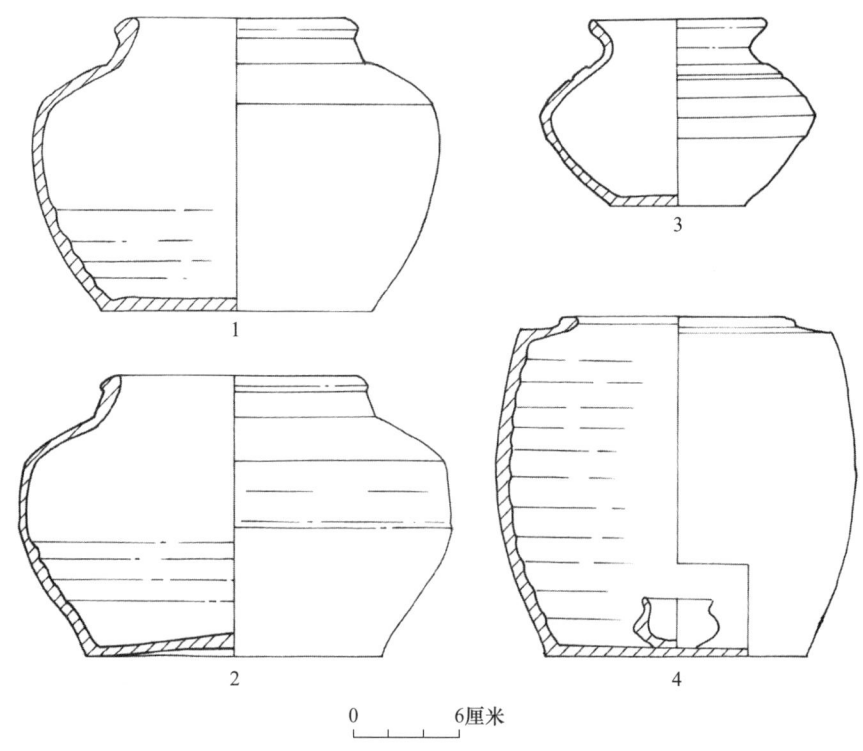

图一七四　2001FGYM28 出土陶器（一）
1～3. 罐（2001FGYM28：2、2001FGYM28：4、2001FGYM28：7）　4. 井（2001FGYM28：3）

口径 10、最大腹径 15.6、底径 7.6、高 10 厘米（图一七四，3）。

盂 1 件。2001FGYM28：8，泥质红陶，器内口沿和器表上腹部以上施酱红釉。侈口，圆唇，束颈，折腹，平底。肩腹部饰两周凹弦纹。口径 12、最大腹径 13.2、底径 7.6、高 9 厘米（图一七五，1）。

盒 1 件。2001FGYM28：6，泥质红陶，器表施红釉。直口，方唇，上腹较直，下腹圆折斜收，平底。腹部饰一周凹弦纹。口径 15.2、底径 6.8、高 4.6 厘米（图一七五，2）。

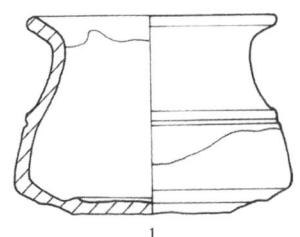
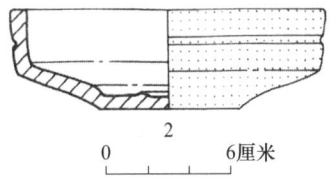

图一七五 2001FGYM28 出土陶器（二）
1.盂（2001FGYM28：8） 2.盒（2001FGYM28：6）

井 1 件。2001FGYM28：3，泥质灰陶。井盖、井架已残，仅存井身。井身敛口，圆唇，折肩，筒腹微鼓，大平底。内有一小罐，侈口，圆唇，束颈，溜肩，鼓腹，平底。井内壁留有轮制痕迹。小罐口径 4、最大腹径 4.8、底径 2.4、高 3.2 厘米。井身口径 13.2、最大腹径 20、底径 14.8、高 18.3 厘米（图一七四，4；图版一六，5）。

2. 铜器

该墓出土铜器为 68 枚铜钱。

铜钱 68 枚，均为五铢。

A 型 65 枚。未磨郭。2001FGYM28：1-1，"五"字交笔弯曲，金字头呈三角形，"朱"字上方下圆。钱径 2.6、穿宽 0.9 厘米（图一七六，1）。

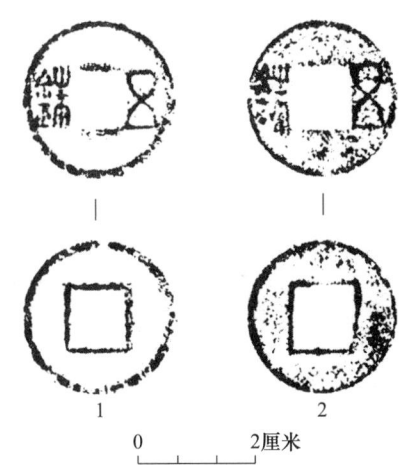

图一七六 2001FGYM28 出土钱币（拓片）
1.A 型五铢（2001FGYM28：1-1） 2.B 型五铢（2001FGYM28：1-2）

B 型 3 枚。磨郭。2001FGYM28：1-2，"五"字交笔缓曲，金字头呈箭镞形，"朱"字上方下圆。钱径 2.6、穿宽 1 厘米（图一七六，2）。

二、2001FGYM29

（一）墓葬形制

M29 位于黄岭堡墓地的中部偏东，位于该墓地 T5 的西北部，少部分伸入该墓地 T1 南部，开口于第 2 层下，墓口距地表 0.25~0.3 米，打破生土。墓内填土为红褐色黏土，并夹杂黄沙土和料姜石。

M29 为土坑竖穴墓，平面呈长方形，方向 20°，无墓道。墓室长 3.2、宽 1.98、深 1.80 米。墓口和墓底大小基本一致，墓壁较平直，四周转角稍圆。

墓室仅发现少量腐朽严重的人骨，故无法判断墓主的葬式、性别、年龄等。葬具为棺椁，发现其朽痕。随葬器物较丰富，放置无规律，遍布于整个墓室（图一七七；彩版一九，1、2）。

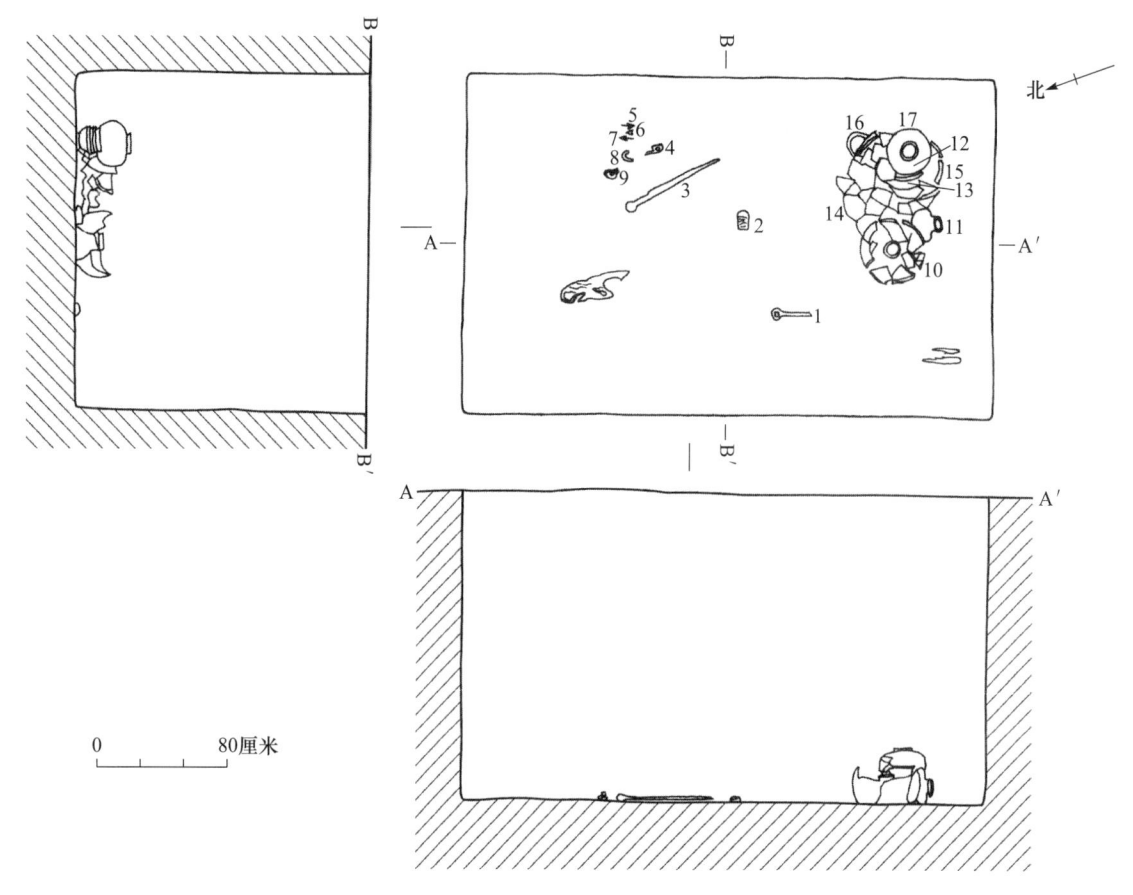

图一七七　2001FGYM29 平、剖面图
1. 铁削　2. 铁斧　3. 铁刀　4. 骨饰件　5、7. 铜箭镞　6. 铜钗　8. 铜弩机　9. 铜钱　10、12. 陶罐　11. 陶锤　13. 陶甑　14. 陶仓　15. 陶釜　16. 陶钵　17. 陶盆

（二）随葬器物

随葬器物较丰富，共出土 21 件，包括陶器、铜器、铁器、骨器四类。陶器的器型包含钵、罐、釜、甑、锤、盆、仓。铜器包括弩机、箭镞、钗、铜钱。铁器包含斧、刀、削。骨器为骨饰品。

1. 陶器

该墓共出土陶器 12 件，均为泥质灰陶，轮制，纹饰以凹弦纹居多，还包含凸弦纹。

钵　5 件。2001FGYM29：16-1，泥质灰陶。敞口，厚圆唇，折腹，平底。素面。口径

15.2、底径 5.2、高 5 厘米（图一七八，1）。2001FGYM29：16-2，泥质灰陶。敞口，厚圆唇，折腹，平底。素面。口径 15.2、底径 5.2、高 5 厘米（图一七八，2）。2001FGYM29：16-3，泥质灰陶。敞口，厚圆唇，折腹，平底。素面。口径 15.2、底径 5.2、高 5 厘米（图一七八，3）。2001FGYM29：16-4，泥质灰陶。敞口，厚圆唇，口沿下器壁内凹，斜弧腹内收，平底。器内壁留有轮制痕迹。口径 20.4、底径 5.6、高 5.7 厘米（图一七八，4）。2001FGYM29：16-5，泥质灰陶。敞口，厚圆唇，口沿下器壁内凹，斜弧腹内收，平底。器内壁留有轮制痕迹。口径 20.4、底径 5.6、高 5.7 厘米（图一七八，5）。

罐　2 件。2001FGYM29：10，泥质灰陶。侈口，圆唇，宽卷沿，束颈，鼓肩，鼓腹，大平底。肩部饰三周凹弦纹。口径 13.6、最大腹径 34.4、底径 24.4、高 24 厘米（图一七八，10；图版五，1）。2001FGYM29：12，泥质灰陶。侈口，圆唇，束颈，鼓肩，鼓腹，下腹弧收，平底。肩部饰两周凹弦纹，器内壁近底部留有轮制痕迹。口径 12.8、最大腹径 27.6、底径 15.2、高 18.6 厘米（图一七八，9；图版五，5）。

釜　1 件。2001FGYM29：15，泥质灰陶。口微敞，圆唇，高领，圆鼓腹，平底微内凹，腹部饰两对称衔环耳，耳上饰五道凹纹。腹部饰两周凸弦纹。口径 26、最大腹径 36.2、底径 17.2、高 25.6 厘米（图一七八，11；图版六，8）。

甑　1 件。2001FGYM29：13，泥质灰陶。直口，尖圆唇，宽平沿，弧腹下收，平底。底部共分布

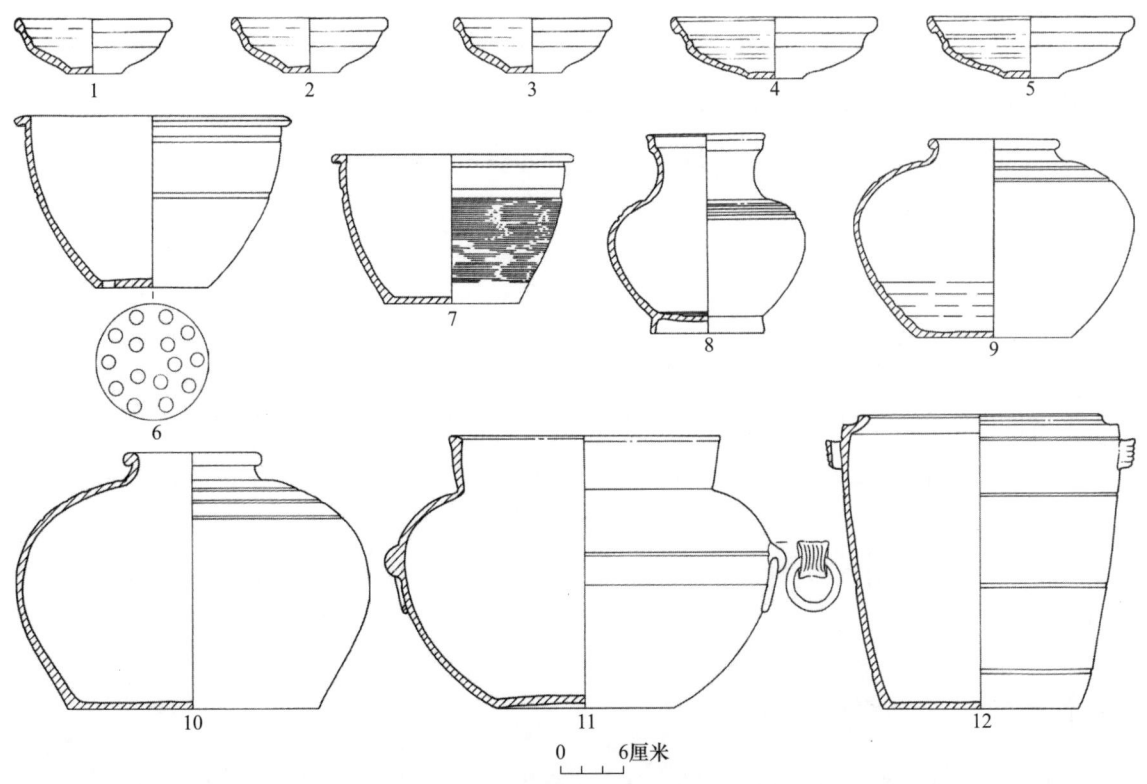

图一七八　2001FGYM29 出土陶器

1~5.钵（2001FGYM29：16-1、2001FGYM29：16-2、2001FGYM29：16-3、2001FGYM29：16-4、2001FGYM29：16-5）　6.甑（2001FGYM29：13）　7.盆（2001FGYM29：17）　8.锺（2001FGYM29：11）　9、10.罐（2001FGYM29：12、2001FGYM29：10）　11.釜（2001FGYM29：15）　12.仓（2001FGYM29：14）

十五个篦孔。腹部饰两周凹弦纹。口径27、底径10.8、高16厘米（图一七八，6；图版七，3、4）。

钟　1件。2001FGYM29：11，泥质灰陶。盘口，方唇，束颈，圆肩，鼓腹，矮圈足，圈足略外撇，底部微下凹。肩腹部饰数周凹弦纹。口径11.6、最大腹径19.6、足径11.2、通高18.6厘米（图一七八，8；彩版三一，4）。

盆　1件。2001FGYM29：17，泥质灰陶。直口，圆唇，平沿。弧腹，大平底。腹部饰一周凹弦纹，并留有轮制抹纹。口径23.6、底径13.2、高14厘米（图一七八，7）。

仓　1件。2001FGYM29：14，泥质灰陶，敛口，圆唇，平折肩，腹部斜直，平底。上腹部作两个耳，其上饰数道凹纹。腹部饰四周凹弦纹。口径24、最大腹径27.6、底径19.2、高27.6厘米（图一七八，12；图版一五，3）。

2. 铜器

该墓共出土铜器5件，包括弩机、箭镞、钗和铜钱。

弩机　1件。2001FGYM29：8，由扳机、制动、望山板组成，各构件之间用榫卯连接。长6.8、宽2厘米（图一七九，1；彩版三九，4）。

箭镞　2件。2001FGYM29：5，宽扁翼，长四棱铤，由圆柱形和圆锥形两段组成，尖锋。长5.6厘米（图一七九，3；彩版三九，2）2001FGYM29：7，三棱形翼，两翼弧收成铤，长柱铤，尖锋。长8.2厘米（图一七九，4；彩版三九，3）。

钗　1件。2001FGYM29：6，头端呈倒"U"形，尾端均残。长9.3厘米（图一七九，5）。

铜钱　10枚，仅1枚钱文可辨，五铢，未磨郭。2001GHYM29：9，穿上有郭，且较大、较粗。"五"字交笔弯曲，上下两横出头接于内、外郭，金字头呈三角形，"朱"字上方下圆，钱径2.5、穿宽0.9厘米（图一七九，2）。

3. 铁器

该墓共出土铁器3件，包括斧、刀和削。

斧　1件。2001FGYM29：2，弧刃，侧面呈三角形，长方形銎。长9、宽6厘米（图一七九，6）。

刀　1件。2001FGYM29：3，环首，刀身较直，单刃。长54.4、宽2.8、厚0.8厘米（图一七九，7）。

削　1件。2001FGYM29：1，已残，环首，呈长条形，单刃。残长16.8、宽1.4厘米（图一七九，8；彩版三九，6）。

4. 骨器

该墓共出土骨器1件，即为骨饰件。

饰件　1件。2001FGYM29：4，已残，磨制，呈不规则形状，中有一孔。残长4.4、宽2.1、厚0.4厘米（图一七九，9）。

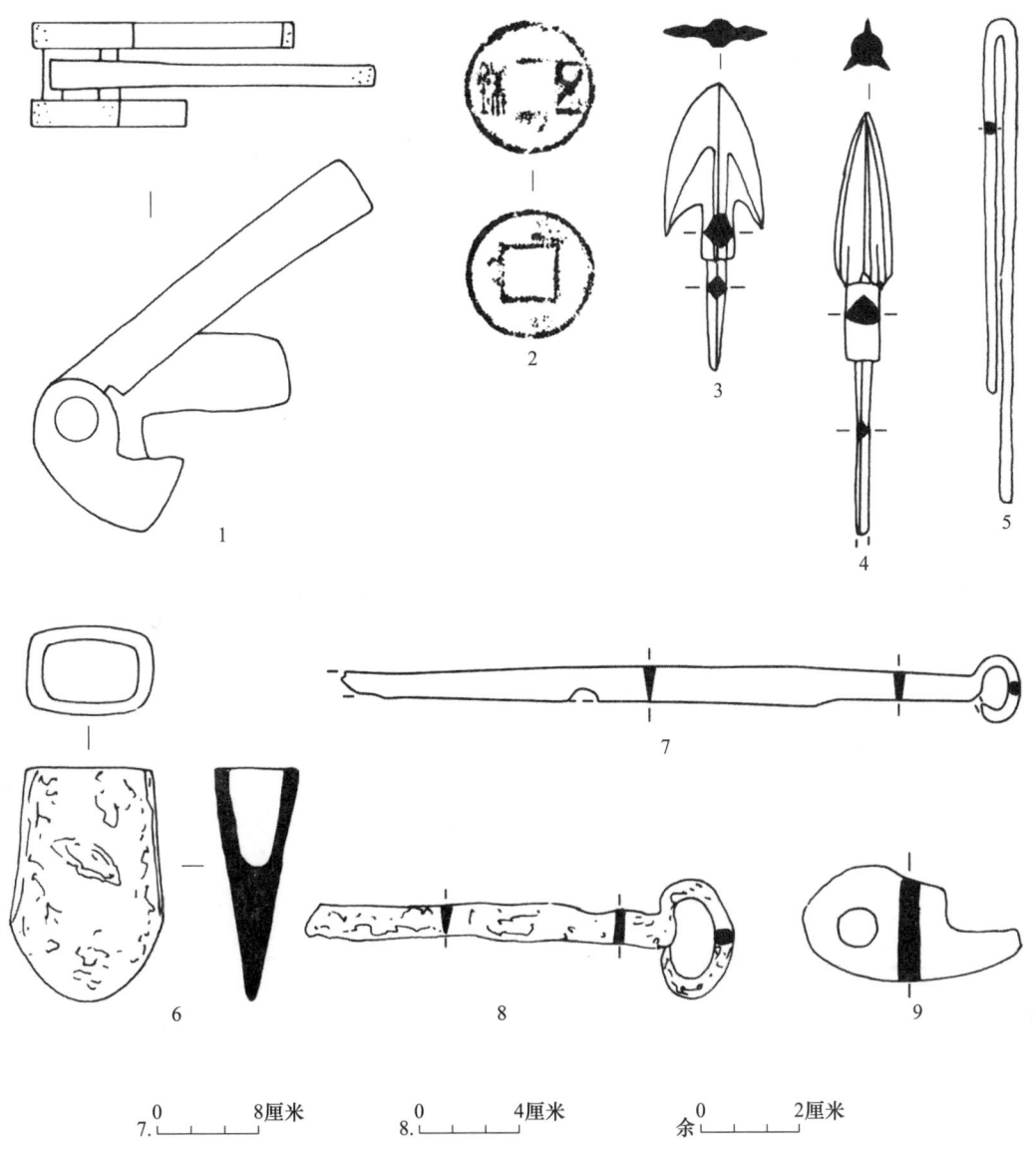

图一七九　2001FGYM29 出土器物

1. 铜弩机（2001FGYM29：8） 2. 铜钱拓片（2001GHYM29：9） 3、4. 铜箭镞（2001FGYM29：5、2001FGYM29：7） 5. 铜钗（2001FGYM29：6） 6. 铁斧（2001FGYM29：2） 7. 铁刀（2001FGYM29：3） 8. 铁削（2001FGYM29：1） 9. 骨饰件（2001FGYM29：4）

三、2001FGYM30

M30 位于黄岭堡墓地的中部偏南，位于该墓地 T5 的西南部，开口于第 2 层下，墓口距地表 0.25～0.3 米，打破生土。墓内填土为黄褐色黏土，并夹杂料姜石。

M30 为土坑竖穴墓，平面呈近长方形，方向 12°，无墓道。墓室长 2.3～2.66、宽 1.7～1.85、深 0.3～0.7 米。

墓口和墓底大小基本一致，墓壁较平直，有夯打迹象，四周转角稍圆。

未发现人骨、葬具及随葬器物（图一八〇）。

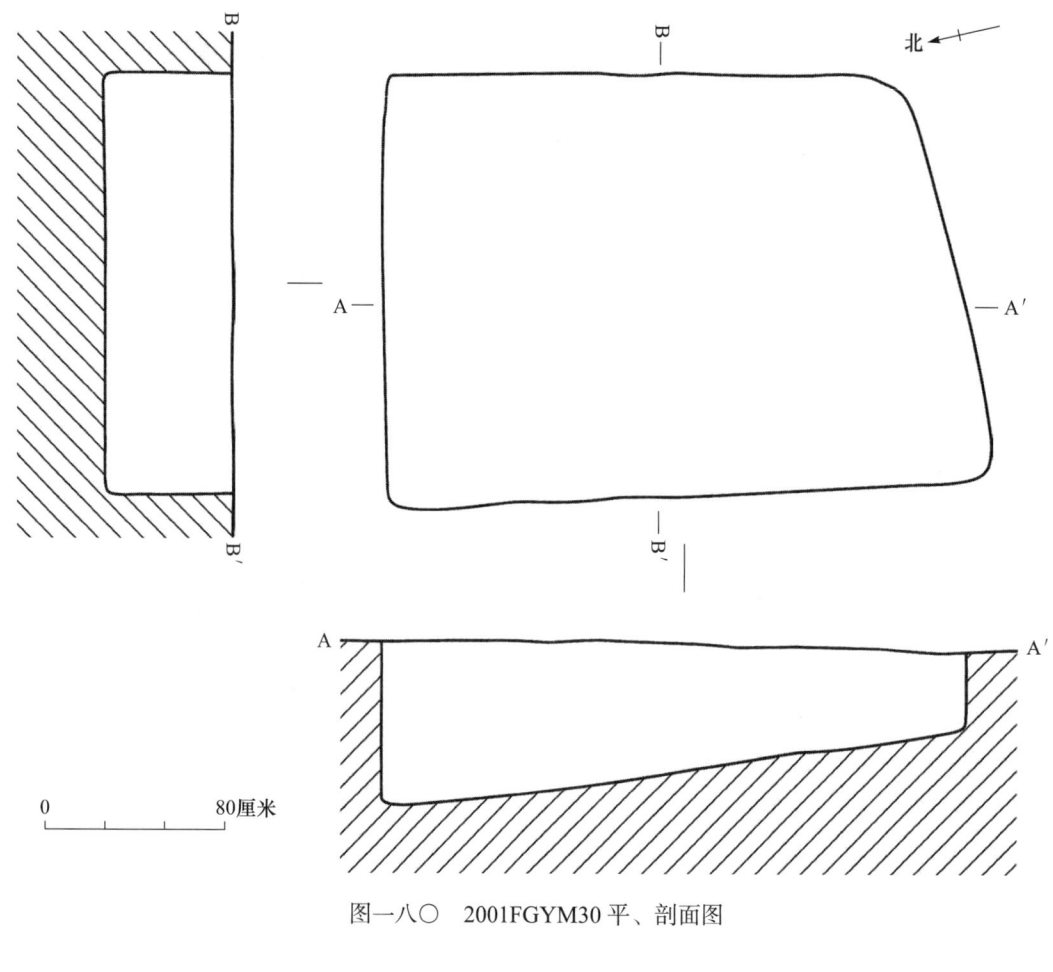

图一八〇　2001FGYM30 平、剖面图

四、2001FGYM31

（一）墓葬形制

M31 位于黄岭堡墓地的西北部，位于该墓地 T2 的东部，开口于第 2 层下，墓口距地表 0.25～0.6 米，打破生土。墓内填土为红褐色黏土，并夹杂料姜石。

M31 为土坑竖穴墓，平面呈长方形，方向 35°，无墓道。墓口长 3.5、宽 3.3 米，墓底长 3.2、宽 3.08 米，深 1.3 米。

墓口略大于墓底，墓壁较平直、光滑，四周转角稍圆。距墓口 0.74 米处筑有熟土二层台，厚 0.08～0.18 米，为黄色砂石土并夹杂有料姜石颗粒，结构较紧密，有夯打现象。在熟土二层台的同一水平面，墓室四周分布有宽 0.08～0.1、厚 0.05 米的黑褐色土，其与二层台紧密相连，发掘者推测为椁室。

墓室仅发现若干人骨残块，无法判断其葬式、性别、年龄。根据残存的椁室痕迹，推测葬具应为棺椁。随葬品较少，放置无规律，遍布整个墓室（图一八一）。

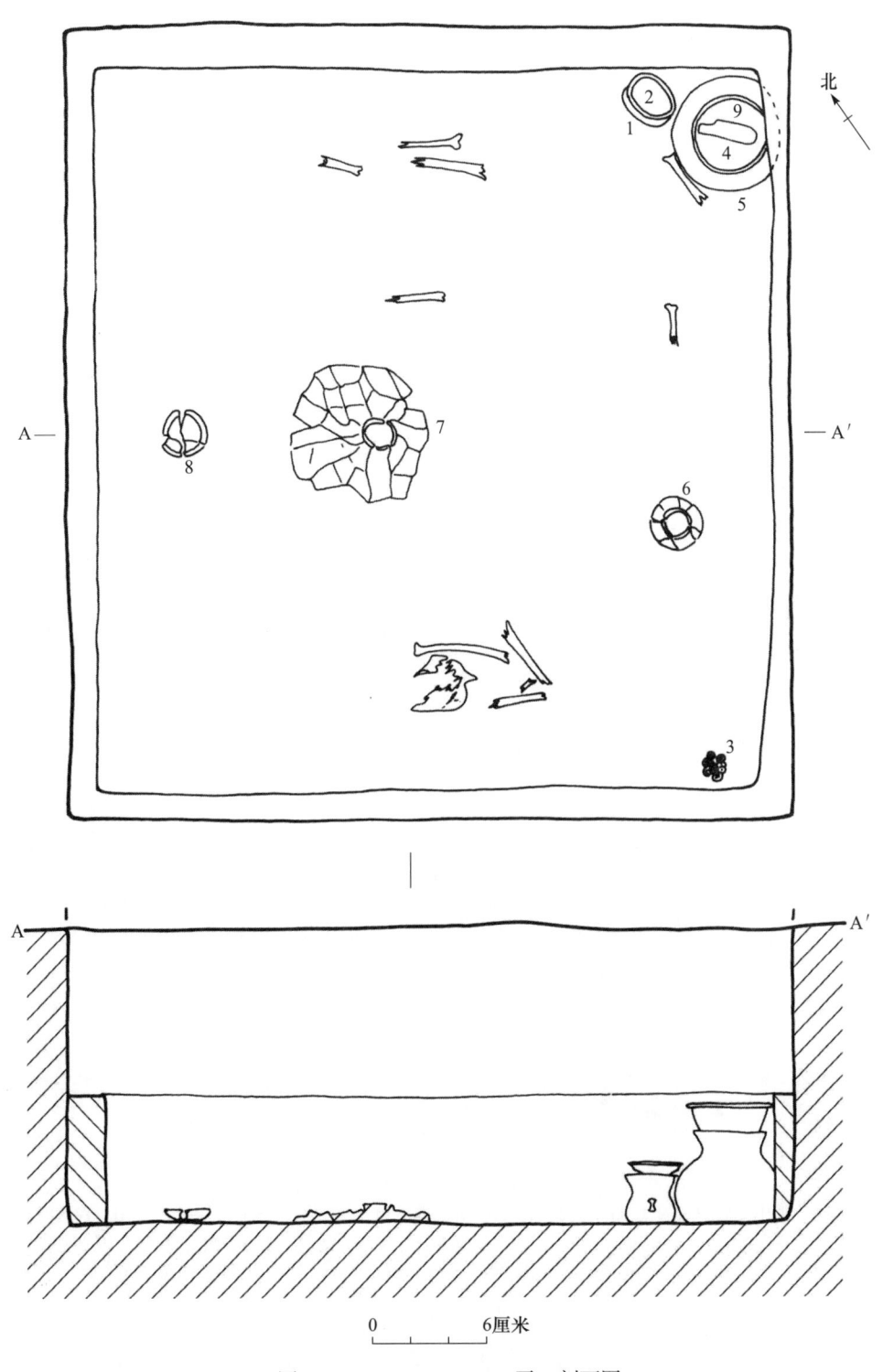

图一八一　2001FGYM31 平、剖面图
1.铜鍪　2、8.陶钵　3.铜钱　4.陶盆　5.铁釜　6.陶罐　7.陶瓮　9.铁镬

（二）随葬器物

随葬器物较少，共出土7件，包括陶器、铁器、铜器、石器四类。陶器居多，器型包括钵、罐。铜器为鍪和铜钱。铁器为镬。石器为石斧。

1. 陶器

该墓共出土陶器 3 件，主要为泥质灰陶。陶器以轮制为主，纹饰以凹弦纹居多，还包含凸弦纹。

钵　2 件。2001FGYM31：2，泥质灰陶。敞口，厚圆唇，折腹下收微内曲，平底，底部内凸。器表饰数周凹弦纹，器内壁留有轮制痕迹，并有较多凹凸。口径 18.4、底径 5.2、高 6.4 厘米（图一八二，1）。2001FGYM31：8，泥质灰陶。敞口，厚圆唇，上腹斜直，折腹下收，平底。下腹部饰两周凹弦纹。口径 17.2、底径 5.6、高 5.6 厘米（图一八二，2）。

罐　1 件。2001FGYM31：6，泥质灰陶。侈口，唇面内凹，卷沿，束颈，折肩，弧腹斜收，圜底。上腹留有轮制痕迹，下腹饰绳纹。口径 13.4、最大腹径 21.4、高 15 厘米（图一八二，3；图版四，2）。

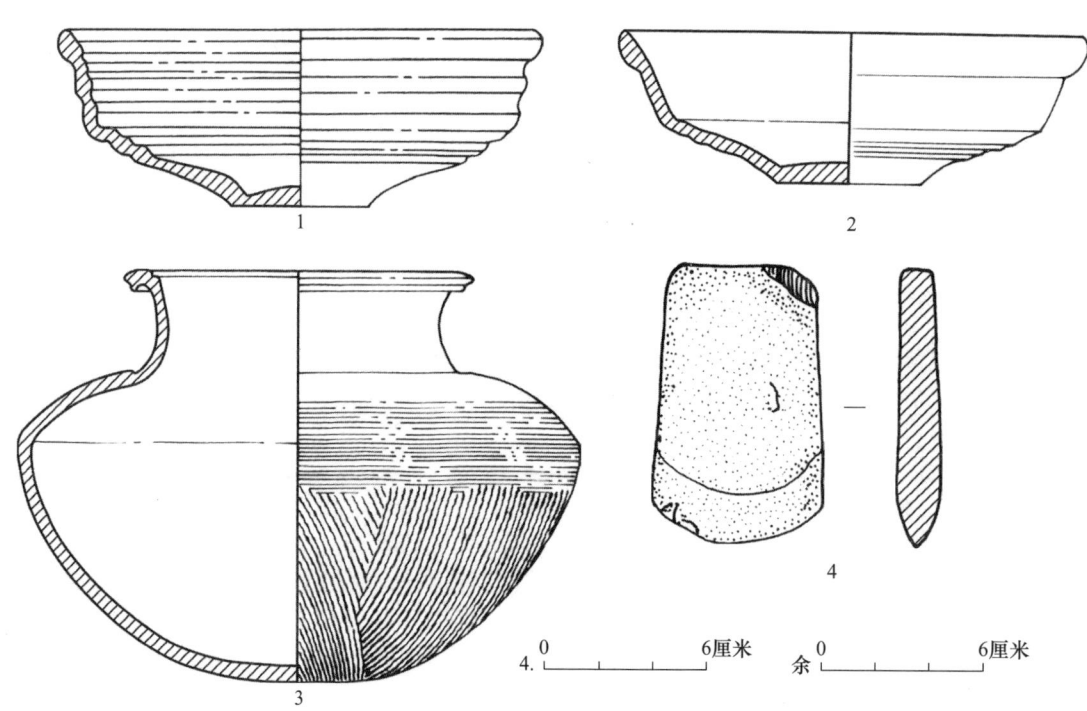

图一八二　2001FGYM31 出土器物（一）
1、2. 陶钵（2001FGYM31：2、2001FGYM31：8）　3. 陶罐（2001FGYM31：6）　4. 石斧（2001FGYM31：10）

2. 铜器

该墓共出土铜器 2 件，包括铜鍪和铜钱。

鍪　1 件。2001FGYM31：1，侈口，方唇，束颈，折肩，圆弧腹，圜底，底部残。肩部作两对称圆形耳，肩腹部饰一周凸弦纹。口径 15、最大腹径 18.8、高 15.6 厘米（图一八三，1）。

铜钱　10 枚。均为五铢，皆未磨郭。2001FGYM31：3-1，"五"字交笔较直，金字头呈三角形，"朱"字上方下圆。钱径 2.6、穿宽 1.1 厘米（图一八四，1）。2001FGYM31：3-2，"五"字交

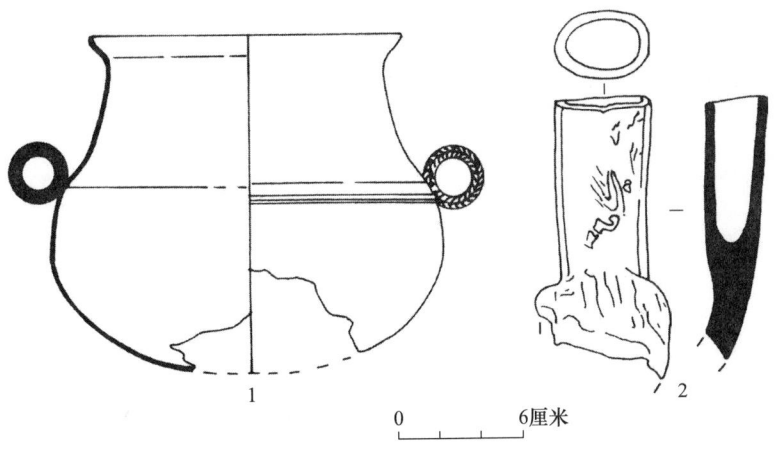

图一八三 2001FGYM31 出土器物（二）
1. 铜鍪（2001FGYM31：1） 2. 铁锸（2001FGYM31：9）

笔缓曲，金字头呈三角形，"朱"字上方下圆。钱径2.6、穿宽0.9厘米（图一八四，2）。

3. 铁器

该墓共出土铁器1件，为铁锸。

锸 1件。2001FGYM31：9，器身已残，仅存部分，顶端包卷成长方形銎。残长13、宽4.8～6.5厘米（图一八三，2）。

4. 石器

石斧 1件。2001FGYM31：10，宽3.2、高5.1、厚0.8厘米（图一八二，4）。

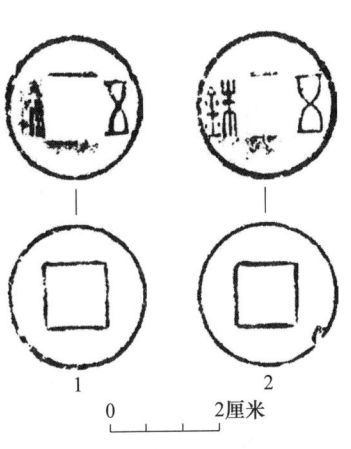

图一八四 2001FGYM31 出土钱币（拓片）
1、2. 五铢（2001FGYM31：3-1、2001FGYM31：3-2）

五、2001FGYM32

（一）墓葬形制

M32位于黄岭堡墓地的西南部，位于该墓地T3的东北部，开口于第2层下，墓口距地表0.35～0.85米，打破生土。墓内填土为红褐色夹灰褐色土形成的五花土，土质较黏，包含有少量红烧土。

M32为土坑竖穴墓，平面呈长方形，方向333°，无墓道。墓口长3.55、宽2米，墓底长3.65、宽2.1米，深1.45米。

墓口略小于墓底，墓壁较平直、光滑，四周转角稍圆。

墓室仅发现少量人骨碎渣，无法判断其葬式、性别、年龄等。葬具已不存。随葬品少，位于墓室的东南角（图一八五）。

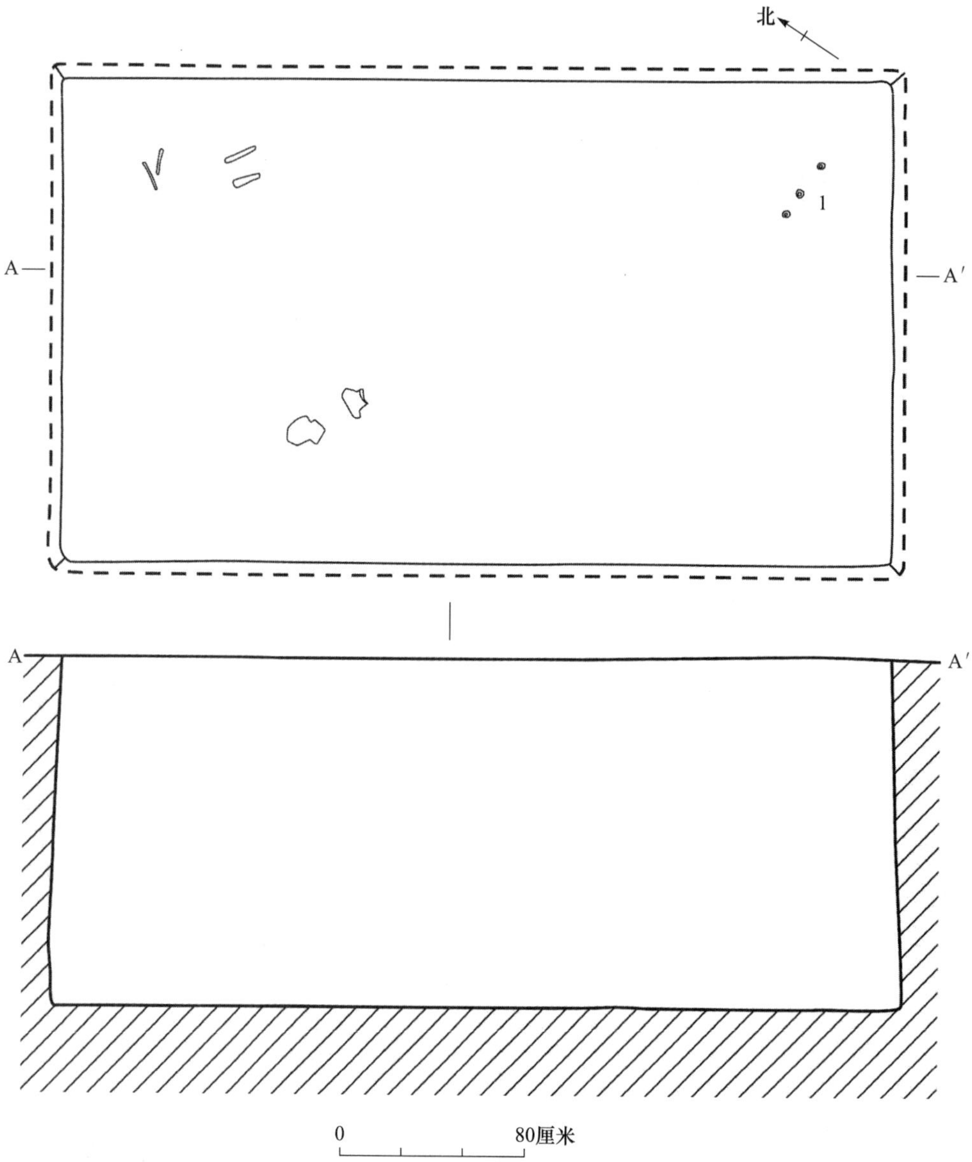

图一八五　2001FGYM32 平、剖面图
1. 铜钱

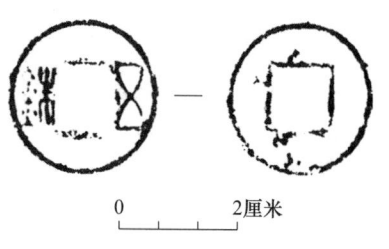

图一八六　2001FGYM32
出土钱币（拓片）
五铢（2001FGYM32∶1）

（二）随葬器物

随葬器物少，共出土1件，器类为铜器，即铜钱。

铜钱　18枚。仅3枚清晰可辨，均为五铢，皆未磨郭，2001FGYM32∶1，"五"字交笔较直，金字头呈三角形，"朱"字上方下圆，钱径2.6、穿宽1厘米（图一八六）。

六、2001FGYM33

(一)墓葬形制

M33位于黄岭堡墓地的南部,位于该墓地T4的西南部,开口于第2层下,墓口距地表0.15~0.85米,并打破生土。墓内填土为黄褐色土,夹杂有料姜石,土质较黏。

M33为砖室墓,平面呈刀把形,方向270°。由墓道、甬道和墓室三部分组成。总长3.54、最宽2.9米(图一八七)。

墓道和甬道遭扰乱严重,其结构及长、宽和高等不详。墓室内长2.94、残宽0.92~2.6、高0.8~1.44米。

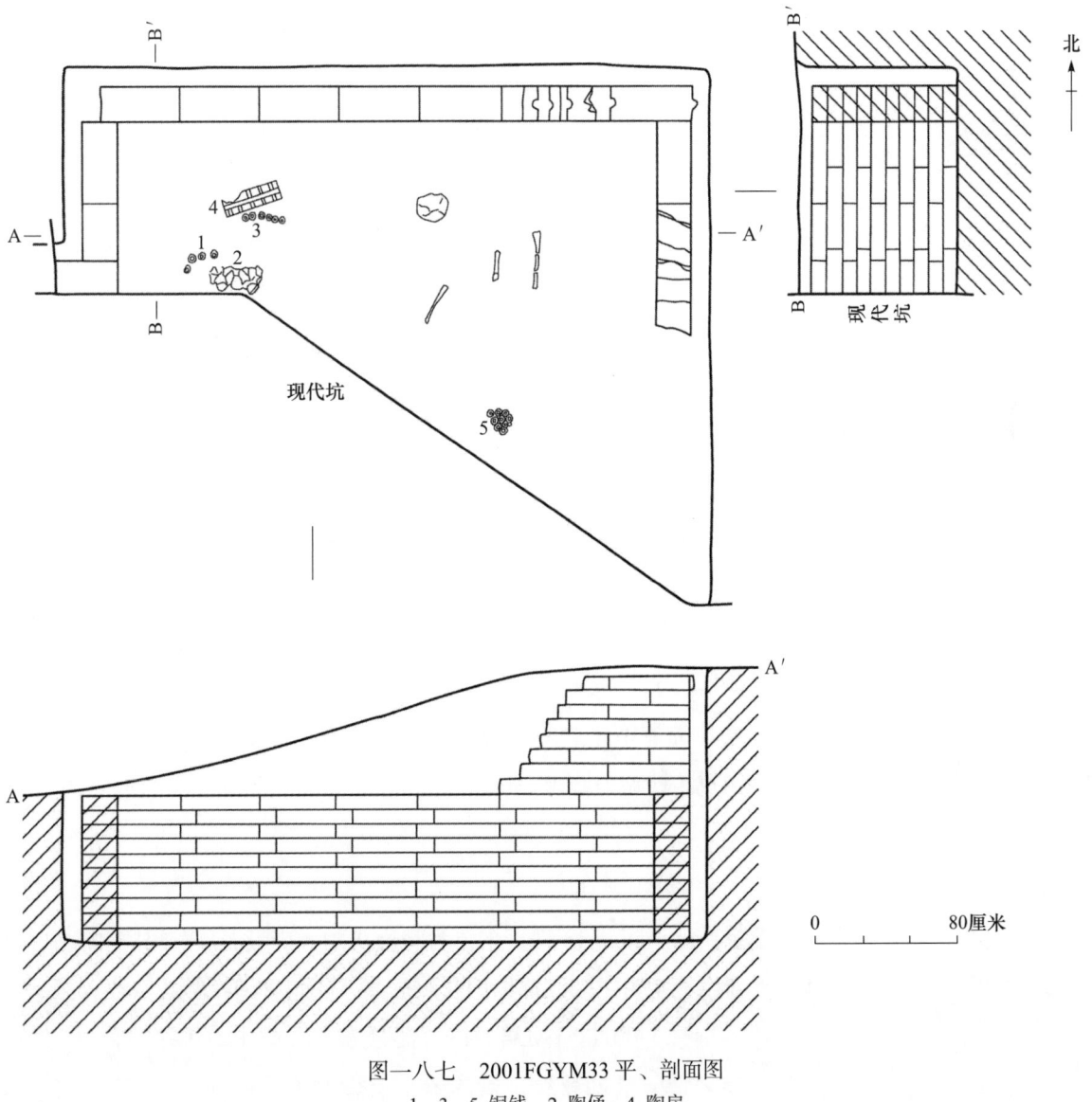

图一八七 2001FGYM33平、剖面图
1、3、5.铜钱 2.陶俑 4.陶房

墓室底部未铺砖。墓壁采用长方形砖横向错缝平砌，券顶坍塌，从残存部分可以看出，起券采用榫卯砖纵向错缝砌筑。长方形砖长44、宽20、厚8厘米，榫卯砖长46、宽20、厚8厘米。长方形墓砖朝墓室面饰有菱形几何纹。

墓室仅发现若干人骨残块，故墓主葬式、性别、年龄等不明。葬具已不存。随葬器物较少，主要分布于墓室的西侧。

（二）随葬器物

随葬器物较少，共出土5件，包括陶器和铜器两类。陶器的器型包含残陶俑和残陶房，均无法修复。铜器为铜钱。

铜钱　19枚。仅1枚清晰可辨，为货泉，未磨郭。2001FGYM33：3，钱文"泉"字中竖中断，内郭为单。钱径2.0、穿宽0.8厘米（图一八八）。

七、2001FGYM34

（一）墓葬形制

M34位于黄岭堡墓地的南部，位于该墓地T4的东南部，其西侧分布2001FGYM33，开口于第2层下，墓口距地表0.15～0.85米，打破生土。墓内填土为红褐色土，土质较黏，较紧密。

M34为土坑竖穴墓，平面呈长方形，方向350°，无墓道。墓口长3.2～3.5、宽1.94～2.1米，墓底长3.06～3.12、宽1.76米，深1.44～1.6米。距墓口0.34米处直至墓底筑有熟土二层台，宽0.1～0.16米，其为黄褐色土夹杂红褐色土，土质较黏、较紧密，有夯打迹象。

墓口略大于墓底，墓壁较平直，四周转角稍圆。

人骨及葬具已不存。随葬品较丰富，集中分布在墓室的南侧（图一八九；彩版二〇，2）。

（二）随葬器物

随葬器较丰富，共出土24件，包括陶器、铜器、铁器三类，其中陶器居多。陶器的器型包含钵、罐、釜、甑、仓、纺轮。铜器包含弩机构件、箭镞、铜钱。铁器为铁䦆和铁刀。

1. 陶器

该墓共出土陶器16件，主要为泥质灰陶，少量泥质灰褐陶和夹砂灰褐陶。陶器以轮制为主，纹饰以凹弦纹居多，还包含绳纹和凸弦纹。

钵　7件。2001FGYM34：13，泥质灰陶。敞口，厚圆唇，斜弧腹，平底。器表饰数周凹弦纹，器内壁留有轮制痕迹，并有较多凹凸。口径17.6、底径6.4、高7.4厘米（图一九〇，1）。2001FGYM34：14，泥质灰

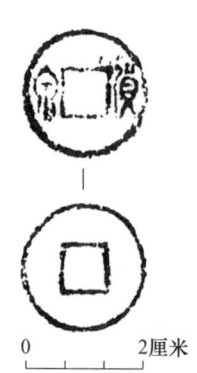

图一八八　2001FGYM33出土钱币（拓片）
货泉（2001FGYM33：3）

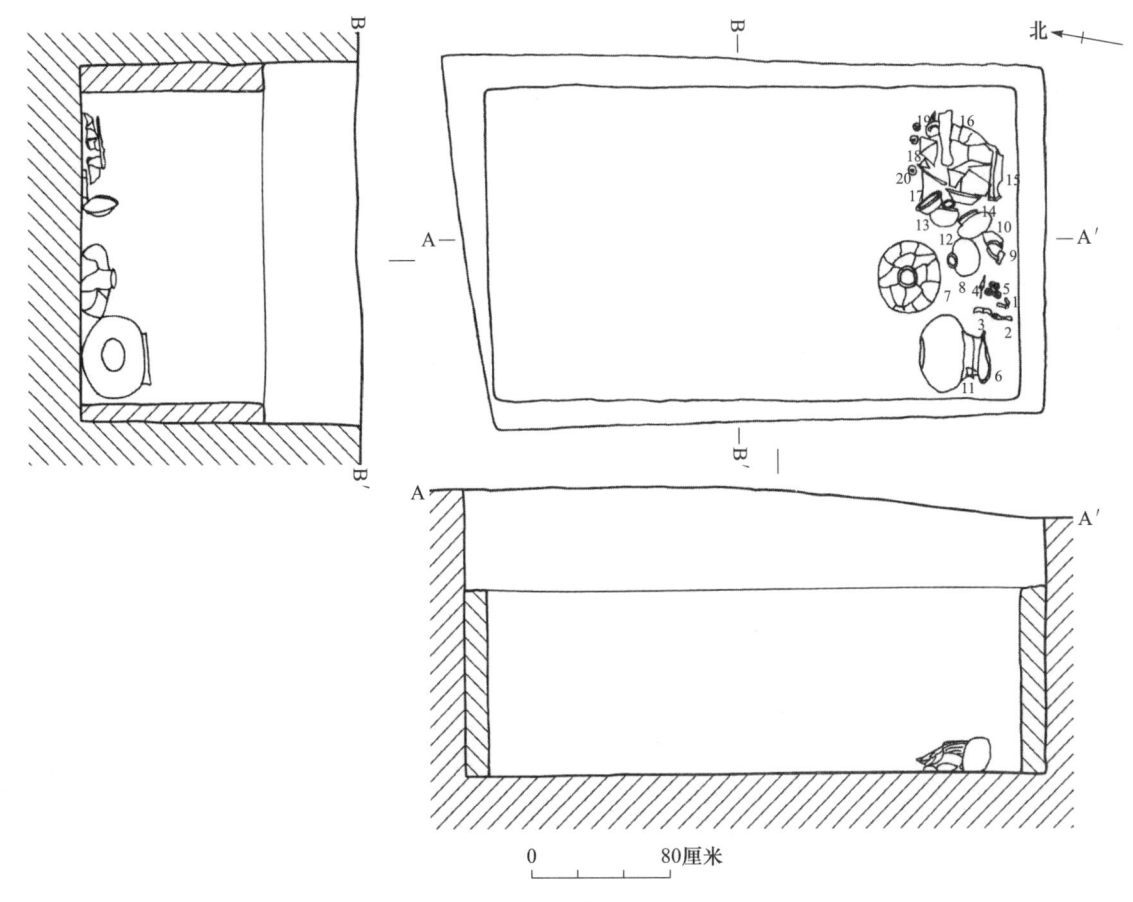

图一八九 2001FGYM34 平、剖面图
1～3.铜弩机 4.铜箭镞 5、18.铜钱 6.陶甑 7～10、12.陶罐 11.陶釜 13、14、19.陶钵 15.陶仓
16.铁镬 17.铁刀 20.陶纺轮

陶。敞口，厚圆唇，上腹斜直，折腹下收微内曲，平底。器内壁留有轮制痕迹。口径18.4、底径6、高6厘米（图一九〇，2）。2001FGYM34：19-1，泥质灰陶上施黑色陶衣。敞口，厚圆唇，上腹斜直，下腹圆折弧收微内曲，平底。器内壁留有轮制痕迹。口径14.4、底径4.4、高5厘米（图一九〇，3）。2001FGYM34：19-2，泥质灰陶。敞口，厚圆唇，上腹斜直，下腹圆折弧收，平底。器内壁有较多凹凸。口径15、底径4.8、高5厘米（图一九〇，4；图版一，1）。2001FGYM34：19-3，泥质灰陶。敞口，厚圆唇，斜弧腹，平底内凸。器表腹部饰一周凹弦纹，器内壁留有轮制痕迹，并有较多凹凸。口径14.8、底径5.2、高5厘米（图一九〇，5）。2001FGYM34：19-4，泥质灰陶。敞口，厚圆唇，上腹斜直，折腹下收，平底内凸。器内壁留有轮制痕迹。口径19.2、底径6、高7厘米（图一九〇，7）。2001FGYM34：19-5，泥质灰陶。敞口，厚圆唇，折腹微内曲，平底内凸。口径14.2、底径6.4、高5厘米（图一九〇，6）。

罐 5件。2001FGYM34：7，泥质灰陶上施黑色陶衣。侈口，圆唇，束颈，斜肩，鼓腹，大平底。肩部饰两周凹弦纹。口径12.8、最大腹径34.4、底径24、高24厘米（图一九〇，8；图版五，3）。2001FGYM34：8，泥质灰陶。直口，唇面内凹，宽沿，束颈，溜肩，鼓腹，平底，底部内凸。肩部作两个桥形耳。腹部拍印交错细绳纹，上腹部被四周凹弦纹隔断。口径11.2、最大腹径22、底径8.8、高19厘米（图一九一，1；图版四，5）。2001FGYM34：9，泥质灰陶。侈口，唇面内凹，

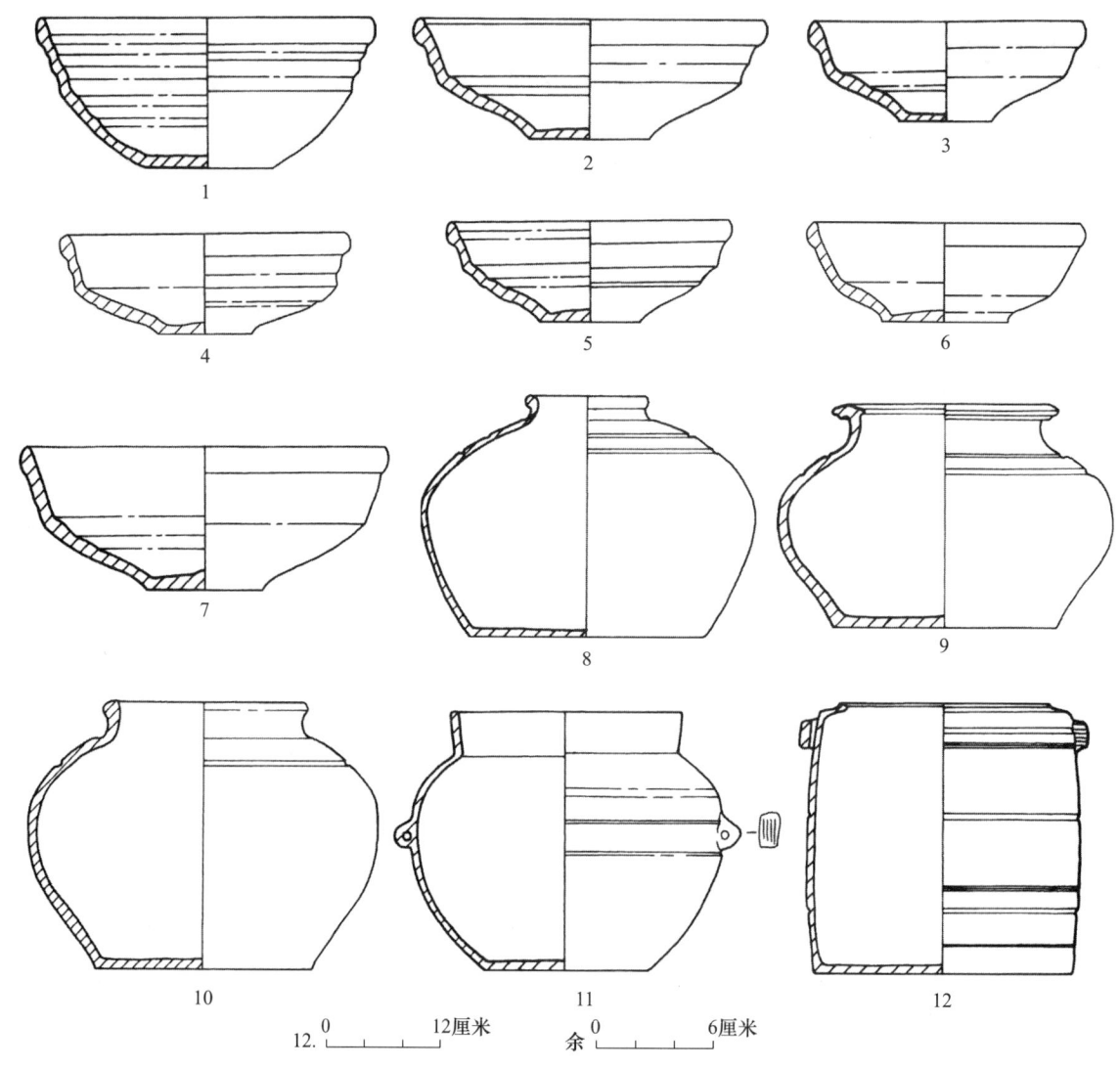

图一九〇　2001FGYM34出土陶器（一）

1~7.钵（2001FGYM34：13、2001FGYM34：14、2001FGYM34：19-1、2001FGYM34：19-2、2001FGYM34：19-3、2001FGYM34：19-5、2001FGYM34：19-4）　8~10.罐（2001FGYM34：7、2001FGYM34：9、2001FGYM34：12）　11.釜（2001FGYM34：11）　12.仓（2001FGYM34：15）

束颈，溜肩，鼓腹，平底。肩部饰两周凹弦纹。口径11.6、最大腹径17.2、底径11.6、高11厘米（图一九〇，9）。2001FGYM34：10，泥质灰陶。敛口，唇面内凹，宽沿，束颈，折肩，肩颈结合处微凹，下腹急收，圜底。腹下拍印交错细绳纹。口径14、最大腹径23.2、高15.4厘米（图一九一，2）。2001FGYM34：12，泥质灰陶。口微侈，圆唇，束颈，溜肩，鼓腹，平底。肩部饰一周凹弦纹。口径10.4、最大腹径18、底径11.2、高13.2厘米（图一九〇，10）。

釜　1件。2001FGYM34：11，夹砂灰褐陶。斜直颈，方唇，鼓腹，平底，腹部饰两对称耳，耳上饰四道凹纹。腹部饰三周凸弦纹。口径24、最大腹径32、底径16.8、高25.6厘米（图一九〇，11；图版六，7）。

甑　1件。2001FGYM34：6，泥质灰陶。口微敛，圆唇，斜折沿，上腹微鼓，弧腹下收，平底。底部呈同心圆状分布十五个箅孔。上腹饰两周凹弦纹，腹部留有轮制抹纹。口径26.4、底径

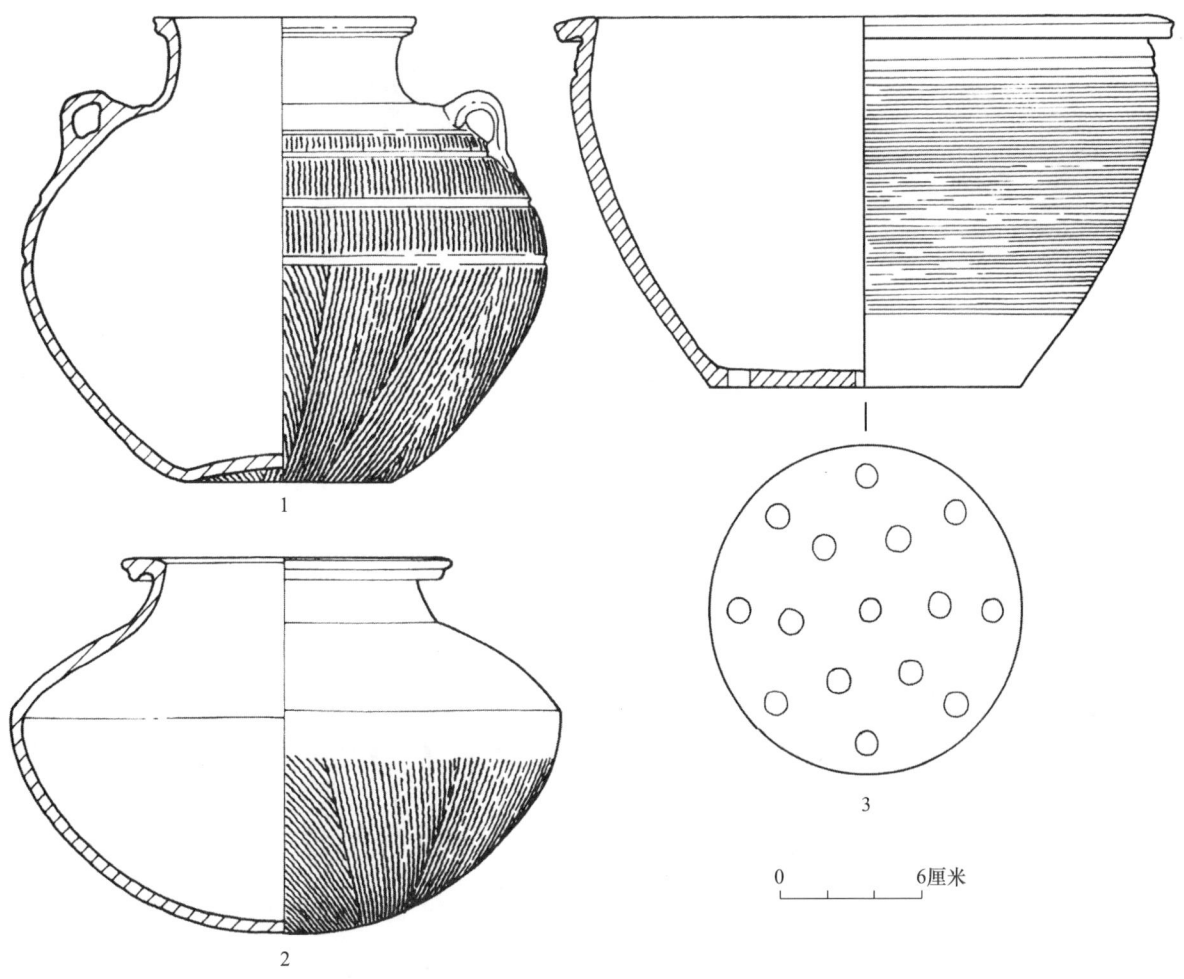

图一九一　2001FGYM34 出土陶器（二）
1、2. 罐（2001FGYM34：8、2001FGYM34：10）　3. 甑（2001FGYM34：6）

13.4、高 15.2 厘米（图一九一，3）。

仓　1 件。2001FGYM34：15，泥质灰陶，敛口，圆唇，平折肩，斜直腹，平底。肩腹部饰两对称耳，耳上饰凹纹。腹部饰三周凹弦纹及许多细弦纹。口径 21.6、底径 26.8、高 27 厘米（图一九〇，12）。

纺轮　1 件。2001FGYM34：20，泥质灰褐陶，截面呈梭形，中有一圆形孔。素面。直径 4、厚 1.5 厘米（图一九二，4）。

2. 铜器

该墓共出土铜器 6 件，为弩机构件、箭镞和铜钱。

弩机构件　3 件。2001FGYM34：1，为牙和望山，中有一圆形孔，构件间用榫卯连接。长 4.8、高 4.2 厘米（图一九二，1）。2001FGYM34：2，扳机，平面呈刀形，一端有圆形孔，另一端为长条形。长 6.9、宽 1.8、厚 0.5 厘米（图一九二，2）。2001FGYM34：3，弩机的组成部分，中有椭圆形孔，截面呈不规则图形。长 7.1、高 2.4 厘米（图一九二，3）。

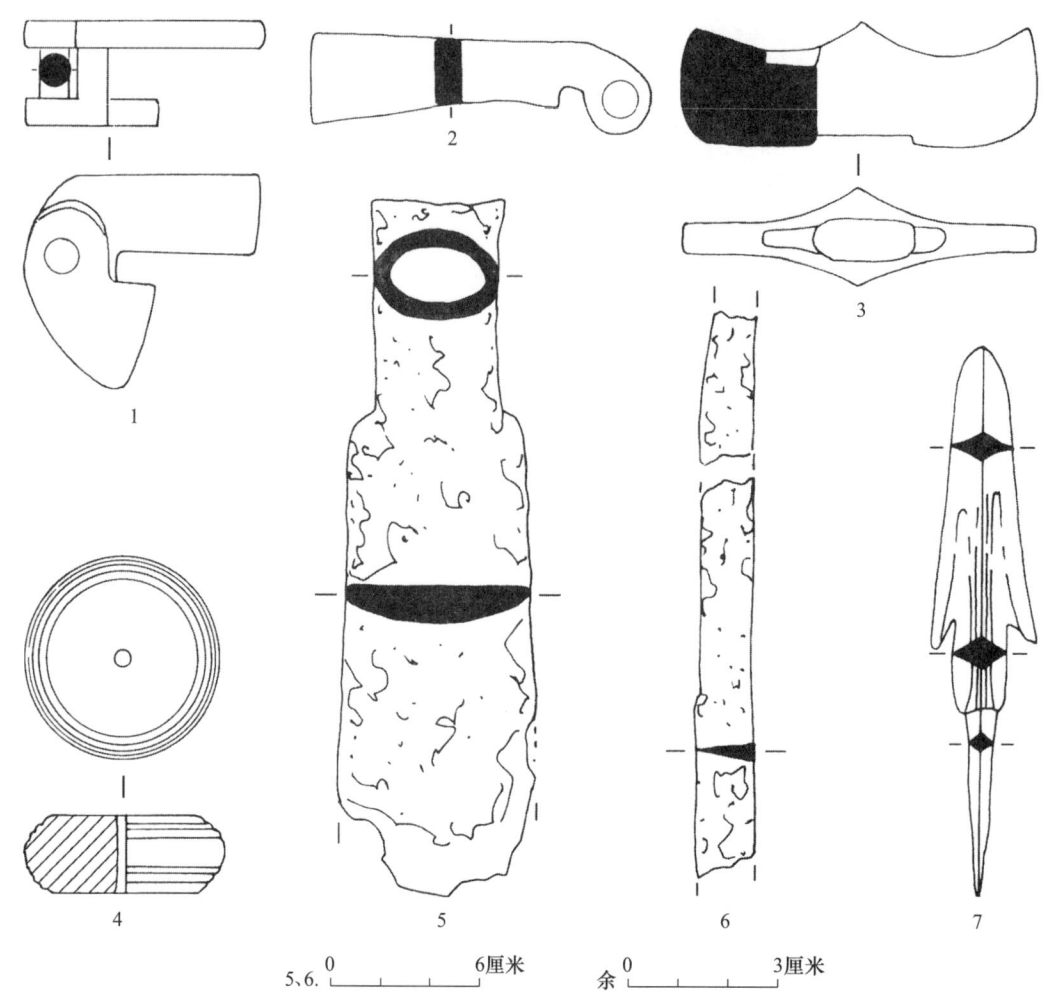

图一九二　2001FGYM34 出土器物

1~3. 铜弩机构件（2001FGYM34：1、2001FGYM34：2、2001FGYM34：3）　4. 陶纺轮（2001FGYM34：20）　5. 铁鐯
（2001FGYM34：16）　6. 铁刀（2001FGYM34：17）　7. 铜箭镞（2001FGYM34：4）

箭镞　1件。2001FGYM34：4，窄扁翼。长四棱铤，由棱柱形和圆锥形两段组成，弧锋。长10.7厘米（图一九二，7）。

铜钱　27枚。均为五铢，皆未磨郭。2001FGYM34：5，郭沿较宽，"五"字交笔较直，金字头呈三角形，"朱"字上方下圆。钱径2.5、穿宽1厘米（图一九三，1）。2001-FGY34：18，郭沿较宽，"五"字交笔缓曲，金字头呈三角形，"朱"字上方下圆。钱径2.6、穿宽0.9厘米（图一九三，2）。

3. 铁器

该墓共出土铁器2件，为鐯和刀。

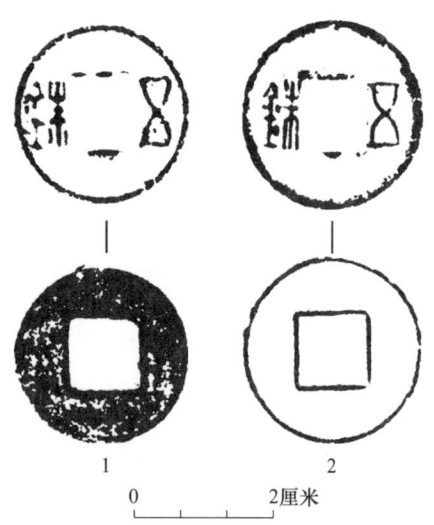

图一九三　2001FGYM34 出土钱币（拓片）

1、2. 五铢（2001FGYM34：5、2001FGYM34：18）

镢　1件。2001FGYM34：16，器身残，呈长条形，直刃，顶端包卷成长方形銎。残长27、宽8厘米（图一九二，5）。

刀　1件。2001FGYM34：17，刀首和柄残，刀身较直，呈长条形，单刃。残长22、宽2.4厘米（图一九二，6）。

八、2001FGYM35

（一）墓葬形制

M35位于黄岭堡墓地的北部，位于该墓地T1的西北部，开口于第2层下，墓口距地表0.2~0.4米，其南侧被一现代坑打破，打破2001FGYM28的西北部和生土。墓内填土分为两层：上层为褐色黏土，并夹杂大量料姜石颗粒，土质紧密，包含少量陶器。下层为红褐色黏土，并夹杂黄色沙土，土质紧密，包含有少量陶器和铜钱。

M35为砖室墓，平面呈近刀把形，方向307°，由墓道、甬道、前室、后室四部分组成，总长11.8、最宽4.66米。

墓道为圆角长方形斜坡墓道，位于墓室的西部，长2.82、宽1.82、深0~1.64米。甬道位于墓室的西侧，内长2.1、宽1.64、高1.88米。前室内长3.16、宽2.44、高2.4米。后室内长2.32、宽1.94、高1.9米。

墓道和甬道间采用榫卯砖横向错缝平砌封门，封门砖砌于甬道外。墓底用长方形砖错缝人字形平铺。墓壁和甬道壁采用榫卯砖和长方形砖错缝平砌，券顶采用榫卯砖纵向错缝砌筑。前室的南部有一盗洞。墓砖有长方形砖、榫卯砖，其中长方形砖有两种规格：一种饰细密的菱形几何纹，长44、宽18、厚8厘米；另一种饰粗疏的菱形几何纹，长42、宽18、厚7厘米。榫卯形砖长44、宽18、厚6厘米，榫卯形砖朝墓室一侧饰菱形纹。

墓室仅发现少量人骨碎渣，故墓主葬式、性别、年龄等不详。葬具已不存。随葬器物较少，主要分布在墓室封门砖西北角及中部（图一九四；图一九五；彩版二七，2）。

（二）随葬器物

随葬器物较少，共出土11件，包括陶器、铜器、铁器三类，其中陶器居多。陶器的器型含有钵、罐、器盖、仓等。铜器为铜钱。铁器为铁刀。

1. 陶器

该墓共出土陶器9件，主要为泥质灰陶，少量夹细砂灰陶。陶器以轮制为主，纹饰包含凹弦纹、绳纹。

钵　4件。2001FGYM35：7-1，泥质灰陶。敞口，厚圆唇，上腹斜直，折腹内收，平底。素面。口径13.2、底径4.4、高4.9厘米（图一九六，2）。2001FGYM35：7-2，泥质灰陶。敞口，厚

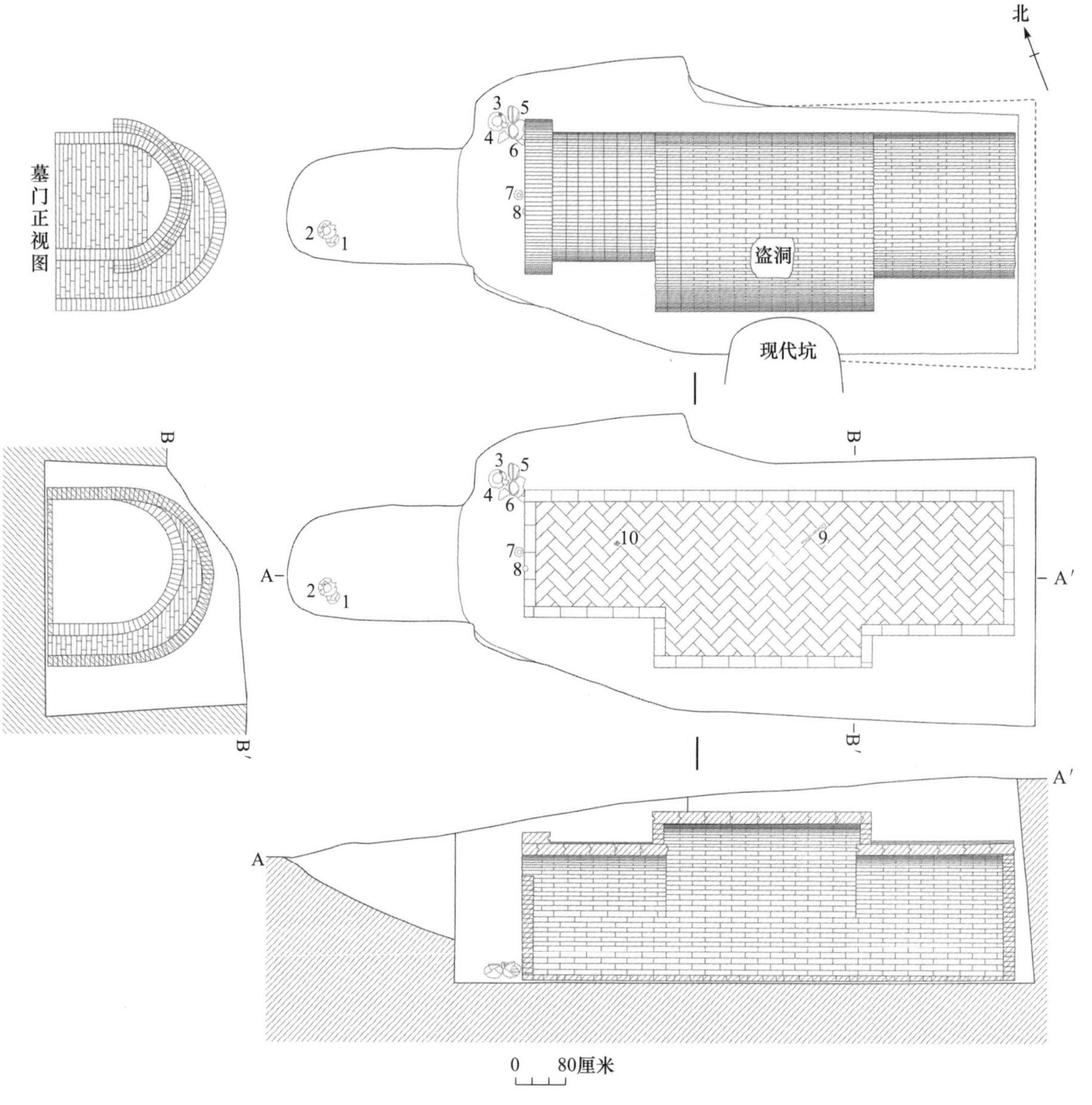

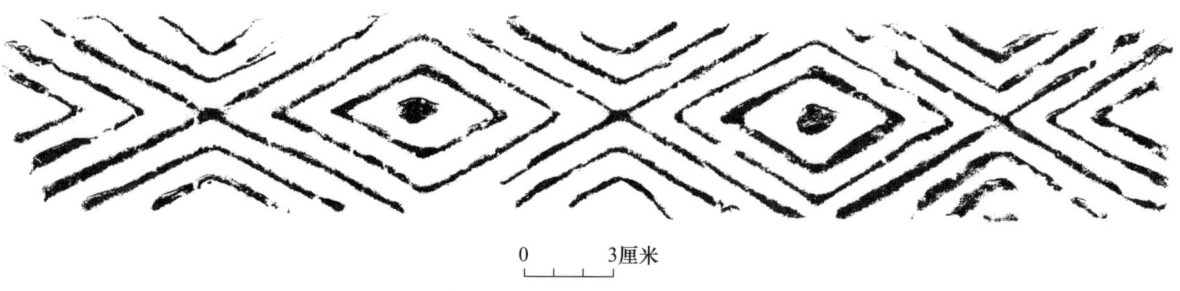

图一九四　2001FGYM35 平、剖面图

1、2、4、6.陶罐　3.铜钱　5.陶盆　7、8.陶钵　9.铁刀　10.陶器盖　11.陶仓

图一九五　2001FGYM35 出土墓砖（拓片）

圆唇，上腹斜直，下腹圆折内收，平底。素面。口径 13.2、底径 4、高 4.5 厘米（图一九六，3）。2001FGYM35：8-1，泥质灰陶。敞口，厚圆唇，上腹斜直，折腹下收，平底。素面。口径 12.8、底径 4.8、高 4.5 厘米（图一九六，4）。2001FGYM35：8-2，泥质灰陶。敞口，厚圆唇，折腹内曲，

平底。素面。口径17、底径6、高6.3厘米（图一九六，5）。

罐 3件。2001FGYM35：2，泥质灰陶，直口，尖唇，宽沿，广肩，弧腹，圜底，底部微内凹。肩部饰四周弦断竖向绳纹，腹部饰斜向绳纹。口径12.4、最大腹径31.6、高16.2厘米（图一九六，6）。2001FGYM35：4，泥质灰陶，侈口，圆唇，宽沿，矮领，鼓肩，鼓腹，平底。肩部和腹部饰数周凹弦纹与绳纹。口径13.2、最大腹径24、底径14.8、高21.5厘米（图一九六，7）。2001FGYM35：6，夹细砂灰陶。侈口，尖唇，直领，斜肩，鼓腹弧收，平底。肩部和腹部留有轮制抹纹。口径22.4、最大腹径36、底径19.2、高32厘米（图一九六，8）。

器盖 1件。2001FGYM35：10，泥质红陶。敞口，方唇，弧腹，弧形顶。素面。口径9.8、高3.2厘米（图一九六，1）。

仓 1件。2001FGYM35：11，泥质灰陶。敛口，圆唇，平折肩，筒状腹微鼓，平底，腹部饰三周凹弦纹及许多细弦纹。口径14.2、腹径20.8、底径17.2、高20.2厘米（图一九六，9）。

2. 铜器

该墓出土铜器为27枚铜钱，均为五铢。

A型 25枚。皆未磨郭。2001FGYM35：3-1，钱文字体较粗，郭沿较宽，"五"字交笔缓曲，

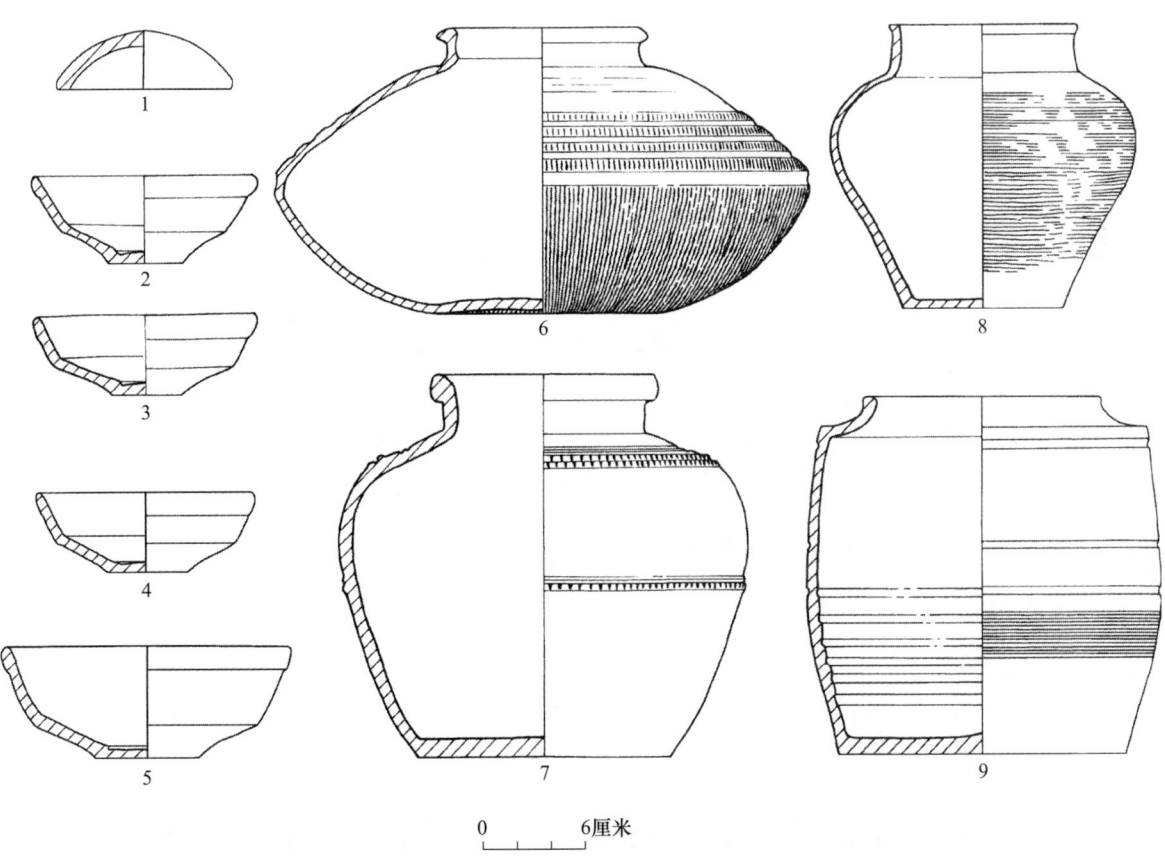

图一九六 2001FGYM35出土陶器

1.器盖（2001FGYM35：10） 2～5.钵（2001FGYM35：7-1、2001FGYM35：7-2、2001FGYM35：8-1、2001FGYM35：8-2） 6～8.罐（2001FGYM35：2、2001FGYM35：4、2001FGYM35：6） 9.仓（2001FGYM35：11）

金字头呈三角形，"朱"字上方下圆，钱径2.6、穿宽0.9厘米（图一九七，2）。

B型 2枚。1枚剪轮五铢、1枚磨郭。2001FGYM35：3-2，磨郭，"五"字矮胖，交笔弯曲，金字头呈三角形，"朱"字上方下圆，钱径2.4、穿宽0.9厘米（图一九七，3）。

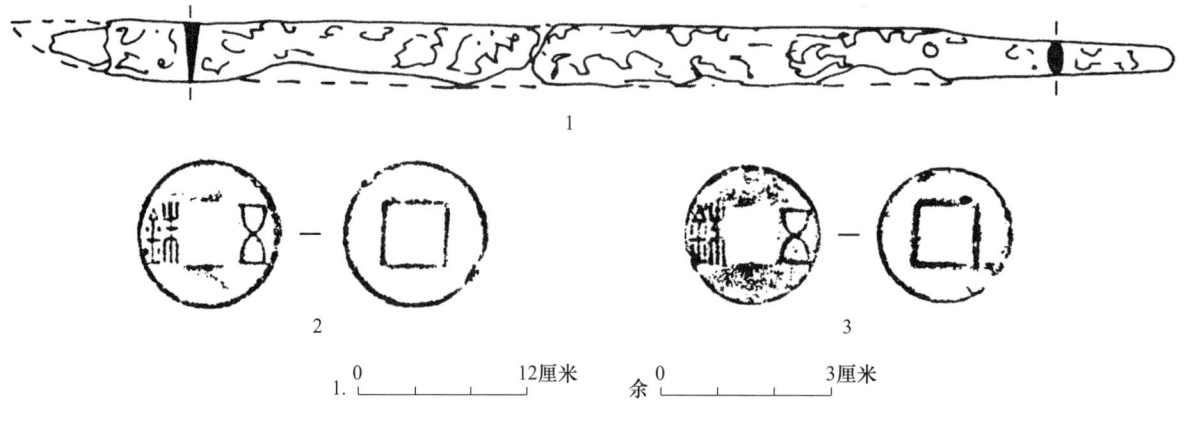

图一九七 2001FGYM35出土器物

1. 铁刀（2001FGYM35：9） 2. A型五铢（2001FGYM35：3-1） 3. B型五铢（2001FGYM35：3-2）

3. 铁器

该墓共出土铁器1件，即铁刀。

刀 1件。2001FGYM35：9，直首，长柄，刀身较直，单刃，锈蚀严重。复原长83.2、宽4厘米（图一九七，1）。

第四节 陈文英堡墓地

陈文英堡墓地位于关田沟村三社，墓群的中部，西临长江，东临高家镇新修沿江公路，南部、北部分别与袁家堡墓地、黄泥堡墓地隔沟相望。为一椭圆形山包，顶部较缓。该墓地按正南北向，采用探方法共布10米×10米探方3个，5米×5米探方2个，编号2001FGYT1~2001FGYT5。加之扩方，实际发掘面积400平方米。清理墓葬9座，均分布在山包顶部，包括2座土坑墓，6座砖室墓，1座砖石混筑墓。（图一九八；彩版五，1）。

一、2001FGYM19

（一）墓葬形制

M19位于陈文英堡墓地东部，该墓地T1北部，开口于第1层下，墓口距地表0.1~0.25米，打破生土。墓内填土为黑褐色黏土，土质较紧密，含大量残砖块等。

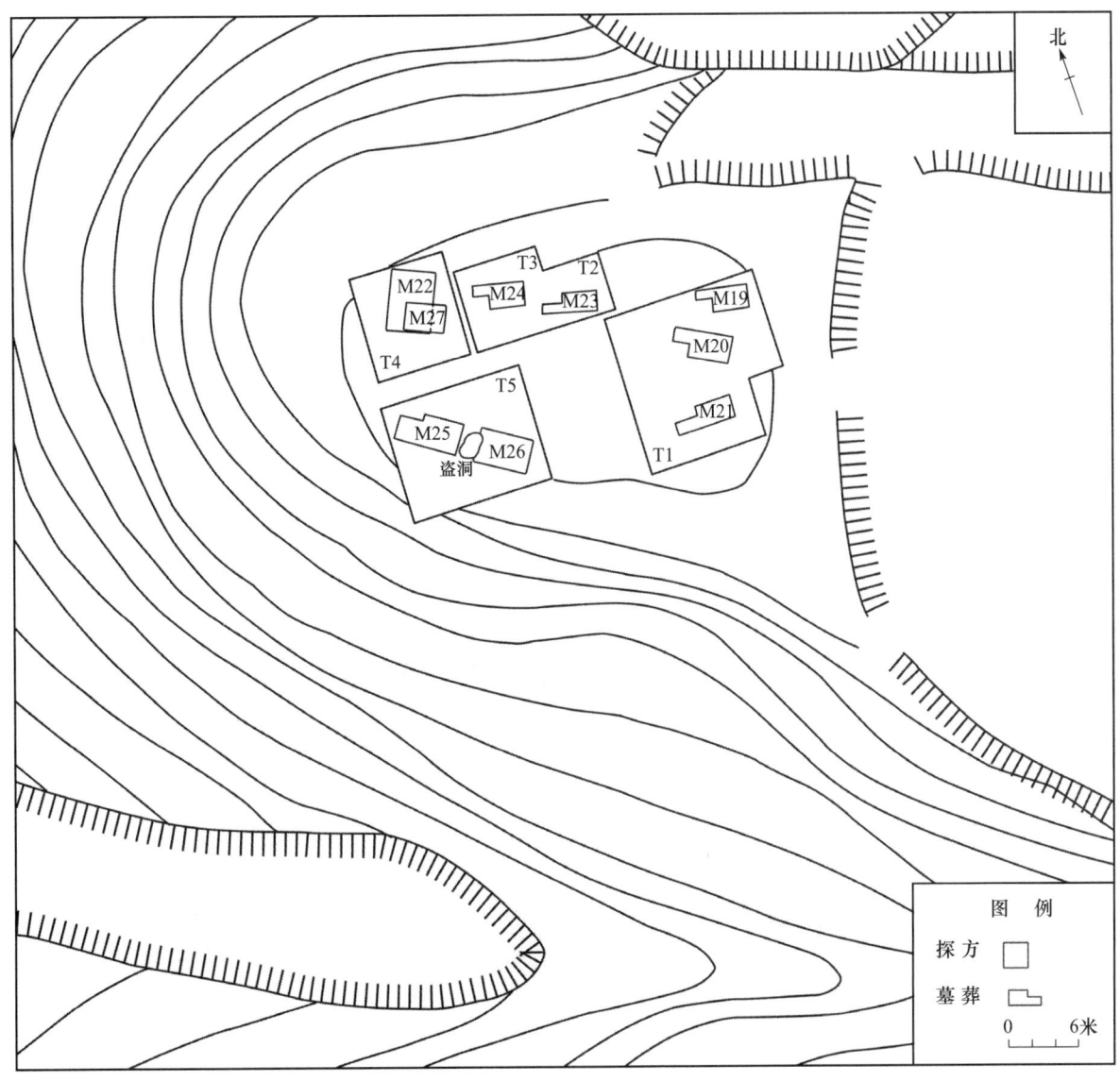

图一九八　陈文英堡墓地墓葬分布图

M19为砖室墓，平面呈刀把形，方向298°，由甬道和墓室两部分组成，总长5.12、最宽处3.3米。

甬道位于墓室北部，内长2.15、宽1.47、残高0.12米。墓室内长2.35、宽2.74、残深0.15米。

甬道外采用长方形砖横向错缝平砌封门。墓底大部分采用榫卯砖横向错缝平铺，仅在墓室南部为纵向错缝平铺。甬道壁及墓壁用长方形砖横向错缝平砌。墓顶情况不明。墓砖有长方形和榫卯砖两种，前者长44、宽18、厚8厘米；后者长44、宽16、厚8厘米。墓砖朝墓室面饰有几何菱形纹、田字纹。

葬具不存，人骨5具，仰身直肢。因该墓被扰，随葬品摆放零乱，主要摆放于甬道内，少量分布于墓室内（图一九九、图二〇〇）。

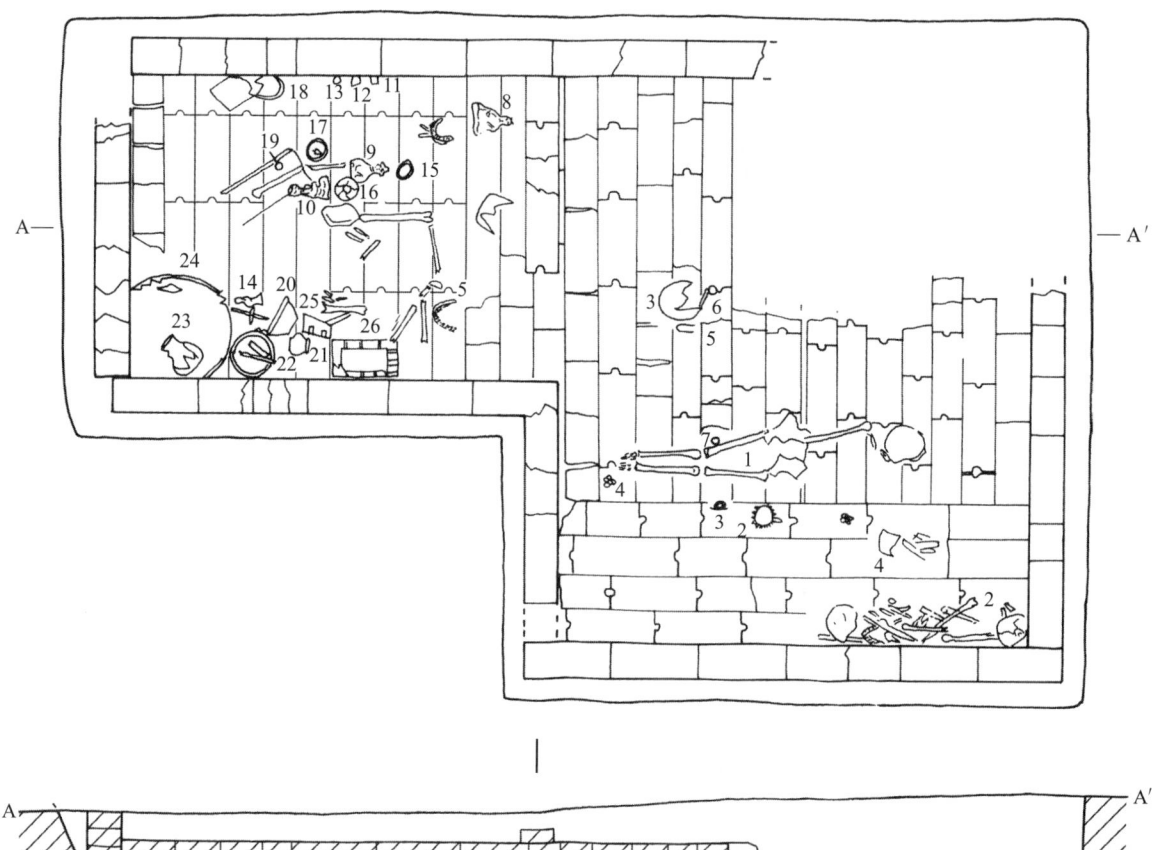

图一九九 2001FGYM19平、剖面图

1.发钗 2.铜手镯 3、7.铜指环 4.铜钱 5.铜发钗 6.铜项圈 8～11、13、14.陶俑 12、25.陶案 15.陶博山炉盖 16、26.陶塘 17.陶魁 18、21.陶罐 19.铜泡钉 20、24.陶甑 22.陶洗 23.陶锺

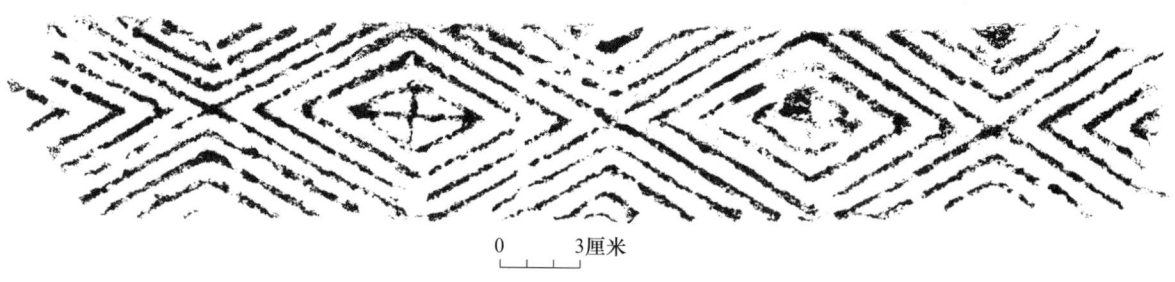

图二〇〇 2001FGYM19出土墓砖(拓片)

(二)随葬器物

该墓随葬器物较丰富,共出土有27件,包括陶器、铜器、银器三类。随葬器物以陶器为主,

器型有罐、甑、盆、锤、案、塘等。铜器为泡、手镯、指环、发钗、项圈、钱。银器为发钗。

1. 陶器

该墓出土有陶器16件，以泥质红陶为主，部分施酱黄釉，另有部分泥质灰陶。陶器以模制为主，部分轮制。纹饰有凹弦纹、绳纹。

罐 2件。2001FGYM19∶18，泥质红陶胎，器表施酱黄釉。口部残，束颈，折肩，筒腹，平底，底部微凹。腹部饰有三周宽凹弦纹。最大腹径14.8、底径14.2、残高11.6厘米（图二〇一，3）。2001FGYM19∶21，泥质灰陶。侈口，方圆唇，束颈，圆鼓肩，鼓腹，平底。底部微凹。肩部饰有一周凹弦纹。器表及器内均有轮制痕迹。口径10.2、最大腹径15.4、底径8、高13.6厘米（图二〇一，2）。

甑 2件。2001FGYM19∶20，泥质灰陶。直口微侈，方圆唇，卷沿，斜弧腹，平底。底部微凹。底部有1个箅孔。器表及器内均有轮制痕迹。口径19.6、底径9、高11厘米（图二〇二，2）。2001FGYM19∶24，泥质灰陶。敛口，尖圆唇，卷沿，斜弧腹，平底。底部微凹。底部有8个箅孔。外壁口沿下饰有两周竖向细绳纹及一周凹弦纹。口径44.8、底径21、高26.8厘米（图二〇二，1）。

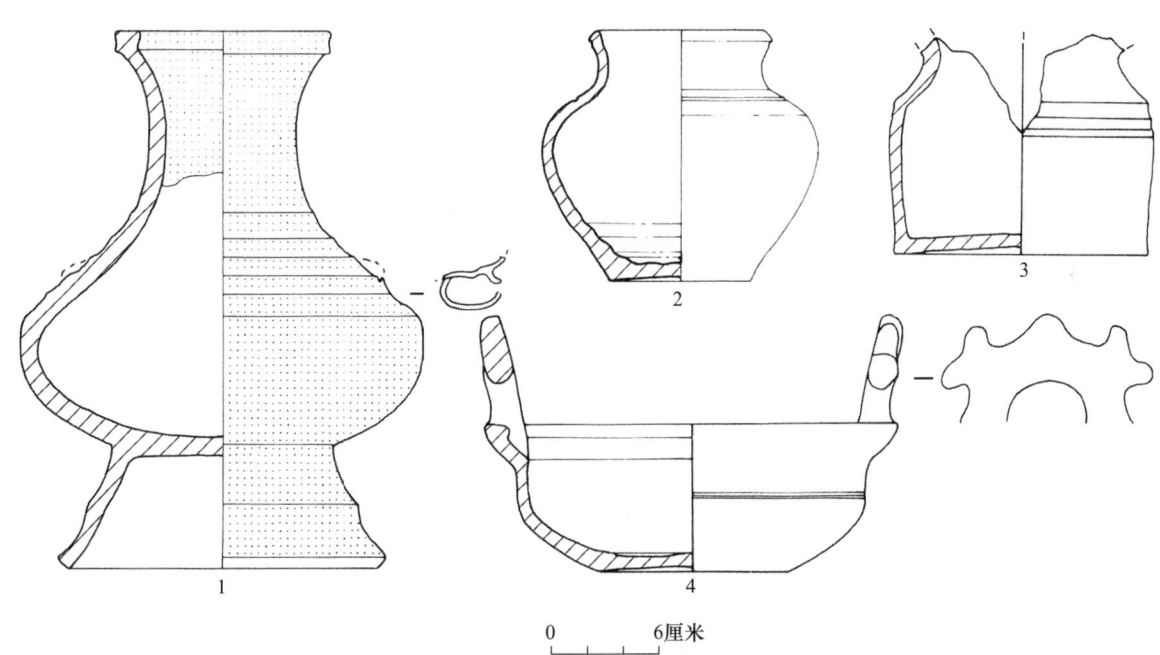

图二〇一　2001FGYM19出土陶器（一）
1.锤（2001FGYM19∶23） 2、3.罐（2001FGYM19∶21、2001FGYM19∶18） 4.洗（2001FGYM19∶22）

锤 1件。2001FGYM19∶23，泥质灰陶，器表施酱黄釉。浅盘口，方唇，束颈，斜肩，扁腹，高圈足。肩部饰有五周宽凹弦纹，肩部饰有两对称衔环铺首。口径12、最大腹径22.6、底径18.4、高28.8厘米（图二〇一，1）。

洗 1件。2001FGYM19∶22，泥质红陶胎，器表及器内均施酱黄釉，部分剥落。敞口，尖圆唇，斜折沿，上腹较直，折腹斜收成平底，平底。底部微凹。腹部饰有两周凹弦纹，口沿部饰有两只对称立耳。口径23.3、底径10.6、通高13.8厘米（图二〇一，4）。

魁 1件。2001FGYM19∶17，泥质红陶胎，器表及器内均施酱黄釉，部分剥落。直口微侈，圆唇，上腹较直，折腹斜收成平底，耳状柄。柄部模制，器身轮制，分别制成后黏合而成。腹部饰有一周凸弦纹。口径16.8、底径7.6、高6.7、通长20.7厘米（图二〇二，3）。

博山炉盖 1件。2001FGYM19∶15，泥质红陶。敛口，方唇，弧顶。盖身饰有乳突。口径13.2、高5.8厘米（图二〇二，4）。

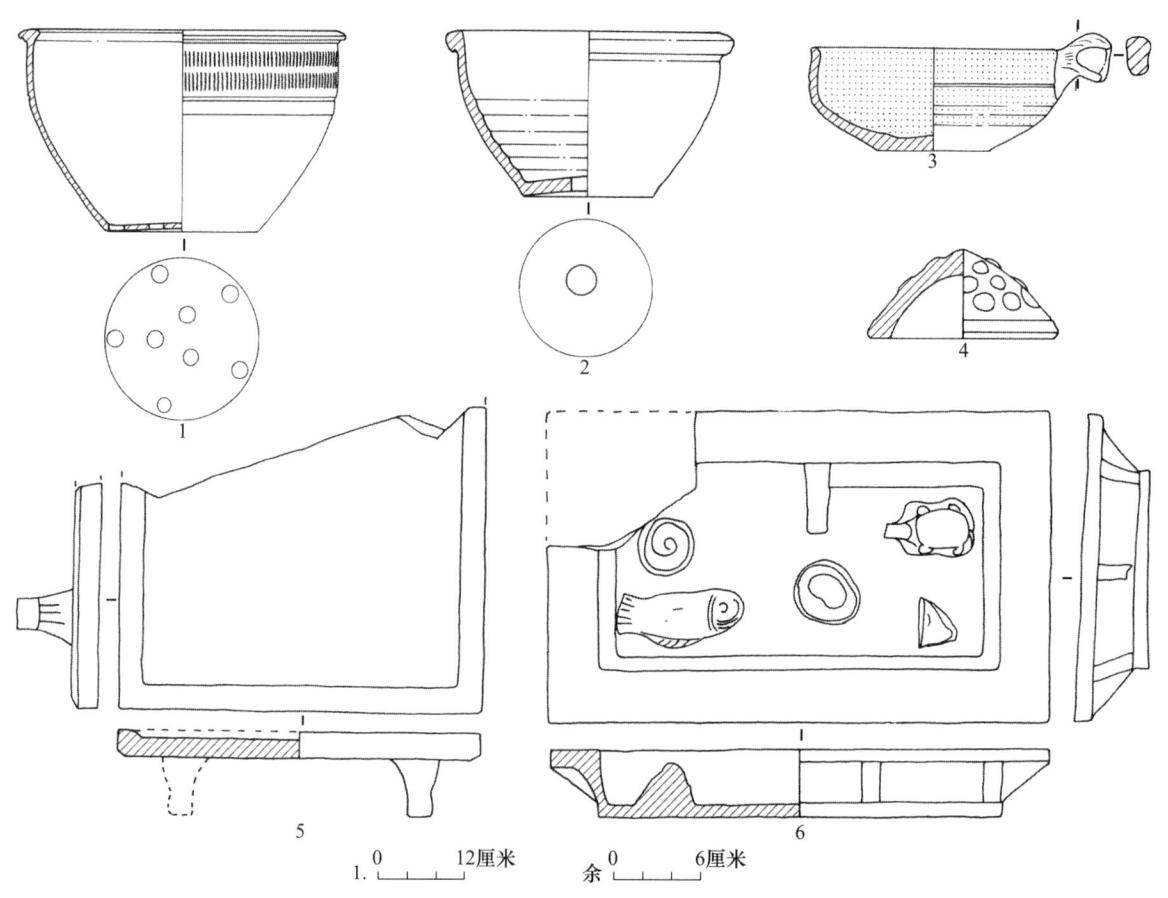

图二〇二 2001FGYM19出土陶器（二）

1、2.瓿（2001FGYM19∶24、2001FGYM19∶20） 3.魁（2001FGYM19∶17） 4.博山炉盖（2001FGYM19∶15） 5.案（2001FGYM19∶12） 6.塘（2001FGYM19∶16）

侍俑 3件。2001FGYM19∶11，泥质红陶。头部残。外衣交领右衽，宽袖，束腰，及地。双手相拥作侍立状。残高12.2厘米（图二〇三，1）。2001FGYM19∶13，泥质红陶。头部残，宽袖，及地。残高10.8厘米（图二〇三，2）。2001FGYM19∶14，泥质红陶。光头，面目不清，外衣交领右衽，宽袖，束腰，及地。双手相拥作侍立状。高16.4厘米（图二〇三，3）。

击鼓俑 1件。2001FGYM19∶10，泥质红陶。头戴平巾帻，面容安详。外衣交领右衽，及地。身前置一鼓，双手平放其上。高21.6厘米（图二〇三，6）。

抚耳俑 1件。2001FGYM19∶9，泥质红陶。梳髻，束巾，面目不清。外衣交领右衽，宽袖，束腰，及地。跽坐。右手抚耳，左手垂放于膝。高20厘米（图二〇三，5）。

图二〇三 2001FGYM19 出土陶俑

1~3. 侍俑（2001FGYM19：11、2001FGYM19：13、2001FGYM19：14） 4. 吹箫俑（2001FGYM19：8） 5. 抚耳俑（2001FGYM19：9） 6. 击鼓俑（2001FGYM19：10）

吹箫俑 1件。2001FGYM19：8，泥质红陶。头部残，外衣交领右衽，宽袖，束腰，及地。跽坐。双手执箫作吹奏状。残高12.4厘米（图二〇三，4）。

案 1件。2001FGYM19：12，泥质红陶。仅存一角。案面平，缘隆起，沿平直，柱状足。残长15~22.2厘米、宽25厘米、高5.2厘米（图二〇二，5）。

塘 1件。2001FGYM19：16，泥质红陶。平面呈长方形，底边用三角形支撑连接。有田埂。塘中塑有鱼、龟、螺、贝、荷。长34、宽20.4、高4~4.8厘米（图二〇二，6）。

2. 铜器

该墓共出土铜器10件，器型有泡钉、指环、项圈、发钗、手镯、铜钱。

泡钉 1件。2001FGYM19：19，青铜模制。钉帽半球状，有沿，圆柱状钉，尖端缺失。直径

1.4厘米，残高1厘米（图二〇四，10；彩版三九，5）。

指环　3件。2001FGYM19：3-1。微残，圆条弯曲而成，最大径2厘米（图二〇四，6）。2001FGYM19：3-2，仅残存三分之一，圆条弯曲而成，最大径2厘米（图二〇四，7）。2001FGYM19：7。圆环状，外径做圆齿状。外径1.8、内径1.4厘米（图二〇四，8）。

项圈　1件。2001FGYM19：6。圆条环绕成弹簧状，残存近3圈。圈径2.4厘米（图二〇四，9）。

发钗　2件。2001FGYM19：1-1。两股钗，上端渐粗，末端加粗，横截面近三角形，下端为圆锥状。残长11.6厘米（图二〇四，2）。2001FGYM19：5。两股钗，上端宽扁，下端圆锥状。长8.7厘米（图二〇四，3；彩版四〇，1）。

手镯　2件。2001FGYM19：2-1。圆环状，外圈作锯齿状，横截面近三角形。内径5.9厘米（图二〇四，4；彩版四〇，2）。2001FGYM19：2-2，圆环状，外圈作锯齿状，横截面近三角形。内径6.1厘米（图二〇四，5；彩版四〇，2）。

铜钱　194枚。有五铢和货泉两种。约24枚残破不可辨。

五铢　169枚。

A型　38枚。未磨郭。2001FGQM19：4-1，面有外郭，无内郭，背有外郭、内郭。钱文字体较粗，郭沿较宽，"五"字交笔弯曲，"金"字头呈三角形，"朱"字上下圆折。钱径2.5、穿宽1厘

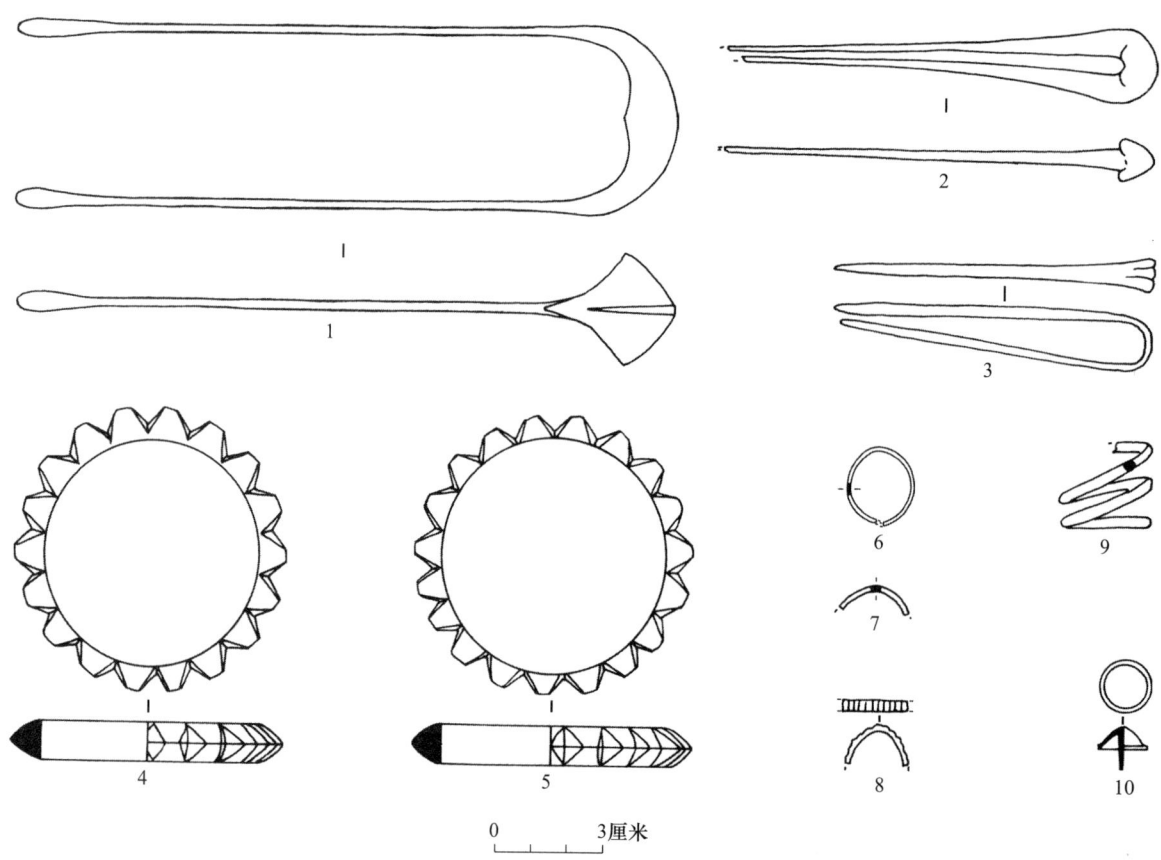

图二〇四　2001FGYM19出土银器、铜器
1.银发钗（2001FGYM19：1-2）　2、3.铜发钗（2001FGYM19：1-1、2001FGYM19：5）　4、5.铜手镯（2001FGYM19：2-1、2001FGYM19：2-2）　6~8.铜指环（2001FGYM19：3-1、2001FGYM19：3-2、2001FGYM19：7）　9.铜颈圈（2001FGYM19：6）　10.铜泡钉（2001FGYM19：19）

米(图二〇五,1)。2001FGQM19:4-2,"五"字交笔弯曲且瘦长,"金"字头呈三角形,四点较长,"朱"字上下圆折。钱径2.5、穿宽1厘米(图二〇五,2)。

B型 131枚。剪轮五铢。2001FGQM19:4-3,肉薄径小,有文,有少数桿下有"星"号标记。钱径2、穿径0.7厘米(图二〇五,3)。

货泉 1枚。2001FGYM19:4-4,面、背均有内、外郭,字体稍胖,钱文"泉"字中竖中断。钱径2.3、穿宽0.8厘米(图二〇五,4)。

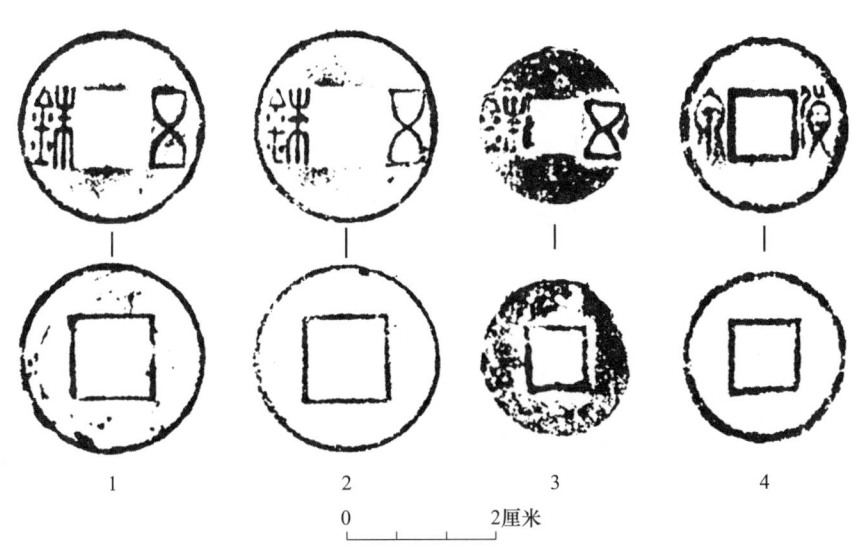

图二〇五 2001FGYM19出土钱币(拓片)
1、2.A型五铢(2001FGQM19:4-1、2001FGQM19:4-2) 3.B型五铢(2001FGQM19:4-3) 4.货泉(2001FGYM19:4-4)

3. 银器

发钗 1件。2001FGYM19:1-2,两股钗。上端扁薄,中间开缝。下端渐粗似水滴状。长18厘米(图二〇四,1)。

二、2001FGYM20

(一)墓葬形制

M20位于陈文英堡墓地东部,该墓地T1中部偏东,开口于第1层下,墓口距地表0.2～0.25米,打破生土。该墓填土可分为两种,上部为褐色黏土,土质紧密,含大量残砖块、陶片;近底部垫5～8厘米的黄褐色沙土,土质较疏松,含少量石灰。

M20为砖室墓,平面呈刀把形,方向298°,由墓道、甬道、墓室三部分组成,总长4.88、最宽处3.36米。

墓道呈不规则长方形斜坡状,残长0.32、宽1.84、深0～0.54米,甬道位于墓室北部,内长1.9、宽1.3、残高0.48米。墓室内长2.12、宽2.74、残高0.64米。

墓道与甬道间用长方形砖横向错缝平砌封门。墓底无铺地砖。甬道壁及墓壁用长方形砖横向错缝平砌。墓顶情况不明，但墓内填土中有大量榫卯砖。墓砖有长方形砖和榫卯砖两种，前者长 42、宽 17、厚 7 厘米；后者长 42、宽 17、厚 7 厘米。墓砖朝墓室面饰有几何菱形纹饰。

葬具及人骨均已不存。因该墓被扰，随葬品摆放较规整，主要摆放于甬道及墓室北部（图二〇六；彩版二六，1、2）。

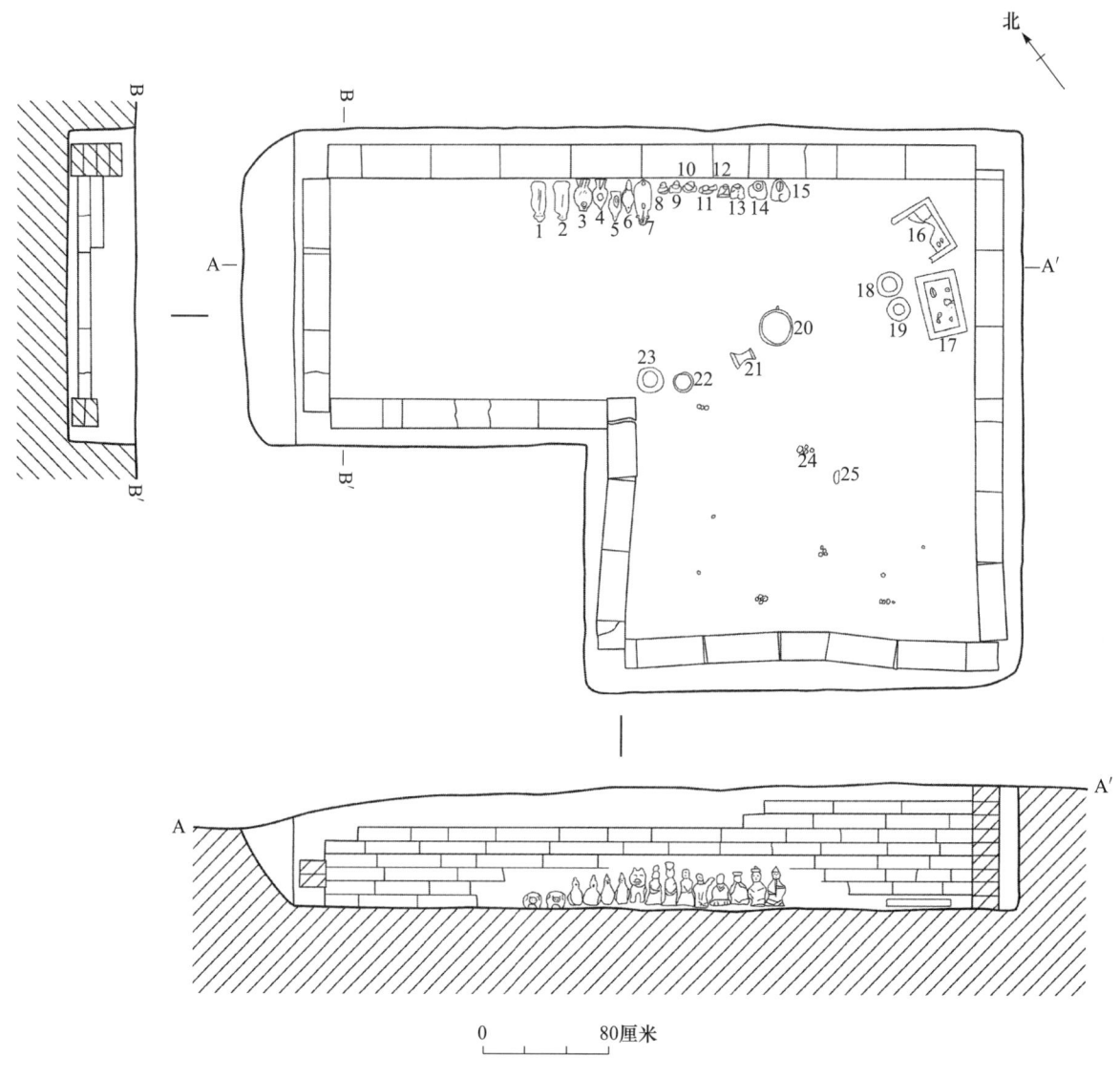

图二〇六　2001FGYM20 平、剖面图

1、2. 陶猪　3~6. 陶鸡　7. 陶狗　8~15. 陶俑　16、17. 陶塘　18、19、23. 陶罐　20. 陶魁　21、22. 陶灯　24. 铜钱　25. 铜耳杯扣

（二）随葬器物

该墓随葬器物较丰富，共出土有 32 件。包括陶器、铜器两类。随葬器物以陶器为主，器型有罐、灯、魁、俑、塘。铜器为耳杯扣、铜钱。

1. 陶器

该墓共出土有陶器 30 件，以泥质红陶为主，部分施酱黄釉，另有部分泥质灰陶。陶器以轮制为主，少量模制。纹饰有凹弦纹。

罐 4 件。2001FGYM20：18，泥质灰陶。侈口，圆唇，束颈，斜肩，斜弧腹，平底。底部微凹。肩部饰有一周凹弦纹。口径 10.2、最大腹径 15、底径 9、高 10.4 厘米（图二〇七，3；图版三，6）。2001FGYM20：19，泥质灰陶。侈口，圆唇，束颈，溜肩，鼓腹，平底。底部微凹。肩部饰有一周凹弦纹。口径 10.4、最大腹径 14.6、底径 8.8、高 10 厘米（图二〇七，4）。2001FGYM20：23，泥质灰陶。侈口，方圆唇，束颈，溜肩，鼓腹，平底。底部微凹。肩部饰有一周凹弦纹。口径 10.8、最大腹径 15.2、底径 9.2、高 10.6 厘米（图二〇七，5）。2001FGYM20：26，泥质红陶。敛口，圆唇，斜折肩，鼓腹，平底。底部微凹。口径 12.4、最大腹径 18.6、底径 9、高 11.6 厘米（图二〇七，2）。

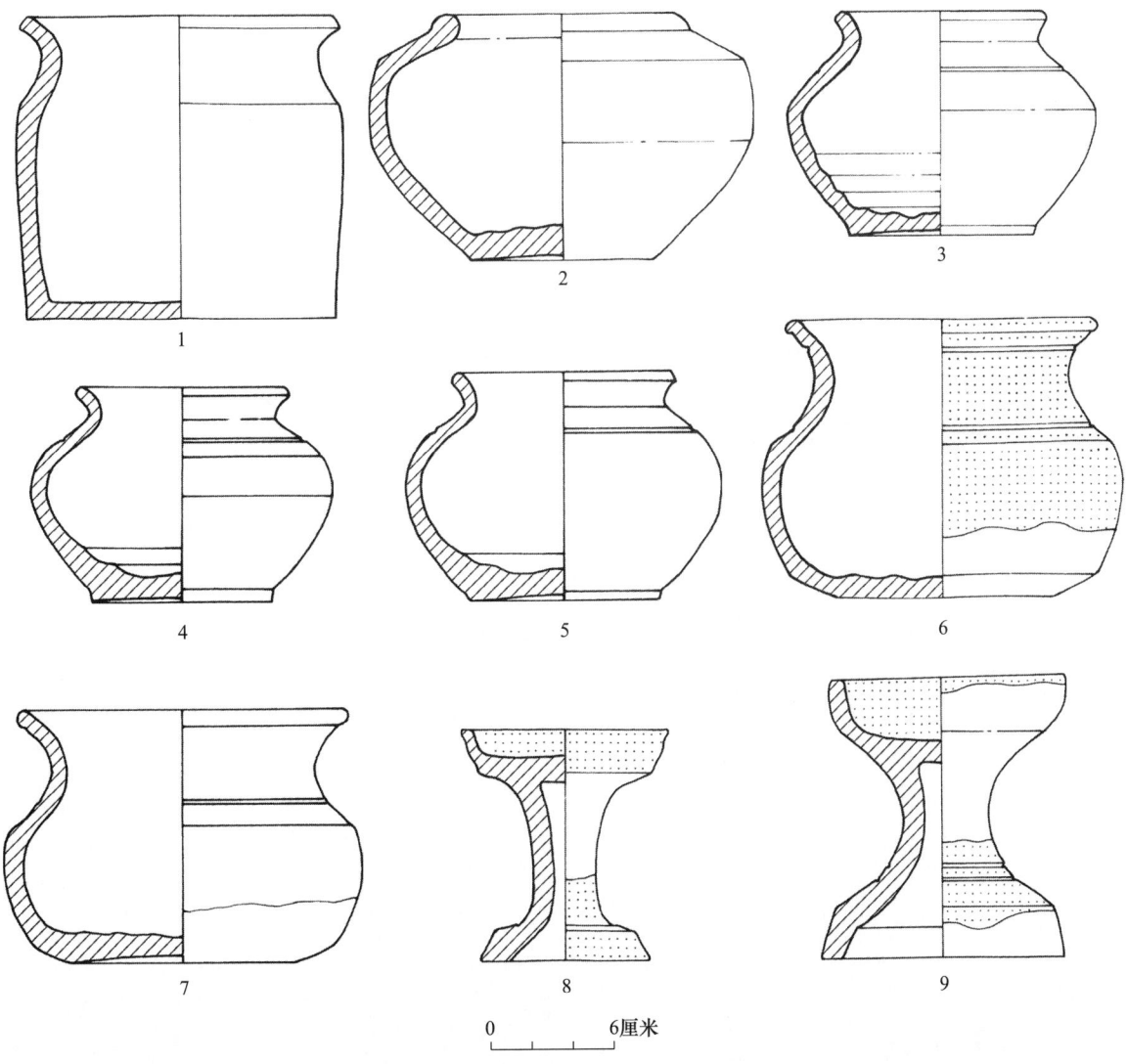

图二〇七　2001FGYM20 出土陶器（一）

1. 仓（2001FGYM20：27） 2～5. 罐（2001FGYM20：26、2001FGYM20：18、2001FGYM20：19、2001FGYM20：23） 6、7. 盂（2001FGYM20：28、2001FGYM20：29） 8、9. 灯（2001FGYM20：21、2001FGYM20：22）

盂　2件。2001FGYM20：28，泥质红陶胎，器表施酱黄釉，部分剥落。敞口，圆唇，束颈，折肩，鼓腹，平底。外壁口沿下饰有一周凸弦纹，肩部饰有一周凹弦纹。口径15.2、最大腹径17.6、底径10.4、高13厘米（图二〇七，6）。2001FGYM20：29，泥质红陶胎，器表施酱黄釉，部分剥落。敞口，圆唇，束颈，折肩，鼓腹，平底，底部微凹。颈部饰有一周凹弦纹。口径16、最大腹径17.2、底径10.8、高11.8厘米（图二〇七，7）。

甑　1件。2001FGYM20：32，泥质灰陶。敛口，圆唇，斜折沿，斜腹，平底，底部微凹。底部有5个箅孔。器表有轮制痕迹。口径26、底径13.5、高15.1厘米（图二〇八，1）。

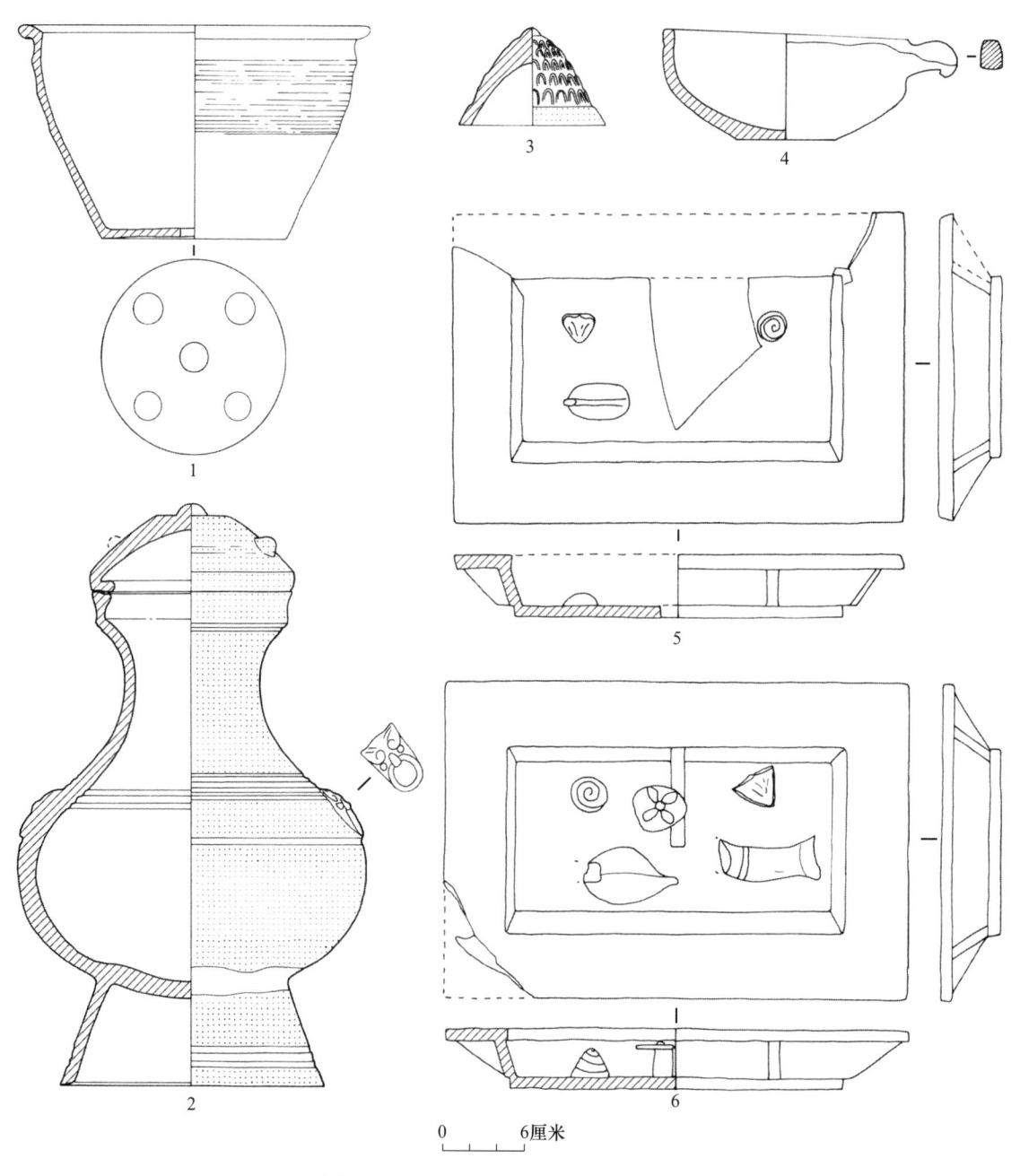

图二〇八　2001FGYM20出土陶器（二）
1.甑（2001FGYM20：32）　2.锺（2001FGYM20：31）　3.博山炉盖（2001FGYM20：30）　4.魁（2001FGYM20：20）
5、6.塘（2001FGYM20：16、2001FGYM20：17）

钟　1件。2001FGYM20：31，泥质红陶胎，器表施酱黄釉。器身浅盘口，方唇，束颈，溜肩，鼓腹，高圈足。肩部饰有六周凸弦纹及两个对称的衔环铺首，腹部饰有一周凹弦纹。带盖，盖子母口，口内折明显，方圆唇，折腹斜收成平顶。盖顶饰有乳突，盖身饰有三个乳突。盖口径15.2、器身口径14.8、最大腹径25.6、足径19.6、通高40.8厘米（图二〇八，2；彩版三一，8）。

博山炉盖　1件。2001FGYM20：30，泥质红陶胎，器表施酱黄釉。敞口，方唇，弧形顶。盖顶有一乳突，其下饰山形纹。口径10.8、高6.9厘米（图二〇八，3）。

魁　1件。2001FGYM20：20，泥质红陶胎，器内施酱黄釉，部分剥落。直口，方唇，上腹较直，折腹斜收成平底。龙首状柄。器柄为模制，器身为轮制，分别制成后黏合而成。口径17.6、底径7、高7.1~7.7、通长21.2厘米（图二〇八，4；图版一〇，6）。

灯　2件。2001FGYM20：21，泥质红陶胎，器表及器内均施酱黄釉，部分剥落。敞口，方唇，浅盘腹。柱形柄，喇叭状底。口径10、座径8.2、高10.8厘米（图二〇七，8）。2001FGYM20：22，泥质红陶胎，器表及器内均施酱黄釉、黑釉，部分剥落。敞口，方唇，浅弧腹。柱形柄，覆钵状底。口径11.6、座径11.8、高13.1~13.3厘米（图二〇七，9；图版一二，7）。

侍俑　3件。2001FGYM20：8，泥质红陶。裹发，面露微笑。外衣交领右衽，宽袖，束腰，及地。双手相拥作侍立状。高19.5厘米（图二〇九，1）。2001FGYM20：9，泥质红陶。头戴平巾帻，面容安详。褒衣圆领，外衣交领右衽，宽袖，束腰，及地。双手相拥作侍立状。高20.4厘米（图二〇九，2）。2001FGYM20：10，泥质红陶。头戴平巾帻，面容安详，褒衣圆领，外衣交领右衽，宽袖，束腰，及地，双手相拥作侍立状。高20.4厘米（图二〇九，3）。

胡人吹箫俑　1件。2001FGYM20：15。泥质红陶。头戴尖顶帽，面容安详。外衣交领右衽，窄袖，及地。跽坐。双手执箫作吹奏状。高21.8厘米（图二〇九，6）。

击鼓俑　1件。2001FGYM20：14，泥质红陶。头戴冠帽，面容安详，褒衣圆领，外衣交领右衽，窄袖，束腰，及地。跽坐。左手按于膝前鼓，右手微抬。高20.9厘米（图二〇九，5）。

抚耳俑　1件。2001FGYM20：13，泥质红陶。梳髻，束巾，外衣交领右衽，宽袖，束腰，及地。跽坐。右手放于耳边作倾听状，左手垂放于膝。高19.1厘米（图二一〇，1）。

抚琴俑　1件。2001FGYM20：12，泥质红陶。头戴平巾帻，面容安详。褒衣圆领，外衣交领右衽，窄袖，束腰，及地。跽坐，双手抚膝上之琴。高17.1厘米（图二〇九，4；彩版三三，4）。

抱囊俑　1件。2001FGYM20：11，泥质红陶。头带平巾帻，面容安详。褒衣圆领，宽袖，束腰，及地。双手相拥于胸前，左臂弯抱一装于袋中的长条形物，袋口向上。高19厘米（图二一〇，2）。

鸡　2件。2001FGYM20：3，泥质红陶。昂首，有鸡绶，翘尾，尾部呈尖状，立姿。座两侧雕出站立双足。高17.8厘米（图二一〇，3）。2001FGYM20：6，泥质红陶。昂首，有鸡绶，翘尾，尾部呈尖状，立姿。座两侧雕出站立双足。高17.6厘米（图二一〇，4）。

子母鸡　2件。2001FGYM20：4，泥质红陶。昂首蹲伏状，翘尾，背负一小鸡，左右翅下各三小鸡。高14.3厘米（图二一一，4）。2001FGYM20：5，泥质红陶。昂首蹲伏状，翘尾，背负一小鸡，左右翅下各三小鸡。高14.4厘米（图二一一，5）。

狗　1件。2001FGYM20：7，泥质红陶。昂首，耸耳，短嘴，露齿，四足直立，卷尾。兜肚系

图二〇九　2001FGYM20 出土陶俑

1~3.侍俑（2001FGYM20：8、2001FGYM20：9、2001FGYM20：10）　4.抚琴俑（2001FGYM20：12）　5.击鼓俑（2001FGYM20：14）　6.吹箫俑（2001FGYM20：15）

栓环，颈间系铃。高20.6、长24.4厘米（图二一一，3；图版二〇，2）。

猪　2件。2001FGYM20：1，泥质红陶。鼓眼，小耳，张嘴，鬃毛高竖，四足粗短，体肥，卷尾。高12、长26厘米（图二一一，1）。2001FGYM20：2，泥质红陶。鼓眼，小耳，张嘴，鬃毛高竖，四足粗短，体肥，卷尾。高11.7、长25.8厘米（图二一一，2）。

仓　1件。2001FGYM20：27，泥质红陶。侈口，方唇，束颈，折肩，筒腹，平底。口径15.4、最大腹径15.8、底径15、高14.2厘米（图二〇七，1；图版一五，2）。

塘　2件。2001FGYM20：16，泥质灰陶。长方形。塘中塑有龟、贝、螺。长32.6、宽21.8、高4.4厘米（图二〇八，5）。2001FGYM20：17，泥质灰陶。长方形。有田埂。塘中塑有鱼、龟、贝、螺、荷。长33.6、宽22.4、高4.2厘米（图二〇八，6；图版一七，6）。

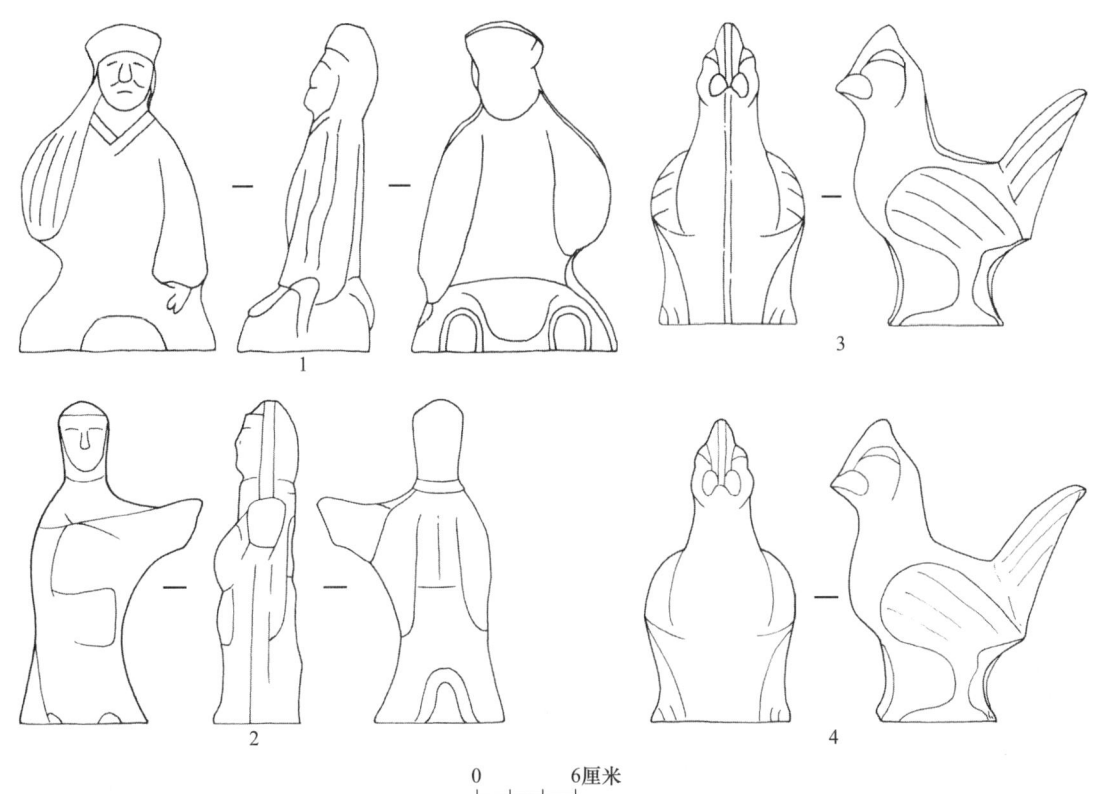

图二一〇　2001FGYM20 出土陶俑、陶鸡

1. 抚耳俑（2001FGYM20：13）　2. 抱囊俑（2001FGYM20：11）　3、4. 鸡（2001FGYM20：3、2001FGYM20：6）

2. 铜器

该墓共出土铜器 2 件，器型为耳杯扣、铜钱。

耳杯扣　1 组 4 件。2001FGYM20：25，鎏金，半月形耳。长 6.5 厘米（图二一一，6）。

铜钱　146 枚，均为五铢。

A 型　41 枚。未磨郭。2001FGYM20：24-3，钱文字体瘦长，"五"字交笔弯曲，"金"字头呈大三角形，"朱"字上下圆折。钱径 2.5、穿宽 1 厘米（图二一二，1）。2001FGYM20：24-4，钱文字体矮胖，"五"字交笔弯曲，"金"字头呈大三角形，"朱"字上下圆折。钱径 2.5、穿宽 1 厘米（图二一二，2）。2001FGYM20：24-5，钱文字体较粗，"五"字交笔缓曲，"金"字头呈三角形，"朱"字上方下圆。钱径 2.5、穿宽 1 厘米（图二一二，3）。

B 型　105 枚。剪轮五铢。2001FGYM20：24-2，肉薄径较小，有文，钱径 2.3、穿宽 0.9 厘米。

三、2001FGYM21

（一）墓葬形制

M21 位于陈文英堡墓地东南部，该墓地 T1 南部偏东，开口于第 1 层下，墓口距地表 0.2～0.25 米，打破生土。该墓填土可分为两种，上部为红褐色黏土，土质紧密，含大量残砖块；近底部垫 5～10 厘米的黄褐色五花土，土质较疏松，含少量石灰等。

图二一一　2001FGYM20 出土器物

1、2. 陶猪（2001FGYM20：1、2001FGYM20：2）　3. 陶狗（2001FGYM20：7）　4、5. 陶子母鸡（2001FGYM20：4、2001FGYM20：5）　6. 铜耳杯扣（2001FGYM20：25）

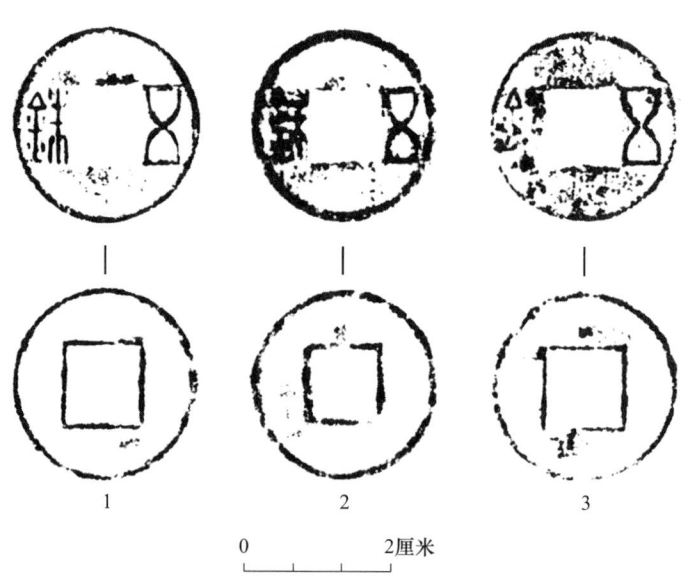

图二一二　2001FGYM20 出土钱币（拓片）

1～3. A 型五铢（2001FGYM20：24-3、2001FGYM20：24-4、2001FGYM20：24-5）　4. B 型五铢（2001FGYM20：24-2）

M21为砖室墓，平面呈刀把形，方向290°，由墓道、甬道、墓室三部分组成，总长5.62、最宽处2.96米。

墓道呈不规则长方形斜坡状，残长0.82、宽1.14、深0~0.8米，甬道位于墓室西部，内长1.6、宽1.32、残高0.76米。墓室内长2.6、宽2.34、残高0.86米。

甬道内用长方形砖横向错缝平砌封门，齐墓口。墓底无铺地砖。甬道壁及墓壁用长方形砖横向错缝平砌。券顶情况不明，但墓内填土中有大量榫卯砖。墓砖有长方形砖和榫卯砖两种，前者长44、宽20、厚8厘米；后者长48、宽20、厚8厘米。墓砖朝墓室面饰有几何菱形纹、田字纹。

葬具已不存，人骨1具，头东足西，仰身直肢。随葬品摆放较规整，主要摆放于甬道北壁，少量分布在墓室（图二一三、二一四）。

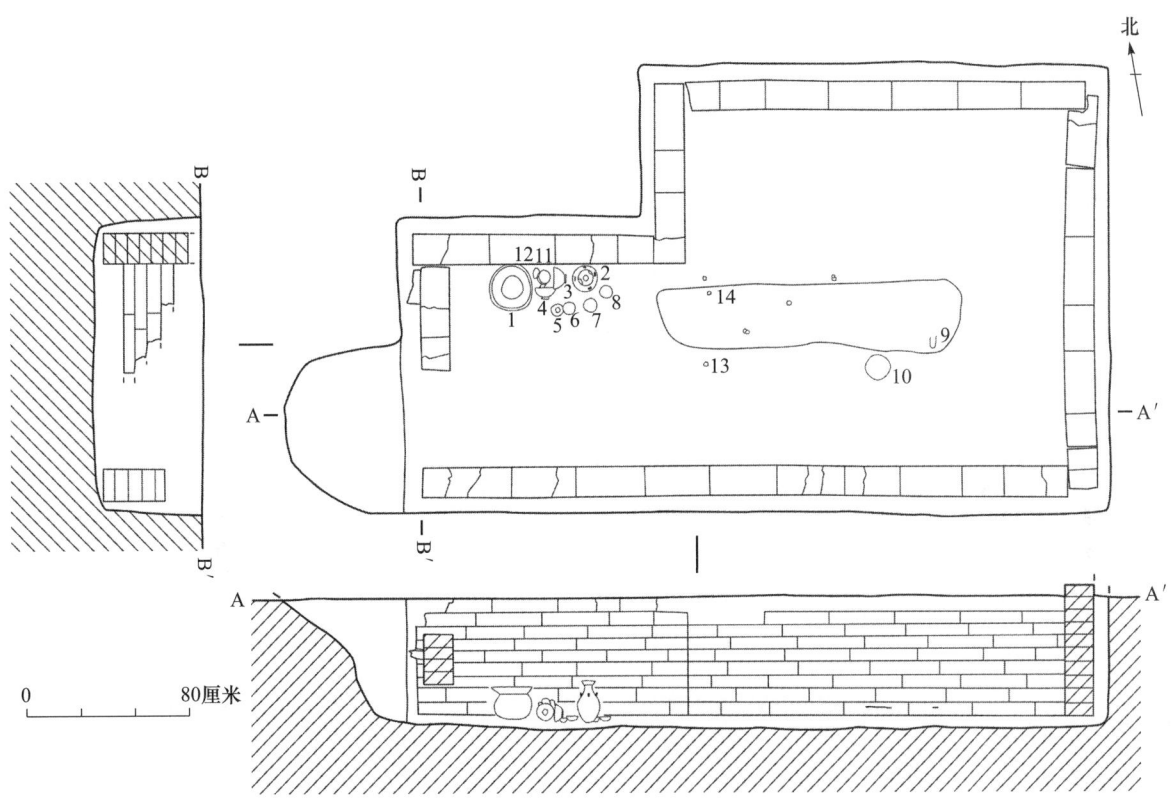

图二一三　2001FGYM21平、剖面图
1.陶釜　2.瓷盘口壶　3、4.瓷碗　5~8、11、12.瓷盏　9.铜发钗　10.琉璃珠　13.铜钱　14.陶饰件

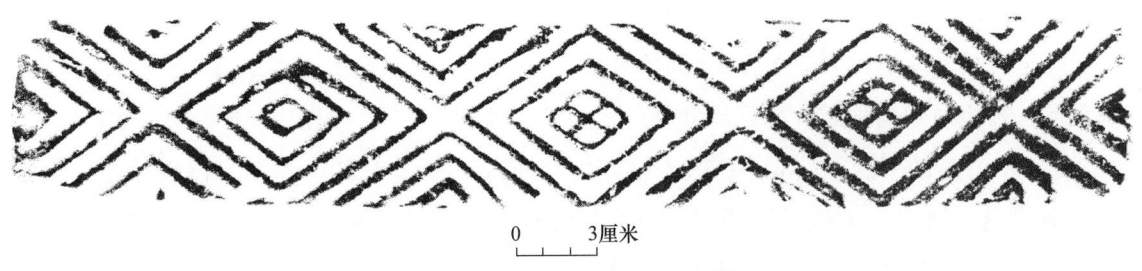

图二一四　2001FGYM21出土墓砖（拓片）

（二）随葬器物

该墓随葬器物较少，共出土有17件。包括陶器、瓷器、铜器、料器四类。随葬器物以瓷器为主，器型有盏、碗、盘口壶。陶器为釜、残陶饰件。铜器为发钗、铜钱。料器为琉璃珠。

1. 陶器

釜　1件。2001FGYM21：1，夹砂灰陶。敞口，尖圆唇，折沿，束颈，溜肩，垂腹，圜底。颈部以下饰有竖向粗绳纹。口径26.8、最大腹径25.2、高20.2厘米（图二一五，1；图版六，3）。

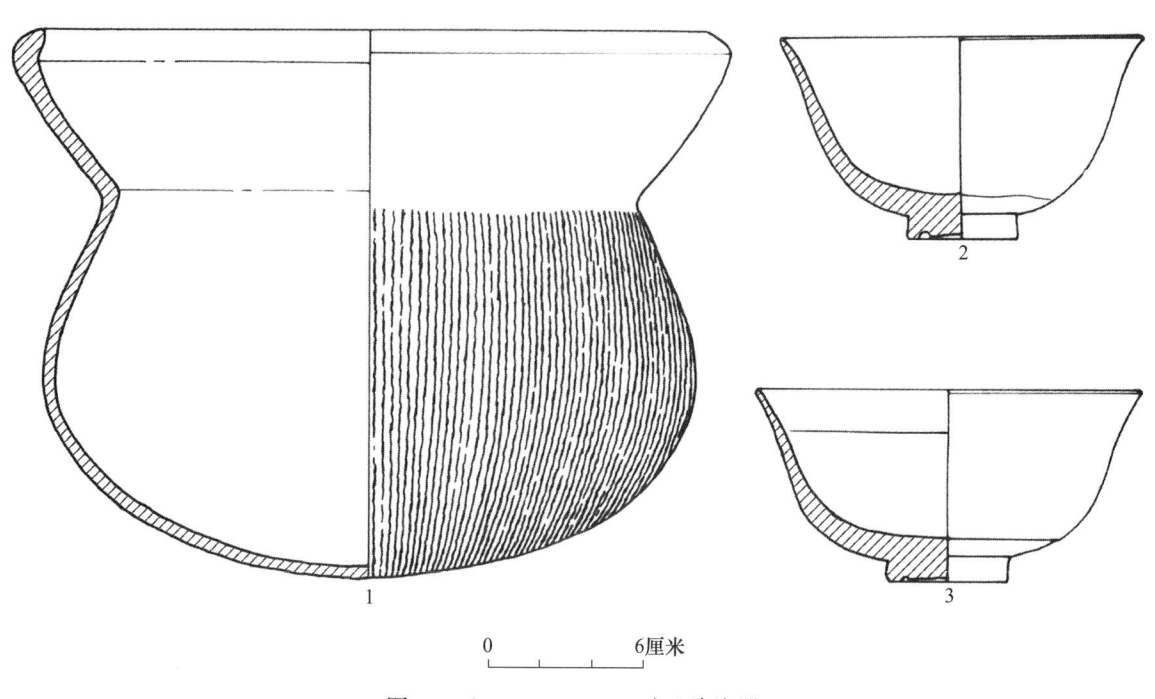

图二一五　2001FGYM21出土陶瓷器
1. 陶釜（2001FGYM21：1）　2、3. 瓷碗（2001FGYM21：3、2001FGYM21：4）

2. 瓷器

该墓共出土有瓷器13件，以灰白胎为主，少量为红褐色胎，器表施青釉。瓷器均为轮制。纹饰有草叶纹。

盏　10件。2001FGYM21：5，红褐色胎，器表及器内均施青釉，部分剥落。敞口，尖唇，斜弧腹，假圈足内弧。口径9.8、底径5.2、高3厘米（图二一六，6；彩版三六，2）。2001FGYM21：6，红褐色胎，器表及器内均施青釉，部分剥落。敞口，尖唇，斜腹，饼足。口径9.4、底径5.2、高2.8～3.1厘米（图二一六，7；彩版三六，1）。2001FGYM21：7，红褐色胎，器表及器内均施青釉，部分剥落。敞口，尖唇，斜弧腹，饼足。底部微凹。口径9.8、底径4.8、高2.9厘米（图二一六，8）。2001FGYM21：8，红褐色胎，器表及器内均施青釉，部分剥落。敞口，尖圆唇，斜弧腹，饼足，底部微凹。口径9.6、底径5、高3.2厘米（图二一六，9）。2001FGYM21：11，红褐色胎，器表及器内均施青釉，部分剥落。敞口，尖唇，弧腹，饼足。口径9.4、底径5.6、高3.1厘米（图二一七，2）。2001FGYM21：12-1，灰白胎，器表及器内均施青釉，部分剥落。敛口，尖唇，弧腹，假圈足内弧。口径6.8、底径3、高4.8厘米（图二一六，1；彩版三六，7）。2001FGYM21：12-2，灰白胎，器表及器内均施青釉，部分剥落。敛口，尖唇，弧腹，假圈足内弧。口径6.8、底径2.6、高4.8厘米（图二一六，2）。2001FGYCWM3：12-3，灰白胎，器表及器内均施青釉，部分剥落。敛口，尖唇，弧腹，假圈足内弧。口径7.4、底径2.6、高5厘米（图二一六，3）。2001FGYM21：12-4，灰白胎，器表及器内均施青釉，部分剥落。敛口，尖唇，弧腹，假圈足。口径7.4、底径2.6、高5厘米（图二一六，4）。2001FGYM21：12-5，灰白胎，器表及器内均施青釉，部分剥落。敛口，尖唇，弧腹，假圈足内弧。口径8.4、底径3.2、高5.9厘米（图二一六，5）。

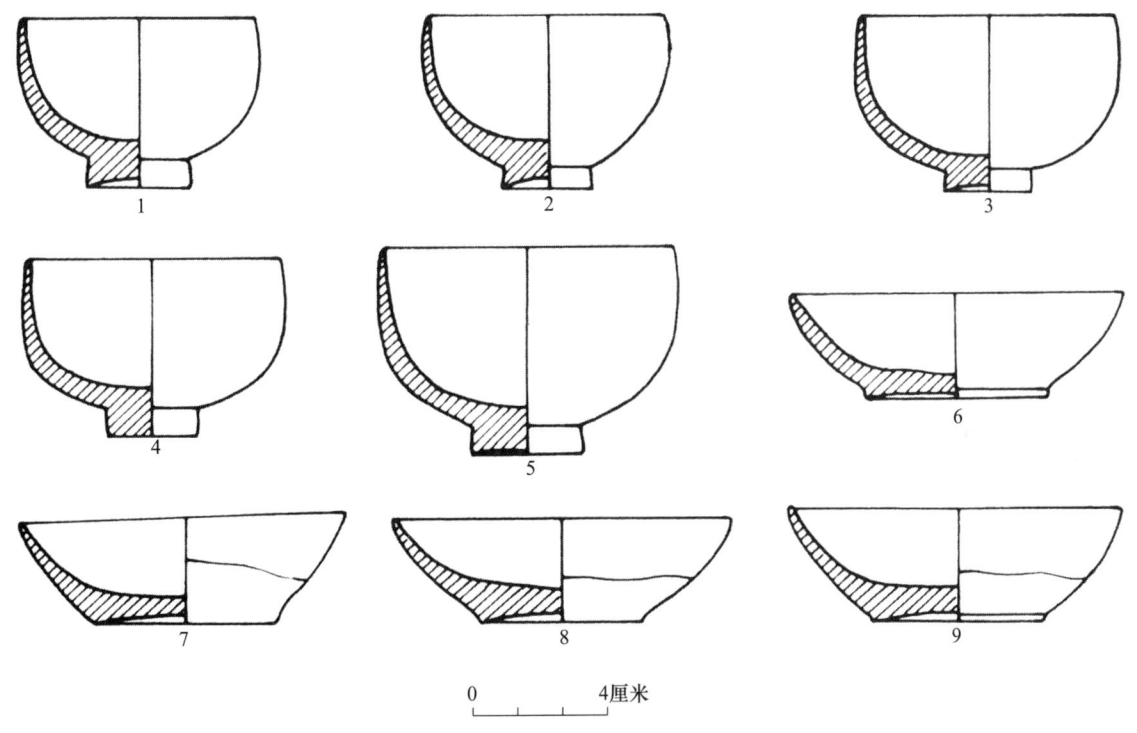

图二一六　2001FGYM21出土瓷盏

1~9.盏（2001FGYM21：12-1、2001FGYM21：12-2、2001FGYM21：12-3、2001FGYM21：12-4、2001FGYM21：12-5、2001FGYM21：5、2001FGYM21：6、2001FGYM21：7、2001FGYM21：8）

碗　2件。2001FGYM21：3，灰白胎，器表及器内均施青釉，部分剥落。敞口，尖唇，弧腹，假圈足内弧。口径13.8、底径4.2、高7.6厘米（图二一五，2）。2001FGYM21：4，灰白胎，器表及器内均施青釉，部分剥落。敞口，尖圆唇，弧腹，假圈足内弧。口径14.8、底径4.4、高7.2厘米（图二一五，3）。

盘口壶　1件。2001FGYM21：2，灰白胎，器表及器内施青釉，部分剥落。浅盘口，尖唇，束颈，溜肩，鼓腹，假圈足内弧。肩部饰有横向对称四系，腹部饰有一周草叶纹。口径10.8、最大腹径17.2、底径9.6、高25.8厘米（图二一七，1；彩版三七，3）。

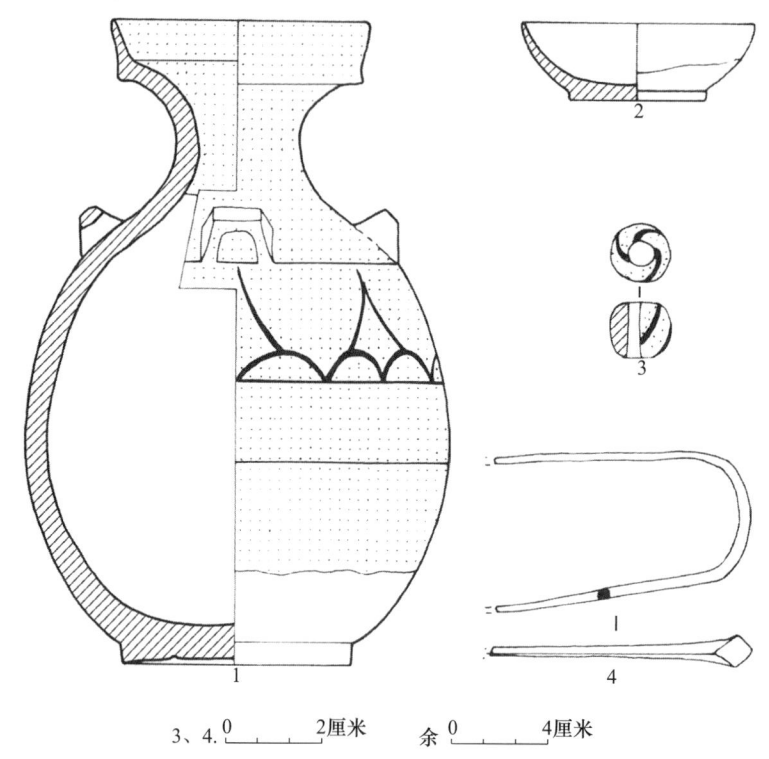

图二一七　2001FGYM21 出土器物
1. 瓷盘口壶（2001FGYM21：2）　2. 瓷盏（2001FGYM21：11）　3. 琉璃珠（2001FGYM21：10）
4. 铜发钗（2001FGYM21：9）

3. 铜器

发钗　1件。2001FGYM21：9，两股钗，上端宽扁，下端圆锥状，尖端残。残长5.2厘米（图二一七，4）。

铜钱　12枚，有4枚不可辨。均为五铢，皆未磨郭。2001FGYM21：13-1，钱文字体较粗，"五"字交笔弯曲，"金"字头呈大三角形，"朱"字上下圆折。钱径2.4、穿宽1厘米（图二一八，1）。2001FGYM21：13-2，钱文字体瘦长，"五"字交笔缓曲，"金"字头呈三角形，四点较长，"朱"字上方下圆。钱径2.4、穿宽1厘米（图二一八，2）。

4. 料器

琉璃珠　1件。2001FGYM21：10，圆柱形，中为

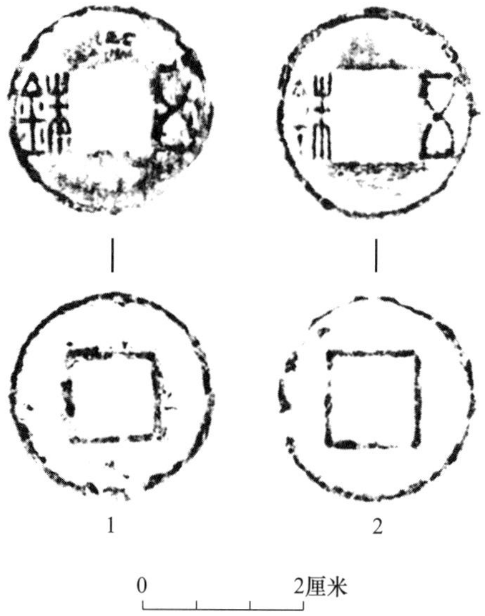

图二一八　2001FGYM21 出土钱币（拓片）
1、2. 五铢（2001FGYM21：13-1、2001FGYM21：13-2）

穿孔，饰有黄红条纹旋转相间。直径1.2、高1.1厘米（图二一七，3）。

四、2001FGYM22

（一）墓葬形制

M22位于陈文英堡墓地西北部，该墓地T4东部，开口于第1层下，墓口距地表0.1~0.2米，被2001FGYM27打破，打破生土。该墓填土为红褐色黏土，土质紧密，含料姜石颗粒。

M22为竖穴土坑墓，平面近方形，方向25°，墓口长4.3、宽3.6米，墓底长4.16、宽3.46、深2.63米。墓口下1.6米处，有熟土二层台和椁室。熟土二层台宽0.3~0.54、高1米，椁室平面呈圆弧形，长3.7、宽2.86、高0.5、厚0.08~0.14米。墓室内四角各有一块与二层台处于同一水平面，并与椁室四角紧密相连的三角形土台，每个面积0.34平方米，厚0.3~0.4米。

墓室内发现残存椁板痕迹，墓底北部发现木棺的黑褐色板灰痕迹，长2.2、宽0.8米，厚0.06米，葬具应为一椁三棺。人骨3具，仰身直肢，随葬品摆放较规整，主要摆放于椁室内（图二一九、彩版二○，1）。

（二）随葬器物

该墓随葬器物较丰富，共出土有32件，包括陶器、铜器、铁器、银器四类。随葬器物以陶器为主，器型有钵、罐、魁、勺、井等。铜器为鍪、箭镞、铜钱、残铜盆。铁器为铁釜。银器为指环。

1. 陶器

该墓共出土有陶器24件，以泥质灰陶为主，少量泥质红陶，泥质红陶施红釉、黄釉。陶器以轮制为主，少量模制。纹饰有凹弦纹、细绳纹、凸弦纹、附加堆纹。

钵 7件。2001FGYM22：11，泥质灰陶。敞口，圆唇，上腹斜直，折腹斜收成平底。口径12.6、底径4、高4.2厘米（图二二○，1）。2001FGYM22：12，泥质灰陶。敞口，圆唇，弧腹，平底。口径17、底径5.2、高6.2厘米（图二二○，5）。2001FGYM22：28-1，泥质灰陶。敞口，圆唇，上腹斜直，折腹斜收成平底。口径12.8、底径4、高4.8厘米（图二二○，2）。2001FGYM22：28-2，泥质灰陶。敞口，圆唇，上腹斜直，折腹斜收成平底。口径13.2、底径3.6、高5厘米（图二二○，3）。2001FGYM22：28-3，敞口，圆唇，上腹斜直，折腹斜收成平底。口径13.2、底径4、高4.8厘米（图二二○，4）。2001FGYM22：28-4，泥质灰陶。敞口，圆唇，弧腹，平底。口径16.8、底径5.6、高6.2厘米（图二二○，6）。2001FGYM22：28-5，泥质灰陶。敞口，方圆唇，上腹斜直，折腹斜收成平底。口径17.7、底径5.6、高6.6厘米（图二二○，7）。

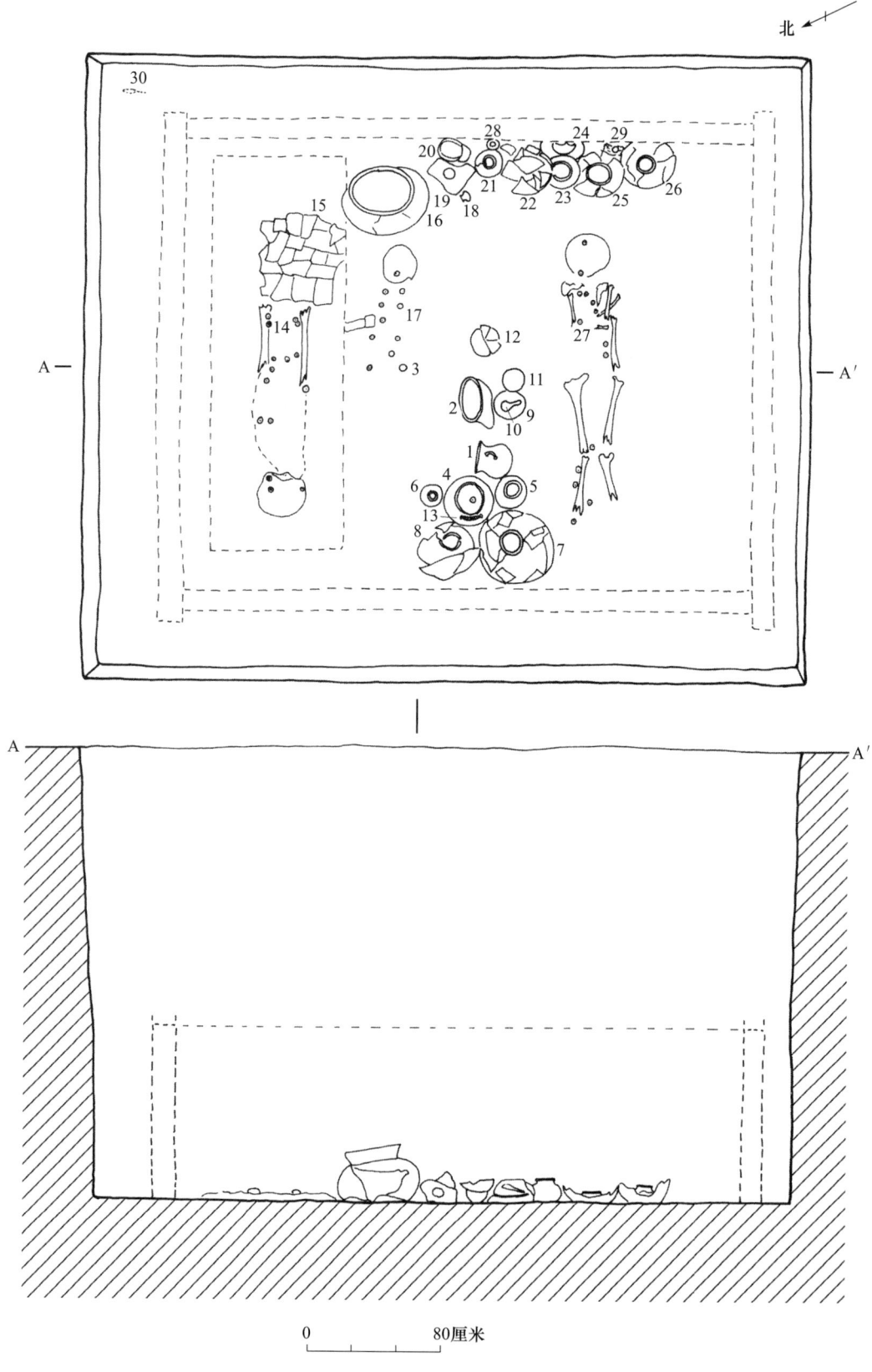

图二一九　2001FGYM22 平、剖面图

1. 铜鍪　2. 铜盆　3. 银指环　4. 陶锤　5~8、18、20、21、23~26、29. 陶罐　9. 陶魁　10. 陶勺　11、12、28. 陶钵　13、14、17、27. 铜钱　15. 陶甑　16. 铁釜　19. 陶井　22. 陶盆　30. 铜箭镞

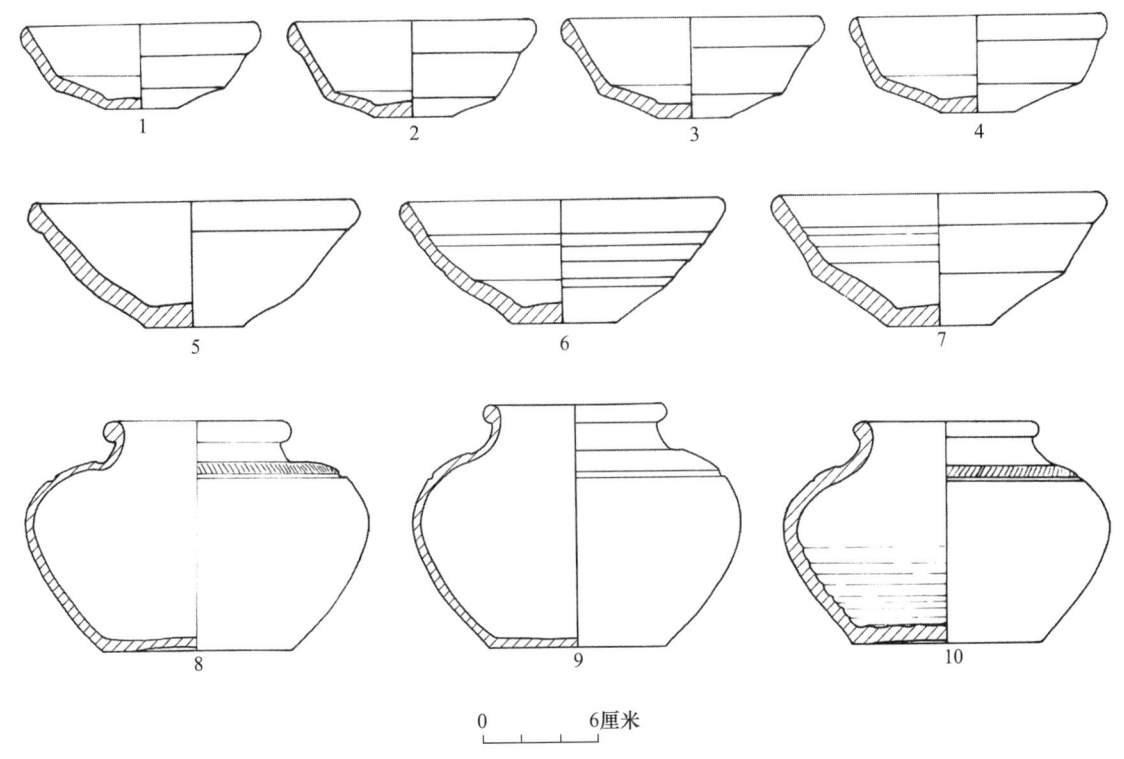

图二二〇 2001FGYM22 出土陶器（一）

1~7. 钵（2001FGYM22：11、2001FGYM22：28-1、2001FGYM22：28-2、2001FGYM22：28-3、2001FGYM22：12、2001FGYM22：28-4、2001FGYM22：28-5） 8~10. 罐（2001FGYM22：21、2001FGYM22：23、2001FGYM22：29）

罐 11件。2001FGYM22：5，泥质灰陶。侈口，圆唇，溜肩，鼓腹，平底。肩部饰有一周凹弦纹。口径 11.3、最大腹径 23.2、底径 14.6、高 16.4 厘米（图二二一，1）。2001FGYM22：6，泥质灰陶。侈口，圆唇，束颈，圆折肩，鼓腹，平底。底部微凹。肩部饰有一周斜向细绳纹及一周凹弦纹。器内有轮制痕迹。口径 9.6、最大腹径 17.2、底径 9.8、高 11.4 厘米（图二二一，2）。2001FGYM22：7，泥质灰陶。直口微侈，圆唇，束颈，鼓肩，鼓腹，平底。肩部饰有三周凹弦纹。口径 12.4、最大腹径 32、底径 22.4、高 20.5 厘米（图二二一，7）。2001FGYM22：8，泥质灰陶。侈口，圆唇，束颈，鼓肩，鼓腹，平底。肩部饰有一周凹弦纹。口径 11.6、最大腹径 22.6、底径 13.8、高 16.5 厘米（图二二一，3）。2001FGYM22：18，泥质灰陶。直口微侈，圆唇，矮领，圆折肩，鼓腹，平底。口径 13.8、最大腹径 25.4、底径 15.8、高 17.8 厘米（图二二二，3）。2001FGYM22：21，泥质灰陶。侈口，圆唇，矮领，鼓肩，鼓腹，平底，底部微凹。口径 9.8、最大腹径 16.8、底径 9.6、高 11.2 厘米（图二二〇，8）。2001FGYM22：23，泥质灰陶。侈口，圆唇，束颈，鼓肩，鼓腹，平底。肩部饰有两周凹弦纹。口径 10、最大腹径 17.6、底径 9.8、高 12 厘米（图二二〇，9）。2001FGYM22：24，夹细砂灰陶。侈口，圆唇，束颈，鼓肩，鼓腹，平底。肩部饰有一周凹弦纹。口径 11.4、最大腹径 23.8、底径 15.4、高 16.2 厘米（图二二一，4）。2001FGYM22：25，泥质灰陶。侈口，圆唇，束颈，鼓肩，鼓腹，平底。肩部饰有一周凹弦纹。口径 11.6、最大腹径 22.4、底径 14.4、高 15.8 厘米（图二二一，5）。2001FGYM22：26，泥质灰陶。侈口，方唇，束颈，鼓肩，鼓腹，平底。肩部饰有一周凹弦纹。器内有轮制痕迹。口径 11.6、最大腹径 23.6、底径 15.3、高 16.4 厘米（图二二一，6）。2001FGYM22：29，泥质灰陶。侈口，圆唇，束颈，圆折肩，鼓腹，平底。底部微凹。肩部饰有一周斜向细绳纹及一周凹弦纹。器内有轮制痕迹。口径 9.6、最大腹径 16.8、底径 9.8、高 11 厘米（图二二〇，10）。

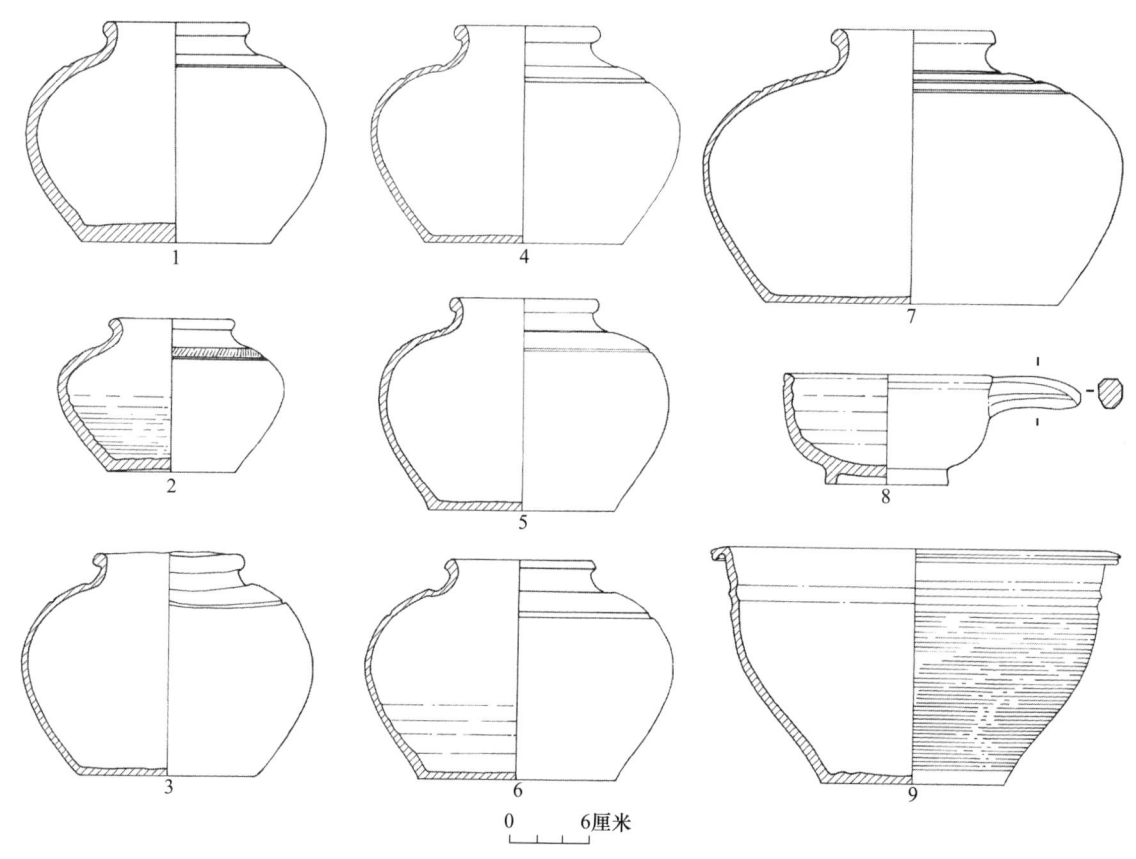

图二二一　2001FGYM22 出土陶器（二）
1～7.罐（2001FGYM22：5、2001FGYM22：6、2001FGYM22：8、2001FGYM22：24、2001FGYM22：25、2001FGYM22：26、2001FGYM22：7）　8.魁（2001FGYM22：9）　9.盆（2001FGYM22：22）

甑　1件。2001FGYM22：15，泥质灰陶。敞口，方圆唇，折沿，斜腹，平底，底部微凹。外壁口沿下饰有两周附加堆纹，其上有压印纹，腹部饰有压印菱格纹。底部有 12 个箅孔。器表有轮制痕迹。口径 40、底径 19.2、高 21.6 厘米（图二二二，1）。

盆　1件。2001FGYM22：22，泥质灰陶。敞口，方圆唇，折沿，圆折腹，平底。上腹部饰有四周宽凹弦纹，腹部至底部饰有刻划纹。口径 31.6、底径 14、高 17.5 厘米（图二二一，9）。

锺　1件。2001FGYM22：4，泥质红陶胎，器表施红釉。器身为盘口，方唇，束颈，溜肩，鼓腹，圈足。肩部饰有三周凸弦纹，腹部饰有三周凸弦纹。腹部有两个对称的衔环铺首。带盖，盖为子母口，尖圆唇，圜顶。外壁口沿下饰有四周宽凹弦纹，内壁有轮制痕迹。盖口径 14.4、器身口径 14.2、最大腹径 26、足径 14、通高 36 厘米（图二二二，8；彩版三一，6）。

魁　1件。2001FGYM22：9，泥质红陶胎，器表及器内均施黄釉。敛口，方唇，弧腹，圈足。柱状柄。器柄为模制，器身为轮制，分别制成后黏合而成。口径 16、足径 8.4、高 8.1、长 22.8 厘米（图二二一，8；图版一〇，2）。

勺　1件。2001FGYM22：10，泥质红陶胎，器表施红釉。勺身呈椭圆形，深腹，直柄较长。长15厘米（图二二二，7）。

井　1件。2001FGYM22：19，泥质灰陶。由井身、井盖两部分组成。井盖平面呈方形，四角内凹，圆形井圈，两侧有对称长方形孔。表面饰有网格纹、几何纹。井身为敛口，方圆唇，折肩，筒腹微鼓，平底。内有一小罐，直口，圆唇，束颈，溜肩，鼓腹，假圈足。小罐口径4、最大腹径4.8、底径3.8、高4.2厘米，井盖边长25.6厘米，井身口径12.8、底径12.8、通高18.8厘米（图二二二，5；图版一六，4）。

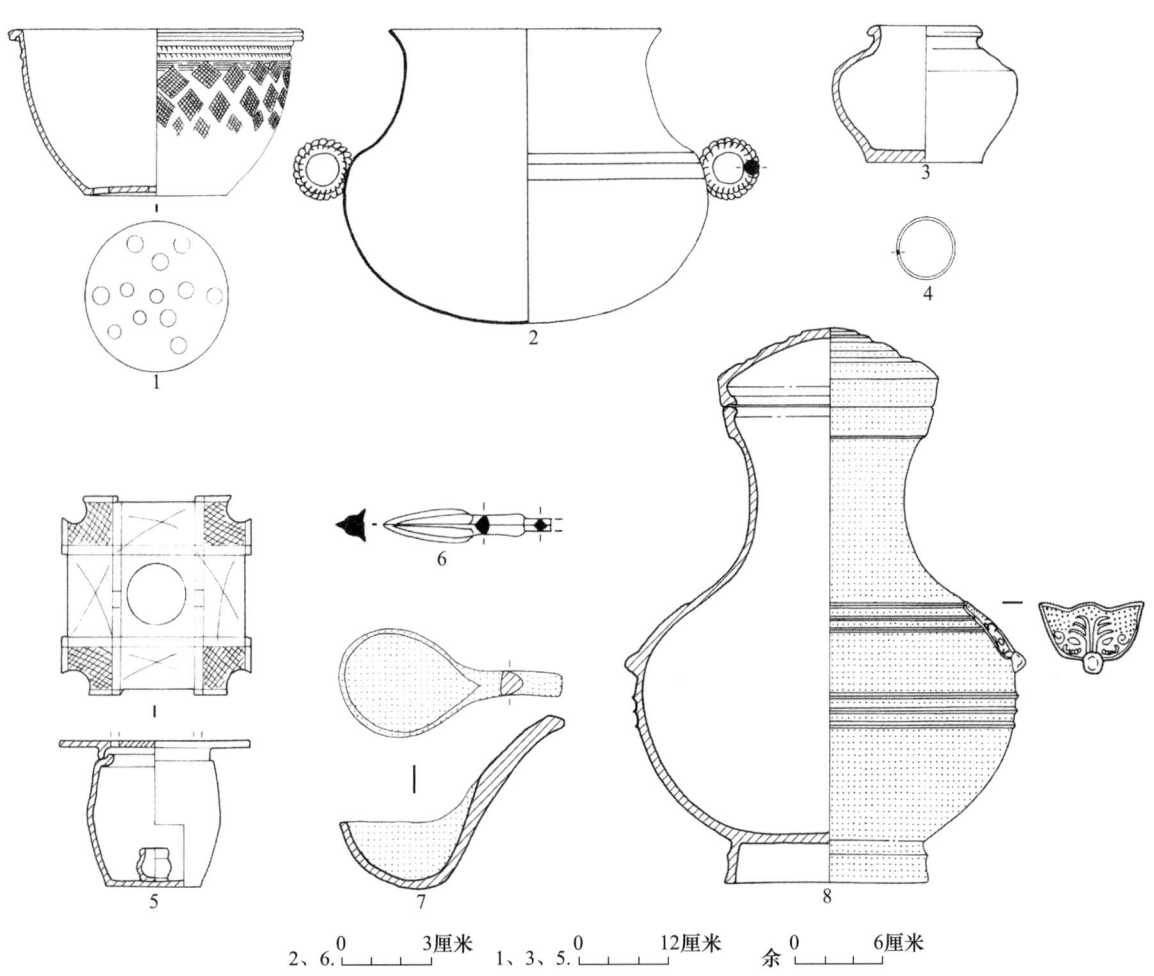

图二二二　2001FGYM22出土器物
1. 陶甑（2001FGYM22：15） 2. 铜鍪（2001FGYM22：1） 3. 陶罐（2001FGYM22：18） 4. 银指环（2001FGYM22：3）
5. 陶井（2001FGYM22：19） 6. 铜箭镞（2001FGYM22：30） 7. 陶勺（2001FGYM22：10） 8. 陶锺（2001FGYM22：4）

2. 铜器

鍪　1件。2001FGYM22：1，侈口，尖唇，束颈，折肩，弧腹，圜底。腹部饰有两对称辫索纹环耳。口径18.4、最大腹径24.4、高19厘米（图二二二，2；彩版三八，1）。

箭镞　1件。2001FGYM22：30，残长5.6厘米（图二二二，6；彩版三九，1）。

铜钱　141枚。有五铢和货泉两种。

五铢　82枚。

A型　81枚。未磨郭。2001FGYM22：13-5，"五"字交笔较直，"金"字头呈三角形，"朱"字上方下圆。钱径2.5、穿宽1厘米（图二二三，1）。2001FGYM22：13-6，钱文字体瘦长，"五"字交笔缓曲，"金"字头呈三角形，四点较长，"朱"字上方下圆。钱径2.4、穿宽1厘米（图二二三，2）。

B型　1枚。剪轮五铢。2001FGYM22：17，肉薄径小，有文。钱径1.9、穿宽1厘米。

货泉　59枚。2001FGYM22：27，有郭，钱文"泉"字中竖中断，内郭有单双。钱径2.0～2.1、穿宽0.7～0.8厘米（图二二三，3）。

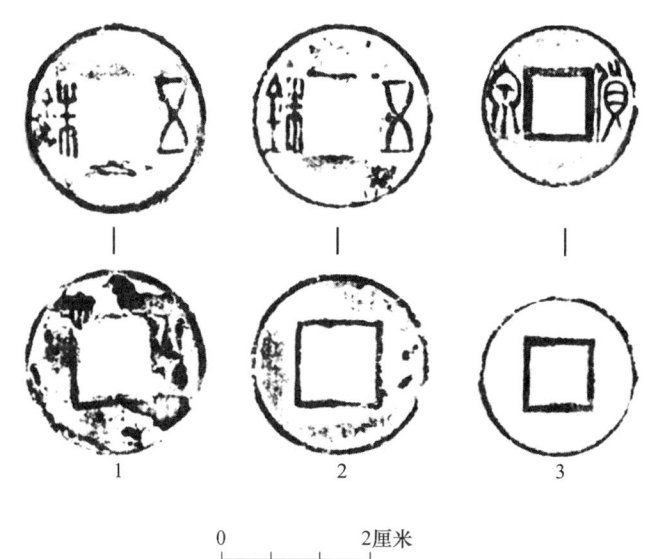

图二二三　2001FGYM22出土钱币（拓片）
1、2.A型五铢（2001FGYM22：13-5、2001FGYM22：13-6）　3.货泉（2001FGYM22：27）

3. 铁器

釜　1件。2001FGYM22：16，锈蚀严重，已残。

4. 银器

指环　1件。2001FGYM22：3，圆环状。直径2厘米（图二二二，4）。

五、2001FGYM23

（一）墓葬形制

M23位于陈文英堡墓地北部，该墓地T2中部，开口于第1层下，墓口距地表0.1～0.25米，打破生土。该墓填土为红褐色黏土，土质紧密。

M23 为砖室墓，平面呈刀把形，方向 295°，由墓道、甬道、墓室三部分组成，总长 5.3、最宽处 2.8 米。

墓道为长条形斜坡式墓道，长 0.8、宽 1.4、深 0～0.26 米，甬道位于墓室西部，内长 1.44、宽度不明、残高 0.24 米。墓室内长 2.6、宽 2.2、残高 0.47 米。

墓底采用长方形砖和榫卯砖错缝平铺。甬道壁及墓壁用长方形砖横向错缝平砌。墓顶情况不明。墓砖有长方形砖和榫卯砖两种，前者长 42、宽 23、厚 7 厘米；后者长 38、宽 18、厚 7 厘米。墓砖朝墓室面饰有几何菱形纹。

葬具及人骨均已不存。因该墓被扰，随葬品摆放零乱，主要摆放于甬道（图二二四）。

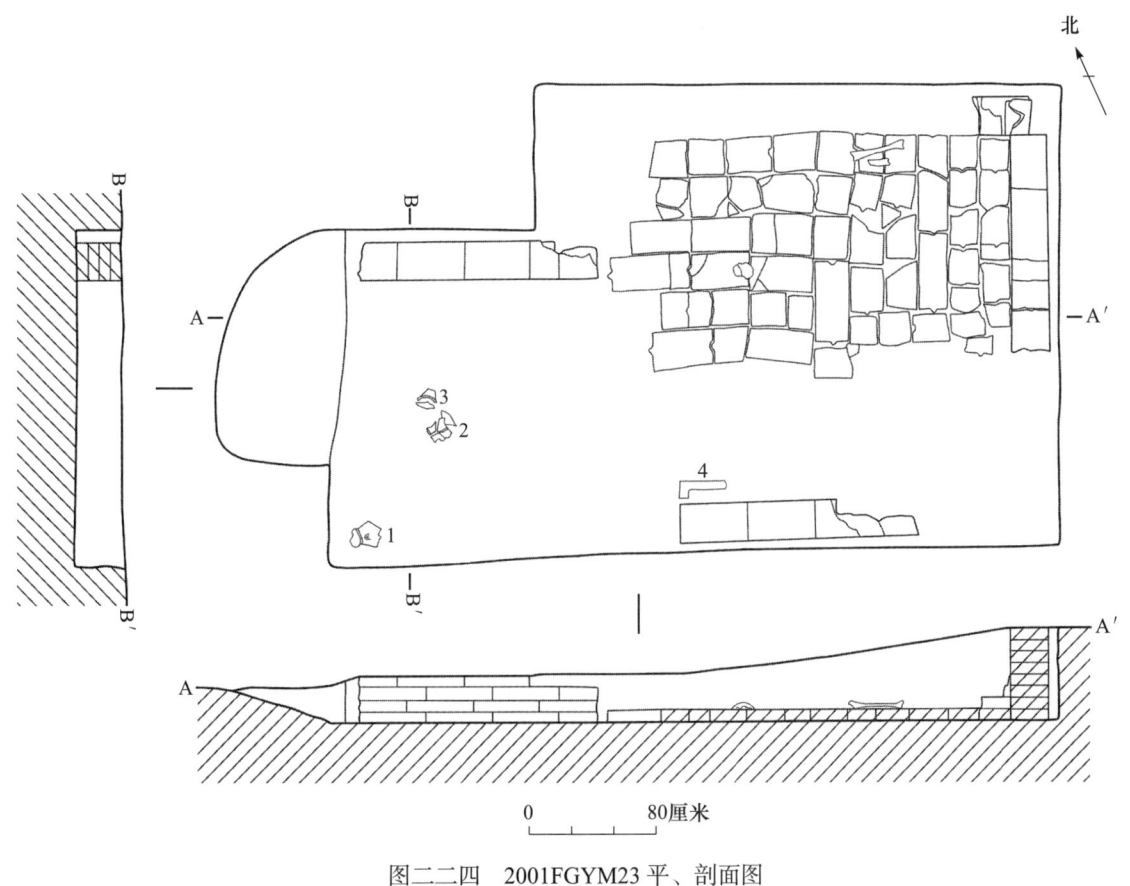

图二二四　2001FGYM23 平、剖面图
1、3. 陶罐　2. 瓷罐　4. 陶塘

（二）随葬器物

该墓随葬器物极少，共出土 2 件。陶器为 1 件陶罐，铜器为 17 枚铜钱。

罐　1 件。2001FGYM23：1，夹砂红褐陶胎，器表施灰白釉和酱黑釉，有流釉。敛口，方唇，束颈，折肩，弧腹，平底。腹部饰有对称两耳。口径 11.2、最大腹径 14、底径 6.4、高 17 厘米（图二二五，1）。

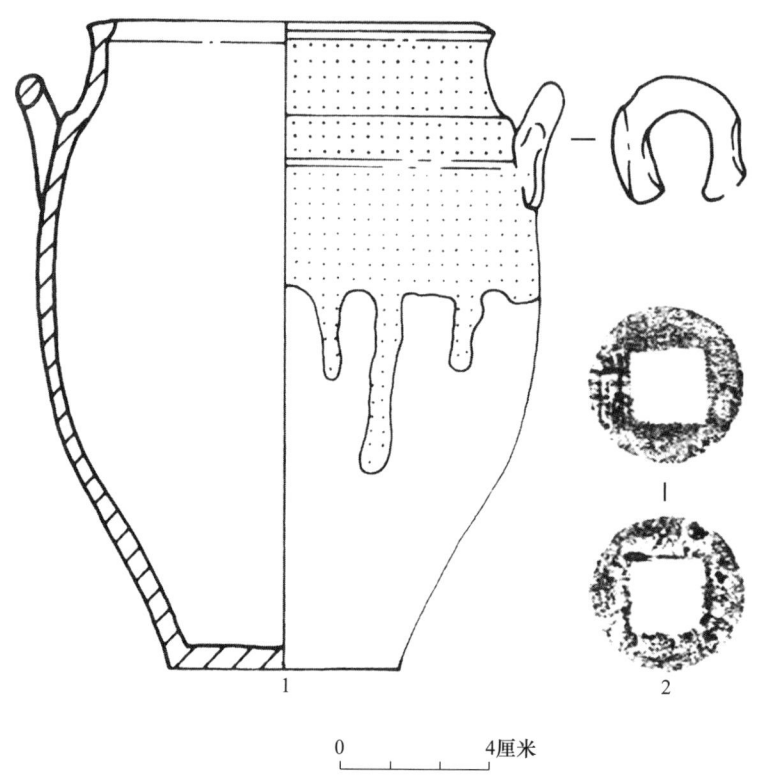

图二二五 2001FGYM23 出土器物
1. 陶罐（2001FGYM23：1） 2. 铜钱拓片（2001FGYM23：5）

铜钱　17枚。均为五铢。

A型　12枚。未磨郭。钱文模糊不清。

B型　5枚。剪轮五铢。2001FGYM23：5，肉薄径小，无文。钱径1.6~2、穿宽1~1.1厘米（图二二五，2）。

六、2001FGYM24

（一）墓葬形制

M24位于陈文英堡墓地北部，该墓地T3中部偏北，开口于第1层下，墓口距地表0.1~0.25米，打破生土。墓内填土为红褐色黏土，土质紧密。

M24为砖室墓，平面呈刀把形，方向295°，由墓道、甬道、墓室三部分组成，总长5.4、最宽处3.04米。

墓道为长条形斜坡式墓道，残长0.48、宽1.74、深0~0.6米，甬道位于墓室西部，内长1.8、宽度不明、残高0.72米。墓室内长2.6、残高0.4米，宽度不明。

墓道与甬道间用长方形砖和榫卯砖横向错缝平砌封门。墓底无铺地砖，甬道壁及墓壁用长方形砖横向错缝平砌。墓顶情况不明。墓砖有长方形砖和榫卯砖两种，前者长45、宽19、厚8厘米；

后者长46、宽19、厚8厘米。墓砖朝墓室面饰有几何菱形纹饰。

葬具已不存，人骨5具，葬式不详。因该墓被扰，随葬品摆放零乱，主要摆放于甬道和墓室中部（图二二六、图二二七）。

（二）随葬器物

该墓随葬器物较丰富，共出土有37件。包括陶器、铜器两类。随葬器物以陶器为主，器型有罐、魁、灯、勺、博山炉、俑、房等。铜器为耳杯扣、铜钱。

1. 陶器

该墓共出土有陶器26件，以泥质红陶为主，泥质红陶中部分施红釉、酱红釉，另有部分泥质灰陶。陶器以轮制为主，部分模制。纹饰有凹弦纹、菱形纹、三角形压印纹、细绳纹等。

罐　4件。2001FGYM24：4，泥质灰陶，侈口，尖圆唇，束颈，溜肩，鼓腹，圜底。肩部饰有三周凸弦纹，凸弦纹上饰有压印纹，腹部至底部饰有一周凹弦纹及竖向细绳纹，口径11、最大腹径32.6、高20.4厘米（图二二八，7；图版四，1）。2001FGYM24：9，泥质灰陶，器表施黑色陶衣。敛口，尖圆唇，束颈，折肩，弧腹，圜底近平。肩部饰有菱形纹、三周凹弦纹及三周三角形压印纹。腹部饰有一周宽凹弦纹及竖向细绳纹。口径12.8、最大腹径34、高20.2厘米（图二二八，6）。2001FGYM24：32，泥质灰陶。侈口，圆唇，束颈，斜肩，鼓腹，平底。肩部饰有一周凹弦纹。口径9.4、最大腹径13.6、底径9.4、高11.2厘米（图二二八，8）。2001FGYM24：33，泥质灰陶。侈口，圆唇，束颈，斜肩，鼓腹，平底。肩部饰有一周凹弦纹。口径10.8、最大腹径16、底径6.5、高12.6厘米（图二二八，9；图版三，3）。

盂　2件。2001FGYM24：29，泥质红陶胎，器表及器内施酱釉，部分剥落。侈口，方圆唇，平折沿，束颈，溜肩，垂腹，圜底近平。肩部饰有一周凹弦纹。口径12.2、最大腹径15.3、高9.8厘米（图二二八，4）。2001FGYM24：31，泥质红陶胎，器表施红釉，部分剥落。敛口，圆唇，平沿，束颈，溜肩，垂腹，圜底近平。肩部饰有两周凸弦纹。口径12、最大腹径14.4、高9厘米（图二二八，5；图版八，6）。

盆　1件。2001FGYM24：34，泥质红陶胎，器内施红釉。侈口，方唇，平折沿，束颈，溜肩，斜弧腹，平底。口径24、最大腹径22、底径6.4、高9厘米（图二三〇，2；图版九，4）。

盒　2件。2001FGYM24：21，泥质红陶胎，器表施红釉，部分剥落。敛口，方唇，上腹较直，折腹斜收成平底，底部微凹。腹部饰有一周凹弦纹。口径16、底径5.2、高5.4厘米（图二二八，1）。2001FGYM24：22，泥质红陶胎，器表施红釉，部分剥落。敛口，方唇，上腹较直，折腹斜收成平底，底部微凹。腹部饰有一周凹弦纹。口径16、底径5.2、高5.4厘米（图二二八，2）。

魁　1件。2001FGYM24：24，泥质红陶胎，器表及器内均施红釉，部分剥落。直口，圆唇，弧腹，平底。龙首状柄。器柄为模制，器身为轮制，分别制成后黏合而成。外壁口沿下饰有一周凹弦纹。口径17.6、底径6、高6.8、长20厘米（图二三〇，3）。

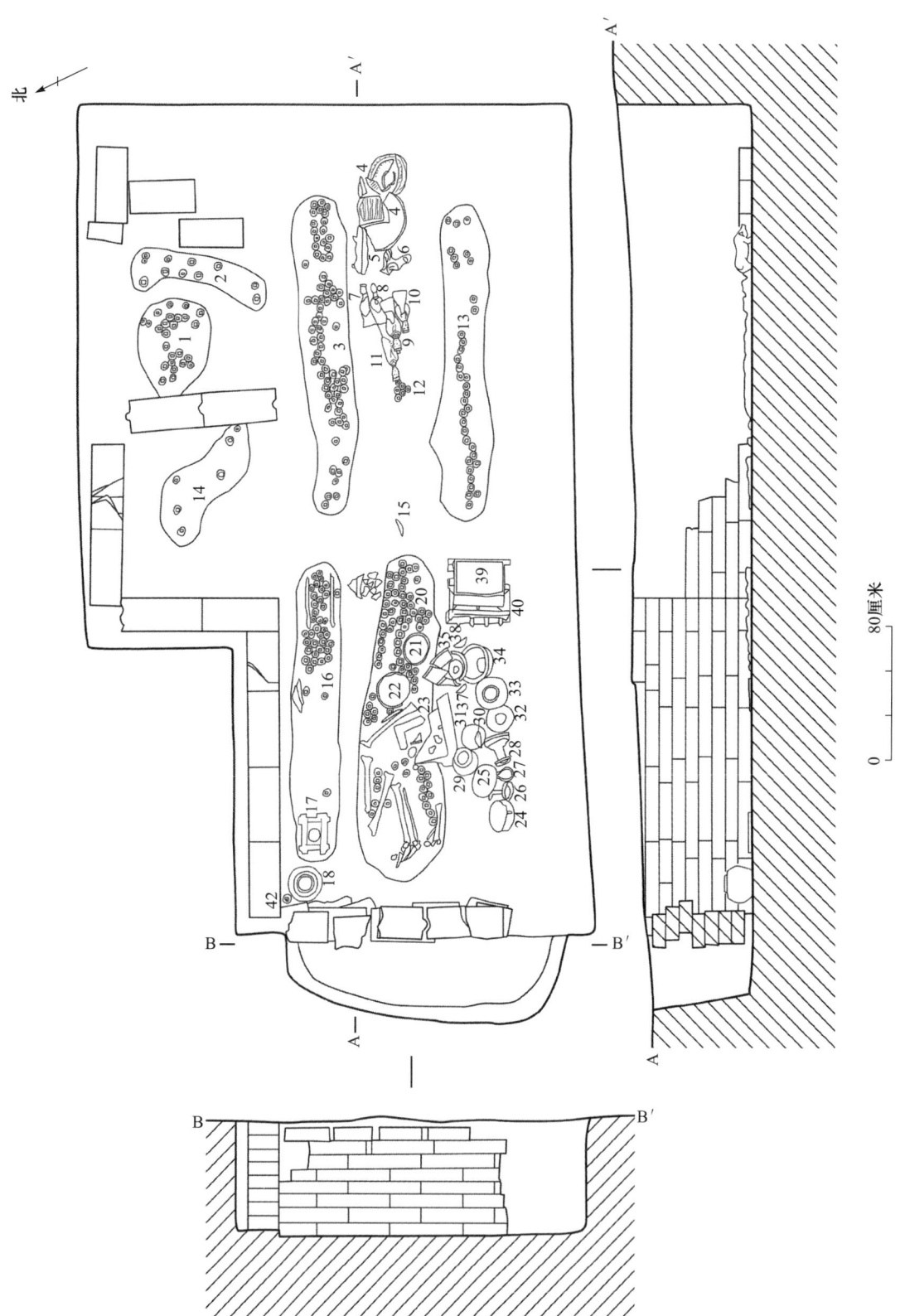

图二二六　2001FGYM24 平、剖面图

1~3、12~14、16、20. 铜钱　4、9、32、33、41. 陶罐　5. 陶猪　6. 陶鸡　7、10、11. 陶俑　8. 陶子母鸡　15、30、37、38. 铜耳杯扣　17、18. 陶井　19. 陶器口沿　21、22、34. 陶盒　23. 陶塘　24. 陶魁　25. 陶器盖　26. 陶灯　27. 陶勺　28. 陶博山炉　29、31. 陶盂　35. 陶盘　36. 陶卮　39、40. 陶房

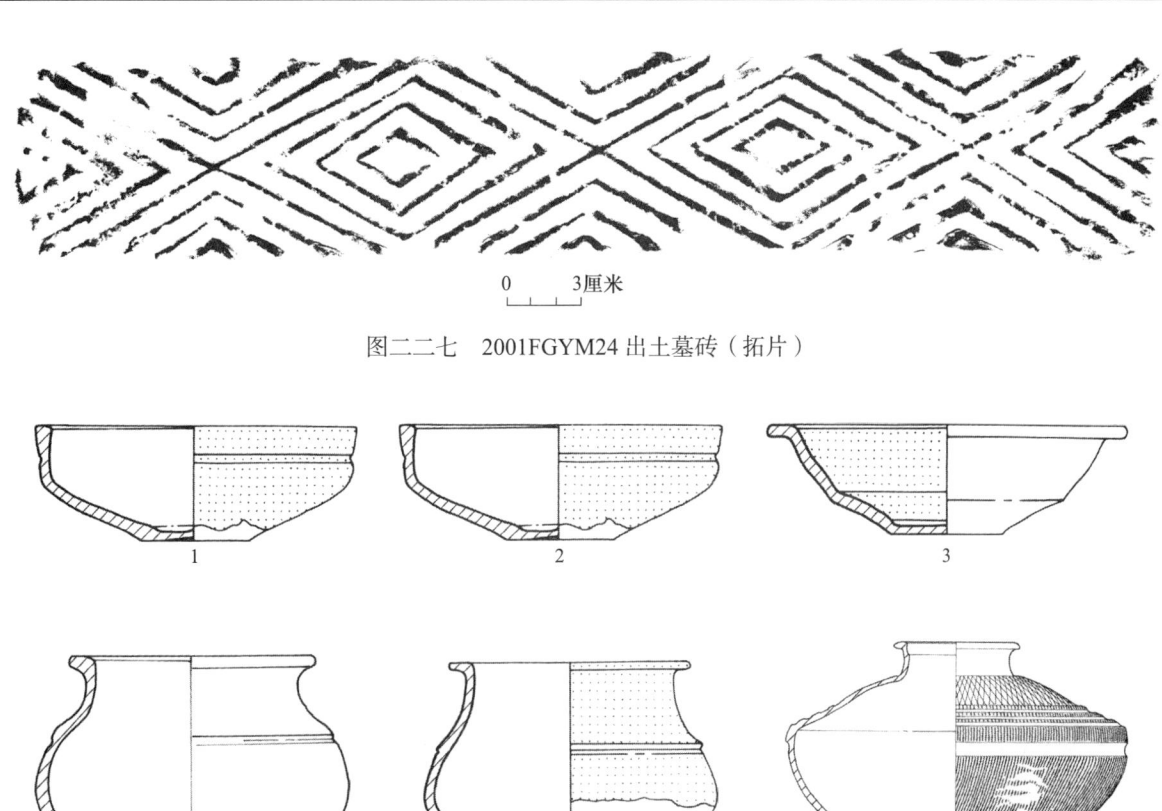

图二二七 2001FGYM24 出土墓砖（拓片）

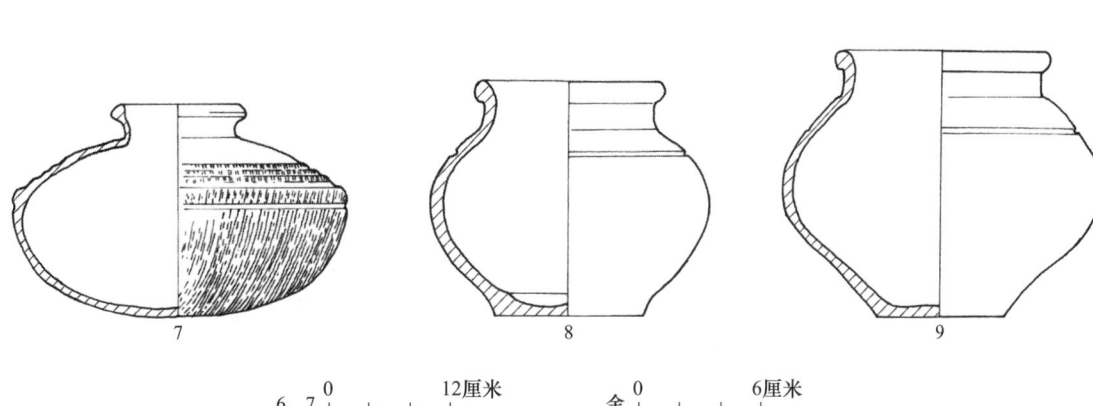

图二二八 2001FGYM24 出土陶器（一）

1、2.盒（2001FGYM24：21、2001FGYM24：22） 3.盘（2001FGYM24：35） 4、5.盂（2001FGYM24：29、2001FGYM24：31） 6～9.罐（2001FGYM24：9、2001FGYM24：4、2001FGYM24：32、2001FGYM24：33）

勺 1件。2001FGYM24：27，泥质红陶胎，器表及器内施红釉。勺身呈椭圆形，直柄较长。尾曲斜。通长16.6厘米（图二二九，3；图版一四，1）。

灯 1件。2001FGYM24：26，泥质红陶胎，器表及器内均施红釉。敞口，方唇，浅盘腹，柱形柄，喇叭状底。柄部饰有一周凹弦纹。口径12、座径10、高13厘米（图二二九，4；图版一二，4）。

盘 1件。2001FGYM24：35，泥质红陶胎，器内施红釉。敞口，圆唇，平折沿，上腹斜弧，微折腹斜收成平底。口径18、底径5.6、高5.2厘米（图二二八，3）。

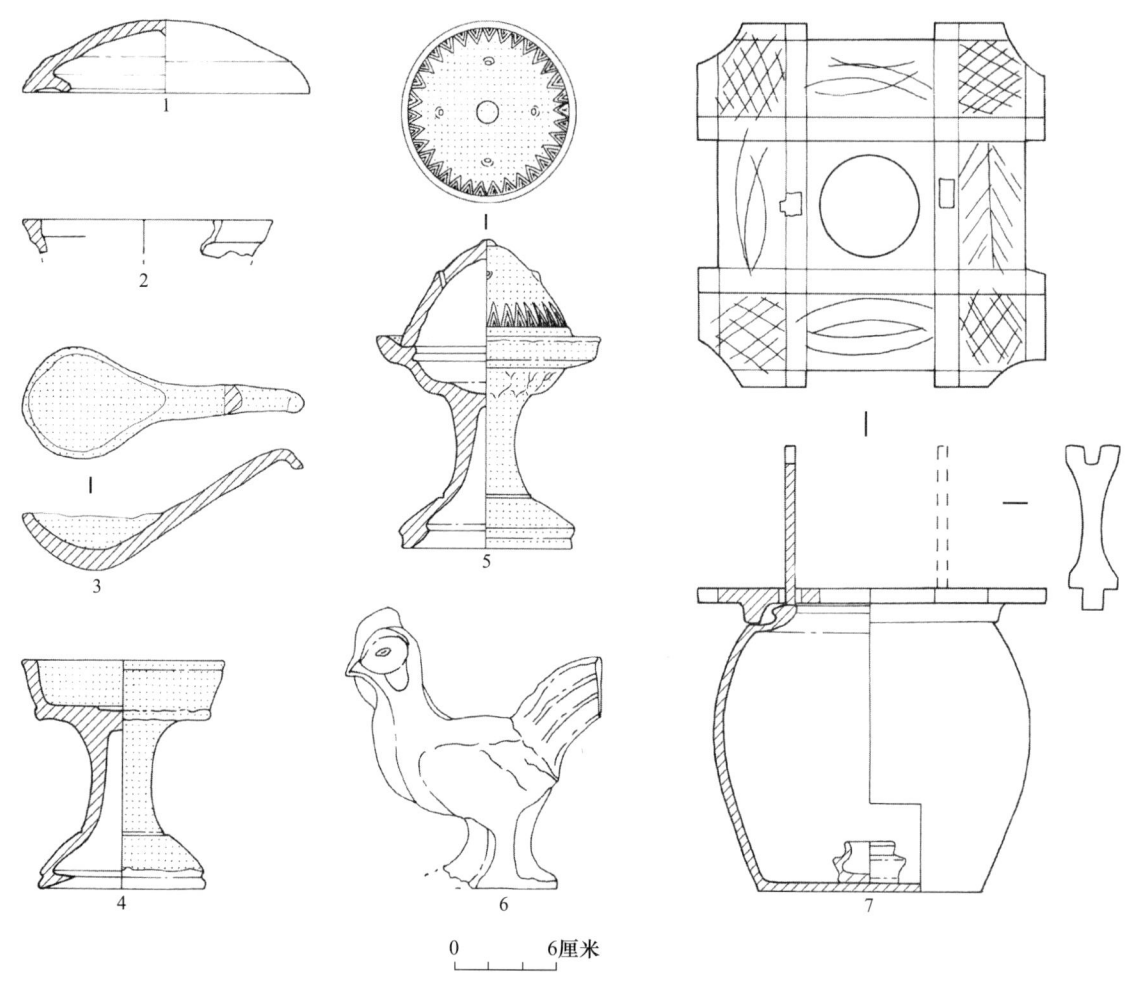

图二二九　2001FGYM24 出土陶器（二）

1. 器盖（2001FGYM24：25）　2. 器物口沿（2001FGYM24：19）　3. 勺（2001FGYM24：27）　4. 灯（2001FGYM24：26）
5. 博山炉（2001FGYM24：28）　6. 鸡（2001FGYM24：6）　7. 井（2001FGYM24：17）

卮　1件。2001FGYM24：36，泥质红陶胎，器表施红釉，部分剥落。敛口，圆唇，筒腹微鼓，平底。外壁口沿下饰有一周凹弦纹。口径9.4、最大腹径10.4、底径7.4、高8.8厘米（图二三二，5；图版一三，4）。

器盖　1件。2001FGYM24：25，泥质红陶胎，器表施红釉。子母口，圆唇，圜顶。器内有轮制痕迹。口径17、高4厘米（图二二九，1）。

器物口沿　1件。2001FGYM24：19，泥质红陶胎，器表施红釉。浅盘口，方唇。口径15、残高2厘米（图二二九，2）。

博山炉　1件。2001FGYM24：28，泥质红陶胎，器表施红釉。由炉座、炉盖两部分组成。炉座为子母口，尖圆唇，弧腹。柱形柄，中空。覆钵状底。柄部饰有一周凹弦纹。炉盖为敞口，方唇，弧形顶。炉盖饰有山形纹及四个圆形乳突，盖顶有一圆形乳突。炉盖口径10.4、炉座口径13.4、座径10.2、通高17.6厘米（图二二九，5）。

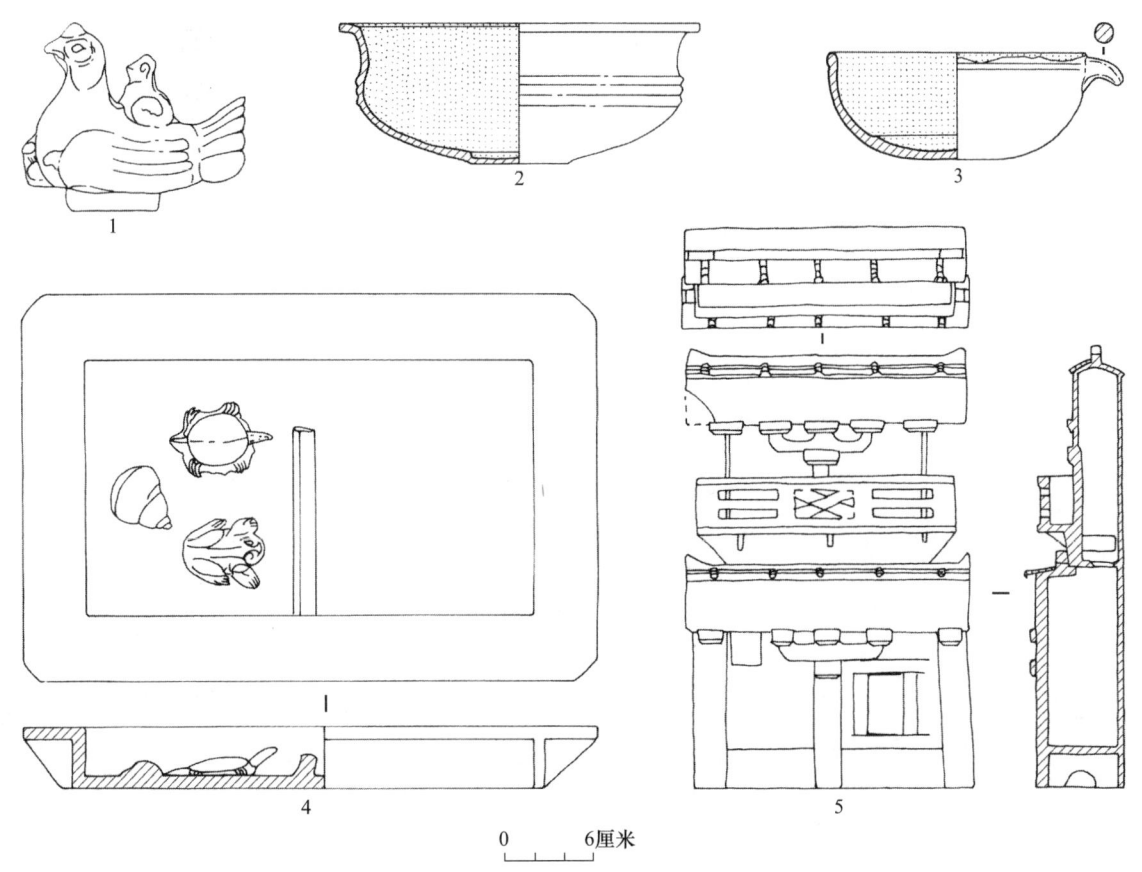

图二三〇　2001FGYM24 出土陶器（三）
1. 子母鸡（2001FGYM24：8）　2. 盆（2001FGYM24：34）　3. 魁（2001FGYM24：24）　4. 塘（2001FGYM24：23）
5. 房（2001FGYM24：39）

井　1件。2001FGYM24：17，泥质灰陶。由井身、井盖、井架三部分组成。井盖平面呈方形，四角内凹，圆形井圈，两侧有对称长方形孔。表面饰有菱格纹、几何纹、叶脉纹。井身为敛口，圆唇，折肩，筒腹微鼓，平底。内有一小罐，侈口，圆唇，折肩，斜腹，平底。小罐口径3、最大腹径4.2、底径3.6、高2.4厘米，井盖边长20.4厘米，井身口径13、底径13.2、通高17.4厘米（图二二九，7）。

侍俑　2件。2001FGYM24：7，泥质红陶。头戴平巾帻，面目不清。褒衣圆领，外衣交领右衽，宽袖，束腰，及地。双手相拥作侍立状。高23厘米（图二三一，2；图版一八，1）。2001FGYM24：11，泥质红陶。头戴平巾帻，面目不清。褒衣圆领，外衣交领右衽，宽袖，束腰，及地。双手相拥作侍立状。高22.2厘米（图二三一，1）。

佩剑侍卫俑　1件。2001FGYM24：10，泥质红陶。头戴进贤冠，面目不清。褒衣圆领，外衣交领右衽，宽袖，束腰，及地。脚穿履。披胸甲，下摆呈圆舌状。双手相拥于胸前，左臂挟剑。高26厘米（图二三一，3）。

鸡　1件。2001FGYM24：6，泥质红陶。尾部及足部残。昂首，有鸡绶，翘尾，立姿，座两侧雕出立足。高16厘米（图二二九，6）。

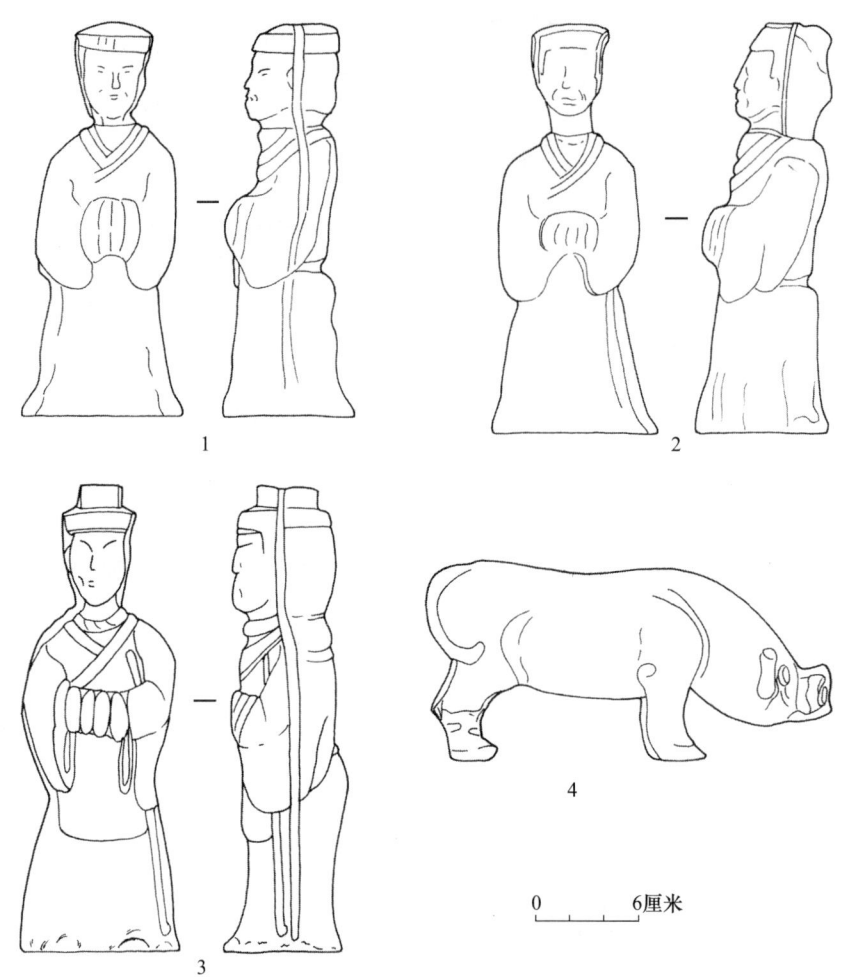

图二三一　2001FGYM24 出土陶器（四）
1、2. 侍俑（2001FGYM24：11、2001FGYM24：7）　3. 佩剑侍卫俑（2001FGYM24：10）　4. 猪（2001FGYM24：5）

子母鸡　1件。2001FGYM24：8，泥质红陶。昂首蹲伏状，翘尾，背负一小鸡，左右翅下各一小鸡。高12.1厘米（图二三〇，1）。

猪　1件。2001FGYM24：5，泥质红陶。鼓眼，小耳，短嘴，卷尾，体肥，四足粗短。可见合范痕。高11.2、长23.6厘米（图二三一，4；图版一九，5）。

塘　1件。2001FGYM24：23，泥质灰陶。长方形，中以田埂隔开，一边塑有蛙、龟、螺。长38、宽25、高4厘米（图二三〇，4；图版一七，4）。

房　1件。2001FGYM24：39，上层为泥质红陶，下层为泥质灰陶。上层为两面坡顶，顶中有脊，脊正面有五组筒瓦。楼檐中立柱，柱上为一斗三升，左右有角柱，柱上有一斗承檐，柱外有伸出的镂孔栏杆。下层平顶，顶中有脊，脊正面有五组筒瓦，楼檐中立柱，柱上为一斗三升，左右有角柱，柱上有一斗承檐。房内有门。宽37.8、厚11.6、高56.4厘米（图二三〇，5；图版一七，1、2）。

2. 铜器

该墓共出土铜器11件，器型有耳杯扣、铜钱。

耳杯扣　4件。2001FGYM24：15，半月形。长8、宽1.4、厚0.7厘米（图二三二，1）。2001-FGYM24：30，半月形。长8、宽1.4、厚0.6厘米（图二三二，2）。2001FGYM24：37，半月形。长8、宽1.4、厚0.6厘米（图二三二，3）。2001FGYM24：38，半月形。长8、宽1.4、厚0.6厘米（图二三二，4）。

铜钱　179枚，均为五铢。

A型　90枚。未磨郭。2001FGYM24：1-1，钱文字体瘦长，"五"字交笔缓曲，"朱"字上方下圆。钱径2.5、穿宽1厘米（图二三三，1）。2001FGYM24：1-2，钱文字体矮胖，"五"字交笔弯曲，"朱"字上下圆折。钱径2.5、穿宽1厘米（图二三三，2）。

B型　89枚。2001FGYM24：1-3，剪轮五铢。肉薄径小，有文。钱径1.6~2.0、穿宽1.0~1.1厘米（图二三三，3）。

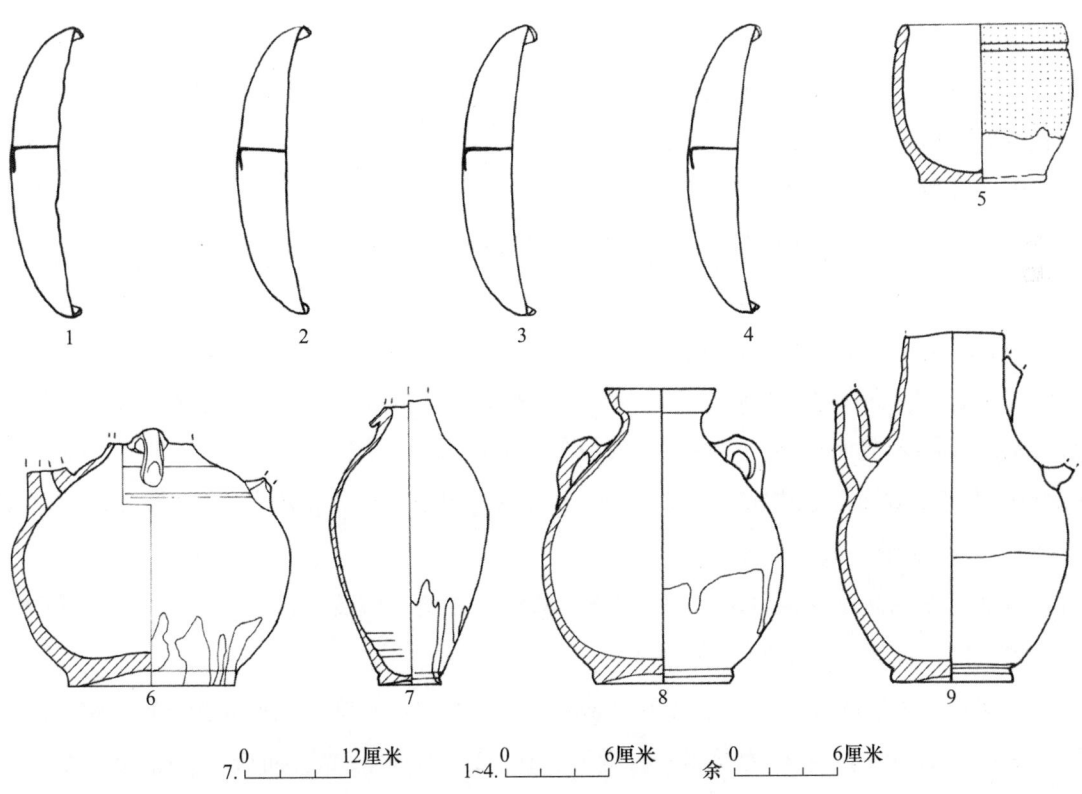

图二三二　2001FGYM24出土器物

1~4.铜耳杯扣（2001FGYM24：15、2001FGYM24：30、2001FGYM24：37、2001FGYM24：38）　5.陶卮（2001FGYM24：36）　6~9.陶壶（2001FGYM24：07、2001FGYM24：01、2001FGYM24：03、2001FGYM24：02）

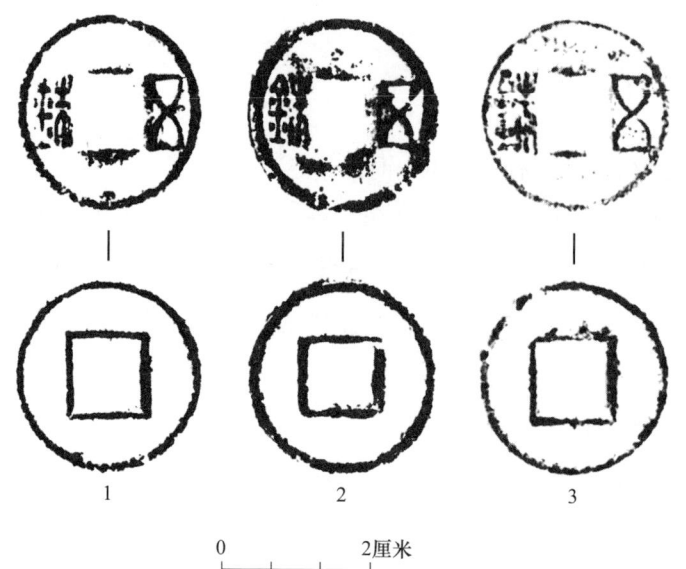

图二三三　2001FGYM24出土钱币（拓片）
1、2. A型五铢（2001FGYM24∶1-1、2001FGYM24∶1-2）　3. B型五铢（2001FGYM24∶1-3）

扰土中共出有10件器物，陶器器型有碗、盏、壶、盂、魁。石器为石饰件。

壶　4件。2001FGYM24∶01，钢胎釉陶，器表及器内均施酱黄釉，口部及颈部已残，溜肩，鼓腹，饼足微内凹。最大腹径18、底径7.6、残高32厘米（图二三二，7）。2001FGYM24∶02，钢胎釉陶。器表及器身均施黄釉，部分剥落。直口，圆唇，长直颈，溜肩，鼓腹，饼足微内凹。肩部饰有耳。口径6、最大腹径14、底径7.2、高19.4厘米（图二三二，9）。2001FGYM24∶03，钢胎釉陶。器表及器内均施黄釉，部分剥落，盘口，尖圆唇，束颈，溜肩，鼓腹，饼足微内凹。肩部饰有对称两耳。口径6.2、最大腹径13.8、底径7.8、高16.4厘米（图二三二，8）。2001FGYM24∶07，钢胎釉陶，器表及器内均施酱釉，部分剥落。已残（图二三二，6）。

碗　2件。2001FGYM24∶04，钢胎釉陶，器表及器内均施酱釉，部分剥落。侈口，尖圆唇，弧腹，圈足。器表有轮制痕迹。口径17、底径7、高6.7厘米（图二三四，1）。2001FGYM24∶05，钢胎釉陶，器表施酱釉，器内施灰白釉。敞口，尖唇，斜腹，圈足。器表有轮制痕迹。口径10.5、底径3.8、高4.9厘米（图二三四，2）。

盂　1件。2001FGYM24∶06，泥质灰陶。敛口，方唇，弧腹，圈足。口径13.4、最大腹径13.6、底径11.2、高4厘米（图二三四，3）。

魁　1件。2001FGYM24∶010，夹砂红褐陶胎，器表及器内施酱黑釉和酱红釉。敞口，圆唇，斜腹。平底。龙首状柄。器柄为模制，器身为轮制，分别制成后黏合而成。口径10、底径4、高2.4、长12厘米（图二三四，4）。

石饰件　1件。2001FGYM24∶09，已残。平面略呈长方形，内有凹槽。残长10、宽7.2～8.6厘米（图二三四，5）。

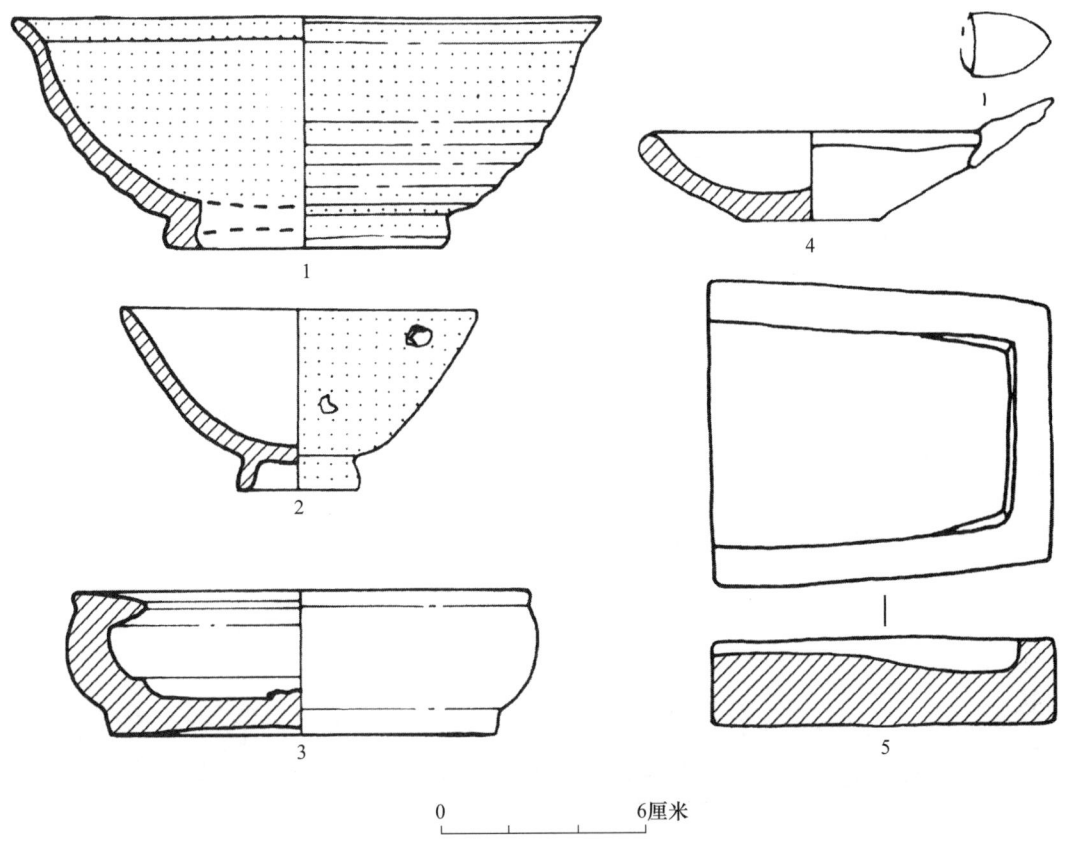

图二三四　2001FGYM24 出土器物

1、2. 陶碗（2001FGYM24：04、2001FGYM24：05）　3. 陶盂（2001FGYM24：06）　4. 陶魁（2001FGYM24：010）
5. 石饰件（2001FGYM24：09）

七、2001FGYM25

（一）墓葬形制

M25 位于陈文英堡墓地西部，该墓地 T5 西北部，开口于第 1 层下，墓口距地表 0.15～0.2 米，打破 2001FGYM26，打破生土。墓内填土可分为 2 层，第 1 层为灰褐色黏土，土质较疏松，含大量唐宋时期釉陶片，影青瓷片、瓷碗等；第 2 层为黑褐色黏土，土质较紧密，含大量残砖块、陶片。

M25 为砖室墓，平面呈刀把形，方向 303°，由墓道、甬道、墓室三部分组成，总长 5.56、最宽处 2.6 米。

墓道为长方形斜坡式墓道，长 0.42、宽 1、深 0～0.32 米，甬道位于墓室北部，内长 1.49、宽 1.2、残高 0.7 米。墓室内长 2.86、宽 2.12、残高 0.92 米。

甬道内用长方形砖和榫卯砖横向错缝平砌封门，齐墓口。墓底无铺地砖，甬道壁及墓壁用长方形砖横向错缝平砌。墓顶情况不明，但发现大量榫卯砖。墓砖有长方形砖和榫卯砖两种，前者长 44、宽 18、厚 8 厘米；后者长 46、宽 18、厚 8 厘米。墓砖朝墓室面饰有几何菱形纹。

葬具已不存，人骨 2 具，葬式不详。因该墓被扰，随葬品摆放零乱，主要摆放于墓室中部（图二三五、图二三六）。

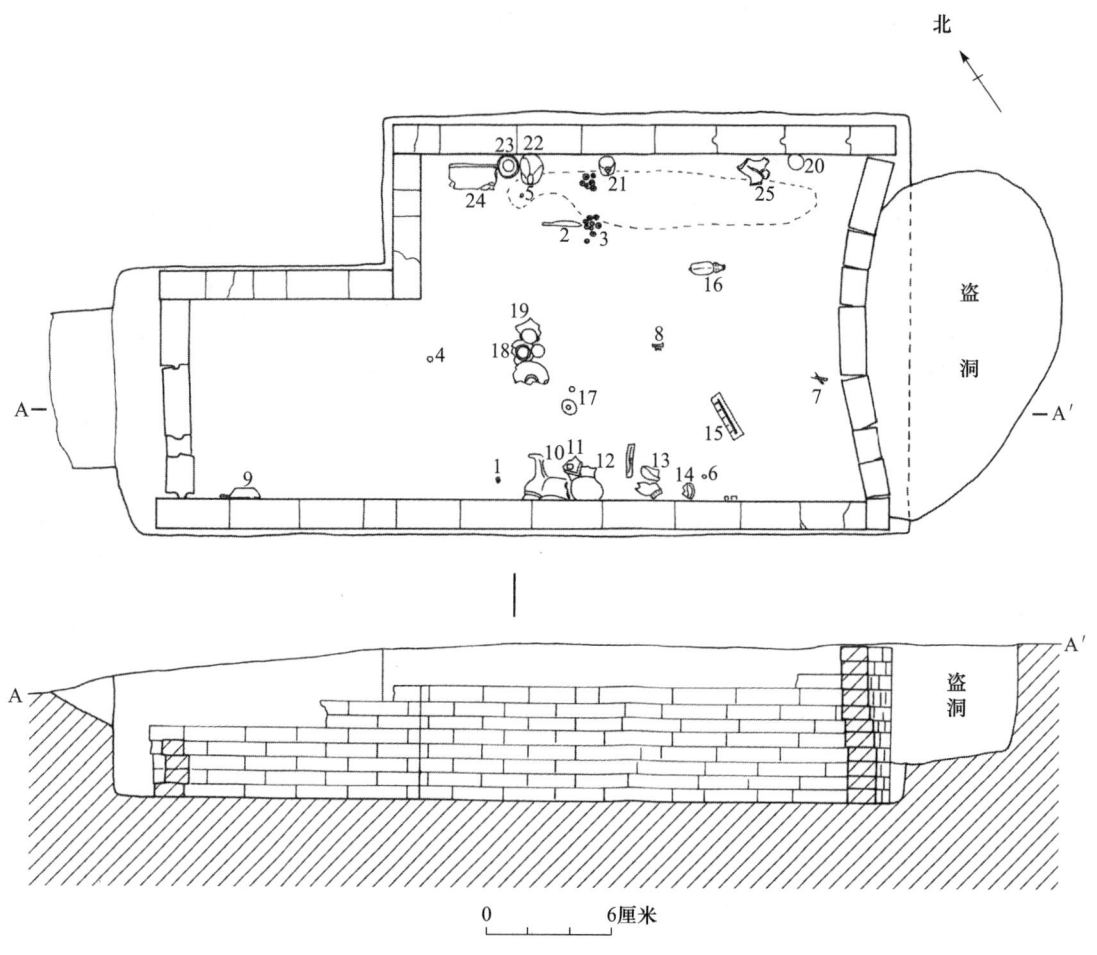

图二三五　2001FGYM25 平、剖面图
1、6.铜指环　2.铁削　3.铜钱　4、5.银指环　7.铜钗　8.琉璃耳珰　9.陶魁　10.陶狗　11、15.陶塘　12.陶锤　13、14.陶盘　16.陶猪　17.陶博山炉　18.陶罐　19.陶器底　20.陶匜　21.陶子母鸡　22、25.陶俑　23.陶钵　24.陶釜

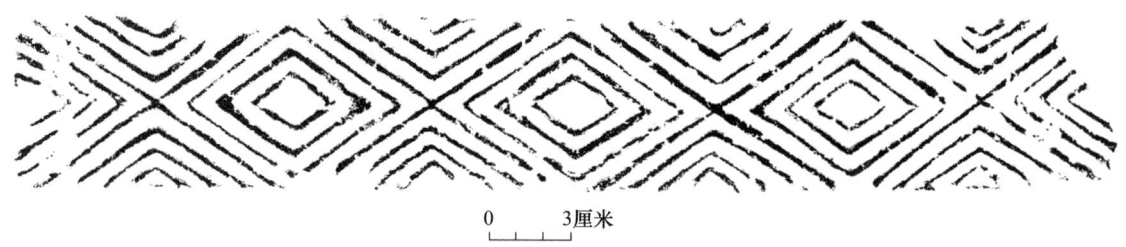

图二三六　2001FGYM25 出土墓砖（拓片）

（二）随葬器物

该墓随葬器物较丰富，共出土有 25 件。包括陶器、铜器、铁器、银器、料器等。随葬器物以陶器为主，器型有罐、甑、锤、魁、盘、俑、房等。铜器为指环、钗、铜钱。铁器为铁削。银器为银指环。料器为琉璃耳珰。

1. 陶器

该墓共出土有陶器 15 件，以泥质红陶为主，少量泥质灰陶、夹细砂红陶，泥质红陶中部分施红釉、酱釉、青绿釉。陶器以轮制为主,部分模制。纹饰有凸弦纹、凹弦纹。

钵 1件。2001FGYM25∶23,泥质红陶胎,器内施红釉,侈口,圆唇,上腹较直,圆折内收,平底。器表饰有三周凸弦纹。口径14.6、底径10、高6.4厘米(图二三七,6;图版二,5)。

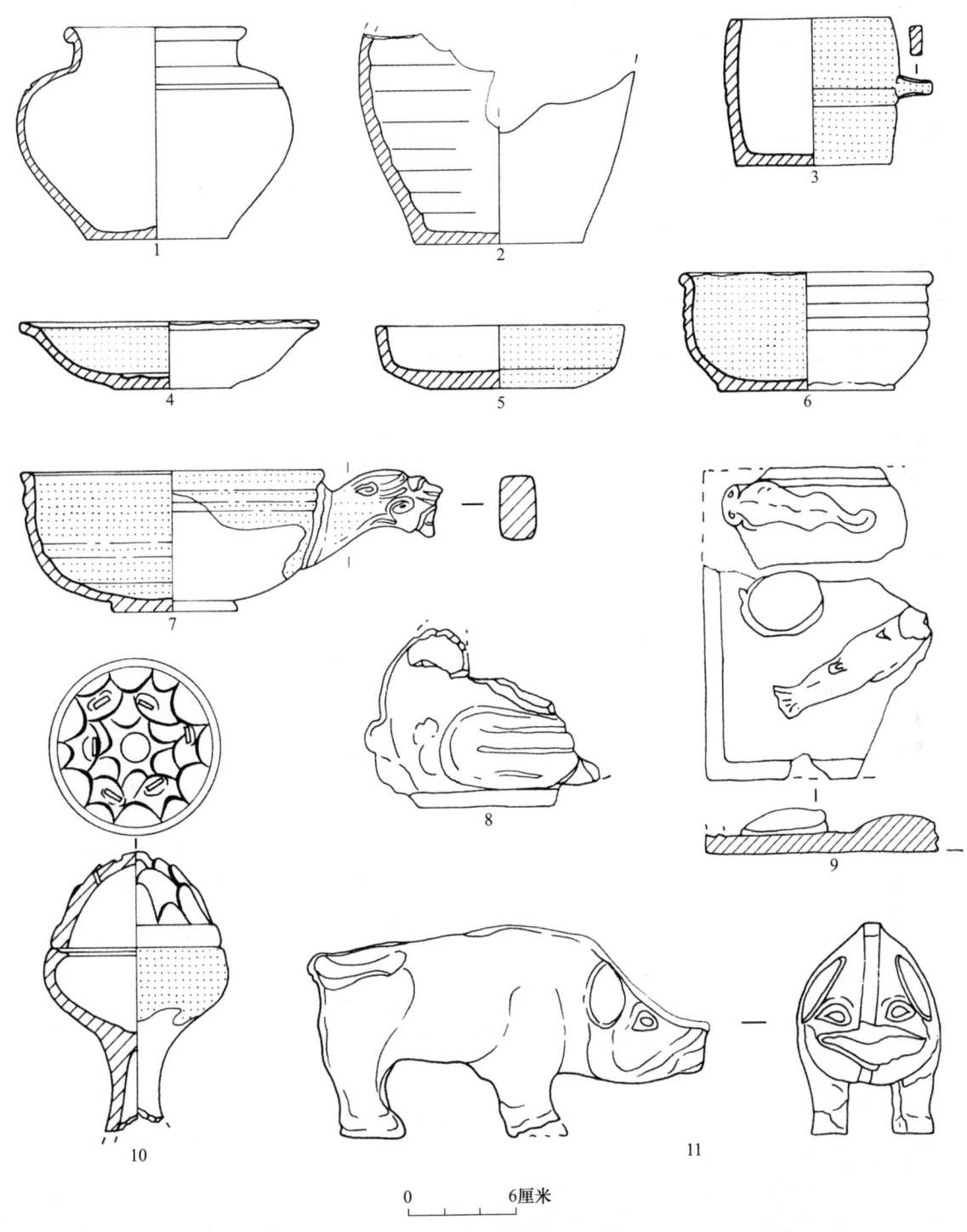

图二三七 2001FGYM25出土陶器(一)

1.罐(2001FGYM25∶18) 2.器底(2001FGYM25∶19) 3.卮(2001FGYM25∶20) 4、5.盘(2001FGYM25∶13、2001FGYM25∶14) 6.钵(2001FGYM25∶23) 7.魁(2001FGYM25∶9) 8.子母鸡(2001FGYM25∶21) 9.塘(2001FGYM25∶11) 10.博山炉(2001FGYM25∶17) 11.猪(2001FGYM25∶16)

罐　1件，2001FGYM25∶18，泥质灰陶。侈口，圆唇，束颈，鼓肩，鼓腹，平底。肩部饰有一周凹弦纹。口径10.4、最大腹径15.6、底径8、高11.4厘米（图二三七，1）。

釜　1件。2001FGYM25∶24，泥质红陶。敛口，方唇，束颈，溜肩，弧腹，圜底。肩部饰有一周凸弦纹及一周凹弦纹，弦纹间有对称两錾。口径20、最大腹径30、高22.6厘米（图二三八，1）。

锺　1件。2001FGYM25∶12，夹砂红陶，器表及器内均施酱釉，大部分剥落。浅盘口，方唇，束颈，溜肩，鼓腹，圈足。肩部饰有三周凸弦纹及两个对称的衔环铺首。圈足饰有三周凸弦纹。器身口径16、最大腹径23.6、足径14、通高34厘米（图二三八，2）。

魁　1件。2001FGYM25∶9，泥质红陶胎，器表及器内均施酱黄釉，部分剥落。直口，方唇，弧腹，饼足。龙首状柄。器柄为模制，器身为轮制，分别制成后黏合而成。口径17.3、底径7.2、高7.8厘米（图二三七，7）。

卮　1件。2001FGYM25∶20，泥质红陶胎，器表施红釉。敛口，方唇，筒腹微鼓，平底。腹部一侧有三角形錾。口径9.2、最大腹径10、底径8.8厘米（图二三七，3）。

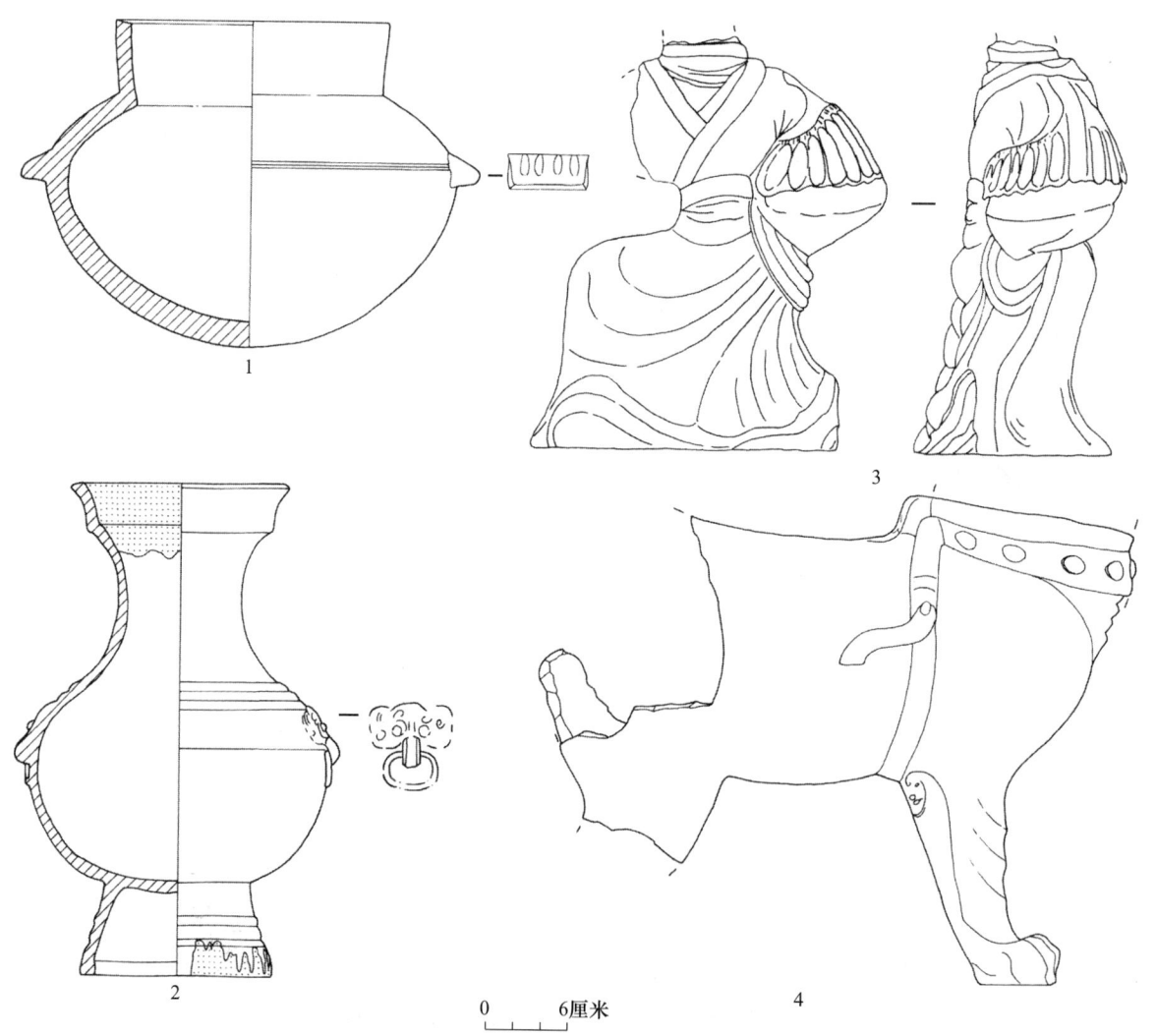

图二三八　2001FGYM25出土陶器（二）
1. 釜（2001FGYM25∶24）　2. 锺（2001FGYM25∶12）　3. 舞俑（2001FGYM25∶22）　4. 狗（2001FGYM25∶10）

盘　2件。2001FGYM25：13，泥质红陶胎，器内施青绿釉。敞口，方圆唇，斜弧腹，平底。内底微凸。口径17、底径6.6、高3.6厘米（图二三七，4；图版一一，6）。2001FGYM25：14，泥质红陶胎，器表施青黄釉。敞口，方圆唇，上腹斜直，折腹斜收成平底。口径14、底径8、高3.4厘米（图二三七，5）。

器底　1件。2001FGYM25：19，泥质红陶。仅存腹部及底部。斜腹，平底，器内有轮制痕迹。最大腹径15.6、底径9.6厘米（图二三七，2）。

博山炉　1件。2001FGYM25：17，泥质红陶胎，器表施青绿釉，部分剥落。柄部及器座残。由炉座、炉盖两部分组成。炉座底部残。炉座为子母口内敛，尖圆唇，弧腹，腹部较深。炉盖为敞口，方唇，弧形顶。炉盖顶部有一乳突，盖面饰有三角形镂孔及山形纹。炉盖口径9.6、炉座口径10、残高15.2厘米（图二三七，10）。

舞俑　1件。2001FGYM25：22，泥质红陶。头部及右手臂已残。裹衣圆领，中衣、深衣交领右衽，宽袖，束腰，下摆呈裙状。左手掖袖提裙，右腿前伸，作舞蹈状。残高28.6厘米（图二三八，3）。

猪　1件。2001FGYM25：16，泥质红陶。鼓眼，小耳，张嘴，体肥，四足粗短，卷尾。高11.4、长22.6厘米（图二三七，11；图版一九，6）。

狗　1件。2001FGYM25：10，泥质红陶。残。足直立。兜肚系栓环。残高33.8、残长42.6厘米（图二三八，4）。

子母鸡　1件。2001FGYM25：21，泥质红陶。头部及尾部已残。蹲伏状，左右翅下各一只小鸡，腹部一小鸡。残高9.8厘米（图二三七，8）。

塘　1件。2001FGYM25：11，泥质红陶。已残。塘中塑有鱼、贝。残长13、残宽11.6、残高2厘米（图二三七，9）。

2. 铜器

铜器有4件，器型有指环、钗、铜钱。

指环　2件。2001FGYM25：1。圆环状。直径1.8厘米（图二三九，1）。2001FGYM25：6。圆环状。直径1.8厘米（图二三九，2）。

钗　1件。2001FGYM25：7。长条状。残长10~12.7厘米，直径0.3~0.4厘米（图二三九，8）。

铜钱　44枚。均为五铢。

A型　23枚。未磨郭。2001FGYM25：3-1，钱文字体瘦长，"五"字交笔弯曲，上下两横出头接于内、外郭，"金"字头呈三角形，四点较长，"朱"字上下圆折。钱径2.5、穿宽1厘米（图二四〇，1）。2001FGYM25：3-3，钱文字体较粗，"五"字交笔缓曲，"金"字头呈三角形，"朱"字上方下圆。钱径2.5、穿宽0.9厘米（图二四〇，2）。

B型　21枚。剪轮五铢。2001FGYM25：3-4，肉薄径小，有文。钱径钱径1.6~2、穿宽1~1.1厘米（图二四〇，3）。

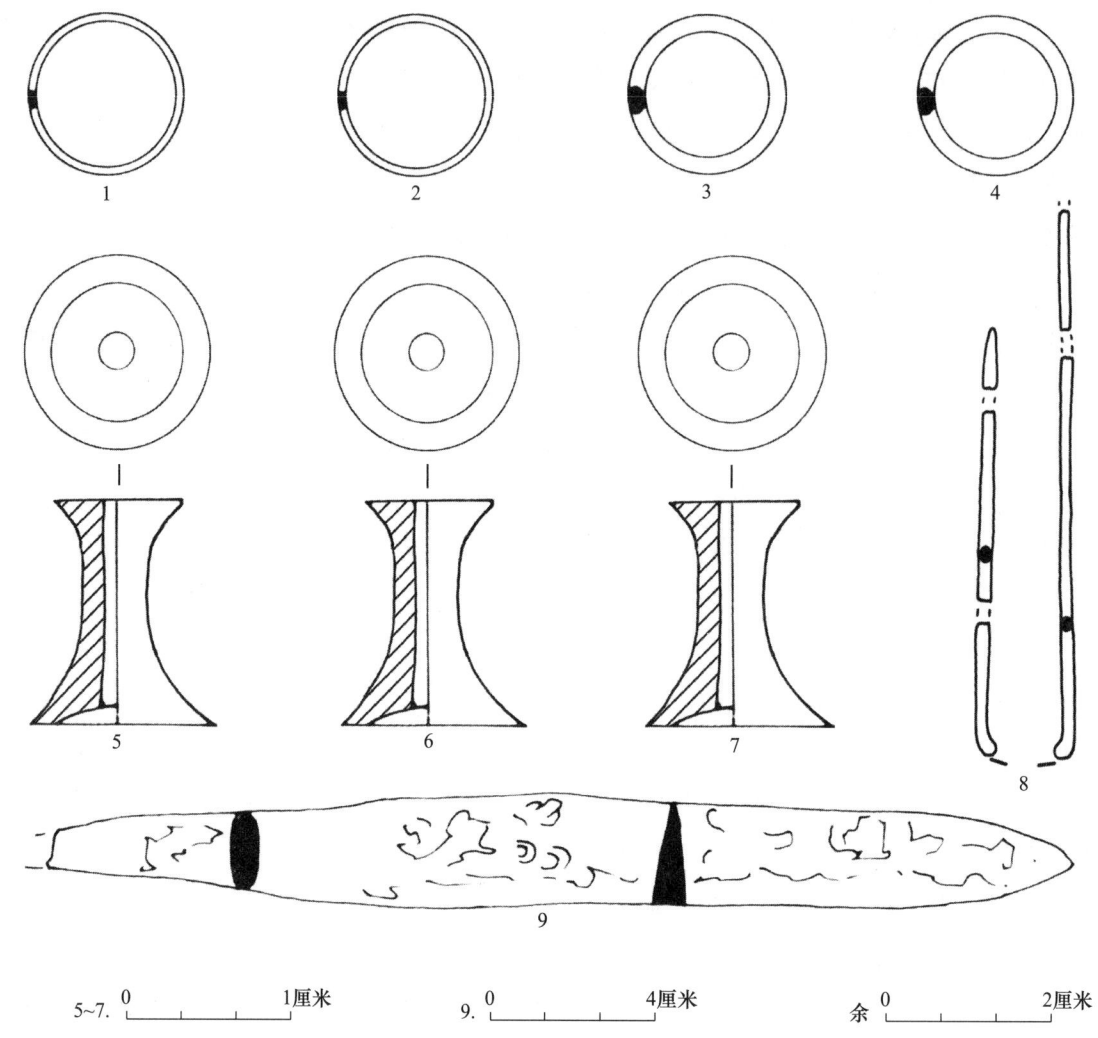

图二三九　2001FGYM25 出土器物

1、2. 铜指环（2001FGYM25：1、2001FGYM25：6）　3、4. 银指环（2001FGYM25：4、2001FGYM25：5）　5~7. 耳珰（2001FGYM25：8-1、2001FGYM25：8-2、2001FGYM25：8-3）　8. 铜钗（2001FGYM25：7）　9. 铁削（2001FGYM25：2）

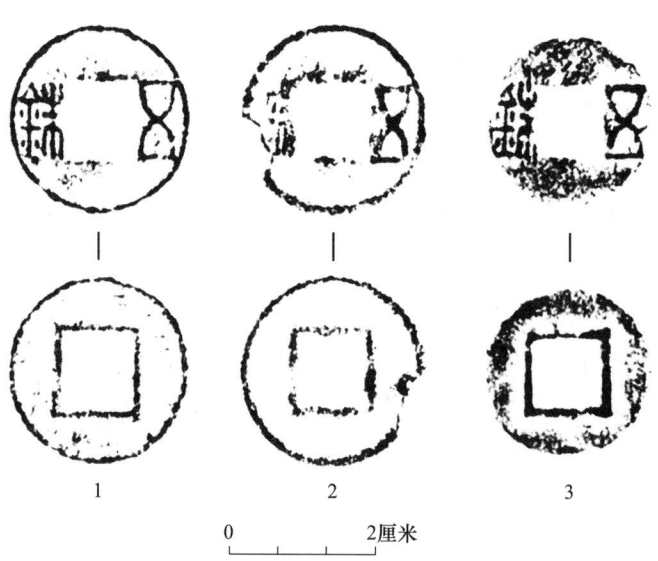

图二四〇　2001FGYM25 出土钱币（拓片）

1、2. A 型五铢（2001FGYM25：3-1、2001FGYM25：3-3）　3. B 型五铢（2001FGYM25：3-4）

3. 铁器

削　1件。2001FGYM25∶2。单面刃。残长24.6、宽2.8厘米（图二三九，9）。

4. 银器

指环　2件。2001FGYM25∶4。圆环状。直径1.8厘米（图二三九，3）。2001FGYM25∶5。圆环状。直径1.8厘米（图二三九，4）。

5. 料器

耳珰　3件。2001FGYM25∶8-1，蓝色，亚腰形，中有一穿，平面呈圆形。上径0.8、底径1.1、高1.8厘米（图二三九，5；彩版四〇，5）。2001FGYM25∶8-2，蓝色，亚腰形，中有一穿，平面呈圆形。上径0.8、底径1.1、高1.8厘米（图二三九，6；彩版四〇，5）。2001FGYM25∶8-3，蓝色，亚腰形，中有一穿，平面呈圆形。上径0.8、底径1.1、高1.8厘米（图二三九，7；彩版四〇，5）。

八、2001FGYM26

（一）墓葬形制

M26位于陈文英堡墓地西南部，该墓地T5东部，开口于第1层下，墓口距地表0.2~0.25米，墓道被盗洞、2001FGYM25打破，打破生土。墓内填土为红褐色黏土夹杂黄沙土，土质紧密，含料姜石、陶片、漆皮等。

M26为竖穴土坑墓，平面呈凸字形，方向303°，由墓道、墓室两部分组成，总长5.9、最宽处2.9米。

残存墓道平面为不规则梯形，长2.48、宽0.32~1.8、深0~0.74米。墓室长3.4、宽2.8~2.9、深1.8米。墓壁较光滑，距墓底高0.23~0.5米处有宽0.1~0.22米的熟土二层台，二层台下紧靠墓壁有长0.08~0.1、宽0~0.1米的排水沟。在墓室西南角延伸出墓外0.3米。

葬具及人骨均不存。随葬品摆放较规整，主要摆放于墓室东北角和后部（图二四一）。

（二）随葬器物

该墓随葬器物较丰富，共出土有21件，包括陶器、铜器两类。随葬器物以陶器为主，器型有钵、罐、盆、俑等。铜器为铜印章、铜钱。

1. 陶器

该墓共出土陶器18件，以泥质灰陶为主，少量泥质红陶。陶器以轮制为主，少量模制。纹饰有凹弦纹、三角形压印纹、凸弦纹。

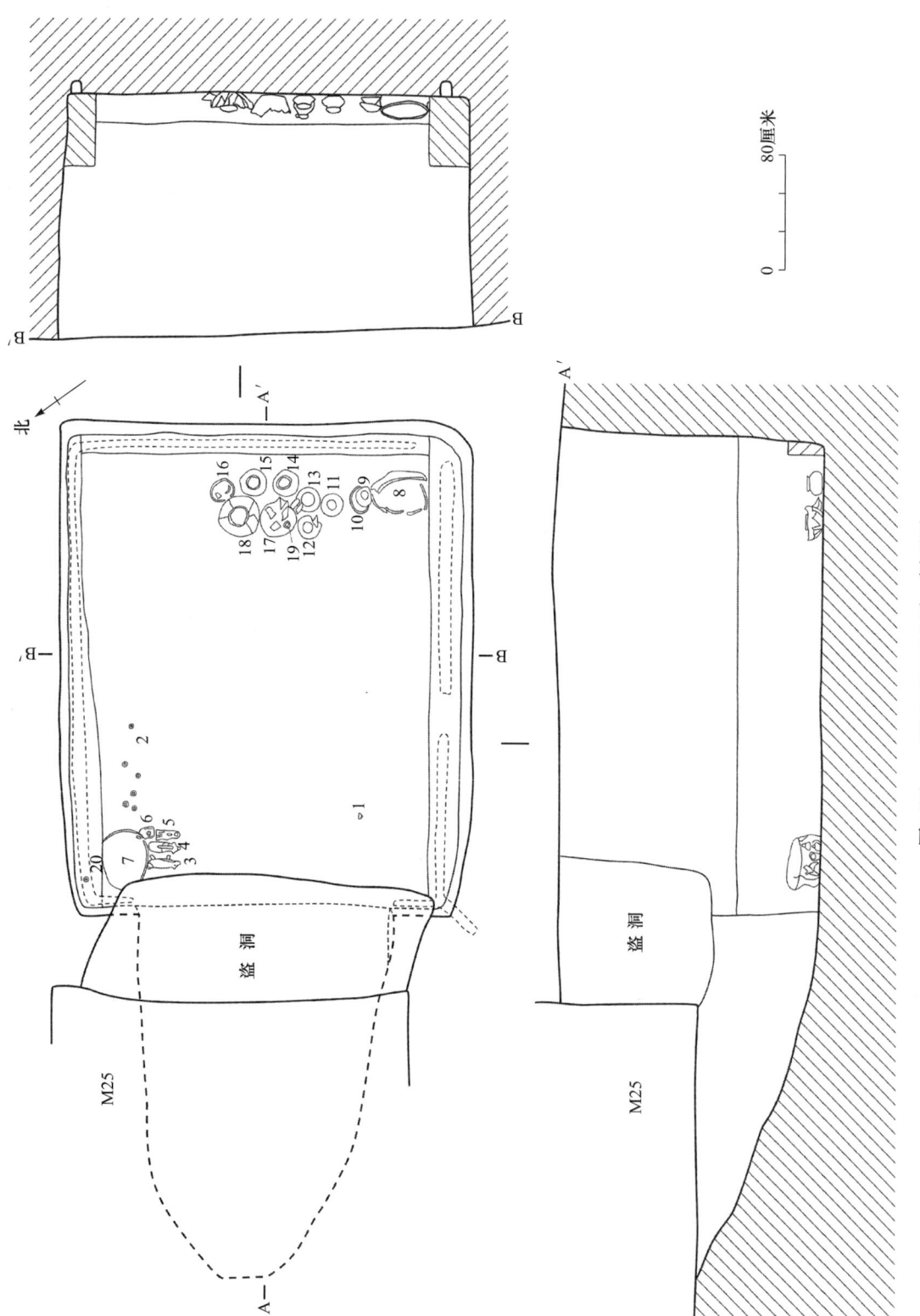

图二四一 2001FGYM26 平、剖面图

1. 铜印章 2、20. 铜钱 3. 陶狗 4. 陶猪 5. 陶子母鸡 6. 陶鸡 7、8. 陶盆 9、10. 陶钵 11~16、18. 陶罐 17、19. 陶井

钵 4件。2001FGYM26：9-1，泥质灰陶。敞口，圆唇，上腹斜直，折腹斜收成平底。口径13.2、底径4.4、高4.6厘米（图二四二，2）。2001FGYM26：9-2，泥质灰陶。敞口，圆唇，上腹斜直，折腹斜收成平底。口径13.2、底径4.4、高4.6厘米（图二四二，3）。2001FGYM26：9-3，敞口，圆唇，上腹斜直，折腹斜收成平底。器表有轮制痕迹。口径17.6、底径5.2、高7厘米（图二四二，1）。2001FGYM26：10，泥质灰陶。敞口，尖圆唇，上腹斜直，折腹斜收成平底。口径18.4、底径5.2、高8厘米（图二四二，4）。

罐 7件。2001FGYM26：11，泥质灰陶。敛口，尖圆唇，卷沿，矮领，溜肩，斜弧腹，平底。器内有轮制痕迹。口径11.2、最大腹径16.6、底径8.9、高12.2厘米（图二四二，6；图版三，4）。

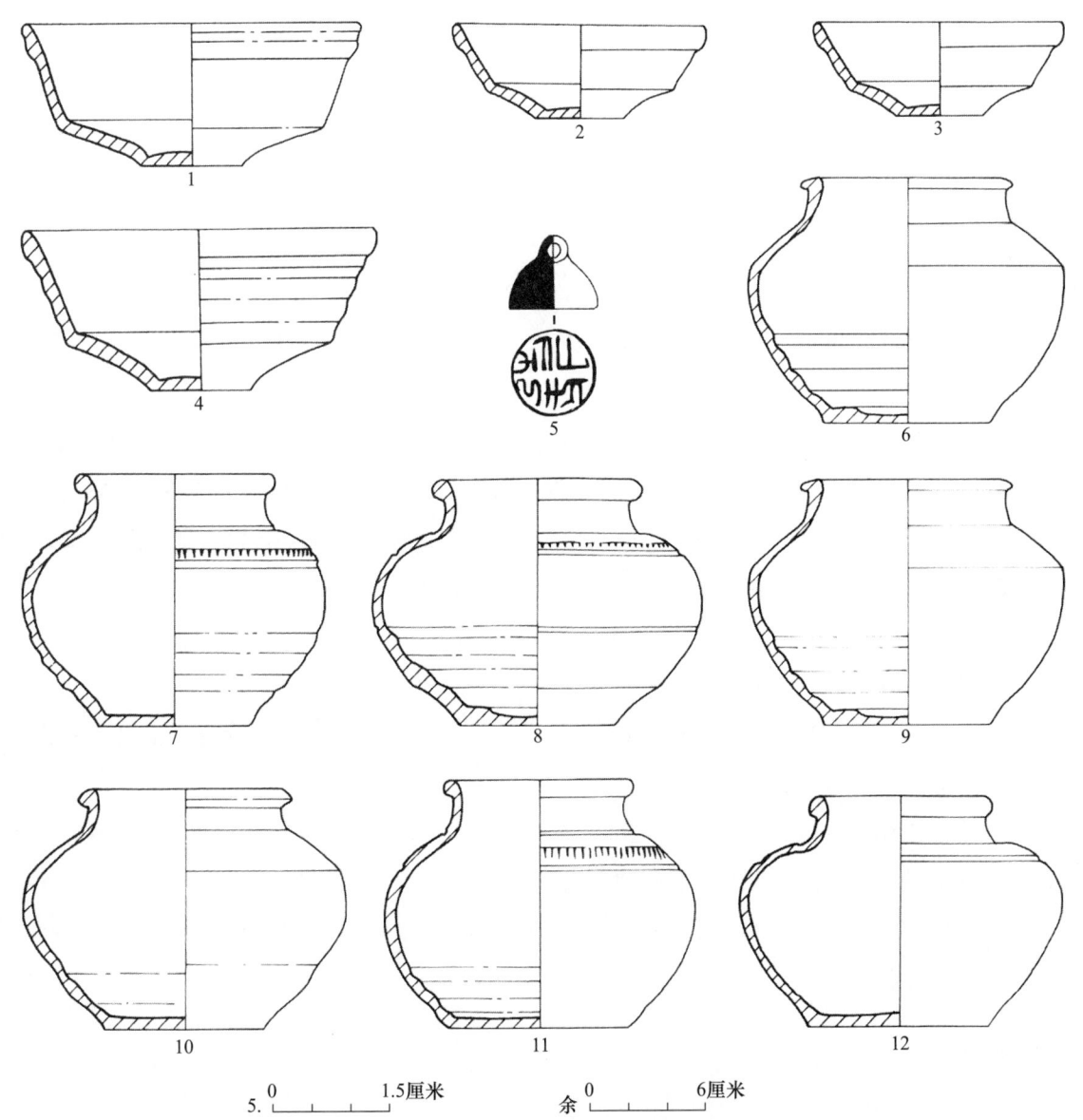

图二四二　2001FGYM26出土器物（一）

1～4.陶钵（2001FGYM26：9-3、2001FGYM26：9-1、2001FGYM26：9-2、2001FGYM26：10）　5.铜印章（2001FGYM26：1）　6～12.陶罐（2001FGYM26：11、2001FGYM26：12、2001FGYM26：13、2001FGYM26：14、2001FGYM26：15、2001FGYM26：16、2001FGYM26：18）

2001FGYM26：12，泥质灰陶。侈口，圆唇，束颈，圆鼓肩，鼓腹，平底。颈部饰有一周凹弦纹，肩部饰有一周三角形压印纹及一周凹弦纹。器表有轮制的痕迹。口径10.6、最大腹径15.6、底径8、高12.4厘米（图二四二，7）。2001FGYM26：13，泥质灰陶。侈口，圆唇，束颈，圆鼓肩，鼓腹，平底。肩部饰有一周三角形压印纹及一周凹弦纹，腹部饰有一周凹弦纹。器表及器内均有轮制的痕迹。口径11、最大腹径17、底径8、高12.2厘米（图二四二，8）。2001FGYM26：14，泥质灰陶。敛口，尖圆唇，卷沿，矮领，溜肩，斜弧腹，平底。器内有轮制痕迹。口径11.2、最大腹径16.6、底径8.9、高12.2厘米（图二四二，9）。2001FGYM26：15，泥质灰陶。敛口，尖圆唇，矮领，溜肩，鼓腹，平底。口径11.2、最大腹径16.8、底径8.4、高11.8厘米（图二四二，10）。2001FGYM26：16，泥质灰陶胎，器表施黑色陶衣。侈口，圆唇，束颈，溜肩，鼓腹，平底。颈部饰有一周凹弦纹，肩部饰有一周刻划纹及一周凹弦纹。器内有轮制痕迹。口径10、最大腹径16、底径9.6、高12.6厘米（图二四二，11）。2001FGYM26：18，泥质灰陶。侈口，圆唇，矮领，鼓肩，鼓腹，平底。肩部饰有一周凹弦纹。口径9.8、最大腹径17、底径9.6、高11.4厘米（图二四二，12）。

盆 2件。2001FGYM26：7，泥质灰陶。侈口，尖圆唇，卷沿，圆折腹，平底。底部微凹。外壁口沿下饰有一周凸弦纹。器表有轮制痕迹。口径36.8、底径17.3、高20.6厘米（图二四三，2；图版九，2）。2001FGYM26：8，泥质灰陶。敛口，尖唇，斜折沿，斜弧腹，平底。底部微凹。腹部饰有数周横向刻划纹及竖向细绳纹。口径38、底径17、高22厘米（图二四三，3）。

井 1件。2001FGYM26：17，泥质灰陶。由井身、井盖、井架三部分组成。井盖平面呈方形，圆形井圈，两侧有对称长方形孔。表面饰有叶脉纹、几何纹。井身为敛口，尖圆唇，折肩，筒腹微鼓，平底。内有一小罐，侈口，圆唇，束颈，溜肩，鼓腹，平底。小罐口径4.6、最大腹径5.6、底径2.8、高5.4厘米，井盖边长22.4厘米，井身口径15.6、底径13.4、残高27.4厘米（图二四三，1）。

鸡 1件。2001FGYM26：6，泥质红陶。尾部残，昂首，立姿。座两侧雕出站立双足。高17.2厘米（图二四四，1）。

子母鸡 1件。2001FGYM26：5，泥质红陶。尾部残，昂首蹲伏状，背负一小鸡，腹下一小鸡。高10.6厘米（图二四四，2）。

狗 1件。2001FGYM26：3，泥质红陶。昂首，耸耳，短嘴，露齿，四足直立，卷尾。兜肚系栓环。高14.8、长22.6厘米（图二四四，3）。

猪 1件。2001FGYM26：4，泥质红陶。鼓眼，小耳，体肥，四足粗壮，卷尾，高9.4、长18.7厘米（图二四四，4）。

2. 铜器

该墓共出土铜器3件。为印章、铜钱。

印章 1件。2001FGYM26：1，横截面略呈圆形，弧形顶，顶部中央有一圆孔。直径1.1、高1.8厘米（图二四二，5；彩版四〇，3）。

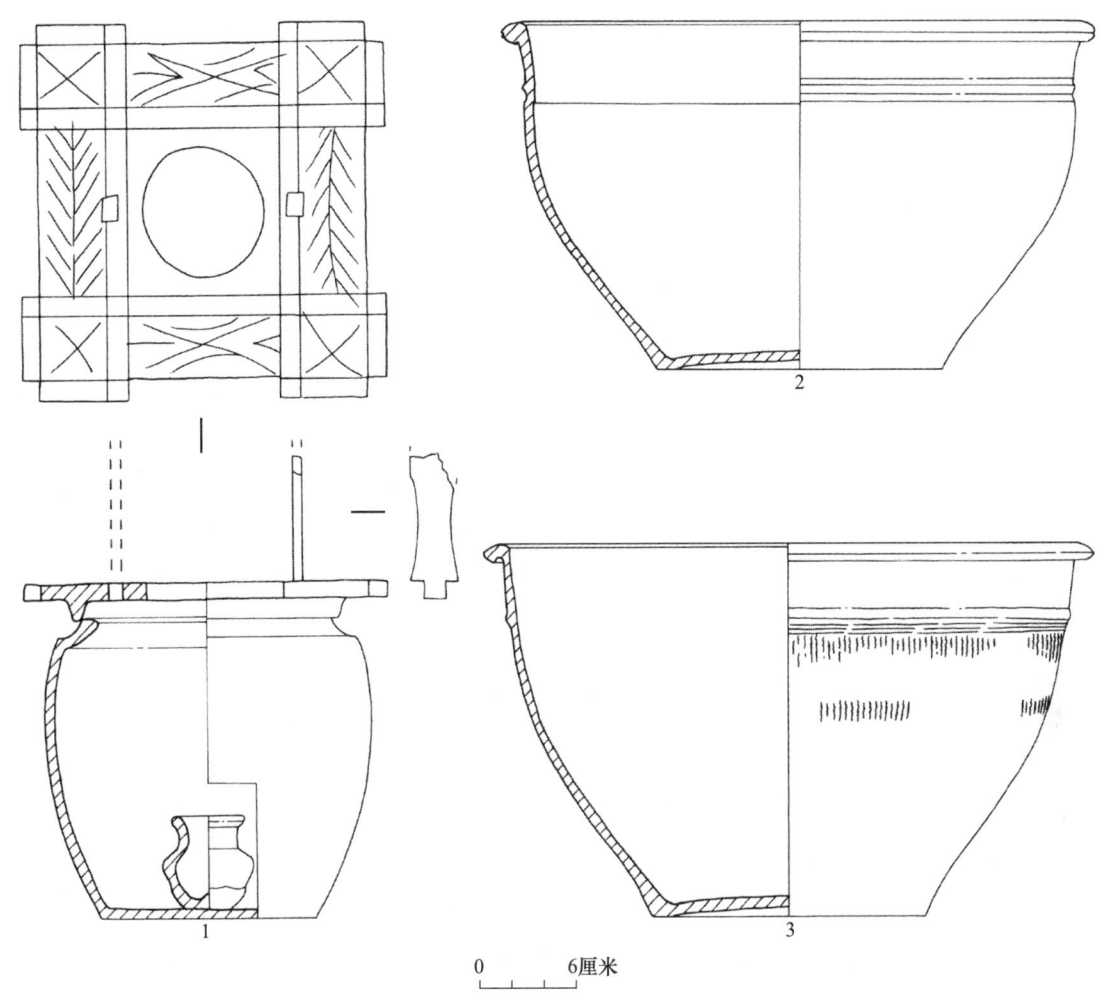

图二四三　2001FGYM26 出土器物（二）
1. 井（2001FGYM26：17）　2、3. 盆（2001FGYM26：7、2001FGYM26：8）

图二四四　2001FGYM26 出土器物（三）
1. 陶鸡（2001FGYM26：6）　2. 陶子母鸡（2001FGYM26：5）　3. 陶狗（2001FGYM26：3）　4. 陶猪（2001FGYM26：4）
5. 铜钱拓片（2001FGYM26：2）

铜钱 9枚。仅1枚清晰可辨。2001FGYM26：2，面有外郭，无内郭，背有外郭、内郭。钱文字体较粗，"五"字交笔弯曲，上下两横出头接于内、外郭，"金"字头呈三角形，"朱"字上下圆折。钱径2.5、穿宽1厘米（图二四四，5）。

九、2001FGYM27

（一）墓葬形制

M27位于陈文英堡墓地西北部，该墓地T4东南部，开口于第1层下，墓口距地表0.2～0.25米，打破2001FGYM22，打破生土。墓内填土为褐色黏土夹杂黄沙土，土质紧密，含料姜石等。

M27为砖石混筑墓，平面呈不规则长方形，方向295°，残长1.32、最宽处1.5米。墓室前用长方形砖错缝平砌成墙，墓室北部用条状乱石垒砌成墙，残长0.95、宽1.02、深0.42米。墓砖长38、宽20、厚9厘米，墓砖朝墓室面多饰有几何菱形纹。

葬具及人骨均不存。因该墓被扰，随葬品摆放较零乱，主要摆放于墓室中部（图二四五）。

（二）随葬器物

该墓随葬器物较少，共出土有3件。包括陶器、铜器两类。随葬器物以陶器为主，器型有陶钵、陶井盖、残陶塘、残陶灯。铜器为铜钱。

1. 陶器

该墓共出土有陶器2件，均为泥质灰陶。器型包括钵、井盖。

钵 1件。2001FGYM27：2，泥质灰陶。敛口，圆唇，上腹斜直，折腹斜收成平底。器表有轮制痕迹。口径18、底径3.6、高6.4厘米（图二四六，2）。

井盖 1件。2001FGYM27：3，泥质灰陶。平面呈方形，四边内凹，圆形井圈，两侧有对称长方形孔。表面饰有网格纹。井盖边长18.6厘米（图二四六，1；图版一五，6）。

2. 铜器

铜钱 16枚。均为五铢。

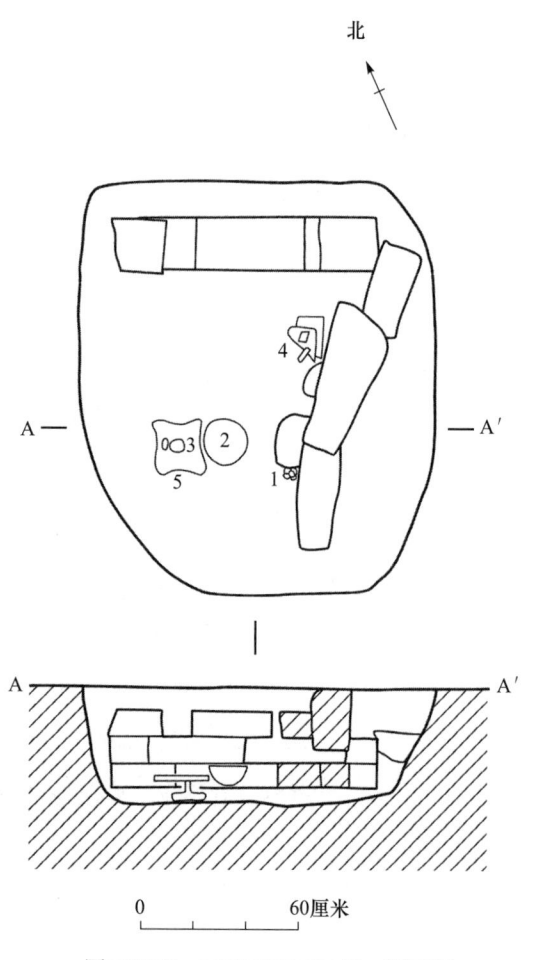

图二四五 2001FGYM27平、剖面图
1. 铜钱 2. 陶钵 3. 陶井 4. 陶塘 5. 陶灯

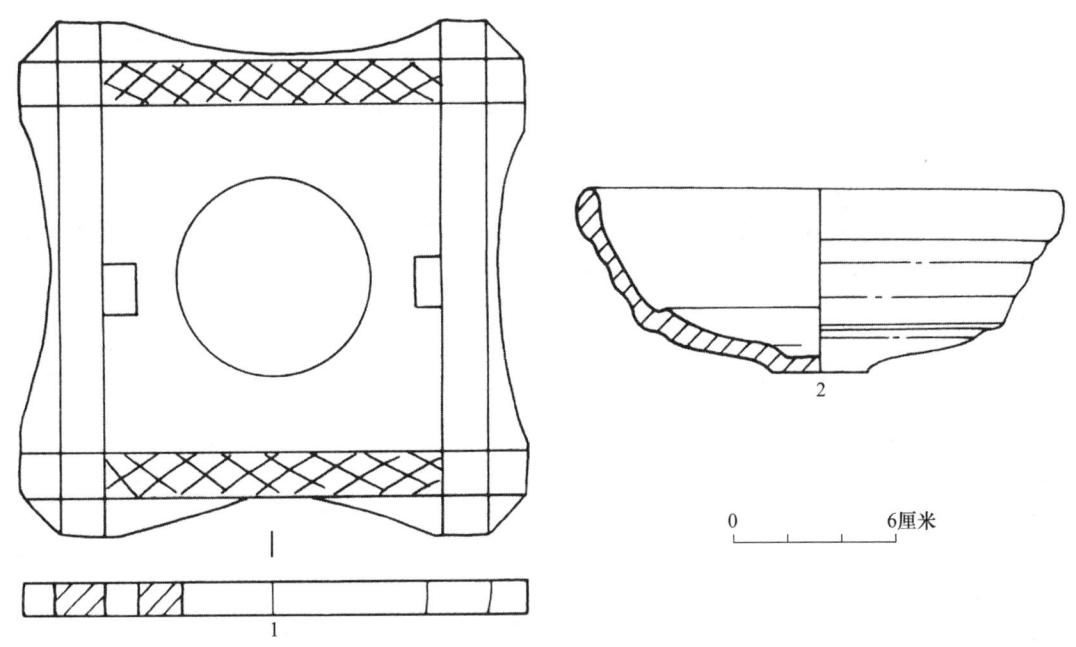

图二四六　2001FGYM27 出土器物

1. 井盖（2001FGYM27∶3）　2. 钵（2001FGYM27∶2）

A 型　12 枚。未磨郭。2001FGYM27∶1-1，钱文字体较粗，郭沿较宽。"五"字交笔弯曲，"金"字头呈大三角形，四点较长，"朱"字上下圆折。钱径 2.5、穿宽 0.9 厘米（图二四七，1）。2001FGYM27∶1-2，"五"字交笔弯曲且瘦长，"金"字头呈三角形，四点较长，"朱"字上方下圆。钱径 2.6、穿宽 1 厘米（图二四七，2）。

B 型　4 枚。剪轮五铢。2001FGYM27∶1-3，外郭部分磨去，"五"字交笔弯曲，"金"字头呈大三角形，"朱"字上下圆折。钱径 2.4、穿宽 0.9 厘米（图二四七，3）。

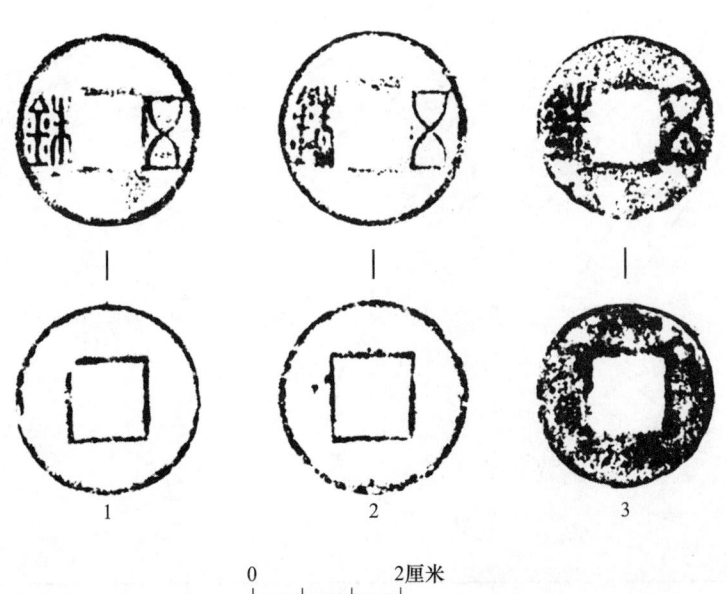

图二四七　2001FGYM27 出土钱币（拓片）

1、2. A 型五铢（2001FGYM27∶1-1、2001FGYM27∶1-2）　3. B 型五铢（2001FGYM27∶1-3）

第五节 袁家堡墓地

袁家堡墓地位于关田沟村三社，西临长江，东临高镇新修沿江公路，北面、南面隔沟分别与棺山堡墓地、陈文英堡墓地相望，西低东高。按正南北向，采用探方法在其顶部共布 5 米 × 5 米、10 米 × 10 米探方 15 个。实际发掘面积 700 平方米。发掘墓葬 18 座，集中分布在墓地的西南侧，编号 2001FGYM1～M18。其中 M5、M14、M15、M16、M17、M18 为土坑墓，其余均为砖室墓（图二四八；彩版五，2）。

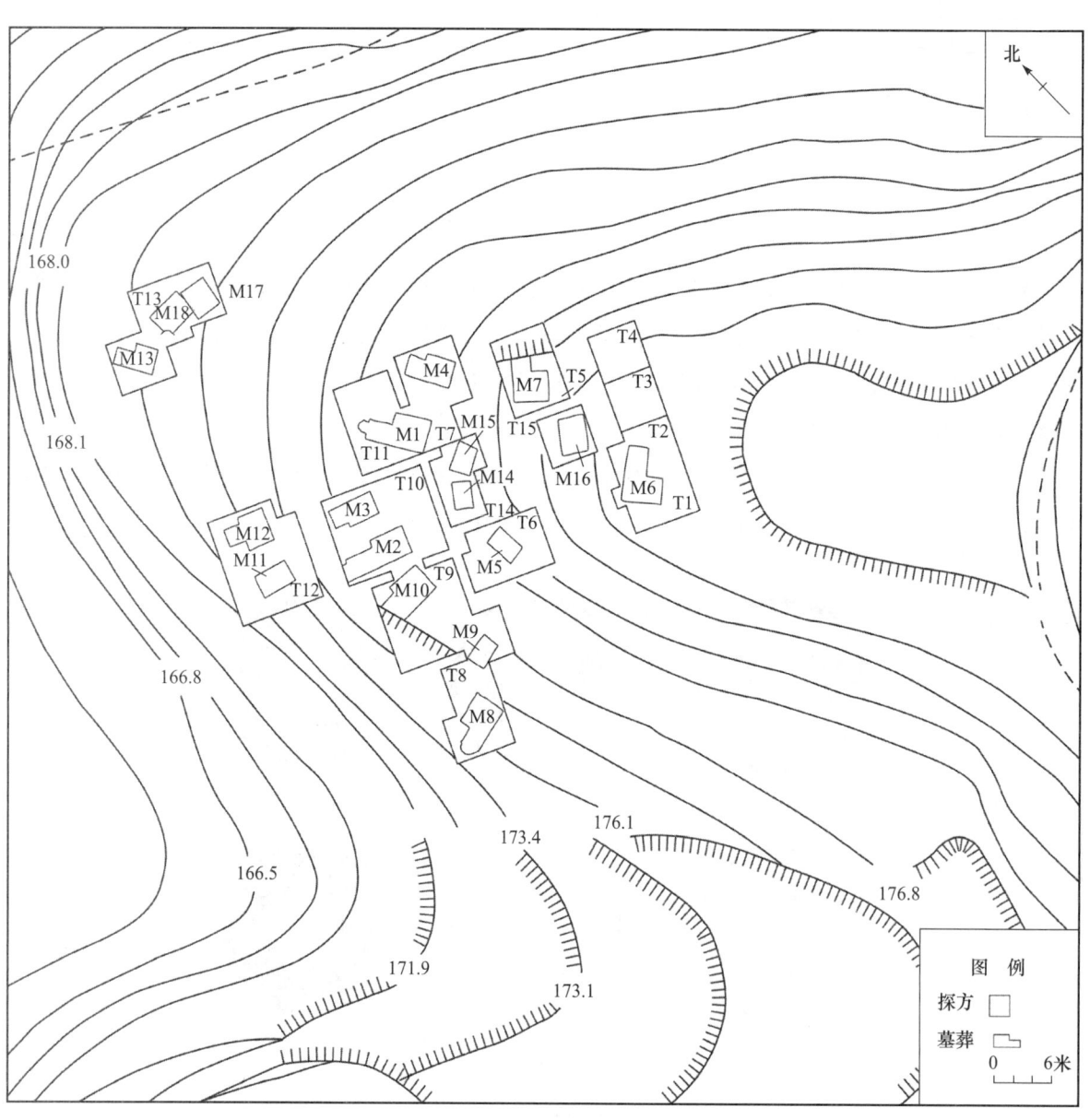

图二四八　袁家堡墓地墓葬分布图

一、2001FGYM1

（一）墓葬形制

M1位于袁家堡墓地的西北部，位于该墓地T11和T7的南部，开口于第1层下，墓口距地表0.1~0.26米，打破生土。墓内填土分为两层，上层以红褐色土为主，并夹杂少量灰褐色土，土质疏松；下层为淤泥土，土质细密松软。

M1为砖室墓，平面呈刀把形，方向305°，由墓道、甬道、墓室三部分组成，总长6.9、最宽3.29米。

墓道位于墓室的西部，长方形斜坡式，残长0.96~1、宽1~1.06、深0~0.34米。甬道内长1.7、宽1.4、高1.58米。墓室内长2.74、宽1.34、高1.69米。

墓道和甬道间使用长方形单砖横向平砌封门。甬道底部和墓底未铺砖，使用加工较平整的黄褐色生土面。墓壁和甬道壁均采用长方形砖横向错缝平砌。券顶残存部分，采用榫卯砖纵向错缝砌筑。墓砖使用长方形砖和榫卯砖两种，长方形砖长42、宽19、厚7厘米，榫卯砖长42、宽19、厚7~8厘米。墓砖均朝墓室面饰菱形几何纹、正面和反面饰粗绳纹。

人骨已腐朽成粉末，其分布无规律。葬具已不存。随葬器物集中分布在墓室的东部和中部（图二四九、图二五〇）。

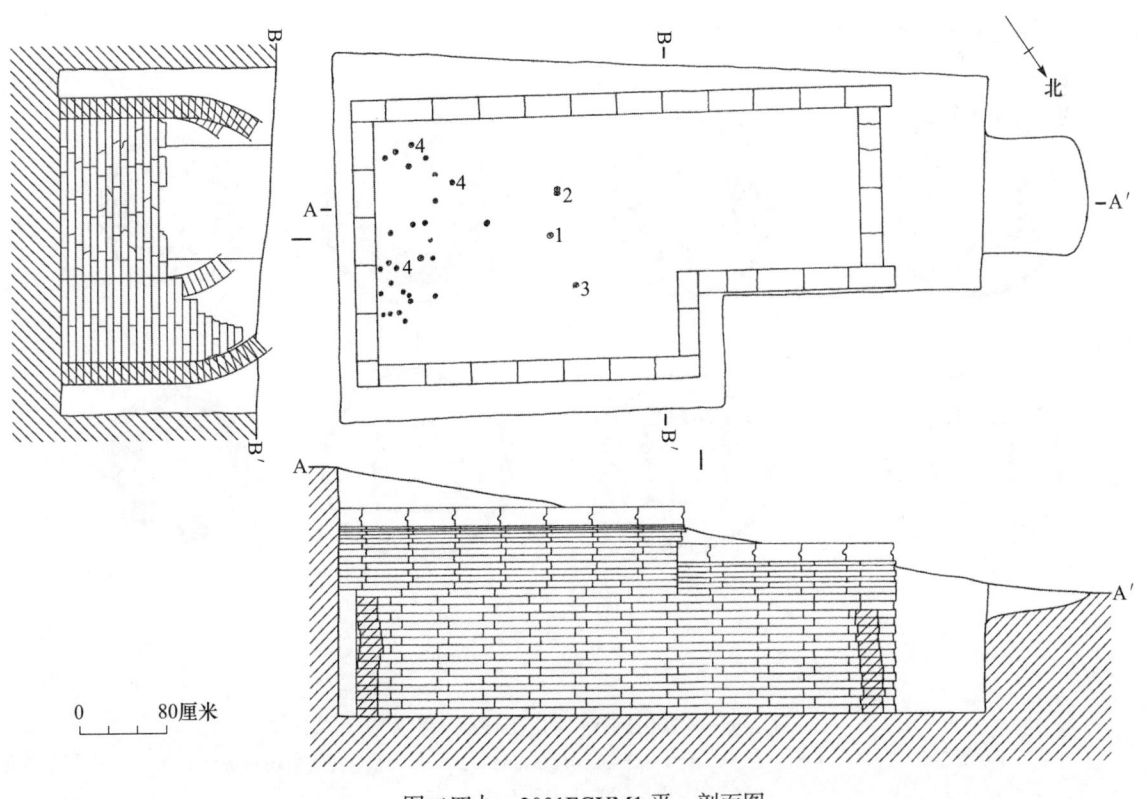

图二四九　2001FGYM1平、剖面图
1~4.铜钱

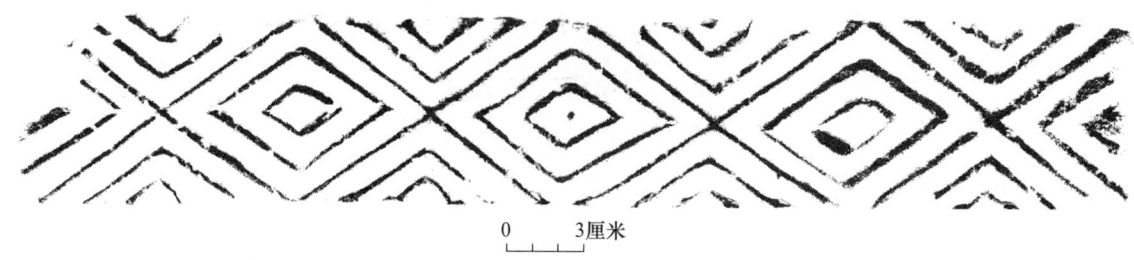

图二五〇 2001FGYM1 出土墓砖（拓片）

（二）随葬器物

随葬器物较少，共出土4件，均为铜钱。

铜钱 24枚。有五铢、大泉五十和四铢三种。

五铢 18枚。

A型 10枚。未磨郭。2001FGYM1：1，"五"字交笔弯曲，较矮胖，"铢"字金字头呈三角形，"朱"字上下圆折。钱径2.5、穿宽0.9厘米（图二五一，1）。

B型 8枚。剪轮五铢。2001FGYM1：2，肉薄，径大小不均，个别有文。钱径1.8～2.3、穿宽0.9厘米（图二五一，2）。

大泉五十 1枚。2001FGYM1：3，有郭，钱文"大"字呈圆弧形，"泉"字中竖中断。钱径2.5～2.6、穿宽1.0～1.1厘米（图二五一，3）。

四铢 5枚。2001FGYM1：4，有郭，"铢"字"金"头呈三角形，"朱"字上方下圆。钱径2.1～2.2、穿宽0.9厘米（图二五一，4）。

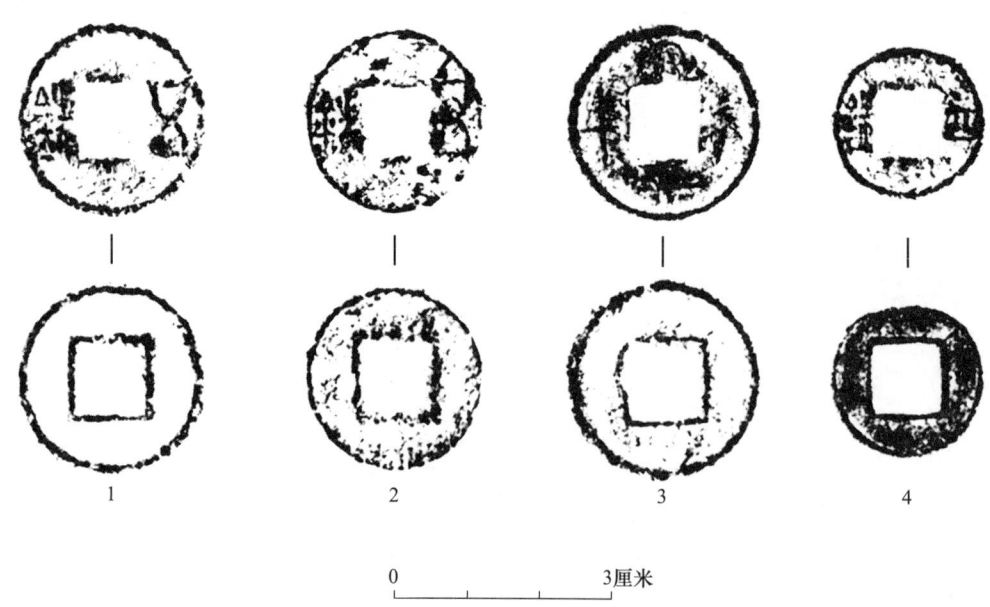

图二五一 2001FGYM1 出土钱币（拓片）
1. A型五铢（2001FGYM1：1） 2. B型五铢（2001FGYM1：2） 3. 大泉五十（2001FGYM1：3）
4. 四铢（2001FGYM1：4）

二、2001FGYM2

（一）墓葬形制

M2 位于袁家堡墓地的西侧，位于该墓地 T10 的西南部，开口于第 1 层下，墓口距地表 0.12～0.18 米，打破生土。墓内填土为红褐色夹灰褐色形成的五花土，土质较黏，包含大量陶器残片、青花瓷器残片、榫卯砖屑等。

M2 为砖室墓，平面呈刀把形，方向 263°，由墓道、甬道、墓室三部分组成，总长 6.4、最宽 3 米。

墓道位于墓室的西侧，上部已被破坏，残长 0.56、宽 2.1、深 0.3 米。甬道内长 2.5、宽 2.18、残高 0.55 米。墓室内长 3.4、宽 3.02、残高 0.99 米。

墓室保存较差，墓砖残存少，仅在北壁和西壁保存两块墓砖残块，因此墓底、墓壁等用砖情况不明，墓砖朝墓室面饰有纹饰。

人骨已腐朽成粉末，其分布无规律。葬具仅存部分朽痕，其结构不明。随葬器物为陶器和铜器，陶器分布在墓室的西北部，铜器分布于整个墓室（图二五二）。

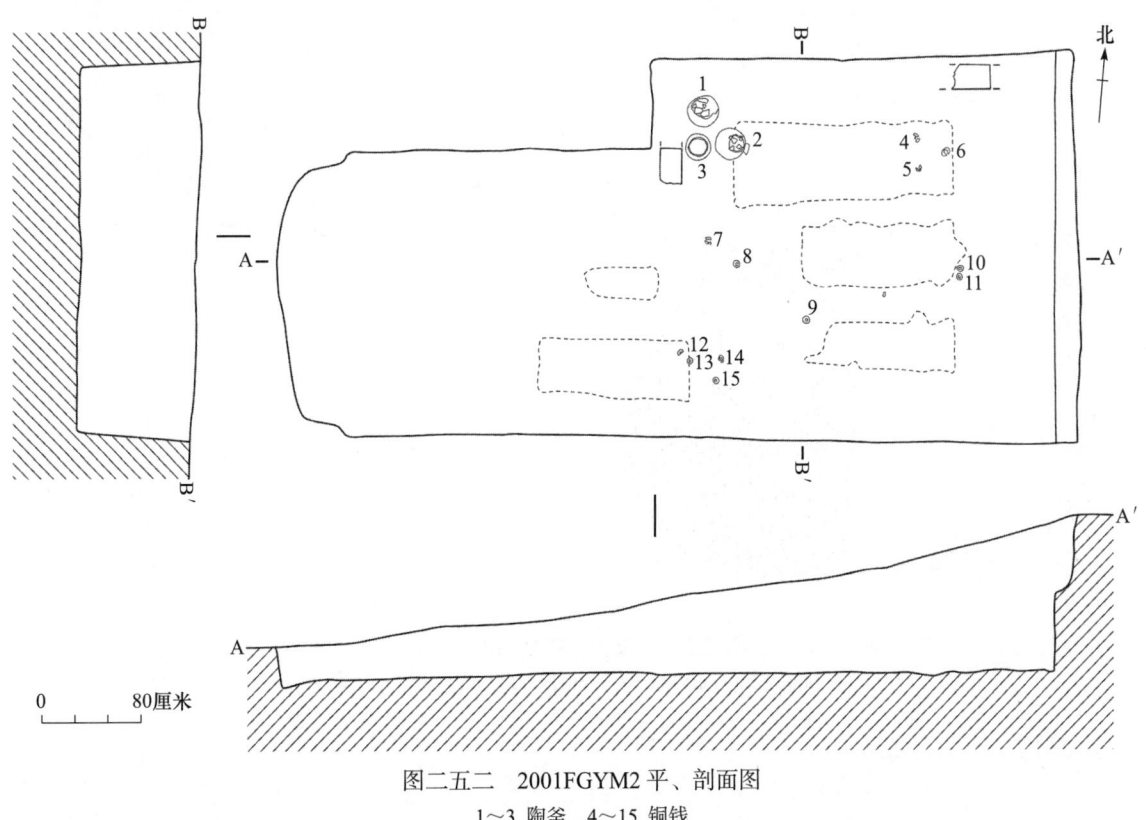

图二五二 2001FGYM2 平、剖面图
1～3. 陶釜 4～15. 铜钱

（二）随葬器物

随葬器物较少，共出土 15 件，包括陶器和铜器两类。随葬器物以铜器居多，即为铜钱，共 46 枚。陶器为陶釜。

1. 陶器

该墓共出土陶器3件，为夹砂灰褐陶和夹砂灰陶，均轮制，纹饰有绳纹和刻划纹。

釜　3件。2001FGYM2∶1，夹粗砂灰陶。敞口，方唇，束颈，溜肩，垂腹，圜底。器表通体饰绳纹。口径22.6、最大腹径21.8、高16.6厘米（图二五三，2；图版六，2）。2001FGYM2∶2，夹粗砂灰褐陶，敞口，方唇，束颈，溜肩，上腹较斜，下腹内收较急，圜底。器表通体饰绳纹。口径23、最大腹径24.2、高21.4厘米（图二五三，3）。2001FGYM2∶3，夹粗砂灰褐陶，敞口，方唇，束颈，溜肩，垂腹，圜底。器表通体饰刻划纹。口径18.8、最大腹径17.6、高15.9厘米（图二五三，1；图版六，1）。

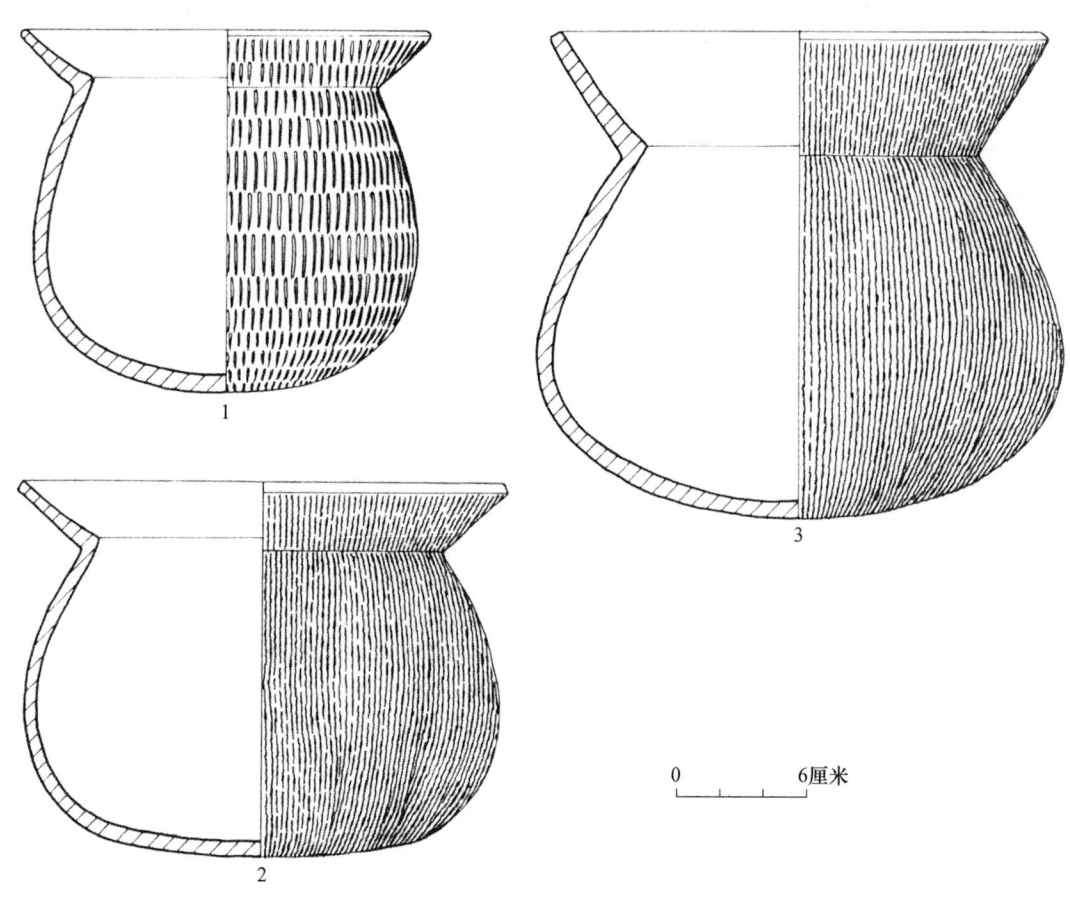

图二五三　2001FGYM2出土陶釜
1～3.陶釜（2001FGYM2∶3、2001FGYM2∶1、2001FGYM2∶2）

2. 铜钱

该墓共出土钱币46枚，均为五铢。

A型　3枚。未磨郭。2001FGYM2∶4，钱文字体较粗，郭沿较宽，"五"字交笔弯曲，"金"字头呈三角形，四点较长，"朱"字上下圆折。钱径2.5、穿宽1厘米（图二五四，3）。2001FGYM2∶6，"五"字交笔较直，字体瘦长，"金"字呈大三角形，四点较长，"朱"字上方下圆。钱径2.5、穿宽0.9厘米（图二五四，1）。

B型　43枚。剪轮五铢。2001FGYM2：12，肉较薄，径较小，有文。"五"字交笔弯曲，"金"字头呈大三角形，"朱"字上方下圆。钱径2.4、穿宽0.9厘米（图二五四，2）

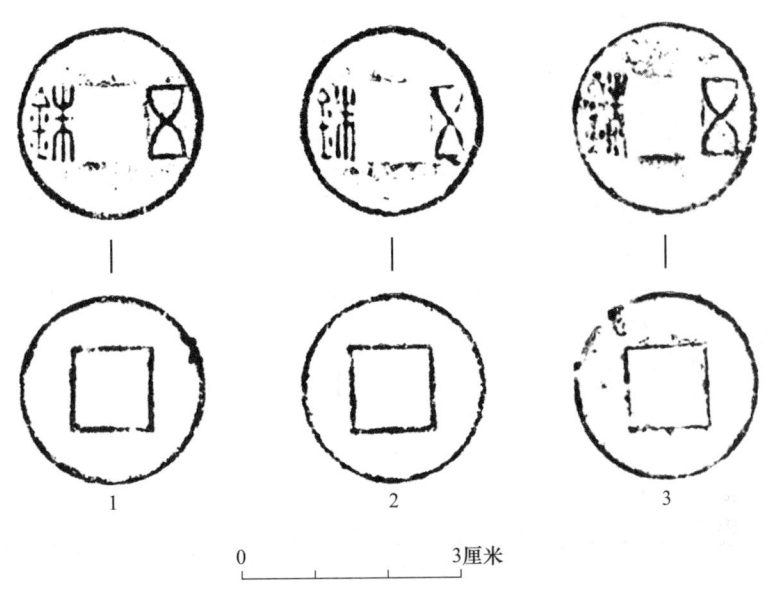

图二五四　2001FGYM2出土钱币（拓片）
1、3.A型五铢（2001FGYM2：6、2001FGYM2：4）　2.B型五铢（2001FGYM2：12）

三、2001FGYM3

（一）墓葬形制

M3位于袁家堡墓地的西侧，位于该墓地T10的西北部，其南侧分布M2，开口于第1层下，墓口距地表0.16~0.2米，打破生土。墓内填土分为两层，上层以红褐色土为主，并夹杂少量灰褐色土，土质较黏，包含大量晚期的陶瓷器残片、墓砖碎屑、少量的红烧土颗粒及炭屑；下层为红褐色泥沙淤泥土，土质细密松软。

M3为砖室墓，平面呈刀把形，方向268°，由墓道、甬道、墓室三部分组成，总长4.61、最宽2.45米。

墓道位于墓室的西侧，上部大部分已被破坏。残长0.69~0.7、宽1.7~1.72、深0~0.2米。甬道长0.74、宽1.6、高0.27米。墓室内长2.34、宽1.7、高0.46米。

墓底采用长方形砖纵向和横向齐缝平铺。甬道壁和墓壁均采用长方形砖错缝平砌。甬道和墓室的券顶以上部分均不存。墓砖长44、宽20、厚9厘米，墓砖朝墓室面饰有菱形纹、田字纹，正面和反面饰粗绳纹。

人骨不存。葬具仅存朽痕，其结构不明。随葬器物发现较少，位于墓室的南侧偏西（图二五五、图二五六）。

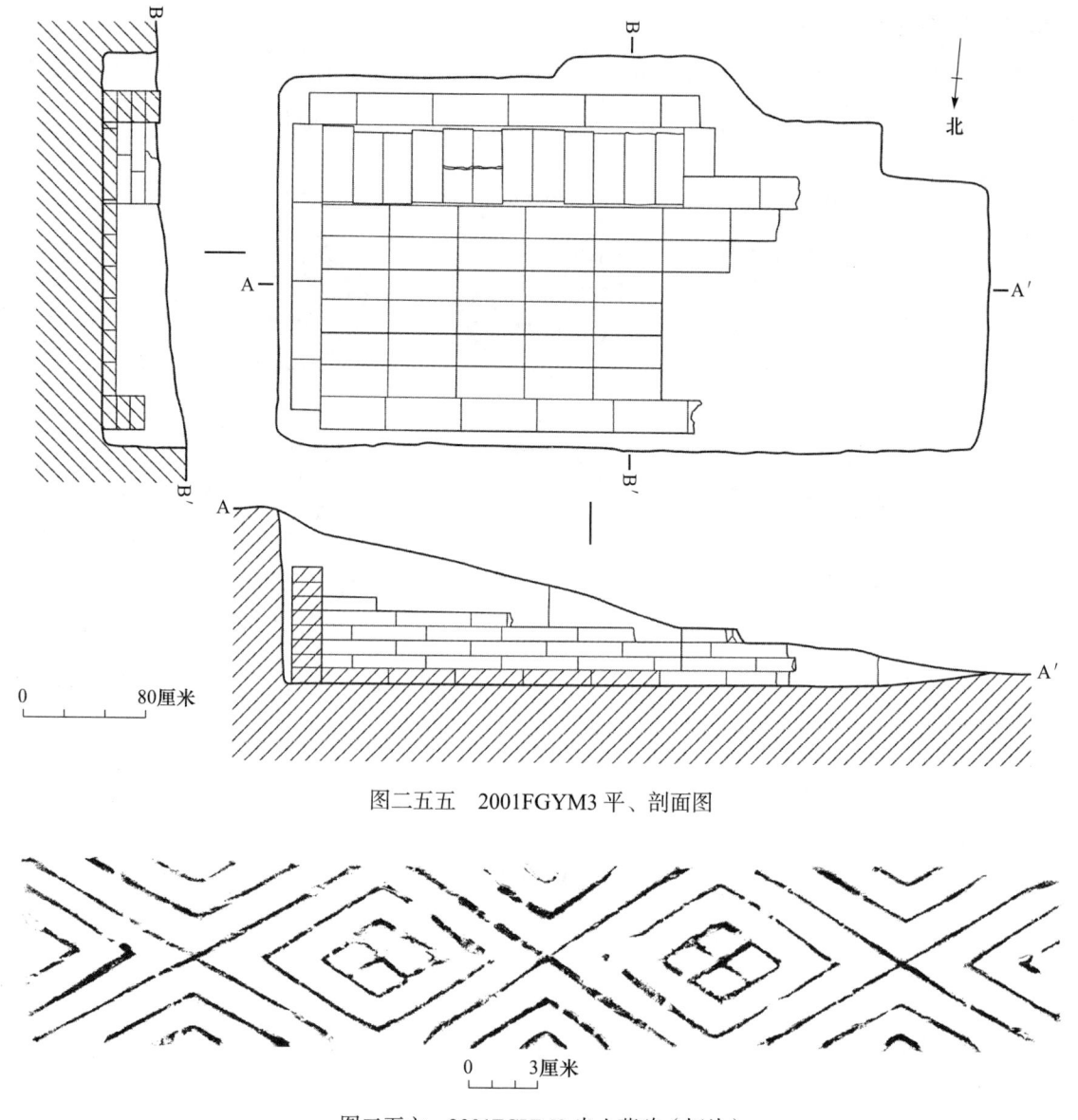

图二五五　2001FGYM3 平、剖面图

图二五六　2001FGYM3 出土墓砖（拓片）

（二）随葬器物

该墓随葬器物较少，仅出土 1 枚铜钱。2001FGYM3：1，外郭被磨去，肉薄，"五"字交笔弯曲，"金"字头呈箭镞形，"朱"字上下圆折。钱径 2.3、穿宽 1 厘米（图二五七，1）。

四、2001FGYM4

（一）墓葬形制

2001FGYM4 位于袁家堡墓地的北侧，位于该墓地 T7 的北部，开口于第 1 层下，墓口距地表 0.3 厘米，打破生土。墓内填土分为两层，上层以红褐色土为主，并夹杂少量灰褐色土，土质较黏，包含大量晚期的陶瓷残片及墓砖碎屑；下层为红褐色泥沙淤泥土，土质细密松软，包含有较多的陶瓷器残片和铜钱。

2001FGYM4为砖室墓，平面呈刀把形，方向311°，由墓道、甬道、墓室三部分组成，总长5、最宽2.7米。

墓道被扰毁，结构不详。甬道保存较差，其残长80、宽1.31、高0.2~0.54米。墓室内长2.74、宽1.82、残高0.52~0.8米。

墓底使用长方形砖和榫卯砖横向错缝平铺。墓室保存较差，墓壁与墓顶被破坏。墓砖长42、宽22、厚8厘米。墓砖朝墓室面饰菱形纹，正面和反面饰粗绳纹。

人骨仅存若干零散且被扰乱的头盖骨和牙齿。葬具已不存。随葬器物较少，主要为瓷器和铜器，位于墓室的东部和北部（图二五八、二五九）。

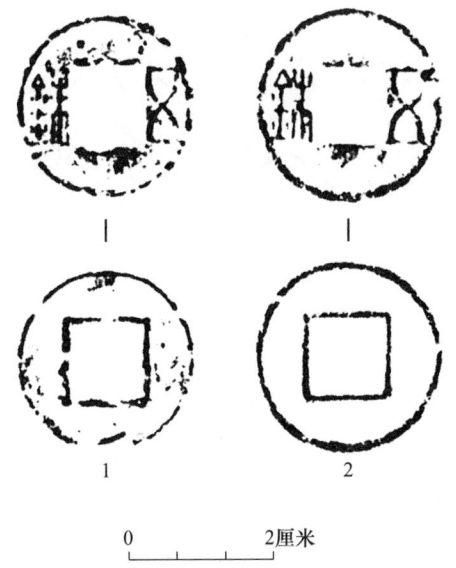

图二五七　2001FGYM3、M4出土钱币（拓片）
1. 2001FGYM3∶1　2. 2001FGYM4∶4

（二）随葬器物

随葬器物较少，共出土4件，包含有瓷器、铜器两类。瓷器包含罐、盏和兽，铜器为铜钱。

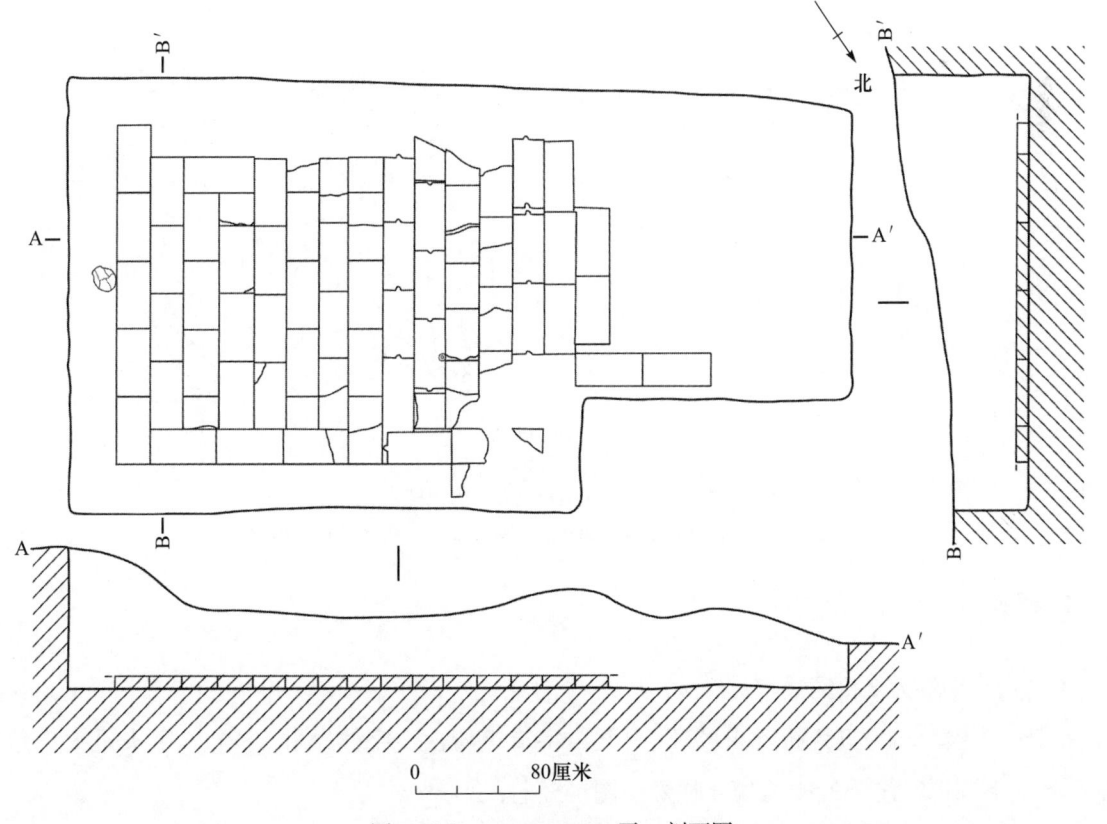

图二五八　2001FGYM4平、剖面图

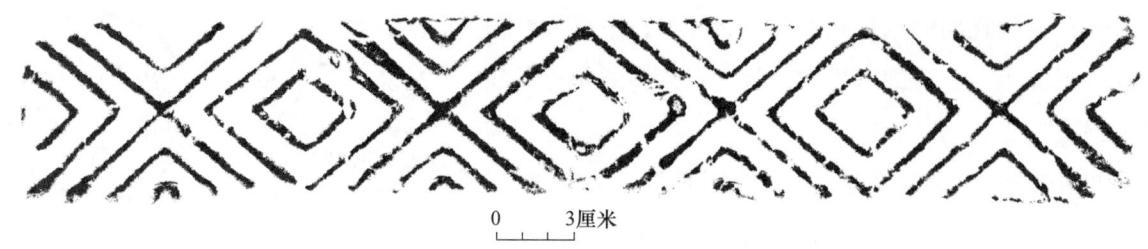

图二五九　2001FGYM4 出土墓砖（拓片）

1. 瓷器

该墓共出土瓷器3件，有灰褐胎、灰白胎，部分器表施青釉、酱黄釉，有轮制和手制，素面居多。

罐　1件。2001FGYM4：3，灰褐胎，器身上半部施酱黄釉。敛口，内斜唇，高领，弧腹，下腹直收，底部残，不详。领部和腹部交界处贴塑两耳。复原口径14、残高14.1厘米（图二六〇，1）。

盏　1件。2001FGYM4：2，灰白胎，器表施青釉，薄厚不均，底部露胎。敛口，尖圆唇，深弧腹，假圈足内凹，足外沿有明显削痕。口径6.8、底径2.8、高4.6厘米（图二六〇，2）。

兽　1件。2001FGYM4：1，灰白胎。头大吻短，鼓眼，阔嘴，朝天鼻，下颌垂须，额顶披长毛，颈戴铃铛，背脊堆塑鬃毛，尾贴脊末端弯绕。曲后肢蹲坐在覆钵状座上，右前肢按住一球，左前肢残。高16.8厘米（图二六〇，3）。

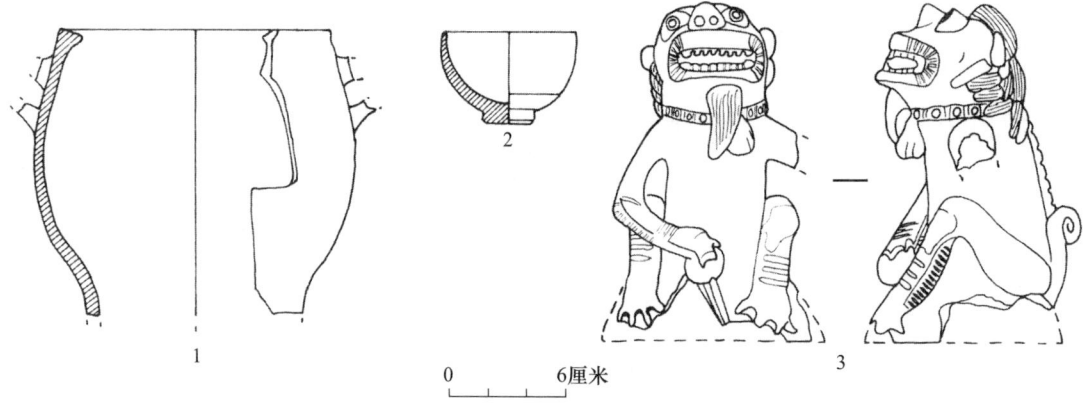

图二六〇　2001FGYM4 出土瓷器
1. 罐（2001FGYM4：3）　2. 盏（2001FGYM4：2）　3. 兽（2001FGYM4：1）

2. 铜器

该墓出土铜器为2枚铜钱。

铜钱　2枚。均为五铢，皆未磨郭。"五"字交笔弯曲，字体矮胖，"金"字头呈大三角形，"朱"字上下圆折。钱径2.5、穿宽1厘米（图二五七，2）。

五、2001FGYM5

（一）墓葬形制

M5 位于袁家堡墓地的东南部，位于该墓地 T6 的中部，开口于第 1 层下，墓口距地表 0.1～0.25 米，打破生土。墓内填土分为两层，上层以灰褐色土为主，并夹杂少量红褐色土，土质较黏，包含少量陶器残片和木炭颗粒；下层以浅红褐色土为主，并掺杂大量的白色粉末，土质细密松软，包含有较多的陶器残片、铜钱和少量骨骼碎渣。

M5 为土坑竖穴墓，平面呈长方形，无墓道。方向 333°，总长 3.48、最宽 2.14 米。墓室内长 3、宽 1.86、高 0.28～0.5 米。

墓口和墓底大小基本一致，墓壁较直、较光滑，四周转角较圆。距墓口 0.18～0.25 米处直至墓底，墓室四周筑有宽 0.10～0.25 米的熟土二层台。在熟土二层台、墓底、墓椁的外壁及盖板上面填充一种特制而成的填土，即由乳白色的料姜石粉末和浅红褐色沙土混合制成，推测其功能为防潮、防腐。

人骨已不存。葬具仅存部分朽痕，其结构不详。随葬器物大多放置于墓室的西壁和中部偏南（图二六一）。

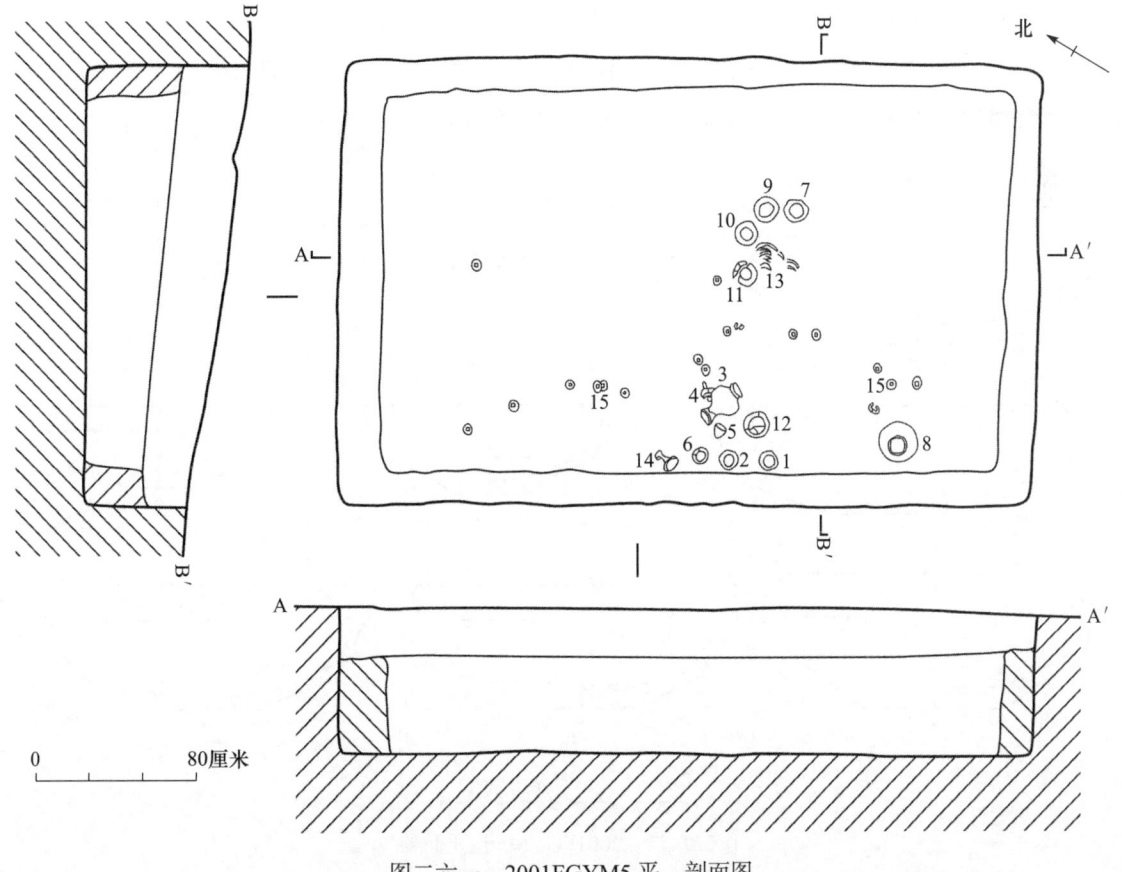

图二六一　2001FGYM5 平、剖面图
1.陶盒　2.陶盆　3.陶锤　4.陶魁　5.陶博山炉　6、7、9～12.陶钵　8.陶罐　13.陶甑　14.陶灯　15.铜钱

（二）随葬器物

随葬器物共出土 15 件，包含陶器和铜器两类。其中以陶器为主，器型包含钵、罐、甑、锺、盒、魁、博山炉、灯。铜器为铜钱。

1. 陶器

该墓共出土陶器 14 件，包含有泥质灰陶和泥质灰褐陶两类，其中泥质灰陶较多。陶器轮制较多，也存在少量手制，素面居多，纹饰包括凹弦纹、戳印纹。

钵　6件。2001FGYM5：6，泥质灰陶。敞口，厚圆唇，上腹斜直，折腹下收，平底微凹。素面。口径17.8、底径6.2、高6.4厘米（图二六二，8）。2001FGYM5：7，泥质灰褐陶。敞口，厚圆唇，折腹下收成平底，内底上凹。素面。口径13、底径4、高4.3厘米（图二六二，2）。2001FGYM5：9，泥质灰褐陶，敞口，厚圆唇，折腹下收成平底，内底下凹。素面。口径13、底径3.4、高4.4厘米（图二六二，3、图版一，2）。2001FGYM5：10，泥质灰陶，敞口，厚圆唇，折腹下收成平底，内底下凹。素面。口径13.2、底径4、高4.6厘米（图二六二，5）。2001FGYM5：11，泥质灰陶，敞口，厚圆唇，弧腹下收，平底微凹。素面。口径17.8、底径5.4、高6.5厘米（图二六二，9；图版二，1）。2001FGYM5：12，泥质灰陶，敞口，厚圆唇，折腹下收，平底微凹，内底凸起。素面。口径12.8、底径3.8、高4.2厘米（图二六二，6）。

罐　1件。2001FGYM5：8，泥质灰陶。侈口，尖圆唇，束颈，圆折肩，鼓腹，下腹弧收，平底内凹。肩部饰两周戳印纹，下腹近底处有划痕。口径10.4、最大腹径16.4、底径9.4、高11.5厘

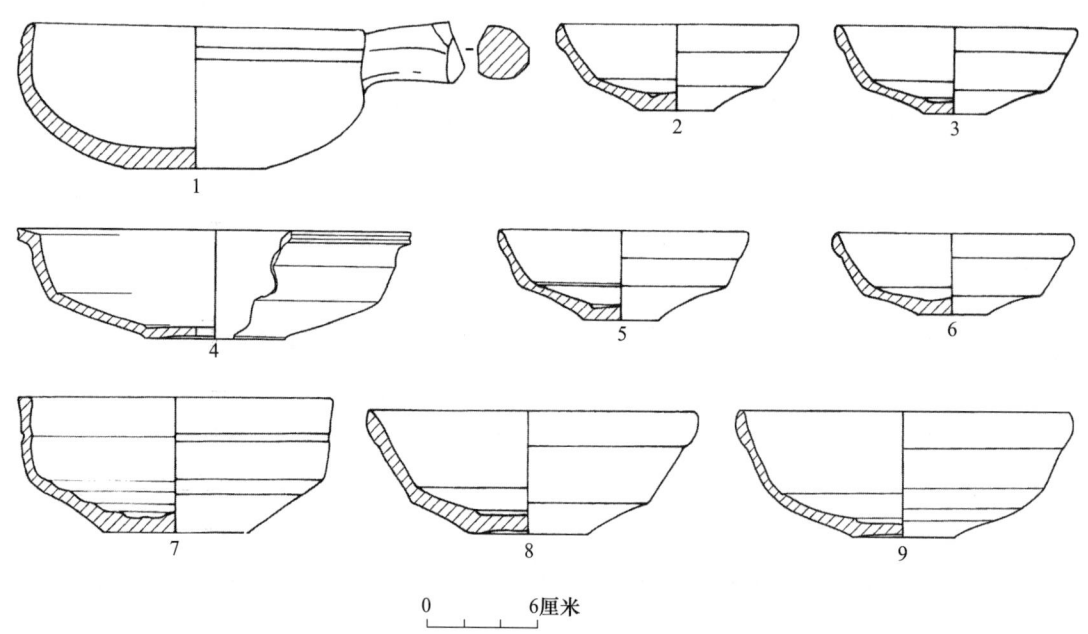

图二六二　2001FGYM5 出土陶器

1. 魁（2001FGYM5：4）　2~6、8、9. 钵（2001FGYM5：7、2001FGYM5：9、2001FGYM5：2、2001FGYM5：10、2001FGYM5：12、2001FGYM5：6、2001FGYM5：11）　7. 盒（2001FGYM5：1）

米（图二六三，1）。

甑　1件。2001FGYM5：13，泥质灰褐陶。口微敛，尖唇，平沿，弧腹下收，下腹至底部残。口沿外饰一周凹弦纹，腹部饰数周锯齿纹和凹弦纹。口径25.6、复原底径11.2、高14.7厘米（图二六三，3）。

盆　1件。2001FGYM5：2，泥质灰陶。敞口，斜折沿，方唇，口沿下内曲，折腹，平底微凹。唇面饰一周凹弦纹。复原口径21、底径7.4、高5.6厘米（图二六二，4）。

锺　1件。2001FGYM5：3，泥质灰陶。盘口，斜方唇，唇面微凹，束颈，溜肩，鼓腹，矮圈足。肩下饰两个对称的兽面铺首衔环。肩部、腹部及圈足饰凹弦纹。口径16.8、最大腹径23.2、足径17.6、高29.6厘米（图二六三，5）。

盒　1件。2001FGYM5：1，泥质灰褐陶。直口，方唇，唇面微凹，上腹较直，圆折腹斜收，平底微凹。上腹部饰一周凹弦纹。口径17、底径8、高7厘米（图二六二，7）。

魁　1件。2001FGYM5：4，泥质灰陶。口微敛，圆唇，弧腹下收，平底，棱柱形柄。上腹部饰一周凹弦纹。口径18.2、底径7.6、高7.6、通长23.8厘米（图二六二，1；图版一〇，1）。

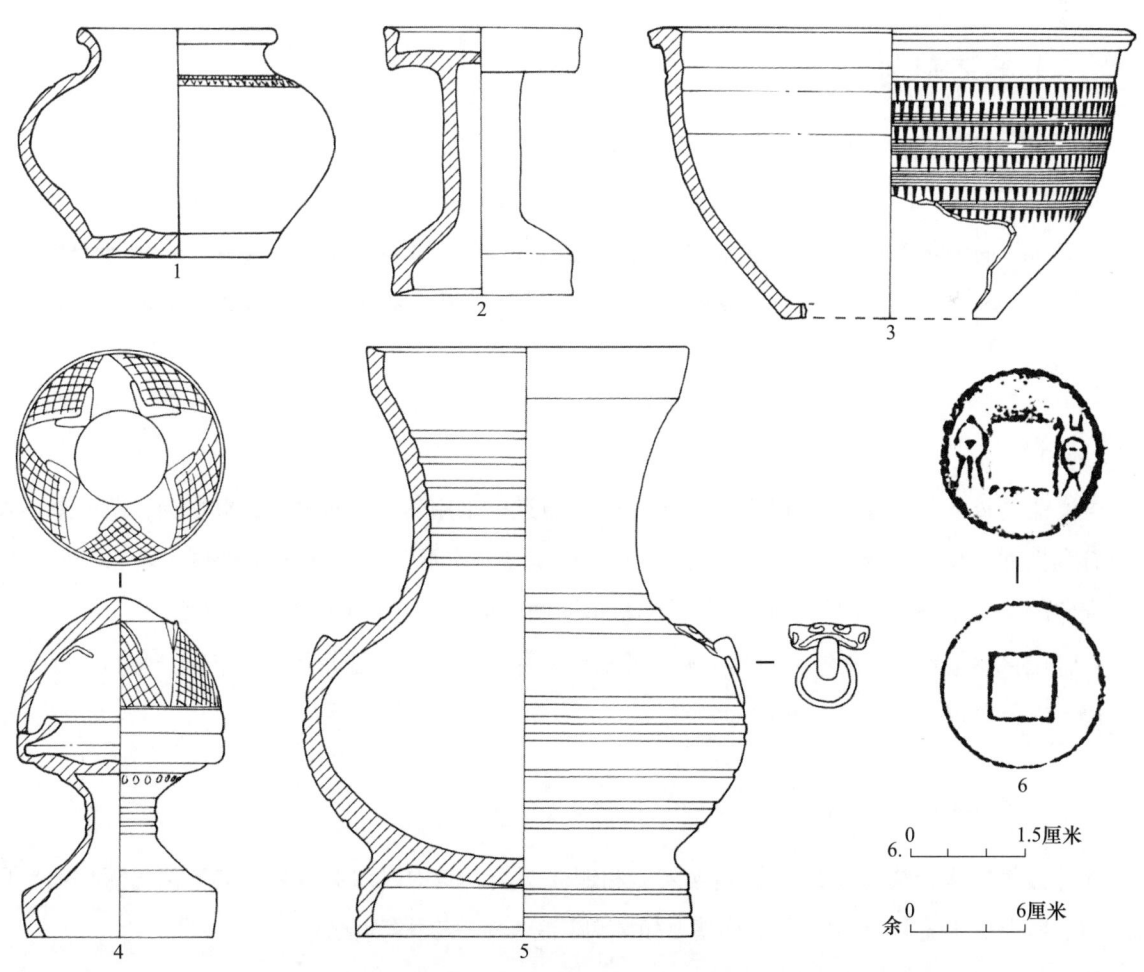

图二六三　2001FGYM5出土器物
1. 陶罐（2001FGYM5：8）　2. 陶灯（2001FGYM5：14）　3. 陶甑（2001FGYM5：13）　4. 陶博山炉（2001FGYM5：5）
5. 陶锺（2001FGYM5：3）　6. 铜钱拓片（2001FGYM5：15）

博山炉　1件。2001FGYM5：5，泥质灰陶。由炉座和炉盖两部分组成。炉座为子母口内敛，方唇，子口上承器盖。上腹近直，下腹微曲内收，腹部较浅。柱状柄，盘形座。下腹部与柄部之间饰窝纹，柄部饰弦纹。炉盖为侈口，方唇，盖面隆起，顶部作乳突，五个三角形穿孔，分五瓣饰刻划网格纹。口径7.8、最大腹径10.8、柄径3.6、座径10.2、通高17.2厘米（图二六三，4；彩版三二，3）。

灯　1件。2001FGYM5：14，泥质灰陶。灯盘口部近直微内敛。斜方唇，唇面微凹，折腹，浅盘。柱状柄，覆钵形座。素面。口径10.3、底径9.4、高13.4厘米（图二六三，2；图版一二，1）。

2. 铜器

该墓出土铜器为14枚铜钱。

铜钱　14枚。均为货泉。2001FGYM5：15，有郭，钱文"泉"字中竖中断，内郭为单。钱径2.0~2.1、穿宽0.7~0.8厘米（图二六三，6）。

六、2001FGYM6

（一）墓葬形制

M6位于袁家堡墓地的东部，位于该墓地T1和T2的中部偏西，开口于第1层下，墓口距地表0.2~0.3米，打破生土。墓内填土分为两层，上层以红褐色土为主，并夹杂少量灰褐色土，土质较黏；下层为红褐色泥沙淤泥土，土质细密松软，包含有较多的陶器残片、铜钱及少量骨骼碎渣。

M6为砖室墓，平面呈刀把形，方向24°，由墓道、甬道、墓室三部分组成，总长5.46、最宽3.9米。

墓道被扰毁，结构不详。甬道保存较差，残长1.92、宽1.43、高0.32米。墓室内长2.41、宽3.42、高0.4米。

甬道铺地砖不存，墓底使用榫卯砖齐缝平铺。甬道壁采用长方形砖横向错缝平砌，墓壁采用长方形砖和榫卯砖横向错缝平砌。甬道券顶和墓室券顶以上均不存。长方形砖长45、宽19、厚8厘米，榫卯砖长42、宽16、厚7厘米。墓砖朝墓室面饰菱形纹，正面和反面饰粗绳纹。

人骨仅存少量碎块，无法判断其年龄、性别等。葬具已不存。随葬器物较丰富，分布于整个墓室，甬道内分布较少（图二六四）。

（二）随葬器物

随葬器物较多，共出土38件，包含陶器和铜器两类，其中以陶器居多，器型包含甑、锺、耳杯、勺、博山炉（盖）、器盖、俑、陶猪、镇墓兽、房、瑟，铜器为铜钱。

1. 陶器

该墓共出土陶器37件，以泥质红陶为主，还有少量泥质红褐陶、泥质灰陶。陶器以模制为主，

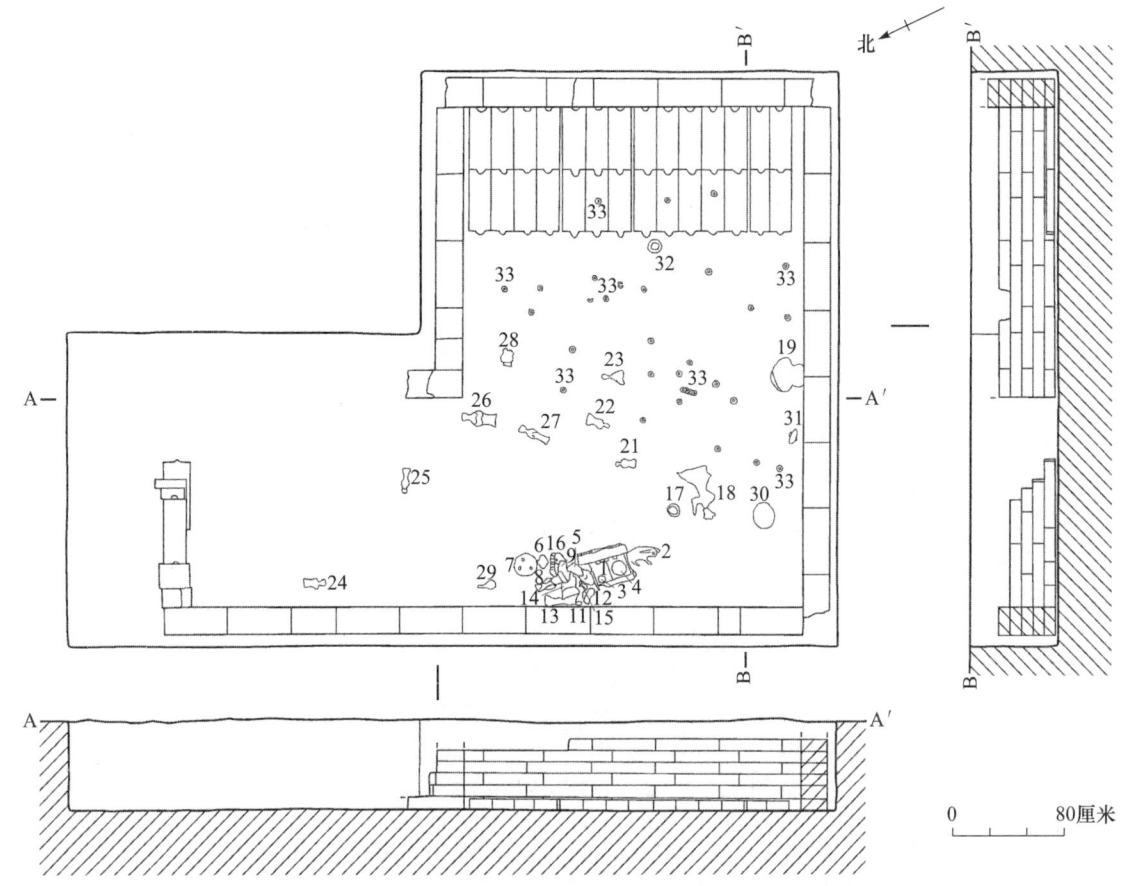

图二六四　2001FGYM6平、剖面图
1.陶房　2.陶猪　3、5、8～16、18、21～27.陶俑　4、7、17、30、32.陶器盖　6.陶杯　19.陶锺　20.陶镇墓兽
28.陶俑头　29.陶勺　31.陶杯　33.铜钱

少量轮制和手制。素面居多，纹饰包括凹弦纹、菱形纹、几何纹等。

甑　1件。2001FGYM6：35，泥质灰陶。口微敛，口沿向外圆凸，圆唇，弧腹下收，平底微凹。底部中心有1个箅孔。口径15.6、底径7.2、高9厘米（图二六五，4）。

锺　1件。2001FGYM6：19，泥质红陶，器表施酱黄釉，部分已脱落。盘口，斜方唇。盘口下起一凸棱。束颈，溜肩，鼓腹，矮圈足，圈足外撇。肩下饰两个对称的兽面铺首衔环。肩部、腹部、圈足饰凹弦纹。口径17、最大腹径23.8、足径16、高31厘米（图二六五，1）。

耳杯　2件。2001FGYM6：6，泥质红陶。呈椭圆形，敞口圆唇，弧腹内收，平底。耳作新月状，微上翘。素面。长径12.3、短径9.8、高4厘米（图二六六，1；图版一三，2）。2001FGYM6：31，泥质红陶。呈椭圆形，敞口圆唇，弧腹内收，平底。耳作半圆形，微上翘。素面。长径12.2、短径9.9、高4厘米（图二六六，2；图版一三，3）。

勺　1件。2001FGYM6：29，泥质红陶。勺身呈近圆形，敞口方唇，弧壁，深腹，曲柄，柄部较短，呈弧形上翘，截面呈半圆形。素面。长13.6、宽6.8厘米（图二六六，3）。

博山炉　1件。2001FGYM6：32，泥质红陶，器表施酱黄釉，大部分已脱落。炉座为子母口，圆唇，浅弧腹。柱形空心柄，较直较高，喇叭形座。柱柄与底座饰3周几何纹，包含有凹弦纹、凸弦纹和圆环纹等。炉盖已不存。口径7.4、最大腹径10.8、座径11.6、高16.5厘米（图二六五，5）。

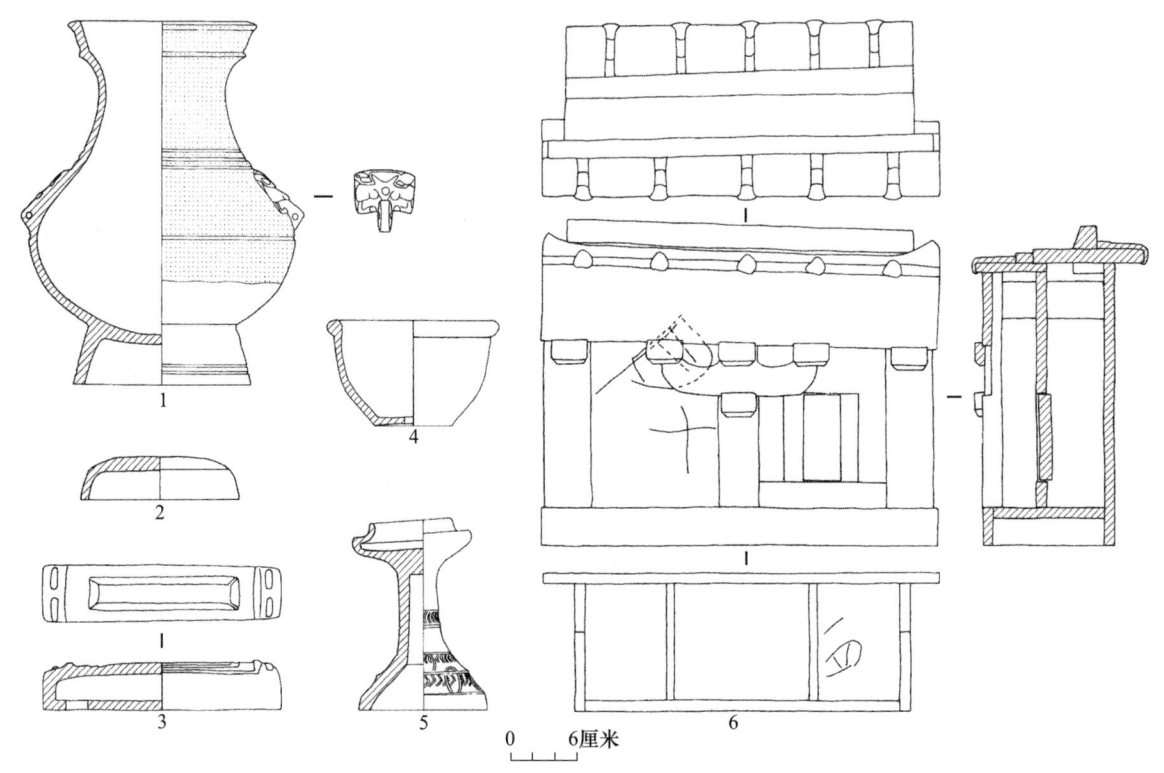

图二六五　2001FGYM6出土陶器（一）

1. 锺（2001FGYM6：19）　2. 器盖（2001FGYM6：37）　3. 瑟（2001FGYM6：36）　4. 甑（2001FGYM6：35）
5. 博山炉（2001FGYM6：32）　6. 房（2001FGYM6：1）

博山炉盖　6件。2001FGYM6：4，泥质红陶。敞口方唇，半球状，盖面隆起，顶部残缺。盖面饰乳突。盖径11.8、残高4.5厘米（图二六六，4）。2001FGYM6：7，泥质红陶。敞口方唇，半球状，盖面隆起，顶部有一乳突。盖面内侧饰菱形纹，中部饰乳突，外围饰一周由箭镞状图形和圆圈纹组成的图案。盖径16、高5.8厘米（图二六六，6）。2001FGYM6：17，泥质红陶。敞口方唇，半球状，盖面隆起，顶部有一乳突。盖面模印三个菱形纹、三个乳突，外围饰一周几何纹。盖径14.1、高6厘米（图二六六，7）。2001FGYM6：28，泥质红陶。敞口方唇，半球状，盖面隆起，顶部有一乳突。盖面饰乳丁纹，内壁刻划"干"字。盖径11.8、高4.5厘米（图二六六，5）。2001FGYM6：30，泥质红陶。敞口方唇，半球状，盖面隆起，顶部有一乳突。盖面内侧饰菱形纹，中部饰乳突，外围饰一周由箭镞状图形和圆圈纹组成的图案。盖径15.9、高5.9厘米（图二六六，9）。2001FGYM6：34，泥质红陶。敞口方唇，半球状，盖面隆起，顶部有一乳突。盖面内侧饰菱形纹，中部饰乳突，外围饰一周几何纹。盖径14.2、高5.8厘米（图二六六，8）。

器盖　1件。2001FGYM6：37，泥质红陶，器表施酱黄釉。直口，方唇，上腹较直，折腹斜收成平顶。素面。口径13.8、顶径8、高3.6厘米（图二六五，2）。

侍俑　10件。2001FGYM6：3，泥质红陶。光头，面目模糊，外衣交领右衽，宽袖，束腰，及地，站立，脚穿履，双手拱于胸前。合模缝线刮削明显。高14.7厘米（图二六八，1）。2001FGYM6：5，泥质红陶。梳山形髻，束巾，面目模糊，外衣交领右衽，宽袖，束腰，及地，脚

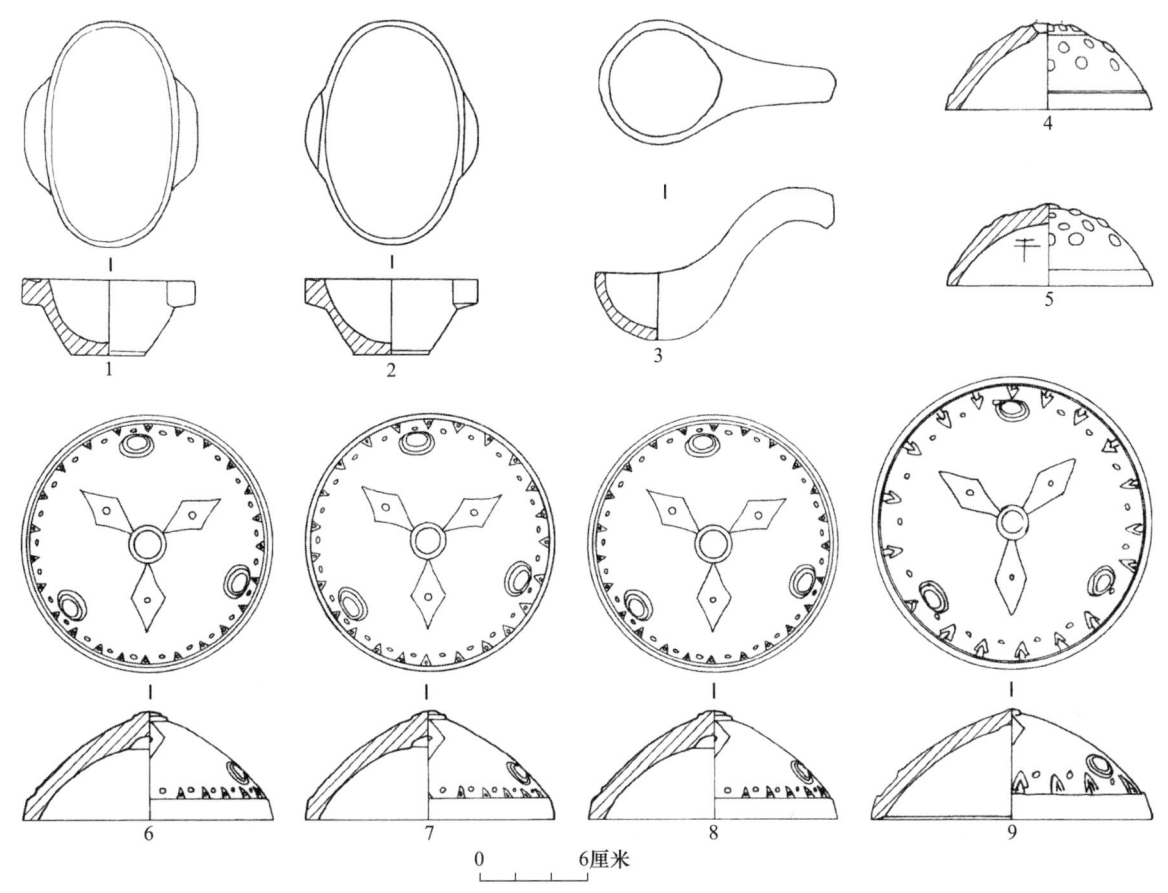

图二六六 2001FGYM6 出土陶器（二）

1、2. 耳杯（2001FGYM6：6、2001FGYM6：31） 3. 勺（2001FGYM6：29） 4～9. 博山炉盖（2001FGYM6：4、2001FGYM6：28、2001FGYM6：7、2001FGYM6：17、2001FGYM6：34、2001FGYM6：30）

穿履，双手相拥作侍立状。高23.6厘米（图二六七，1）。2001FGYM6：10，泥质红陶。光头，面目模糊，外衣交领右衽，宽袖，束腰，及地，站立，脚穿履，双手拱于胸前。合模缝线刮削明显。高14.2厘米（图二六八，2）。2001FGYM6：11，泥质红陶。头戴平顶帽，面目模糊，外衣交领右衽，宽袖，束腰，及地，脚穿履，双手相拥作侍立状。高22.9厘米（图二六七，2）。2001FGYM6：13，泥质红陶。梳山形髻，束巾，面目较清晰，外衣交领右衽，宽袖，束腰，及地，双手相拥作侍立状。高23.7厘米（图二六七，3）。2001FGYM6：21，泥质红陶。梳山形髻，束巾，面目较清晰，双臂残，长袍束腰，及地，脚穿履，高23.6厘米（图二六八，6）。2001FGYM6：24，泥质红陶。光头，面目模糊，外衣交领右衽，宽袖，束腰，及地，站立，脚穿履，双手拱于胸前。合模缝线刮削明显。高14.3厘米（图二六八，3）。2001FGYM6：25，泥质红陶。光头，面目模糊，外衣交领右衽，宽袖，束腰，及地，站立，脚穿履，双手拱于胸前。合模缝线刮削明显。高14.6厘米（图二六八，4）。2001FGYM6：26，泥质红陶。头戴平顶帽，面目模糊，外衣交领右衽，宽袖，束腰，及地，脚穿履，双手相拥作侍立状。高23.3厘米（图二六七，4）。2001FGYM6：27，泥质红陶。头戴平巾帻，面目模糊，外衣交领右衽，宽袖，束腰，及地，脚穿履，双手相拥作侍立状。高19.1厘米（图二六八，5）。

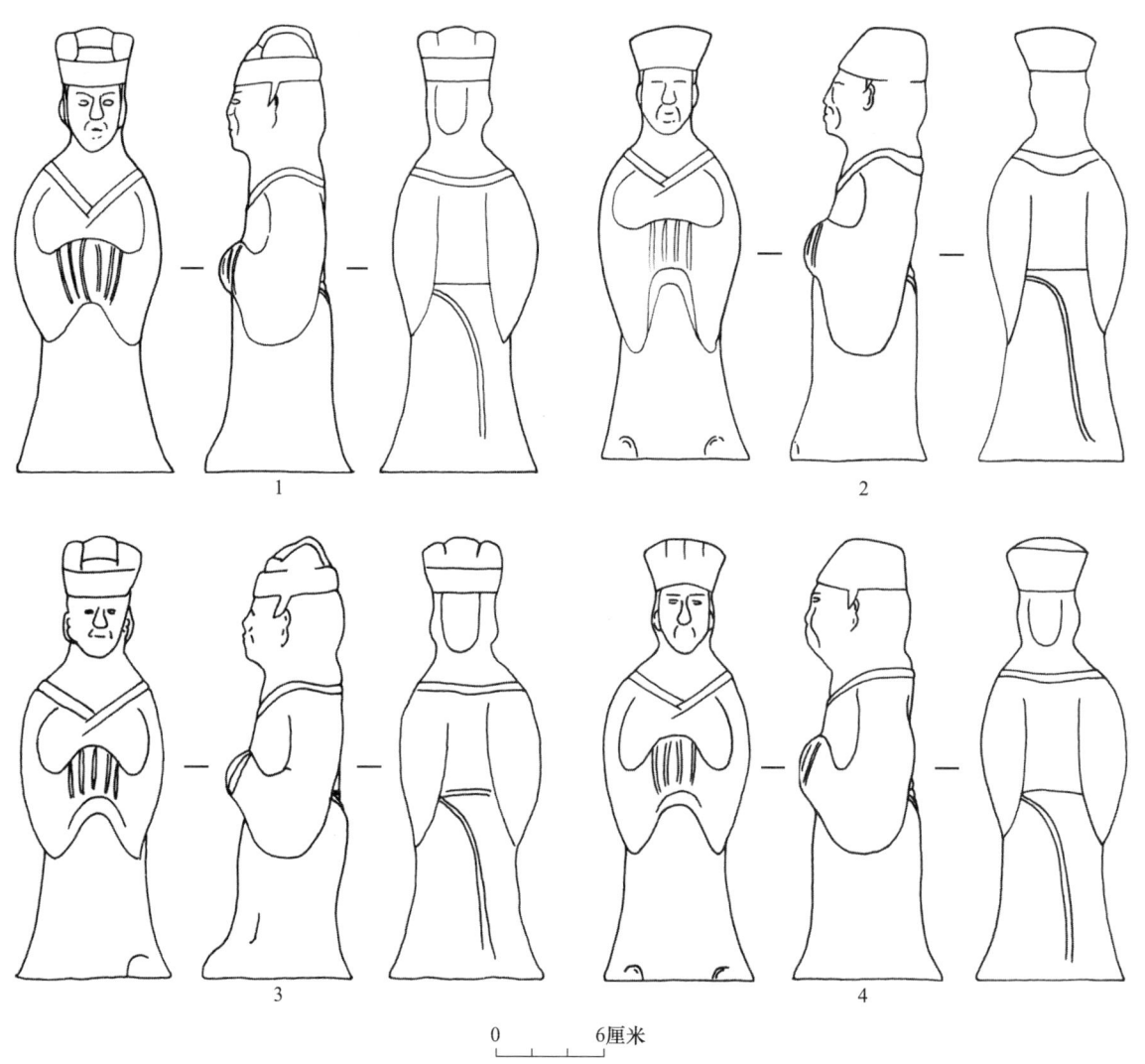

图二六七　2001FGYM6出土陶俑（一）
1～4.侍俑（2001FGYM6：5、2001FGYM6：11、2001FGYM6：13、2001FGYM6：26）

佩剑侍卫俑　2件。2001FGYM6：8，泥质红陶。头戴平巾帻，面目较清晰，裹衣圆领，外衣交领右衽，宽袖，束腰。脚穿履，双手相拥于胸前，左臂挟剑。高26.4厘米（图二六九，5）。2001FGYM6：14，泥质红陶。头戴进贤冠，面目清晰，裹衣圆领，外衣交领右衽，宽袖，束腰。脚穿履，双手相拥于胸前，左臂挟剑。高33.7厘米（图二六九，4；图版一八，2）。

胡人吹箫俑　1件。2001FGYM6：9，泥质红陶。头戴尖帽，深目，高鼻，颧骨凸起，裹衣圆领，外衣交领右衽，窄袖，束腰，及地。跽坐，双手握箫作吹奏状。高24.8厘米（图二六九，2）。

击鼓俑　1件。2001FGYM6：22，泥质红陶。头戴平巾帻，面容安详，裹衣圆领，外衣交领右衽，宽袖，束腰，及地。跽坐，左膝前置鼓，右手执鼓槌上举，作击鼓状。高20.8厘米（图二六九，3）。

舞俑　2件。2001FGYM6：15，泥质灰褐陶。梳山形髻，束巾，面目模糊，深衣交领右衽，中衣袖长袖至腕，束腰，下摆呈裙状。左手提袍按胯，右手上扬，作舞蹈状。高24.4厘米（图二七〇，6；图版一八，5）。2001FGYM6：18，泥质红陶。梳山形髻，束巾，面目模糊，裹衣圆

图二六八 2001FGYM6 出土陶俑（二）

1~6. 侍俑（2001FGYM6：3、2001FGYM6：10、2001FGYM6：24、2001FGYM6：25、2001FGYM6：27、2001FGYM6：21）

领，深衣交领右衽，中衣袖长袖至腕，荷叶形褶边，束腰，下摆呈裙状。左手提袍于胯前，右手上扬，作舞蹈状。高38.1厘米（图二七〇，7；图版一八，6）。

庖厨俑 1件。2001FGYM6：12，泥质红陶。梳山形髻，束巾，面容安详，外衣交领右衽，窄袖，束腰，及地。跽坐，双膝前置案，左手扶案，右手持刀上举。高19.2厘米（图二七〇，4；彩版三三，7）。

跽坐俑 1件。2001FGYM6：16，泥质红陶。梳山形髻，束巾，面目清晰，裹衣圆领、中衣、深衣交领右衽，深衣袖有荷叶形褶边，宽袖，及地。跽坐。双手部分残。高24.9厘米（图二七〇，3；彩版三三，6）。

图二六九 2001FGYM6出土陶俑（三）
1.抚耳俑（2001FGYM6∶23） 2.胡人吹箫俑（2001FGYM6∶9） 3.击鼓俑（2001FGYM6∶22） 4、5.佩剑侍卫俑（2001FGYM6∶14、2001FGYM6∶8）

抚耳俑 1件。2001FGYM6∶23，泥质红陶。梳高髻，佩花，束巾，面目较模糊，裹衣圆领、外衣交领右衽，宽袖，及地。跽坐。左手放于耳边作倾听状，右手按膝。高18.7厘米（图二六九，1）。

鸡 1件。2001FGYM6∶34，泥质红陶。昂首，有鸡绶，翘尾，立姿，座两侧雕出立足。高17.6厘米（图二七〇，2）。

猪 1件。2001FGYM6∶2，泥质红陶。鼓眼，立耳，长吻微翘，张嘴露牙，体肥，前背高脊，四肢短粗，尾垂卷于左侧。长22.2、宽10.4、高12.4厘米（图二七〇，5）。

镇墓兽 1件。2001FGYM6∶20，泥质红陶。鼓眼，耸耳，张嘴吐舌，舌宽而长及地。四肢及臀部着地，作屈蹲状，短尾，面目狰狞。高14.4厘米（图二七〇，1；图版二〇，6）。

房 1件。2001FGYM6∶1，泥质灰陶。两面坡顶，顶中有脊，正面饰五组筒瓦，楼檐中立柱，柱上为一斗三升式斗拱，左右有角柱，柱上有一斗承檐，房屋为三间，左侧有一扇门，向内半开。房屋的后墙上有刻划符号。长35、宽15.4、高28厘米（图二六五，6；图版一七，3）。

图二七〇　2001FGYM6出土陶俑（四）
1. 镇墓兽（2001FGYM6：20）　2. 鸡（2001FGYM6：34）　3. 跪坐俑（2001FGYM6：16）　4. 庖厨俑（2001FGYM6：12）
5. 猪（2001FGYM6：2）　6、7. 舞俑（2001FGYM6：15、2001FGYM6：18）

瑟　1件。2001FGYM6：36，泥质红陶。平面呈长方形，内空，底有一圆孔，面微弧，饰有琴格。长21.4、宽4.8、高4.2厘米（图二六五，3）。

2. 铜器

该墓出土铜器为30枚铜钱。

铜钱　30枚。均为五铢。

A型　7枚。未磨郭。2001FGYM6：33-1，钱文字体较粗，"五"字交笔弯曲，"金"字头呈三角形，四点较长，"朱"字上下圆折。钱径2.5、穿宽1厘米（图二七一，1）。

B型　23枚。剪轮五铢。2001FGYM6：33-2，肉薄，径大小不一。有文，钱径2～2.5、穿宽0.9～1厘米（图二七一，2）。

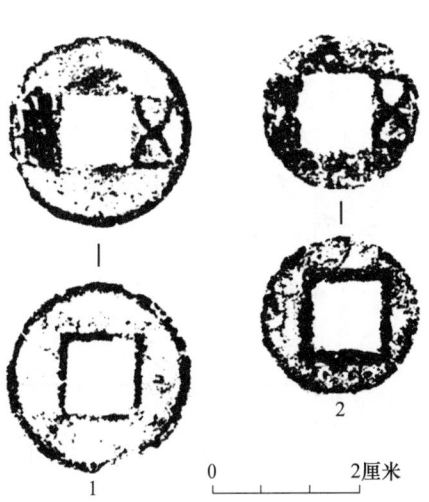

图二七一　2001FGYM6出土钱币（拓片）
1. A型五铢（2001FGYM6：33-1）
2. B型五铢（2001FGYM6：33-2）

七、2001FGYM7

（一）墓葬形制

M7位于袁家堡墓地的东北部，位于该墓地T5的中部偏西，开口于第1层下，墓口距地表

0.15～0.2 米，打破生土。墓内填土分为两层，上层以红褐色土为主，并夹杂少量灰褐色土，土质较黏，包含有大量的墓砖碎屑、少量木炭颗粒和陶器残片。下层为红褐色泥沙淤泥土，土质细密松软，包含有较多的陶器残片、少量陶器和骨骼碎渣。

M7 为砖室墓，平面呈刀把形，方向 19°，由甬道和墓室两部分组成。残长 4.26、最宽 3.67 米。甬道保存较差，其内长 0.89、宽 1.28、高 0.91 米。墓室内长 2.49、宽 2.96、高 0.64 米。

墓道与甬道间使用两排并列的长方形单砖横向错缝平砌封门。甬道底部和墓底未发现铺砖。甬道壁和墓壁均采用长方形单砖横向错缝平砌。甬道和墓室券顶以上部分不存。长方形砖长 40、宽 17、厚 7 厘米。墓砖朝墓室面饰菱形纹，正面和反面饰粗绳纹。

人骨仅存少量零乱的碎块，无法判断其年龄、性别等。葬具不存。随葬器物较少，分布于墓室的中部和西壁附近（图二七二、图二七三）。

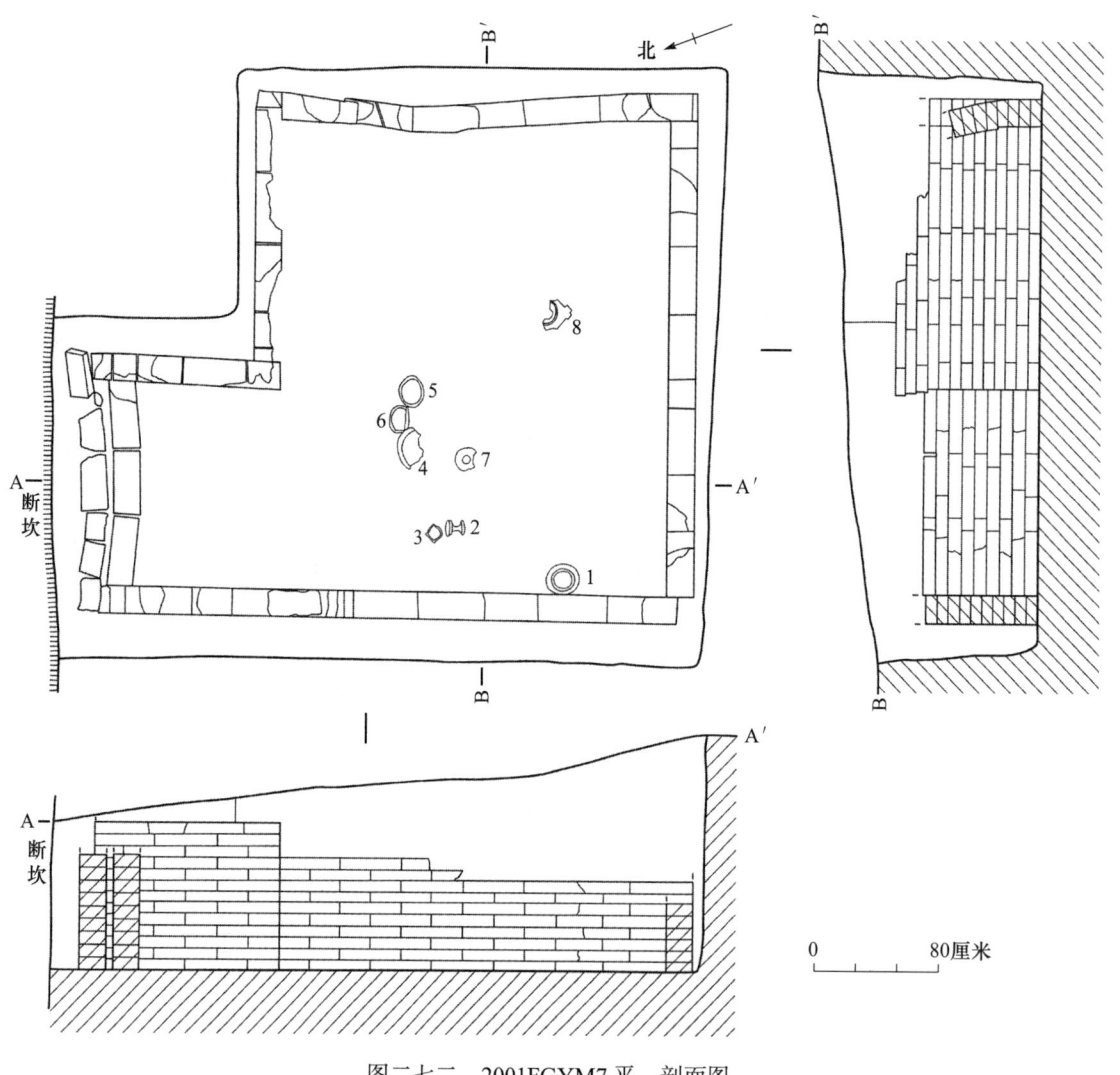

图二七二　2001FGYM7 平、剖面图

1. 陶罐　2、7. 陶灯　3. 陶博山炉盖　4. 陶钵　5. 陶盒　6. 陶盘　8. 陶井

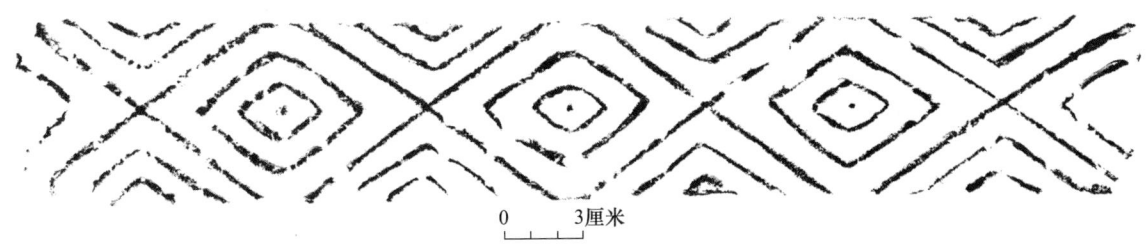

图二七三　2001FGYM7 出土墓砖（拓片）

（二）随葬器物

随葬器物较少，共出土 7 件，均为陶器，器型包含陶钵、陶盒、陶盘、博山炉盖、陶灯、陶井。

该墓共出土陶器 7 件，以泥质红陶为主，还有少量泥质灰陶。陶器以轮制为主，包含少量模制和手制。素面居多，纹饰有凹弦纹、几何纹、鱼纹、麦穗纹等。

钵　1 件。2001FGYM7：4，泥质灰陶。敞口，厚圆唇，折腹下收，平底微凹。素面。口径 13.2、底径 4.2、高 4.2 厘米（图二七四，4）。

盒　1 件。2001FGYM7：5，泥质红陶，器表施酱黄釉，已部分剥落。直口方唇，上腹近直，折腹下收，平底微凹。腹部饰两道凹弦纹。口径 17.6、底径 6.6、高 6.2 厘米（图二七四，3）。

盘　1 件。2001FGYM7：6，泥质红陶，盘内施黄釉。敞口，方唇，斜折沿，曲腹下收，平底。烧造时器身变形，素面。口径 19.2、底径 5.6、高 5.1~5.9 厘米（图二七四，2；图版一一，3）。

博山炉盖　1 件。2001FGYM7：3，泥质红陶，器表施酱黄釉。敞口方唇，盖面隆起，顶部饰一圆形乳突，盖面饰数周由椭圆形凸点纹和三角形穿孔纹组成的几何形图案。盖径 11.6、残高 7.2 厘米（图一三，7）。

灯　2 件。2001FGYM7：2，泥质红陶，器表及灯盘内施酱黄釉，已部分脱落。灯盘口近直，斜方唇，折腹，浅盘。柄部柱状微内曲，底座喇叭形。柄部饰三周凹弦纹。口径 11.6、底径 9.6、高 10.8 厘米（图二七四，5；图版一二，3）。2001FGYM7：7，泥质红陶，器表及灯盘内施酱黄釉，已部分脱落。灯盘口近直，斜方唇，折腹，浅盘。柄部柱状微内曲，底座喇叭形。柄部饰两道凹弦纹。口径 11.4、底径 9.2、高 11.4 厘米（图二七四，6）。

井　1 件。2001FGYM7：1，泥质灰陶。由井身、井盖、井架三部分组成。井盖平面呈方形，圆形井圈，两侧有对称长方形孔，内有井架，圈足。井盖表面饰鱼纹、斜线纹、麦穗纹、几何纹等。井身敛口，圆唇，折肩，筒腹，平底微凹。井身上腹部饰竖条形暗纹。井盖长 22.3、宽 21.5 厘米，井身口径 14、最大腹径 21.2、底径 16.6、高 19.3 厘米，通高 28.3 厘米（图二七四，1）。

八、2001FGYM8

（一）墓葬形制

M8 位于袁家堡墓地的西南部，位于该墓地 T8 的西南部，开口于第 1 层下，墓口距地表 0~

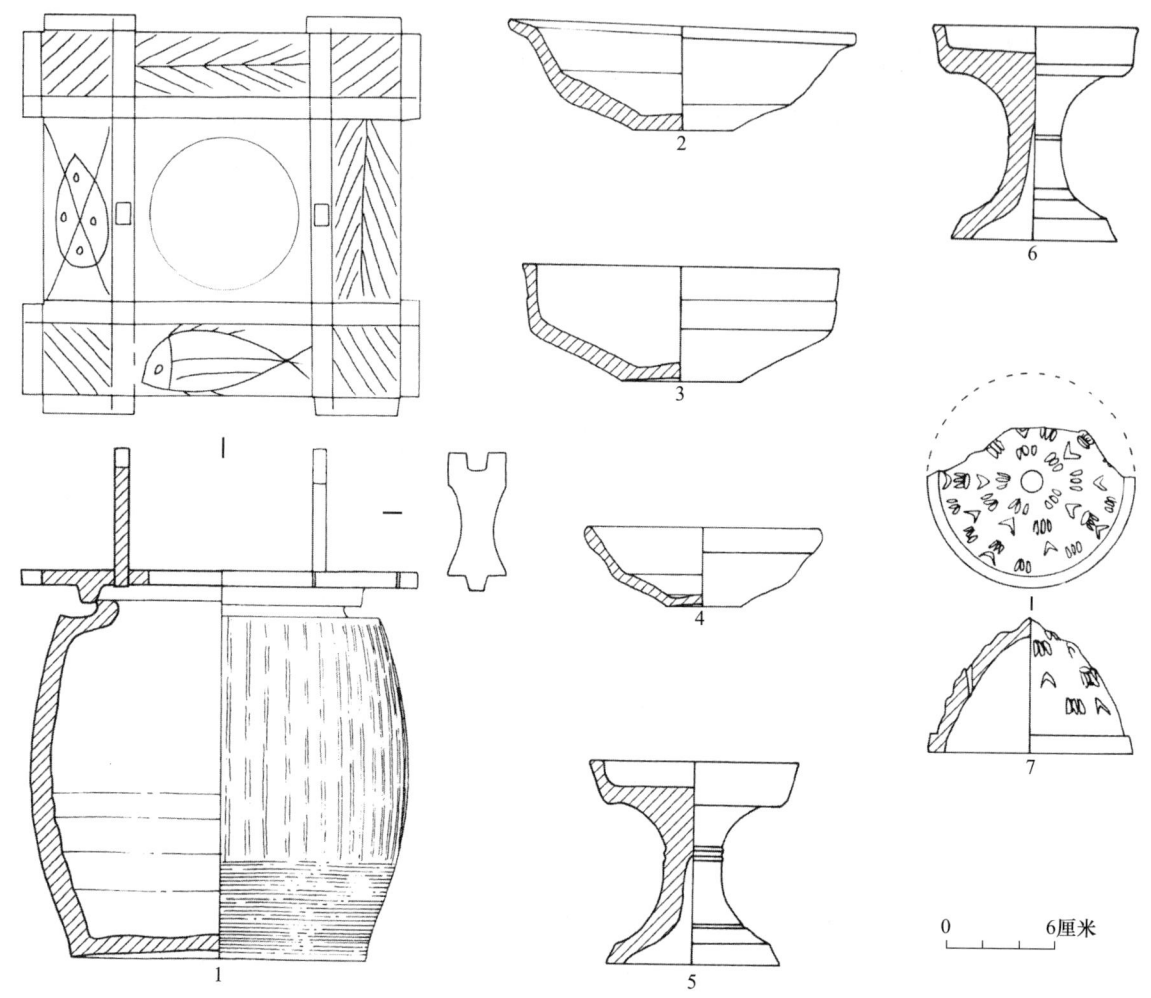

图二七四　2001FGYM7 出土陶器

1. 井（2001FGYM7：1）　2. 盘（2001FGYM7：6）　3. 盒（2001FGYM7：5）　4. 钵（2001FGYM7：4）
5、6. 灯（2001FGYM7：2、2001FGYM7：7）　7. 博山炉盖（2001FGYM7：3）

0.63 米，打破生土。墓内填土分为两层，上层以红褐色土为主，并夹杂少量灰褐色土，土质较黏，包含有大量的墓砖碎屑、少量木炭颗粒和晚期陶瓷器残片。下层为红褐色泥沙淤泥土，土质细密松软，包含有较多的陶器残片、红烧土颗粒，少量的铜钱、炭屑、朱砂等。

M8 为砖室墓，平面呈刀把形，方向 233°，由甬道和墓室两部分组成。总长 5.42、最宽 3.34 米。

甬道保存较差，券顶以上部分不存，其残长 1.9、宽 1.44、高 0.8 米。墓室残长 2.8、宽 2.4、高 1 米。

墓道和甬道间使用长方形单砖横向平砌封门。甬道底部未发现铺砖，墓底使用长方形单砖横向齐缝平铺。甬道壁和墓壁使用长方形砖横向错缝平砌。甬道和墓室券顶以上部分不存。长方形砖长 43、宽 21、厚 7 厘米。墓砖朝墓室面饰菱形纹，正面和反面饰粗绳纹。

人骨及葬具不存。随葬器物较丰富，主要分布在甬道、墓室的前部、中部和北部（图二七五、图二七六；彩版二五，1、2）。

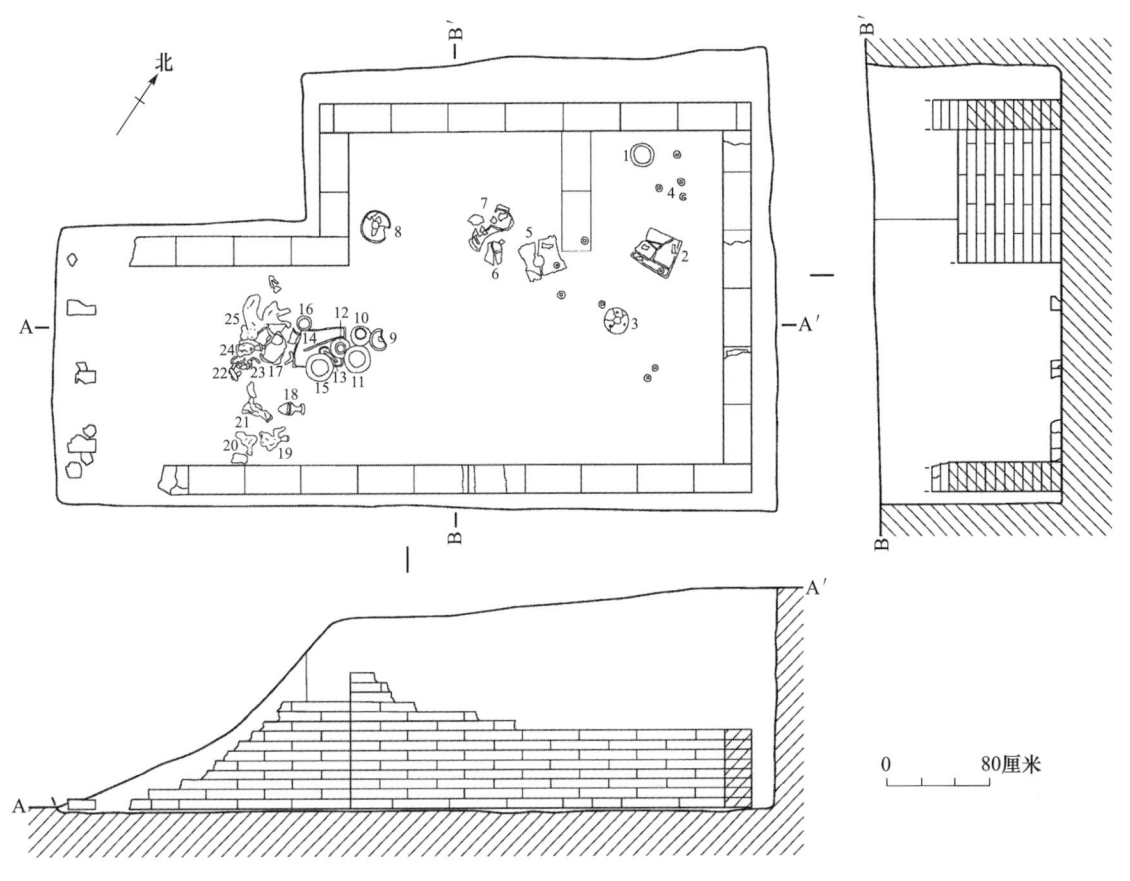

图二七五　2001FGYM8 平、剖面图

1、9、11、15.陶钵　2、14.陶案　3.陶器盖　4.铜钱　5.陶井　6.陶魁　7.陶锺　8、17.陶釜　10、12、16.陶罐　13.陶勺　18.陶博山炉　19、21~25.陶俑　20.陶镇墓兽

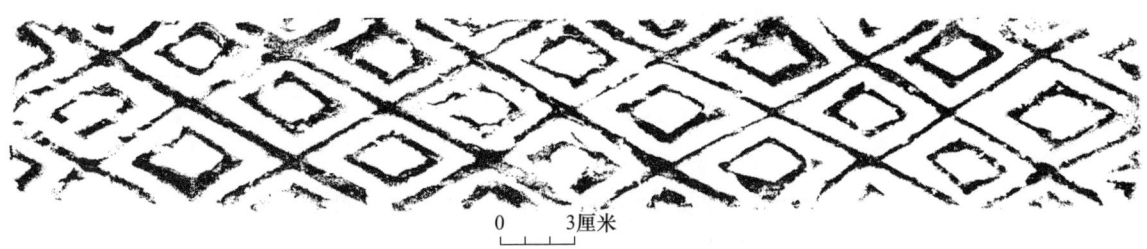

图二七六　2001FGYM8 出土墓砖（拓片）

（二）随葬器物

随葬器物较丰富，共出土 24 件，包括陶器和铜器两类，陶器的器型有罐、盂、锺、盆、魁、卮、盘、勺、博山炉、器盖、俑、案、井。铜器为铜钱。

1. 陶器

该墓共出土陶器 23 件，以泥质红陶为主，还有少量泥质灰陶和夹砂灰陶。陶器轮制较多，模制和手制占一定比例。素面居多，纹饰包含凹弦纹、戳印纹、几何纹等。

罐　2 件。2001FGYM8∶10，夹细砂灰陶。侈口，厚圆唇，束颈，圆折肩，鼓腹，下腹弧收，平底微内凹。肩部饰两周凹弦纹和一周戳印纹。口径10.6、最大腹径15.8、底径6.8、高10.6厘米（图二七七，4）。2001FGYM8：20，夹细砂灰陶。侈口，厚圆唇，束颈，圆折肩，鼓腹，下腹弧收，平底微内凹。肩部饰一周凹弦纹。口径10.6、最大腹径16.6、底径7.6、高12.5厘米（图二七七，5）。

盂　1件。2001FGYM8：12，泥质红陶，器表及器内口沿施酱黄釉，已部分脱落。侈口，方唇，束颈，折肩，折腹下收，尖圜底。肩部与下腹部饰凹弦纹。口径11、最大腹径12.9、高8.8厘米（图二七八，6；图版八，5）。

锺　1件。2001FGYM8：7，泥质红陶，器表圈足以上施褐釉。盘口，方唇，束颈，溜肩，鼓腹，矮圈足，圈足略外撇。肩下拍印两个对称的兽面铺首衔环。肩部饰三周凹弦纹，圈足饰一周较宽的凸棱纹。口径15.1、最大腹径25.4、足径14.1、高30.4厘米（图二七七，9；彩版三一，3）。

盆　2件。2001FGYM8：8，泥质红陶，器表施黄釉不到底，已部分剥落。侈口，方唇，斜折沿，上腹微内凹，圆折腹斜收成平底，底部微内凹。腹部饰一周凸棱纹。口径22.6、底径7.4、高8~8.8厘米（图二七七，6）。2001FGYM8：17，泥质红陶，器表施黄釉不到底，已部分剥落。侈口，方唇，斜折沿，上腹内凹，圆折腹斜收成平底，底部微内凹。腹部饰两周凹弦纹。口径23.6、底径7.4、高8.2~8.8厘米（图二七七，7）。

魁　1件。2001FGYM8：6，泥质红陶，器内施酱黄釉，已部分脱落。直口，方唇，上腹近直，下腹弧形内收成平底，底部微内凹，棱柱形柄。上腹部饰一周凹弦纹。口径16.8、底径6.6、高6.6、通长20.2厘米（图二七七，8；图版一〇，3）。

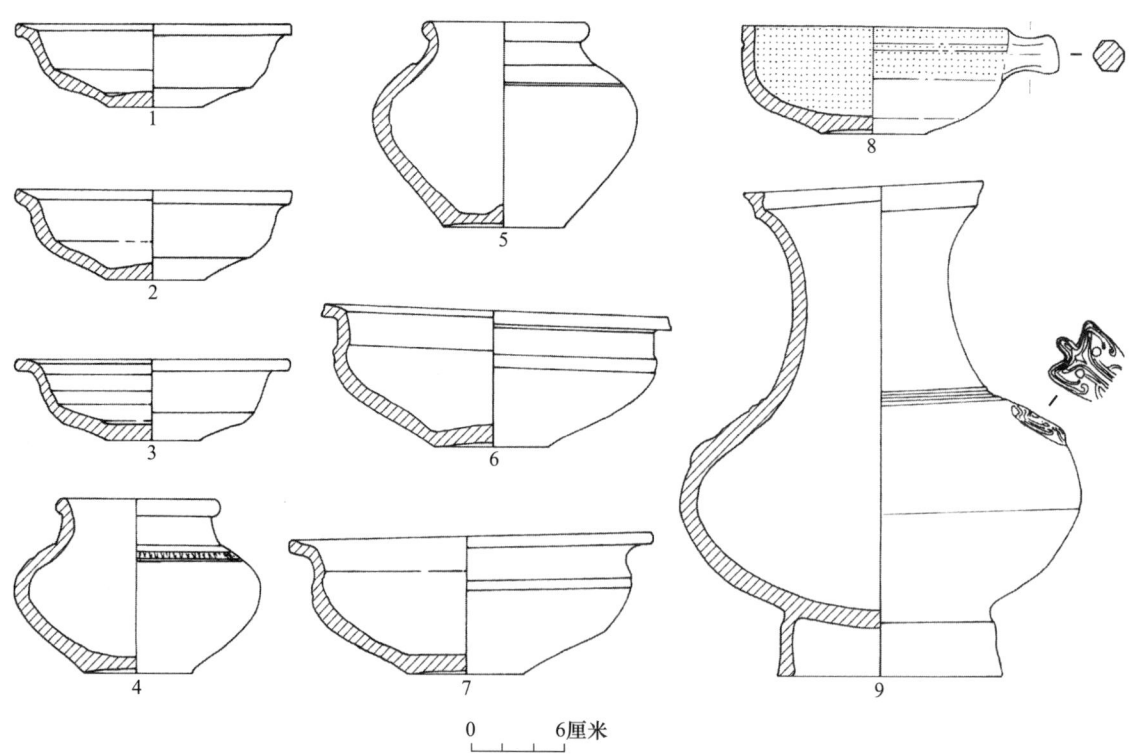

图二七七　2001FGYM8出土陶器（一）
1~3.盘（2001FGYM8：1、2001FGYM8：11、2001FGYM8：15）　4、5.罐（2001FGYM8：10、2001FGYM8：20）
6、7.盆（2001FGYM8：8、2001FGYM8：17）　8.魁（2001FGYM8：6）　9.锺（2001FGYM8：7）

厄　1件。2001FGYM8：16，泥质红陶，器表施酱黄釉，已部分脱落。直口微敛，方唇，弧腹，平底微内凹。上腹部饰一周凹弦纹。口径10、最大腹径10.4、底径7.8、高7.8厘米（图二七八，7）。

盘　3件。2001FGYM8：1，泥质红陶，盘内施酱黄釉，已部分剥落。敞口，方唇，斜折沿，上腹斜弧，微折腹斜收成平底。内底微凸。素面。口径17.8、底径6、高5.1厘米（图二七七，1；图版一一，4）。2001FGYM8：11，泥质红陶，盘内施酱黄釉，已部分剥落。敞口，方唇，斜折沿，上腹弧，微折腹斜收成平底。内底微凸。素面。口径17.8、底径6.2、高5.5厘米（图二七七，2）。

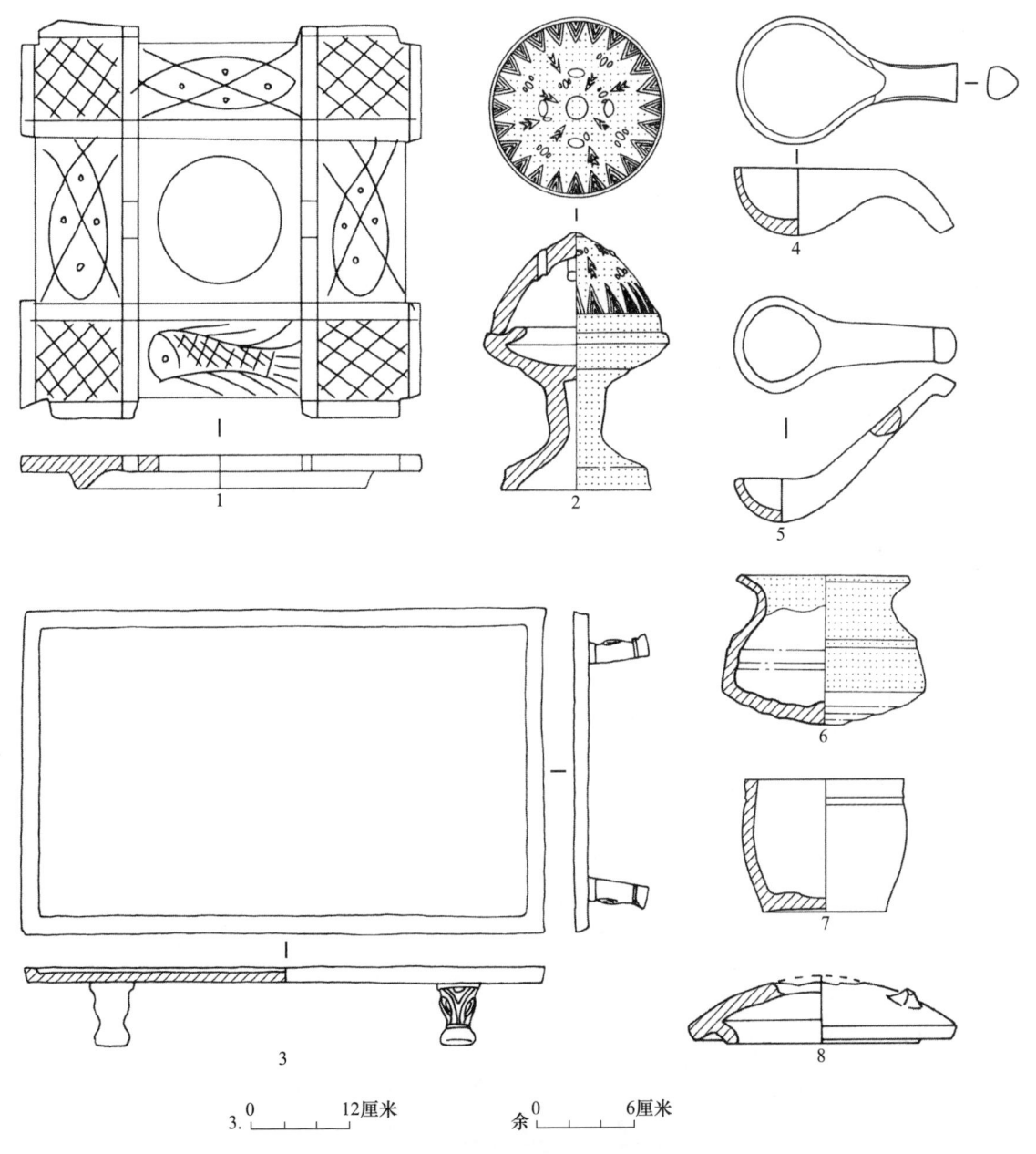

图二七八　2001FGYM8出土陶器（二）
1.井（2001FGYM8：5）2.博山炉（2001FGYM8：18）3.案（2001FGYM8：2）4、5.勺（2001FGYM8：13、2001FGYM8：14）6.盂（2001FGYM8：12）7.厄（2001FGYM8：16）8.器盖（2001FGYM8：3）

2001FGYM8：15，泥质红陶，盘内施酱黄釉，已部分剥落。敞口，方唇，平折沿，上腹斜弧，弧腹下收成平底。内底下凹。素面。口径17.8、底径6、高4.9厘米（图二七七，3）。

勺 2件。2001FGYM8：13，泥质红陶，器内施酱黄釉。勺身呈椭圆形，口微敛，方唇，弧壁，深腹，柄下曲，较短，截面呈半圆形。素面。长13.6、宽7.6厘米（图二七八，4；图版一四，5）。2001FGYM8：14，泥质红陶，器内施酱黄釉，已部分剥落。勺身近圆形，口微敛，方唇，弧壁，深腹，直柄较长，柄端斜折，截面呈半圆形。素面。长14、宽5.6厘米（图二七八，5；图版一四，3）。

博山炉 1件。2001FGYM8：18，泥质红陶，器表施黄釉，已部分脱落。由炉座和炉盖两部分组成。炉座为子母口内敛，子口上承器盖，圆唇，弧壁，浅腹，柱状柄，盘形座。炉盖侈口，方唇，弧形顶，顶部有一乳突。盖面中部饰箭镞形纹饰与椭圆形穿孔相间而成的图案，外围饰三角形重叠而成的几何纹。炉座口径11.4、炉盖口径10.6、柄径3.6、座径9.2、通高15.2厘米（图二七八，2；彩版三二，5）。

器盖 1件。2001FGYM8：3，泥质红陶，器表施黄釉。子口方唇，盖面隆起，在其中部偏下作三个棱锥形纽。盖径16.8、残高3.3厘米（图二七八，8）。

吹笙俑 1件。2001FGYM8：23，泥质红陶。戴平顶冠，面目模糊，外衣交领右衽，宽袖，束腰，及地，跪立。双手握笙作吹奏状。高14.7厘米（图二七九，6；彩版三三，3）。

图二七九 2001FGYM8出土陶俑
1.舞俑（2001FGYM8：19） 2、3.击鼓俑（2001FGYM8：9、2001FGYM8：24） 4.抚琴俑（2001FGYM8：22） 5.抚耳俑（2001FGYM8：21） 6.吹笙俑（2001FGYM8：23）

击鼓俑 2件。2001FGYM8：9，泥质红陶。头戴进贤冠，面目模糊，裹衣圆领，中衣、深衣交领右衽，宽袖，束腰，及地，跽坐。左膝前置鼓，左手抚鼓，右手上举，作击鼓状。高15.1厘米（图二七九，2）。2001FGYM8：24，泥质红陶。头戴进贤冠，面目模糊，裹衣圆领，中衣、深衣交领右衽，宽袖，束腰，及地，跽坐。左膝前置鼓，左手抚鼓，右手上举，作击鼓状。高15厘米。（图二七九，3）

抚琴俑　1件。2001FGYM8：22，泥质红陶。梳髻，束巾，面目模糊，裹衣圆领，外衣交领右衽，窄袖至腕，束腰，及地，跽坐，双手抚膝上之琴，作弹奏状。高15.1厘米（图二七九，4）。

抚耳俑　1件。2001FGYM8：21，泥质红陶。梳髻，束巾，面目模糊，裹衣圆领，中衣、深衣交领右衽，宽袖，束腰，及地，跽坐，左手按膝，右手放于耳边作倾听状。高16.2厘米（图二七九，5）。

舞俑　1件。2001FGYM8：19，泥质红陶。梳髻，束巾，面目模糊，中衣、深衣交领右衽，广袖，束腰，下摆有褶边。左手提袍按胯，右手上扬，作舞蹈状。高19.8厘米（图二七九，1）。

案　1件。2001FGYM8：2，泥质灰陶。长方形，圆唇，直壁，浅盘，四蹄足，足上饰有兽面。长64.4、宽38、高9.2厘米（图二七八，3）。

井　1件。2001FGYM8：5，泥质灰黑陶。由井盖、井架两部分组成，井身已残，不存。井盖平面呈方形，四边的中部和四角内凹，圆形井圈，两侧有对称长方形孔，内有井架，圈足。井盖表面饰鱼纹、变形鱼纹、网格纹等。井盖长24.6、宽23.2、厚2厘米（图二七八，1；图版一五，4）。

2. 铜器

该墓出土铜器为6枚铜钱，均为五铢，皆未磨郭。2001FGYM8：4-1，钱文字体较粗，郭沿较宽，"五"字交笔缓曲，金字头呈三角形，"朱"字上方下圆，钱径2.5、穿宽0.8厘米（图二八〇，1）。2001FGYM8：4-2，"五"字矮胖，交笔缓曲，金字头呈三角形，"朱"字上下圆折（图二八〇，2）。

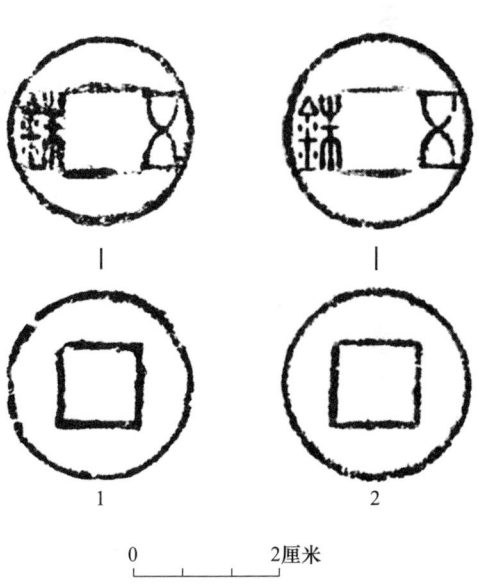

图二八〇　2001FGYM8出土钱币（拓片）
1、2.五铢（2001FGYM8：4-1、2001FGYM8：4-2）

九、2001FGYM9

（一）墓葬形制

M9位于袁家堡墓地的西南部，位于该墓地T8的西南部，T9的东北部，开口于第1层下，墓口距地表0.05~0.2米，打破生土。墓内填土分为两层，上层以红褐色土为主，并夹杂少量灰褐色土，土质较黏，致密，包含有较多的墓砖碎屑、少量红烧土颗粒；下层为红褐色泥沙淤泥土，土质细密松软，包含有大量的陶器残片、铜钱、杂乱的骨骼残块、铁刀等。

M9 为砖室墓，平面呈长方形，方向 237°，总长 2.9、最宽 1.84 米。

墓室残长 1.55、宽 1.14、高 0.3 米。墓底未发现铺砖，以平整的生土面为底。墓壁采用长方形砖横向错缝平砌。券顶以上部分不存。墓砖的规格为：长 43、宽 17、厚 7 厘米。墓砖朝墓室面饰菱形纹，正面和反面饰粗绳纹。

人骨仅存若干腐朽的残块，无法判断其年龄、性别等。葬具已不存。随葬器物较丰富，集中分布在墓室的中部和东北部（图二八一）。

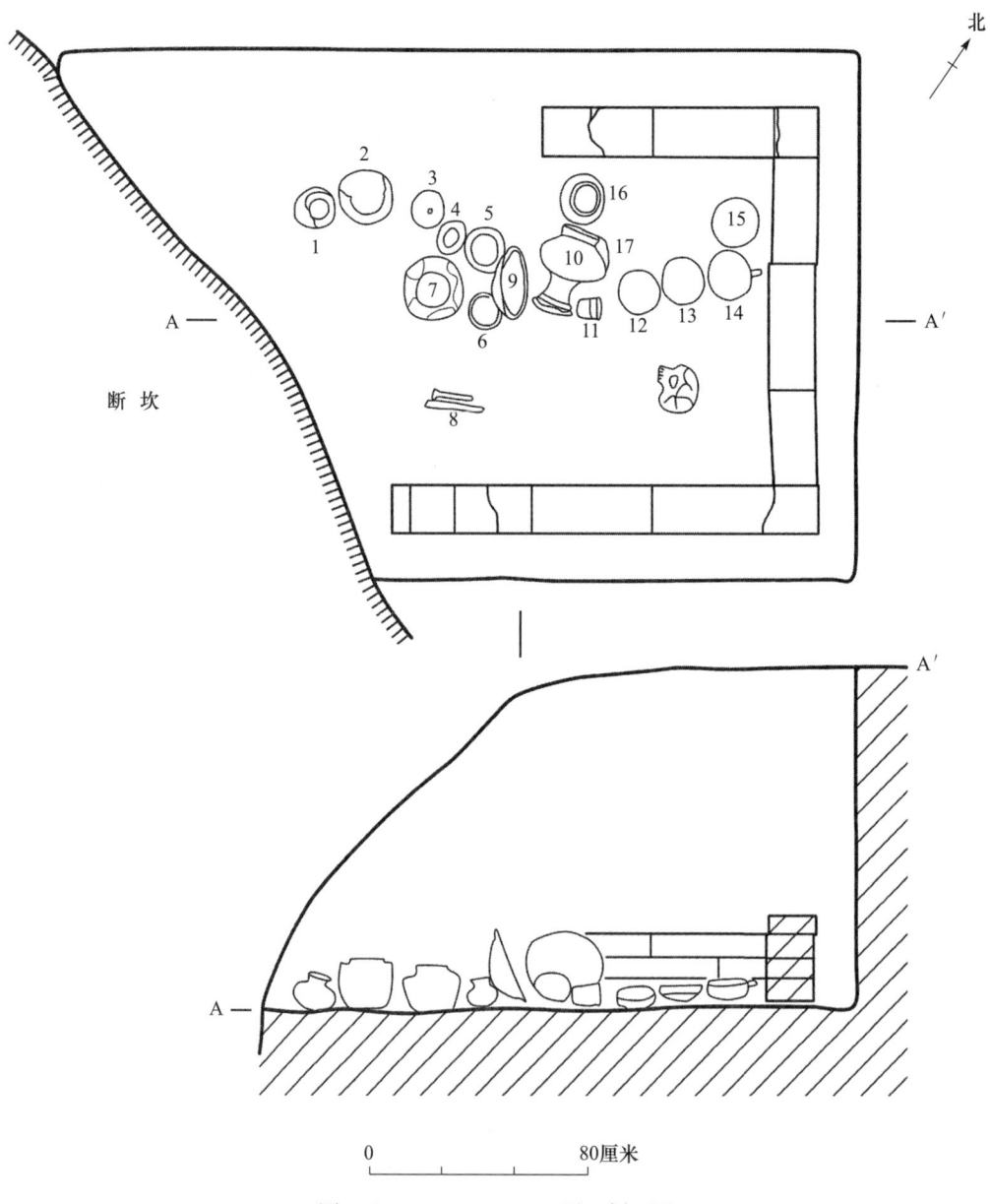

图二八一　2001FGYM9 平、剖面图

1、6. 陶盂　2. 陶井　3. 陶博山炉　4. 陶灯　5、7、16. 陶罐　8. 铁刀　9. 陶盆　10. 陶锤　11. 陶卮　12、13. 陶盒　14. 陶魁　15. 陶钵　17. 陶盘　18. 铜钱

（二）随葬器物

随葬器物较丰富，共出土19件，包括陶器、铜器、铁器三类，其中以陶器为主。陶器的器型包含：陶钵、陶罐、陶盂、陶甑、陶钟、陶盒、陶盆、陶魁、陶卮、陶盘、博山炉、陶灯、陶井。铜器为铜钱，铁器为铁刀。

1. 陶器

该墓共出土陶器17件，以泥质红陶为主，还有少量泥质灰陶和夹砂灰陶。陶器轮制较多，模制和手制也占一定比例。纹饰以凹弦纹居多，还包含麦穗纹、几何纹等，素面也占一定比例。

钵　1件。2001FGYM9：15，夹细砂灰陶。敞口，厚圆唇，上腹斜直，折腹斜收，平底。素面。口径17.8、底径6.4、高5.4厘米（图二八二，9）。

罐　3件。2001FGYM9：5，夹细砂灰陶。侈口，圆唇，束颈，斜折肩，鼓腹，下腹斜收，平底微凹。肩部饰一周凹弦纹。口径11.2、最大腹径16.6、底径7、高12.3厘米（图二八三，3）。2001FGYM9：7，泥质灰陶。敛口，圆唇，沿下有凹槽，斜领较矮，斜肩，弧腹下收，平底微凹。素面。口径13.6、最大腹径23.2、底径16.2、高16.9厘米（图二八三，5）。2001FGYM9：16，夹细砂灰陶。侈口，圆唇，束颈，鼓肩，鼓腹，下腹斜收，平底微凹。肩部饰一周凹弦纹。口径12、最大腹径17.8、底径7、高13.5厘米（图二八三，4）。

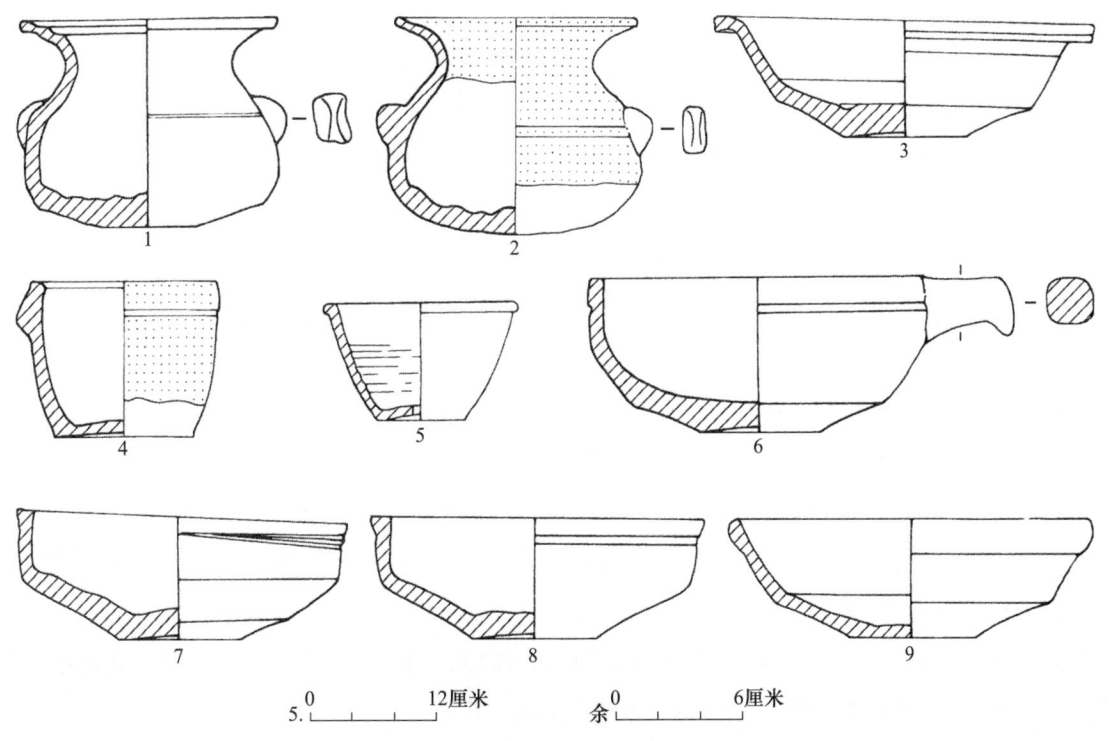

图二八二　2001FGYM9出土陶器（一）

1、2.盂（2001FGYM9：1、2001FGYM9：6）　3.盘（2001FGYM9：17）　4.卮（2001FGYM9：11）　5.甑（2001FGYM9：19）　6.魁（2001FGYM9：14）　7、8.盒（2001FGYM9：12、2001FGYM9：13）　9.钵（2001FGYM9：15）

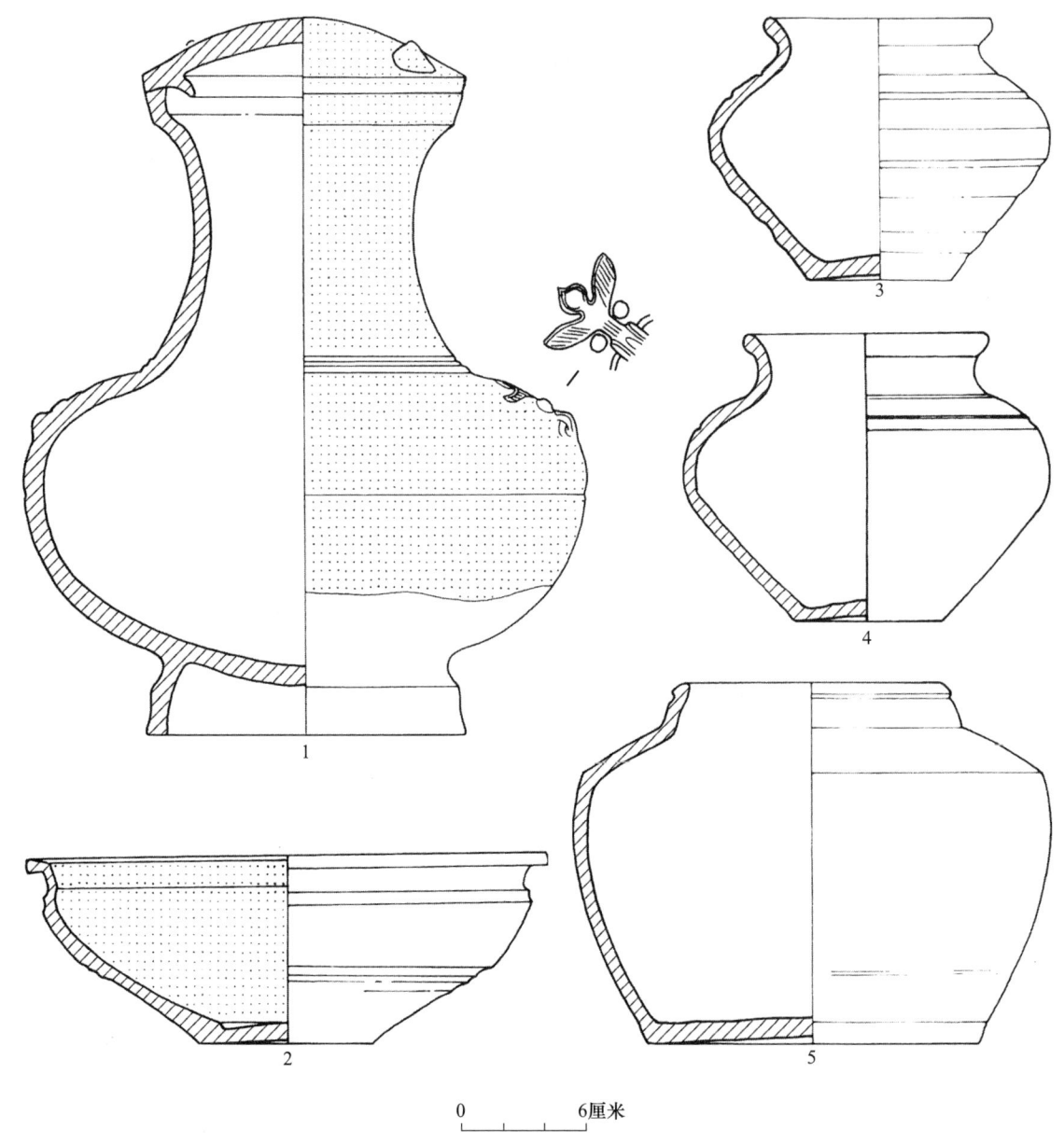

图二八三　2001FGYM9 出土陶器（二）
1.锺（2001FGYM9：10）　2.盆（2001FGYM9：9）　3～5.罐（2001FGYM9：5、2001FGYM9：16、2001FGYM9：7）

盂　2件。2001FGYM9：1，泥质红陶。侈口，方唇，束颈，圆折肩，上腹微鼓，下腹圆折急收，平底。腹部作两对称耳，并饰有一周凹弦纹。口径12.4、最大腹径13.1、底径4.4、高9.6厘米（图二八二，1）。2001FGYM9：6，泥质红陶，器表下腹以上及器内颈部以上施黄釉。侈口，圆唇，束颈，圆折肩，圆鼓腹微折，圜底。腹部作两对称耳，并饰一周凹弦纹。口径11.6、最大腹径13.1、高9.8厘米（图二八二，2）。

甑　1件。2001FGYM9：19，泥质灰陶。敞口，圆唇，斜弧腹下收，平底微凹。底部中心有1个箅孔。素面。口径14.8、底径7.2、高8.8厘米（图二八二，5）。

锺　1件。2001FGYM9：10，泥质红陶，器表施黄釉。由器盖和器身两部分组成。器身盘口，方唇，束颈，耸肩，鼓腹，圈足，圈足略外撇。肩下拍印两个对称的兽面铺首衔环。肩部饰三周凹弦纹。器盖为方唇，子母口与器身扣合，呈覆钵状，附三个锥形纽。口径15.6、最大腹径27.7、足径15.8、通高33.4厘米（图二八三，1；彩版三一，5）。

盒　2件。2001FGYM9∶12，泥质红陶，器表施黄釉，部分脱落。直口，方唇，上腹较直，圆折后斜收，平底微凹。口径16、底径6、高5.6~6.2厘米（图二八二，7）。2001FGYM9∶13，泥质红陶，器表施黄釉，部分脱落。直口，方唇，上腹较直，圆折后斜收，平顶微凹。盒身腹部饰一周凹弦纹。盒盖腹部饰凹弦纹。口径16、底径6.1、高5.6厘米（图二八二，8）。

盆　1件。2001FGYM9∶9，泥质红陶，器内施酱黄釉，已部分剥落。侈口，方唇，斜折沿，沿下内凹，束颈，斜腹，平底微凹。素面。口径25.6、底径8.6、高8.5~8.9厘米（图二八三，2；图版九，6）。

魁　1件。2001FGYM9∶14，泥质红陶，器表上腹部及器内施酱黄釉，已部分脱落。直口，方唇，上腹近直，下腹弧形内收成平底，底部微内凹，柱状柄，柄端下折，截面呈圆形。上腹部饰一周凹弦纹。口径16.5、底径5.8、高7.1、通长20.5厘米（图二八二，6）。

卮　1件。2001FGYM9∶11，泥质红陶，器表施酱黄釉不到底，已部分脱落。口微敛，方唇内倾，腹微弧，平底微内凹。上腹近唇处作一凸纽。上腹部饰一周凹弦纹。口径9、最大腹径9.4、底径6.8、高7.2厘米（图二八二，4；图版一三，6）。

盘　1件。2001FGYM9∶17，泥质红陶，盘内施酱黄釉，已部分剥落。敞口，方唇，唇面微内凹，斜折沿，上腹斜直，折腹斜收成平底。底部微凹。素面。口径18.5、底径6、高5.1~5.7厘米（图二八二，3；图版一一，2）。

博山炉　1件。2001FGYM9∶3，泥质红陶，器表柄部上端以上施黄釉，已部分脱落。由炉座和炉盖两部分组成。炉座为子母口内敛，子口上承器盖，圆唇，折腹下收，浅腹，柱状柄，盘形座。炉盖敞口，方唇，弧形顶，顶部有一乳突。盖面中部饰椭圆形穿孔与箭镞形纹饰相间而成的图案，外围饰箭镞形纹饰。器身轮制，器盖模制。炉盖口径11、柄径2.8、座径8.2、通高15.4厘米（图二八四，3；彩版三二，1）。

灯　1件。2001FGYM9∶4，泥质红陶，器表及盘内施酱黄釉，已部分脱落。灯盘口微敞，斜方唇，弧腹，浅盘。柱状柄，喇叭形底座。灯盘下腹部饰一周凸弦纹，柄部与底座交界处饰一周凹弦纹。口径11.6、柄径3.2、底径8.6、高11.2~11.8厘米（图二八四，2；图版一二，5）。

井　1件。2001FGYM9∶2，泥质灰陶。由井身、井盖、井架三部分组成。井盖平面呈近方形，四角切掉。四边中段内凹，中部作圆形井圈，两侧有对称长方形孔，内有井架，圈足。井盖表面饰麦穗纹、网格纹、几何纹等。井身敛口，圆唇，折肩，筒腹微弧，大平底。井盖长22.6、宽22厘米，井身口径14、最大腹径19.6、底径14.8、通高17.8厘米（图二八四，4）。

2. 铜钱

该墓出土铜器为3枚铜钱，均为五铢，皆未磨郭。2001FGYM9∶18-1，"五"字矮胖，交笔弯曲，金字头呈三角形，"朱"字上方下圆，钱径2.5、穿宽1厘米（图二八五，1）。2001FGYM9∶18-2，瘦长，"五"字交笔缓曲，金字头呈三角形，"朱"字上方下圆折，钱径2.6、穿宽0.9厘米（图二八五，2）。

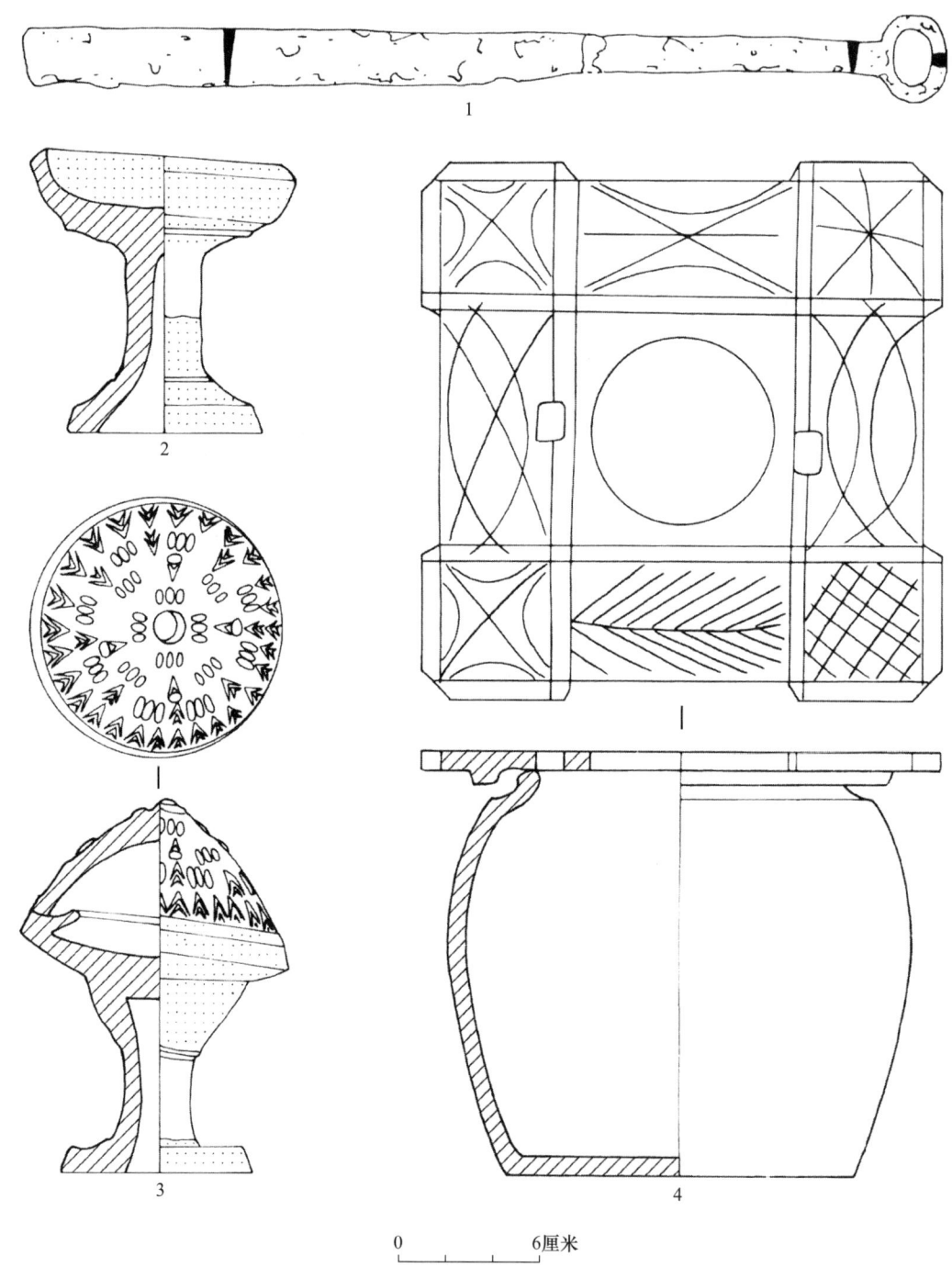

图二八四　2001FGYM9 出土器物

1. 铁刀（2001FGYM9∶8）　2. 陶灯（2001FGYM9∶4）　3. 陶博山炉（2001FGYM9∶3）　4. 陶井（2001FGYM9∶2）

3. 铁器

刀　1件。2001FGYM9∶8，呈长条形，单边双面刃，前端残缺，截面呈三角形，椭圆形环首。残长40、宽2.4厘米（图二八四，1）。

一〇、2001FGYM10

M10位于袁家堡墓地的西部，位于该墓地T9的西北部，开口于第1层下，墓口距地表0.1~0.3米，打破生土。墓内填土以红褐色土为主，并夹杂少量灰褐色土，土质较黏，较致密，包含少量墓砖碎屑、木炭颗粒、红烧土颗粒、陶器残片。

M10为砖室墓，平面呈刀把形，方向242°，由甬道和墓室两部分组成。总长4.95、最宽3米。

甬道残长1.52、宽1.2米，高度不详。墓室内长2.81、宽2.22、残高0.08米。

甬道底部和墓底未铺砖，以红褐色的烧土面为底。甬道和墓室保存较差，甬道壁和墓壁砖墙几乎均不存，墓壁仅在南壁保存一块残砖。墓砖朝墓室面饰有几何形纹饰。

人骨、葬具及随葬品均不存。该墓未发现任何随葬器物（图二八六）。

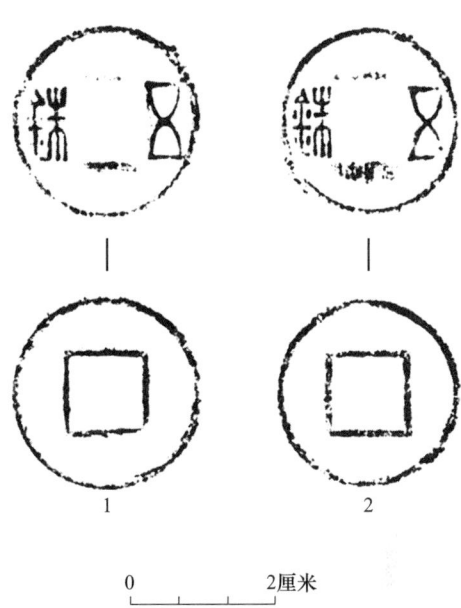

图二八五　2001FGYM9出土钱币（拓片）
1、2.五铢（2001FGYM9∶18-1、2001FGYM9∶18-2）

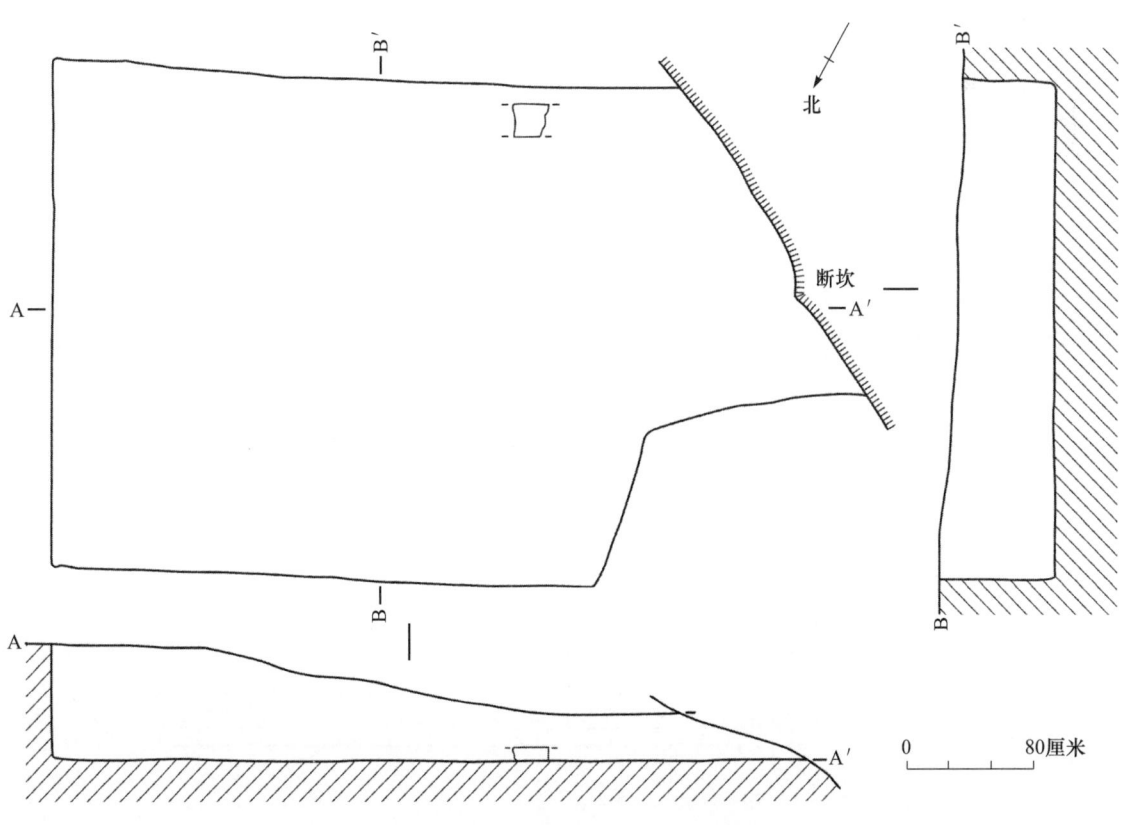

图二八六　2001FGYM10平、剖面图

一一、2001FGYM11

（一）墓葬形制

M11 位于袁家堡墓地的西部，位于该墓地 T12 的南部，开口于第 1 层下，墓口距地表 0.15～0.2 米，打破生土。墓内填土分为两层，上层以红褐色土为主，并夹杂少量灰褐色土，土质较黏，较为致密，包含有较多的墓砖碎屑、木炭颗粒；下层为红褐色泥沙淤泥土，土质细密松软，包含大量的陶瓷器残片、较完整的人体骨骼及碎渣、少量铜钱。

M11 为砖室墓，平面呈长方形。方向 69°，总长 3.15、最宽 2.11 米。

墓室残长 2.6、宽 1.65、高 1.1 米。墓底未发现铺砖，使用平整的生土面作为底部。墓壁采用单砖横向错缝平砌，券顶以上部分不存。墓砖使用长方形砖和楔形榫卯砖两种，其规格分别为：长 43、宽 19、厚 8 厘米；长 44.5、宽 19、厚 7 厘米。墓砖朝墓室面饰菱形纹，正面和反面饰粗绳纹。

墓底中部偏南发现两具人骨，均为仰身直肢，头部朝向东。人骨附近发现有棺钉。随葬器物较少，集中分布在墓室南侧的人骨附近（图二八七、图二八八）。

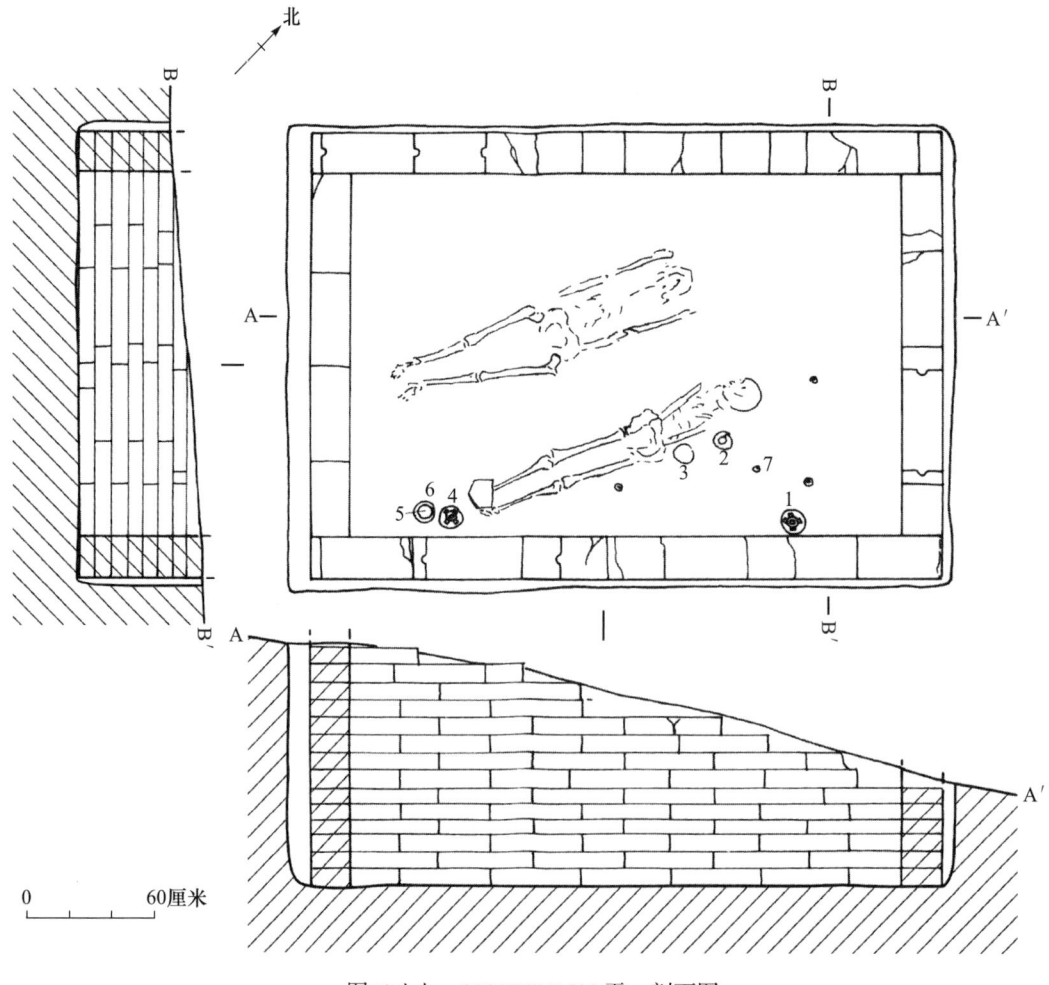

图二八七　2001FGYM11 平、剖面图
1、4. 瓷盘口壶　2、3、5、6. 瓷盏　7. 铜钱

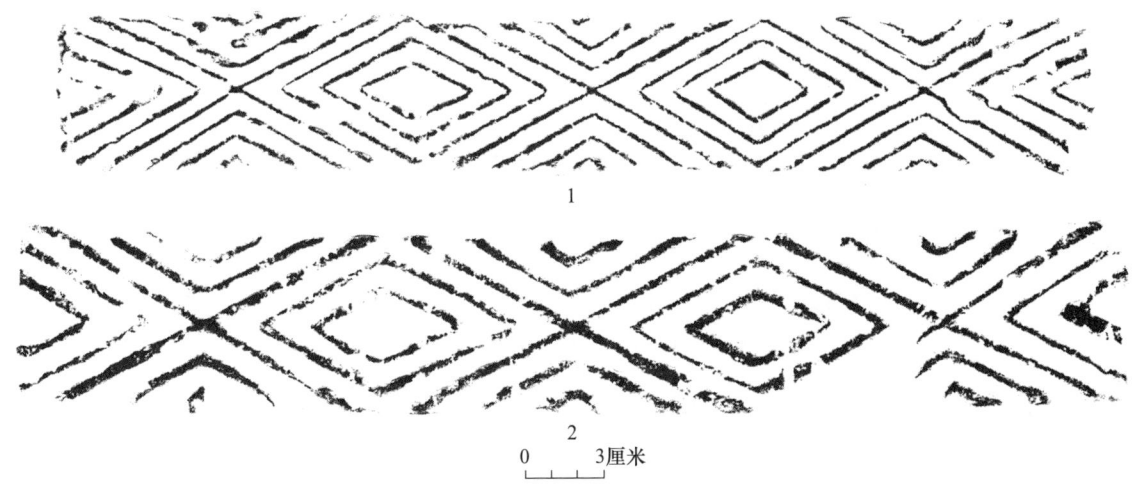

图二八八　2001FGYM11 出土墓砖（拓片）

（二）随葬器物

随葬器物较少，共出土 7 件，包含瓷器和铜器两类。瓷器均为青瓷，器型包括盏、盘口壶，铜器为铜钱。

1. 瓷器

该墓共出土瓷器 6 件，均为灰白胎，器表施青釉。瓷器均轮制，素面。

盏　4 件。2001FGYM11：2，灰白胎，器表施青釉，足底无釉，厚薄不均。敛口，尖圆唇，弧腹下收，假圈足微凹。素面。口径 8.5、足径 3.6、高 3.8 厘米（图二八九，1）。2001FGYM11：3，灰白胎，器表施青釉，足底无釉，厚薄不均。侈口，尖圆唇，弧腹下收，假圈足微凹。素面。口径 8.8、足径 4.4、高 4 厘米（图二八九，2）。2001FGYM11：5，灰白胎，器表施青釉，足底无釉。敞口，尖圆唇，斜直腹，饼足。素面。口径 8.8、足径 4、高 4.6~4.8 厘米（图二八九，3；彩版三六，4）。2001FGYM11：6，灰白胎，器表施青釉，足底无釉，厚薄不均。敛口，尖圆唇，弧腹下收，假圈足微凹。素面。口径 10.1、足径 4.6、高 5.2 厘米（图二八九，4；彩版三六，6）。

盘口壶　2 件。2001FGYM11：1，灰白胎，器表施青釉不到底，厚薄不均。盘口，尖圆唇，束颈，溜肩，鼓腹，平底微内凹。肩部作四桥形耳。素面。口径 5.6、最大腹径 9.6、底径 6、高 12.6 厘米（图二八九，5；彩版三七，2）。2001FGYM11：4，灰白胎，器表施青釉不到底。盘口，尖圆唇，束颈，溜肩，鼓腹，下腹弧收，平底微内凹。肩部作四桥形耳。素面。口径 6.4、最大腹径 9.2、底径 5.6、高 12.2 厘米（图二八九，6；彩版三七，1）。

2. 铜器

该墓出土铜器为 2 枚铜钱，均为五铢，皆未磨郭。2001FGYM11：7，"五"字矮胖，交笔缓曲，金字头呈三角形，"朱"字上方下圆，钱径 2.5、穿宽 1 厘米（图二九〇）。

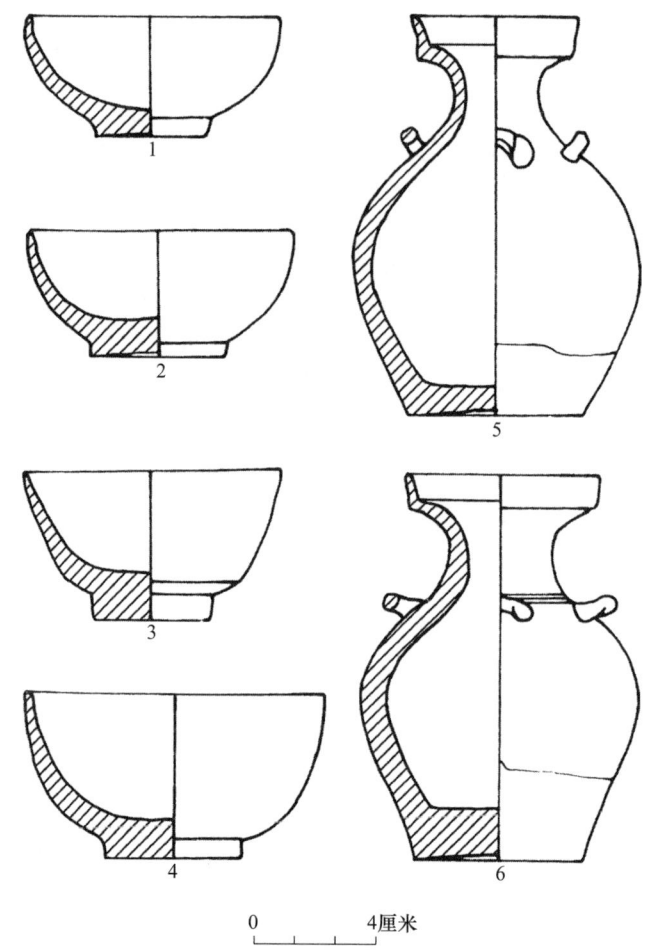

图二八九　2001FGYM11 出土瓷器

1~4. 盏（2001FGYM11：2、2001FGYM11：3、2001FGYM11：5、2001FGYM11：6）　5、6. 盘口壶（2001FGYM11：1、2001FGYM11：4）

一二、2001FGYM12

（一）墓葬形制

M12 位于袁家堡墓地的西部，位于该墓地 T12 的北部，西部被断崖打破，开口于第 1 层下，墓口距地表 0.05~0.2 米，打破生土。墓内填土分为两层，上层以红褐色土为主，并夹杂少量灰褐色土，土质较黏，包含有大量的墓砖碎屑、少量木炭颗粒、陶瓷器残片及料姜石；下层为红褐色泥沙淤泥土，土质细密松软，包含有较多的陶瓷器残片，少量的铜钱。

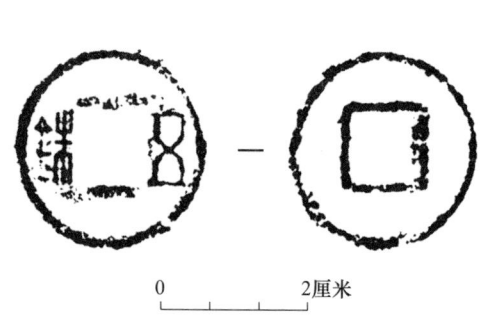

图二九〇　2001FGYM11
出土钱币（拓片）
五铢（2001FGYM11：7）

M12 为砖室墓，平面呈凸字形，方向 267°，由甬道和墓室两部分组成。总长 5.03、最宽 3.84 米。

甬道残长 1.83、宽 1.4、高 0.56 米。墓室内长 2.4、宽 2.9、高 0.88 米。

甬道底部和墓底均未铺砖，使用平整的生土面作为底。甬道壁和墓壁采用长方形单砖横向错缝平砌。甬道及墓室的券顶以上部分不存。长方形砖长43、宽17、厚8厘米。墓砖朝墓室一侧饰菱形纹，正面和反面饰粗绳纹，其余各面为素面。

人骨及葬具不存。随葬器物较少，分布于墓室的中部偏北、南部和甬道内（图二九一）。

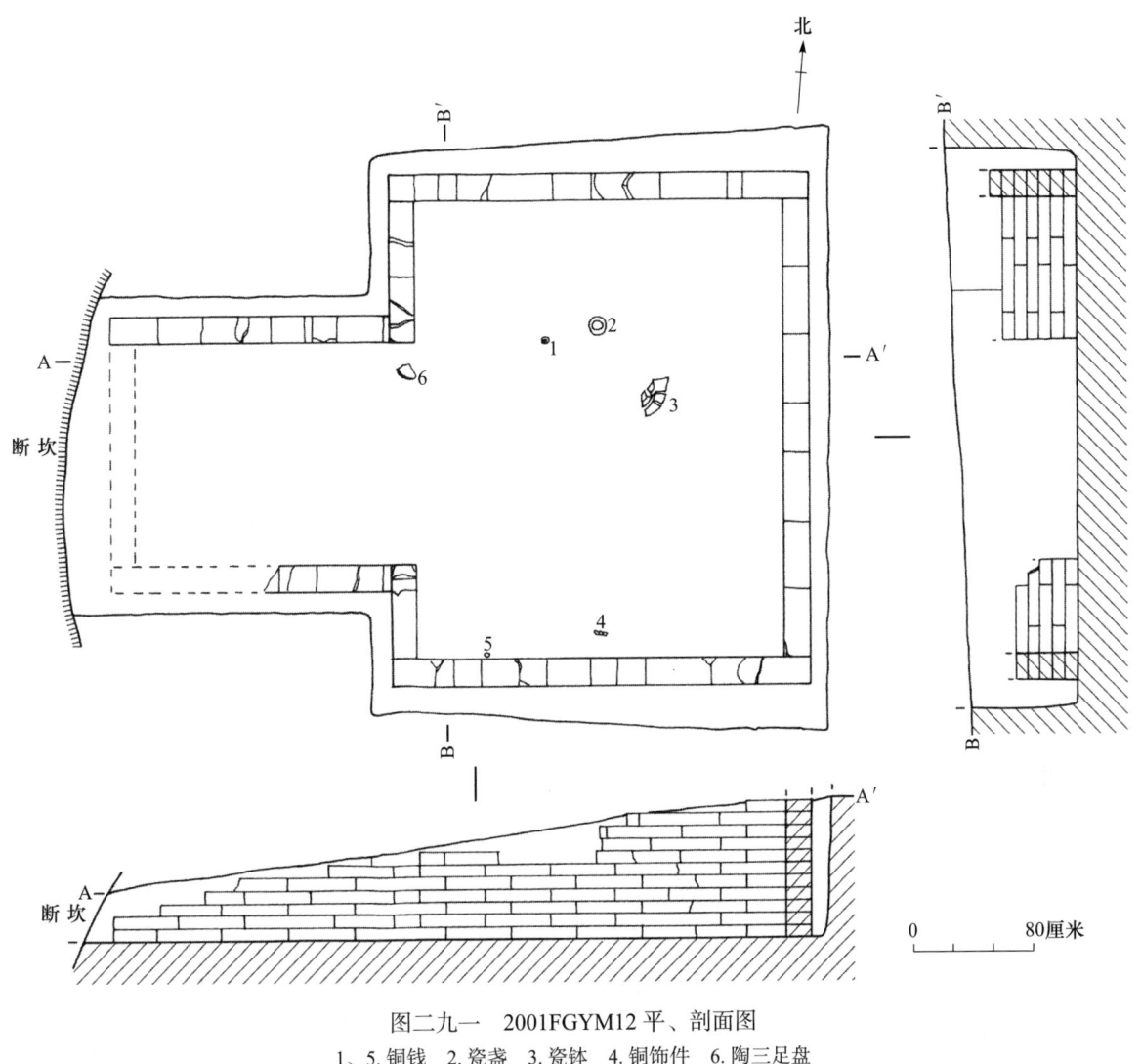

图二九一　2001FGYM12 平、剖面图
1、5. 铜钱　2. 瓷盏　3. 瓷钵　4. 铜饰件　6. 陶三足盘

（二）随葬器物

随葬器物较少，共出土6件，包括陶器、瓷器、铜器三类，陶器为三足盘，瓷器包含盏、钵，铜器包含铜饰件和铜钱。

1. 陶器

该墓共出土陶器1件，泥质灰陶，轮制和模制结合，素面。

三足盘　1件。2001FGYM12：6，泥质灰陶。子母口，方唇，折腹，平底微凹。底部等分作三只蹄形足。复原口径18.4、高5厘米（图二九二，2）。

2. 瓷器

该墓共出土瓷器2件，均为灰白胎，器表施青釉。瓷器均轮制，纹饰有凹弦纹。

盏　1件。2001FGYM12：2，灰白胎，器表施青釉，足底无釉，厚薄不均。敛口，圆唇，弧腹下收，平底。素面。口径8.4、足径4.8、高3.8厘米（图二九二，5）。

钵　1件。2001FGYM12：3，灰白胎，器表施青釉，足底无釉，厚薄不均。直口，圆唇，弧腹下收，假圈足较矮。唇外侧与中腹部饰凹弦纹。口径22.8、足径14、高9.1厘米（图二九二，4；彩版三五，6）。

3. 铜器

该墓出土铜器3件，为铜饰品和铜钱。

饰件　1件。2001FGYM12：4，青铜。由器盖和器身组成，呈直筒形，子口承盖，器盖中央作一桥形鼻纽。直径3.6、通高8厘米（图二九二，1）。

铜钱　2枚。其中一枚残破不可辨。2001FGYM12：5，为直百五铢，有郭，钱径2.7、穿宽0.9厘米（图二九二，3）。

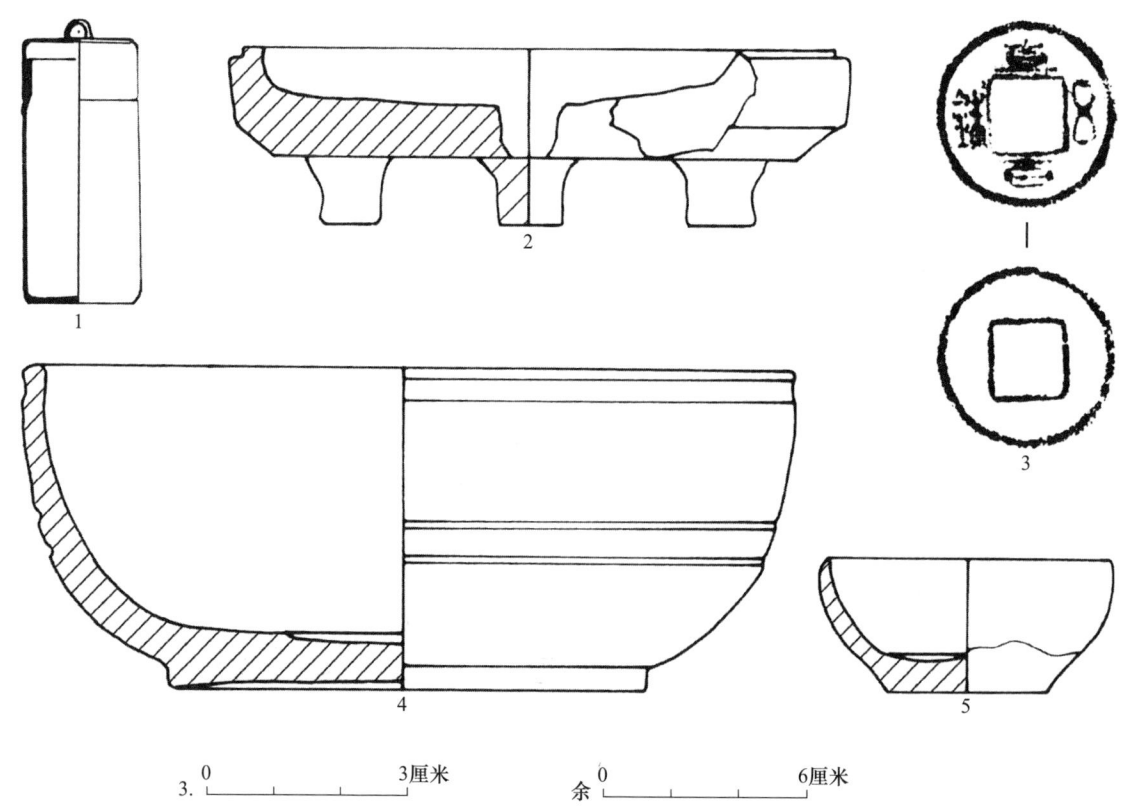

图二九二　2001FGYM12出土器物
1. 铜饰件（2001FGYM12：4）　2. 陶三足盘（2001FGYM12：6）　3. 铜钱拓片（2001FGYM12：5）
4. 瓷钵（2001FGYM12：3）　5. 瓷盏（2001FGYM12：2）

一三、2001FGYM13

（一）墓葬形制

M13位于袁家堡墓地的西北部，位于该墓地T13的西南部，开口于第1层下，墓口距地表0.15~0.5米，打破生土。墓内填土为红褐色夹黄褐色、灰褐色而形成的五花土，土质较黏，包含大量的墓砖残块、少量贝壳等。

M13为砖室墓，平面呈刀把形，方向306°，由甬道和墓室两部分组成。总长4.84、最宽2.76米。甬道残长1.5、宽约1.15、高0.08~0.16米。墓室残长2.76、宽2.16、高0.08~0.32米。

甬道底部和墓底均未发现铺砖。甬道壁和墓壁采用长方形砖横向错缝平砌。约在甬道的中部，距甬道与墓室的交界处0.71米，垂直于甬道北壁筑成一道砖墙，残长1.13、宽0.17、高0.16米。甬道和墓室的券顶以上部分均不存。墓砖规格为：长44、宽17、厚8厘米。墓砖朝墓室一侧饰有菱形纹。

人骨及葬具已不存。随葬器物较少，主要分布在墓室的甬道、墓室的中部、东北角及南部（图二九三）。

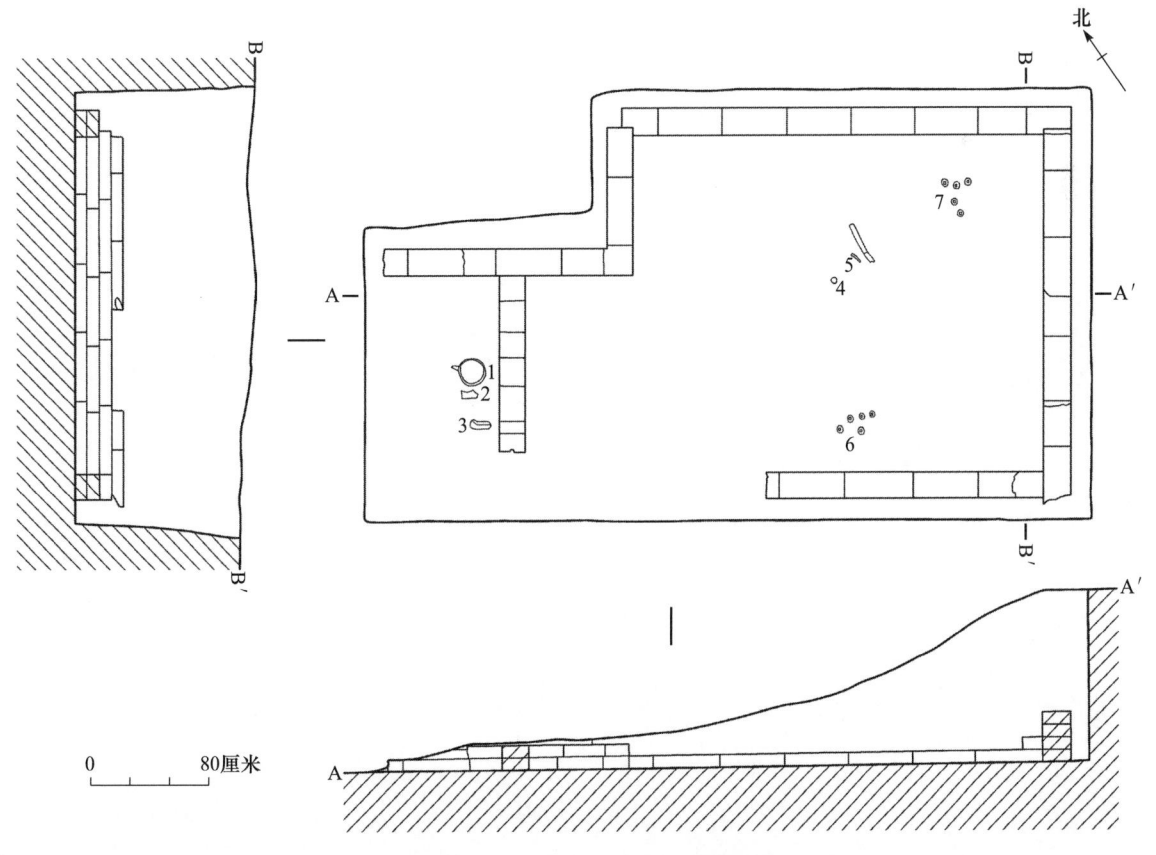

图二九三 2001FGYM13平、剖面图
1.陶魁 2.陶井 3.陶勺柄 4.银指环 5.铜饰件 6、7.铜钱

（二）随葬器物

随葬器物较少，共出土7件，包含陶器、铜器、银器三类。陶器的器型包括：陶魁、勺柄、井。铜器为铜饰品和铜钱。银器为指环。

1. 陶器

该墓共出土陶器3件，包含泥质灰陶和泥质红陶，轮制、模制均占一定比例，素面。

魁　1件。2001FGYM13：1，泥质红陶，器内施酱黄釉，已部分脱落。直口，方唇，上腹近直，折腹下收，平底。柱状柄，截面呈近圆形。上腹部饰一周凹弦纹。口径17.2、底径6.8、高6.3、通长20.8厘米（图二九四，1）。

勺柄　1件。2001FGYM13：3，泥质红陶。仅存勺柄，平面呈长条形，截面呈半圆形，直柄，末端下折。残长7.8、宽2.1厘米（图二九四，5）。

井　1件。2001FGYM13：2，泥质灰陶。平面呈近长条形，一侧内弧，截面为梯形。可能为陶井横梁的一段，其他部件缺失。残长5.4、宽2.5厘米（图二九四，4）。

2. 铜器

该墓出土铜器3件，为铜饰品和铜钱。

饰件　1件。2001FGYM13：5，青铜。已残，平面呈弧形，截面呈长方形。残长3.7厘米（图二九四，3）。

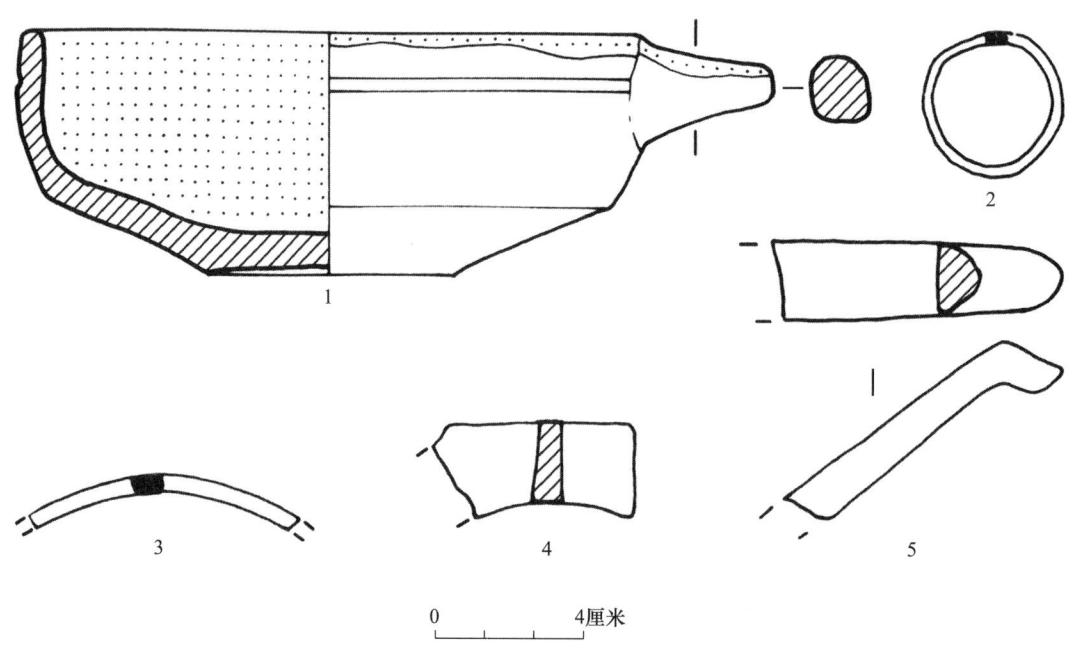

图二九四　2001FGYM13出土器物

1.陶魁（2001FGYM13：1）　2.银指环（2001FGYM13：4）　3.铜饰件（2001FGYM13：5）　4.陶井（2001FGYM13：2）
5.陶勺柄（2001FGYM13：3）

铜钱 7枚。有五铢和四铢两种。

五铢 5枚。

A型 1枚。未磨郭。2001FGYM13：6-1，钱文字体较粗，郭沿较宽，"五"字交笔弯曲，金字头呈三角形，"朱"字上方下圆，钱径2.6、穿宽1厘米（图二九五，1）。

B型 4枚。剪轮五铢。其中2枚皆残，不可辨。2001FGYM13：7-1，肉薄，有文，钱径1.5、穿宽0.8厘米（图二九五，3）。

四铢 2枚。2001FGYM13：6-2，有郭，"朱"字圆折，上下对称，金字头呈三角形。钱径2.2、穿宽0.9厘米（图二九五，2）。

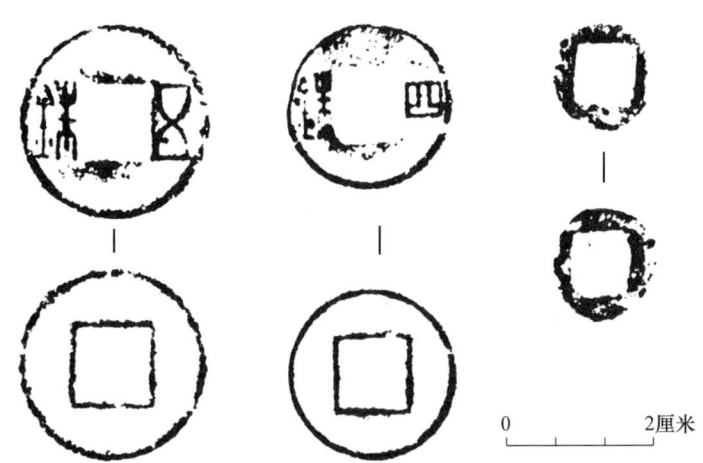

图二九五 2001FGYM13出土钱币（拓片）

1. A型五铢（2001FGYM13：6-1） 2. 四铢（2001FGYM13：6-2） 3. B型五铢（2001FGYM13：7-1）

3. 银器

该墓出土银器1件，为指环。

指环 1件。2001FGYM13：4，平面呈近圆形，截面为长方形。最大直径为1.85厘米（图二九四，2；彩版四〇，4）。

一四、2001FGYM14

（一）墓葬形制

M14位于袁家堡墓地的中部，位于该墓地T14的南部，开口于第1层下，墓口距地表0.2～0.3米，打破生土。墓内填土分为两层，上层以灰褐色土为主，并夹杂少量红褐色土，土质较黏，含有大量的料姜石；下层以浅红褐色砂土为主，并掺杂大量的白色粉末，土质细密松软，包含有较多的陶器及残片、铜钱。

M14为土坑竖穴墓，平面呈长方形，无墓道，方向189°，总长2.9、最宽2米。墓室内长2.66、宽1.8、高0.76米。

墓口和墓底大小基本一致，墓壁较直、不光滑，四周转角稍圆。墓室的南部有一个头箱，其口部和底部距地表的深度同墓室。头箱长0.66、宽1.9、高0.46米。距墓口0.1~0.2米处直至墓底，墓室四周筑有宽0.1~0.14米的熟土二层台。在熟土二层台、墓底、椁的外壁及椁盖板的上面填充一种特制而成的填土，即由附近乳白色的料姜石粉末和浅红褐色砂土混合制成，推测其功能为防潮、防腐。

墓室的中部发现两具人骨，均为仰身直肢，头部朝向南。人骨的四周发现大量的木板朽痕，应为葬具棺椁的痕迹。随葬器物丰富，集中分布在头箱内、人骨的四周（图二九六）。

（二）随葬器物

随葬器物丰富，共出土32件，包含陶器和铜器两类。随葬器物以陶器为主，器型包含钵、罐、甑、锺、盒、盆、魁、盘、博山炉、灯、井。铜器为铜鍪和铜钱。

1. 陶器

该墓共出土陶器29件，泥质灰陶和夹砂灰陶较多，还有少量泥质红陶。陶器轮制较多，模制和手制也占一定比例。纹饰以凹弦纹居多，还包含戳印纹、几何纹等。

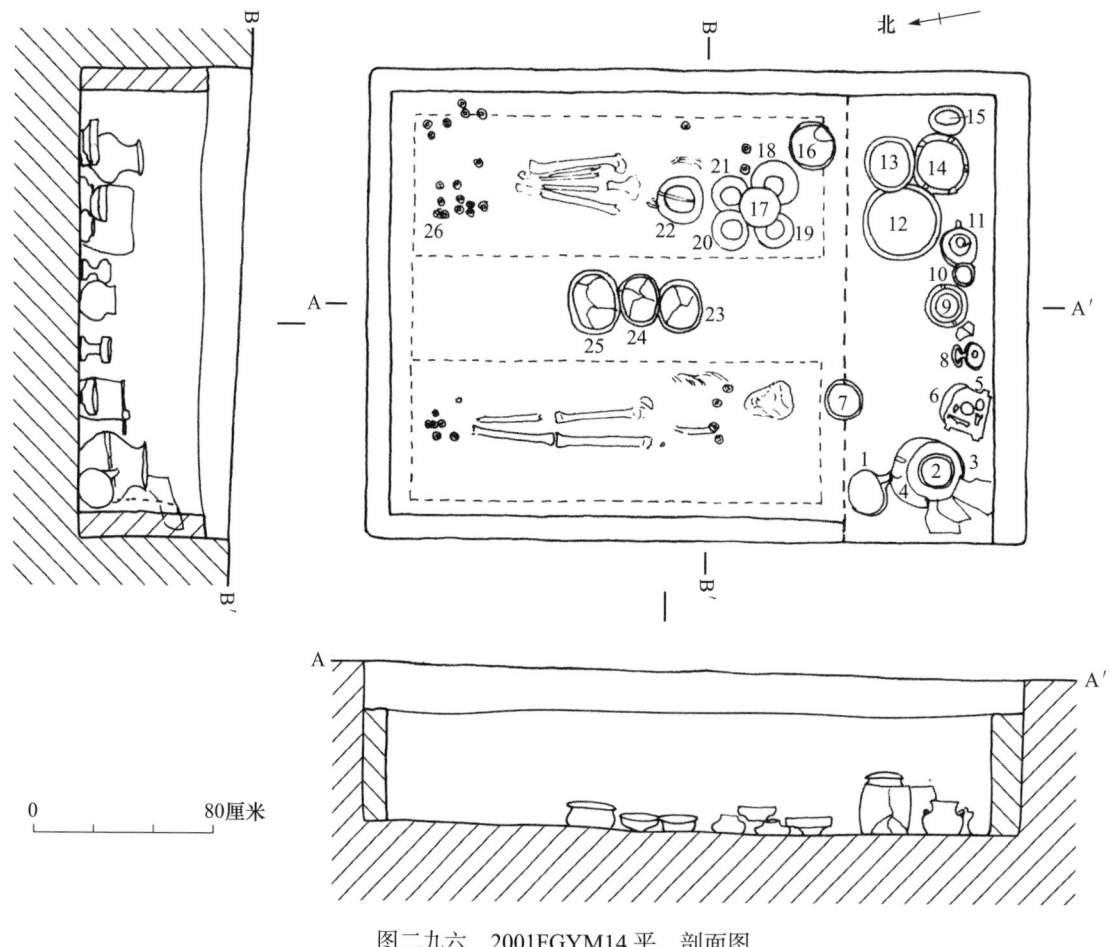

图二九六　2001FGYM14平、剖面图
1. 陶魁　2、7、11. 陶钵　3. 陶甑　4、9. 铜鍪　5、22. 陶井　6、12、15、18~21. 陶罐　8. 陶灯　10. 陶博山炉　13. 陶锺　14、16、17、25. 陶盒　23、24. 陶盘　26. 铜钱

钵 9件。2001FGYM14：2，泥质灰陶。敞口，厚圆唇，折腹下收，平底微凹。素面。口径17.6、底径5.4、高6.3～7厘米（图二九八，1）。2001FGYM14：7，泥质灰陶。敞口，厚圆唇，斜弧腹，平底微凹。素面。口径18、底径6.2、高6.3～6.9厘米（图二九八，2）。2001FGYM14：11-1，泥质灰陶。敞口，厚圆唇，斜弧腹，平底微凹。素面。口径17.4、底径5.8、高6.4厘米（图二九八，3）。2001FGYM14：11-2，泥质灰陶。敞口，厚圆唇，上腹斜直，折腹下收，平底微凹。素面。口径17.4、底径5.8、高5.9～6.5厘米（图二九八，4）。2001FGYM14：11-3，泥质灰陶。敞口，厚圆唇，上腹斜直，折腹下收，平底，底部下凹。素面。口径13.8、底径4.2、高5厘米（图二九七，10）。2001FGYM14：11-4，夹细砂灰陶。敞口，厚圆唇，上腹斜直，折腹下收，平底微凹。素面。口径12.7、底径3.8、高4～4.4厘米（图二九七，9）。2001FGYM14：11-5，夹细砂灰陶。敞口，厚圆唇，上腹斜直，折腹下收，平底。素面。口径12.7、底径4、高4.3厘米（图二九八，5）。

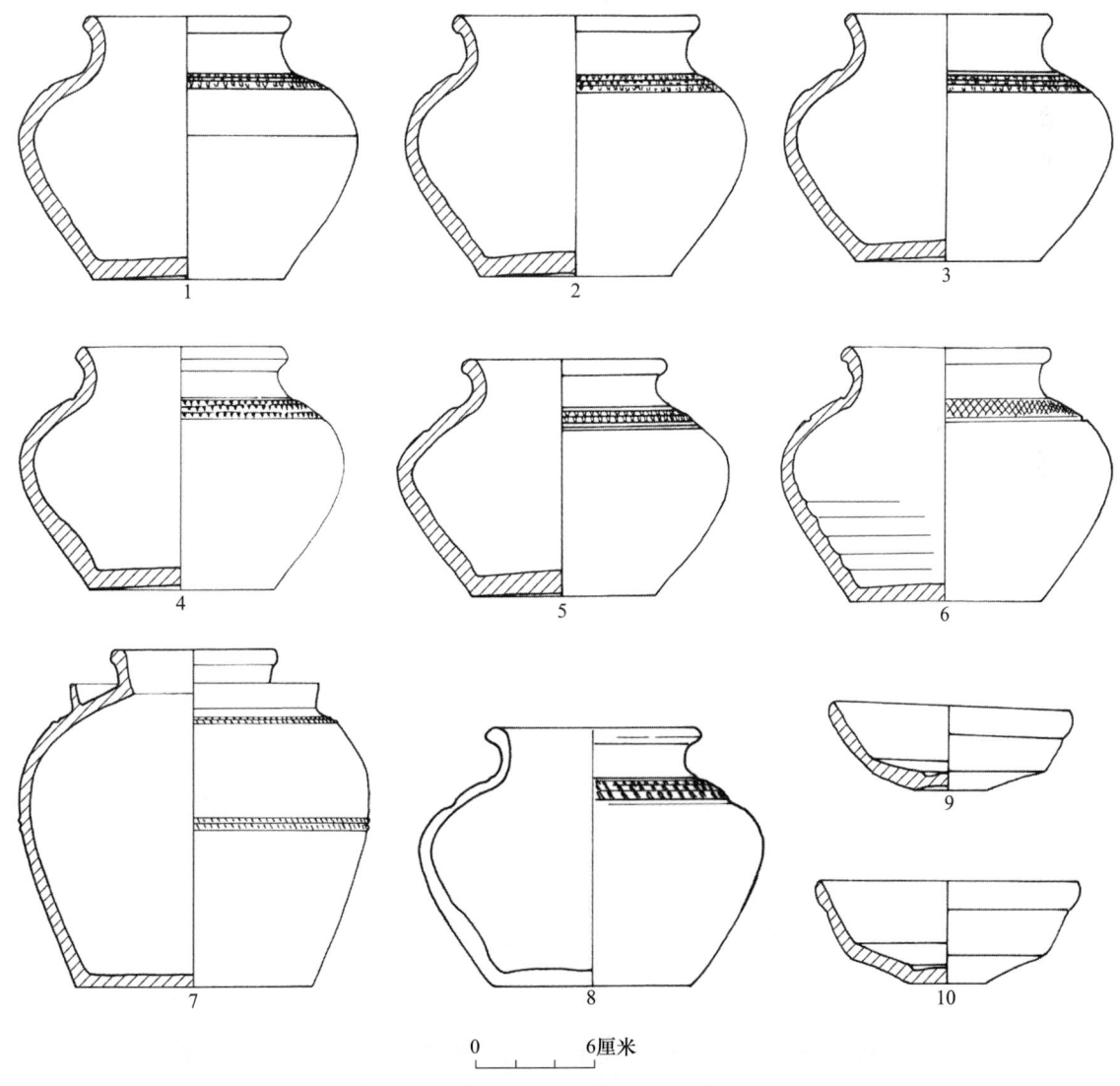

图二九七　2001FGYM14出土陶器（一）

1～8. 罐（2001FGYM14：6、2001FGYM14：15、2001FGYM14：18、2001FGYM14：19、2001FGYM14：20、2001FGYM14：21、2001FGYM14：12、2001FGYM14：28）　9、10. 钵（2001FGYM14：11-4、2001FGYM14：11-3）

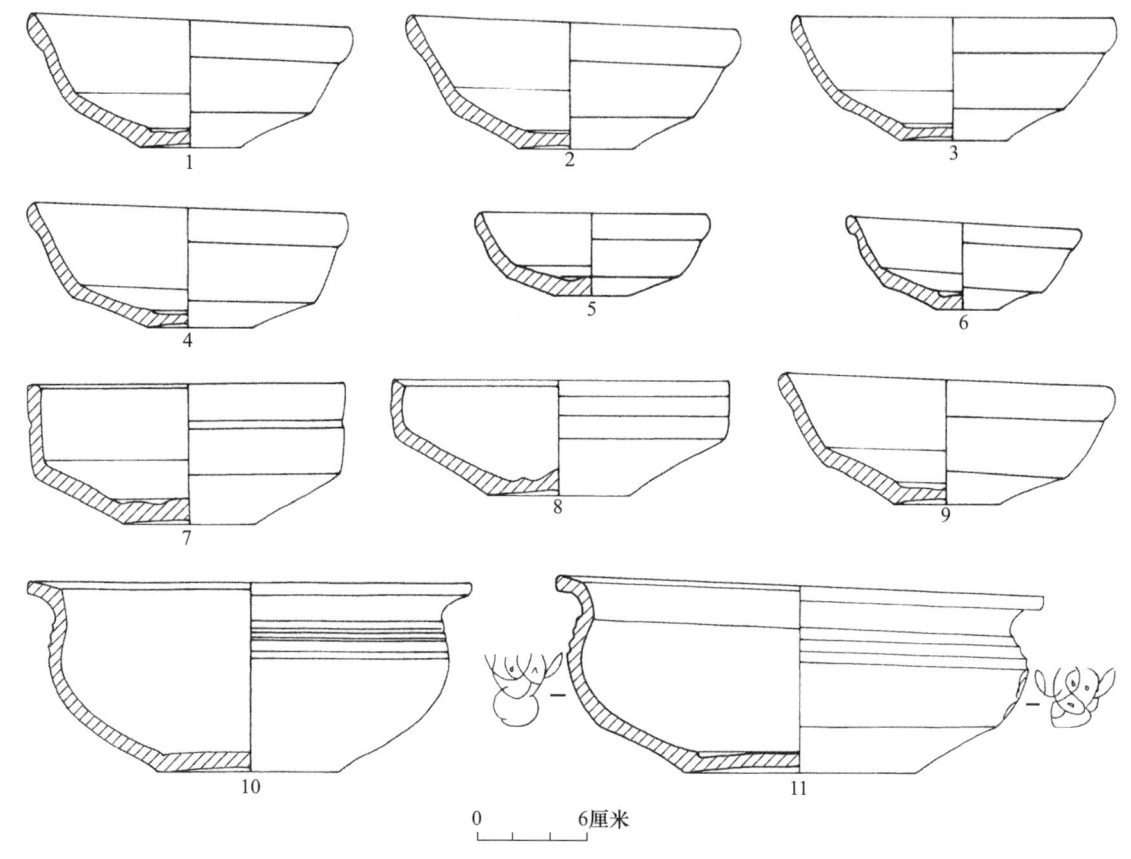

图二九八　2001FGYM14 出土陶器（二）

1~6、9. 钵（2001FGYM14：2、2001FGYM14：7、2001FGYM14：11-1、2001FGYM14：11-2、2001FGYM14：11-5、2001FGYM14：11-6、2001FGYM14：27）　7、8. 盒（2001FGYM14：16、2001FGYM14：17）　10、11. 盆（2001FGYM14：25、2001FGYM14：14）

2001FGYM14：11-6，夹细砂灰陶。敞口，厚圆唇，上腹斜直，折腹下收，平底，底部下凹。素面。口径12.9、底径3.6、高4.2~4.8厘米（图二九八，6）。2001FGYM14：27，泥质灰陶。敞口，厚圆唇，折腹下收，平底微凹。素面。口径18、底径5.8、高6.1~6.9厘米（图二九八，9）。

罐　8件。2001FGYM14：6，夹细砂灰陶。侈口，圆唇，束颈，圆折肩，鼓腹，下腹斜收，平底微凹。肩部饰两周凹弦纹间三周戳印纹。口径10.6、最大腹径17.2、底径9.8、高12.8厘米（图二九七，1）。2001FGYM14：12，泥质灰陶。双口沿，外沿敞口，方唇，内沿直口微敞，圆唇，两口沿之间有凹槽。矮领，圆肩，弧腹，下腹弧收，平底。肩部和腹部各饰一周锯齿纹。内沿口径16.8、最大腹径35.4、底径24、高33.4厘米（图二九七，7；图版四，6）。2001FGYM14：15，夹细砂灰陶。侈口，圆唇，束颈，溜肩，鼓腹，下腹斜收，平底微凹。肩部饰两周凹弦纹间三周戳印纹。口径12.6、最大腹径17.3、底径9.8、高12.8厘米（图二九七，2）。2001FGYM14：18，夹细砂灰陶。侈口，圆唇，束颈，溜肩，鼓腹，下腹斜收，平底微凹。肩部饰两周凹弦纹间三周戳印纹。口径10.8、最大腹径16.8、底径9.6、高12厘米（图二九七，3）。2001FGYM14：19，夹细砂灰陶。侈口，圆唇，束颈，圆鼓肩，鼓腹，下腹斜收，平底微凹。肩部饰两周凹弦纹间三周戳印纹。口径10.8、最大腹径16.6、底径9.4、高11.8厘米（图二九七，4）。2001FGYM14：20，夹细砂灰陶。侈口，圆唇，束颈，斜折肩，鼓腹，下腹斜收，平底微凹。肩部饰两周凹弦纹间三周戳印纹。口径10.6、最大腹径16.8、底径9.4、高11.7厘米（图二九七，5）。2001FGYM14:21，夹细砂灰陶。侈口，圆唇，束颈，圆折肩，鼓腹，下腹斜收，平底微凹。肩部饰两周凹弦纹间三周戳印纹。口径10.8、最大腹径17、底径10、高12.4厘米（图二九七，6）。2001FGYM14:28，夹细砂灰陶。侈口，圆唇，束颈，溜肩，鼓腹，下腹斜收，平底微凹。肩部饰两周凹弦纹间三周戳印纹。口径10.8、最大腹径17.4、底径10、高12.6厘米（图二九七，8）。

甑 1件。2001FGYM14:3，泥质灰陶。敞口，双圆唇，卷沿下倾，弧腹下收，平底微凹。底部有六个箅孔。上腹部饰一周凸弦纹，其下饰刻划纹。口径32、底径15.8、高17.4厘米（图二九九，1；图版七，1、2）。

锺 1件。2001FGYM14:13，泥质红陶，器表施黄釉。由器盖和器身两部分组成。器身盘口，方唇，束颈，耸肩，扁腹，圈足，圈足略外撇。肩部与圈足饰凹弦纹。器盖为方唇，子母口与器身扣合，呈覆钵状，附三只锥形纽。口径15.6、最大腹径23.6、足径16.8、通高32.6厘米（图二九九，2；彩版三一，1）。

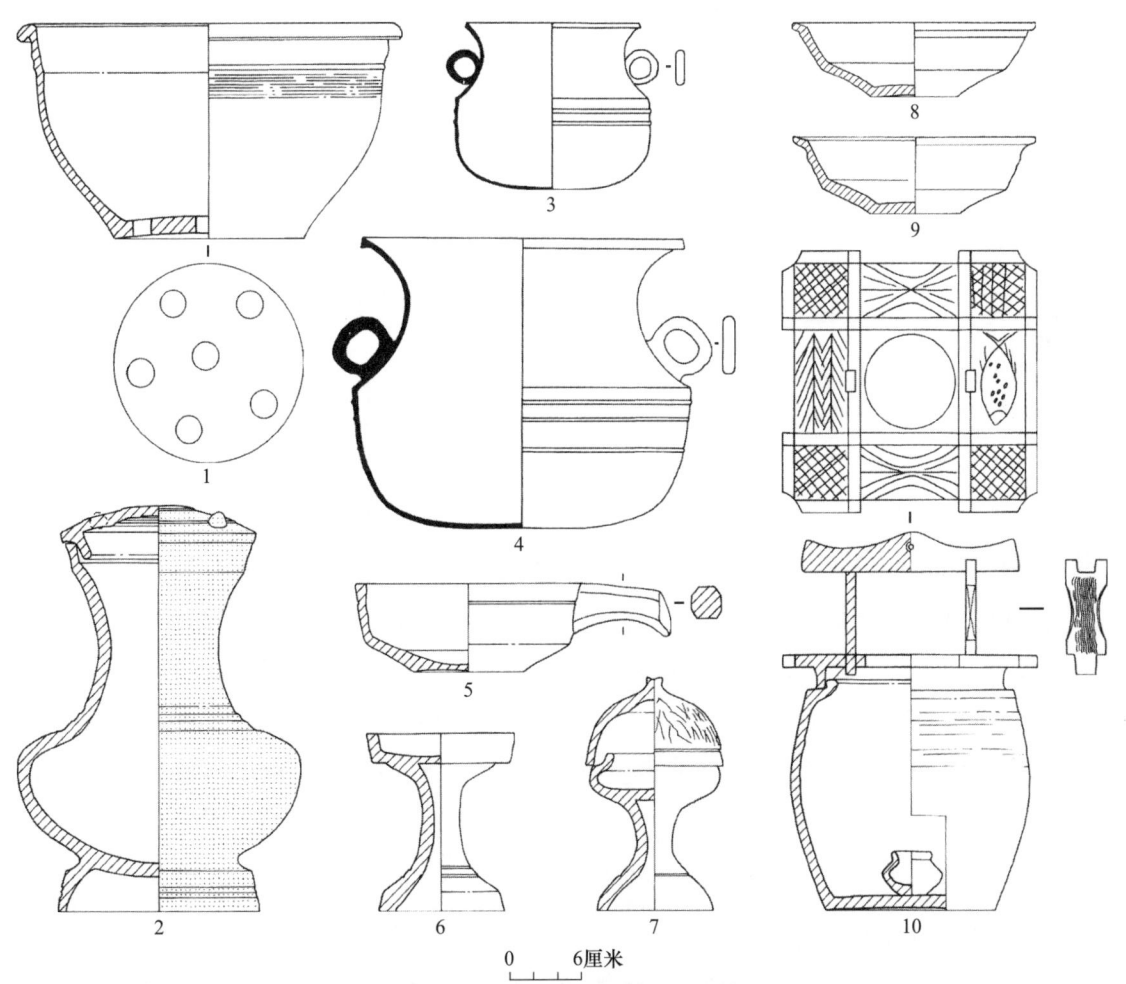

图二九九　2001FGYM14出土器物
1. 陶甑（2001FGYM14:3） 2. 陶锺（2001FGYM14:13） 3、4. 铜鍪（2001FGYM14:9、2001FGYM14:4） 5. 陶魁（2001FGYM14:1） 6. 陶灯（2001FGYM14:8） 7. 陶博山炉（2001FGYM14:10） 8、9. 陶盘（2001FGYM14:23、2001FGYM14:24） 10. 陶井（2001FGYM14:5）

盒　2件。2001FGYM14：16，泥质灰陶。直口，方唇，唇面微凹，上腹近直，圆折斜收，平底微凹。腹部饰一周凹弦纹。口径17.2、底径7、高7.3厘米（图二九八，7）。2001FGYM14：17，泥质灰陶。直口微敛，斜方唇，上腹近直，圆折斜收，平底微凹。腹部饰两周凹弦纹。口径18、底径7.4、高6厘米（图二九八，8）。

盆　2件。2001FGYM14：14，泥质灰陶。敞口，方唇，斜折沿，束颈，上腹微鼓，下腹弧收，平底微凹。上腹部饰两周凹弦纹。腹部刻划两个对称铺首图案。口径26、底径12.4、高9.3~10.3厘米（图二九八，11；图版九，3）。2001FGYM14：25，泥质灰陶。敞口，方唇，斜折沿，束颈，上腹微鼓，下腹弧收，平底微凹。上腹部饰三周凹弦纹。口径24、底径9.6、高10厘米（图二九八，10）。

魁　1件。2001FGYM14：1，泥质灰陶。直口，方唇，上腹近直，折腹下收，平底微凹。柱状柄，末端下倾。上腹部饰一周凹弦纹。口径18.8、底径9、高7、通长26.3厘米（图二九九，5；图版一〇，4）。

盘　2件。2001FGYM14：23，泥质灰陶。敞口，圆唇，斜折沿，上腹斜直，折腹斜收微内曲，底部微凹。口沿下外壁饰一周凸棱纹。口径20.4、底径7.4、高6厘米（图二九九，8）。2001FGYM14：24，泥质灰陶。敞口，圆唇，斜折沿，上腹斜直，折腹斜收微内曲，底部微凹。素面。口径20.4、底径7.4、高6.2厘米（图二九九，9；图版一一，1）。

博山炉　1件。2001FGYM14：10，泥质灰陶。由炉座和炉盖两部分组成。炉座为子母口内敛，子口上承器盖，方唇，折腹下收，浅腹，柱状柄，覆钵形座，器座饰一周凹弦纹。炉盖敞口，方唇，盖面隆起，顶部有一圆柱形纽。盖面饰不规则的刻划纹。炉盖口径11.4、柄径3、座径9.6、通高19厘米（图二九九，7）。

灯　1件。2001FGYM14：8，泥质灰陶。直口微敞，方唇，折腹，浅盘，柱状柄微内曲，喇叭形底座。器座饰两周凹弦纹。口径12.3、柄径3、底径10.4、高14.4厘米（图二九九，6；图版一二，2）。

井　1件。2001FGYM14：5，泥质灰陶。由井身、井盖、井架三部分组成。井盖平面呈近方形，四角切掉。中部作圆形井圈，两侧有对称长方形孔，内有井架，圈足。井盖表面饰鱼纹、网格纹、麦穗纹、几何纹等。井身敛口，圆唇，折肩，筒腹微弧，大平底。井内小罐为侈口，圆唇，束颈，溜肩，鼓腹，下腹弧收，平底。小罐口径3.4、最大腹径5.2、底径2.4、高3.4厘米，井身口径14.4、最大腹径20.2、底径14.4，通高29.2厘米（图二九九，10；图版一六，2）。

2. 铜器

该墓共出土有铜器3件，为铜鍪和铜钱。

鍪　2件。2001FGYM14：4，青铜，器壁较薄。侈口，方唇，束颈，折肩，垂腹，圜底近平。肩部作两对称扁圆形耳，腹部饰三周凸弦纹。口径26.8、最大腹径28、高23.4厘米（图二九九，4；彩版三八，2）。2001FGYM14：9，青铜，器壁较薄。侈口，方唇，束颈，折肩，垂腹，圜底近平。肩部作两对称环形耳，腹部饰两周凸弦纹。口径14.6、最大腹径16.4、高13.6厘米

（图二九九，3；彩版三八，3）。

铜钱　95枚，有半两、五铢、大泉五十和货泉四种。

半两　1枚。2001FGYM14：26-2，文字较高挺，篆意浓，"半"字下横及"两"字上横较短。钱径2.2、穿宽0.9厘米（图三〇〇，3）。

五铢　1枚。2001FGYM14：26-3，未磨郭，"五"字交笔缓曲，金字头为三角形，"朱"字上方下圆。钱径2.6、穿宽0.9厘米（图三〇〇，1）。

大泉五十　1枚。2001FGYM14：26-4，有郭，钱文"大"字呈圆弧形，"泉"字中竖中断。钱径2.6、穿宽0.9厘米（图三〇〇，2）。

货泉　92枚。2001FGYM14：26-1，有郭，"货泉"字体较长、较细，"泉"字中竖中断，内有双郭。钱径2.2、穿宽0.8厘米（图三〇〇，4）。

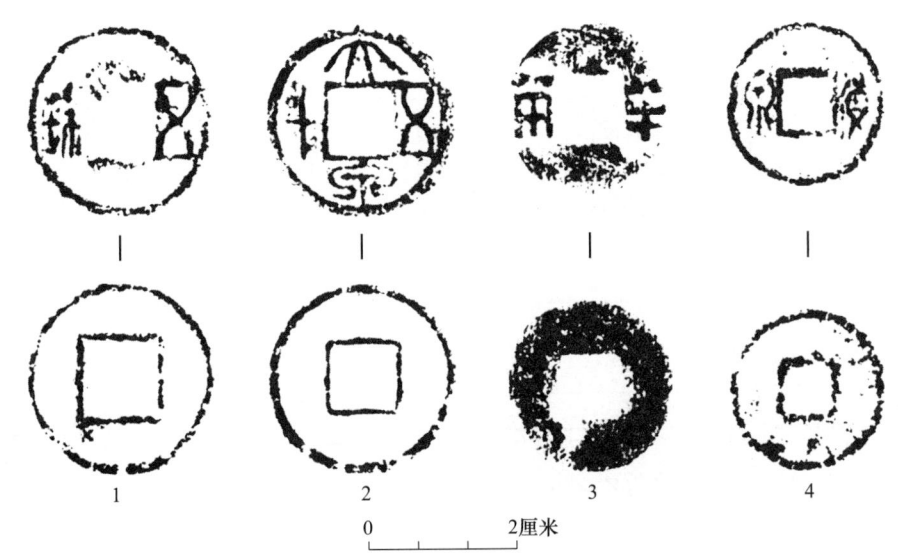

图三〇〇　2001FGYM14出土钱币（拓片）

1. 五铢（2001FGYM14：26-3）　2. 大泉五十（2001FGYM14：26-4）　3. 半两（2001FGYM14：26-2）
4. 货泉（2001FGYM14：26-1）

一五、2001FGYM15

（一）墓葬形制

M15位于袁家堡墓地的中部，位于该墓地T14的东北部，开口于第1层下，墓口距地表0.05~0.2米，打破生土。墓内填土以红褐色土为主，并夹杂少量灰褐色土，土质较黏，包含较多的陶器残片、骨骼残块、少量铜钱、墓砖碎屑。

M15为土坑竖穴墓，平面呈长方形，无墓道，方向28°，总长2.9、最宽1.8米。墓室内长2.3、宽1.54、高0.2米。

墓口和墓底大小基本一致，墓壁较直、较光滑，四周转角稍圆。墓室四周筑有宽0.12~0.5米的熟土二层台，其北部较宽，其余各面较窄。在熟土二层台、墓底、椁的外壁及椁盖板的上面填充一种特制而成的填土,即由附近乳白色的料姜石粉末和浅红褐色砂土混合制成,推测其功能为防潮、防腐。

在墓室的西北部发现两具人骨,其头向相反,一个头部朝南,另一个头部朝北。其他骨骼放置散乱,无规律。葬具为棺椁,发现其朽痕。随葬器物丰富,在墓室的南部、中部和东北部分布较多(图三〇一)。

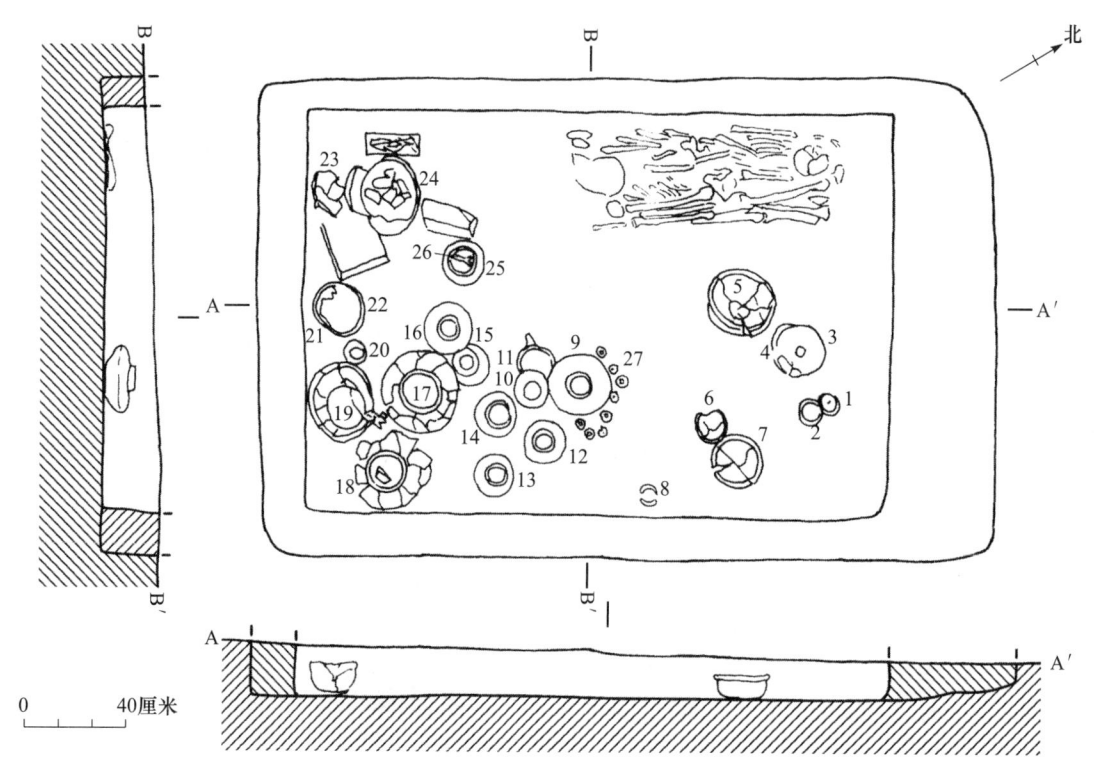

图三〇一 2001FGYM15平、剖面图
1、20.陶博山炉 2.陶灯 3、4.陶盒 5、9.陶锺 6.陶钵 7.陶盘 8.陶卮 9.陶锤盖 11.陶魁 12～14、16～18.陶罐 15、25.陶盉 19.盆 21、22.陶井 23.陶甑 24.陶釜 26.陶勺 27.铜钱

(二)随葬器物

随葬器物丰富,共出土23件,包含陶器和铜器两类,其中以陶器为主。陶器的器型包含钵、罐、釜、甑、盉、锺、盒、盆、魁、卮、盘、勺、博山炉、灯、井。铜器为铜钱。

1. 陶器

该墓共出土陶器22件,泥质灰陶和泥质红陶较多。陶器以轮制为主,模制和手制也占一定比例。纹饰以凹弦纹居多,还包含少量戳印纹、几何纹等。

钵 1件。2001FGYM15:6,泥质灰陶。敞口,厚圆唇,上腹斜直,折腹下收,平底。素面。口径13.4、底径4、高4.6厘米(图三〇四,2)。

罐 6件。2001FGYM15:12,泥质灰陶。侈口,圆唇,束颈,圆折肩,鼓腹,下腹弧收,平底微凹。肩部饰一周凹弦纹。口径10.8、最大腹径17、底径7.2、高11.4~11.8厘米（图三〇二，3）。2001FGYM15：13，泥质灰陶。侈口，圆唇，束颈，圆折肩，鼓腹，下腹弧收，平底微凹。肩部饰一周凹弦纹。口径10.4、最大腹径16.6、底径7.6、高10.6~11厘米（图三〇二，4）。2001FGYM15：14，泥质灰陶。侈口，圆唇，束颈，圆折肩，鼓腹，下腹弧收，平底微凹。肩部饰两周凹弦纹间戳印纹。口径10.4、最大腹径16.8、底径7.2、高11.4~11.8厘米（图三〇二，5）。2001FGYM15：16，泥质灰陶。侈口，圆唇，束颈，圆折肩，鼓腹，下腹弧收微内曲，平底微凹。肩部饰两周凹弦纹间戳印纹。口径11.2、最大腹径17.4、底径7.6、高11.3~11.8厘米（图三〇二，6；图版三，5）。2001FGYM15：17，泥质灰陶。敛口，圆唇，矮领，斜肩，鼓腹微折，下腹弧收，平底微凹。肩部饰一周凹弦纹。口径15.8、最大腹径26.8、底径16、高17.6厘米（图三〇二，1）。2001FGYM15：18，泥质灰陶。敛口，圆唇，矮领，斜肩，鼓腹微折，下腹弧收，平底。素面。口径14.4、最大腹径24.8、底径14.8、高17.2厘米（图三〇二，2）。

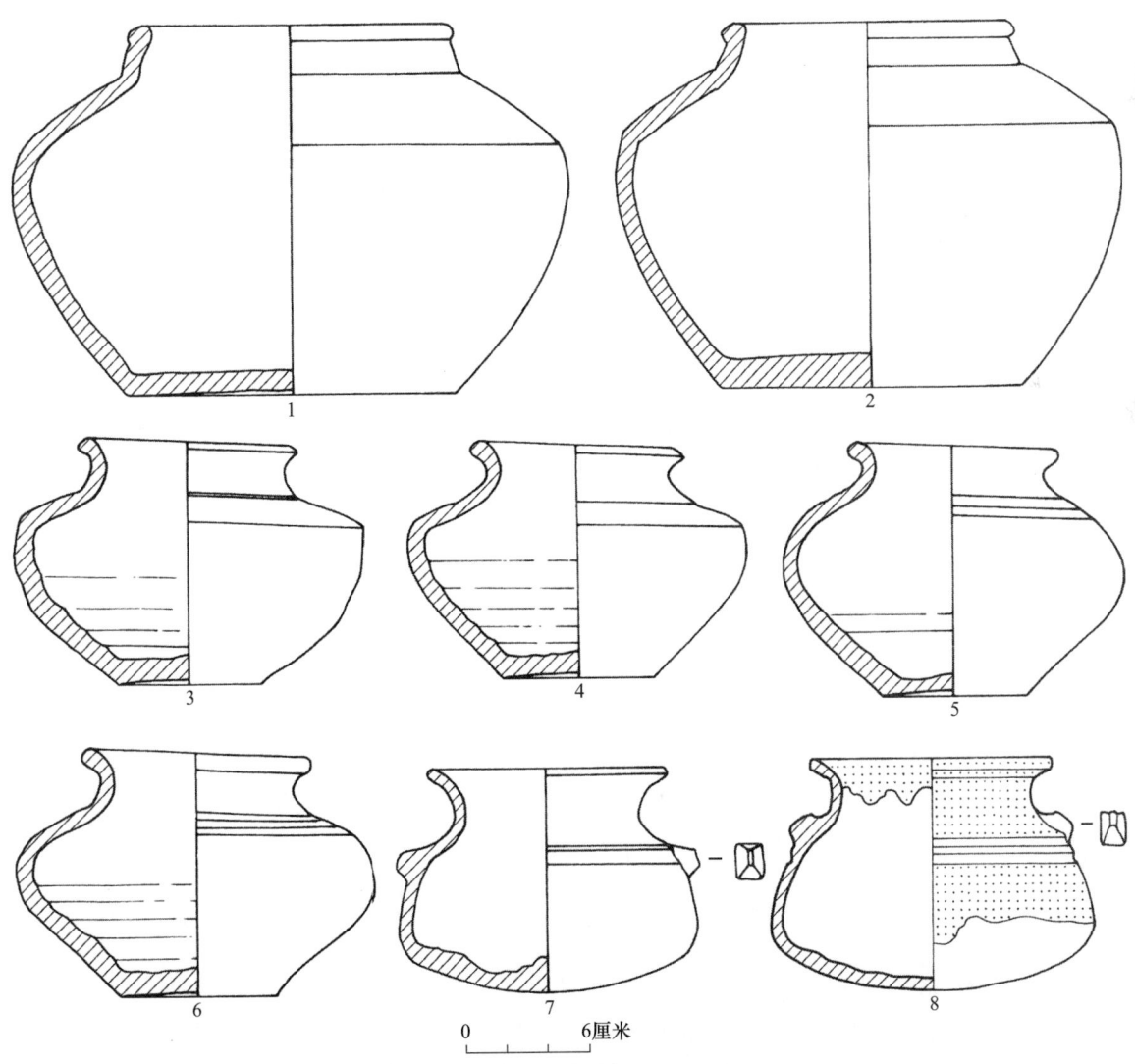

图三〇二　2001FGYM15出土陶器（一）

1~6.罐（2001FGYM15：17、2001FGYM15：18、2001FGYM15：12、2001FGYM15：13、2001FGYM15：14、2001FGYM15：16）　7、8.盂（2001FGYM15：15、2001FGYM15：25）

釜　1件。2001FGYM15：24，泥质灰陶。直口，方唇，高领，溜肩，鼓腹，圜底。上腹部作两个对称长方形纽，饰椭圆形凹窝。腹部饰两周细凹弦纹。口径20、最大腹径30、高22.4厘米（图三〇三，3；图版六，6）。

甑　1件。2001FGYM15：23，泥质灰陶。敞口，卷沿，方唇，上腹微鼓，下腹弧收，平底内凹。底部不规则分布八个箅孔。上腹留有轮制抹纹。口径30.4、底径13.6、高17.6厘米（图三〇三，5）。

盂　2件。2001FGYM15：15，泥质红陶。侈口，圆唇，束颈，上腹微鼓，下腹圆折急收，圜底。腹部作两对称耳，并饰有一周凹弦纹。口径11.8、最大腹径14.6、高10.5厘米（图三〇二，7；图版八，4）。2001FGYM15：25，泥质红陶，器表下腹部以上及器内口沿施黄釉，已部分脱落。侈口，圆唇，束颈，上腹微鼓，下腹圆折急收，圜底。腹部作两对称耳，并饰有两周凹弦纹。口径12、最大腹径16、高11厘米（图三〇二，8）。

盒　2件。2001FGYM15：3，泥质红陶胎，器表施黄釉，已部分剥落。直口，方唇，上腹较直，圆折后斜收，平顶微凹。腹部饰有一周凸弦纹。顶径6.1、口径18、高6.5厘米（图三〇四，3）。2001FGYM15：4，直口，方唇，上腹较直，圆折后斜收，平顶微凹。腹部饰有一周凹弦纹。顶径6、盒身口径18.6、高7厘米（图三〇四，4）。

盆　2件。2001FGYM15：5，泥质红陶，器内施黄釉。敞口，圆唇，斜折沿，沿面微翘，圆折腹，平底微凹。腹部饰一周凹弦纹。口径25.4、底径8、高9.3厘米（图三〇三，2；图版九，5）。

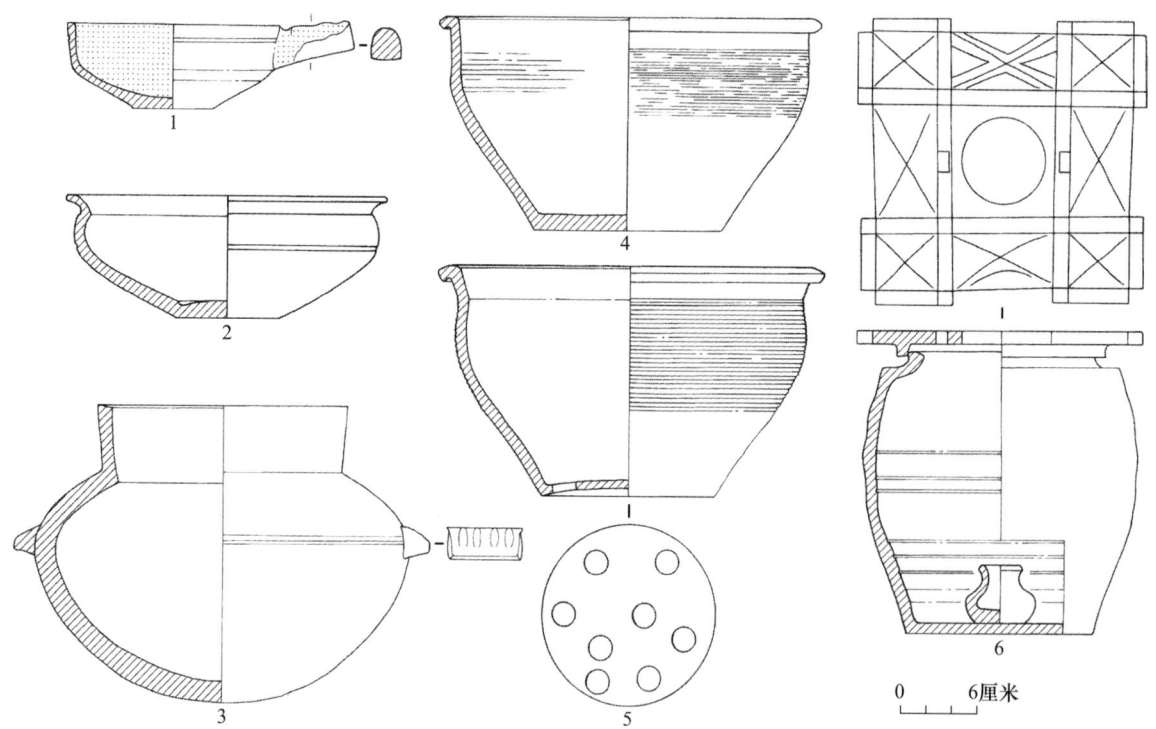

图三〇三　2001FGYM15出土陶器（二）
1.魁（2001FGYM15：11）　2、4.盆（2001FGYM15：5、2001FGYM15：19）　3.釜（2001FGYM15：24）
5.甑（2001FGYM15：23）　6.井（2001FGYM15：22）

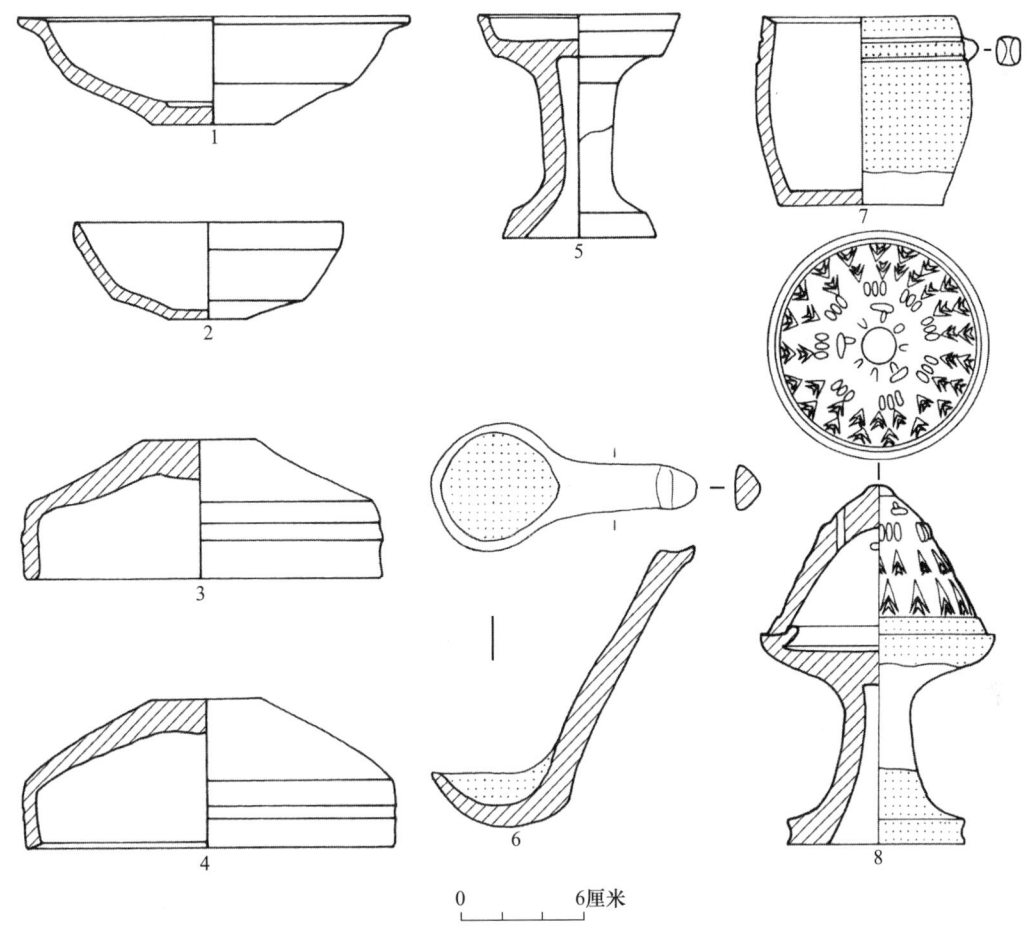

图三〇四　2001FGYM15 出土陶器（三）
1. 盘（2001FGYM15：7）　2. 钵（2001FGYM15：6）　3、4. 盒（2001FGYM15：3、2001FGYM15：4）
5. 灯（2001FGYM15：2）　6. 勺（2001FGYM15：26）　7. 卮（2001FGYM15：8）　8. 博山炉（2001FGYM15：1）

2001FGYM15：19，泥质黑灰陶。直口微敞，圆唇，卷沿外翻，圆折腹，平底。腹部留有轮制抹纹。口径 30、底径 14.8、高 16.4 厘米（图三〇三，4）。

魁　1 件。2001FGYM15：11，泥质红陶，器内施酱黄釉，柄局部施釉。直口，方唇，上腹近直，圆折腹斜收，平底。柱状柄微上翘。上腹部饰一周凹弦纹。口径 17、底径 6.4、高 6.4、通长 23 厘米（图三〇三，1）。

卮　1 件。2001FGYM15：8，泥质红陶，器表施酱黄釉不到底，已部分脱落。直口微敛，方唇，腹部微鼓，平底。上腹部作一凸纽，纽上下各饰一周凹弦纹。口径 9.6、最大腹径 10.8、底径 8.4、高 9 厘米（图三〇四，7）。

盘　1 件。2001FGYM15：7，泥质红陶，器内施黄釉，已部分剥落。敞口，方唇，斜折沿，弧腹微折，平底，底部下凹。素面。口径 19.2、底径 6、高 5.2 厘米（图三〇四，1）。

勺　1 件。2001FGYM15：26，泥质红陶，器内施酱黄釉。勺身呈椭圆形，敞口，方唇，弧壁，浅腹，长直柄，末端斜折，截面呈半圆形。素面。通长 13、宽 6 厘米（图三〇四，6）。

博山炉　1 件。2001FGYM15：1，泥质红陶，器表上部与器座施酱黄釉。由炉座和炉盖两部分组成。炉座为子母口内敛，子口上承器盖，圆唇，折腹，浅盘，柱状柄，喇叭形浅座。炉盖敞口，方唇，盖面隆起，顶部有一乳突。盖面饰椭圆形穿孔、箭镞形图案等。器身轮制，器盖模制。炉盖口径10.8、柄径3.6、座径8.8、通高17.1厘米（图三〇四，8）。

灯　1件。2001FGYM15：2，泥质红陶，盘内及器表部分施酱黄釉，已有剥落。敞口，方唇，折腹，浅盘，柱状柄微内曲，喇叭形座。口径10、柄径3.6、底径7.6、高10.4厘米（图三〇四，5）。

井　1件。2001FGYM15：22，泥质灰陶。由井身、井盖、井架三部分组成。井盖平面呈近方形。中部作圆形井圈，两侧有对称长方形孔，内有井架，圈足。井盖表面饰几何形刻划图案。井身敛口，圆唇，折肩，筒腹微鼓，大平底。井内小罐泥质灰陶。侈口，圆唇，束颈，溜肩，鼓腹，平底。小罐口径3.4、最大腹径5.6、底径4、高4.4厘米。井身口径14.6、最大腹径21.4、底径14.8、通高23.2厘米（图三〇三，6；图版一六，6）。

2. 铜器

该墓出土铜器为8枚铜钱。均为五铢，皆未磨郭。2001FGYM15：27-1，"五"字较宽，交笔弯曲，金字头呈箭镞形，"朱"字上方下圆，钱径2.5、穿宽0.9厘米（图三〇五，1）。2001FGYM15：27-2，钱文字体较粗，郭沿较宽，"五"字交笔弯曲，金字头呈三角形，"朱"字上下圆折，钱径2.6、穿宽1厘米（图三〇五，2）。

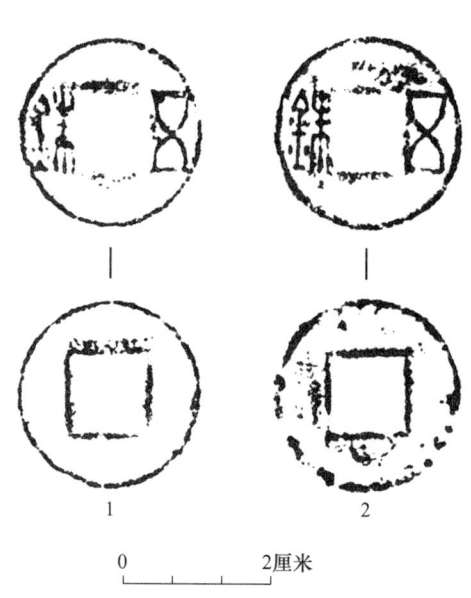

图三〇五　2001FGYM15出土钱币（拓片）
1、2.五铢（2001FGYM15：27-1、2001FGYM15：27-2）

一六、2001FGYM16

（一）墓葬形制

M16位于袁家堡墓地的东部，位于该墓地T15的中部，开口于第1层下，墓口距地表0.2～0.4米，打破生土。墓内填土分为两层，上层以灰褐色土为主，并夹杂少量红褐色土，土质较黏，含有大量的料姜石。下层以浅红褐色砂土为主，并掺杂有大量的白色粉末，包含有较多的陶器残片、木炭、植物种子、骨骼碎渣、铜钱，若干完整陶器和少量朱砂。

M16为土坑竖穴墓，平面呈长方形，无墓道，方向192°，总长3.62、最宽2.6米。墓室内长3、宽2.3、高1～1.2米。

墓口与墓底大小基本一致，墓壁较直、较光滑，四周转角稍圆。头箱位于墓室的南部，开口于墓底，其长0.75～0.8、宽2.3、深0.05米。墓室四周筑有宽0.18～0.42米的熟土二层台，其北部较宽，其余各面较窄，高1～1.2米。在熟土二层台、墓底、椁的外壁及椁盖板的上面填充一种特制而成的填土，即由附近乳白色的料姜石粉末和浅红褐色砂土混合制成，推测其功能为防潮、防腐。

在墓室的东部和中部分别发现一具人骨，东部的人骨保存相对较好，其仰身直肢，头部朝南。中部的人骨仅剩少量骨骼碎渣，葬式不详。在墓室的西部发现较多零乱的幼猪骨骼残块。葬具为棺椁，发现其朽痕。随葬器物较少，集中分布在头箱和人骨一侧（图三〇六）。

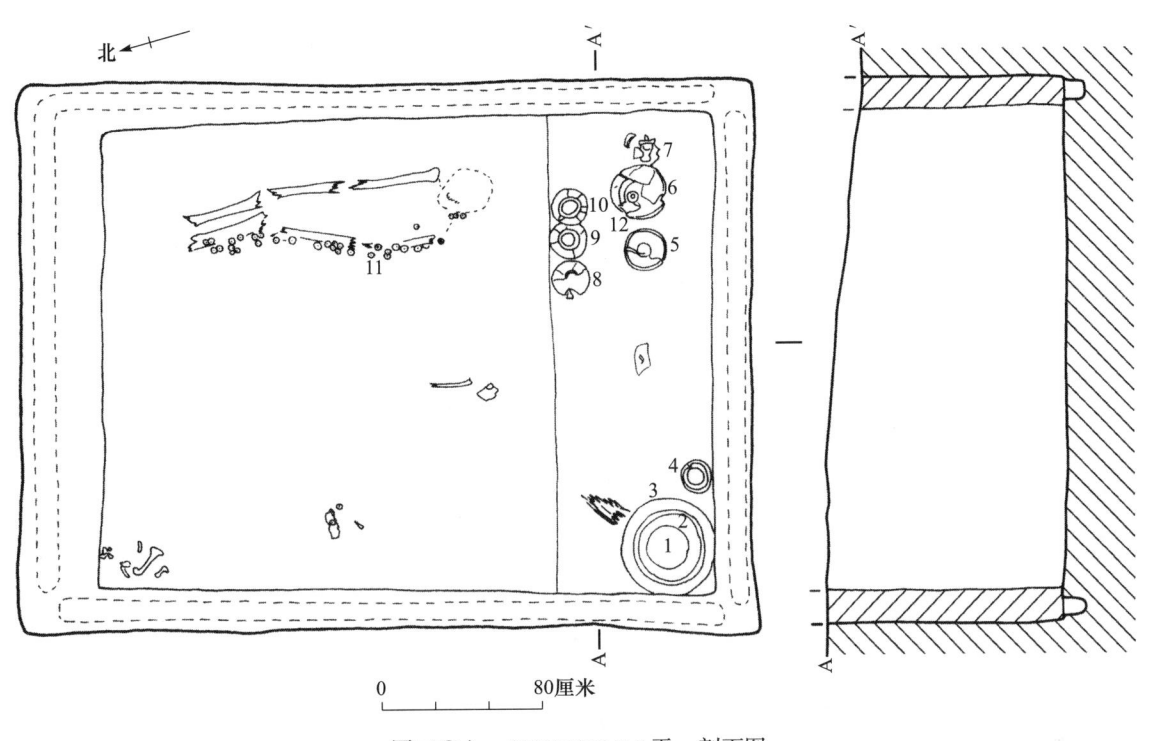

图三〇六　2001FGYM16平、剖面图
1.铜洗　2.陶甑　3.铁釜　4.陶盂　5.陶钵　6、8～10、12.陶罐　7.陶井　11.铜钱

（二）随葬器物

随葬器物较少，共出土10件，包含陶器、铜器、铁器三类，其中以陶器为主。陶器的器型包含有钵、罐、甑、盂、井。铜器为铜洗和铜钱。铁器为铁釜。

1. 陶器

该墓共出土陶器7件，泥质灰陶较多，还有少量泥质红陶。陶器以轮制为主。纹饰包含戳印纹、凹弦纹、鱼纹、几何纹等。

钵　1件。2001FGYM16：5，泥质灰陶。敞口，厚圆唇，上腹斜直，折腹下收微内曲，平底。素面。口径18.4、底径6、高6.7厘米（图三〇七，1）。

罐　3件。2001FGYM16：8，泥质灰陶。侈口，圆唇，束颈，溜肩，鼓腹，下腹弧收，平底微凹。肩部饰一周戳印纹。口径10.4、最大腹径16.4、底径8.8、高11厘米（图三〇七，2）。2001FGYM16：9，泥质灰陶。侈口，圆唇，束颈，溜肩，鼓腹，下腹弧收，平底微凹。肩部饰两周戳印纹。口径10.2、最大腹径16.4、底径7.6、高12.4厘米（图三〇七，3）。2001FGYM16：10，

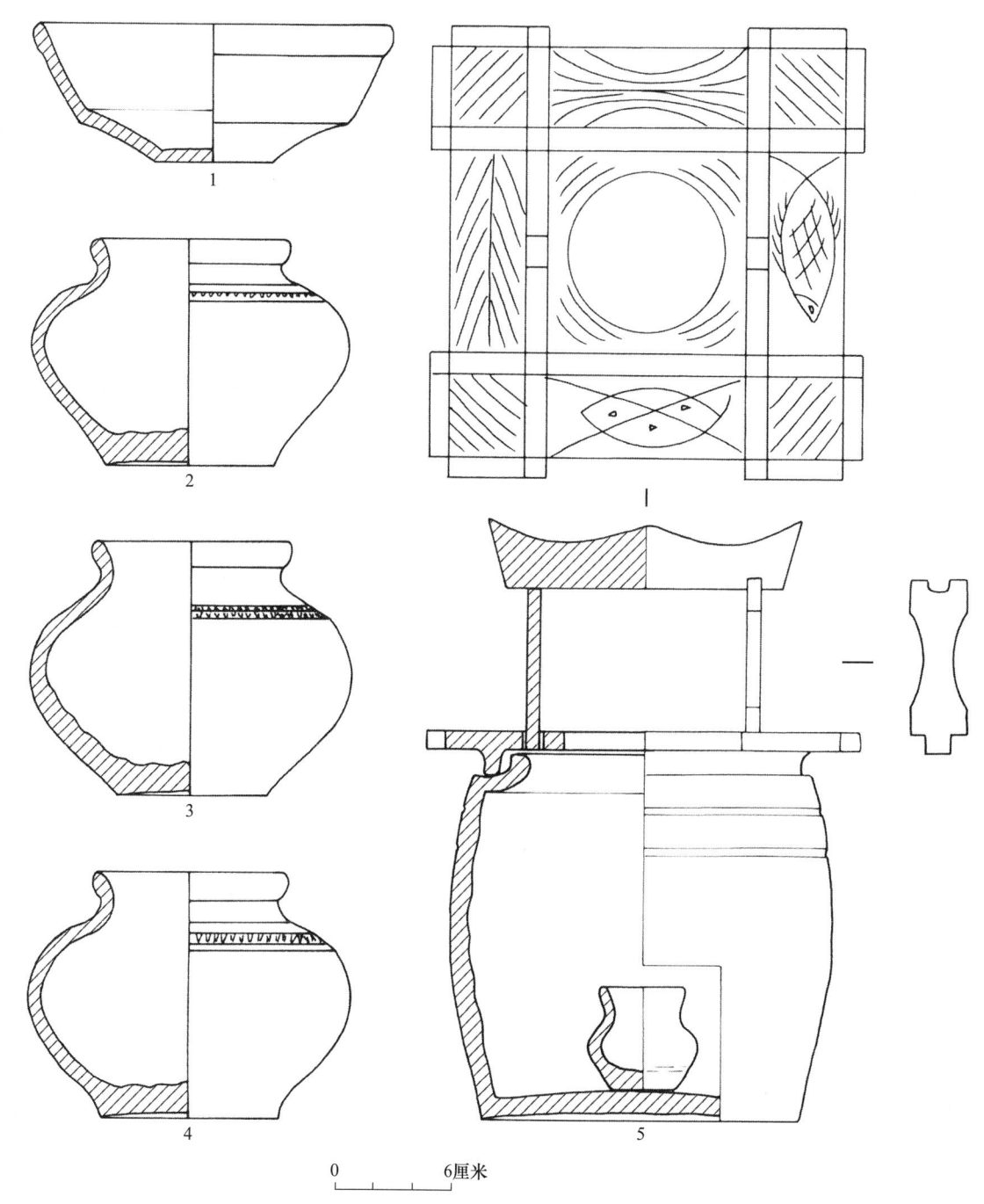

图三〇七　2001FGYM16 出土陶器

1. 钵（2001FGYM16∶5）　2～4. 罐（2001FGYM16∶8、2001FGYM16∶9、2001FGYM16∶10）　5. 井（2001FGYM16∶6）

泥质灰陶。侈口，圆唇，束颈，溜肩，鼓腹，下腹弧收，平底微凹。肩部饰一周戳印纹。口径10.2、最大腹径16.6、底径9.2、高12厘米（图三〇七，4；图版三，2）。

甑　1件。2001FGYM16∶2，泥质灰陶。敞口，卷沿，圆唇，弧腹下收，平底。底部共分布六个箅孔。上腹部饰两周凸棱纹。口径34、底径17、高19.1厘米（图三〇八，1）。

盂　1件。2001FGYM16∶4，泥质红陶，器内口沿和器表局部施酱黄釉。侈口，圆唇，束颈，折肩，上腹微鼓，下腹圆折弧收，圜底。肩部作两对称半圆形纽。腹部饰两周凹弦纹。口径13.2、最大腹径14.8、高11.5厘米（图三〇八，2；图版八，2）。

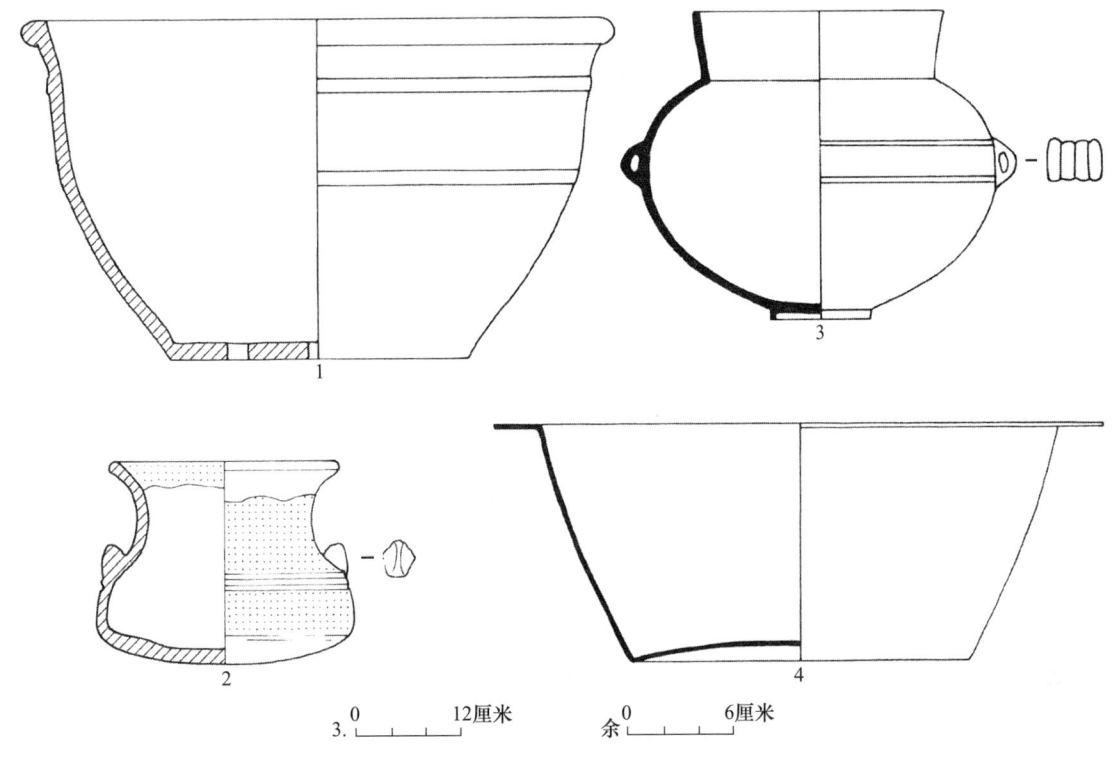

图三〇八　2001FGYM16 出土器物

1. 陶甑（2001FGYM16：2）　2. 陶盉（2001FGYM16：4）　3. 铁釜（2001FGYM16：3）　4. 铜洗（2001FGYM16：1）

井　1件。2001FGYM16：6，泥质灰陶。由井身、井盖、井架三部分组成。井盖平面呈近方形。中部作圆形井圈，两侧有对称长方形孔，内有井架，圈足。井盖表面饰鱼纹、斜线纹、麦穗纹、几何纹等。井身敛口，圆唇，折肩，筒腹微鼓，大平底微内凹。井盖长22.2、宽22厘米，井身口径13.4、最大腹径19.4、底径16，通高28.6厘米。内有一小罐，泥质灰陶。敞口，圆唇，束颈，溜肩，鼓腹，平底。素面。口径4.4、最大腹径5.6、底径3.4、高5厘米（图三〇七，5；图版一六，3）。

2. 铜器

该墓共出土铜器2件，为铜洗和铜钱。

洗　1件。2001FGYM16：1，壁较薄，敞口，平沿，方唇，斜弧腹，平底内凹。素面。口径35.6、底径20、高13.2厘米（图三〇八，4；彩版三八，4）。

铜钱　22枚。均为五铢，皆未磨郭。2001FGYM16：11-1，"五"字矮胖，交笔弯曲，金字头呈三角形，"朱"字上下圆折（图三〇九，1）。2001FGYM16：11-2，"五"字交笔弯曲，金字头呈三角形，四点较长，"朱"字上方下圆，钱径2.5、穿宽0.9厘米（图三〇九，2）。

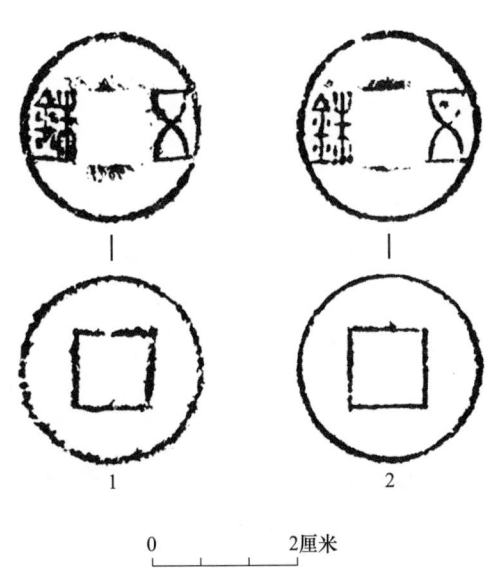

图三〇九　2001FGYM16 出土钱币（拓片）

1、2. 五铢（2001FGYM16：11-1、2001FGYM16：11-2）

3. 铁器

该墓共出土铁器 1 件，为铁釜。

釜　1 件。2001FGYM16∶3，口微敞，方唇，高领，圆鼓腹，矮圈足，腹部饰两对称衔环耳，耳上饰三周凹纹。腹部饰两周凸弦纹。口径 29.6、最大腹径 42、底径 11.6、高 34.2 厘米（图三〇八，3）。

一七、2001FGYM17

（一）墓葬形制

M17 位于袁家堡墓地的西北部，位于该墓地 T13 的中部，开口于第 1 层下，墓口距地表 0.2～0.5 米，打破生土，东北部被 2001FGYM18 打破。墓内填土分为两层，上层以红褐色土为主，并夹杂少量灰褐色土，土质较黏，含有大量的料姜石。下层以浅黄褐色砂土为主，并掺杂有大量的白色粉末，包含有较多的陶器残片、少量木炭碎屑、骨骼碎块、铜钱等。

M17 为土坑竖穴墓，平面呈凸字形，带墓道，方向 49°，总长 4.94、最宽 3.2 米。墓室内长 3.43、宽 2.8、高 1.86～2.26 米。

墓道由北向南倾斜，至墓室形成 0.4 米高的台阶。墓道上口长 1.2、宽 0.74～1.2、深 1.7～1.9 米，其上部被 2001FGYM18 打破，仅存二级土台阶，其壁不直、不光滑。墓道壁与墓底连接处呈弧状。

墓口和墓底大小基本一致，墓壁较直、不光滑，四周转角稍圆。墓室底部四周筑有宽 0.2、深 0.09～0.1 米的沟槽，应为排水系统。墓室未发现人骨，葬具为棺椁。随葬器物较丰富，主要分布在墓室的西北角和南侧（图三一〇）。

（二）随葬器物

随葬器物较丰富，共出土 15 件，包含陶器、铜器、银器和料器四类，其中以陶器居多。陶器的器型包含有甑、盂、魁、耳杯、卮、盘、博山炉、俑、鸡。铜器为铜钱，银器为指环，料器为耳珰。

1. 陶器

该墓共出土陶器 12 件，主要为泥质灰陶和泥质红陶。陶器以轮制为主，包含有模制。纹饰以凹弦纹居多，还包含几何纹。

甑　1 件。2001FGYM17∶9，泥质灰陶。直口，圆唇，卷沿，弧腹下收，平底。底部共分布六个箅孔。上腹部饰一周凹弦纹，腹部留有轮制抹纹。口径 29.2、底径 14.2、高 15.4 厘米（图三一一，6）。

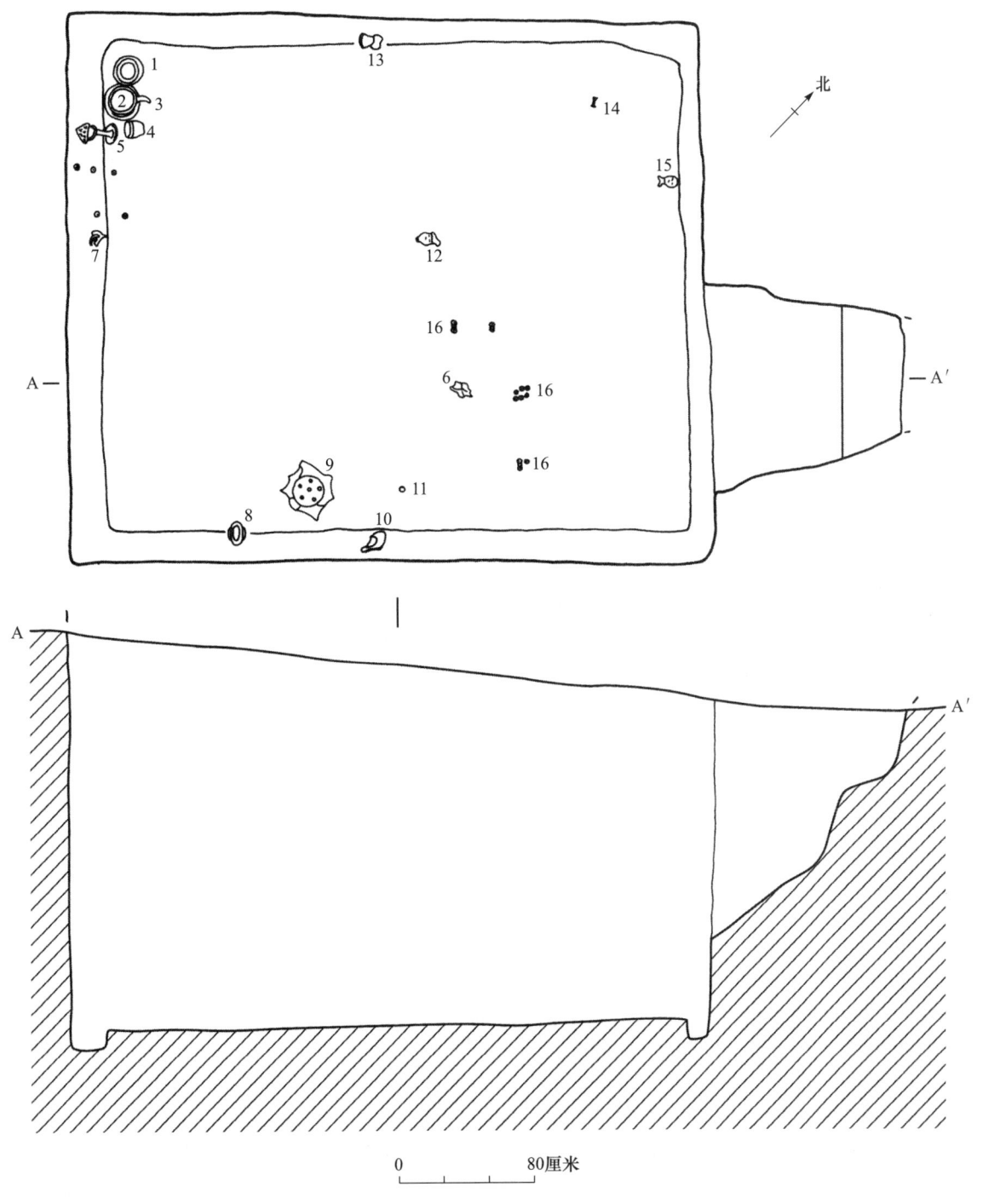

图三一〇　2001FGYM17 平、剖面图

1.陶盂　2.陶魁　3.陶盘　4.陶卮　5.陶博山炉　6.陶罐　7.陶鸡　8、10、13.陶耳杯　9.陶甑　11.银指环
12、15.陶俑　14.料器（耳珰）　16.铜钱

盂　1件。2001FGYM17：1，泥质红陶，器表上腹部和器内口沿施酱黄釉。侈口，方唇，束颈，溜肩，弧腹，圜底。肩腹部作两对称凸纽，并饰有两周凹弦纹。口径13.8、最大腹径15、高10.4厘米（图三一一，1；图版八，1）。

魁　1件。2001FGYM17：2，泥质红陶，器内与器表局部施酱黄釉。直口，方唇，上腹近直，圆折腹斜收，平底。柱状柄末端下折，截面呈近圆形。上腹部饰一周凹弦纹。口径16.4、底径7、

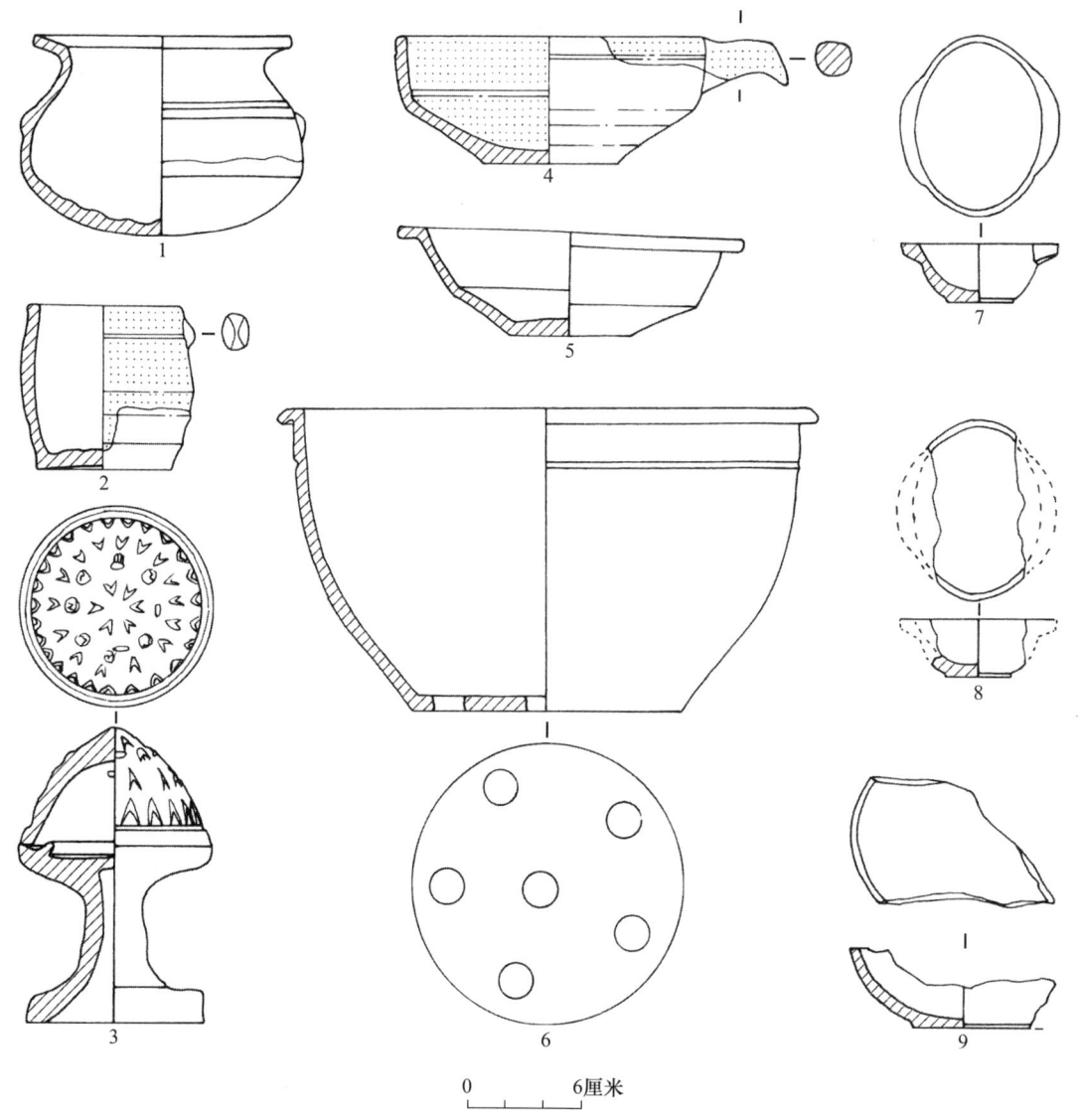

图三一一 2001FGYM17 出土陶器

1.盂（2001FGYM17：1） 2.卮（2001FGYM17：4） 3.博山炉（2001FGYM17：5） 4.魁（2001FGYM17：2） 5.盘（2001FGYM17：3） 6.甑（2001FGYM17：9） 7～9.耳杯（2001FGYM17：8、2001FGYM17：10、2001FGYM17：13）

高6.5、通长20.8厘米（图三一一，4；图版一〇，5）。

耳杯 3件。2001FGYM17：8，泥质灰陶。呈椭圆形，敞口，方唇，弧腹内收，饼足。耳作新月状。素面。长径9.2、短径8.2、高3厘米（图三一一，7；图版一三，1）。2001FGYM17：10，泥质灰陶。口部（局部）与双耳残。呈椭圆形，敞口，方唇，弧腹内收，平底。素面。长径9.2、复原短径8.2、高3厘米（图三一一，8）。2001FGYM17：13，泥质灰陶。双耳残，器身残存部分。敞口，弧腹，平底。素面。残长10.6、高4厘米（图三一一，9）。

卮 1件。2001FGYM17：4，泥质红陶，器表施酱黄釉不到底，已部分脱落。直口微敛，方唇，近筒状腹微鼓，平底微凹。上腹部作一凸纽，并饰一周凹弦纹。口径8.2、最大腹径9.2、底径7.2、高8.3厘米（图三一一，2）。

盘 1件。2001FGYM17：3，泥质红陶，器内施酱黄釉，已部分剥落。敞口，方唇，平折沿，折腹,平底。素面。口径 18.2、底径 6.4、高 5~5.6 厘米(图三一一,5)。

博山炉 1件。2001FGYM17:5,泥质红陶,器表施酱黄釉。由炉座和炉盖两部分组成。炉座为子母口内敛,子口上承器盖,圆唇,折腹,浅盘,柱状柄,喇叭状浅座。炉盖敞口,方唇,盖面隆起,弧形顶。盖面的内侧与外侧均饰箭镞形图案,中间饰几何形图案。炉盖口径 10.4、柄径 3.4、座径 9.6、通高 15 厘米(图三一一,3)。

人物俑 2件。2001FGYM17:12,泥质红陶。仅存头部。束巾,面目清晰,塌鼻梁,抿嘴。残高 5.4 厘米(图三一二,2)。2001FGYM17:15,泥质灰陶。仅存头部。束巾,面目清晰,塌鼻梁,抿嘴。残高 5.5 厘米(图三一二,1)。

鸡 1件。2001FGYM17:7,泥质红陶。仅存鸡首。似昂首。残高 4.6 厘米(图三一二,3)。

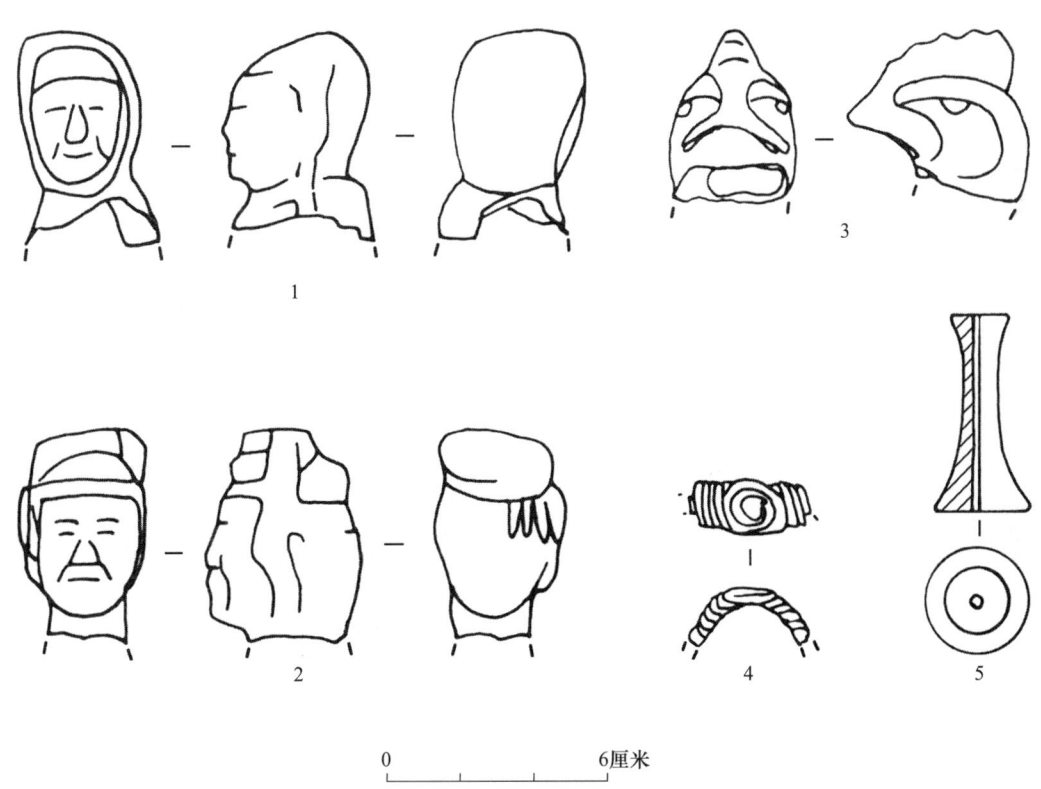

图三一二 2001FGYM17 出土器物
1、2.陶俑(2001FGYM17:15、2001FGYM17:12) 3.陶鸡(2001FGYM17:7) 4.银指环(2001FGYM17:11)
5.琉璃耳珰(2001FGYM17:14)

2. 铜器

该墓出土铜器为 28 枚铜钱。

铜钱 28 枚。仅 10 枚清晰可辨。有五铢和货泉两种。

五铢 4 枚。2001FGYM17:16-1,未磨郭,钱文字体较粗,郭沿较宽,"五"字交笔弯曲,金字头呈三角形,"朱"字上方下圆。钱径 2.6、穿宽 0.9 厘米(图三一三,1)。

货泉 6 枚,仅 2 枚钱文可辨。2001FGYM17:16-2,剪轮,钱文"泉"字中竖中断,穿上有单

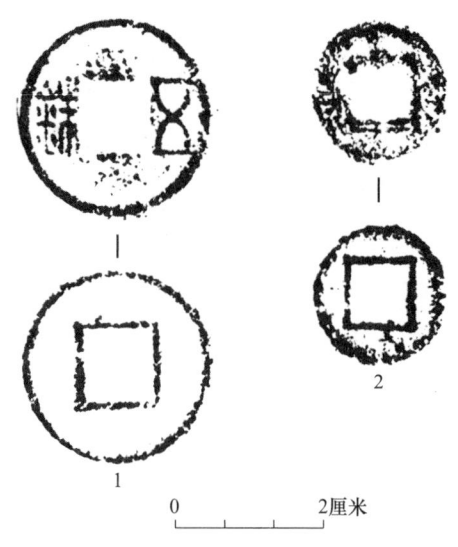

图三一三　2001FGYM17 出土钱币（拓片）
1. 五铢（2001FGYM17：16-1）
2. 货泉（2001FGYM17：16-2）

郭，且郭较大、较粗。钱径1.8、穿宽0.7厘米（图三一三，2）。

3. 银器

该墓共出土银器1件，即为指环。

指环　1件。2001FGYM17：11，顶部为银丝盘成圈，戒身为银丝缠绕。直径2.2厘米（图三一二，4）。

4. 料器

该墓共出土料器1件，即为耳珰。

耳珰　1件。2001FGYM17：14，浅蓝色，半透明。亚腰形，中有一穿，平面呈圆形，上径0.8、下径1.4、高2.6厘米（图三一二，5）。

一八、2001FGYM18

M18位于袁家堡墓地的西北部，位于该墓地T13的东部，开口于第1层下，墓口距地表0.1~0.5厘米，打破其西侧的2001FGYM17和生土层。墓内填土以红褐色土为主，并夹杂少量灰褐色土，土质较黏，含有大量的料姜石。

M18为土坑竖穴墓，平面近方形，无墓道，方向319°，墓室长3.22、宽3、高0.4~0.78米。墓口和墓底大小基本一致，墓壁较直、不光滑，四周转角稍圆。墓室底部高低不平，东部高，西部低，分布大量的形状各异的料姜石，土质坚硬。

未发现人骨、葬具及随葬器物（图三一四）。

第六节　棺山堡墓地

棺山堡墓地位于关田沟村三社，西临长江，东临高家镇新修沿江公路，南面、北面隔沟分别与袁家堡墓地、黄泥堡墓地相望。该墓地按正南北向，采用探方法共布10米×10米探方3个，编号2001FGYT1、2001FGYT2、2001FGYT3。实际发掘面积300平方米。清理墓葬3座，包括土坑墓1座，砖室墓2座（图三一五；彩版六，1）。

一、2001FGYM36

（一）墓葬形制

M36位于棺山堡墓地北部，该墓地T1东部，开口于第1层下，墓口距地表0.1~0.55米，打

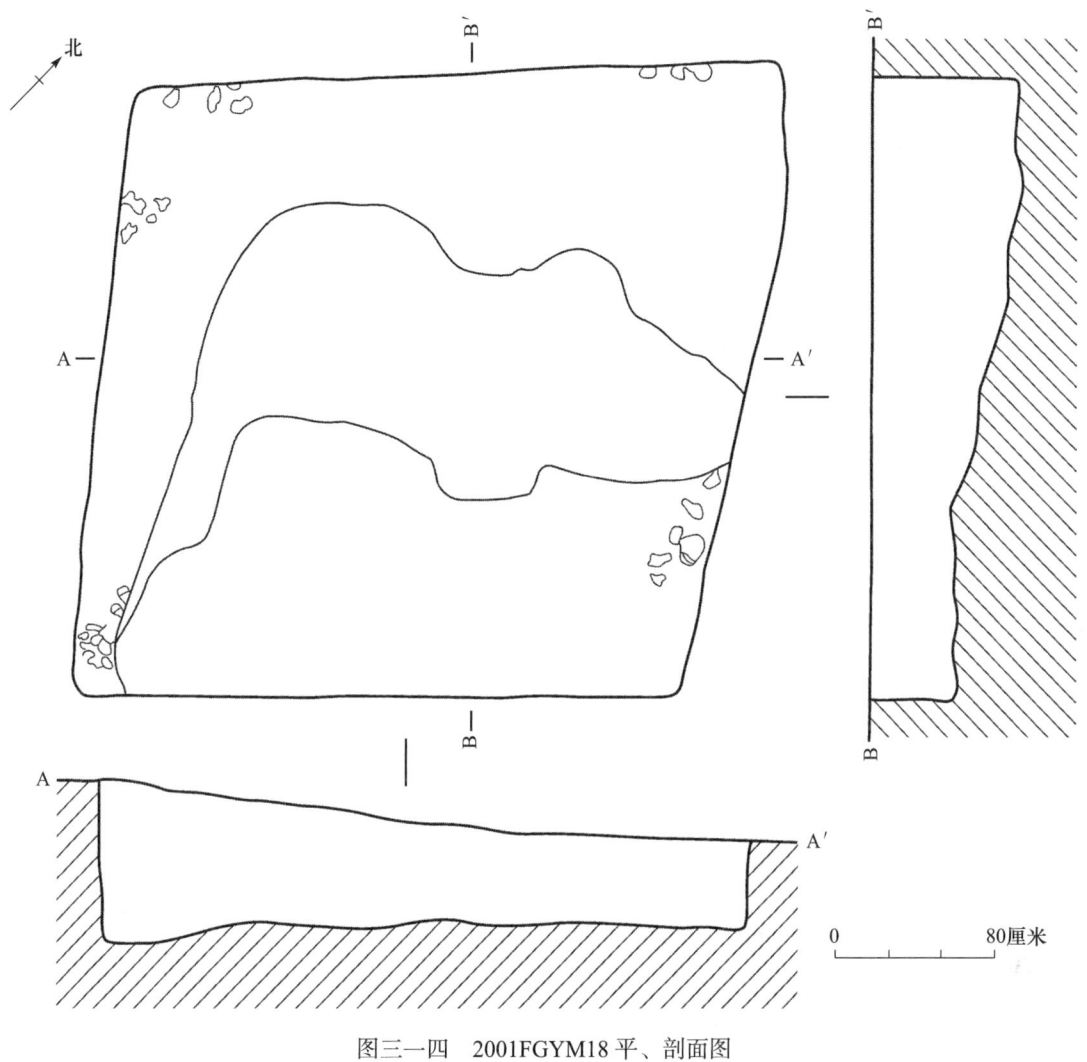

图三一四　2001FGYM18 平、剖面图

破生土。该墓填土可分为两种，墓圹内填土为黄色黏土，土质紧密；墓室内填土为黄褐色砂土，土质较紧密，包含大量青砖残块、陶片等。

M36 为砖室墓，平面呈刀把形，方向 290°，由甬道、墓室两部分组成，总长 6.4、最宽处 3.4 米。

墓道不详，甬道位于墓室西部，内长 3.3、宽 1.68、残高 0.8 米。墓室残长 1.2～2.3、宽 2.7、残高 1.04 米。

甬道外采用长方形砖横向错缝平砌封门。墓底无铺地砖，甬道壁及墓壁用长方形砖横向错缝平砌。券顶用楔卯砖错缝券砌，大部分已不存，墓砖有长方形砖和楔卯砖两种，前者长 50、宽 18、厚 10 厘米；后者长 46、宽 8、厚 10 厘米。墓砖朝墓室面饰有几何菱形纹饰。

葬具及人骨均已不存。随葬品摆放较规整，主要摆放于墓室前部（图三一六、图三一七）。

（二）随葬器物

该墓随葬器物较少，共出土有 4 件。包括陶器、瓷器、铜器三类。随葬器物以瓷器为主，器型有碗、唾壶。陶器为陶罐。铜器为铜钱。

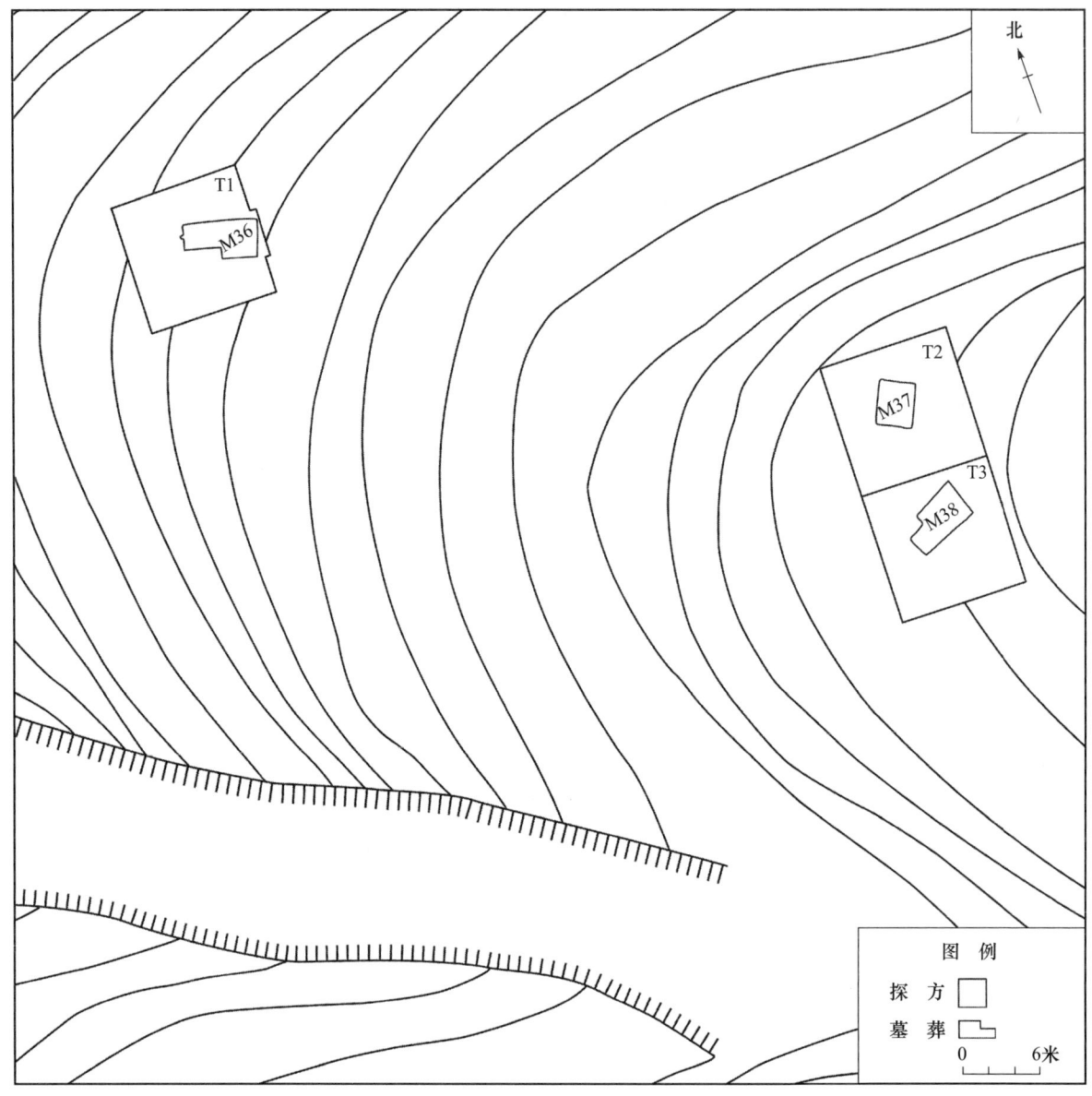

图三一五　棺山堡墓地墓葬分布图

1. 陶器

罐　1件。2001FGYM36：4，泥质灰陶。侈口，圆唇，矮领，溜肩，鼓腹，平底。底部微凹。器表及器内有轮制痕迹。口径11.6、最大腹径13.2、底径8、高11.5厘米（图三一八，4）。

2. 瓷器

碗　1件。2001FGYM36：3，灰白胎，器表施绿釉，部分剥落。敞口，尖唇，弧腹，圈足内弧。口径13.2、底径4.6、高7.2厘米（图三一八，2）。

唾壶　1件。2001FGYM36：2，灰白胎，器表施黄釉，部分剥落，器内有釉，圈足施粉彩。浅盘口，尖唇，束颈，溜肩，垂腹，圈足内弧。器内有轮制痕迹。口径8.4、最大腹径13.7、底径12、高9厘米（图三一八，1）。

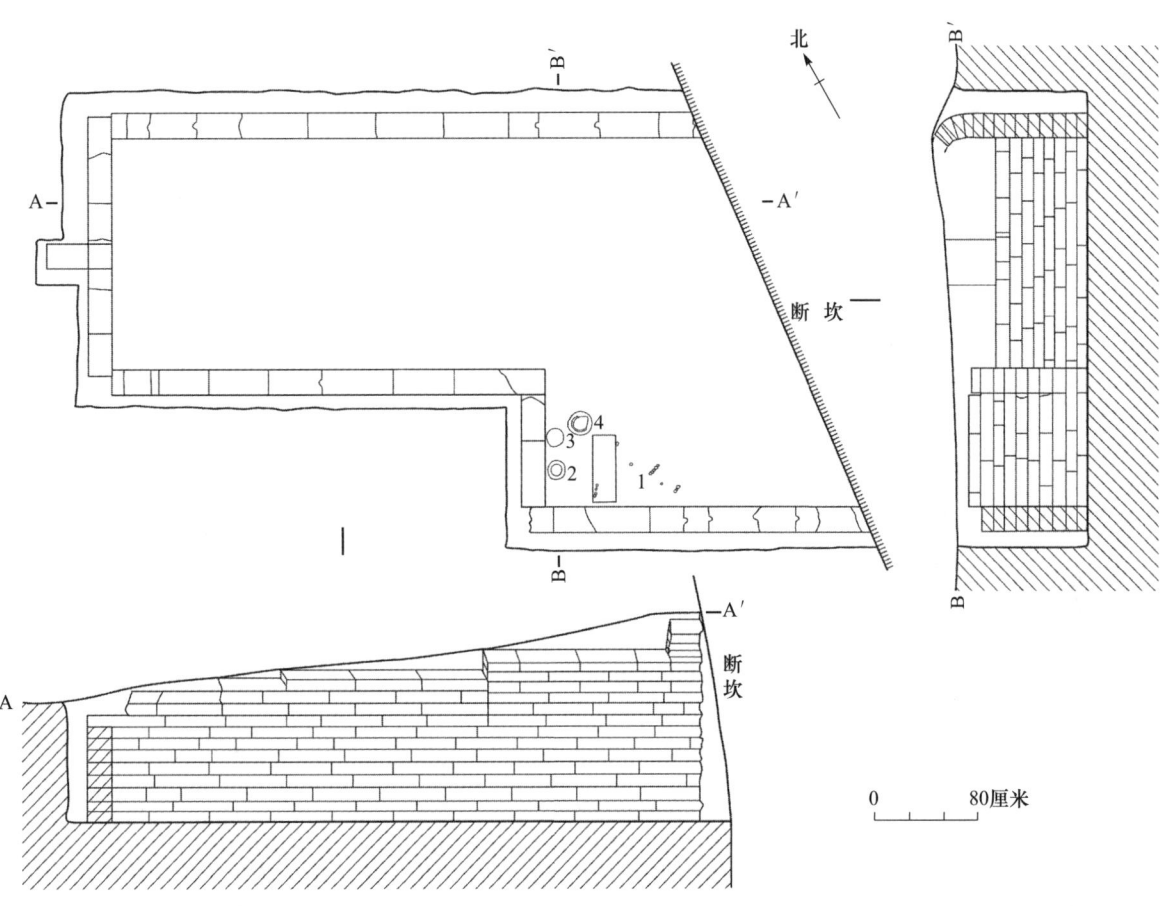

图三一六 2001FGYM36 平、剖面图
1. 铜钱 2. 瓷唾壶 3. 瓷碗 4. 陶罐

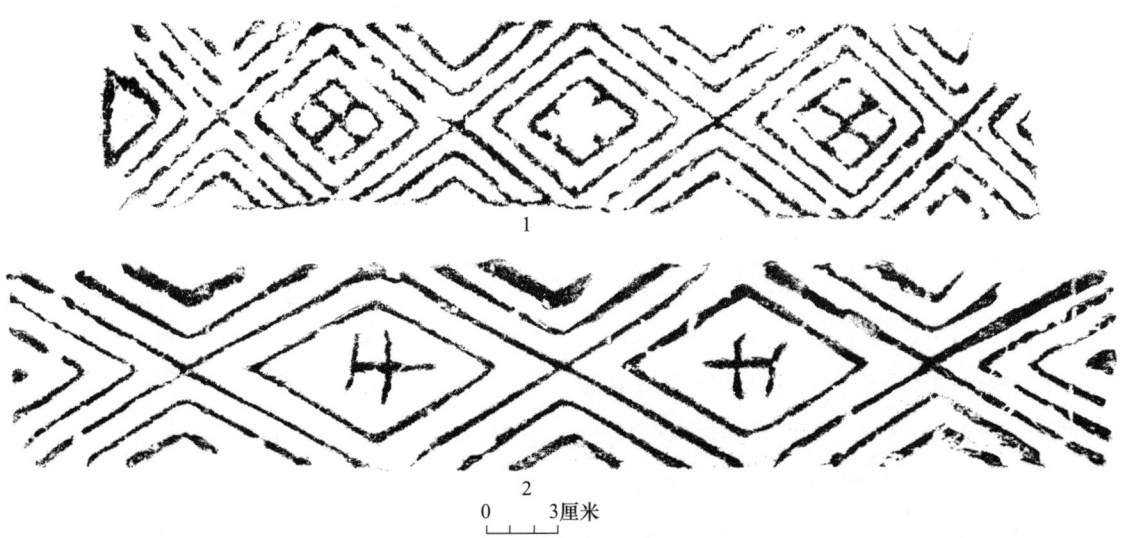

图三一七 2001FGYM36 出土墓砖（拓片）

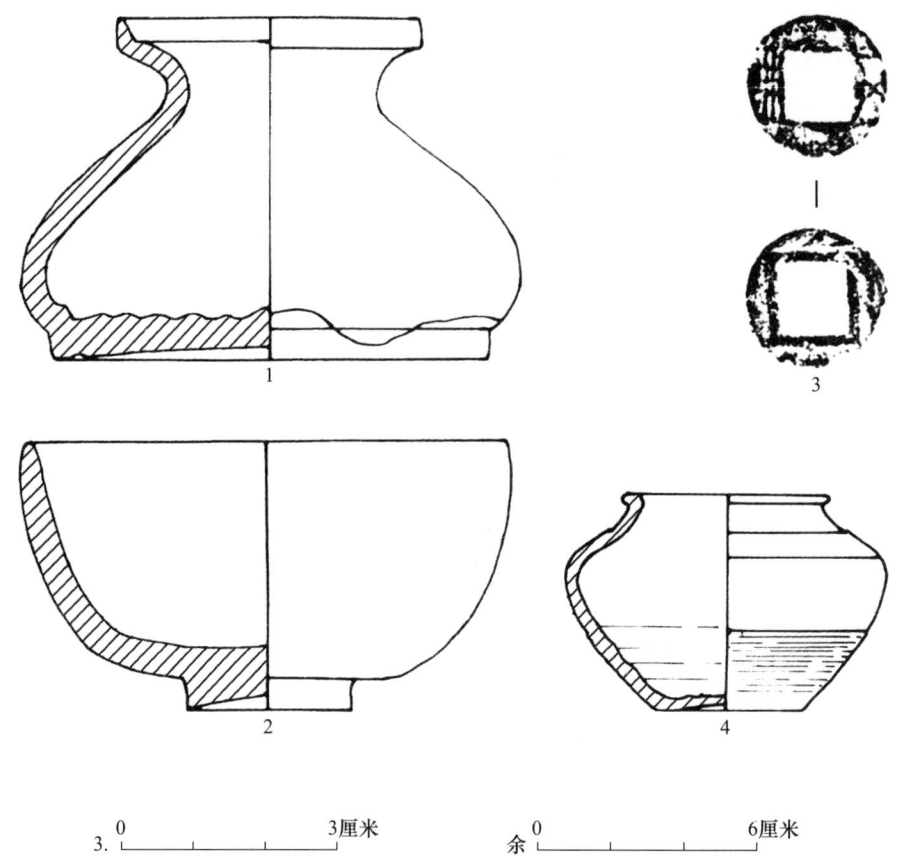

图三一八　2001FGYM36 出土器物
1. 瓷唾壶（2001FGYM36∶2）　2. 瓷碗（2001FGYM36∶3）　3. 铜钱拓片（2001FGYM36∶1-1）
4. 陶罐（2001FGYM36∶4）

3. 铜器

铜钱　23 枚。均为剪轮五铢，2001FGYM36∶1。肉薄径小，钱文不可辨。钱径 1.9～2、穿宽 0.8～0.9 厘米（图三一八，3）。

二、2001FGYM37

（一）墓葬形制

M37 位于棺山堡墓地北部，该墓地 T2 的中部，开口于第 2 层下，墓口距地表 0.4～0.6 厘米，打破生土。墓内填土为红褐色五花土，土质紧密。

M37 为竖穴土坑墓，平面近方形，方向 204°。墓口长约 3.8、宽 3.3 米，墓底长 3.02、宽 2.53、深 1.42～1.67 米。墓圹壁较平滑。墓底四周有熟土二层台，宽 0.2～0.3、高 0.4 米。

葬具可能为一椁一棺，人骨 1 具，头南面北，仰身直肢。因该墓被扰，随葬品摆放零乱，主要摆放于边箱，铜钱置于棺内（图三一九）。

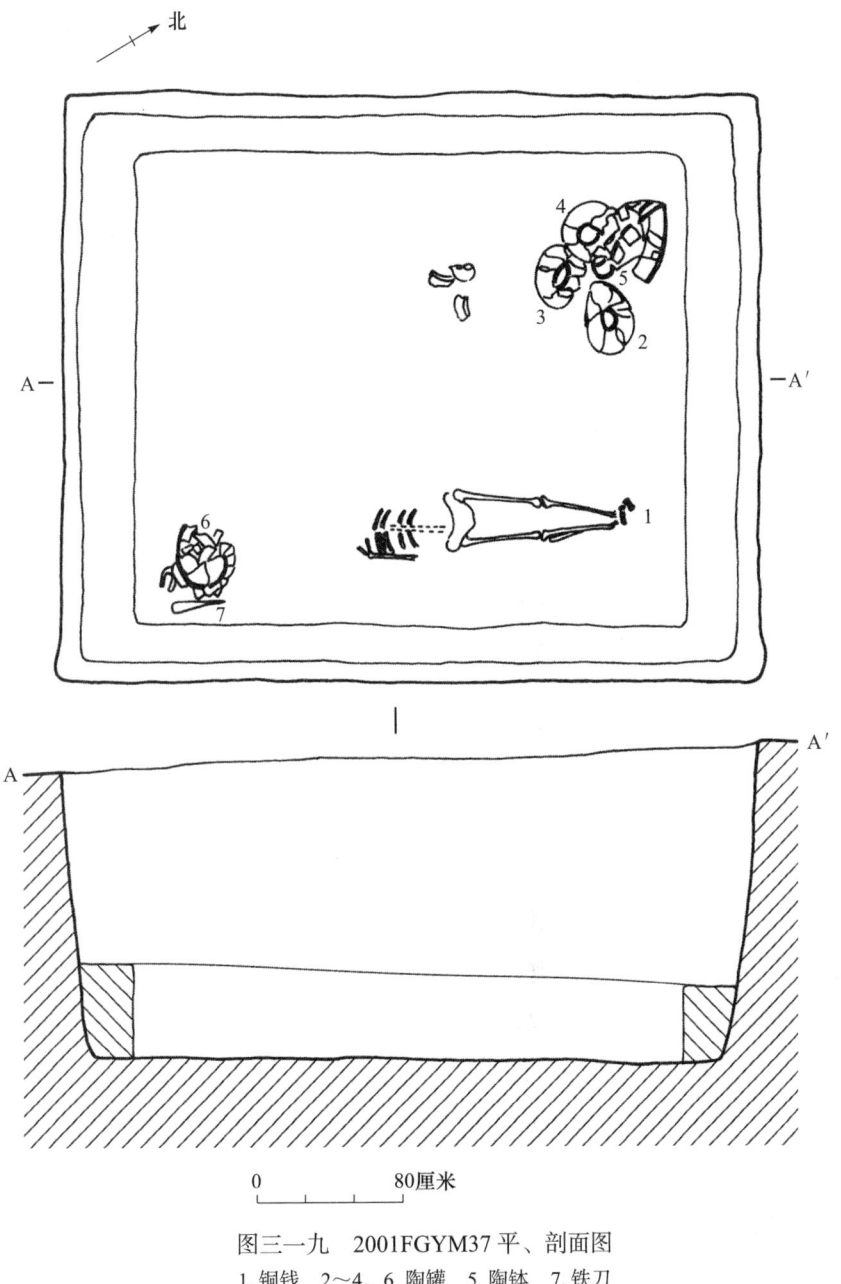

图三一九　2001FGYM37 平、剖面图
1.铜钱　2~4、6.陶罐　5.陶钵　7.铁刀

（二）随葬器物

该墓随葬器物较少，共出土有 4 件。包括陶器、铜器、铁器三类。陶器为陶钵、陶罐等。铜器为铜钱，皆残破不可辨。铁器为残铁刀。

该墓共出土有陶器 2 件。均为泥质灰陶。陶器均为轮制。纹饰有凹弦纹。

钵　1 件。2001FGYM37：5，泥质灰陶。敞口，圆唇，斜弧腹，饼足。口径 14.4、底径 5、高 5.2 厘米（图三二〇，2）。

罐　1 件。2001FGYM37：6，泥质灰陶，已残。侈口，圆唇，束颈，斜肩，鼓腹，平底。肩部饰有两周凹弦纹。口径 12、最大腹径 23.6、底径 16、高 18 厘米（图三二〇，1）。

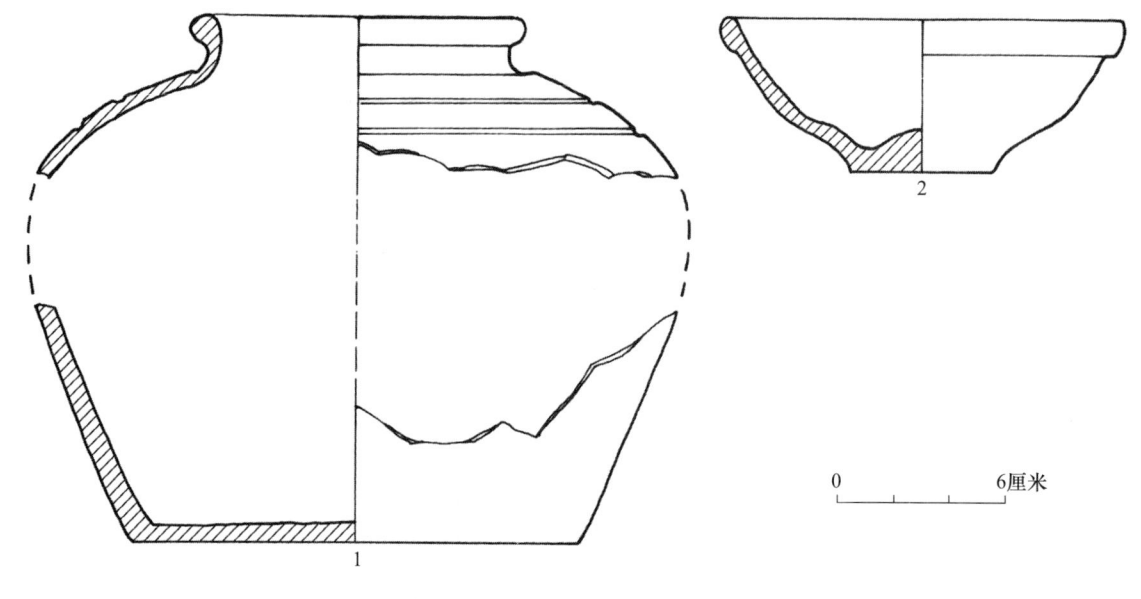

图三二〇　2001FGYM37 出土器物
1. 罐（2001FGYM37：6）　2. 钵（2001FGYM37：5）

三、2001FGYM38

（一）墓葬形制

M38 位于棺山堡墓地东南部，该墓地 T3 中部，开口于第 1 层下，墓口距地表 0.1～0.2 米，打破生土。该墓填土可分为两种，墓圹内填土为黄褐色黏土，土质紧密，含少量炭屑；墓室内填土为黄褐色砂土，土质较紧密，包含大量青砖残块。

M38 为砖室墓，平面呈刀把形，方向 230°，由甬道、墓室两部分组成，总长 5.3、最宽处 3.56 米。

甬道位于墓室西部，内长 1.8、宽 1、残高 0.54 米。墓室内长 2.98、宽 2、残高 1.16 米。

墓底采用长方形砖错缝平砌，大部分已不存。甬道壁及墓壁用长方形砖错缝平砌。墓顶用楔卯砖错缝券砌，大部分已不存。墓砖有长方形砖和楔卯砖两种，前者长 38、宽 18、厚 6 厘米；楔卯砖长 42、宽 18、厚 6 厘米。墓砖朝墓室面饰有几何菱形纹饰。

葬具已不存，人骨 2 具，仰身直肢。随葬品摆放较规整，主要摆放于墓室前部（图三二一、图三二二；彩版二三，1、2）。

（二）随葬器物

该墓随葬器物较丰富，共出土有 24 件。包括陶器、瓷器、铜器、铁器、银器五类。随葬器物以瓷器为主，器型有钵、碗、盏、盘口壶。陶器为陶釜。铜器为饰件、铜钱。铁器为残铁饰件。银器为残银饰件。

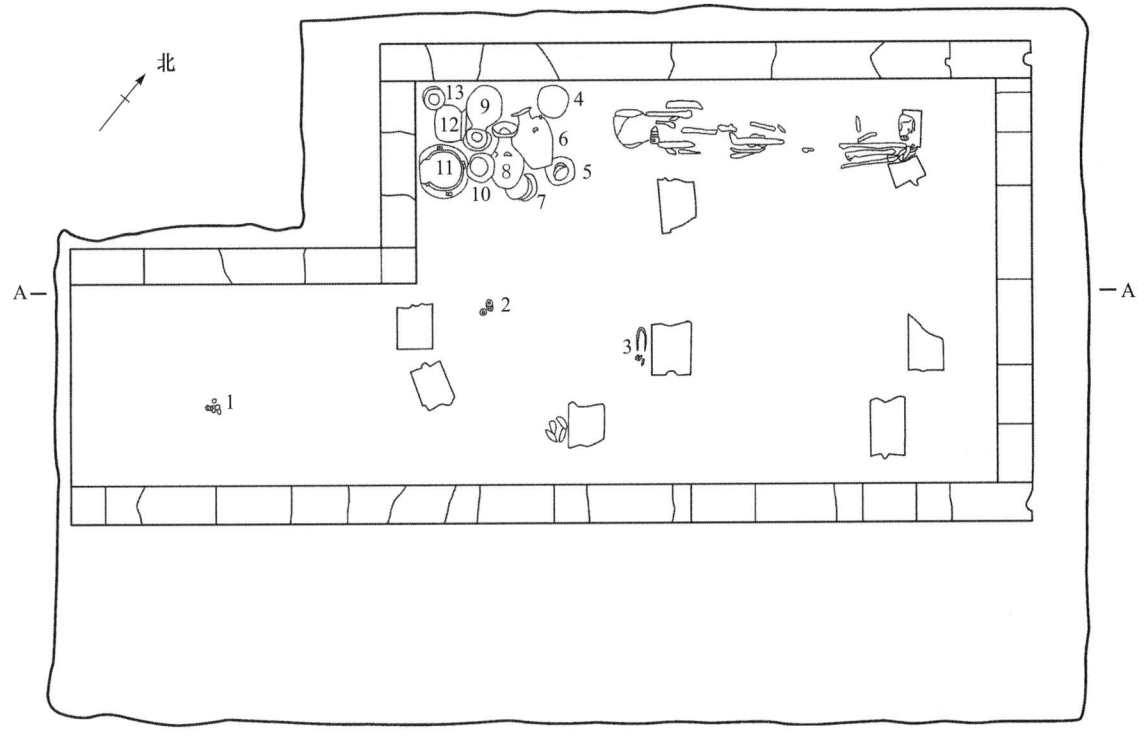

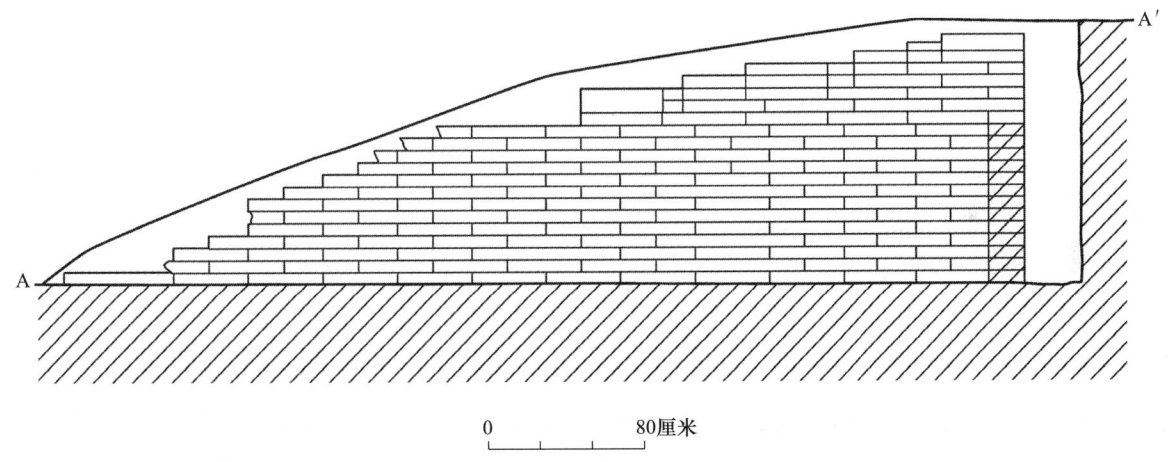

图三二一　2001FGYM38 平、剖面图
1、2.铜钱　3.铜勺　4、5、7、10.瓷钵　6、8、9.瓷盘口壶　6-1、6-2、6-3.瓷盏　6-4.瓷钵　11.瓷四系罐　12.陶釜

1. 陶器

釜　1件。2001FGYM38：12，夹粗砂灰陶。侈口，方圆唇，斜折沿，溜肩，垂腹，圜底。肩部至底部饰有竖向细绳纹。口径17.2、最大腹径19.6、高16.4厘米（图三二六，1）。

2. 瓷器

该墓共出土有瓷器21件。以灰白胎为主，另有红褐胎，器表施绿黄釉、绿釉、青黄釉、黄釉。瓷器均为轮制。纹饰有凹弦纹。

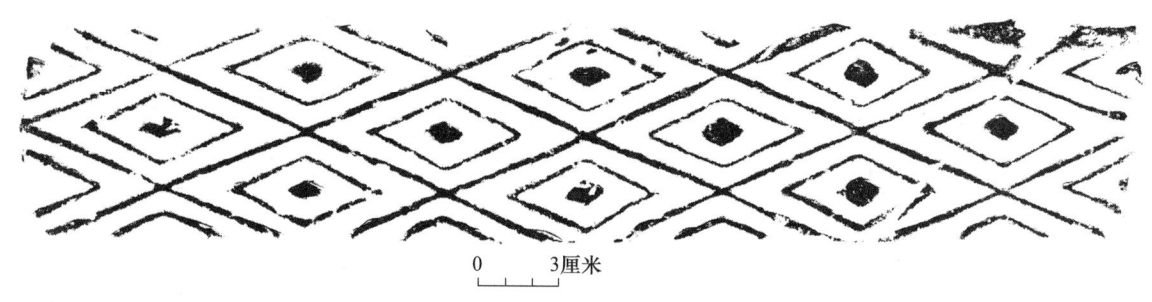

图三二二　2001FGYM38 出土墓砖（拓片）

钵　11 件。2001FGYM38：5-1，灰白胎，器表施绿黄釉，部分剥落。敞口，圆唇，弧腹，假圈足。底部微凹。器内底部有支烧痕迹。口径 15、底径 8.8、高 6.2 厘米（图三二三，1）。2001FGYM38：5-2，灰白胎，器表施绿黄釉，器内有釉。敞口，尖圆唇，斜弧腹，假圈足内弧。器内底部有支烧痕迹。口径 14.8、底径 9.6、高 6.6 厘米（图三二三，2）。2001FGYM38：6-4，灰白胎，器表施黄釉，部分剥落。敞口，尖圆唇，弧腹，饼足。底部微凹。器内底部有支烧痕迹。口径 14.2、底径 9.2、高 6.2 厘米（图三二三，3；彩版三五，1）。2001FGYM38：7-1，灰白胎，器表均施绿釉，部分剥落，器内有釉。敞口，圆唇，弧腹，圈足内弧。器内底部有支烧痕迹。口径 15.6、底径 9、高 6.8 厘米（图三二三，5）。2001FGYM38：7-2，灰白胎，器表施青黄釉，部分剥落，器内有釉。敞口，尖唇，斜弧腹，假圈足。器内底部有支烧痕迹。口径 15、底径 9.4、高 9.5 厘米（图三二三，4）。2001FGYM38：7-3，灰白胎，器表施绿釉，器内有釉。敞口，尖圆唇，斜弧腹，假圈足内弧。器内底部有支烧痕迹。口径 14.4、底径 10、高 6.1 厘米（图三二三，6）。2001FGYM38：8-1，灰白胎，器表施绿釉，器内有釉。敞口，尖唇，弧腹，圈足。口径 11.6、底径 4.4、高 6 厘米（图三二四，2）。2001FGYM38：8-2，灰白胎，器表施绿黄釉，部分剥落，器内有釉。敞口，尖唇，弧腹，假圈足内弧。器内底部有支烧痕迹。口径 13.2、底径 9、高 7.2 厘米（图三二四，3）。2001FGYM38：8-3，灰白胎，器表施绿釉，部分剥落，器内有釉。敞口，圆唇，斜弧腹，圈足内弧。器内底部有支烧痕迹。口径 15、底径 8.6、高 6.8 厘米（图三二四，4；彩版三五，3）。2001FGYM38：8-4，灰白胎，器表施青黄釉，器内有釉。敞口，方圆唇，弧腹，圈足内弧。口径 16、底径 9.8、高 6.6 厘米（图三二四，5；彩版三五，2）。2001FGYM38：9-3，灰白胎，器表施绿釉，器内有釉。敞口，圆唇，弧腹，假圈足内弧。口径 14.2、底径 10、高 6.4 厘米（图三二四，1）。

盏　6 件。2001FGYM38：6-1，灰白胎，器表施绿釉，器内有釉。敞口，尖唇，弧腹，假圈足。口径 8.4、底径 4、高 4.6 厘米（图三二五，5）。2001FGYM38：6-2，灰白胎，器表施绿釉，器内有釉。敛口，圆唇，斜弧腹，假圈足。器内底部有支烧痕迹。口径 8.4、底径 4.3、高 4.6 厘米（图三二五，2；彩版三六，8）。2001FGYM38：6-3，灰白胎，器表及器内均施绿釉。敞口，圆唇，斜弧腹，饼足。器内底部有支烧痕迹。口径 8.6、底径 4.9、高 4.6 厘米（图三二五，3；彩版三六，3）。2001FGYM38：9-1，灰白胎，器表施绿釉，器内有釉。侈口，尖唇，弧腹，假圈足内弧。口径 8.8、底径 4.4、高 4.4 厘米（图三二五，6；彩版三六，5）。2001FGYM38：9-2，灰白胎，器表

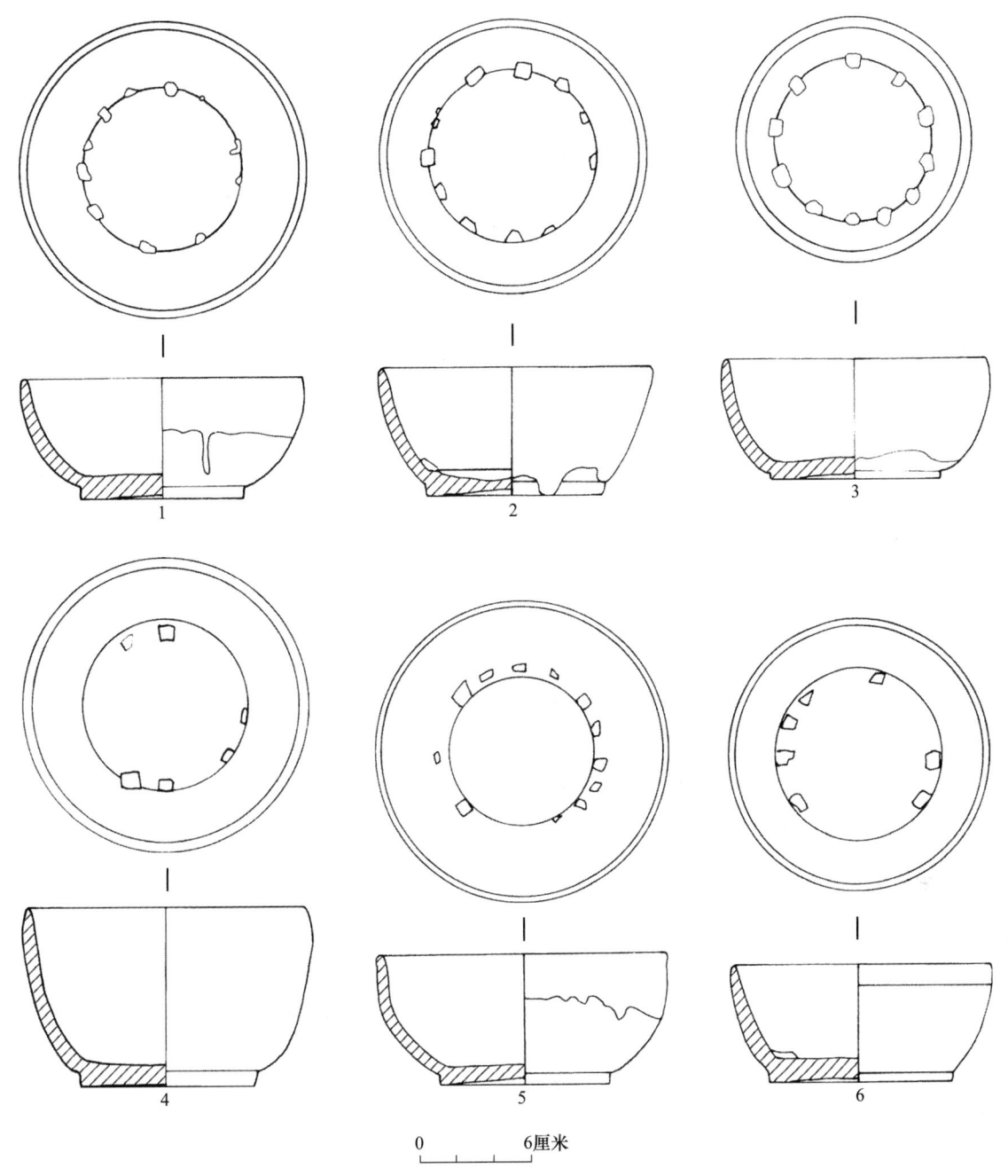

图三二三　2001FGYM38出土陶钵（一）

1～6. 钵（2001FGYM38：5-1、2001FGYM38：5-2、2001FGYM38：6-4、2001FGYM38：7-2、2001FGYM38：7-1、2001FGYM38：7-3）

施黄釉，器内有釉。敛口，尖唇，弧腹，假圈足内弧。口径12.8、底径5.6、高6.3厘米（图三二五，7）。2001FGYM38：13，灰白胎，器表施绿釉，器内有釉。敛口，尖唇，直腹微弧，假圈足。口径6.2、底径3、高3.2厘米（图三二五，4）。

盘口壶　3件。2001FGYM38：6，褐红胎，器表施淡绿釉。口部残。束颈，鼓肩，鼓腹，平底，底部微凹。肩部饰有横向对称四系。器内有轮制痕迹。最大腹径18.6、底径11.4、残高23厘米（图三二六，4）。2001FGYM38：8，灰白胎，器表施绿黄釉，部分剥落，器内有釉。口部残，束颈，溜肩，斜腹，平底，底部微凹。肩部饰有横向对称四系。最大腹径14.8、底径8.8、残高11

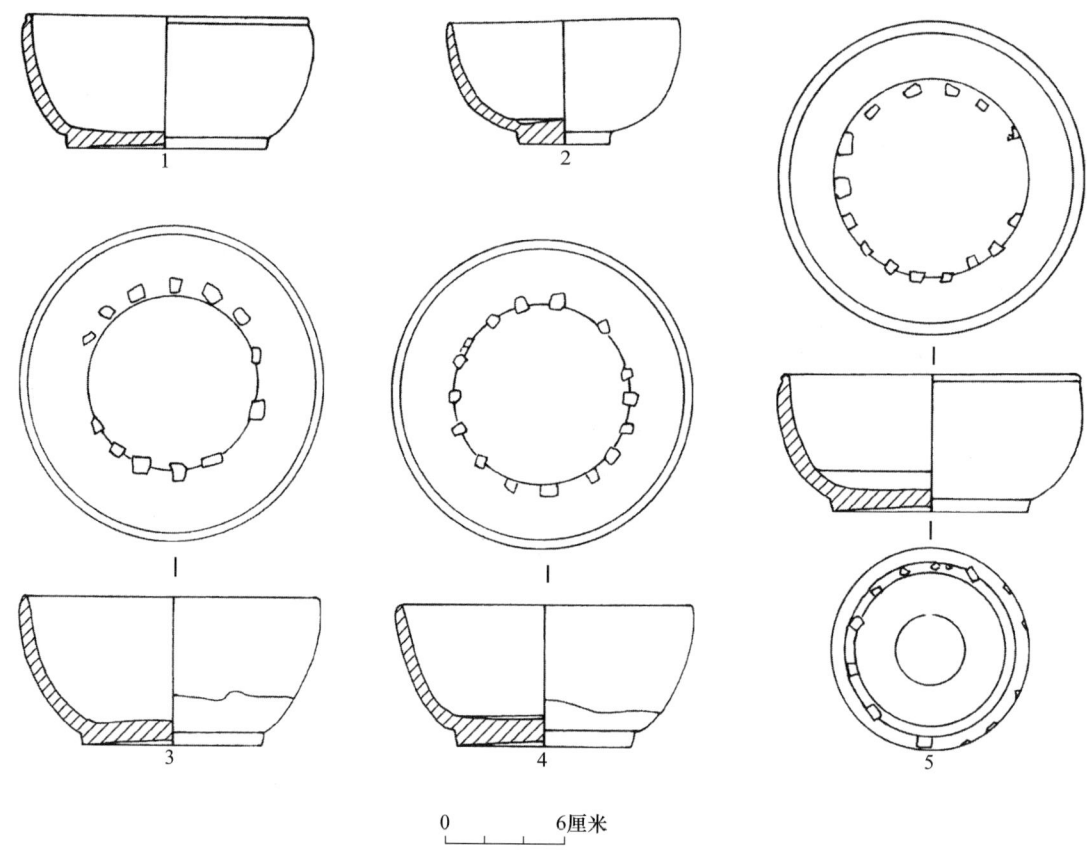

图三二四　2001FGYM38 出土陶钵（二）

1~5. 钵（2001FGYM38：9-3、2001FGYM38：8-1、2001FGYM38：8-2、2001FGYM38：8-3、2001FGYM38：8-4）

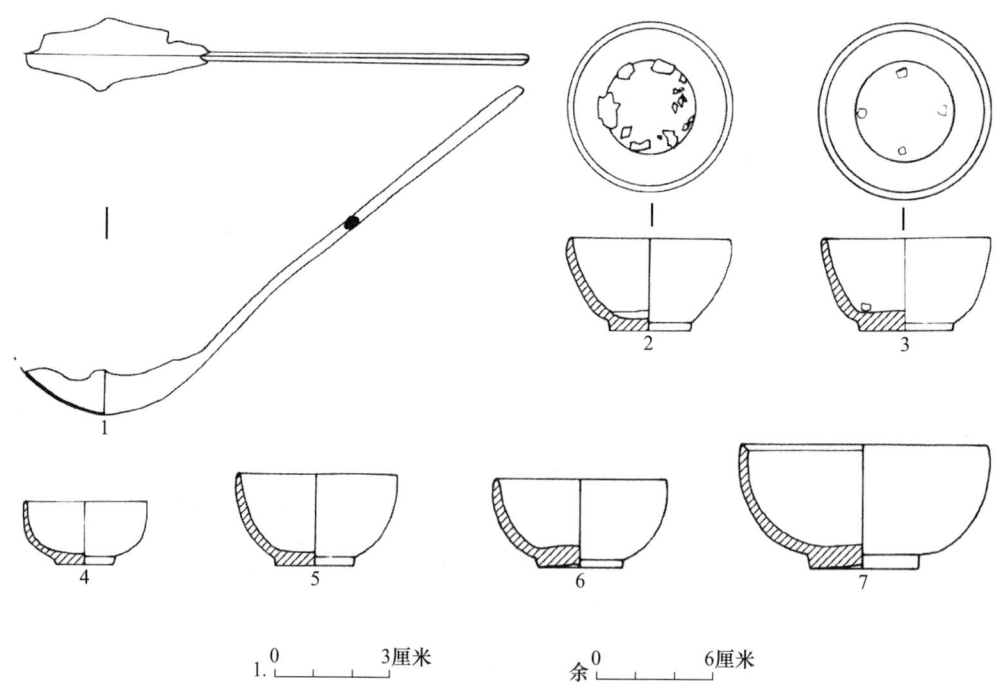

图三二五　2001FGYM38 出土器物（一）

1. 铜勺（2001FGYM38：3）　2~7. 瓷盏（2001FGYM38：6-2、2001FGYM38：6-3、2001FGYM38：13、2001FGYM38：6-1、2001FGYM38：9-1、2001FGYM38：9-2）

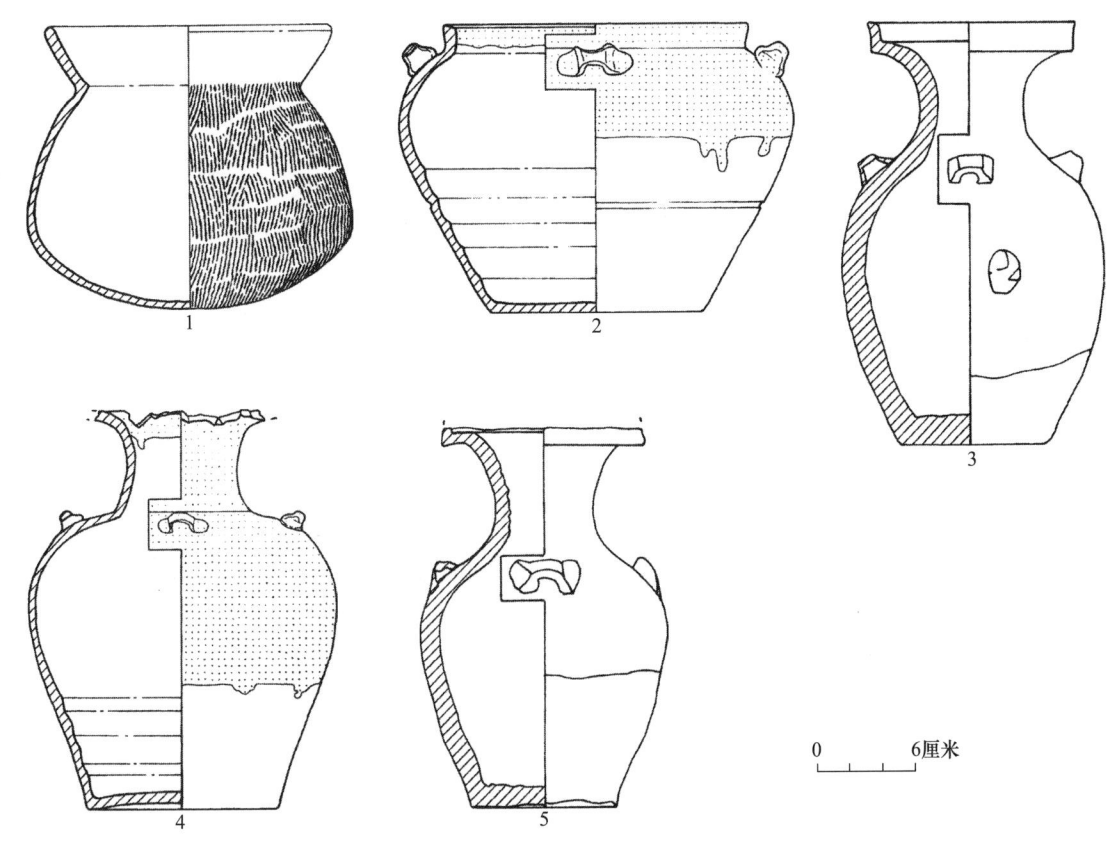

图三二六　2001FGYM38 出土器物（二）

1. 陶釜（2001FGYM38：12）　2. 瓷四系罐（2001FGYM38：11）　3~5. 瓷盘口壶（2001FGYM38：9、2001FGYM38：6、2001FGYM38：8）

厘米（图三二六，5；彩版三七，4）。2001FGYM38：9，灰白胎，器表施绿釉，部分剥落，器内有釉。浅盘口，尖圆唇，束颈，溜肩，斜弧腹，平底。肩部饰有横向对称四系。口径 12.6、最大腹径 16、底径 9、高 24.4 厘米（图三二六，3；彩版三七，5）。

四系罐　1件。2001FGYM38：11，灰白胎，器表施淡绿釉，有流釉。直口，尖唇，鼓肩，斜弧腹，平底。肩部饰有横向对称四系，腹部饰有一周凹弦纹。器内有轮制痕迹。口径 18.4、最大腹径 23.6、底径 12.6、高 16.8 厘米（图三二六，2；彩版三七，6）。

3. 铜器

该墓共出土铜器 2 件，为铜勺、铜钱。

勺　1件。2001FGYM38：3，勺身残，直柄较长。残长 13.2 厘米（图三二五，1）。

铜钱　42枚。均为剪轮五铢。肉薄径小，钱文不可辨。钱径 1.5~1.6、穿宽 0.8~0.9 厘米。

第七节　黄泥堡墓地

黄泥堡墓地位于关田沟村 3 社，墓群的东北部，西临长江，东临高镇新修沿江公路，南部隔沟与棺山堡墓地相望。为较陡的山坡，西低东高。按正南北向，采用探方法在其顶部共布10米×10米探方6个。发掘面积600平方米。共发掘墓葬8座，编号依次为2001FGYM39～2001FGYM46。其中M41、M44为土坑墓，其余为砖室墓（图三二七；彩版六，2）。

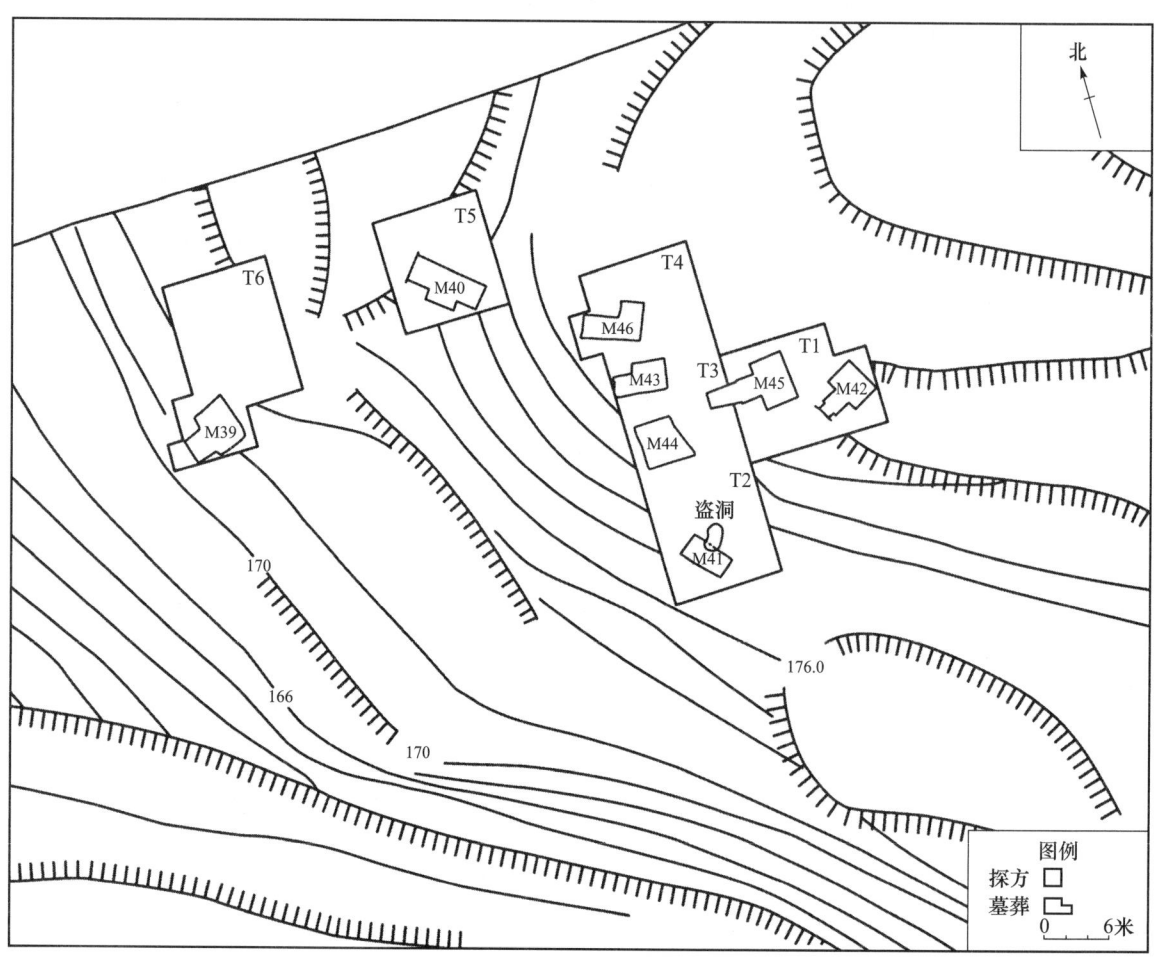

图三二七　黄泥堡墓地墓葬分布图

一、2001FGYM39

（一）墓葬形制

M39位于黄泥堡墓地的西北部，位于该墓地T6的西南部，开口于第2层下，墓口距地表0.1～0.33米，打破生土。墓内填土为红褐色五花土，并夹杂有料姜石颗粒，土质较硬，包含有大量墓砖碎屑。

M39为砖室墓，平面呈凸字形，方向250°，由甬道和墓室两部分组成。总长5.1、最宽3.64米。

甬道位于墓室的中部，其内长1.8、宽1.34、高0.76米。墓室内长2.5、宽3、高1.47米。

甬道底部和墓底未铺砖。墓壁和甬道壁均采用长方形砖横向错缝平砌，券顶残存部分，采用子母榫卯砖纵向错缝砌筑。墓砖有长方形砖和榫卯砖两种，长方形砖长40、宽18、厚7厘米。墓砖饰有菱形几何纹、回字纹。

人骨已不存。墓室内发现大量红色漆皮和棺木腐朽痕迹，因此推断葬具为木棺，木棺上面髹漆。随葬器物丰富，主要放置在甬道内以及墓室的东侧（图三二八；彩版二二，1）。

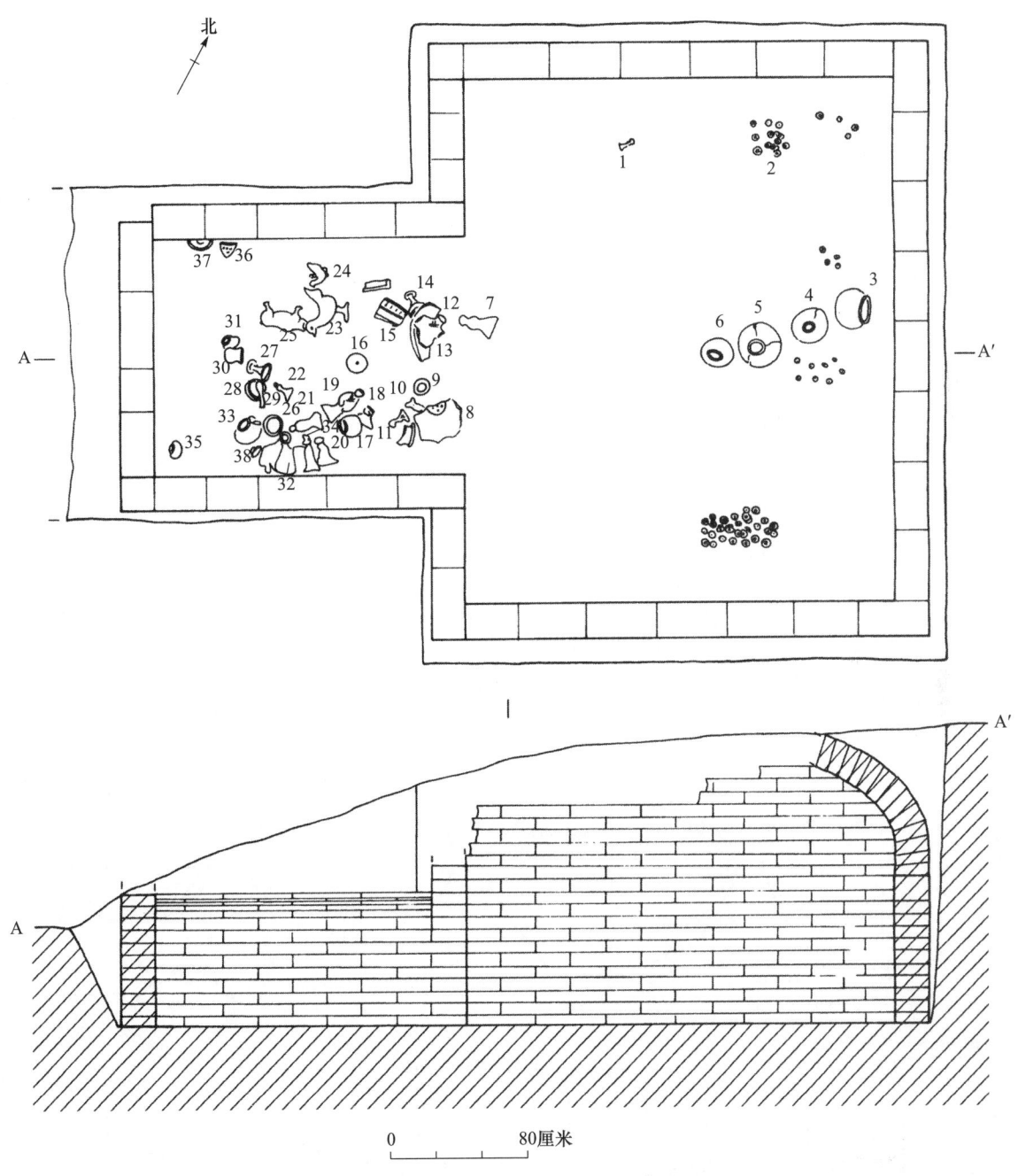

图三二八　2001FGYM39平、剖面图

1. 耳珰　2. 铜钱　3~6、30、32、35. 陶罐　7、10、11、12、18~22、34. 陶俑　8. 陶甑　9. 陶盒　13. 陶盆　14. 陶博山炉　15. 陶房　16. 陶器盖　17、31、33. 陶盂　23. 陶鸡　24. 陶子母鸡　25. 陶猪　26、28、37. 陶钵　27. 陶豆　29. 陶勺　36. 陶博山炉盖　38. 陶卮

（二）随葬器物

随葬器物丰富，共出土 24 件，包括陶器、铜器和料器三类，其中陶器居多。陶器的器型包含钵、罐、甑、盂、盒、卮、勺、博山炉、灯、俑、鸡等。铜器为铜钱。料器为耳珰。

1. 陶器

该墓共出土陶器 21 件，主要为泥质红陶和泥质灰陶，其中泥质红陶较多。陶器以轮制为主，纹饰包含凹弦纹、绳纹。

钵 3 件。2001FGYM39：26，泥质红陶。敞口，厚圆唇，弧腹微折，平底。素面。口径10.8、底径 4、高 3.8 厘米（图三二九，2）。2001FGYM39：28，泥质红陶。敛口，圆唇，上腹斜直，折腹弧收，平底。上腹饰一周凹弦纹。口径 17.2、底径 7、高 5.6 厘米（图三二九，3）。2001FGYM39：37，泥质灰陶。敞口，厚圆唇，折腹微内曲，平底。素面。口径 17.6、底径 5.6、高 6.6 厘米（图三二九，4）。

罐 2 件。2001FGYM39：30，泥质灰陶。侈口，圆唇，束颈，圆鼓肩，鼓腹，平底。肩部饰一周凹弦纹。口径 10.4、最大腹径 16.8、底径 8.8、高 13.4 厘米（图三二九，5）。2001FGYM39：35，泥质灰陶。侈口，尖圆唇，束颈，圆折肩，鼓腹，平底。肩部饰两周凹弦纹。口径 10.4、最大腹径 17.2、底径 7.6、高 13.4 厘米（图三二九，6）。

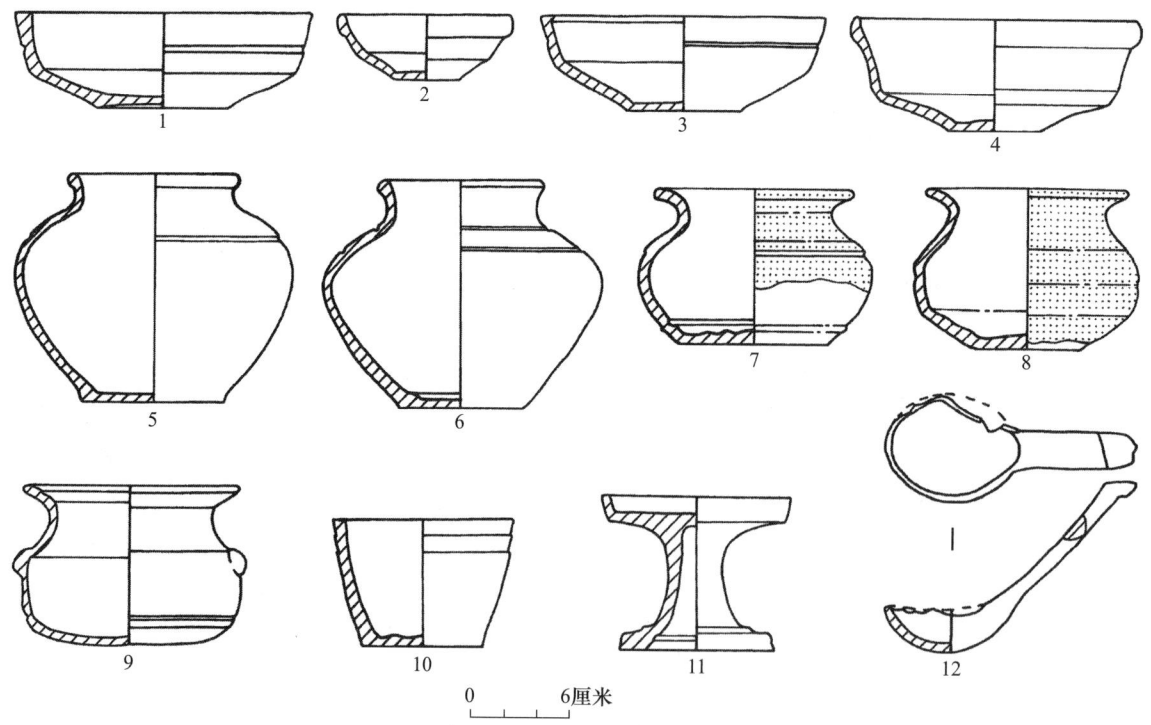

图三二九　2001FGYM39 出土器物（一）

1. 盒（2001FGYM39：9）　2～4. 钵（2001FGYM39：26、2001FGYM39：28、2001FGYM39：37）　5、6. 罐（2001FGYM39：30、2001FGYM39：35）　7～9. 盂（2001FGYM39：17、2001FGYM39：31、2001FGYM39：33）　10. 卮（2001FGYM39：38）　11. 灯（2001FGYM39：27）　12. 勺（2001FGYM39：29）

甑　1件。2001FGYM39：8，泥质灰陶。直口，尖圆唇，卷沿，上腹较直，下腹弧收，平底，底部微内凹。底部共分布六个箅孔。腹部饰数周细凸弦纹。口径33.2、底径15、高20.2厘米（图三三〇，1；图版七，5、6）。

盂　3件。2001FGYM39：17，泥质红陶，器表中腹部以上施酱黄釉。侈口，圆唇，束颈，溜肩，鼓腹，平底。肩腹部饰一周凹弦纹。口径12.2、最大腹径14.2、底径9、高9厘米（图三二九，7）。2001FGYM39：31，泥质红陶，器表底部以上施酱黄釉。侈口，圆唇，束颈，折肩，折腹，平底。素面。口径12.2、最大腹径13.6、底径6.4、高9.4厘米（图三二九，8）。2001FGYM39：33，泥质红陶。侈口，圆唇，束颈，圆折腹，平底。肩腹部饰两耳，下腹部饰一周凹弦纹。口径13.2、最大腹径13.2、高9.3厘米（图三二九，9；图版八，3）。

盒　1件。2001FGYM39：9，泥质红陶。直口微敞，方唇，上腹斜直，下腹圆折弧收，平底内凹。上腹饰一周凹弦纹。口径18、底径8、高5.6厘米（图三二九，1）。

卮　1件。2001FGYM39：38，泥质红陶。敞口，方唇，斜直腹，平底。上腹部饰一周凸棱。口径11.2、底径7.6、高7.4厘米（图三二九，10）。

勺　1件。2001FGYM39：29，泥质红陶。勺身呈椭圆形，敞口，圆唇，弧壁，浅腹，长直柄，末端斜折。素面。通长15、残宽6厘米（图三二九，12）。

博山炉　1件。2001FGYM39：14，泥质红陶，器表施酱黄釉。由炉座和炉盖两部分组成。炉座为子母口内敛，子口上承器盖，圆唇，浅折腹，柱状柄，喇叭状浅座。炉盖敞口，方唇，盖面隆起，弧形顶，盖顶一乳突。盖面饰数周几何纹与箭镞形纹饰的组合图案，最外侧饰一周三角形纹饰。炉盖口径11.2、柄径3.9、座径9.6、通高16.9厘米（图三三〇，7；彩版三二，4）。

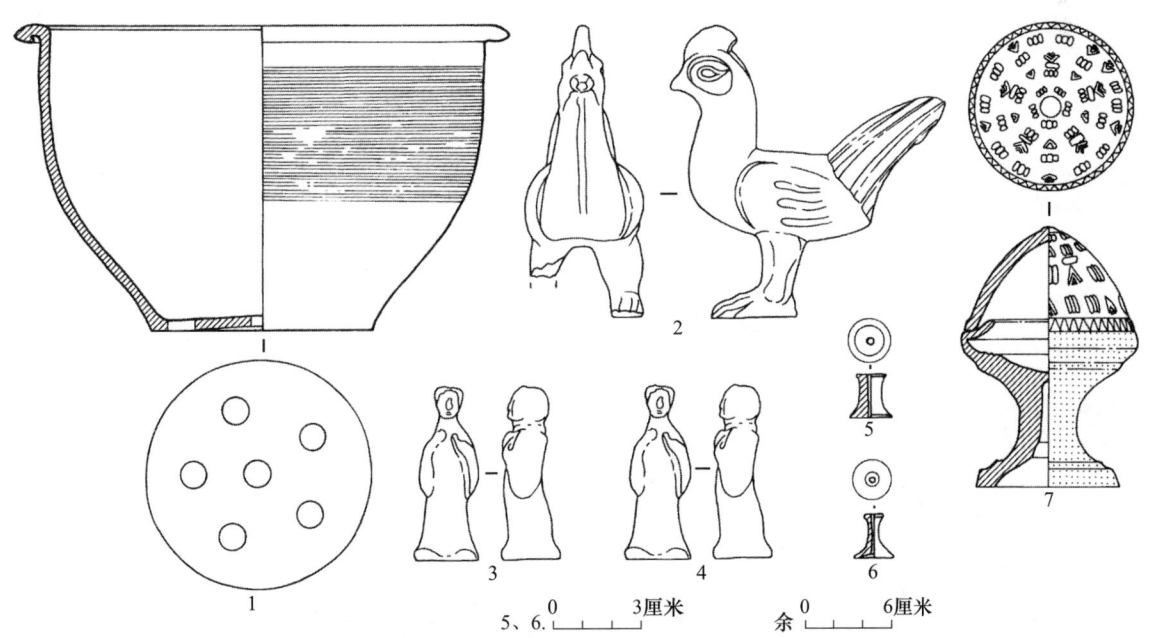

图三三〇　2001FGYM39出土器物（二）
1. 陶甑（2001FGYM39：8）　2. 陶鸡（2001FGYM39：23）　3、4. 陶侍俑（2001FGYM39：11、2001FGYM39：18）
5、6. 耳珰（2001FGYM39：1-1、2001FGYM39：1-2）　7. 陶博山炉（2001FGYM39：14）

灯　1件。2001FGYM39：27，泥质红陶。敞口，方唇，折腹，浅盘，柱状柄，浅盘形座。口径11.6、柄径3.2、底径9.6、高9厘米（图三二九，11；图版一二，6）。

侍俑　2件。2001FGYM39：20，泥质红陶。梳髻，束巾，面目模糊，裹衣圆领，外衣交领，宽袖，及地，双手相拥作侍立状。高21.4厘米（图三三一，1）。2001FGYM39：21，泥质红陶。戴圆形平顶冠，面目模糊，外衣圆领，宽袖，束腰，及地。脚穿履。双手相拥作侍立状。高21.8厘米（图三三一，2）。

执物俑　2件。2001FGYM39：11，泥质红陶。束巾，面目模糊，宽袖，及地，站立，手臂残。高11.4厘米（图三三〇，3）。2001FGYM39：18，泥质红陶。束巾，面目模糊，宽袖，及地，站立，手臂残。高11.4厘米（图三三〇，4）。

驭俑　1件。2001FGYM39：19，泥质红陶。头戴平巾帻，面目模糊，外衣圆领，宽袖，束腰，及地。跽坐，双臂屈伸前指作驾驭状，双手处为空洞。高18厘米（图三三一，3；彩版三三，8）。

抚耳俑　1件。2001FGYM39：12，泥质红陶。梳山形髻，束巾，面目模糊，裹衣圆领，中衣、深衣交领，宽袖，束腰，及地。跽坐，左手按膝，右手放于耳边作倾听状。高19.2厘米（图三三一，4；彩版三三，2）。

图三三一　2001FGYM39出土器物（三）

1、2.侍俑（2001FGYM39：20、2001FGYM39：21）3.驭俑（2001FGYM39：19）4.抚耳俑（2001FGYM39：12）

鸡 1件。2001FGYM39：23，泥质红陶。昂首，翘尾，尾部呈尖状，立姿，座两侧雕出站立双足，已残，仅剩单足。高19.2厘米（图三三〇，2）。

2. 铜器

该墓出土铜器为14枚铜钱。

铜钱 14枚。均为五铢，皆未磨郭。2001FGYM39：2-1，钱文较细，"五"字交笔弯曲，上下两横出头接于内、外郭，"金"字头呈大三角形，四点较长，"朱"字上下圆折。钱径2.6、穿宽1厘米（图三三二）。

3. 料器

该墓共出土料器2件，即为耳珰。

耳珰 2件。2001FGYM39：1-1，绿色，半透明。亚腰形，中有一穿，平面呈圆形。上径1、下径1.4、高1.4厘米（图三三〇，5）。2001FGYM39：1-2，蓝色，半透明。亚腰形，中有一穿，平面呈圆形。上径0.6、下径1.4、高1.4厘米（图三三〇，6）。

图三三二 2001FGYM39出土钱币（拓片）

五铢（2001FGYM39：2-1）

二、2001FGYM40

（一）墓葬形制

M40位于黄泥堡墓地的北部，位于该墓地T5的南部，开口于第2层下，墓口距地表0.25~0.7米，打破生土。墓内填土为黄褐色黏土，土质较紧密、较黏。

M40为砖室墓，平面呈凸字形，方向305°，由墓甬道、前室和后室四部分组成。总长7、最宽3.44米。

墓道被扰毁严重，斜坡墓道，长度不详，宽1.6、深1.84米。甬道位于墓室的西部，其内长1.8、宽1.64、残高0.76米。前室内长2.4、宽2.84、残高0.8~1米。后室内长1.93、宽1.64、残高1.08~1.48米。

甬道的底部使用长方形砖一纵一横对缝、错缝平铺，前室使用榫卯砖对缝、错缝平铺，后室使用榫卯砖纵横交错对缝平铺。墓壁和甬道壁均采用长方形砖横向错缝平砌，券顶残存部分，采用子母榫卯砖纵向错缝砌筑。墓砖有长方形砖和榫卯砖两种，长方形砖长43、宽18、厚8厘米。榫卯砖长49、宽19、厚8厘米。墓砖饰有菱形几何纹、回字纹。

墓室未发现人骨及葬具。随葬器物较丰富，主要放置在甬道内以及墓室的南侧（图三三三；彩版二七，1）。

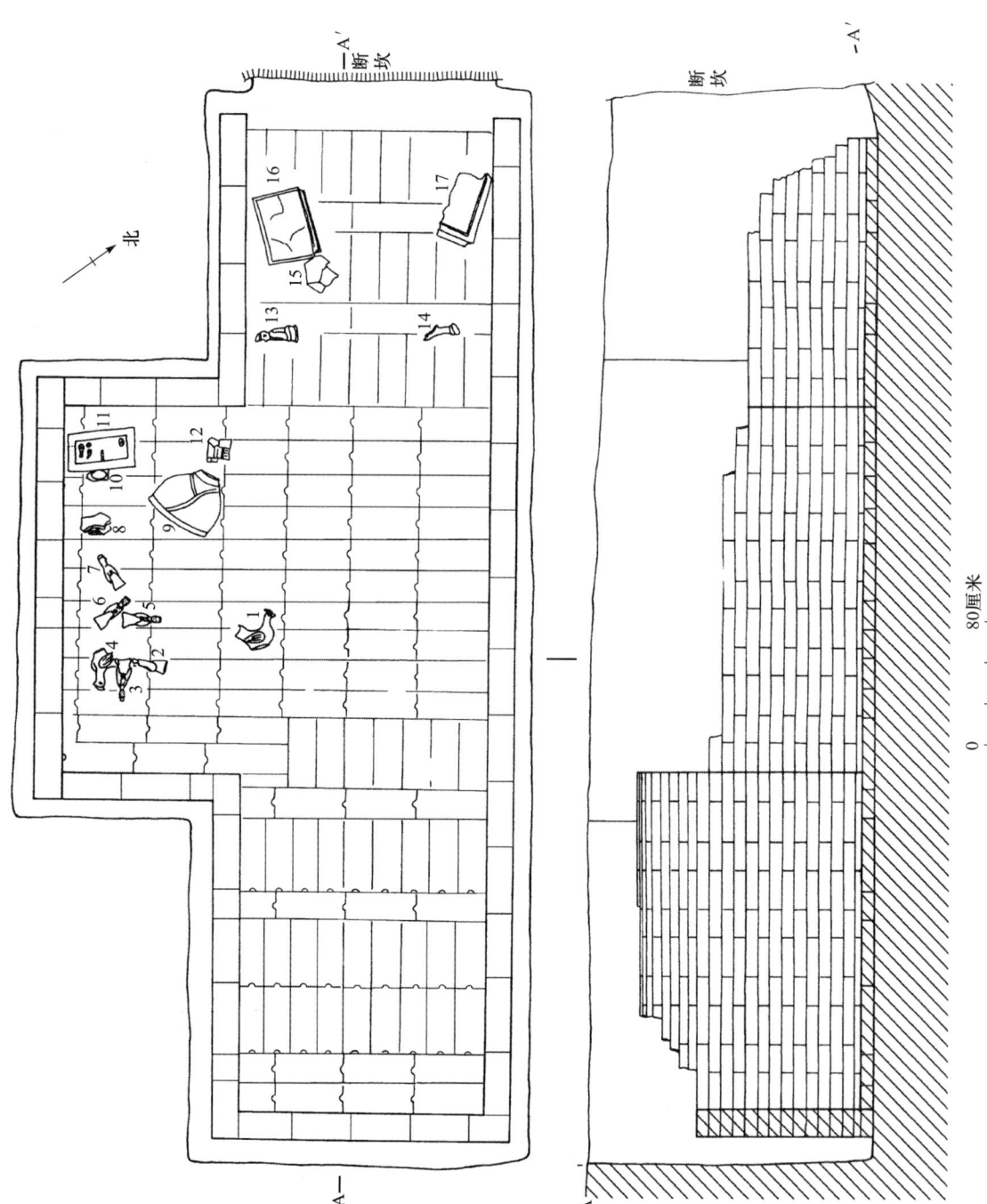

图三三三 2001FGYM40 平、剖面图

1、4、10. 陶鸡 2、3、5~7、13. 陶俑 8、15. 陶罐 9. 陶甑 11、16. 陶房 12. 陶塘 14. 陶马 17. 陶房

（二）随葬器物

随葬器物较少，共出土8件，全部为陶器，器型包含俑、鸡等。主要为泥质红陶，少量泥质灰陶。陶器以轮制为主，纹饰包含凹弦纹、绳纹。

侍俑 2件。2001FGYM40：3，泥质红陶。戴圆形平顶帽，面目模糊，裹衣圆领，外衣交领右衽，宽袖，束腰，脚穿履，双手相拥作侍立状。高20厘米（图三三四，1）。2001FGYM40：7，泥质红陶。戴圆形平顶帽，面目模糊，裹衣圆领，外衣交领右衽，宽袖，束腰，脚穿履，双手相拥作侍立状。高20厘米（图三三四，2）。

佩剑侍卫俑 3件。2001FGYM40：2，泥质红陶。头戴平巾帻，面目模糊，裹衣圆领，外衣交领右衽，宽袖，束腰，及地。脚穿履，双手相拥于胸前，左臂挟剑。高20厘米（图三三四，3）。2001FGYM40：5，泥质红陶。头戴平巾帻，面目模糊，裹衣圆领，外衣交领右衽，宽袖，束腰，及地。脚穿履，双手相拥于胸前，左臂挟剑。高20厘米（图三三四，4）。2001FGYM40：6，泥质

图三三四 2001FGYM40出土陶俑（一）

1、2.侍俑（2001FGYM40：3、2001FGYM40：7） 3、4.佩剑侍卫俑（2001FGYM40：2、2001FGYM40：5）

红陶。头戴平巾帻,面目模糊,襃衣圆领,外衣交领右衽,宽袖,束腰,及地。脚穿履,双手相拥于胸前,左臂挟剑。高19.5厘米(图三三五,1)。

胡人吹箫俑 1件。2001FGYM40:13,泥质红陶。头戴尖帽,深目,高鼻,颧骨凸起,外衣交领右衽,窄袖,及地。脚穿履。坐立,双手握箫作吹奏状。高21.2厘米(图三三五,4;彩版三三,1)。

击鼓俑 1件。2001FGYM40:01,泥质红陶。头戴进贤冠,面目清晰,襃衣圆领,中衣、深衣交领右衽,宽袖,及地,跽坐。左膝前置鼓,左手抚鼓,右手上举,作击鼓状。高18.8厘米(图三三五,3;彩版三三,5)。

鸡 1件。2001FGYM40:4,泥质红陶。昂首,翘尾,尾部呈尖状,立姿,座两侧雕出站立双足。高18.9厘米(图三三五,2)。

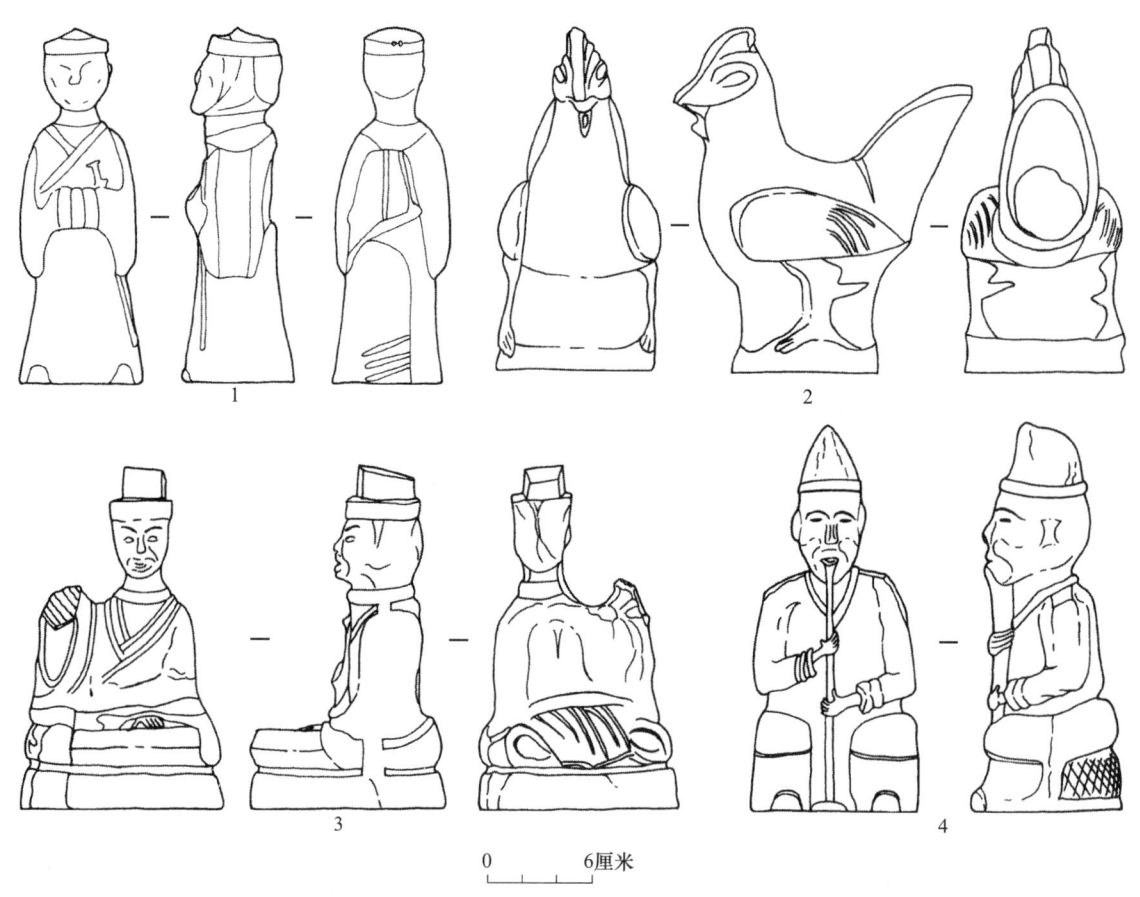

图三三五　2001FGYM40出土陶俑(二)
1.佩剑侍卫俑(2001FGYM40:6) 2.鸡(2001FGYM40:4) 3.击鼓俑(2001FGYM40:01) 4.胡人吹箫俑(2001FGYM40:13)

三、2001FGYM41

(一)墓葬形制

M41位于黄泥堡墓地的南部,位于该墓地T2的南部,开口于第2层下,墓口距地表0.4

米，打破生土。墓内填土为灰色与黄褐色夹杂形成的五花土，土质紧密，包含少量陶器残片。

M41 为土坑竖穴墓，平面呈长方形，方向 150°，无墓道。墓口长 4.3、宽 2.32 米，墓底长 4.2、宽 2.2、深 0.54~0.92 米。

墓口略大于墓底，墓壁较平直，由于地势东高西低，因此墓葬整体高低不平，由东向西倾斜。墓室的东部被一盗洞打破。

人骨和葬具已不存。随葬器物集中分布在墓室的东北角和西南角（图三三六）。

（二）随葬器物

随葬器物共出土 11 件，包括陶器和铜器两类，以陶器居多。陶器的器型包含钵、罐等。铜器为珠和饰件。

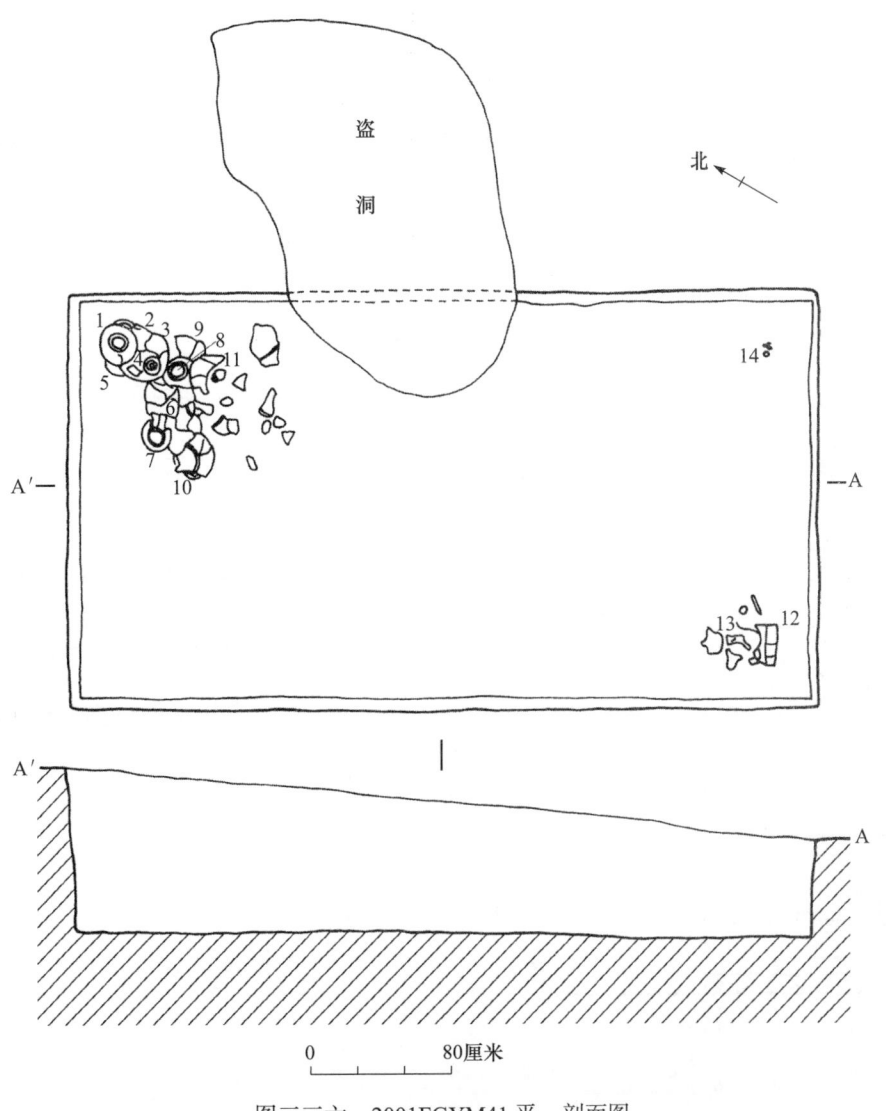

图三三六　2001FGYM41 平、剖面图
1、3、7、8. 陶钵　2、4~6、9~11、13. 陶罐　12. 陶井　14. 铜珠

1. 陶器

该墓共出土陶器9件，均为泥质灰陶，少数施黑色陶衣。陶器以轮制为主，纹饰包含凹弦纹、绳纹。

钵　5件。2001FGYM41：1-1，泥质灰陶上施黑色陶衣。敞口，厚圆唇，折腹下收微内曲，平底，底部内凹。素面。器内壁留有轮制痕迹，并有较多凹凸。口径18、底径5.2、高5厘米（图三三七，1）。2001FGYM41：1-2，泥质灰陶。敞口，厚圆唇，斜弧腹，平底。素面。口径12.5、底

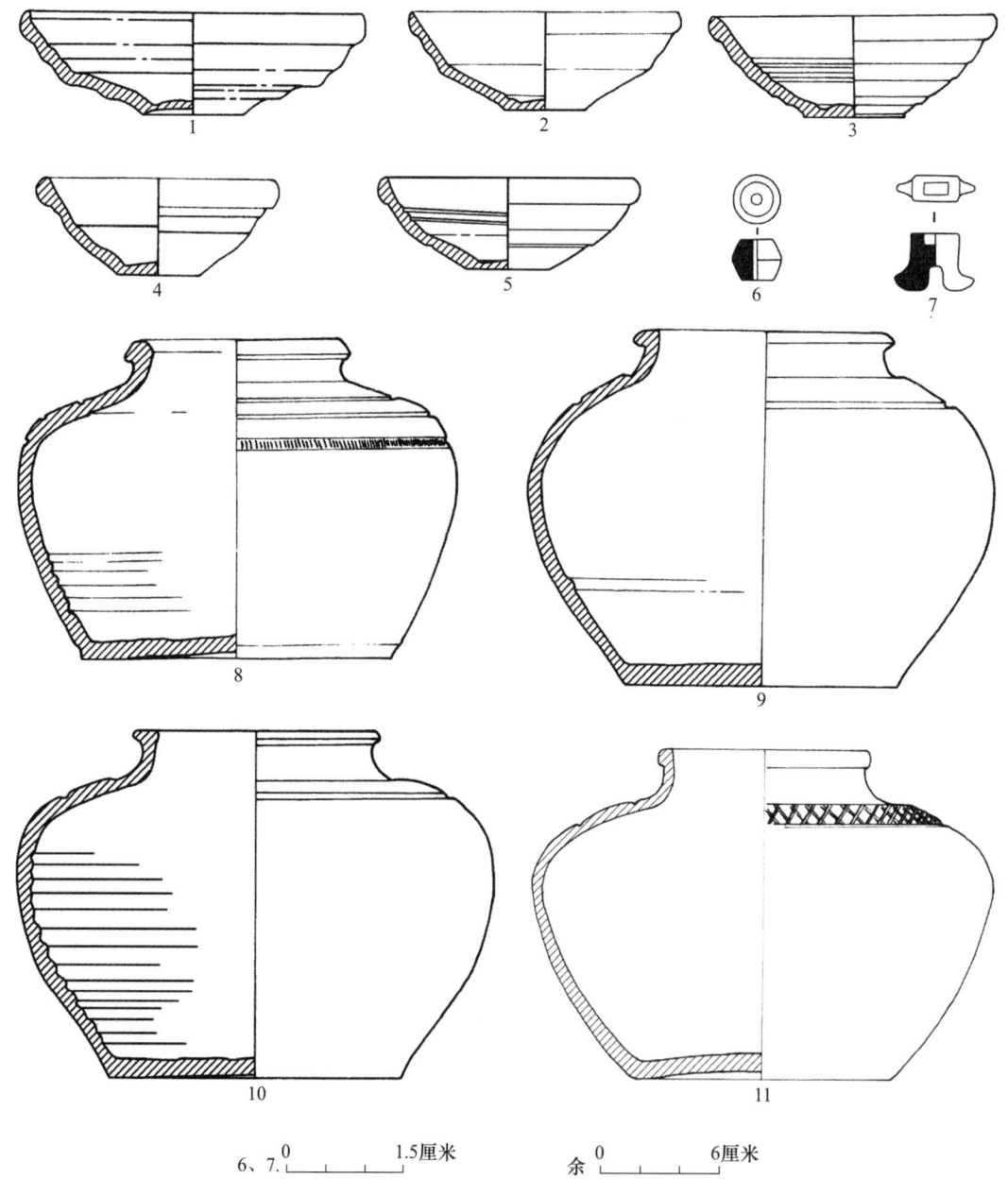

图三三七　2001FGYM41出土器物
1～5.陶钵（2001FGYM41：1-1、2001FGYM41：3、2001FGYM41：7、2001FGYM41：1-2、2001FGYM41：8）
6.铜珠（2001FGYM41：14-1）　7.铜饰件（2001FGYM41：14-2）　8～11.陶罐（2001FGYM41：2、2001FGYM41：4、2001FGYM41：5、2001FGYM41：10）

径4.4、高4.8厘米（图三三七，4）。2001FGYM41：3，泥质灰陶。敞口，厚圆唇，上腹斜直，折腹下收，平底。素面。口径14.2、底径4.2、高4.8厘米（图三三七，2；图版一，5）。2001FGYM41：7，泥质灰陶。敞口，厚圆唇，斜弧腹，平底。素面。口径14.8、底径5.2、高5.1厘米（图三三七，3；图版二，3）。2001FGYM41：8，泥质灰陶。敞口，厚圆唇，斜弧腹，平底。腹部饰一周凹弦纹。口径13.6、底径4.2、高4.6厘米（图三三七，5；图版二，4）。

罐　4件。2001FGYM41：2，泥质灰陶，侈口，圆唇，宽沿，束颈，斜肩，鼓腹，大平底。颈部饰一周凸弦纹，肩部饰两周凹弦纹，腹部饰一周锯齿纹。器内壁有轮制痕迹。口径11.6、最大腹径22.8、底径16.2、高15.7厘米（图三三七，8；图版五，7）。2001FGYM41：4，泥质灰陶，侈口，尖圆唇，平沿，束颈，溜肩，鼓腹，大平底。肩部饰一周凹弦纹。器内壁有轮制痕迹。口径13.4、最大腹径24、底径14、高17.6厘米（图三三七，9）。2001FGYM41：5，泥质灰陶，侈口，尖圆唇，平沿，束颈，耸肩，鼓腹，大平底。肩部饰一周凹弦纹。器内壁有轮制痕迹。口径12.8、最大腹径24.8、底径15.6、高17.3厘米（图三三七，10；图版五，8）。2001FGYM41：10，泥质灰陶，侈口，圆唇，束颈，肩微广，鼓腹，平底。肩部饰两周凹弦纹。口径11、最大腹径23.6、底径13、高16.4厘米（图三三七，11）。

2. 铜器

该墓共出土铜器2件，为珠和饰件。

珠　1件。2001FGYM41：14-1，截面呈鼓状，中有一小孔，平面呈圆形。直径0.6、高0.5厘米（图三三七，6）。

饰件　1件。2001FGYM41：14-2，长方形銎。宽1、高0.7厘米（图三三七，7）。

四、2001FGYM42

（一）墓葬形制

M42位于黄泥堡墓地的东部，位于该墓地T1的东南部，开口于第2层下，墓口距地表0.25~0.42米，打破生土。墓内填土为红褐色五花土，并夹杂有料姜石颗粒，土质较硬、结构紧密，包含有大量墓砖碎屑。

M42为砖室墓，平面呈凸字形，方向224°，由墓道、甬道和墓室三部分组成。总长5、最宽3.45米。

墓道平面呈梯形，残长0.66、宽0.9~1.16、高0.7~0.9米，坡度为20°。

甬道位于墓室的中部，其内长1.54、宽1.16、残高0.62~0.8米。墓室内长2.18、宽2.83、残高1.04~1.16米。

甬道底部使用长方形砖纵横对缝平铺，墓底使用长方形砖横向对缝平铺。甬道壁使用长方形砖横向错缝平砌，墓壁采用长方形砖和榫卯砖横向错缝平砌。券顶残存部分，采用子母榫卯砖纵向错缝砌筑。墓砖有长方形砖和榫卯砖两种，长方形砖长40、宽17、厚8厘米，榫卯砖长42、宽18、厚8厘米。墓砖饰菱形几何纹（其中心饰乳丁纹）、回字纹。

人骨和葬具已不存。随葬器物主要放置在甬道和墓室的西南角（图三三八）。

（二）随葬器物

随葬器物共出土20件，包括陶器和铜器两类，其中陶器居多。陶器的器型包括钵、罐、釜、盒。铜器为铜钱。

1. 陶器

该墓共出土陶器17件，主要为泥质灰陶，少量夹砂红褐陶。陶器以轮制为主，纹饰包含凹弦纹、绳纹。

钵　11件。2001FGYM42：1，泥质灰褐陶。敞口，厚圆唇，折腹，平底。腹部饰数周划纹。口径11.4、底径3.6、高4厘米（图三三九，1）。2001FGYM42：3，泥质灰陶。敞口，厚圆唇，上

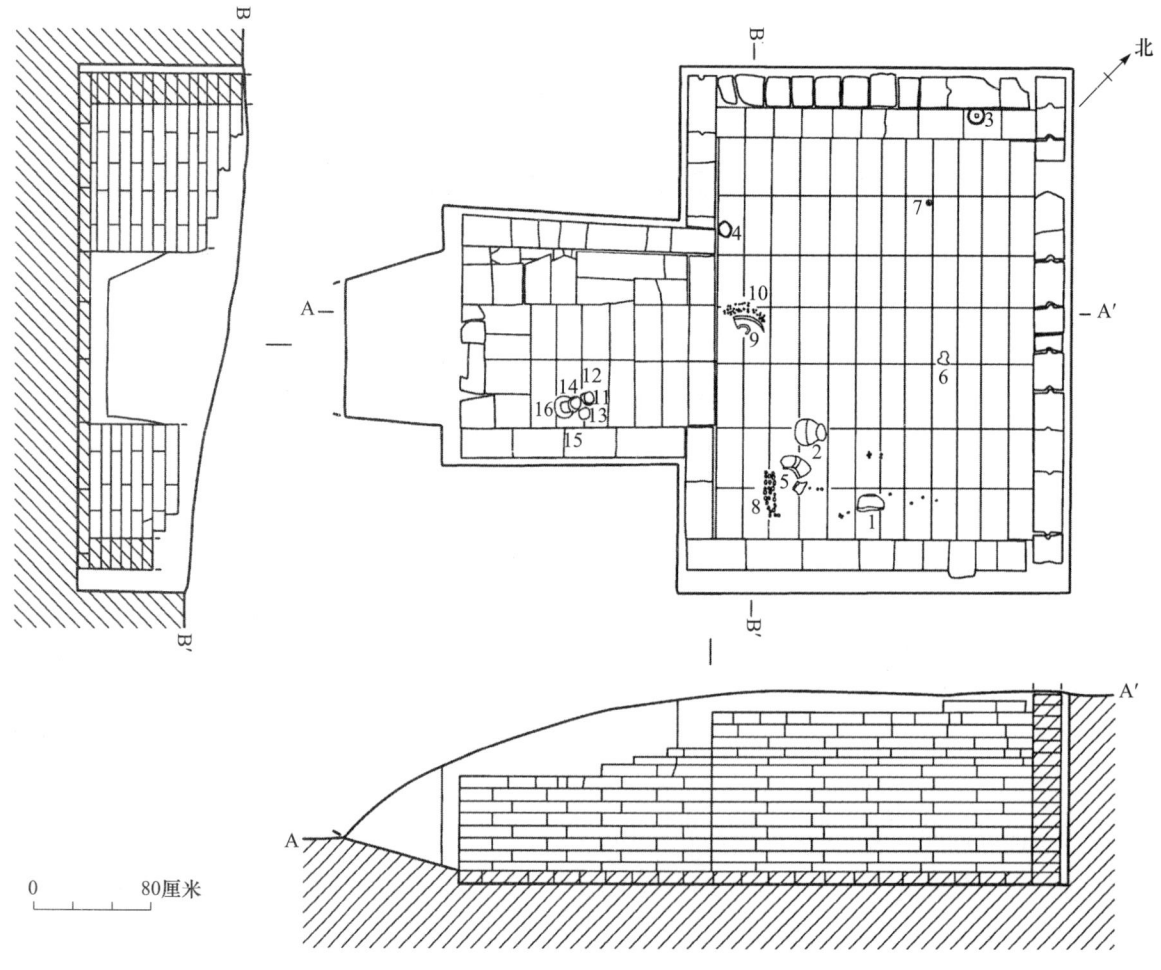

图三三八　2001FGYM42平、剖面图
1、3、4、11~16.陶钵　2、6.陶罐　5.陶釜　7、8、10.铜钱　9.陶盒

腹斜直，折腹下收，平底。素面。口径13、底径4.4、高4.4厘米（图三三九，9）。2001FGYM42：4，泥质灰陶。敞口，厚圆唇，弧腹微折，平底。素面。口径11.8、底径3.8、高4厘米（图三三九，2）。2001FGYM42：11，泥质灰陶上施黑色陶衣。敞口，厚圆唇，上腹斜直，折腹下收，平底。素面。口径17、底径5.6、高7.2厘米（图三三九，11）。2001FGYM42：12，泥质灰陶。敞口，厚圆唇，上腹斜直，折腹下收，平底。素面。口径11.2、底径3.8、高3.9厘米（图三三九，3）。2001FGYM42：13，泥质灰陶。敞口，厚圆唇，折腹，平底。素面。口径10.8、底径3.6、高4厘米（图三三九，4）。2001FGYM42：14，泥质灰陶。敞口，厚圆唇，上腹斜直，折腹下收，平底。素面。口径11.2、底径3.8、高4.1厘米（图三三九，5）。2001FGYM42：15，泥质灰陶。敞口，厚圆唇，上腹斜直，折腹下收，平底。素面。口径11.6、底径3.6、高4厘米（图三三九，6）。2001FGYM42：16-1，泥质灰陶。敞口，厚圆唇，上腹斜直，折腹下收，平底。素面。口径17.6、底径6、高6.4厘米（图三三九，10；图版一，3）。2001FGYM42：16-2，泥质灰陶。敞口，厚圆唇，上腹斜直，折腹下收，平底。素面。口径11.3、底径3.6、高4厘米（图三三九，7；图版一，6）。2001FGYM42：16-3，泥质灰陶。敞口，厚圆唇，折腹，平底。素面。口径11.6、底径3.4、高4.1厘米（图三三九，8）。

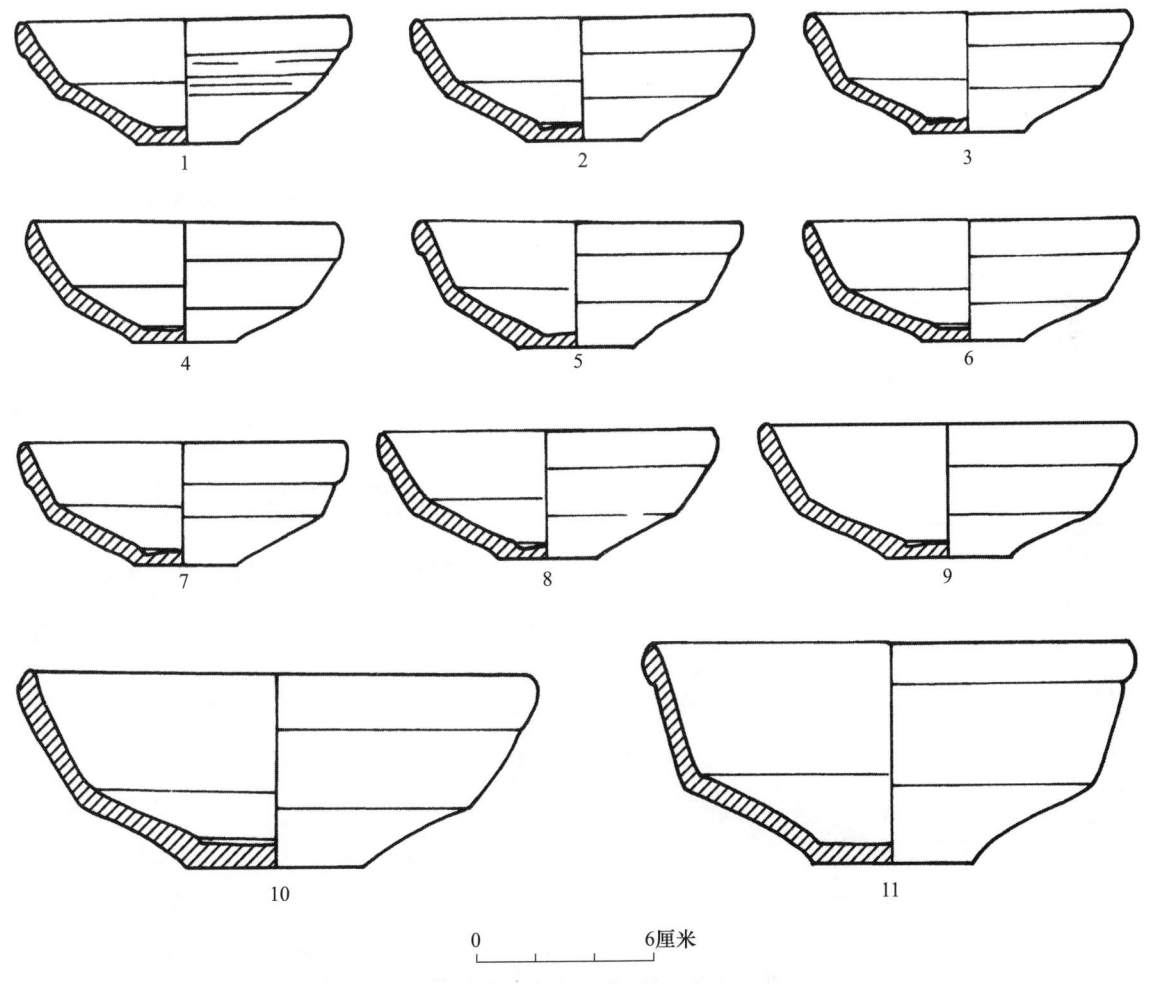

图三三九　2001FGYM42 出土陶器（一）

1～11. 钵（2001FGYM42：1、2001FGYM42：4、2001FGYM42：12、2001FGYM42：13、2001FGYM42：14、2001FGYM42：15、2001FGYM42：16-2、2001FGYM42：16-3、2001FGYM42：3、2001FGYM42：16-1、2001FGYM42：11）

罐 3件。2001FGYM42：2，泥质灰陶，侈口，尖圆唇，卷沿，束颈，斜肩，鼓腹，大平底。肩部饰两周凹弦纹夹水波纹。口径10、最大腹径20.6、底径14.4、高14.6厘米（图三四〇，6；图版五，4）。2001FGYM42：6，泥质灰陶，侈口，圆唇，束颈，溜肩，鼓腹，平底。素面。可能为汲水罐。口径3.4、最大腹径4.8、底径3、高4.5厘米（图三四〇，5）。2001FGYM42：25，泥质灰陶。盘口，斜直领，溜肩，腹部以下残。肩腹部饰绳纹。口径17、残高7厘米（图三四〇，2）。

釜 2件。2001FGYM42：5，泥质灰陶，侈口，圆唇，束颈，溜肩，垂腹微鼓，下腹内收，圜底。器表通体饰绳纹。口径17.6、最大腹径18.6、高13厘米（图三四〇，3）。2001FGYM42：17，夹砂红褐陶。圆唇，窄沿，束颈，扁鼓腹，圜底，器底饰绳纹。口径20.4、最大腹径22、高11.6厘米（图三四〇，4）。

盒 1件。2001FGYM42：9，泥质灰陶。直口，方唇，上腹较直，下腹圆折弧收，平底。上腹饰一周凹弦纹。口径18.2、底径8.2、高7厘米（图三四〇，1）。

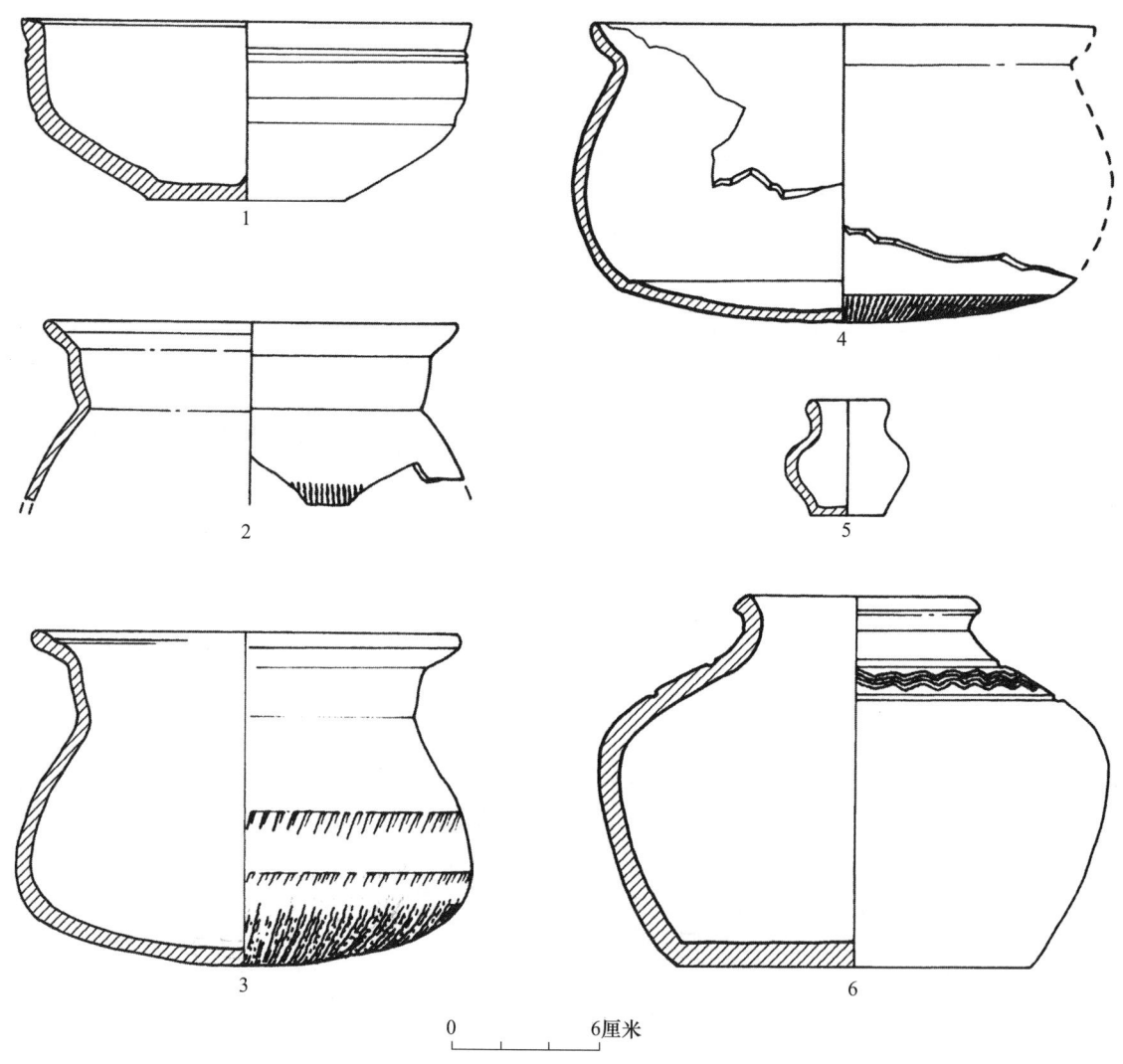

图三四〇 2001FGYM42出土陶器（二）
1.盒（2001FGYM42：9） 2、5、6.罐（2001FGYM42：25、2001FGYM42：6、2001FGYM42：2）
3、4.釜（2001FGYM42：5、2001FGYM42：13）

2. 铜器

该墓共出土铜器3件，均为铜钱。

铜钱　128枚。均为货泉。2001FGYM42：10，有郭，钱文"泉"字中竖中断，内郭有单双。钱径2.0~2.1、穿宽0.7~0.8厘米（图三四一）。

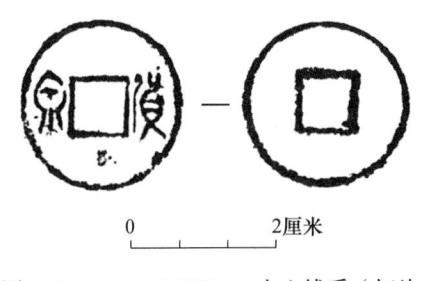

图三四一　2001FGYM42出土钱币（拓片）
货泉（2001FGYM42：10）

五、2001FGYM43

（一）墓葬形制

M43位于黄泥堡墓地的中部偏北，大部分位于该墓地T3的西北角及北隔梁，小部分伸入该墓地T4的西南角，开口于第2层下，墓口距地表0.4米，打破生土。墓内填土为红色、黄色和灰色夹杂形成的五花土，土质较黏，包含大量墓砖残块。

M43为砖室墓，平面呈刀把形，方向260°，由甬道和墓室两部分组成。总长5.04、最宽2.88米。

甬道位于墓室的西部，其内长1.89、宽1.4、残高0.1~0.44米。墓室内长2.4、宽2.4、残高0.6~0.78米。

甬道底部使用长方形砖横向错缝平铺，少量为纵向对缝平铺。墓底使用长方形砖和子母榫卯砖对缝纵向平铺。甬道壁和墓壁使用长方形砖横向错缝平砌。墓室北壁和西壁平铺两排，其他壁则平铺一排。墓砖有墓壁长方形砖，墓底榫卯砖、长方形砖三种，墓壁砖长48、宽17.5、厚9厘米，墓底用砖均长42、宽17、厚7厘米。墓壁用砖饰回字纹，墓底用砖饰回字纹和菱形纹。

人骨腐朽严重呈粉末状，葬具已不存。随葬器物丰富，主要放置在甬道和墓室的南侧（图三四二；彩版二四，1、2）。

（二）随葬器物

随葬器物丰富，共出土32件，包括陶器和铜器两类，其中陶器居多。陶器的器型包括钵、罐、魁、勺、博山炉（盖）、俑、房等。铜器为铜钱、口沿残件。

1. 陶器

该墓共出土陶器30件，均为泥质红陶。陶器以轮制为主，纹饰包含凹弦纹、花瓣纹等。

钵　1件。2001FGYM43：13，泥质红陶。敞口，圆唇，斜直腹，平底。素面。口径15、底径5.6、高5.6厘米（图三四三，3）。

罐　2件。2001FGYM43：1，泥质红陶，器表通体施酱黄釉。敛口，圆唇，溜肩，鼓腹，平底。

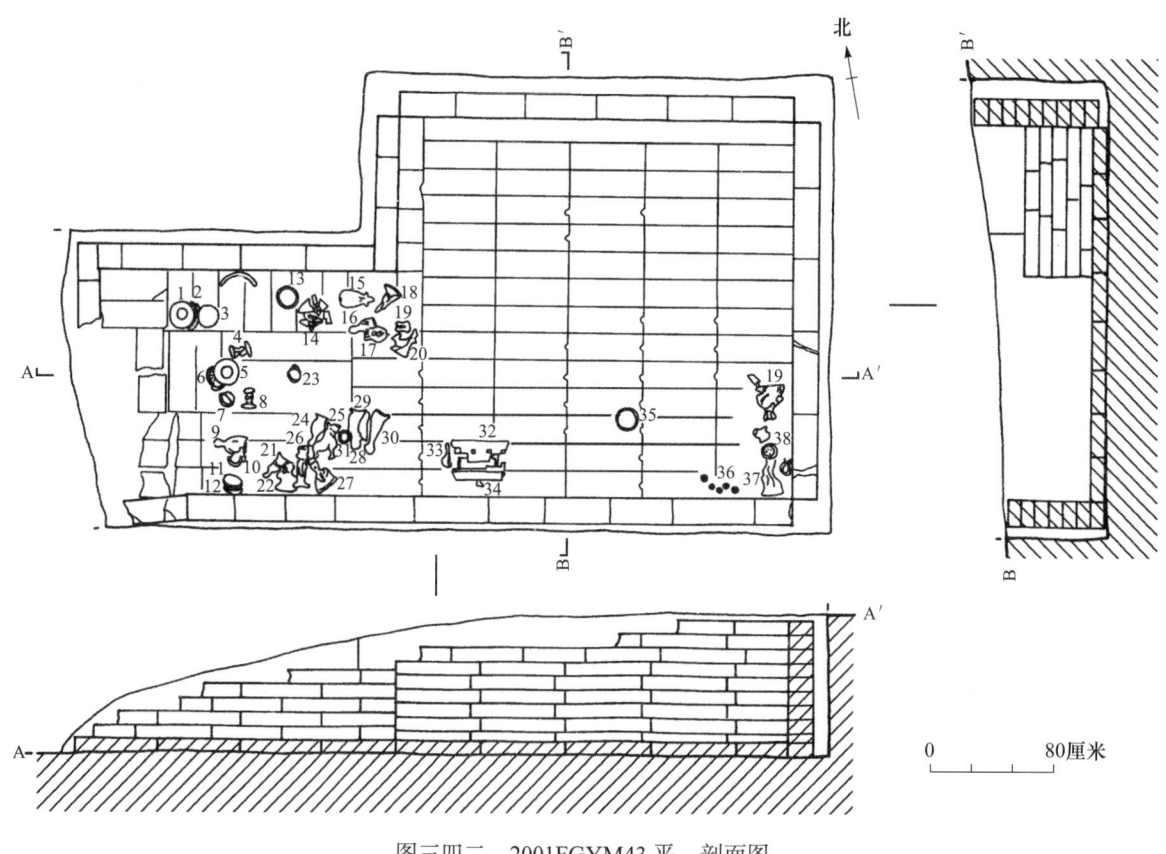

图三四二 2001FGYM43 平、剖面图

1、5.陶罐 2.铜口沿 3.陶魁 4、8.陶博山炉 6、7、10～12、23、31、35、38.陶博山炉盖 9、16、18、19、21、22、24、26～30、37.陶俑 13.陶钵 14、32.陶房 15.陶猪 17、20.陶鸡 25.陶狗 33、34.陶勺 36.铜钱

肩部饰一周凹弦纹。口径10.2、最大腹径16、底径9.4、高10.6厘米（图三四三，1）。2001FGYM43：5，泥质红陶，器表通体施酱黄釉。敛口，方唇，溜肩，鼓腹，平底。肩部饰两周凹弦纹。口径11、最大腹径16.8、底径10、高10.9厘米（图三四三，2）。

魁　1件。2001FGYM43：3，泥质红陶。微侈口，尖圆唇，弧腹，平底。龙首状柄，末端下折。上腹饰二周凹弦纹。口径16.8、底径7.6、通高7厘米（图三四四，4）。

勺　2件。2001FGYM43：33，泥质红陶。勺身呈椭圆形，敞口，尖圆唇，弧壁，浅腹，短曲柄，末端下折。素面。通长13.2、宽6.6厘米（图三四三，9；图版一四，6）。2001FGYM5：34，泥质红陶。勺身呈椭圆形，敞口，尖圆唇，弧壁，浅腹，短曲柄，末端下折。素面。通长13.2、宽6.6厘米（图三四三，10）。

博山炉　2件。2001FGYM43：4，泥质红陶。由炉座和炉盖两部分组成。炉座为敛口，方唇，折腹，兽形座，呈蹲坐状。炉盖敞口，方唇，盖面隆起，弧形顶，盖顶一乳突。盖面饰乳突及花瓣纹。盖径10.4、炉座口径10厘米，底径为椭圆形，长径7、短径6、通高17.8厘米（图三四四，1；彩版三二，6）。2001FGYM43：8，泥质红陶。由炉座和炉盖两部分组成。炉座为敛口，圆唇，圆折腹，兽形座，呈蹲坐状。炉盖敞口，方唇，盖面隆起，弧形顶，盖顶一乳突。盖面饰花瓣纹。炉座口径10.4、盖径10.4厘米。底径为椭圆形，长径7、短径6、通高17.4厘米（图三四四，2）。

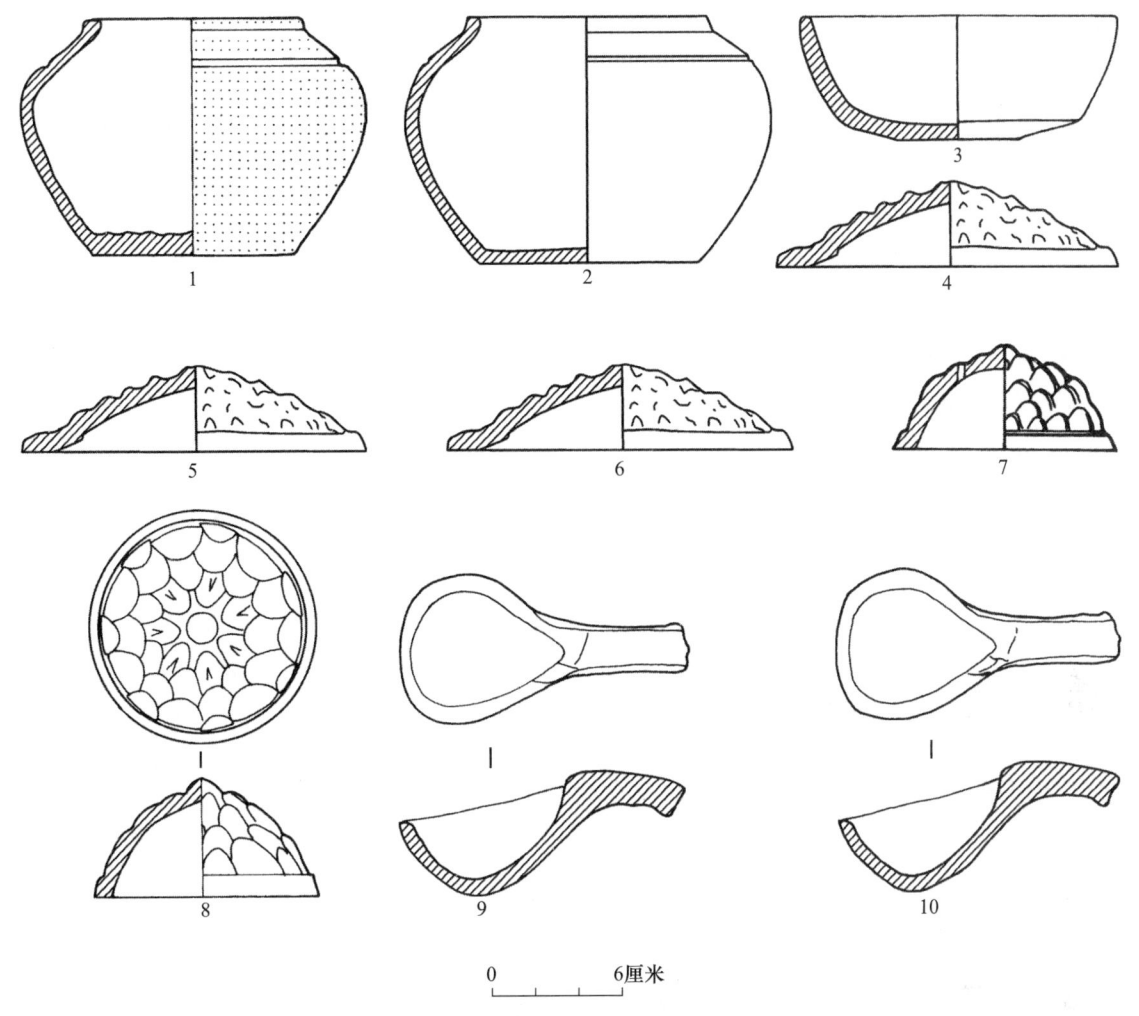

图三四三　2001FGYM43 出土陶器
1、2.罐（2001FGYM43：1、2001FGYM43：5）　3.钵（2001FGYM43：13）　4~8.博山炉盖（2001FGYM43：11、2001FGYM43：12、2001FGYM43：31、2001FGYM43：7、2001FGYM43：23）　9、10.勺（2001FGYM43：33、2001FGYM43：34）

博山炉盖　5件。2001FGYM43：7，泥质，红陶，敞口，方唇，盖面隆起，弧形顶，盖顶一乳突。盖面饰花瓣纹。口径10.3、高4.7厘米（图三四三，7）。2001FGYM43：11，泥质红陶。敞口，方唇，盖顶一乳突。盖面饰花瓣纹。口径16、高3.6厘米（图三四三，4）。2001FGYM43：12，泥质红陶。敞口，方唇，盖面隆起，弧形顶，盖顶一乳突。盖面饰花瓣纹。口径16、3.6厘米（图三四三，5）。2001FGYM43：23，泥质红陶。敞口，方唇，盖面隆起，弧形顶，盖顶一乳突。盖面饰花瓣纹。口径10.4、高5.2厘米（图三四三，8）。2001FGYM43：31，泥质红陶。敞口，方唇，盖面隆起，弧形顶，盖顶一乳突。盖面饰花瓣纹。口径16、高3.6厘米（图三四三，6）。

侍俑　3件。2001FGYM43：16，泥质红陶。束巾，面目模糊，裹衣圆领，外衣交领右衽，宽袖，束腰，及地，双手相拥作侍立状。高18厘米（图三四四，6）。2001FGYM43：21，泥质红陶。束巾，面目模糊，外衣交领，宽袖，束腰，及地，双手相拥作侍立状。高18.4厘米（图三四四，8）。2001FGYM43：24，泥质红陶。戴圆顶帽，面目模糊，外衣交领，宽袖，束腰，及地，双手相拥作侍立状。高22.8厘米（图三四四，7）。

图三四四　2001FGYM43 出土器物
1、2. 陶博山炉（2001FGYM43：4、2001FGYM43：8）　3. 铜口沿残片（2001FGYM43：2）　4. 陶魁（2001FGYM43：3）
5. 陶房（2001FGYM43：32）　6～8. 陶侍俑（2001FGYM43：16、2001FGYM43：24、2001FGYM43：21）　9. 陶庖厨俑
（2001FGYM43：19）

胡人吹箫俑　1件。2001FGYM43：18，泥质红陶。头戴尖帽，深目，高鼻，颧骨凸起，中衣、深衣交领，窄袖，及地。跽坐，双手握箫作吹奏状。高15.4厘米（图三四五，4）。

击鼓俑　1件。2001FGYM43：28，泥质红陶。戴圆顶冠，面目模糊，褒衣圆领，中衣、深衣交领右衽，宽袖，及地，跽坐。右手持棒靠于胸前，左手置鼓上。高22.8厘米（图三四五，3）。

抚琴俑　1件。2001FGYM43：27，泥质红陶。戴圆顶冠，面目模糊，褒衣圆领，外衣交领右衽，跽坐，双手抚膝上之琴，作弹奏状。高19.8厘米（图三四五，2）。

舞俑　2件。2001FGYM43：22，泥质红陶。梳山形髻，束巾，面目模糊，褒衣圆领，中衣、

图三四五　2001FGYM43 出土陶俑
1. 抚耳俑（2001FGYM43：9）　2. 抚琴俑（2001FGYM43：27）　3. 击鼓俑（2001FGYM43：28）　4. 胡人吹箫俑
（2001FGYM43：18）　5、6. 舞俑（2001FGYM43：22、2001FGYM43：37）

深衣交领，广袖，束腰，及地。左手提袍按胯，右手上扬，作舞蹈状。高 20 厘米（图三四五，5）。
2001FGYM43：37，泥质红陶。梳山形髻，束巾，面目模糊，裹衣圆领，中衣、深衣交领右衽，广袖，束腰，下摆有褶边。左手提袍按胯，右手上扬，作舞蹈状。高 28.8 厘米（图三四五，6）。

抚耳俑　1 件。2001FGYM43：9，泥质红陶。束巾，面目模糊，裹衣圆领，中衣、深衣交领右衽，宽袖，及地。跽坐，右手按膝，左手放于耳边作倾听状。高 19.9 厘米（图三四五，1）。

抱囊俑　1 件。2001FGYM43：26，泥质红陶。头戴平巾帻，面目模糊，裹衣圆领，外衣交领右衽。宽袖，束腰，脚穿履。左手抱一长条形袋，袋口下垂，右手臂残。高 26.4 厘米（图三四六，2；图版一八，3）。

执便面俑　1 件。2001FGYM43：30，泥质红陶。梳山形髻，束巾，裹衣圆领，外衣交领右衽，宽袖，束腰，及地。右手执便面。左手执袋，袋口朝下，高 27 厘米（图三四六，1；图版一八，4）。

庖厨俑　1 件。2001FGYM43：19，泥质红陶。头戴平巾帻，面目模糊，裹衣圆领，外衣交领右衽，窄袖，及地。跽坐，双膝前置案，案上似放置食物，左右手均放置在案旁。高 22 厘米（图三四四，9）。

图三四六　2001FGYM43 出土陶器

1.执便面俑（2001FGYM43：30）　2.抱囊俑（2001FGYM43：26）　3.子母鸡（2001FGYM43：17）　4.猪（2001FGYM43：15）　5.鸡（2001FGYM43：20）　6.狗（2001FGYM43：25）

子母鸡　1件。2001FGYM43：17，泥质红陶。昂首蹲伏状，翘尾，双翼、背及腹前共有三只小鸡蹲伏。高11.2厘米（图三四六，3；图版一九，4）。

鸡　1件。2001FGYM43：20，泥质红陶。昂首，翘尾，尾部呈尖状，立姿，座两侧雕出站立双足。残高13.6厘米（图三四六，5）。

狗　1件。2001FGYM43：25，泥质红陶，昂头，耸耳，短嘴，双目凸出，四足直立，卷尾，颈腹系栓带。长22.8、高20.2厘米（图三四六，6；图版二〇，3）。

猪　1件。2001FGYM43：15，泥质红陶。鼓眼，小耳，吻部较短，张嘴露牙，体肥，前背高脊，四肢短粗，尾垂卷于左侧。长22.2、高11.2厘米（图三四六，4）。

房　1件。2001FGYM43：32，泥质灰陶，两面坡顶，脊正面有五道瓦垄，中柱立一斗三升斗拱，左右有角柱，柱上有一斗承檐，柱外有伸出的栏杆，较残。面阔35、深11、高28.4厘米（图三四四，5）。

2. 铜器

该墓共出土铜器2件，为铜器的口沿残片、6枚铜钱。铜钱皆残不可辨。

口沿残片　1件。2001FGYM43：2，鎏金，仅存局部。口径28、残高1厘米（图三四四，3）。

六、2001FGYM44

（一）墓葬形制

M44位于黄泥堡墓地的中部，位于该墓地T3的西南部，开口于第2层下，墓口距地表0.15~0.7米，打破生土。墓内填土为红色、黄色及灰色夹杂而成的五花土，土质较硬。

M44为土坑竖穴墓，平面呈长方形，方向357°，无墓道。墓室长3.27~4.28、宽4.23~4.34、深1.6~3.04米。

墓口与墓底大小基本一致，墓壁较平直，由于地势东高西低，因此墓葬整体高低不平，由东向西倾斜。墓底分别距离东、西壁0.76米和0.26米各分布一圆形坑，深0.4米，无任何包含物，靠近西壁者略小，直径0.4米，靠近东壁者近似椭圆形，稍大，长、短径分别为0.6、0.4米，用途不明。

墓室发现腐朽成粉末的人骨，故无法判断墓主的葬式、性别及年龄。葬具不存。随葬器物较少，主要分布在墓室的南侧和北侧（图三四七）。

（二）随葬器物

随葬器物较少，共出土7件，包括陶器、铜器和铁器三类。陶器为陶钵和陶罐，铜器为铜钱，铁器为铁削。

1. 陶器

该墓共出土陶器2件，为泥质灰陶。轮制，素面。

钵　1件。2001FGYM44：1，泥质灰陶。敞口，厚圆唇，斜弧腹，平底。素面，器内壁留有轮制痕迹。口径13.2、底径4.4、高5厘米（图三四八，2）。

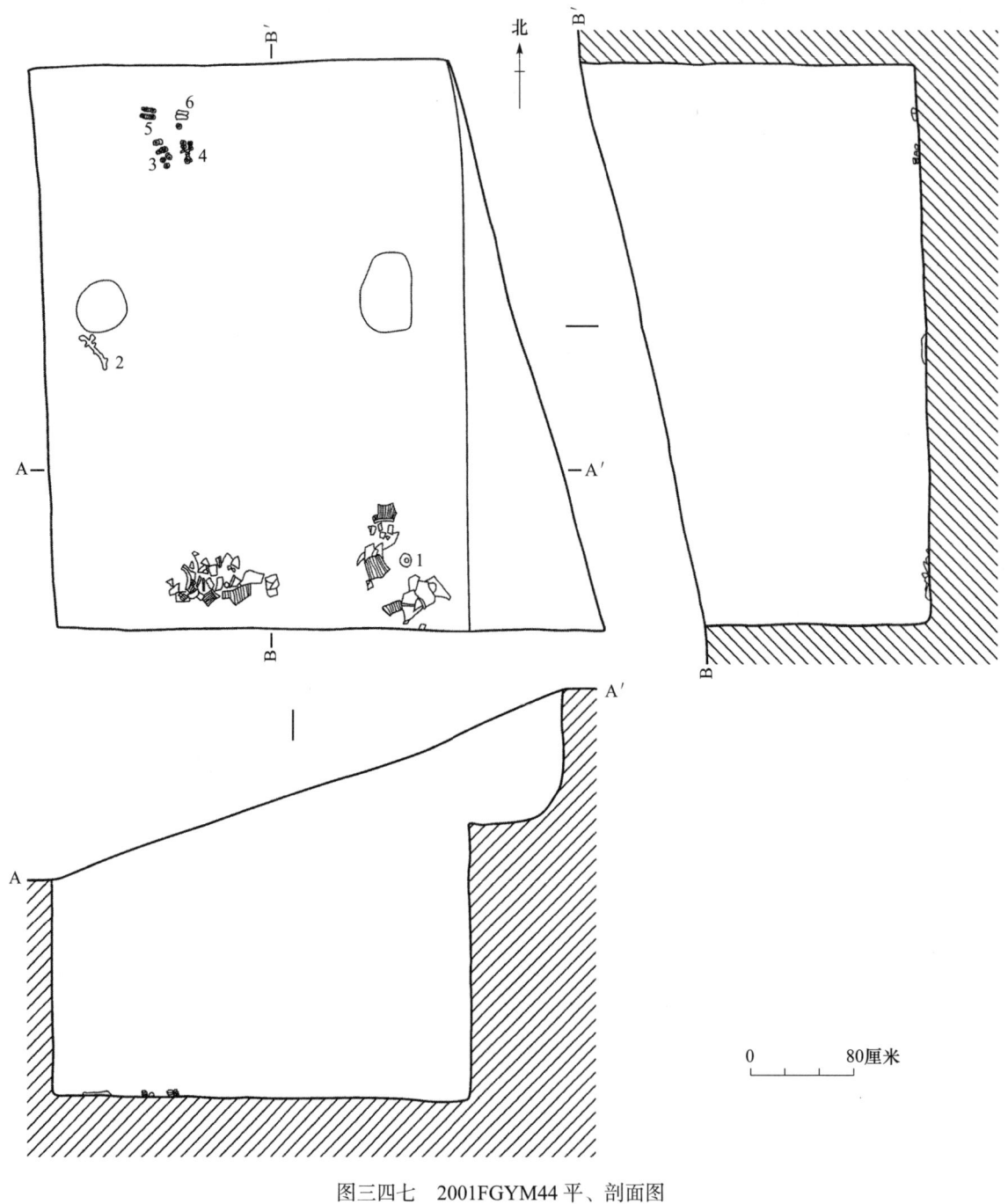

图三四七 2001FGYM44 平、剖面图
1. 陶钵 2. 铁削 3~6. 铜钱

罐 1件。2001FGYM44：7，泥质灰陶。侈口，尖唇，束颈，广肩，肩部以下残。颈部饰绳纹，肩部饰绳纹和凹弦纹。口径17.6、残高5.4厘米（图三四八，1）。

2. 铜器

该墓共出土铜器4件，均为铜钱。

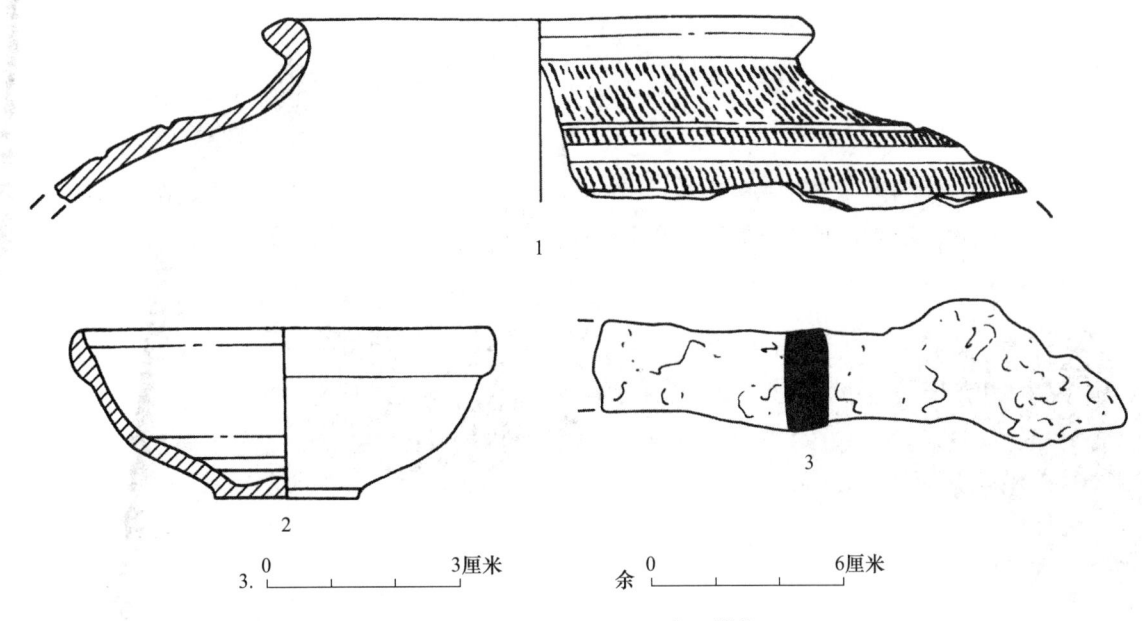

图三四八　2001FGYM44 出土器物
1. 陶罐（2001FGYM44∶7）　2. 陶钵（2001FGYM44∶1）　3. 铁器（2001FGYM44∶2）

铜钱　115 枚。皆为五铢，未磨郭。2001FGYM44∶4-1，郭沿较宽，"五"字交笔较直，金字头呈三角形，"朱"字上方下圆，钱径 2.5、穿宽 1 厘米（图三四九，1）。2001FGYM44∶4-2，郭沿较宽，"五"字交笔缓曲，上下两横出头接于内、外郭，金字头呈箭镞形，"朱"字上下圆折，钱径 2.6、穿宽 0.9 厘米（图三四九，2）。

3. 铁器

该墓共出土铁器 1 件。

削　1 件。2001FGYM44∶2，已残，呈不规则形。残长 8.4、宽 1.8、厚 0.6 厘米（图三四八，3）。

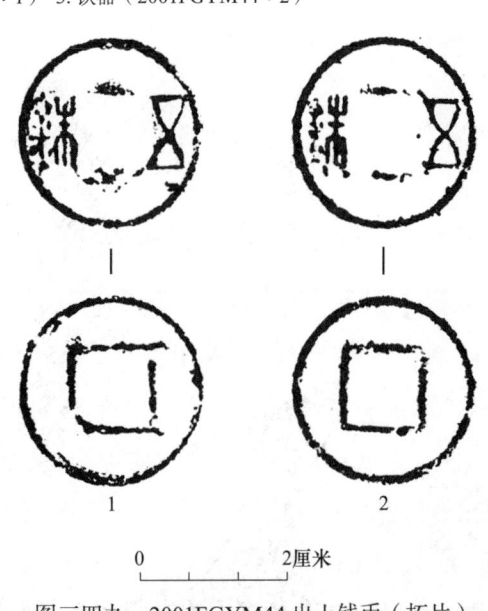

图三四九　2001FGYM44 出土钱币（拓片）
1、2. 五铢（2001FGYM44∶4-1、2001FGYM44∶4-2）

七、2001FGYM45

（一）墓葬形制

M45 位于黄泥堡墓地的东部，位于该墓地 T1 的西北角，部分伸入 T3 的东隔梁。开口于第 2 层下，墓口距地表 0.33~0.5 米，打破生土。墓内填土为红褐色五花土，并夹杂料姜石颗粒，土质较硬、结构紧密。

M45 为砖室墓，平面呈凸字形，方向 265°，由墓道、甬道和墓室三部分组成。总长 6.46、最宽

4.42 米。

墓道平面呈圆角梯形，长 1.06、宽 0.5～1、高 0～2.7 米，坡度为 37°。

甬道位于墓室的中部，其内长 1.76、宽 1.6、高 1.4 米。墓室内长 2.3、宽 3.64、高 2.4 米。

墓道和甬道间使用长方形砖横向平铺封门。甬道底部和墓底未铺砖，使用较坚硬的红烧土作为墓底，有夯打迹象。甬道壁和墓壁使用长方形砖横向错缝平砌。甬道的券顶保存完好，墓室的券顶仅有一盗洞，均采用子母楔形榫卯砖纵向错缝砌筑。墓砖有长方形砖和榫卯砖两种，长方形砖长42、宽 20、厚 7 厘米，榫卯砖长 44、宽 20、厚 7 厘米。墓砖饰有菱形回字纹。

墓室的北壁附近发现人骨残块，包括肢骨、盆骨和脊椎骨。从人骨的分布来看，其头向朝东，可能为侧身屈肢葬。葬具不存。随葬器物丰富，主要放置在甬道内和墓室的前部（图三五〇、图三五一；彩版二二，2）。

（二）随葬器物

随葬器物丰富，出土器物 40 件。扰土层共出土 3 件器物，包括瓷器、料器等；瓷器为瓷钵和瓷碗，料器为耳珰。墓葬的随葬品包含陶器和铜器两类，其中以陶器居多，陶器的器型包括钵、耳杯、博山炉盖、灯、俑。瓷器为钵、碗。铜器为指环和铜钱。料器为琉璃耳珰。

1. 陶器

该墓共出土陶器 34 件，泥质红陶较多，其次是泥质灰陶。模制较多，轮制也占一定比例，素面居多，纹饰主要为凹弦纹和几何纹。

钵　5 件。2001FGYM45∶2，泥质灰陶。敞口，厚圆唇，折腹，底部残。素面。口径 18、残高 7 厘米（图三五二，3）。2001FGYM45∶11，泥质红陶。侈口，圆唇，上腹较直，内凹，下腹弧收，近底部内凹，平底。腹部饰三周凹弦纹。口径 18、底径 8.5、高 9 厘米（图三五二，4）。2001FGYM45∶12，泥质灰陶。上腹以上均残，下腹弧收，平底。底径 5.2、残高 2.6 厘米（图三五二，1）。2001FGYM45∶16，泥质灰陶。敞口，厚圆唇，上腹斜直，折腹内收，平底，底部内凹。素面。口径 18.4、底径 4.4、高 6.4 厘米（图三五二，5）。2001FGYM45∶17，泥质红陶。敞口，厚圆唇，折腹，平底。素面。口径 11.2、底径 4.4、高 4.4 厘米（图三五二，2）。

耳杯　1 件。2001FGYM45∶13，泥质灰褐陶。已残，呈近椭圆形，敞口，方唇，弧腹内收，平底。素面。残长 9、高 4 厘米（图三五二，6）。

博山炉盖　1 件。2001FGYM45∶10，泥质红陶，已残。敞口，方唇，盖面隆起，弧形顶，盖顶一乳突。盖面饰几何纹。口径 8、高 4.6 厘米（图三五二，9）。

灯　2 件。2001FGYM45∶6，泥质红陶，器表（仅灯盘）施酱红釉。敛口，圆唇，弧腹，浅盘，柱状柄，覆钵形座。口径 8、柄径 5.2、底径 10、高 11.2 厘米（图三五二，7；图版一二，8）。2001FGYM45∶37，泥质灰陶。敞口，方唇，浅盘，柱状柄，喇叭形浅座。口径 9.6、柄径 2.6、底径 6.3、高 8 厘米（图三五二，8）。

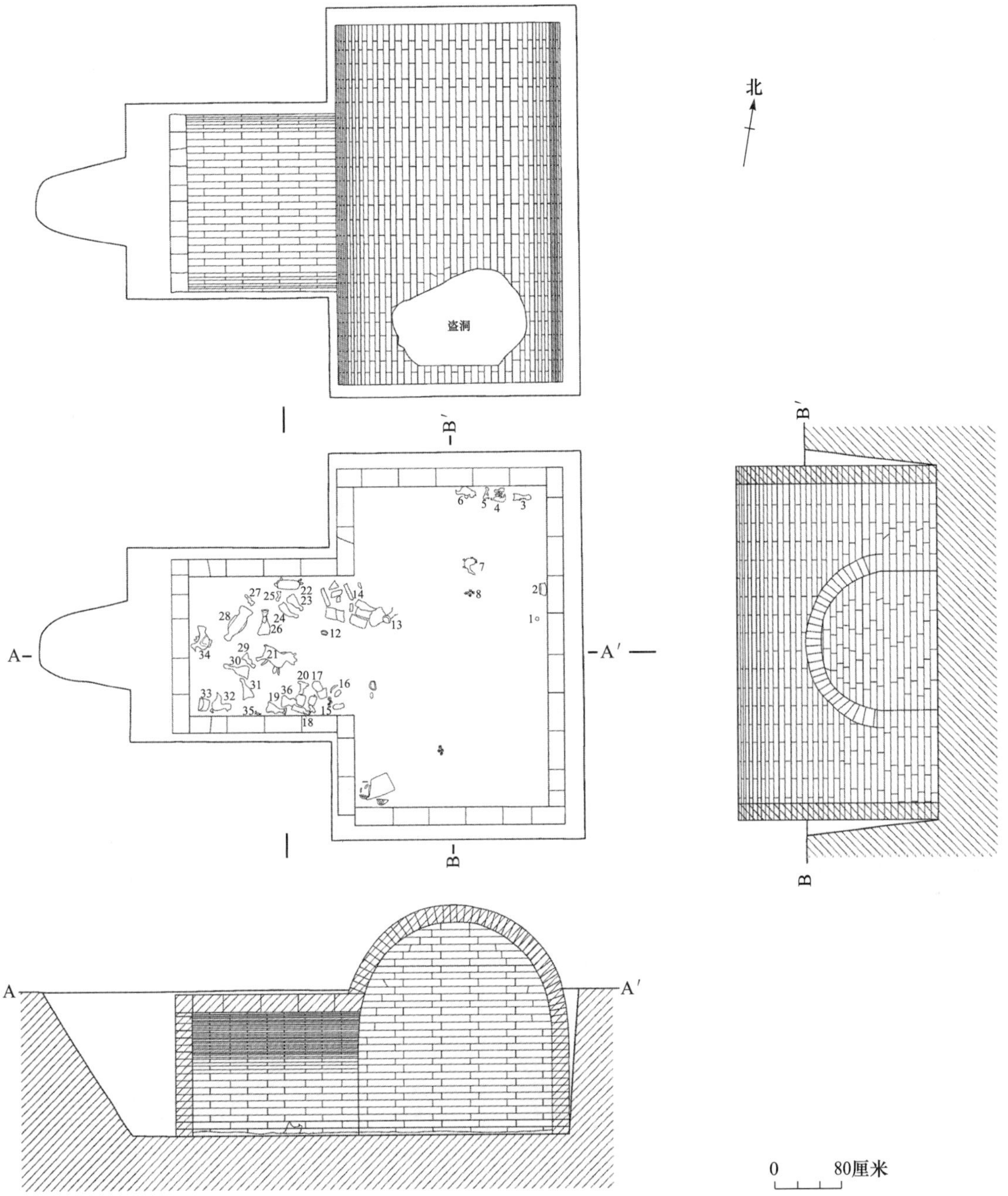

图三五〇 2001FGYM45 平、剖面图

1.铜指环 2、11、12、16、17、33.陶钵 3、5、14、18~20、23~31、35、36.陶俑 4.陶羊 6.陶灯 7、15、32.陶鸡 8、9.铜钱 10.陶博山炉盖 13.陶耳杯 21.陶狗 22.陶猪 34.陶子母鸡

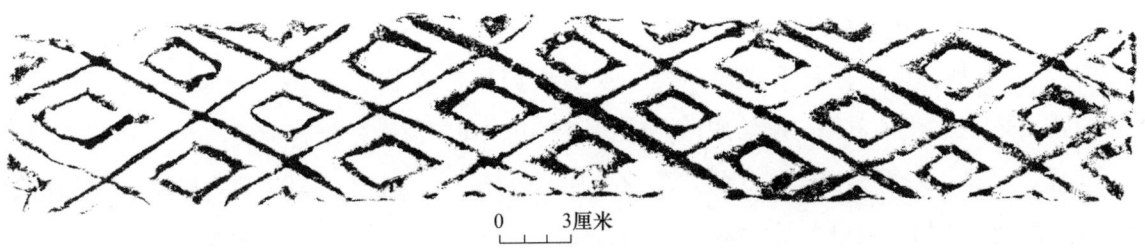

图三五一 2001FGYM45 出土墓砖（拓片）

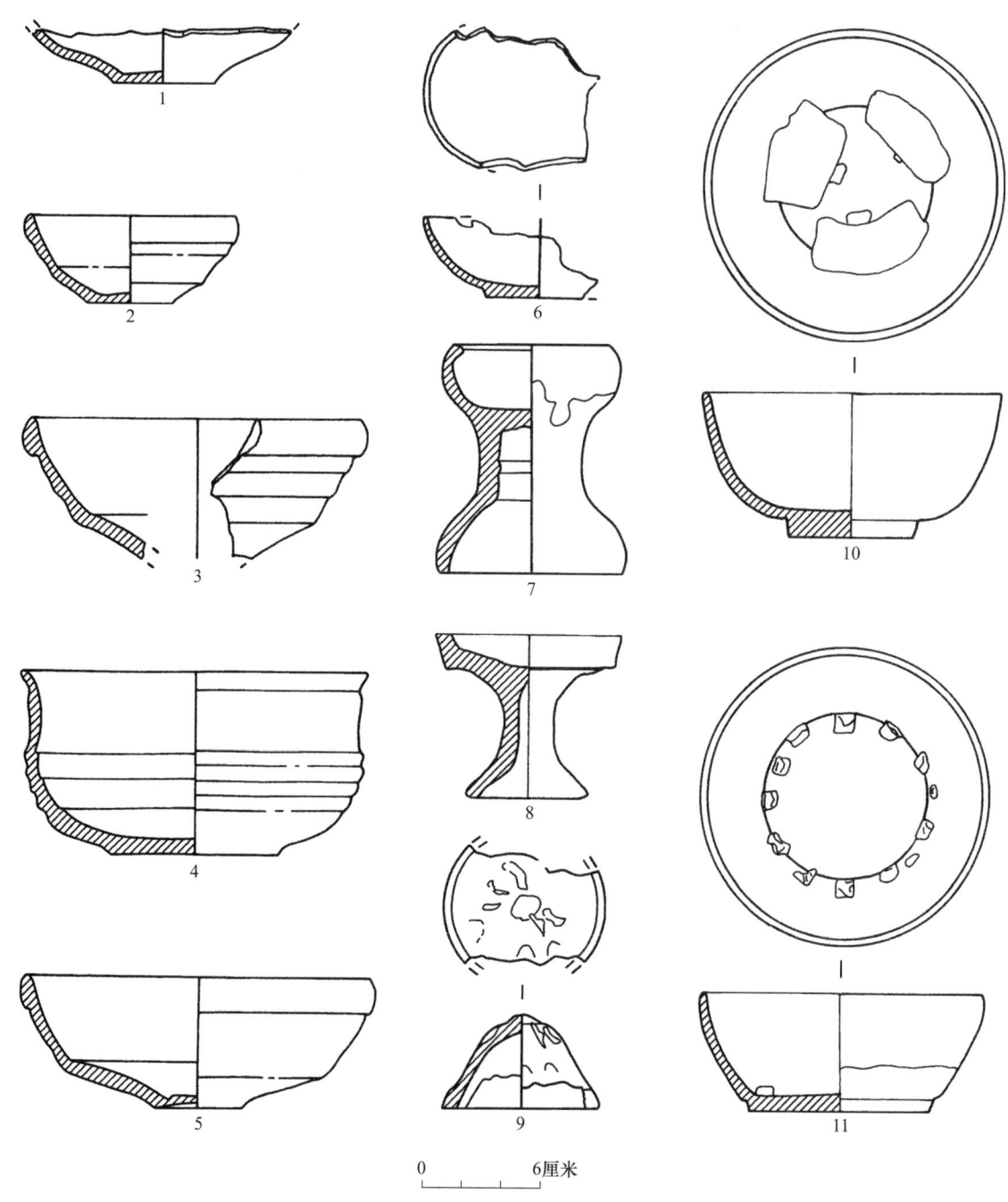

图三五二　2001FGYM45 出土器物

1~5. 陶钵（2001FGYM45：12、2001FGYM45：17、2001FGYM45：2、2001FGYM45：11、2001FGYM45：16）　6. 陶耳杯（2001FGYM45：13）　7、8. 陶灯（2001FGYM45：6、2001FGYM45：37）　9. 陶博山炉盖（2001FGYM45：10）　10. 瓷碗（2001FGYM45：01、）　11. 瓷钵（2001FGYM45：02）

侍俑　14 件。2001FGYM45：3，泥质红陶。束巾，面目清晰，亵衣圆领，中衣、深衣交领右衽，窄袖，束腰，及地，脚穿履。双手相拥作侍立状。高 16.1 厘米（图三五三，1）。2001FGYM45：5，泥质红陶，墨绘脱落。梳髻，束巾，面目清晰，亵衣圆领，外衣交领右衽，宽袖，束腰，及地。双手相拥作侍立状。高 16.8 厘米（图三五三，2）。2001FGYM45：14，泥质红陶，墨绘脱落。梳髻，束巾，面目清晰，亵衣圆领，外衣交领右衽，宽袖，束腰，及地。双手相拥作侍立状。高 16.8 厘米（图三五三，4）。2001FGYM45：15，泥质红陶。梳髻，束巾，面目清晰，

图三五三 2001FGYM45 出土陶俑（一）
1～9. 侍俑（2001FGYM45：3、2001FGYM45：5、2001FGYM45：14、2001FGYM45：15、2001FGYM45：18、
2001FGYM45：19、2001FGYM45：23、2001FGYM45：24、2001FGYM45：28）

袭衣圆领，中衣、深衣交领右衽，窄袖，束腰。脚穿履。双手相拥作侍立状。高16.8厘米（图三五三，3）。2001FGYM45：18，泥质红陶。束巾，面目较清晰，袭衣圆领，外衣交领右衽，宽袖，束腰，下部已残。双手相拥作侍立状。残高21厘米（图三五三，5）。2001FGYM45：19，泥质红陶。头戴平巾帻，面目清晰，外衣圆领，宽袖，束腰，及地。双手相拥作侍立状。高21.2厘米（图三五三，6）。2001FGYM45：23，泥质红陶。头戴进贤冠，面目模糊，袭衣圆领，外衣交领右衽，窄袖，束腰，及地。双手相拥作侍立状。高19.8厘米（图三五三，7）。2001FGYM45：24、泥质红陶。头戴进贤冠，面目模糊，袭衣圆领，外衣交领右衽，窄袖，束腰，及地。双手相拥作侍立

状。高19.8厘米（图三五三，8）。2001FGYM45：25，泥质红陶。束巾，面目较模糊，亵衣圆领，长袍，宽袖，束腰，及地。双手相拥作侍立状。高21厘米（图三五四，4）。2001FGYM45：28，泥质红陶。束巾，面目清晰，亵衣圆领，外衣交领右衽，宽袖，束腰，及地。双手相拥作侍立状。高20.6厘米（图三五三，9）。2001FGYM45：29，泥质红陶。梳髻，束巾，面目清晰，亵衣圆领，中衣、深衣交领右衽，宽袖，束腰，及地。脚穿履。双手相拥作侍立状。高16.7厘米（图三五四，2）。2001FGYM45：30，泥质红陶。束巾，面目模糊，亵衣圆领，中衣、深衣交领右衽，宽袖，束腰，及地。双手相拥作侍立状。高21.8厘米（图三五四，1）。2001FGYM45：31，泥质红陶。头戴进贤冠，面目模糊，亵衣圆领，外衣交领右衽，窄袖，束腰，及地。双手相拥作侍立状。高19.8厘米（图三五四，3）。2001FGYM45：35，泥质红陶，束巾，面目模糊，长袍及地。站立，双手拱于胸前。高11.4厘米（图三五四，9）。

击鼓俑　1件。2001FGYM7M45：20，泥质红陶。头戴进贤冠，面目较模糊，亵衣圆领，外衣交领

图三五四　2001FGYM45出土陶俑（二）

1～4. 侍俑（2001FGYM45：30、2001FGYM45：29、2001FGYM45：31、2001FGYM45：25）　5. 执物俑（2001FGYM45：39）
6. 抚耳俑（2001FGYM45：36）　7. 跪坐俑（2001FGYM45：26）　8. 击鼓俑（2001FGYM45：20）　9. 侍俑（2001FGYM45：35）

右衽，宽袖，束腰，及地。跽坐，左膝前部残，右手上举，作击鼓状。高17.8厘米（图三五四，8）。

执物俑 1件。2001FGYM45：39，泥质红陶，墨绘脱落。头戴圆顶帽，面目清晰，裹衣圆领，中衣、深衣交领右衽，宽袖，束腰，及地。脚穿履。左手执一长条形物体，右手臂局部残。高19.8厘米（图三五四，5）。

坐俑 1件。2001FGYM45：26，泥质红陶。头戴进贤冠，面目清晰，裹衣圆领、外衣交领右衽，右手臂残，双膝局部残，长袍及地。跽坐。高17.4厘米（图三五四，7）。

抚耳俑 1件。2001FGYM45：36，泥质红陶。梳髻，束巾，面目模糊，外衣圆领，长袍及地。跽坐，左手按膝，右手放于耳边作倾听状。高16厘米（图三五四，6）。

子母鸡 2件。2001FGYM45：38，泥质红陶。昂首蹲伏状，翘尾，双翼、背及腹前共有三只小鸡蹲伏。高9.8厘米（图三五五，3；图版一九，3）。2001FGYM45：34，泥质红陶。昂首蹲伏状，翘尾，双翼，翼、腹、背均局部残。高11厘米（图三五五，4）。

鸡 2件。2001FGYM45：7，泥质红陶，墨绘已脱落。昂首，颈部以下残。残高9厘米（图三五五，7）。2001FGYM45：32，泥质红陶。昂首，翘尾，尾部呈尖状，立姿，座两侧雕出站立双足。高19.8厘米（图三五五，8；图版一九，1）。

图三五五 2001FGYM45出土器物
1. 耳珰（2001FGYM45：07） 2. 铜指环（2001FGYM45：1） 3、4. 陶子母鸡（2001FGYM45：38、2001FGYM45：34）
5. 陶羊（2001FGYM45：4） 6. 陶猪（2001FGYM45：22） 7、8. 陶鸡（2001FGYM45：7、2001FGYM45：32） 9. 陶狗（2001FGYM45：21）

羊　1件。2001FGYM45：4，泥质红陶。昂头，头部有两角，吻部及尾部残，四足直立。长13、高11.5厘米（图三五五，5；图版二〇，4）。

狗　1件。2001FGYM45：21，泥质红陶。昂头，耸耳，短嘴，露齿，双目凸出，四足直立，卷尾，颈腹系栓带。长29.2、高22.5厘米（图三五五，9；图版二〇，1）。

猪　1件。2001FGYM45：22，泥质红陶。耸耳，吻部较长，翘嘴，体肥，前背高脊，四肢短粗，卷尾。长25.4、高13.6厘米（图三五五，6）。

2. 瓷器

该墓扰土层共出土瓷器2件，器型为钵和碗。

钵　1件。2001FGYM45：02，灰白胎，器表上腹和器内施青釉。敞口，圆唇，弧腹，饼足，器底有一周支钉痕迹。素面。口径14.8、足径9.2、高5.8厘米（图三五二，11）。

碗　1件。2001FGYM45：01，灰白胎，器表通体施青釉。敞口，圆唇，弧腹，假圈足，器底有支钉痕迹。素面。口径15.4、足径6.4、高7.1厘米（图三五二，10）。

3. 铜器

该墓出土铜器3件，为指环、铜钱。

指环　1件。2001FGYM45：1，截面呈圆形。直径2厘米（图三五五，2）。

铜钱　18枚。皆残，钱文不可辨。

4. 料器

该墓扰土中出土料器1件，即为耳珰。

耳珰　1件。2001FGYM45：07，蓝玉鎏银。亚腰形，中有一穿，平面呈圆形，上径0.7、下径0.9、高1.9厘米（图三五五，1）。

八、2001FGYM46

（一）墓葬形制

M46位于黄泥堡墓地的北部，位于该墓地T4的西部，开口于第2层下，墓口距地表0.5～0.76米，打破生土。墓内填土为红褐色五花土和淤泥砂土，土质较黏，包含大量墓砖碎屑。

M46为砖室墓，平面呈刀把形，方向293°，由甬道和墓室两部分组成。总长5.3、最宽3.34米。

甬道位于墓室的东部，其内长2.1、宽1.44、高1.77米。墓室内长2.3、宽2.78、残高2.42厘米。墓道和甬道间采用长方形砖单排横向平砌封门。甬道底部使用长方形砖横向错缝平铺。墓室底部使用长方形砖和子母榫卯砖纵横交错错缝平铺。甬道壁和墓壁使用长方形砖横向错缝平砌。甬道和墓室的券顶保存较好，仅发现两个盗洞。墓砖有长方形砖和子母榫卯砖两种，长方形砖长40～44、宽18～20、厚7～8厘米，墓砖饰菱形回字纹。

人骨及葬具已不存。随葬器物丰富，集中放置于甬道内，墓室仅在西南角有少量分布（图三五六）。

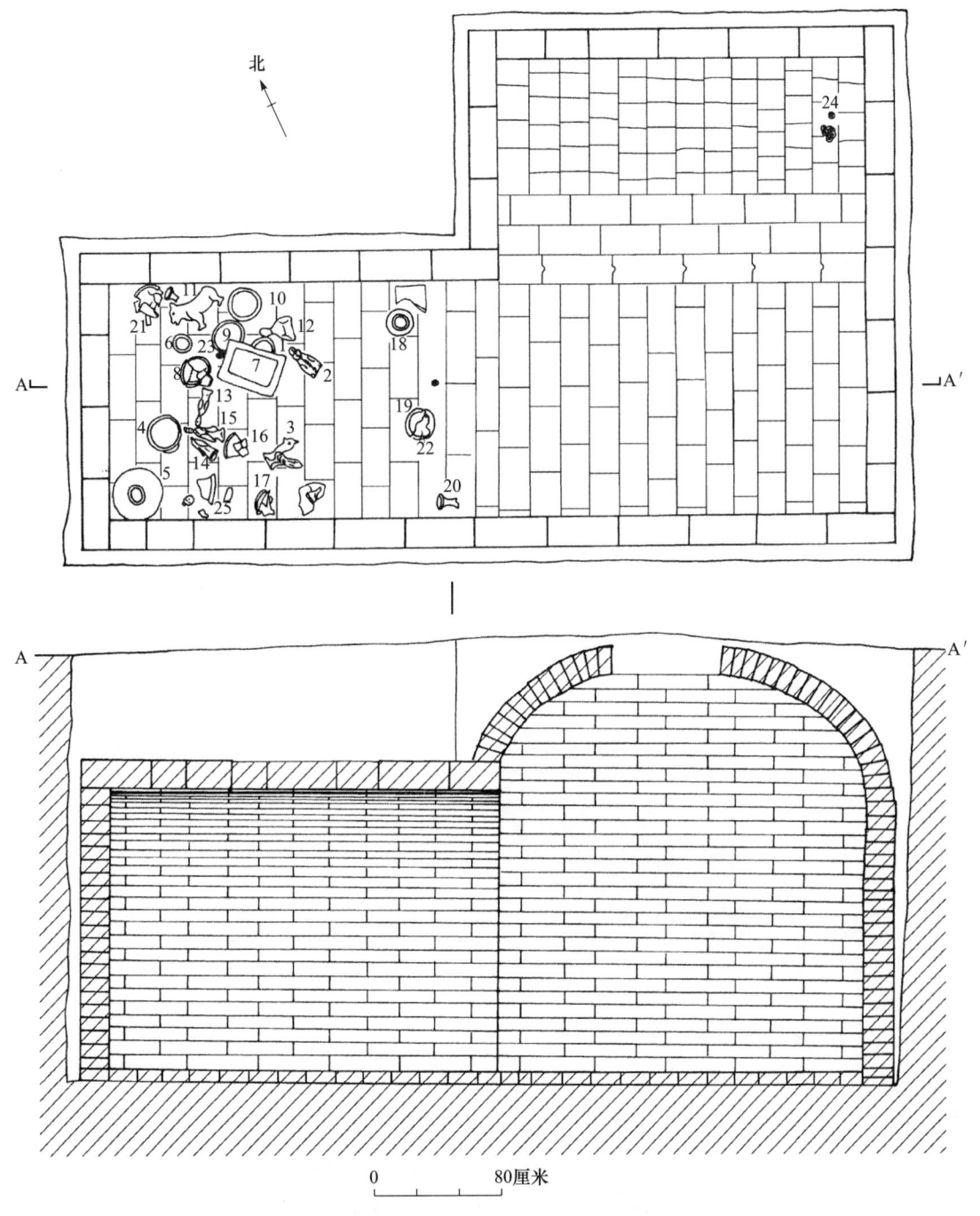

图三五六　2001FGYM46 平、剖面图

1、6、16、17、35.陶钵　2.陶猪　3.陶鸡　4.陶盆　5、8、21、25.陶罐　7.陶塘　9.陶魁　10.陶盒　11.陶狗　12～15、27、28、30、31.陶俑　18.陶器盖　19、20、29.陶灯　22、34.陶马　23.陶勺　24.铜钱　26.陶锤　32.陶厄　33.陶房

（二）随葬器物

随葬器物较丰富，共出土 22 件，包括陶器和铜器两类，其中陶器居多。陶器的器型包括钵、罐、盆、盒、魁、卮、勺、灯、器盖、俑、板瓦。铜器为铜钱。

1. 陶器

该墓共出土陶器 21 件，泥质红陶较多，其次是泥质灰陶。轮制较多，模制也占一定比例。纹饰包括凹弦纹和绳纹。

钵　3 件。2001FGYM46：1，泥质灰陶。敞口，厚圆唇，上腹斜直，折腹内收，平底。素面。口径 17.2、底径 5.6、高 6 厘米（图三五八，1）。2001FGYM46：6，泥质灰陶。敞口，厚圆唇，折腹，平底。素面。口径 19.2、底径 3.2、高 6.4 厘米（图三五八，3）。2001FGYM46：16，泥质灰陶。敞口，厚圆唇，弧腹微折，平底。口径 13.4、底径 4.6、高 4.8 厘米（图三五八，2）。

罐　2 件。2001FGYM46：5，泥质灰陶，直口，尖圆唇，宽沿，束颈，广肩，弧腹，圜底。肩上部刻有"王朴"二字，以下饰拍印绳纹，肩部的绳纹被四周凹弦纹隔断。口径 11.2、最大腹径 32、通高 19 厘米（图三五七，1）。2001FGYM46：21，泥质灰褐陶。敞口，厚圆唇，溜肩，鼓腹，平底。素面。口径 3.6、最大腹径 5.3、底径 4.2、高 2.8 厘米（图三五七，3）。

盆　1 件。2001FGYM46：4，泥质红陶，器内及口沿施酱黄釉。敞口，方唇，斜折沿，上腹微鼓，圆折腹斜收，平底。腹部饰一周凹弦纹。口径 22.4、底径 8、高 8.6 厘米（图三五七，2）。

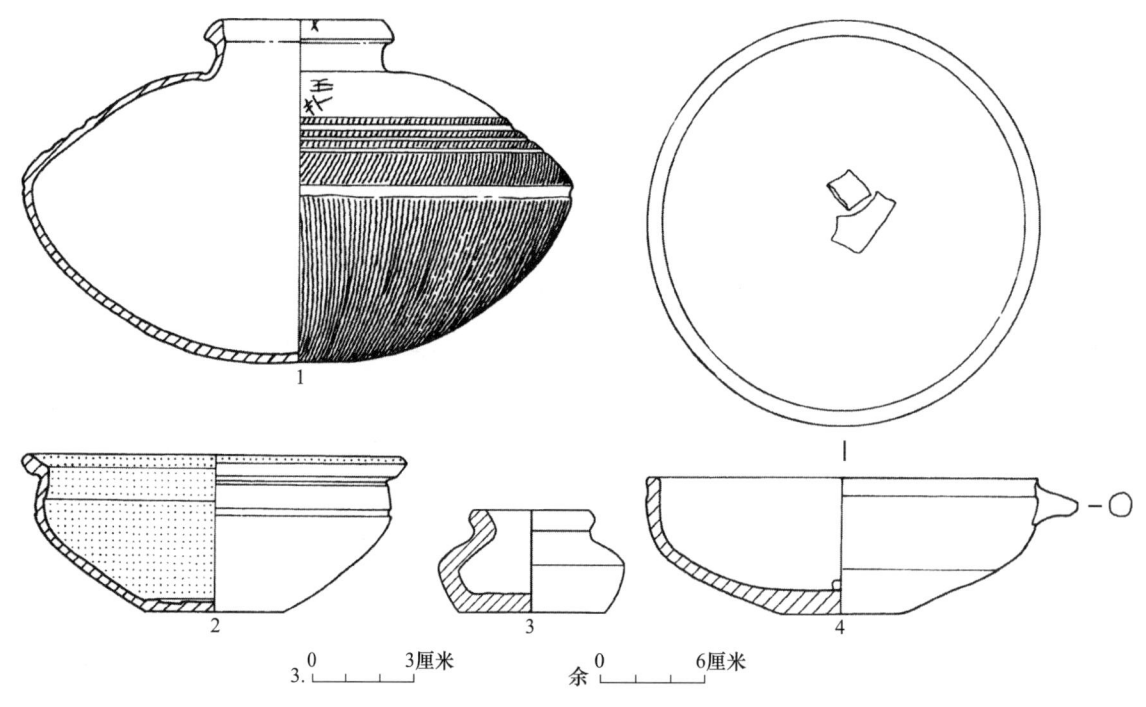

图三五七　2001FGYM46 出土陶器（一）

1、3. 罐（2001FGYM46：5、2001FGYM46：21）　2. 盆（2001FGYM46：4）　4. 魁（2001FGYM46：9）

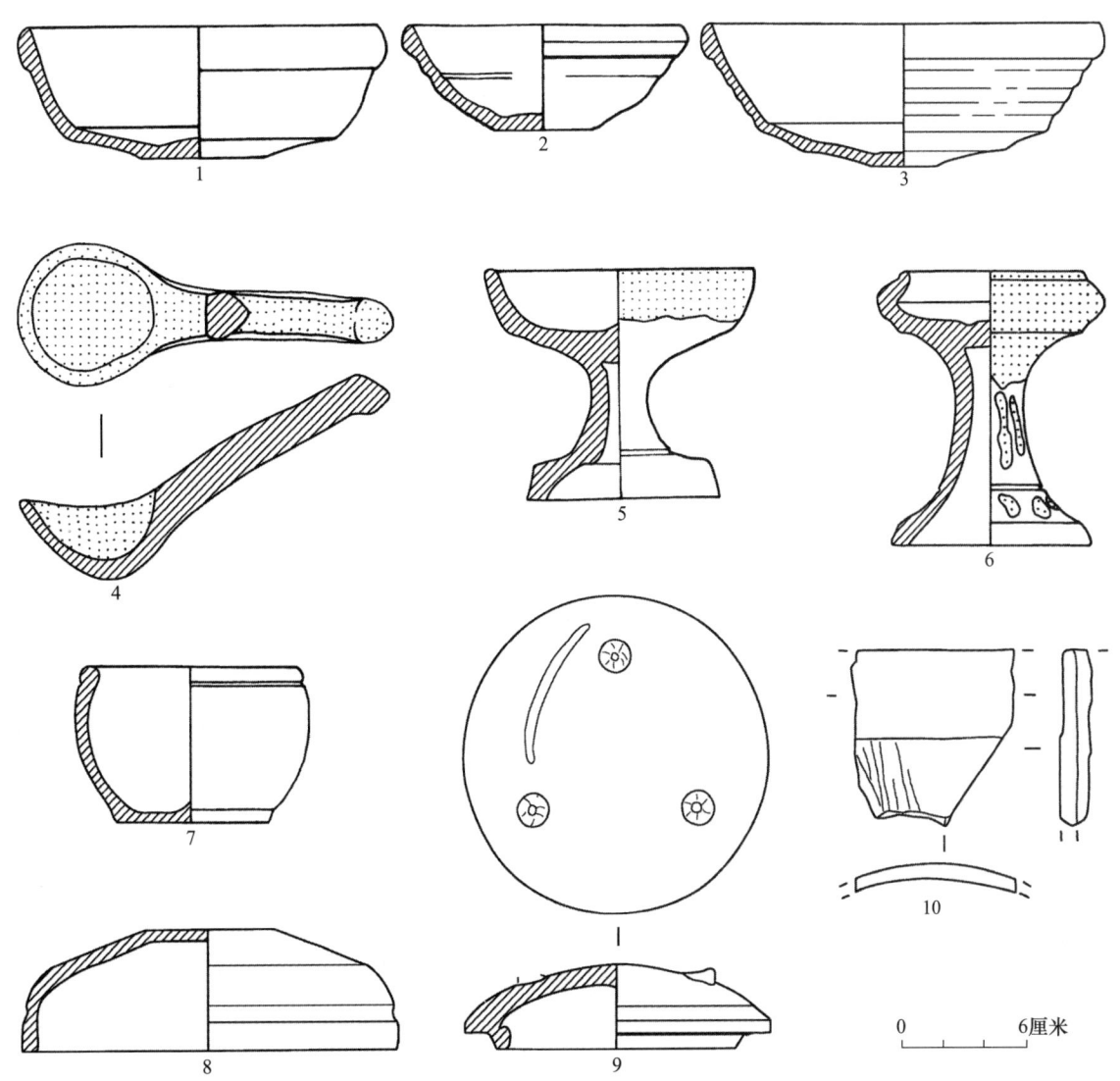

图三五八　2001FGYM46 出土陶器（二）

1～3.钵（2001FGYM46：1、2001FGYM46：16、2001FGYM46：6）　4.勺（2001FGYM46：23）　5、6.灯（2001FGYM46：36、2001FGYM46：29）　7.卮（2001FGYM46：32）　8.盒（2001FGYM46：10）　9.器盖（2001FGYM46：18）　10.板瓦（2001FGYM46：37）

盒　1件。2001FGYM46：10，泥质红陶，器表施黄釉。直口，方唇，上腹较直，圆折腹斜收成平顶。腹部饰一周凹弦纹。仅存一半。口径17.6、顶径6、高5.4厘米（图三五八，8）。

魁　1件。2001FGYM46：9，泥质红陶，器内及柄部施酱黄釉，直口，方唇，上腹较直，下腹圆折弧收，平底。条棱柄。上腹饰一周凹弦纹。口径22.4、底径6.8、高7.4厘米（图三五七，4）。

卮　1件。2001FGYM46：32，泥质红陶。敛口，圆唇，微鼓腹，平底。口沿下饰一周凹弦纹。口径10.4、最大腹径11.4、底径7.4、高7.1厘米（图三五八，7）。

勺　1件。2001FGYM46：23，泥质红陶，器表及器内通体施酱黄釉。勺身呈椭圆形，敞口，尖圆唇，弧壁，浅腹，长直柄，末端下折。素面。通长18.4、宽6.4厘米（图三五八，4）。

灯　2件。2001FGYM46：36，泥质红陶，灯盘施酱色釉。敞口，圆唇，弧腹，浅盘，柱状柄，盘形座。口径12.8、柄径2.8、底径9.2、高10.4厘米（图三五八，5）。2001FGYM46：29，泥质红陶，器表施酱红釉，已部分脱落。子母口，圆唇，折腹，浅盘，柱状柄，喇叭形座。口径8.8、柄径3.4、底径9.6、高12.4厘米（图三五八，6）。

器盖　1件。2001FGYM46：18，泥质红陶。子母口，圆唇，弧顶，顶部饰三耳。口径11.8、高3.8厘米（图三五八，9）。

侍俑　3件。2001FGYM46：13，泥质红陶。束巾，面目模糊，裹衣圆领，外衣交领右衽，宽袖，束腰，及地。双手相拥作侍立状。高21厘米（图三五九，1）。2001FGYM46：14，泥质红陶。颈部以上残，外衣交领右衽，宽袖，束腰，及地。脚穿履。双手相拥作侍立状。高16厘米（图三五九，

图三五九　2001FGYM46出土陶器（三）
1～3.侍俑（2001FGYM46：13、2001FGYM46：14、2001FGYM46：28）4.抚琴俑（2001FGYM46：12）5.马（2001FGYM46：34）6.猪（2001FGYM46：2）7.鸡（2001FGYM46：3）

2)。2001FGYM46：28，泥质红陶。束巾，面目模糊，褒衣圆领，外衣交领右衽，宽袖，束腰，及地。双手相拥作侍立状。高21.4厘米（图三五九，3）。

抚琴俑　1件。2001FGYM46：12，泥质红陶。束巾，面目清晰，褒衣圆领，中衣、深衣交领右衽，宽袖，束腰，及地。跽坐，双手抚膝上之琴，作弹奏状。高17.8厘米（图三五九，4）。

鸡　1件。2001FGYM46：3，泥质红陶。昂首，翘尾，尾部呈尖状，立姿，座两侧雕出站立双足。高18.5厘米（图三五九，7；图版一九，2）。

猪　1件。2001FGYM46：2，泥质红陶。聋耳，吻部较长，张嘴，体较肥，四肢短粗，尾部残。长22.3、高11.5厘米（图三五九，6）。

马　1件。2001FGYM46：34，泥质红陶。颈部以上残，体肥壮，四足肥壮，束尾翘起，背部置马鞍。长41、残高26厘米（图三五九，5）。

板瓦　1件。2001FGYM46：37，泥质灰褐陶上施黑色陶衣。已残，平面呈近梯形。饰几道绳纹。残长8、宽7.8厘米（图三五八，10）。

2. 铜器

该墓出土铜器为3枚铜钱。仅一枚清晰可辨。2001FGYM46：24-1，面有外郭无内郭，背均有外郭、内郭。钱文字体较粗，"五"字交笔弯曲，"金"字头呈大三角形，四点较长，"朱"字上下圆折。钱径2.6、穿宽0.9厘米（图三六〇）。

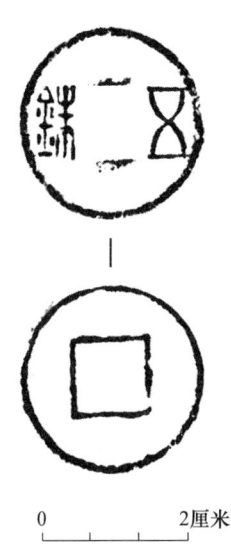

图三六〇　2001FGYM46出土钱币（拓片）
五铢（2001FGYM46：24-1）

第六章 综 论

第一节 居 住 址

一、典 型 陶 器

秦家院子遗址和袁家岩遗址出土的遗物虽然较多，但以器物腹片居多，复原器较少。特别是 A 组、D 组单位出土的遗物较少，器类也不很丰富，不具备分期条件；B 组、C 组单位出土的遗物相对丰富，我们从这两组单位出土的遗物中选择一些相对典型的陶器进行分析。

（一）尖底盏

63 件。据口部形态的不同分三型（图三六一）。

A 型　敛口。依口、腹部的变化分二式。

Ⅰ式：口部外鼓，腹部较深。标本 T0630⑥：2。

Ⅱ式：口部较直，腹部较浅。标本 T0630⑥：3。

B 型　敞口。依腹部的变化分三式。

Ⅰ式：弧腹、腹部较深。标本 H5：13。

Ⅱ式：斜腹，腹部较浅。标本 T1110④：1。

Ⅲ式：斜直腹、腹部浅。标本 T1110④：3。

C 型　直口。标本 H5：5。

（二）钵

40 件。据底部形态分二型（图三六一）。

A 型　圜底。根据口部形态分二亚型。

Aa 型　敞口。依腹部的变化分二式。

Ⅰ式：弧腹、腹部较深。标本 H5：9。

Ⅱ式：斜弧腹、腹部较浅。标本 T1111④：13。

Ab 型　侈口。标本 H5：10。

B 型　小平底。据口部形态分二亚型。

Ba 型　敛口。标本 H5：12。

Bb 型　侈口。标本 H5：2。

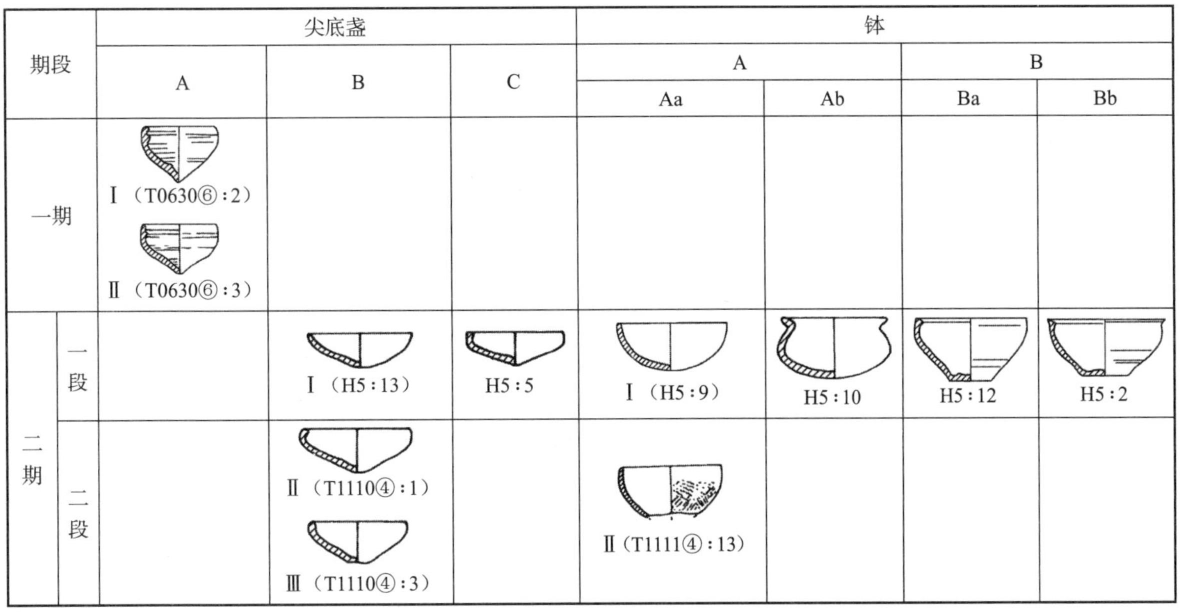

期段		尖底盏			钵			
		A	B	C	A		B	
					Aa	Ab	Ba	Bb
一期		Ⅰ（T0630⑥:2） Ⅱ（T0630⑥:3）						
二期	一段		Ⅰ（H5:13）	H5:5	Ⅰ（H5:9）	H5:10	H5:12	H5:2
	二段		Ⅱ（T1110④:1） Ⅲ（T1110④:3）		Ⅱ（T1111④:13）			

图三六一　B组、C组单位出土陶尖底盏、钵演变与分期

（三）罐

193件。分花边口罐和素口罐两大类（图三六二）。

1. 花边口罐

根据领部形态分三型。

A型　无领。据腹部形态分二亚型。

Aa型　深腹。依口部的变化分三式。

Ⅰ式：侈口。标本H5:3。

Ⅱ式：直口微侈。标本H3:3。

Ⅲ式：直口。标本T1110④:19。

Ab型　浅腹。依口部的变化分二式。

Ⅰ式：侈口。标本H5:7。

Ⅱ式：直口微侈。标本H3:1。

B型　高领。据口部形态分二亚型。

Ba型　直口微侈。依沿面的变化分二式。

Ⅰ式：沿面矮。标本T0629⑥:2。

Ⅱ式：沿面高。标本T1111④:8。

Bb型　侈口。标本T1110④:6。

C型　矮领。据唇部形态分二亚型。

Ca型　尖圆唇。依沿面的变化分二式。

Ⅰ式：沿面窄。标本H5:16。

Ⅱ式：沿面宽。标本 T1111 ④：9。

Cb 型　方唇。标本 H5：15。

2. 素口罐

根据口部形态分四型。

A 型　盘口。据肩部形态分二亚型。

Aa 型　溜肩。依沿面的变化分二式。

Ⅰ式：沿面宽。标本 H4：3。

Ⅱ式：沿面窄。标本标本 T1111 ④：10。

Ab 型　鼓肩。标本 T1111 ④：4。

B 型　侈口。据沿面形态分三亚型。

Ba 型　宽沿。标本 T1110 ④：12。

Bb 型　窄沿。标本 T1111 ④：11。

Bc 型　无沿。依腹部的变化分二式。

Ⅰ式：腹微鼓。标本 H5：20。

Ⅱ式：鼓腹。标本 T1110 ④：10。

C 型　直口。据颈部形态分二亚型。

Ca 型　斜直颈。标本 T1110 ④：9。

Cb 型　颈微束。标本 T1110 ④：11。

D 型　喇叭口。据唇部形态分二亚型。

Da 型　圆唇。标本 H4：1。

Db 型　尖唇。标本 T1111 ④：5。

（四）釜

379 件。分花边口釜和素口釜两大类。花边口釜又有大小之分（图三六三）。

1. 大花边釜

据领部形态分三型。

A 型　直领。根据沿面形态的不同分二亚型。

Aa 型　窄沿。标本 T1211 ④：3。

Ab 型　宽沿。标本 T1110 ④：5。

B 型　斜直领。据沿部形态的不同分二亚型。

Ba 型　窄沿。标本 T1111 ④：4。

Bb 型　宽沿。标本 T1111 ④：3。

C 型　斜领。标本 T1111④∶2。

2. 小花边釜

据腹部形态的不同分三型。

A 型　弧腹。依口、颈部的变化分二式。

Ⅰ式：侈口、束颈。标本 H5∶14。

Ⅱ式：口微侈、颈微束。标本 H3∶6。

B 型　鼓腹。标本 H5∶6

C 型　微鼓腹。标本 T1110④∶7。

3. 素口釜

据腹部形态的不同分二型。

A 型　鼓腹。根据沿面形态的不同分二亚型。

Aa 型　宽沿。依口部的变化分二式。

Ⅰ式：口微侈。标本 H5∶23。

Ⅱ式：侈口。标本 T1110④∶17。

Ab 型　窄沿。标本 H5∶11。

B 型　弧腹。根据沿部形态的不同分二亚型。

Ba 型　宽沿。标本 T1110④∶18。

Bb 型　窄沿。标本 T1010④∶5。

（五）壶

16 件。据口部形态的不同分三型（图三六四）。

A 型　喇叭口。标本 T0529⑥∶2。

B 型　敞口外卷。标本 T0429⑦∶2。

C 型　敞口微侈。依沿面的变化分二式。

Ⅰ式：沿面宽。标本 T0629⑦∶4。

Ⅱ式：沿面窄。标本 H5∶25。

二、其他器物

（一）瓮

13 件。据口部形态分四型（图三六四）。

A 型侈口。标本 H5∶14。

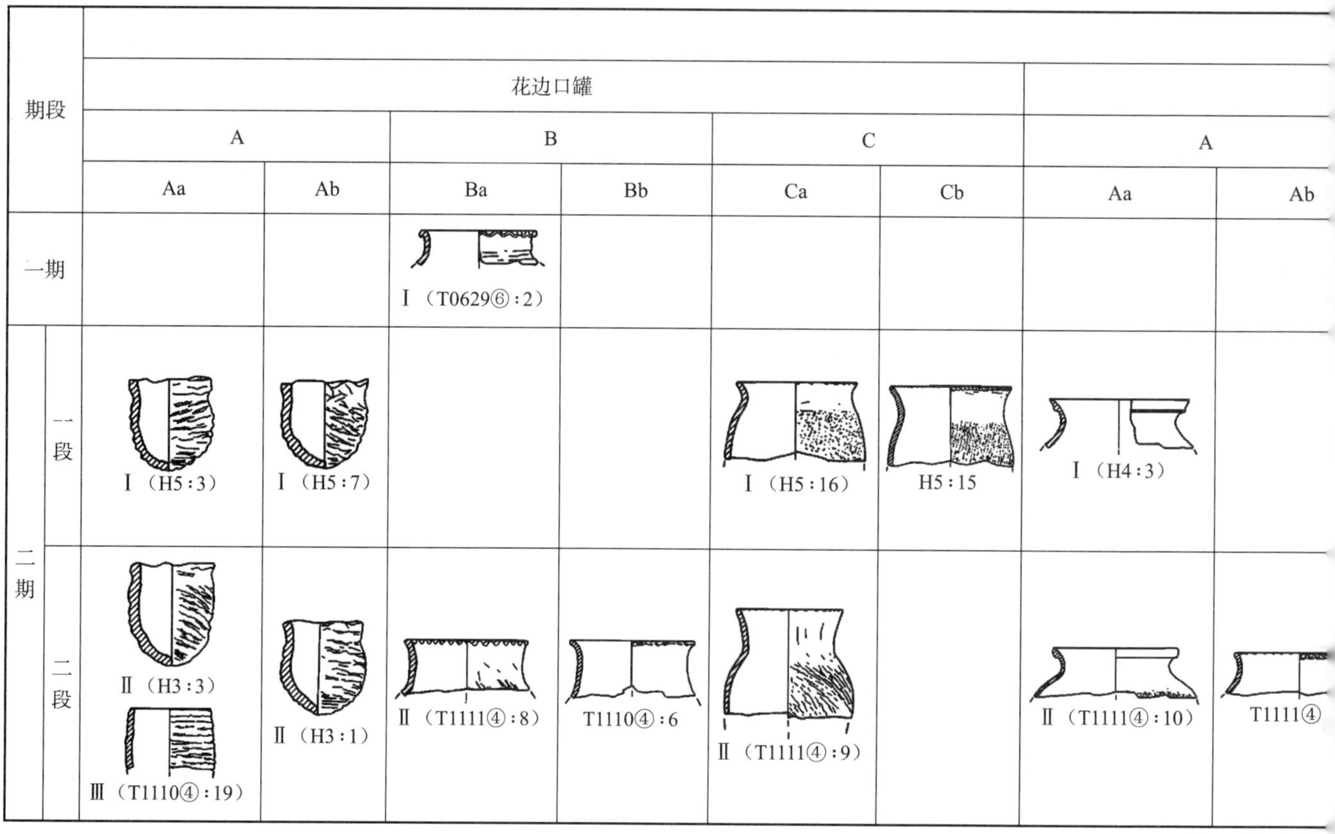

期段		花边口罐							A	
		A		B		C			A	
		Aa	Ab	Ba	Bb	Ca	Cb		Aa	Ab
一期				Ⅰ（T0629⑥:2）						
二期	一段	Ⅰ（H5:3）	Ⅰ（H5:7）			Ⅰ（H5:16）	H5:15		Ⅰ（H4:3）	
	二段	Ⅱ（H3:3） Ⅲ（T1110④:19）	Ⅱ（H3:1）	Ⅱ（T1111④:8）	T1110④:6	Ⅱ（T1111④:9）			Ⅱ（T1111④:10）	T1111④

图三六二　B 组、

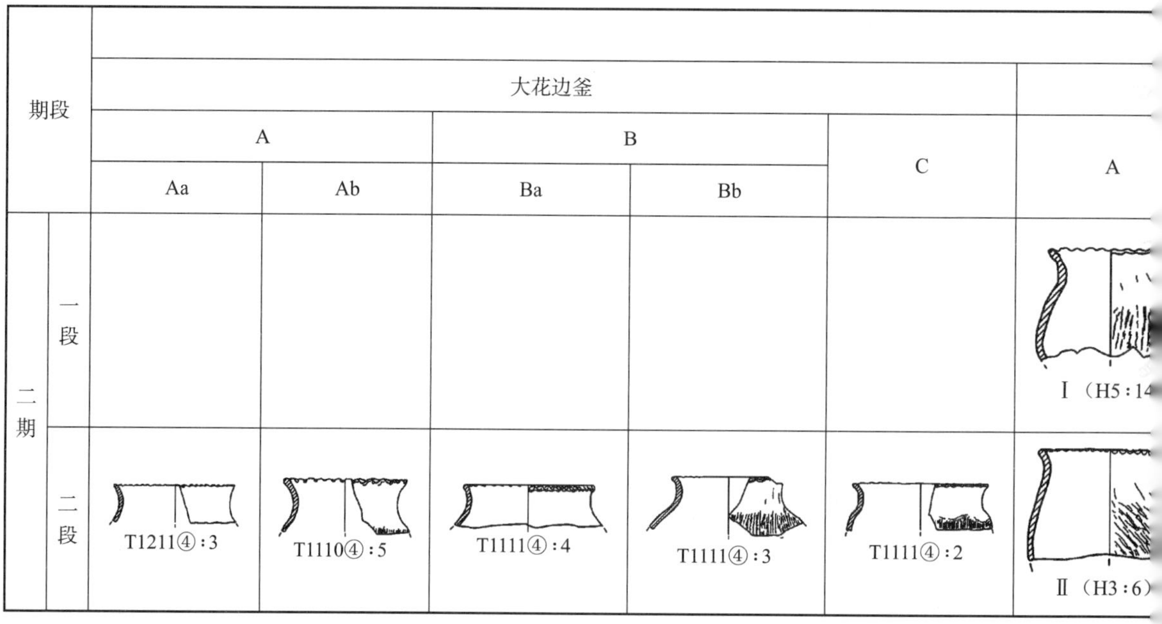

期段		大花边釜					A
		A		B		C	
		Aa	Ab	Ba	Bb		A
二期	一段						Ⅰ（H5:14）
	二段	T1211④:3	T1110④:5	T1111④:4	T1111④:3	T1111④:2	Ⅱ（H3:6）

图三六三　B 组、

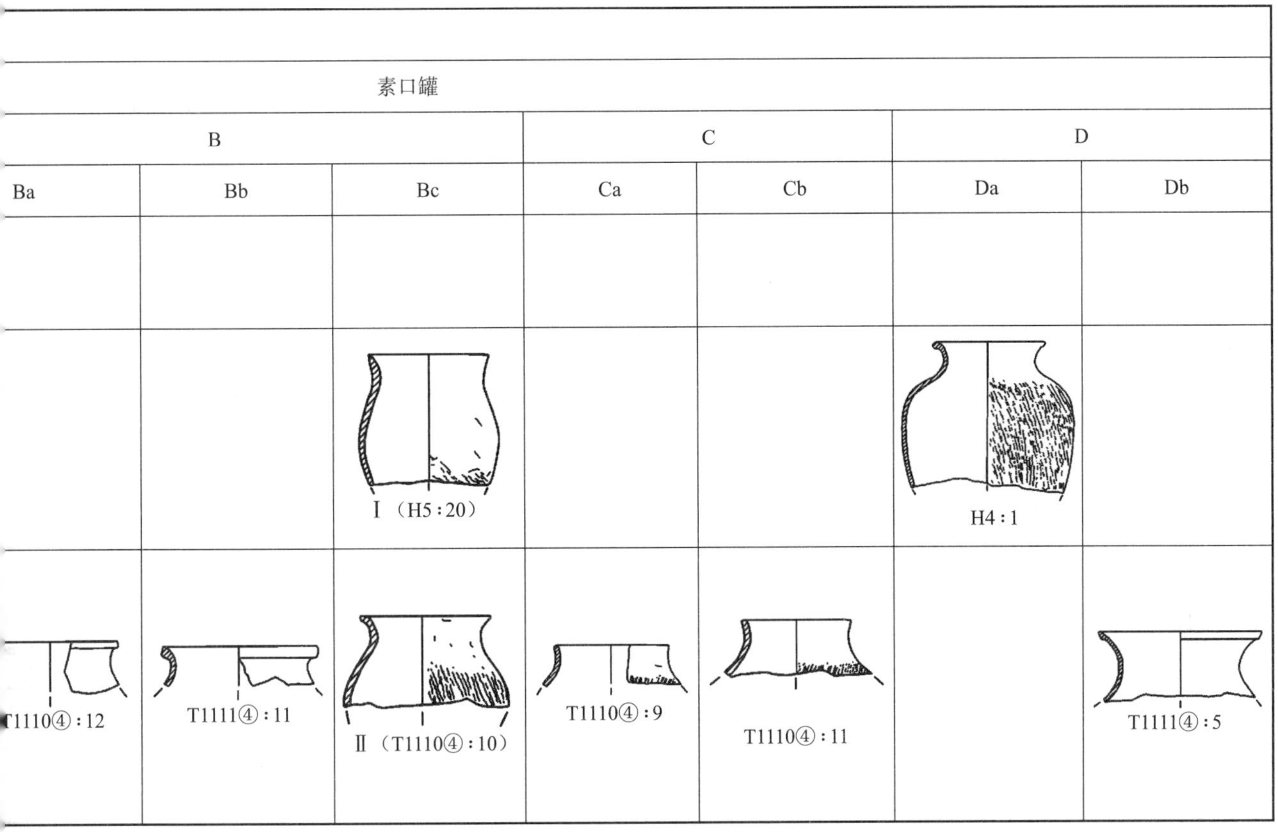

第六章 综 论　　　　　　　　　　　　　　·347·

素口罐							
B			C		D		
Ba	Bb	Bc	Ca	Cb	Da	Db	
		Ⅰ（H5:20）			H4:1		
T1110④:12	T1111④:11	Ⅱ（T1110④:10）	T1110④:9	T1110④:11		T1111④:5	

出土陶罐演变与分期

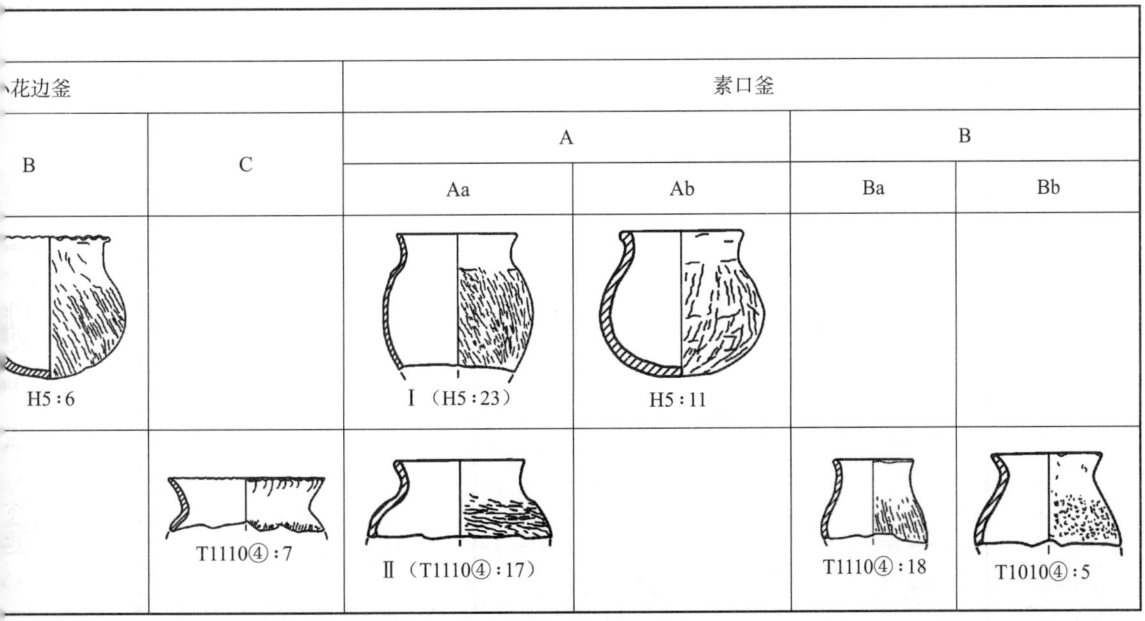

花边釜		素口釜				
B	C	A		B		
		Aa	Ab	Ba	Bb	
H5:6		Ⅰ（H5:23）	H5:11			
	T1110④:7	Ⅱ（T1110④:17）		T1110④:18	T1010④:5	

出土陶釜演变与分期

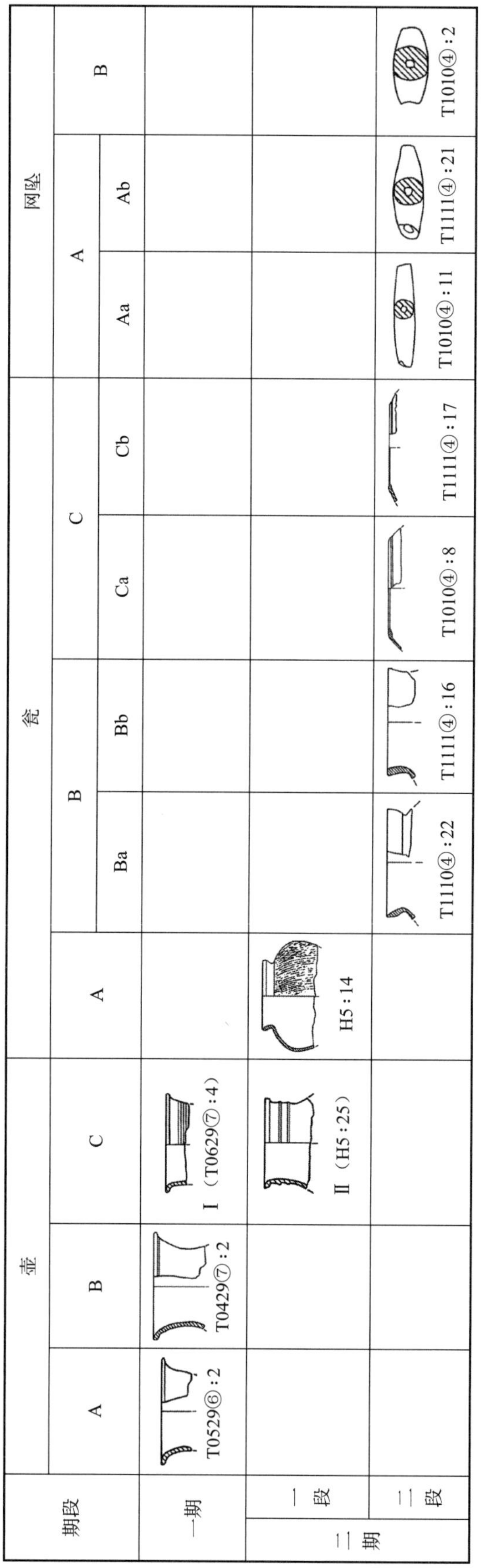

期段	壶			瓮						网坠		
	A	B	C	A	B		C		A		B
					Ba	Bb	Ca	Cb	Aa	Ab	
一期			I (T0629⑦:4) II (H5:25)								
二期 1段				H5:14							
二期 2段					T1110④:22	T1111④:16	T1010④:8	T1111④:17	T1010④:11	T1111④:21	T1010④:2

图三六四 B组、C组单位出土陶壶、瓮、网坠演变与分期

B型　直口。据唇部形态分二亚型。

Ba型　尖唇。标本T1110④：22。

Bb型　方唇。标本T1111④：16。

C型　敛口。据沿部形态分二亚型。

Ca型　宽沿。标本T1010④：8。

Cb型　窄沿。标本T1111④：17。

（二）网坠

18件。分二型（图三六四）。

A型　器身修长。根据腹部形态分二亚型。

Aa型　斜弧腹。标本T1010④：11。

Ab型　微鼓腹。标本T1111④：2。

B型　器身矮胖。标本T1110④：2。

三、器物组合

按照上述对B、C组单位出土典型器物的型式分析，结合地层和遗迹的叠压、打破关系，大致可将B、C组单位出土陶器分为三组器物群。

甲组：AⅠ式、AⅡ式尖底盏，BaⅠ式花边罐，A、B型壶。该组器物分布于秦家院子遗址北区6、7层。

乙组：BⅠ式、C型尖底盏，AaⅠ式、Ab、Ba、Bb型陶钵，AaⅠ式、AbⅠ式、CaⅠ式、Cb型花边罐，AaⅠ式、BcⅠ式、Da型素口罐，AⅠ式、B型小花边釜，AaⅠ式、Ab型素口釜，CⅡ式壶。该组器物分布于秦家院子遗址H4、H5。

丙组：BⅡ式、BⅢ式尖底盏，AaⅡ式陶钵，AaⅡ式、AbⅡ式、AbⅢ式、BaⅡ式、CaⅡ式花边罐，AaⅡ式、BcⅡ式素口罐，AaⅡ式小花边釜，AaⅡ式素口釜。该组器物分布于秦家院子遗址中区第4层、南区第5层。

这三组典型器物组合分别代表了三个不同阶段，可分为二期二段。

第一期：甲组器物，另有炮弹形尖底杯、豆等。陶器以夹砂褐陶（红褐、灰褐、黄褐等）为主，泥质陶中以黑皮陶、灰陶为大宗，主要见于豆（灯形器）、壶、钵等器类。纹饰以素面居多，约占70%，纹饰以细绳纹为主，另有少量方格纹、戳印纹、叶脉纹等，部分器型出现花边装饰。该期遗存仅见于B组单位（秦家院子遗址北区6、7层）。

第二期：分为前后两段。

前段　乙组器物，另有瓮、网坠、鬲、器盖等。陶器以夹砂陶居多（约占90%），夹粗砂与夹细砂比例相差不大（分别约占46%、43%）；有纹饰的陶片占71%，纹饰以粗绳纹为主（约占

63%），少量细绳纹、方格纹、弦纹等（表3）；器类以圜底为主，其次是尖底器和平底器。该段遗存仅见于C组单位的秦家院子遗址H4、H5。

后段　丙组器物，另有瓮、网坠等。该段夹砂陶数量继续增加，高达94.1%，夹粗砂比例增大（约占64.3%）；绳纹比例增大（约占69.6%）。该段遗存见C组单位的秦家院子遗址中区第4层、南区第5层及H2、H3、H6、H7。

四、年代与文化属性

（一）A组单位

出土陶器以夹砂褐陶为主，泥质陶中以灰色为主，少量磨光黑陶。纹饰方面，有纹饰的比例较大，素面所占比例不高；纹饰种类有绳纹、菱格纹、箍带纹、戳印纹、弦纹、划纹、瓦纹、泥条堆纹等，绳纹数量最多，其次为菱格纹、附加堆纹。绳纹、菱格纹主要饰于罐类器物，常见从口沿下至器底满饰绳纹；箍带纹主要饰于深腹罐的器身，均横向平行分布，部分深腹罐的下腹贴以斜向泥条；戳印纹、划纹多见于深腹罐的上腹部；瓦纹多饰在泥质磨光黑陶钵的上腹。大件深腹罐口部多单做后再与器身套接，为了加固往往在器口压制形成花边、口身结合的颈部饰以箍带纹。以平底器居多，器类较为单一，主要为罐、盆、钵类；以罐类为主，可分为夹砂深腹折沿罐、夹砂深腹卷沿罐、折沿盘口罐、高领罐（或高领壶）等。其中，秦家院子折沿深腹罐T1406⑥：1与忠县哨棚嘴遗址99ZGST312⑪：1，无论是器型还是器身满饰纹饰的风格都几乎相同[1]；秦家院子敛口钵T1705⑥：2、直口尖圆唇泥质磨光黑陶钵T1705⑥：1、大口盆T1705⑥：8，分别与丰都玉溪坪遗址出土的玉溪坪文化第二期陶钵T0552⑨：14、H65：9、翻沿大口盆T0560⑨：2相似[2]。此外，秦家院子遗址的高领罐（壶）与玉溪坪遗址出土的玉溪坪文化第二期高领壶也有相近之处[3]。因此，该组单位陶器整体面貌与玉溪坪遗址玉溪坪文化第二期陶器较为接近。

"玉溪坪文化"，是重庆三峡地区继玉溪上层文化之后，兴起的一种考古学文化。以丰都玉溪坪遗址为代表，折沿罐器物群盛行，时代大致相当于屈家岭文化时期，距今5300～4600年。玉溪坪文化的遗存以三峡地区的丰都、忠县、万州为中心区，在东起湖北宜昌、西至渝西、东南到贵州东北、北达四川东北的广大地域皆有发现，是重庆地区新石器文化发展的高峰。玉溪坪文化的首次提出[4]是2003年（邹后曦、袁东山的《重庆峡江地区的新石器文化》一文中），白九江在《重庆地区的新石器文化》一书中，将其分为八期、两个大的发展阶段，第一阶段（包括一至三期）绝对年

---

[1]　北京大学考古学研究中心等：《忠县哨棚嘴遗址发掘报告》，重庆市文物局、重庆市移民局编著《重庆库区考古报告集·1999卷》，科学出版社，2006年，第584页，图一五，2。
[2]　资料整理中。
[3]　同[2]。
[4]　邹后曦、袁东山：《重庆峡江地区的新石器文化》，重庆市文物局、重庆市移民局编著《重庆·2001三峡文物保护学术研讨会论文集》，科学出版社，2003年。

代距今5300～5000年；第二阶段（包括四至八期）绝对年代距今5000～4600年[①]。据此，我们推断A组单位遗存年代当在距今5300～5000年。

（二）B组单位

出土甲组陶器，以夹砂陶为主，夹砂红褐、灰褐等褐色陶最多，泥质陶中以黑皮陶为大宗，主要见于豆（灯形器）、壶、钵等器类。纹饰以素面居多，主要为细绳纹，少量方格纹、戳印纹等，罐类器物出现细花边装饰。主要器型有小平底罐、母口尖底盏、尖底杯、高柄灯形器（或豆）、高领罐（壶）、炮弹形尖底杯、素缘绳纹罐，出现少量的细花边圜底罐。该组单位陶器整体面貌与"石地坝文化"第三期陶器类似，其中母口尖底盏口部较直、腹部较深与涪陵石沱早期遗存出土的该类器物相近[②]；高领罐、素缘绳纹罐与忠县邓家沱H42、H52出土同类器物类似，属石地坝文化的第三期中段，时代上与殷墟地第四期相当[③]。

"石地坝文化"，是以丰都石地坝遗址第一、二期遗存为代表的峡江腹心地区商周时期考古学文化。从整体风格看，属以成都平原为中心的十二桥文化圈，但以石地坝遗址第一期为代表的该批遗存特色明显，具有非常明显的地域性，如船形杯、母口尖底盏、角状尖底盏、素缘绳纹圜底罐、卷沿圜底盆等。按照白九江、李大地在《试论石地坝文化》一文中，依据文化遗物在各地区的分布以及其出现的频率和早晚将峡江腹心地区商周遗存主要分为四组的情况看，B组单位出土的甲组陶器中，子母口尖底盏、角状尖底杯、沿部饰稀疏细花边的大口罐等器物具有浓厚的地方特色，属重庆峡江地区的本土文化因素；敞口、敛口尖底盏、小平底罐、炮弹形尖底杯属于渝东峡江腹地、成都平原共有的陶器，为"十二桥文化"的典型器；素缘绳纹圜底罐、高领壶等受鄂西地区的强烈影响。因次，该组遗存同时受到成都平原、鄂西地区和重庆峡江地区土著文化的影响[④]。

C组单位，分为前后两段。前段陶器以夹砂陶为主，有纹饰的陶片居多，纹饰以粗绳纹为主，少量细绳纹、方格纹、弦纹等；器类以圜底为主，其次是尖底器和平底器，主要有花边圜底罐、素口罐、小花边釜、素口釜、尖底盏、圜底钵、平底钵、壶等。其中花边圜底罐与忠县哨棚嘴第六期B型花边圜底罐相近[⑤]，应在春秋至战国早期。以花边圜底罐、花边釜和形制丰富的大口花边罐为主流器，属重庆峡江地区的本土文化——"瓦渣地文化"的范畴。

后段即丙组器物，夹砂陶数量迅速增加，少见泥质陶；粗绳纹所占比例加重；虽然花边圜底罐、素口罐、小花边釜、素口釜、尖底盏、圜底钵、素口釜继续流行，但形制有了较大的变化。如，花边圜底罐逐渐变为直口、直弧腹，花边罐的口部花边变大，颈部变高，尖底盏的腹部变得斜

[①] 白九江：《重庆地区的新石器文化——以三峡地区为中心》，巴蜀书社，2010年，第141～144页。
[②] 北京市文物研究所三峡考古队等：《涪陵石沱遗址发掘报告》，重庆市文物局、重庆市移民局编著《重庆库区考古报告集·1998卷》，科学出版社，2003年，第721页，图六，2。
[③] 李锋：《忠县邓家沱遗址西周时期文化遗存的初步认识》，重庆市文物局、重庆市移民局编著《重庆·2001三峡文物保护学术研讨会论文集》，科学出版社，2003年，第102页，图五，6；第103页，图六，7、9。
[④] 白九江、李大地：《试论石地坝文化》，李禹阶主编《三峡考古与多学科研究》，重庆出版社，2007年，第67～90页。
[⑤] 北京大学考古学研究中心等：《忠县哨棚嘴遗址发掘报告》，重庆市文物局、重庆市移民局编著《重庆库区考古报告集·1999卷》，科学出版社，2006年，第635页，图四八，5、6。

直、近小平底；前段的侈口圜底钵、小平底钵、壶消失，新出现大花边釜，大口、敛口瓮等。其中的花边圜底罐、尖底盏等器物群与万州麻柳沱遗址第三期器物群同类器相近，应为战国中、晚期[①]。

D组单位，出土的陶器以泥质灰陶为主，纹饰有绳纹、弦纹、方格纹、钱币纹等，器类主要为罐、盆、钵、壶。另出土一定数量的筒瓦、板瓦、瓦当等。为汉至六朝时期遗物。

第二节 作 坊 址

秦家院子、袁家岩作坊址发现的冶炼炉、反应罐等冶炼遗存与丰都"庙背后"、"忠县临江二队"等冶炼遗址发现的完全相同，同为三峡地区"丰都—忠县冶炼遗址群"的重要组成部分。

为了确认重庆地区的这批遗存的性质，相关单位在调查发掘阶段即注意与冶炼有关的信息收集：如各遗址普遍可见菱锌矿石，有的冷凝窝上可见似金属锌、氧化锌和锌白的粒状物或薄附着物。我们在北京大学、中国科学院大学等高校科研单位的支持下，开展了金相显微学、带能量色散谱的扫描电子显微镜（SEM-EDS）、X射线衍射（XRD）及电感耦合等离子体原子发射光谱法（ICP-AES）检测分析试验，确证这批冶炼遗址为炼锌作坊址。

一、环境选择与布局

本次发掘的两处冶锌遗址，位于长江右岸的台地上，具有长江水利交通之便，便于原料、产品的运输和销售。

在具体环境的选择上，冶炼遗址位于沿江台地、坡地的临江面，尤喜选择台地、坡地有冲沟、小溪分割的入江两侧。这种地势的选择主要考虑四个方面的因素：一是便于利用大江大河运输原材料、产品；二是便于将冲沟、小溪的水引入冶炼场，解决冶炼过程中制作煤饼、装料、敷泥、印水所需的大量用水问题；三是利用临江地形的高差和风向进行自然抽风，提高冶炼炉的燃烧效率；四是在冲沟或临江断崖附近的宽阔空间，可以倾倒大量的冶炼废弃物。

一个冶锌遗址往往分布有多个冶炼场，单个冶炼场主要由工作区、生活区和废弃堆积区三部分构成。工作区内有炼炉、堆煤坑、堆矿坑、拌料坑、引水沟、蓄水池等与冶炼相关的系列设施。炼炉是冶炼场的核心，其他设施多围绕冶炼炉布局；生活区是作坊工人起居生活的场所，同时也是产品的存放地，保留较好的有丰都九道拐遗址一号房子，位于炼炉的一端，墙体用黄土夯筑，面阔两间，一间用于起居生活，一间则堆放冶炼后的产品——锌锭；废弃堆积区是倾倒煤渣、残破反应罐等冶炼废弃物和生活垃圾的场所，往往是位于炼炉下方的临江低地或冲沟。

---

① 重庆市博物馆等：《万州麻柳沱遗址考古发掘报告》，重庆市文物局、重庆市移民局编著《重庆库区考古报告集·1999卷》，科学出版社，2006年，第498~524页。

二、冶炼炉、反应罐

冶炼炉，平面均呈长条形，由炉床、窑室两部分组成。炉床多建于生土上，高于地面4～8厘米，床面上用条形砖砌置墩砖，个别可见墩砖上横向的过桥砖，墩砖与过桥砖共同构成炉栅；窑室呈马槽形，两端墙体用土坯或砖直接在炉床上垒砌，两侧墙体建在炉栅上，用条形砖错缝平砌，上部构成一个马槽形的窑室。炉床面残留有掏煤渣、通风形成的椭圆形掏陷窝。部分马槽炉有的周边残留有柱洞，应为炉棚的遗留。

反应罐又称蒸馏罐、炼锌罐、侈口罐，外形似鸡腿瓶，侈口微敛、卷沿、圆唇、平底，口径8～10、底径8～9、高27～30厘米。使用时，须在肩部以上用黏土盘筑、捏制空腔，其冷凝区即为口部及其上的塑形空腔，反应区则包括了罐身的绝大部分。

三、炼锌工艺流程

自然界的锌一般为氧化锌，还原温度为904℃，而单质锌的沸点为906℃，由于还原温度与沸点非常接近，所以通常还原后获得的是气态锌，如果没有快速冷凝的回收装置，气态锌会逃逸或迅速氧化为氧化锌，所以气态锌的捕获是炼锌工艺的难点所在，故炼锌技术是古代各类冶金技术出现和成熟最晚的也就不难理解了。

明代宋应星《天工开物·五金》记载了用炉甘石（菱锌矿）炼锌的过程："每炉甘石十斤，装载入一泥罐内，封裹泥固，以渐砑乾，勿使见火拆裂。然后逐层用煤炭饼垫盛，其底铺薪，发火煅红，罐中炉甘石熔化成团。冷定毁罐取出，每十耗去其二，即倭铅也。"并绘制了"升炼倭铅"示意图[1]，这就为我们复原古代炼锌遗址的炼锌工艺提供了重要的文献参考。

冶锌遗址目前出土的与炼锌工艺流程有关的遗迹主要有冶炼炉、煤坑、炼煤坑、取土坑、引水沟、柱洞等，遗物有反应罐、煤渣、煤饼、锌矿、冷凝盖等，其中，反应罐内一般尚存炼渣，罐口外侧多敷泥，口部封口仅留小孔。

根据上述遗存情况，结合《天工开物》的记载和一些现代传统炼锌工艺[2]，对明代炼锌工艺流程可作如下复原推测：

首先是配料装料。将锌矿石和煤敲碎、过筛，再混合、拌匀，按一定比例将其填装于反应罐内，并盛入适量的水，以使装料保持疏松，水蒸发后形成的孔洞便于锌蒸汽通行。

接下来是封口。先在罐口一侧预置小圆棍，再将罐口用黄泥封闭压紧，然后用力下压形成凹陷的冷凝窝，最后抽出小圆棍，使冷凝窝一侧形成圆形通气孔。

第三步是制作冷凝区。从反应罐的肩部用泥条往上盘筑，形成10厘米左右高的空腔，然后加

---

[1] （明）宋应星著，潘吉星译注：《天工开物译注》，上海古籍出版社，1993年，第268页。
[2] 周卫荣：《云贵地区传统炼锌工艺考察与中国炼锌历史的再考证》，《中国科技史料》1997年第2期，第86～96页。

盖形成冷凝区。冷凝盖有铁质和石质两种，一侧留缺口，在加盖时，小缺口处与冷凝窝通气孔位置相反的一侧，用于冶炼过程中调节气压，避免反应罐爆裂。

第四步是制作包裹体。反应罐入炉前，将反应罐器身外壁包裹一层黄泥或泥浆，防止高温冶炼过程中罐体发生爆裂。

第五步是装炉。将装好料的反应罐成排置于炼炉的炉栅之间，罐周堆放煤饼、炉渣，炉栅下投放柴薪、木炭等燃料。同时，可能还要在煤饼、炉渣上覆盖一层稀泥，高度大约是反应区与冷凝区分界处，以便控制反应罐上下端的温度。

第六步是蒸馏。用火点燃薪炭，然后引燃煤饼，当反应罐内温度达到一定还原程度的时候，锌矿与煤（炭）发生化学反应（$ZnO + CO \rightarrow Zn + CO_2$），还原出气态锌，锌蒸气通过冷凝窝的通气孔上升，至冷凝区冷却，便可制得纯净的金属锌结晶。

最后是取锌。锌炼好后，打破反应罐，取出锌块。

四、年　　代

关于炼锌作坊址的年代，可从以下几个方面来推测：

（1）多数炼锌遗址均出土有青花瓷片，其中丰都玉溪遗址4号炉内窑床上压有青花瓷片，具有明代瓷片的特征，说明炼炉的时代不会早于明代。

（2）部分遗址出土具有纪年特征的遗物。丰都铺子河遗址第四期遗存出土多件标有"大明宣德年制"、"大明成化年制"纪年款的瓷片，但两种瓷片有共存现象。忠县洋渡渔洞村临江二队遗址地表采集有"崇祯通宝"铜钱。

（3）相关单位采集了多件标本进行加速器质谱碳十四测定工作，测定年代在1440~1520年，综合上述材料，该批炼锌遗址由此可以大体推断该批炼锌遗址的年代约当明代中、晚期。

我国是世界上最早掌握炼锌技术的国家之一，明末宋应星《天工开物》（1637年）关于用泥罐"开炼倭铅"，是目前世界上有关炼锌技术的最早记载。在历史悠久的坩埚冶炼铜等技术的基础上，我国古代人民发明创造了具有自己特色的坩埚冶锌法。重庆地区考古发现的秦家院子、袁家岩等一批炼锌遗存，是迄今所见我国早期炼锌实物遗留，对研究炼锌术的起源、发展具有重要意义，对古代冶金史、铸造史、经济史、地区开发有促进意义，开创了冶金考古的新领域。

第三节　汉至六朝墓地

一、墓葬形制

（一）土坑墓

三峡地区发现的墓葬主要有土坑墓、土洞墓、砖（石）室墓、崖墓、瓮棺葬以及少量悬棺葬。

其中，土坑墓是三峡地区乃至全国，在秦汉时期最为流行的墓葬种类之一。

关田沟村各墓地共发现土坑墓23座，实际参与分型分式的共22座，根据墓道的有无，将22座土坑墓分为二型（图三六五）。

A型　20座。无墓道。根据墓室平面形制的不同分为五式。

Ⅰ式：13座。墓室平面为长方形、近长方形，墓室长宽比大于1.3∶1。2001FGQM9、2001FGYM29、2001FGQM6、2001FGQM8、2001FGQM19、2001FGYM14、2001FGYM15、2001FGYM16、2001FGYM37、2001FGYM41、2001FGYM32、2001FGYM5、2001FGQM20。

Ⅱ式：2座。墓室平面为近方形，墓室长宽比在1.3∶1~1.1∶1。2001FGYM31、2001FGYM22。

Ⅲ式：4座。墓室平面为梯形。2001FGYM18、2001FGYM30、2001FGYM34、2001FGYM44。

Ⅳ式：1座。墓室带有小龛，龛较小。2001FGQM15。

A型土坑墓的演变趋势：墓室长宽比例缩小，由长方形墓室向方形墓室发展，最后发展到墓壁上出现小龛。

B型　3座。有墓道。墓道位于墓室一段中间或稍偏。根据墓室形制不同分为二式。

Ⅰ式：2座。墓道底部高于墓室底部。2001FGQM4、2001FGYM17。

Ⅱ式：1座。墓道底部与墓室底部基本相平。2001FGYM26。

B型土坑墓的演变趋势为墓道与墓室底部之间由存在高差到基本平齐。

（二）砖室墓

关田沟村各墓地共发现砖室墓40座，实际参与分型分式的共39座，根据墓室主室数量将其分为单室、双室二型（图三六五）。

A型　37座。单室墓。根据墓葬平面形状可分为三亚型。

Aa型　1座。长方形（无甬道）。2001FGYM11。

Ab型　9座。凸字形。根据墓室平面形状可分为二式。

Ⅰ式：1座。长方形墓室。2001FGQM14。

Ⅱ式：8座。横长方形墓室。2001FGQM1、2001FGQM2、2001FGYM39、2001FGYM42、2001FGYM12、2001FGQM10、2001FGQM11、2001FGYM45。

Ab型砖室墓的演变趋势：墓室由纵长方形向横长方形发展。

Ac型　27座。刀把形。根据墓室平面形状可分为三式。

Ⅰ式：5座。长方形墓室。2001FGQM13、2001FGYM3、2001FGYM25、2001FGYM28、2001-FGYM38。

Ⅱ式：13座。近方形墓室。2001FGYM1、2001FGYM2、2001FGYM4、2001FGYM43、2001FGQM3、2001FGYM8、2001FGYM10、2001FGYM13、2001FGYM21、2001FGYM23、2001FGYM24、2001FGYM33、2001FGQM18。

Ⅲ式：9座。横长方形墓室。2001FGYM46、2001FGYM19、2001FGQM12、2001FGQM5、2001FGQM7、2001FGYM6、2001FGYM7、2001FGYM20、2001FGYM36。

Ac 型砖室墓的演变趋势：墓室由纵长方形向横长方形发展。

B 型　2 座。双室墓。甬道与前室、后室呈丁字形状。2001FGYM40、2001FGYM35。

二、分期与年代

（一）典型陶器型制分析

关田沟村各墓地出土的器物有陶器、瓷器、铜器、铁器、银器、石器、料器六类，其中陶器和瓷器数量最多、种类最为齐全、变化也最明显。陶器根据用途的不同可分为生活用具及模型明器两类，前者包括钵、罐、釜、甑、盂、盆、锺、魁、盘、博山炉、卮、耳杯、勺等，后者包括灯、仓、井、案、房等。

1. 钵

实际参与分型定式的有 109 件。根据腹部的变化分为四型（图三六六）。

A 型　82 件。折腹，根据折腹的角度大小，分为二亚型。

Aa 型　折腹，角度较小。共 63 件。根据整体的形制变化分为五式。

Ⅰ式：7 件。上腹和下腹所占比例相同，折腹处位于中腹部。下腹近底部内凹。2001FGYM31：8、2001FGYM31：2、2001FGYM34：14、2001FGYM34：19-1、2001FGYM34：19-2、2001FGYM34：19-4、2001FGYM34：19-5。

Ⅱ式：23 件。上腹所占比例增大，折腹处位于下腹部，下腹近底部内凹。2001FGYM5：12、2001FGYM26：9-3、2001FGYM5：6、2001FGYM5：7、2001FGYM5：9、2001FGYM5：10、2001FGYM14：2、2001FGYM14：11-2、2001FGYM14：27、2001FGYM14：1-4、2001FGYM14：1-5、2001FGYM14：11-3、2001FGYM14：11-4、2001FGYM14：11-5、2001FGYM14：11-6、2001FGYM16：5、2001FGYM9：15、2001FGYM26：9-1、2001FGYM26：9-2、2001FGYM26：10、2001FGYM27：2、2001FGYM45：12、2001FGYM45：16。

Ⅲ式：9 件。上腹所占比例较大，折腹处位于中腹部偏下，下腹内凹的部分比Ⅱ式增多。2001FGYM42：11、2001FGYM42：16-1、2001FGQM18：8、2001FGQM18：9、2001FGQM4：21-1、2001FGYM35：7-2、2001FGYM35：8-1、2001FGYM22：11、2001FGYM39：28。

Ⅳ式：20 件。上腹所占比例继续增大，折腹处位于下腹近底部，下腹内凹的部分较少。折腹的角度增大。2001FGQM12：38、2001FGYM15：6、2001FGQM4：28、2001FGQM4：30、2001FGQM4：33、2001FGQM4：42、2001FGQM4：43、2001FGQM8：8、2001FGQM8：13、2001FGQM8：15、2001FGQM8：19、2001FGQM8：33、2001FGQM8：37、2001FGQM8：44、2001FGYM35：8-2、2001FGYM22：28-1、2001FGYM22：28-2、2001FGYM22：28-3、2001FGYM39：37、2001FGYM46：1。

Ⅴ式：4 件。折腹的角度变大，变为弧腹微折，下腹近底部内凹的部分较少，内凹不明显。

2001FGYM46∶6、2001FGQM12∶37、2001FGQM4∶21-3、2001FGQM4∶21-5。

Aa 型钵的演变趋势：上腹所占的比例不断增大。折腹的位置下降后上升再下降，由钵的中腹部下降到下腹部，再上移至中腹偏下，再到下腹近底部。下腹近底部内凹部分，先减小后增大再减小。折腹的角度不断增大，由折腹变为弧腹微折。

Ab 型　折腹，角度较大。共 19 件。根据整体的形制变化分为七式。

Ⅰ式：4 件。上腹所占的比例和下腹所占比例相同，折腹处位于中腹部。下腹近底部内凹不明显。2001FGYM41∶3、2001FGYM29∶16-1、2001FGYM29∶16-2、2001FGYM29∶16-3。

Ⅱ式：1 件。上腹和下腹所占比例相同，折腹处位于中腹部。下腹近底部内凹明显。2001FGYM41∶1-1。

Ⅲ式：6 件。上腹所占的比例增大，折腹处位于中腹部，下腹近底部内凹的斜度更大，内凹部分增多。2001FGYM42∶14、2001FGYM42∶1、2001FGYM42∶3、2001FGYM42∶4、2001FGYM-42∶12、2001FGYM42∶15。

Ⅳ式：3 件。上腹所占的比例增大，折腹处位于中腹部偏下，折腹的角度增大，变为弧腹微折。下腹近底部内凹。2001FGYM42∶13、2001FGYM42∶16-2、2001FGYM42∶16-3。

Ⅴ式：1 件。折腹的角度较大，弧腹微折，上腹和下腹均向内凹。2001FGYM7∶4。

Ⅵ式：2 件。折腹的角度较大，斜弧腹微折，上腹和下腹均向内凹。2001FGYM22∶28-5、2001FGYM35∶7-1。

Ⅶ式：2 件。折腹的角度较大，弧腹微折，上腹和下腹内凹不明显。折腹处位于下腹部，下腹近底部内凹部分变小。2001FGYM45∶17、2001FGYM45∶2。

Ab 型钵变化的趋势：上腹所占的比例不断增大。折腹的位置不断下降，由钵的中腹部下降到中腹偏下位置。折腹的角度不断增大，折腹变为弧腹与斜弧腹微折后，上腹与下腹均向内凹。下腹近底部内凹部分，先增大后减小。

B 型　22 件。弧腹，根据弧腹的程度分为弧腹和斜弧腹二亚型。

Ba 型　弧腹。共 7 件。根据整体的形制变化分为五式。

Ⅰ式：1 件。弧腹，腹部较深，下腹近底部内凹不明显。2001FGYM5∶11。

Ⅱ式：3 件。弧腹，腹部变浅，下腹近底部内凹明显。2001FGQM4∶35、2001FGQM4∶15、2001FGQM18∶42。

Ⅲ式：1 件。弧腹，腹部变浅，上腹部所占比例大于下腹，下腹近底部内凹部分减少，较明显。2001FGQM18∶36。

Ⅳ式：1 件。弧腹，腹部变深，下腹近底部内凹部分继续减少，不明显。2001FGQM18∶43。

Ⅴ式：1 件。弧腹，腹部较深，上腹和下腹近底部均内凹，下腹近底部内凹部分比Ⅳ式增多，较明显。2001FGQM12∶78。

Ba 型钵变化的趋势：腹部变浅后又变深。下腹近底部内凹部分先增大后减小，再增大，由内凹不明显到明显到较明显再到不明显，最后变为较明显。

Bb 型　15 件。斜弧腹。根据整体的形制变化分为四式。

期段		A	
		Aa	Ab
一期	一段	Ⅰ（2001FGYM31:8）	Ⅰ（2001FGYM41:3） Ⅱ（2001FGYM41:1-1）
	二段	Ⅱ（2001FGYM5:12）	
二期	一段	Ⅱ（2001FGYM26:9-3）	
	二段	Ⅱ（2001FGYM39:37）　Ⅳ（2001FGYM15:6） Ⅲ（2001FGYM42:11）　Ⅴ（2001FGYM46:6）	Ⅲ（2001FGYM42:14）　Ⅴ（2001FGYM7:4） Ⅳ（2001FGYM42:13）　Ⅵ（2001FGYM22:28-5）
	三段	Ⅱ（2001FGYM45:16） Ⅳ（2001FGQM12:38） Ⅴ（2001FGQM12:37）	Ⅶ（2001FGYM45:17）
三期	二段		

钵			
B		C	
Ba	Bb	Ca	Cb
	Ⅰ（2001FGYM41∶7） Ⅱ（2001FGYM41∶8）		
Ⅰ（2001FGYM5∶11）			
Ⅲ（2001FGQM4∶35） Ⅲ（2001FGQM18∶36） Ⅳ（2001FGQM4∶15） Ⅳ（2001FGQM18∶43）	Ⅲ（2001FGQM4∶21-4） Ⅳ（2001FGQM18∶22）	Ⅰ（2001FGYM25∶23）	
Ⅴ（2001FGQM12∶78）		Ⅱ（2001FGYM45∶11）	Ⅰ（2001FGYM43∶13）
			Ⅱ（2001FGQM1∶16） Ⅱ（2001FGQM1∶1）

Ⅰ式：1件。斜弧腹，下腹近底部内凹部分较少，不明显。2001FGYM41：7。

Ⅱ式：9件。斜弧腹，下腹内凹部分增大，较明显。2001FGYM41：8、2001FGYM41：1-2、2001FGYM34：13、2001FGYM34：19-3、2001FGYM44：1、2001FGYM29：16-4、2001FGYM29：16-5、2001FGYM14：7、2001FGYM14：11-1。

Ⅲ式：3件。弧腹，下腹内凹部分继续增大，明显。2001FGQM4：21-4。2001FGYM22：28-4、2001FGYM39：26。

Ⅳ式：2件。弧腹，下腹近底部内凹部分较少，不明显。2001FGQM18：22、2001FGYM22：12。

Bb型钵变化的趋势：斜弧腹变为弧腹，下腹近底部内凹部分先增大后减小，内凹从不明显、较明显到明显，最后变为不明显。

C型　5件。直腹。根据腹部的深浅分为二亚型。

Ca型　腹部较深，较圆。2件。根据整体的形制变化分为两式。

Ⅰ式：1件。上腹较直，圆折内收，底部较大。2001FGYM25：23。

Ⅱ式：1件。上腹较直，内凹，下腹弧收，近底部内凹，底部变小。2001FGYM45：11。

Ca型钵变化的趋势：上腹内凹，下腹变圆弧，底部变小。

Cb型　腹部较浅。3件。根据整体的形制变化分为三式。

Ⅰ式：1件。斜直腹，下腹近底部内收部分较小。2001FGYM43：13。

Ⅱ式：1件。弧腹，下腹部内收部分增大。2001FGQM1：16。

Ⅲ式：1件。弧腹微鼓，下腹部内收部分同Ⅱ式。2001FGQM1：1。

Cb型钵变化的趋势：由斜直腹到弧腹再到弧腹微鼓，下腹近底部内收部分不断增大。

2. 罐

罐出土数量较多，陶井内的小罐未参与分期，实际参与分期的有101件。现对圜底罐、大平底罐、束颈罐、矮领罐、双系罐等6种形制变化较明显的陶罐进行分析如下（图三六七、三六八）：

（1）圜底罐

9件。根据口部、肩部和腹部的不同分为三型。

A型　4件。小口，矮领，广肩。根据其整体形制的不同分为二式。

Ⅰ式：3件。直口，矮领，广肩，弧腹，腹部较深，圜底。2001FGYM46：5、2001FGYM24：4、2001FGYM24：9。

Ⅱ式：1件。直口，领部比Ⅰ式更矮。广肩较斜，弧腹，腹部变扁，圜平底，底部微内凹。2001FGYM35：2。

A型圜底罐的演变趋势：领部变矮，肩部由广肩变为广肩较斜，腹部变扁，圜底变为圜平底。

B型　3件。束颈，颈部较长，耸肩，弧腹。根据其整体形制的不同分为三式。

Ⅰ式：1件。侈口，束颈，颈部较长，耸肩，深弧腹，圜底。2001FGYM31：6。

Ⅱ式：1件。侈口，束颈，颈部变短，斜肩，弧腹，腹部变浅，圜底。2001FGYM34：10。

Ⅲ式：1件。侈口，束颈，颈部变长，耸肩，弧腹，腹部加深，圜底。2001FGQM13：9。

B型圜底罐的演变趋势：颈部变短后又变长，肩部由耸肩变为斜肩再到耸肩。腹部变浅后又加深。

C型　2件。小口，矮领，深腹。根据其整体形制的不同分为二式。

Ⅰ式：1件。直口微敛，矮领，球形腹，腹部圆鼓，圜底。2001FGQM9：3。

Ⅱ式：1件。直口微敛，矮领，近球形腹，腹部比Ⅰ式扁，腹部与底部交界处折角明显，圜底。2001FGQM9：6。

（2）大平底罐

28件。根据口部的大小不同分为三型。

A型　8件。口部最小。根据肩部的不同分为二亚型。

Aa型　4件。鼓肩。根据其整体形制的不同分为三式。

Ⅰ式：1件。颈部较矮，鼓肩，腹部较圆鼓，最大径位于中腹部。2001FGYM29：10。

Ⅱ式：1件。颈部变高，鼓肩，腹部比Ⅰ式扁，最大径位于中腹部偏上。2001FGQM8：14。

Ⅲ式：2件。颈部较高，鼓肩，腹部同Ⅱ式，最大径位于上腹部。2001FGYM22：24、2001FGYM22：7。

Aa型大平底罐的变化趋势：颈部由矮变高，由腹部较圆鼓变为腹部较扁，最大径由中腹部上移至上腹部。

Ab型　4件。斜肩。根据其整体形制的不同分为三式。

Ⅰ式：1件。小口，矮领，斜肩，斜弧腹，腹部较圆鼓，最大径位于中腹部。2001FGYM34：7。

Ⅱ式：2件。口部变大，领部变高，斜肩，弧腹，腹部比Ⅰ式扁，最大径位于上腹部。2001-FGYM42：2、2001FGQM4：22。

Ⅲ式：1件。口部继续变大，领部变高，斜肩，弧腹，腹部较鼓，最大径位于上腹部。2001FGQM18：2。

Ab型大平底罐的变化趋势：口部由小变大，领部由矮变高，腹部变扁后又变圆鼓，最大径由中腹部上移至上腹部。

B型　12件。口部较大。根据肩部的不同分为二亚型。

Ba型　7件。鼓肩。根据其整体形制的不同分为三式。

Ⅰ式：1件。侈口，矮领，鼓肩，腹部圆鼓。2001FGYM29：12。

Ⅱ式：2件。侈口，领部变高，斜肩，腹部变扁。2001FGQM4：14、2001FGQM8：9。

Ⅲ式：4件。侈口，领部比Ⅱ式矮，高于Ⅰ式，溜肩，腹部较圆鼓。2001FGYM22：5、2001FGYM22：8、2001FGYM22：25、2001FGYM22：26。

Ba型大平底罐的变化趋势：领部由矮变高。肩部由鼓肩到斜肩再到溜肩。腹部由鼓腹到圆扁腹。

Bb型　5件。斜肩。根据其整体形制的不同分为四式。

Ⅰ式：1件。侈口，矮领，斜肩，鼓腹。2001FGYM37：6。

Ⅱ式：1件。侈口，领部变高，肩部更斜，腹部变扁。2001FGYM41：2。

Ⅲ式：2件。侈口，口部变大，领部变高，肩部比Ⅱ式更斜，腹部变扁。2001FGYM28：2、2001FGYM28：4。

期段		圜底罐			
		A	B	C	Aa
一期	一段		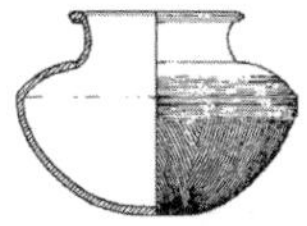 Ⅰ（2001FGYM31∶6） 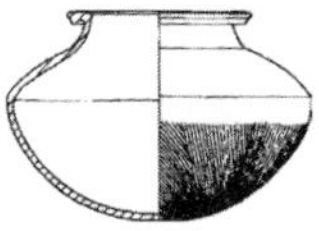 Ⅱ（2001FGYM34∶10）	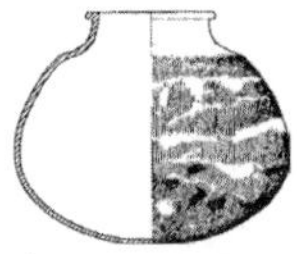 Ⅰ（2001FGQM9∶3）  Ⅱ（2001FGQM9∶6）	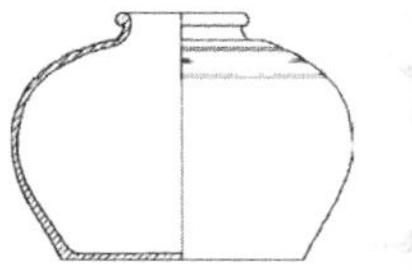 Ⅰ（2001FGYM29∶10）
二期	一段				
	二段	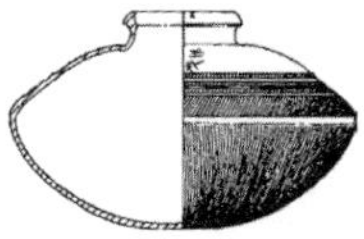 Ⅰ（2001FGYM46∶5）  Ⅱ（2001FGYM35∶2）			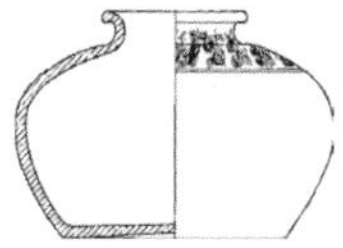 Ⅱ（2001FGQM8∶14） 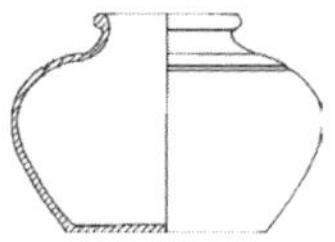 Ⅲ（2001FGYM22∶24）
	三段				
三期	一段		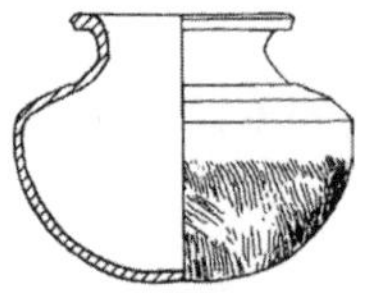 Ⅲ（2001FGQM13∶9）		

图三六七

大平底罐					
	B			C	
Ab	Ba	Bb	Ca		Cb
（2001FGYM34:7）	Ⅰ（2001FGYM29:12）	Ⅰ（2001FGYM37:6） Ⅱ（2001FGYM41:2）	Ⅰ（2001FGYM34:12） Ⅱ（2001FGYM41:5）		2001FGY34:9
			Ⅲ（2001FGYM9:7）		
2001FGYM42:2 2001FGQM18:2	Ⅱ（2001FGQM4:14） Ⅲ（2001FGYM22:5）		Ⅳ（2001FGYM15:18）		
		Ⅳ（2001FGQM12:4）	Ⅴ（2001FGQM12:5）		

期段		束颈罐			
		A		B	
		Aa	Ab	Ba	Bb
一期	一段		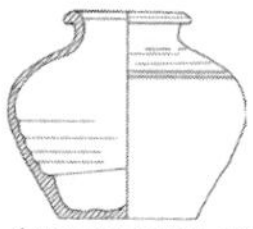 Ⅰ（2001FGQM9:4）		
	二段	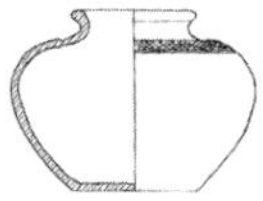 Ⅰ（2001FGQM15:1）	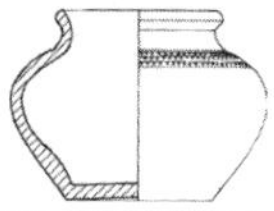 Ⅱ（2001FGYM14:19）	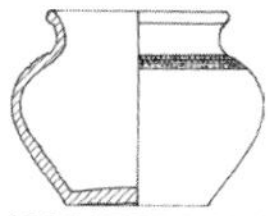 Ⅰ（2001FGYM14:15）	
二期	一段	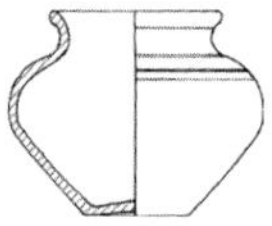 Ⅱ（2001FGYM9:16）	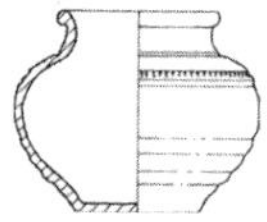 Ⅲ（2001FGYM26:12）	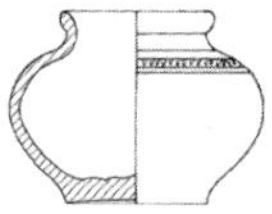 Ⅱ（2001FGY16:10）	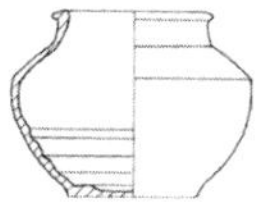 Ⅰ（2001FGYM26:11）
	二段	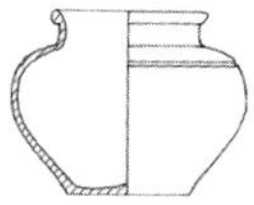 Ⅱ（2001FGYM25:18） 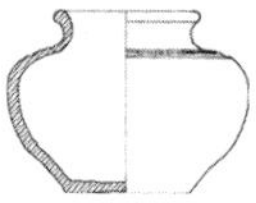 Ⅲ（2001FGQM4:36）	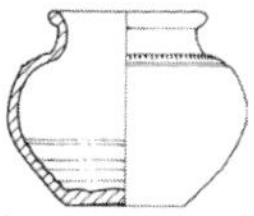 Ⅲ（2001FGQM8:27） 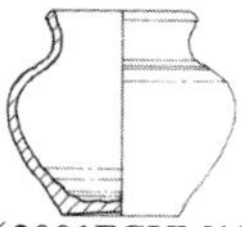 Ⅳ（2001FGYM19:21）	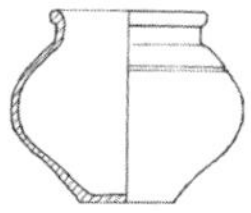 Ⅲ（2001FGYM24:33）	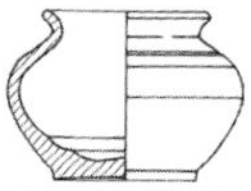 Ⅱ（2001FGYM20:19）
	三段				
三期	一段				
	二段	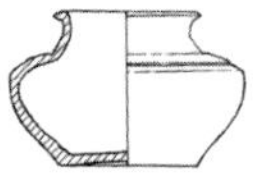 Ⅳ（2001FGQM5:8）			

图三六八

C		矮领罐	双系罐	双口沿罐
Ca	Cb			
			2001FGYM34:8	
(2001FGYM14:6) Ⅰ(2001FGY5:8)	Ⅰ(2001FGYM14:20)			2001FGYM14:12
	Ⅱ(2001FGY28:7) Ⅲ(2001FGYM9:5)			
(2001FGYM15:14)	Ⅰ(2001FGYM20:18)	Ⅰ(2001FGQM4:34) Ⅱ(2001FGYM20:26)		
(2001FGQM12:55)		Ⅲ(2001FGYM43:5)		
	Ⅳ(2001FGQM13:8)			
Ⅳ(2001FGQM5:9)	Ⅳ(2001FGQM5:1)			

Ⅳ式：1件。侈口，口部大小同Ⅲ式，领部高度同Ⅲ式，耸肩，腹部较扁。2001FGQM12：4。

Bb型大平底罐的变化趋势：口沿变大，领部变高。斜肩越来越斜，肩部最后变为耸肩。腹部由鼓腹变为扁腹。

C型 8件。口部最大。根据腹部的不同分为二亚型。

Ca型 7件。腹部圆鼓，较深。根据其整体形制的不同分为五式。

Ⅰ式：2件。侈口，束颈，颈部较短，溜肩，鼓腹。2001FGYM34：12、2001FGYM41：4。

Ⅱ式：1件。侈口，束颈，颈部较短，耸肩，鼓腹。2001FGYM41：5。

Ⅲ式：1件。敛口，矮领，斜肩，弧腹，腹部较扁。2001FGYM9：7。

Ⅳ式：2件。敛口，矮领，肩部更斜，弧腹，腹部较扁。2001FGYM15：18、2001FGYM15：17。

Ⅴ式：1件。微敛口，矮领，斜肩，肩部和腹部转折明显，弧腹，腹部较扁。2001FGQM12：5。

Ca型大平底罐的变化趋势：口部由侈口变为敛口再到微敛口，肩部由溜肩到耸肩再到斜肩。腹部由鼓腹到腹部较扁。

Cb型 1件。腹部较浅。2001FGYM34：9。

（3）束颈罐

59件。根据肩部的不同，分为三型。

A型 21件。鼓肩。根据鼓肩的程度分为二亚型。

Aa型 12件。鼓肩。根据其整体形制的不同分为四式。

Ⅰ式：1件。侈口，束颈，颈部较短，鼓肩，弧腹，最大径位于肩部。2001FGQM15：1。

Ⅱ式：5件。侈口，束颈，颈部变长，鼓肩，弧腹，最大径位于上腹部偏下，近中腹部。下腹向内斜收部分增多，角度更大。底部较小。2001FGYM9：16、2001FGYM25：18、2001FGYM26：18、2001FGYM35：4、2001FGQM4：37。

Ⅲ式：5件。侈口，束颈，颈部较长，鼓肩，弧腹，最大径位于上腹部。下腹近底部微内凹。底部变大。2001FGQM4：36、2001FGQM8：6、2001FGQM8：20、2001FGQM8：34、2001FGYM22：21。

Ⅳ式：1件。侈口，束颈，颈部变长，耸肩，弧腹，腹部变扁，最大径位于肩腹部。底部变大。2001FGQM5：8。

Aa型束颈罐的变化趋势：颈部变长。肩部由鼓肩变为耸肩。腹部由较鼓变为较扁。重心下降后上升，最大径由肩部到近中腹部再到上腹部。底部变小后又变大。

Ab型 9件。圆鼓肩。根据其整体形制的不同分为四式。

Ⅰ式：2件。侈口，束颈，颈部较短，圆鼓肩，深弧腹。最大径位于肩部。2001FGQM9：4、2001FGQM9：2。

Ⅱ式：1件。侈口，束颈，颈部变长，圆鼓肩，弧腹。最大径位于上腹部。2001FGYM14：19。

Ⅲ式：5件。侈口，束颈，颈部继续变长，圆鼓肩，弧腹。最大径位于中腹部。底部变小。2001FGYM26：12、2001FGYM26：13、2001FGYM39：30、2001FGQM8：27、2001FGQM18：37。

Ⅳ式：1件。侈口，束颈，颈部变长，圆鼓肩，深弧腹，下腹向内弧收。最大径位于上腹部。

底部大小同Ⅲ式。2001FGYM19∶21。

Ab型束颈罐的变化趋势：颈部不断变长，最大径不断下移后上升，由肩部到上腹部到中腹部再到上腹部。底部变小。

B型　16件。溜肩。根据口部和底部的大小关系分为两个亚型。

Ba型　11件。口部大于底部。根据其整体形制的不同分为三式。

Ⅰ式：2件。侈口，束颈，溜肩，下腹弧收。最大径位于肩部。2001FGYM14∶15、2001FGYM14∶18。

Ⅱ式：4件。侈口，束颈，溜肩，鼓腹，下腹近底部两侧内凹。最大径位于上腹部。2001FGYM16∶10、2001FGYM16∶8、2001FGYM16∶9、2001FGYM26∶16。

Ⅲ式：5件。微侈口，束颈，斜肩，下腹向内斜收。最大径位于中腹部。底部变小。2001FGYM24∶33、2001FGYM24∶32、2001FGYM35∶6、2001FGQM8∶7、2001FGQM18∶3。

Ba型束颈罐的变化趋势：口部由侈口变为微侈口。肩部由溜肩变为斜肩。下腹部向内弧收的角度增大。最大径不断下移，由肩部到上腹部再到中腹部。底部变小，口部始终大于底部。

Bb型　5件。口部和底部大小相同。根据其整体形制的不同分为二式。

Ⅰ式：3件。敛口，窄沿，矮领，溜肩，弧腹。肩部与腹部转折明显，为斜折。2001FGYM26∶11、2001FGYM26∶14、2001FGYM26∶15。

Ⅱ式：2件。侈口，束颈，溜肩，弧腹。肩部与腹部转折不明显，变为圆折。腹部变扁。2001FGYM20∶19、2001FGYM20∶23。

Bb型束颈罐的变化趋势：口部由敛口到变为侈口，肩腹部交界处由斜折变为圆折。腹部变扁。

C型　23件。折肩。根据肩部的不同分为两个亚型。

Ca型　16件。圆折肩。根据其整体形制的不同分为四式。

Ⅰ式：2件。侈口，束颈，圆折肩，弧腹。最大径位于肩部。2001FGYM14∶6、2001FGYM14∶20。

Ⅱ式：1件。口沿更加外侈，束颈，圆折肩，下腹向内弧收。最大径位于上腹部近中腹部。2001FGYM5∶8。

Ⅲ式：12件。侈口，束颈，圆折肩，弧腹，下腹向内弧收角度更大。最大径位于中腹部。底部变小。2001FGYM15∶14、2001FGYM15∶12、2001FGYM15∶13、2001FGYM15∶16、2001FGYM8∶10、2001FGYM8∶20、2001FGYM22∶6、2001FGYM22∶29、2001FGYM39∶35、2001FGQM12∶34、2001FGQM12∶55、2001FGQM12∶72。

Ⅳ式：1件。口沿更加外侈，束颈，圆折肩，弧腹，下腹向内弧收部分增多，角度增大。最大径位于肩部。2001FGQM5∶9。

Ca型束颈罐的变化趋势：口沿不断外侈，下腹向内弧收不断加剧，底部变小。最大径不断下移后上升，由肩部到上腹部再到中腹部，再回到肩部。

Cb型　7件。斜折肩。根据其整体形制的不同分为四式。

Ⅰ式：3件。侈口，束颈，斜折肩，下腹向内弧收。最大径位于肩部。2001FGYM14∶20、

2001FGYM20∶18、2001FGQM18∶5。

Ⅱ式：1件。口沿更加外侈，束颈，颈部变长，肩部更斜，下腹向内弧收。最大径位于中腹部。2001FGYM28∶7。

Ⅲ式：1件。侈口，束颈，斜折肩，下腹向内弧收部分增多，角度增大。最大径位于上腹部，底部变小。2001FGYM9∶5。

Ⅳ式：2件。侈口，束颈，斜折肩，下腹向内弧收，下腹近底部两侧微内凹。最大径位于上腹部。底部较小。2001FGQM13∶8、2001FGQM5∶1。

Cb型束颈罐的变化趋势：口沿不断外侈，下腹部向内弧收不断加剧，底部变小。最大径下移后又上升，由肩部到中腹部再回到上腹部。

（4）矮领罐

3件。根据其整体形制的不同分为三式。

Ⅰ式：1件。微侈口，矮领，耸肩，弧腹。2001FGQM4∶34。

Ⅱ式：1件。敛口，领部更矮，肩部较斜，上腹较鼓，下腹弧收，底部较小。2001FGYM20∶26。

Ⅲ式：1件。敛口，领部矮，溜肩，鼓腹。底部变大。2001FGYM43∶5。

矮领罐的变化趋势：领部变矮，肩部由耸肩到斜肩再到溜肩。底部变小后增大。

（5）双系罐

1件。直口，束颈，颈部较长，双系，溜肩，鼓腹。2001FGYM34∶8。

（6）双口沿罐

1件。双口沿，圆肩，弧腹。2001FGYM14∶12。

3. 釜

实际参与分期的有16件。现对无錾（耳）釜和带錾（耳）釜两种形制变化明显的陶釜进行分析如下（图三六九）：

（1）无錾（耳）釜

12件。根据腹部的不同分为三型。

A型　4件。垂腹。根据腹部形状的不同分为二亚型。

Aa型　2件。垂腹，腹部呈近筒形。根据其整体形制的不同分为二式。

Ⅰ式：1件。敞口，口沿较窄。垂腹，腹部呈近筒形。圜底。2001FGYM2∶3。

Ⅱ式：1件。敞口，口沿加宽。垂腹，腹部呈近直筒形，腹部变扁，圜底部分增多。2001FGQM13∶1。

Aa型釜的变化趋势：口沿加宽，腹部变扁，圜底部分增多。

Ab型 2件。垂腹，腹部较浅，较圆鼓。根据其整体形制的不同分为二式。

Ⅰ式：1件。敞口，口沿较窄。垂腹，腹部较浅，较圆鼓，圜底近平。2001FGYM2∶1。

Ⅱ式：1件。敞口加剧，口沿较窄。垂腹，腹部变浅，圜底部分增多。2001FGQM1∶5。

Ab型釜的变化趋势：口部更加外敞，腹部变浅，圜底部分增多。

B型　7件。折腹。根据腹部的深浅分为两个亚型。

Ba型　4件。腹部较深。根据其整体形制的不同分为四式。

Ⅰ式：1件。敞口，口沿较宽，上腹较斜，下腹圆折弧收，圜底。2001FGYM2∶2。

Ⅱ式：1件。敞口，口沿变宽，腹部变浅，圜底部分增多，腹部较鼓。2001FGQM13∶4。

Ⅲ式：1件。敞口，口沿变大，腹部较浅，圜底部分较多。2001FGYM21∶1。

Ⅳ式：1件。敞口，口沿较大，腹部变深，圜底，腹部较圆。2001FGQM10∶1。

Ba型釜的变化趋势：口沿变大变宽，腹部变浅后变深。

Bb型　3件。腹部较浅。根据其整体形制的不同分为三式。

Ⅰ式：1件。侈口，口沿较宽，圆折腹，腹部较浅，圜底。2001FGQM8∶35。

Ⅱ式：1件。侈口，口沿较宽，斜折腹，腹部变浅，圜底部分增多，尖圜底。2001FGQM8∶38。

Ⅲ式：1件。侈口，口沿较宽，斜折腹，腹部变浅，尖圜底。2001FGQM4∶16。

Bb型釜的变化趋势：腹部转折更加明显，腹部变浅，圜底部分增多，由圜底变为尖圜底。

C型　1件。球形腹。2001FGQM3∶1。

（2）带錾（耳）釜

4件。根据釜的底部分为二型。

A型　2件。尖圜底。2001FGYM15∶24。

B型　2件。平底。根据其整体形制的不同分为二式。

Ⅰ式：1件。直领。溜肩，肩腹部附两纽，弧腹微鼓，腹部较深。2001FGYM34∶11。

Ⅱ式：1件。直领。鼓肩，肩腹部附两纽，鼓腹，腹部变浅。2001FGYM29∶15。

B型釜的变化趋势：肩部由溜肩变为鼓肩，腹部变鼓，变浅。

4. 甑

实际参与分型分式的共14件。根据腹部的不同分为二型（图三七○）。

A型　4件。弧腹。根据沿部、腹部、箅孔的不同分为四式。

Ⅰ式：2件。宽沿，上腹较直，箅孔较少，排列有序。2001FGYM14∶3、2001FGYM17∶9。

Ⅱ式：1件。宽沿，上腹斜弧，箅孔较多，排列无序。2001FGYM22∶15。

Ⅲ式：1件。窄沿，上腹斜直，箅孔少。2001FGYM6∶35。

A型甑的演变趋势：口沿由宽变窄，上腹部由较直变为斜弧，再变为斜直，箅孔由少变多再变少，且排列由有序变为无序。

B型　5件。斜弧腹。根据口沿、底部、箅孔的不同分为三式。

Ⅰ式：1件。宽沿，平底，箅孔多。2001FGYM29∶13。

Ⅱ式：1件。沿较Ⅰ式窄，平底。2001FGYM16∶2。

Ⅲ式：3件。窄沿，底部微内凹，箅孔较少。2001FGYM19∶20、2001FGYM19∶24、2001FGYM20∶32。

B型甑的演变趋势：口沿由宽变窄，底部由平底变微内凹，箅孔由多变少。

期段		无銎（耳）釜			
		A		B	
		Aa	Ab	Ba	Bb
一期	一段				
二期	一段				
	二段				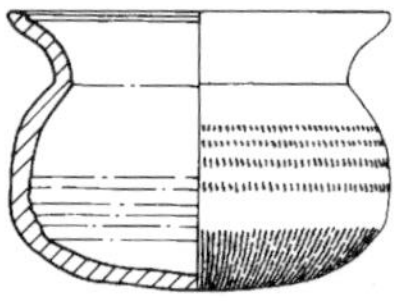 Ⅰ（2001FGQM8:35） 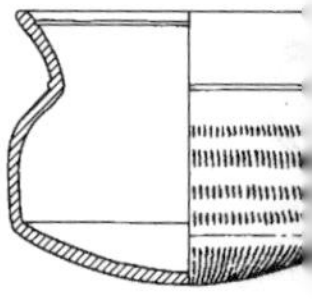　Ⅱ（2001FGQM8:
	三段	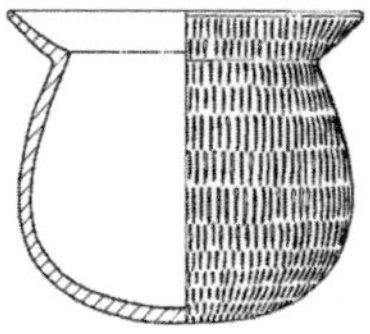 Ⅰ（2001FGYM2:3）	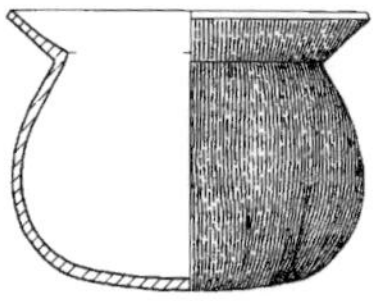 Ⅰ（2001FGYM2:1）	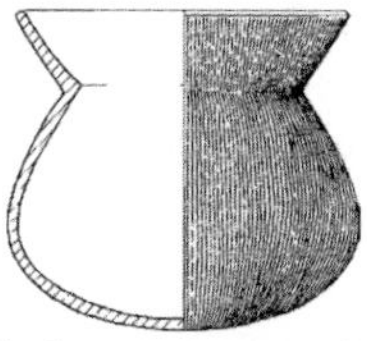 Ⅰ（2001FGYYJM2:2）	
三期	一段	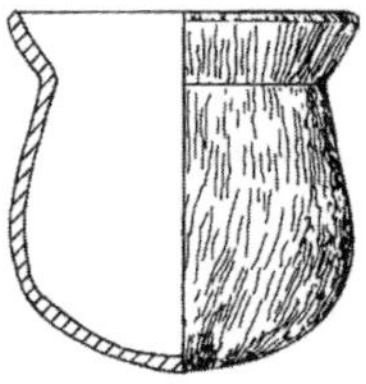 Ⅱ（2001FGQM13:1）		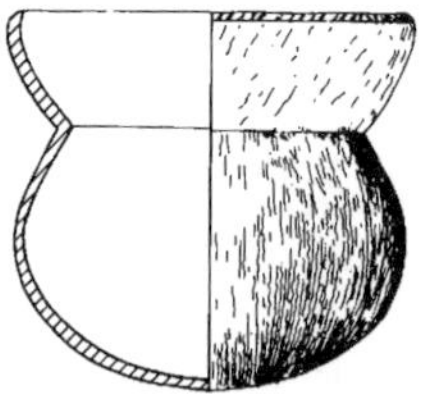 Ⅱ（2001FGQM13:4）	
	二段		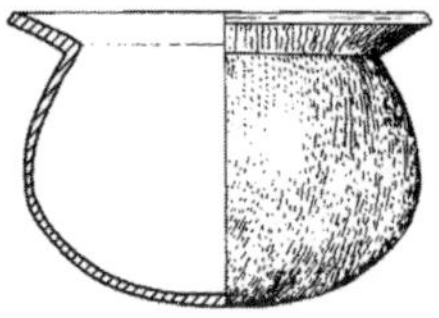 Ⅱ（2001FGQM1:5）	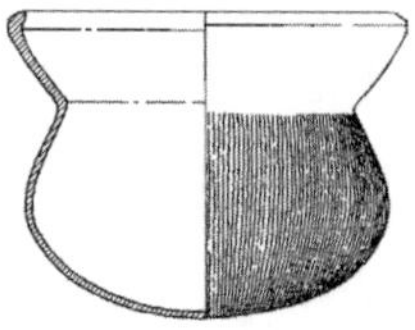 Ⅲ（2001FGYM21:1） 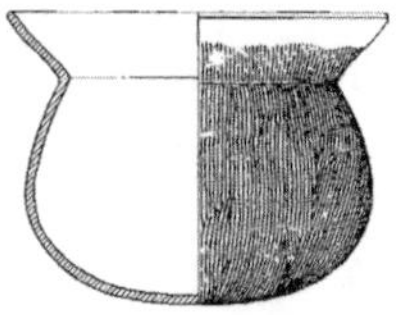　Ⅳ（2001FGQM10:1）	

图三六

			带鋬（耳）釜	
	C	A	B	
			Ⅰ（2001FGYM34∶11）	Ⅱ（2001FGYM29∶1）
	2001FGQM3∶1			
Ⅲ（2001FGQM4∶16）		2001FGYM5∶24		

演变与分期

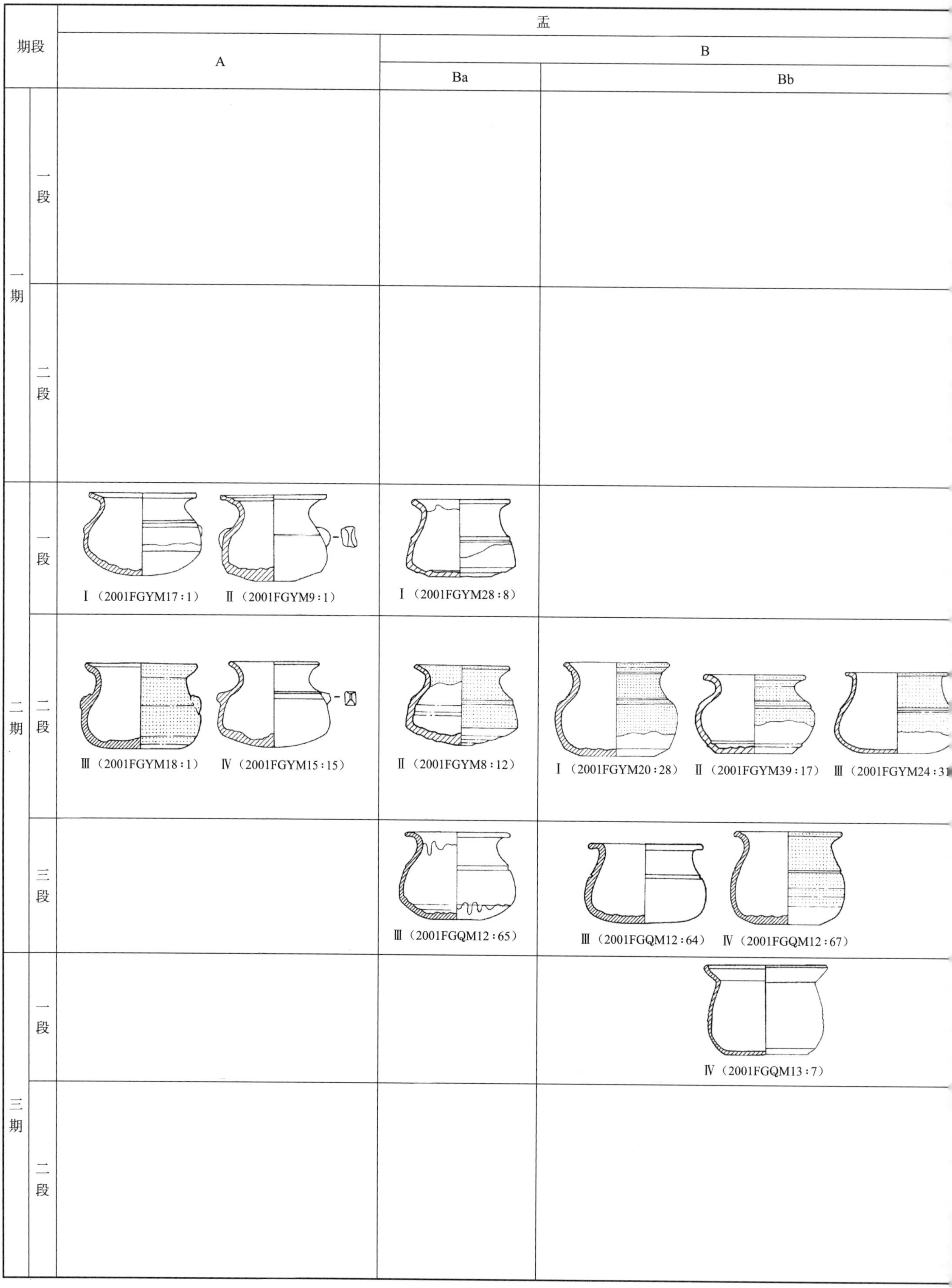

期段		盂		
		A	B	
			Ba	Bb
一期	一段			
	二段			
二期	一段	Ⅰ（2001FGYM17:1） Ⅱ（2001FGYM9:1）	Ⅰ（2001FGYM28:8）	
	二段	Ⅲ（2001FGYM18:1） Ⅳ（2001FGYM15:15）	Ⅱ（2001FGYM8:12）	Ⅰ（2001FGYM20:28） Ⅱ（2001FGYM39:17） Ⅲ（2001FGYM24:31）
	三段		Ⅲ（2001FGQM12:65）	Ⅲ（2001FGQM12:64） Ⅳ（2001FGQM12:67）
三期	一段			Ⅳ（2001FGQM13:7）
	二段			

图三七〇

甑		
A	B	C
	Ⅰ（2001FGYM29:13）	
Ⅰ（2001FGYM14:3）		
	Ⅱ（2001FGYM16:2）	
Ⅱ（2001FGYM22:15）	Ⅲ（2001FGYM20:32）　Ⅲ（2001FGYM19:20）	Ⅰ（2001FGQM8:28）　Ⅱ（2001FGYM15:23）
Ⅲ（2001FGYM6:35）		
		Ⅲ（2001FGQM1:13）

变与分期

C型　5件。折腹。根据腹部、箅孔的变化分为三式。

Ⅰ式：2件。上腹较深，下腹较直，箅孔较多。2001FGQM8∶28、2001FGQM4∶8。

Ⅱ式：2件。上腹较深，下腹微内凹，箅孔较Ⅰ式少。2001FGYM39∶8、2001FGYM15∶23。

Ⅲ式：1件。上腹变浅，其余与Ⅱ式相当。2001FGQM1∶13。

C型甑的演变趋势：上腹部由深变浅，下腹部由较直变为微内凹，箅孔由多变少。

5. 盂

实际参与分型分式的共有21件。根据整体形制的不同分为二型（图三七〇）。

A型　10件。有鋬。根据肩部、腹部、底部的不同分为四式。

Ⅰ式：1件。溜肩，弧腹，圜底。2001FGYM17∶1。

Ⅱ式：5件。圆折肩，圆折腹，圜底近平。2001FGYM16∶4、2001FGYM9∶1、2001FGYM9∶6、2001FGQM18∶13、2001FGQM4∶12。

Ⅲ式：2件。平底，其余与Ⅱ式相当。2001FGYM39∶33、2001FGQM18∶1。

Ⅳ式：2件。肩部微折，圆折腹，圜底较尖。2001FGYM15∶15、2001FGYM15∶25。

A型盂的演变趋势为：肩部由溜肩变为圆折肩再变为微折，腹部由弧腹变为圆折腹，底部由圜底变为圜底近平，再变为平底，最后变为圜底较尖。

B型　11件。无鋬。根据腹部的不同分为二亚型。

Ba　5件。折腹。根据肩部、腹部的不同分为三式。

Ⅰ式：1件。斜肩，折腹明显，上腹深。2001FGYM28∶8。

Ⅱ式：2件。肩部微折，折腹明显，上腹变浅。2001FGYM39∶31、2001FGYM8∶12。

Ⅲ式：1件。溜肩，腹部圆折，腹较Ⅱ式深。2001FGQM12∶65。

Ba型盂的演变趋势：肩部由斜肩变为微折再变为溜肩，腹部由折腹明显变为圆折腹，上腹由深变浅再变深。

Bb型　7件。弧腹。根据肩部、腹部、底部的不同分为四式。

Ⅰ式：2件。肩部圆折，腹部微鼓，腹部较深，平底。2001FGYM20∶28、2001FGYM20∶29。

Ⅱ式：1件。溜肩，鼓腹，其余与Ⅰ式相当。2001FGYM39∶17。

Ⅲ式：2件。斜肩，垂腹，腹部较Ⅱ式浅，圜底近平。2001FGYM24∶31、2001FGQM12∶64。

Ⅳ式：2件。肩部较Ⅲ式斜，垂腹变深，平底。2001FGQM12∶67、2001FGQM13∶7。

Bb型盂的演变趋势：肩部由圆折变为溜肩，再变为斜肩，腹部由微鼓变为鼓腹，再变为垂腹，且腹部由深变浅再变深（图三七〇）。

6. 盆

实际参与分型分式的共有25件。根据整体形制的不同分为二型（图三七一）。

A型　9件。深腹。根据腹部的不同分为二亚型。

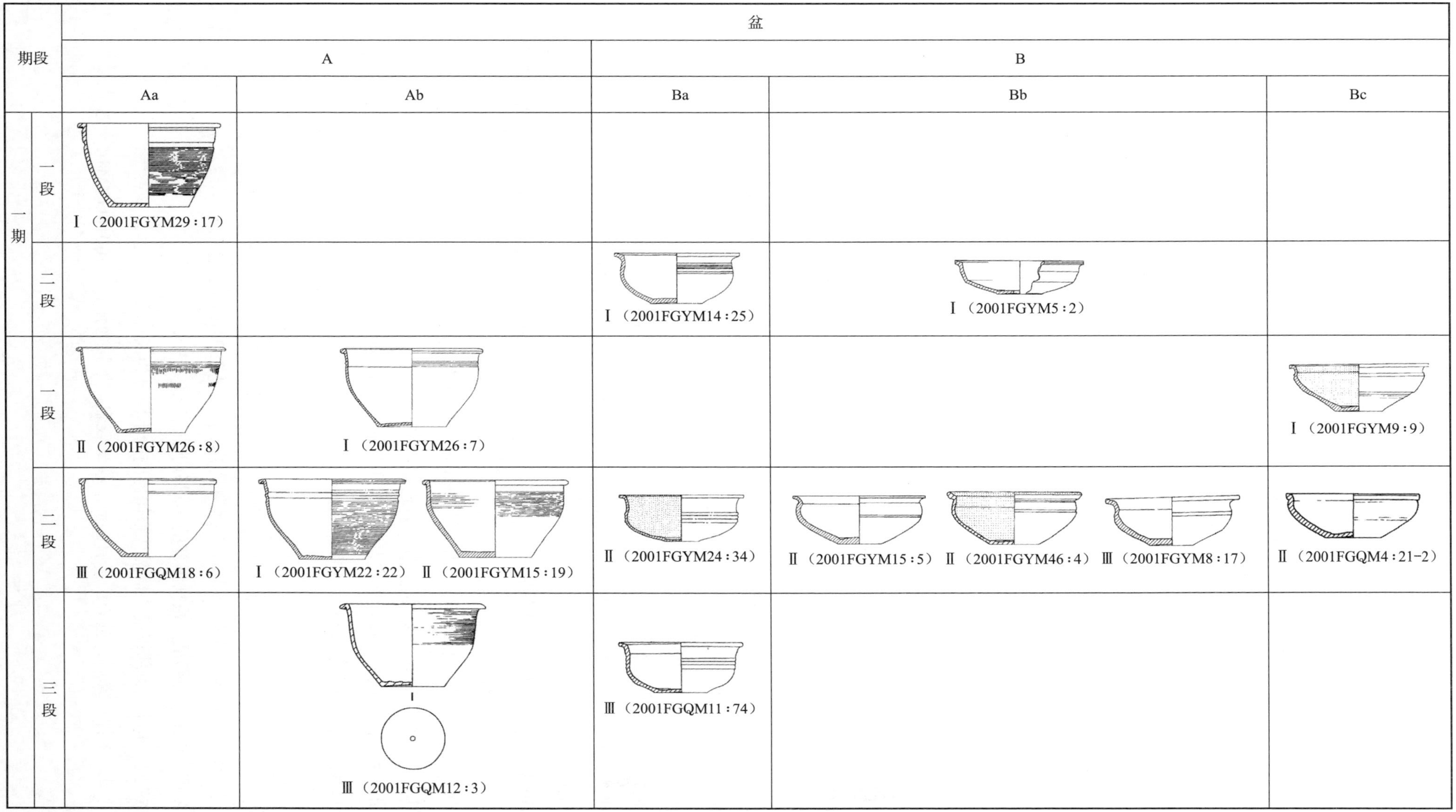

图三七　陶盆演变与分期

Aa　5件。斜弧腹。根据口沿、腹部、底部的不同分为三式。

Ⅰ式：3件。宽沿，腹部较浅，底部较小。2001FGYM29：17、2001FGQM4：6、2001FGQM8：26。

Ⅱ式：1件。沿较Ⅰ式窄，腹部深，底变大。2001FGYM26：8。

Ⅲ式：1件。窄沿，腹部较Ⅱ式浅，底部较Ⅱ式小。2001FGQM18：6。

Aa型盆的演变趋势：口沿由宽变窄，腹部由浅变深再变浅，底部由小变大再变小。

Ab型　4件。圆折腹。根据口沿、腹部的不同分为三式。

Ⅰ式：2件。窄沿，上腹较深，腹部微鼓。2001FGYM22：22、2001FGYM26：7。

Ⅱ式：1件。窄沿，上腹浅，上腹较直，折腹明显。2001FGYM15：19。

Ⅲ式：1件。宽沿，上腹深，腹部较弧。2001FGQM12：3。

Ab型盆的演变趋势：沿由窄变宽，上腹部由浅变深，圆折腹由微鼓变为折腹明显，再变为较弧。

B型　16件。浅腹。根据腹部的不同可分为三亚型。

Ba　7件。弧腹。根据腹部的不同分为三式。

Ⅰ式：2件。上腹较浅，重心较高。2001FGYM14：25、2001FGYM14：14。

Ⅱ式：4件。上腹较深，重心降低。2001FGQM4：45、2001FGQM4：11、2001FGQM18：11、2001FGYM24：34。

Ⅲ式：1件。上腹更深，重心低。2001FGQM11：74。

Ba型盆的演变趋势：上腹部由浅变深，重心由高变低。

Bb　7件。折腹。根据腹部的不同分为三式。

Ⅰ式：1件。上腹较深，折腹明显。2001FGYM5：2。

Ⅱ式：2件。上腹浅，圆折腹微鼓。2001FGYM15：5、2001FGYM46：4。

Ⅲ式：4件。上腹较深，圆折腹鼓腹。2001FGQM8：25、2001FGQM8：17、2001FGQM8：8、2001FGQM18：25。

Bb型盆的演变趋势：上腹部由深变浅，再变深，腹部由折腹变为圆折腹微鼓，再变为圆折腹鼓腹。

Bc　2件。斜腹。根据口沿、腹部、底部的不同分为三式。

Ⅰ式：1件。窄沿。底小，浅腹。2001FGYM9：9。

Ⅱ式：1件。宽沿，底较Ⅰ式大，腹较Ⅰ式深。2001FGQM4：21-2。

Bc型盆的演变趋势：口沿由宽变窄，底部由小变大，腹部由浅变深。

7. 锺

实际参与分型定式的有15件。根据圈足的不同分为二型（图三七二）。

A型　9件。矮圈足。根据腹部的不同分为二亚型。

Aa型　4件。腹部较扁。根据其整体形制的不同分为四式。

Ⅰ式：1件。耸肩，重心位于肩腹部。腹部较扁，下腹为弧腹。2001FGYM14：13。

Ⅱ式：1件。溜肩，重心位于上腹部。腹部变圆鼓，下腹为弧腹。2001FGQM4∶7。

Ⅲ式：1件。溜肩，重心位于中腹部。腹部较圆，下腹为弧腹。2001FGYM8∶7。

Ⅳ式：1件。斜肩，重心位于中腹部。腹部折腹明显，下腹变为斜弧腹。2001FGQM12∶30。

Aa型锤的演变趋势：肩部由耸肩变为溜肩再到斜肩。重心不断下移，重心从位于肩腹部下降到上腹部再到中腹部。腹部由较扁发展为比较圆鼓，下腹由弧腹变为斜弧腹。

Ab型 5件。腹部较鼓。根据其整体形制的不同分为五式。

Ⅰ式：1件。束颈较粗较短，圆肩，重心位于肩部。2001FGYM29∶11。

Ⅱ式：1件。束颈变长，溜肩，重心位于上腹部。2001FGYM5∶3。

Ⅲ式：1件。束颈较细较长，耸肩，重心位于中腹部。2001FGYM9∶10。

Ⅳ式：1件。束颈较细较长，溜肩，重心位于中腹部。2001FGQM8∶30。

Ⅴ式：1件。束颈较细较长，溜肩，重心位于中腹部。2001FGYM22∶4。

Ab型锤的演变趋势：颈部由粗短变细长。肩部由圆肩变为溜肩再到耸肩再到溜肩。重心不断下移，由肩部下降到上腹部再到中腹部。

B型 6件。高圈足。根据腹部的不同分为两个亚型。

Ba型 2件。腹部较扁。根据其整体形制的不同分为二式。

Ⅰ式：1件。束颈较短，斜肩，腹部较扁，重心位于肩腹部。2001FGYM19∶23。

Ⅱ式：1件。束颈变长，溜肩，腹部圆鼓，重心位于中腹部。2001FGQM11∶62。

Ba型锤的演变趋势：束颈变长。肩部由斜肩变为溜肩。腹部由较扁变圆鼓，重心下移，从肩腹部下降到中腹部。

Bb型 4件。腹部较鼓。根据其整体形制的不同分为二式。

Ⅰ式：2件。束颈较细长，腹部较圆鼓，重心位于肩腹部。2001FGYM25∶12、2001FGYM20∶31。

Ⅱ式：2件。束颈较粗，腹部更加圆鼓，腹部与圈足分界更加明显，重心位于中腹部。2001FGQM11∶61、2001FGYM6∶19。

Bb型锤的演变趋势：束颈变粗。腹部更加圆鼓，其与圈足分界处更明显。重心下移，从肩腹部下降到中腹部。

8. 魁

参加分型定式的有18件。根据柄部的不同分为三型（图三七三）。

A型 6件。直柄。根据柄部的长短分为二亚型。

Aa型 3件。柄部较长。根据其整体形制的变化分为三式。

Ⅰ式：1件。上腹较直，下腹圆折弧收，平底。2001FGYM5∶4。

Ⅱ式：1件。上腹较直，折腹斜收，腹部转折明显，平底。2001FGQM8∶24。

Ⅲ式：1件。弧腹，出现矮圈足。2001FGYM22∶9。

期段		锺			
		A		B	
		Aa	Ab	Ba	Bb
一期	一段		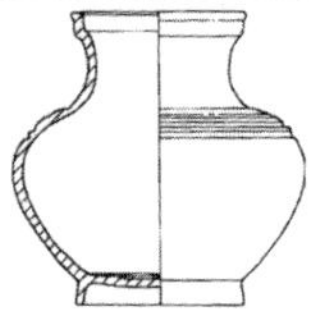 Ⅰ（2001FGYM29:11）		
	二段	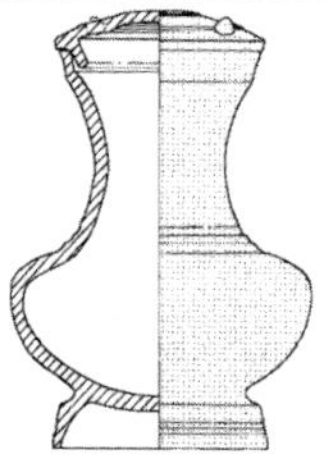 Ⅰ（2001FGYM14:13）	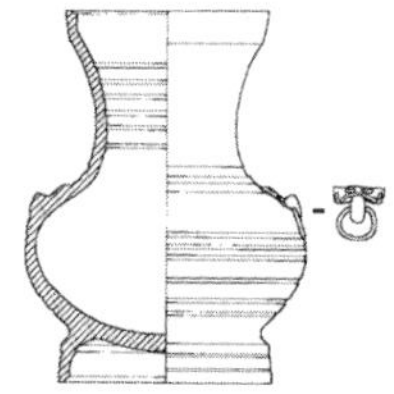 Ⅱ（2001FGYM5:3）		
二期	一段		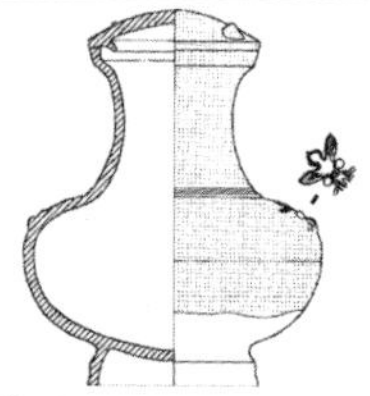 Ⅲ（2001FGYM9:10）		
	二段	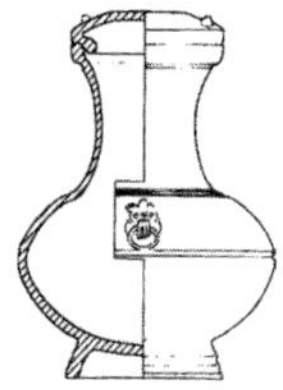 Ⅱ（2001FGQM4:7） 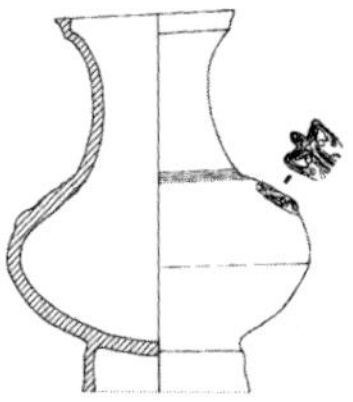 Ⅲ（2001FGYM8:7）	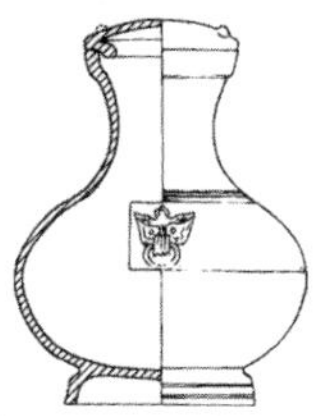 Ⅳ（2001FGQM8:30） 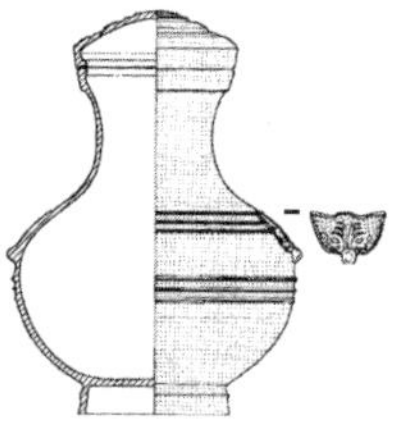 Ⅴ（2001FGYM22:4）	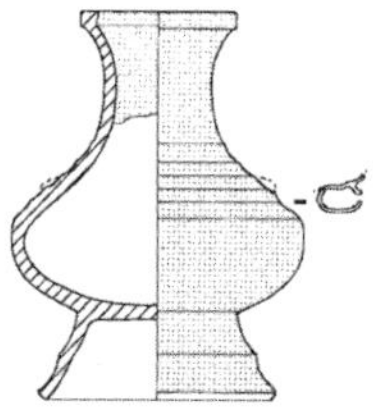 Ⅰ（2001FGYM9:23）	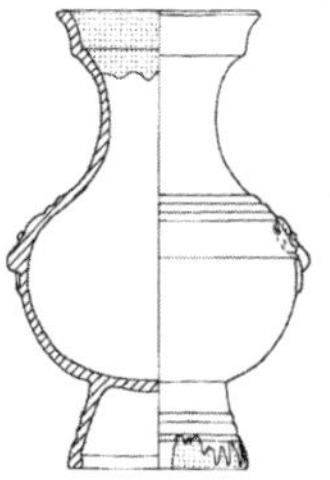 Ⅰ（2001FGYM25:12）
	三段	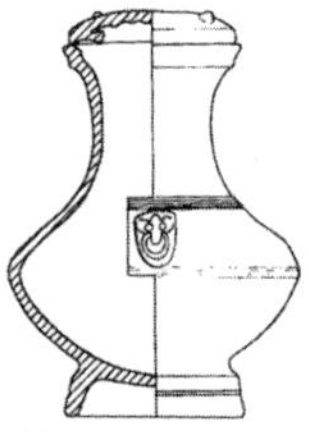 Ⅳ（2001FGQM12:30）		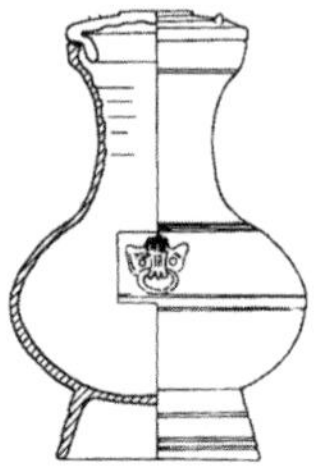 Ⅱ（2001FGQM11:62）	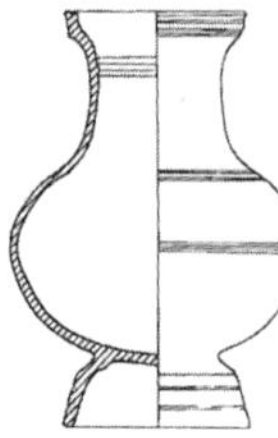 Ⅱ（2001FGQM11:61）

图三七二

勺			
A		B	
Aa	Ab	Ba	Bb
（2001FGYM24:27） （2001FGQM8:36） （2001FGYM22:10）	Ⅰ（2001FGYM46:23） Ⅱ（2001FGQM8:45） Ⅲ（2001FGYM8:14） Ⅳ（2001FGYM15:26）	2001FGQM4:4	Ⅰ（2001FGYM8:13）
（2001FGQM12:67）	Ⅱ（2001FGQM12:65）		Ⅱ（2001FGYM43:33） Ⅲ（2001FGYM6:29）

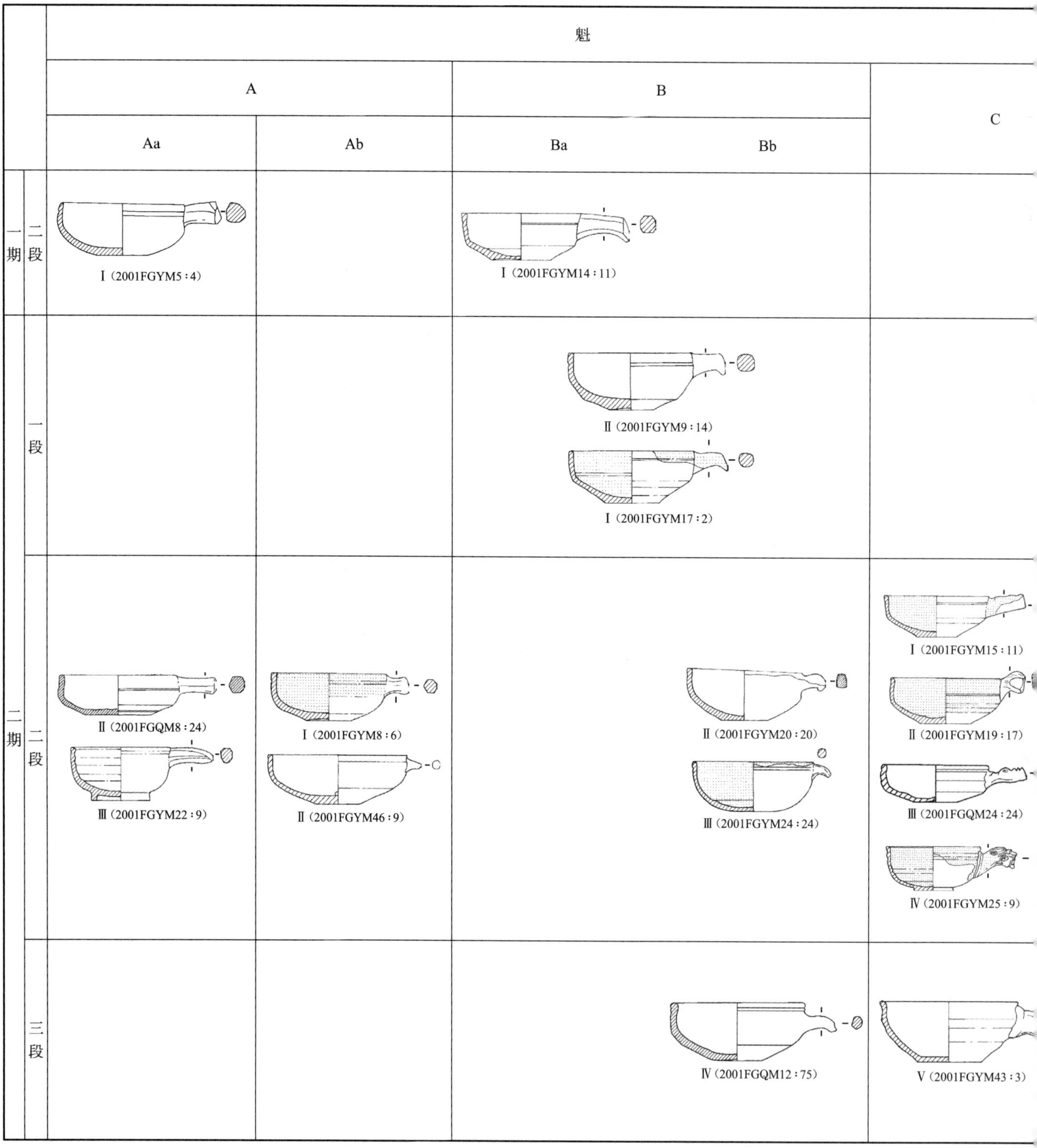

		魁				
		A		B		C
		Aa	Ab	Ba	Bb	
一期	二段	Ⅰ(2001FGYM5:4)		Ⅰ(2001FGYM14:11)		
二期	一段			Ⅱ(2001FGYM9:14) Ⅰ(2001FGYM17:2)		
	二段	Ⅱ(2001FGQM8:24) Ⅲ(2001FGYM22:9)	Ⅰ(2001FGYM8:6) Ⅱ(2001FGYM46:9)	Ⅱ(2001FGYM20:20) Ⅲ(2001FGYM24:24)		Ⅰ(2001FGYM15:11) Ⅱ(2001FGYM19:17) Ⅲ(2001FGQM24:24) Ⅳ(2001FGYM25:9)
	三段			Ⅳ(2001FGQM12:75)		Ⅴ(2001FGYM43:3)

图三七三

盘			
A			B
Aa	Ab	Ac	
Ⅰ（2001FGYM14:23）			
Ⅱ（2001FGYM17:3）			
Ⅲ（2001FGYM7:6） Ⅳ（2001FGYM8:11）	Ⅰ（2001FGQM14:23）	2001FGYM25:14	2001FGYM25:13
	Ⅱ（2001FGQM11:80） Ⅲ（2001FGQM11:78）		

Aa 型魁的变化趋势：腹部由圆折腹到折腹再到弧腹，底部由平底到出现圈足。

Ab 型　3 件。柄部较短。根据其整体形制的变化分为三式。

Ⅰ式：1 件。上腹较直，下腹圆折弧收，柄部较短。2001FGYM8：6。

Ⅱ式：1 件。上腹较直，下腹圆折弧收，下腹向内弧收的部分增多，斜度增大，柄部变短，底部变小。2001FGYM46：9。

Ⅲ式：1 件。上腹较直，下腹折腹斜收，底部变大，柄部变长。2001FGYM13：1。

Ab 型魁的变化趋势：腹部由圆折到斜折。底部变小后又增大，柄部变短后又变长。

B 型　7 件。鸟首状柄。根据柄部的长短分为二亚型。

Ba 型　2 件。柄部较长。根据其整体形制的变化分为二式。

Ⅰ式：1 件。上腹斜直，下腹折腹向内斜收，柄部较长。2001FGYM14：1。

Ⅱ式：1 件。上腹较直，下腹圆折弧收，近底部两侧微内凹。柄部变短。底部变小。2001FGYM9：14。

Ba 型魁的变化趋势：腹部由折腹比较明显，到圆折腹，腹部愈弧。柄部变短。底部变小。

Bb 型　5 件。柄部较短。根据其整体形制的变化分为四式。

Ⅰ式：1 件。上腹较直，下腹向内斜收，腹部转折明显，柄部较粗长。平底。2001FGYM17：2。

Ⅱ式：1 件。上腹较直，下腹圆折弧收。腹部转折圆滑，柄部变短。平底。2001FGYM20：20。

Ⅲ式：1 件。圆弧腹。柄部较短。圜平底。2001FGYM24：24。

Ⅳ式：2 件。上腹较直，折腹下收。柄部变细变长。平底。2001FGQM12：75、2001FGQM12：40。

Bb 型魁的变化趋势：腹部从斜折到圆折再到弧腹，再变为圆折。底部由平底变为圜平底后再到平底。

C 型　5 件。龙首状柄。根据其整体形制的变化分为五式。

Ⅰ式：1 件。上腹较直，下腹折腹向内斜收，腹部转折明显。腹部较深。平底。2001FGYM15：11。

Ⅱ式：1 件。上腹较直，下腹圆折向内斜收，腹部转折较圆滑。腹部较深。平底。2001FGYM19：17。

Ⅲ式：1 件。上腹较直，下腹圆折向内弧收，腹部转折较圆滑。腹部变浅。平底。2001FGQM4：20。

Ⅳ式：1 件。弧腹，腹部变深。出现矮圈足或饼足。2001FGYM25：9。

Ⅴ式：1 件。弧腹，腹部继续加深。平底。2001FGYM43：3。

C 型魁的演变趋势：腹部由转折明显到转折较圆滑，再到弧腹，腹部变浅后变深。底部由平底到出现矮圈足或饼足。

9. 盘

实际参与分型分式的共 15 件。根据腹部的不同分为二型（图三七三）。

A 型　14 件。折腹。根据折腹角度的大小及上腹与下腹所占的比例不同分为三亚型。

Aa 型　10 件。折腹角度较大，上腹所占比例大于下腹。根据其整体形制的变化分为四式。

Ⅰ式：2 件。上腹斜直，腹部转折明显。2001FGYM14：23、2001FGYM14：24。

Ⅱ式：3 件。上腹斜直，腹部转折明显。上腹所占的比例增大。2001FGYM17：3、2001FGYM9：17、2001FGYM15：7。

Ⅲ式：2 件。上腹斜弧，腹部转折不明显。上腹所占的比例继续增大。2001FGYM7：6、2001FGYM24：35。

Ⅳ式：3 件。上腹弧，腹部转折圆滑，上腹所占的比例继续增大。2001FGYM8：11、2001FGYM8：1、2001FGYM8：15。

Aa 型盘的演变趋势：上腹由斜直变为斜弧再到弧腹，腹部转折由明显到不明显，腹部更加圆弧。上腹所占的比例不断增大。

Ab 型　3 件。折腹角度较大，上腹所占比例小于下腹。根据其整体形制的变化分为三式。

Ⅰ式：1 件。上腹斜直，下腹折腹斜收。2001FGQM8：23。

Ⅱ式：1 件。上腹所占的比例变小，下腹微向内凹。2001FGQM11：80。

Ⅲ式：1 件。上腹所占的比例继续变小，下腹向内凹较明显。2001FGQM11：78。

Ab 型盘的演变趋势：上腹所占的比例不断变小，下腹不断内凹。

Ac 型　1 件。折腹角度较小，上腹近直，下腹斜收，上腹所占比例大于下腹。2001FGYM25：14。

B 型　1 件。弧腹。下腹近底部两侧微内凹。2001FGYM25：13。

10. 博山炉

实际参与分型分式的共有 14 件。根据底座的不同分为二型（图三七四）。

A 型　12 件。覆盘状或覆钵状座。根据柄部的不同分为二亚型。

Aa　6 件。柄部较高。根据炉座口部、腹部、底座的不同分为三式。

Ⅰ式：1 件。直腹微弧，盘腹深，底座高，盖口径略大于盘口径。2001FGYM14：10。

Ⅱ式：3 件。直腹，盘腹浅，底座矮，盖口径与盘口径相当。2001FGYM15：1、2001FGYM9：3、2001FGYM17：5。

Ⅲ式：1 件。盘腹变深，其余与Ⅱ式同。2001FGQM4：5。

Ⅳ式：1 件。弧腹，盘腹较深，底座较Ⅲ式高，盖口径小于盘口径。2001FGYM24：28。

Aa 型博山炉的演变趋势：盘腹由直腹微弧变为直腹，再变为弧腹，且由深变浅再变深，底座由高变矮再变高，盖口径由略大于盘口径，逐渐变为小于盘口径。

Ab　6 件。柄部较矮。根据炉座口部、腹部的不同分为四式。

Ⅰ式：1 件。子母口，直腹，盘腹较深，底座高。2001FGYM5：5。

Ⅱ式：3件。子母口，直腹微弧，盘腹较Ⅰ式深，底座矮。2001FGQM8：31、2001FGYM39：14、2001FGYM39：36。

Ⅲ式：1件。底座变高，其余与Ⅱ式相当。2001FGYM8：18。

Ⅳ式：1件。直口微敞，斜直腹，盘腹深，底座与Ⅲ式相当。2001FGQM12：58。

Ab型博山炉的演变趋势：口部由子母口变为直口微敞，盘腹由直腹变为直腹微弧，再变为斜直腹，且逐渐变深，底座由高变矮再变高。

B型　2件。兽形座。2001FGYM43：4、2001FGYM43：8。

11. 卮

实际参与分型分式的共9件。根据有无鋬耳分为二型（图三七四）。

A型　4件。无鋬。根据腹部的不同分为三式。

Ⅰ式：2件。腹部微鼓，深腹。2001FGYM8：16、2001FGYM24：36。

Ⅱ式：1件。斜腹，腹部较深。2001FGYM39：38。

Ⅲ式：1件。鼓腹，腹部变浅。2001FGYM46：32。

A型卮的演变趋势：腹部由微鼓变为斜腹，再变为鼓腹，且由深逐渐变浅。

B型　6件。有鋬。根据腹部的不同分为二亚型。

Ba型　1件。鼓腹。2001FGQM4：13。

Bb型　4件。直腹。根据腹部、鋬的不同分为三式。

Ⅰ式：1件。腹部斜弧，鋬小且高。2001FGYM9：11。

Ⅱ式：2件。直腹微鼓，鋬小且高。2001FGYM15：8、2001FGYM17：4。

Ⅲ式：1件。腹部较直，鋬大且低。2001FGYM25：20。

Bb型卮的演变趋势：腹部由斜弧逐渐变为腹部较直，鋬由小变大、由高变低。

12. 耳杯

实际参与分型分式的共3件。根据耳部、底部的不同分为三式（图三七四）。

Ⅰ式：1件。耳部较薄，耳作新月状，较窄较长，饼足，浅腹。2001FGYM17：8。

Ⅱ式：1件。耳部较厚，耳作新月状，较Ⅰ式宽短，平底，腹部较Ⅰ式深。2001FGYM6：6。

Ⅲ式：1件。耳部较厚，耳作新月状，宽短，其余与Ⅱ式相当。2001FGYM6：31。

耳杯的演变趋势：耳部由薄变厚，新月状耳由窄长逐渐变宽短，底部由饼足变为平底，腹部由浅变深（图三七二）。

13. 勺

实际参加分型定式的有17件。根据柄部的曲直分为二型（图三七二）。

A型　12件。斜直柄。根据勺身平面形状的不同分为二亚型。

Aa 型　5 件。勺身平面呈椭圆形。根据其整体形制的不同分为四式。

Ⅰ式：2 件。勺身平面呈两侧较鼓的椭圆形，勺身较浅，勺身与柄部的夹角较大，柄部较斜平，较长。2001FGYM24∶27、2001FGYM39∶29。

Ⅱ式：1 件。勺身平面为圆滑的椭圆形，勺身较浅，勺身与柄部的夹角变小，柄部较直立，较长。2001FGQM8∶36。

Ⅲ式：1 件。勺身平面为圆滑的椭圆形，勺身较深，勺身与柄部的夹角继续变小，柄部更加直立，变短。2001FGYM22∶10。

Ⅳ式：1 件。勺身平面呈较扁的椭圆形，勺身较浅，勺身与柄部的夹角变大，柄部较平，较长。2001FGQM12∶80。

Aa 型勺的演变趋势：勺身平面形状先变圆后变扁。勺身变深后又变浅，勺身与柄部的夹角变小后又变大，柄部由较斜平到不断直立，后又变平。柄部变短后又变长。

Ab 型　7 件。勺身平面呈近圆形。根据其整体形制的不同分为四式。

Ⅰ式：1 件。勺身与柄部的夹角较大，柄部较斜平，较长。2001FGYM46∶23。

Ⅱ式：4 件。勺身与柄部的夹角继续变小，柄部较直立，柄部变短。2001FGQM8∶45、2001FGQM12∶52、2001FGQM12∶69、2001FGQM12∶70。

Ⅲ式：1 件。勺身与柄部的夹角继续变小，柄部更加直立，柄部继续变短。2001FGYM8∶14。

Ⅳ式：1 件。勺身与柄部的夹角继续变小，柄部更加直立，柄部较短。2001FGYM15∶26。

Ab 型勺的演变趋势：勺身与柄部的夹角不断变小，柄部由斜平到更加直立，柄部变短。

B 型　5 件。曲柄。根据柄部的长短分为两个亚型。

Ba 型　1 件。柄部较长，勺身近圆形。2001FGQM4∶4。

Bb 型　4 件。根据其整体形制的不同分为三式。

Ⅰ式：1 件。勺身平面为较圆的椭圆形，勺身较深，勺身与柄部的夹角较大。2001FGYM8∶13。

Ⅱ式：2 件。勺身平面为较扁的椭圆形，勺身较深，勺身与柄部的夹角较大。2001FGYM43∶33、2001FGYM43∶34。

Ⅲ式：1 件。勺身平面变为近圆形，较小。勺身变浅，勺身与柄部的夹角变小。2001FGYM6∶29。

B 型勺的演变趋势：勺身平面形状变扁后又变圆，由较圆的椭圆形发展到近圆形。勺身变浅变小，勺身与柄部的夹角变小。

14. 灯

实际参与分期的有 19 件。根据柄部的高矮分为二型（图三七五）。

A 型　14 件。柄部较高。根据整体形制分为四亚型。

Aa 型　1 件。直折腹，高直柄，覆钵形底座。2001FGYM5∶14。

Ab 型　8 件。斜折腹，高柄，内凹，喇叭形底座。根据其整体形制的变化分为六式。

期段		卮			耳杯
		A	B		
			Ba	Bb	
一期	二段				
二期	一段			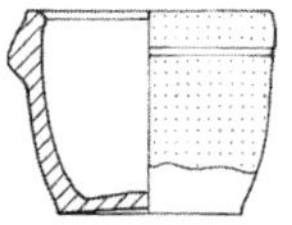 Ⅰ（2001FGYM9∶11） 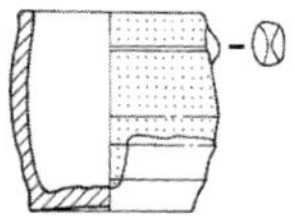 Ⅱ（2001FGYM17∶4）	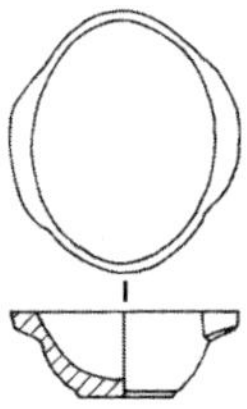 Ⅰ（2001FGYM17∶8）
二期	二段		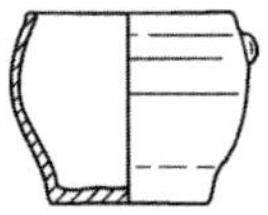 2001FGQM4∶13 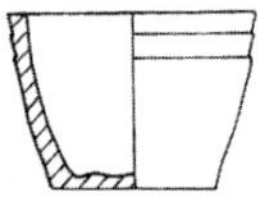　Ⅱ（2001FGYM39∶38） 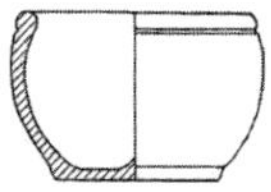　Ⅲ（2001FGYM46∶32）	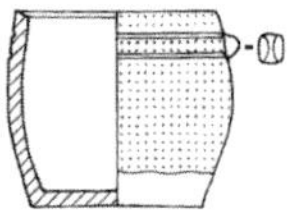 Ⅱ（2001FGYM15∶8） 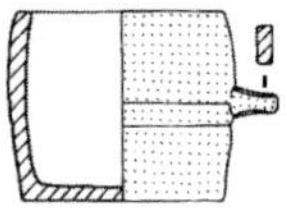 Ⅲ（2001FGYM25∶20）	
二期	三段				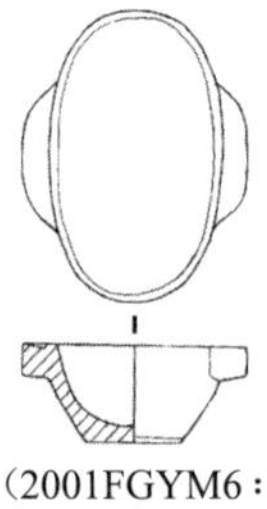 Ⅱ（2001FGYM6∶6） 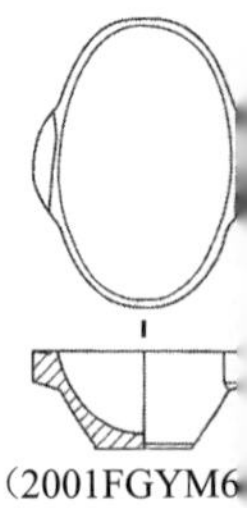　Ⅲ（2001FGYM6

图三七四

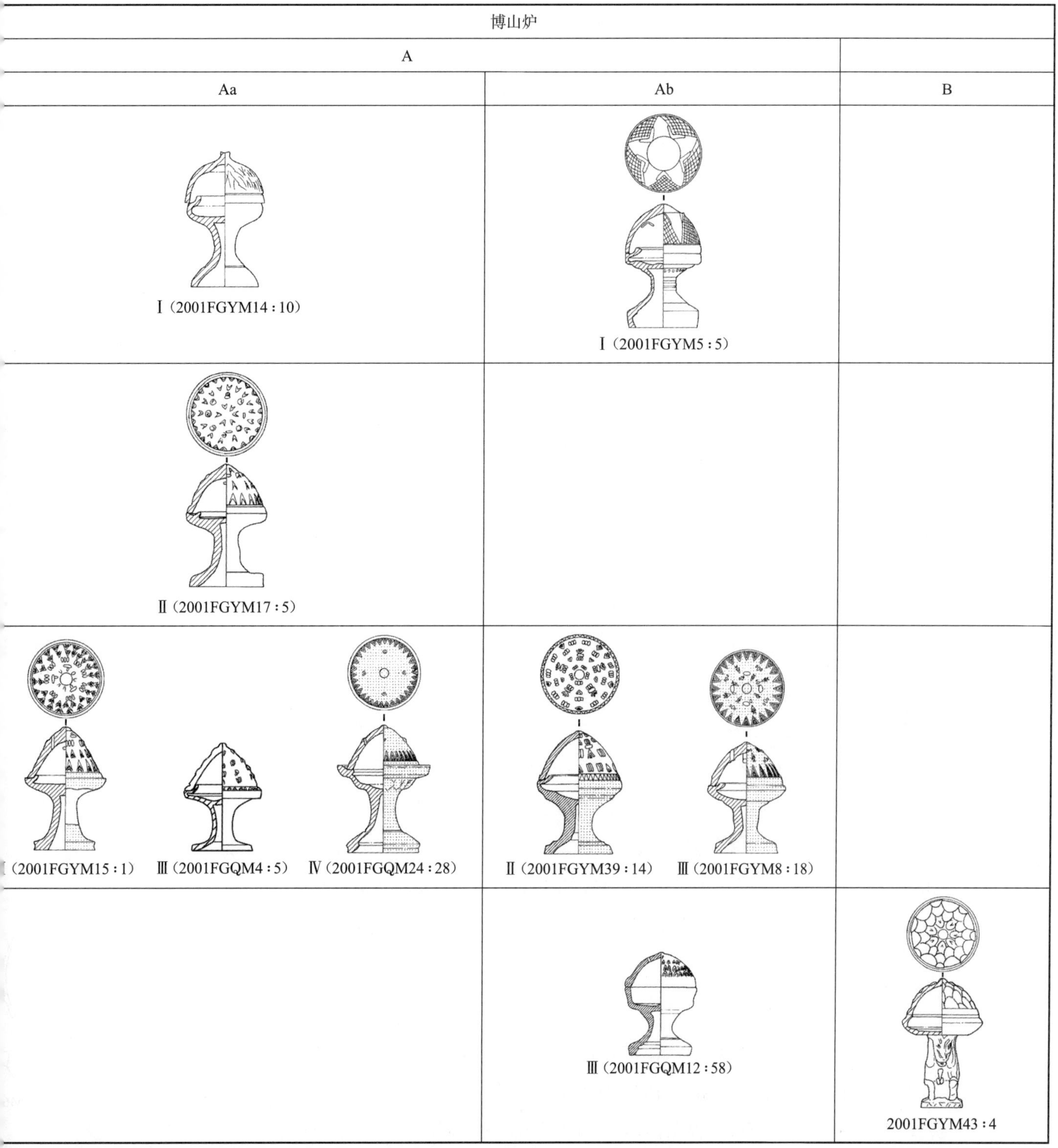

第六章 综　论

博山炉		
A		B
Aa	Ab	
Ⅰ（2001FGYM14∶10）	Ⅰ（2001FGYM5∶5）	
Ⅱ（2001FGYM17∶5）		
（2001FGYM15∶1）　Ⅲ（2001FGQM4∶5）　Ⅳ（2001FGQM24∶28）	Ⅱ（2001FGYM39∶14）　Ⅲ（2001FGYM8∶18）	
	Ⅲ（2001FGQM12∶58）	2001FGYM43∶4

博山炉演变与分期

Ⅰ式：1件。斜折腹，细高柄，内凹，喇叭形底座。2001FGYM14∶8。

Ⅱ式：4件。斜折腹，柄部变矮，底座的口部变大，变浅，为喇叭形。2001FGYM7∶7、2001FGYM7∶2、2001FGYM15∶2、2001FGYM20∶21。

Ⅲ式：1件。斜折腹，柄部继续变矮，底座变深，为喇叭形。2001FGYM24∶26。

Ⅳ式：1件。近直折腹，灯盘变浅，柄部变粗变高，内凹，底座近覆钵形。2001FGQM11∶68。

Ⅴ式：1件。斜折腹，灯盘较浅，柄部变矮，底座为浅喇叭形座，较小。2001FGYM45∶37。

Ab型灯的演变趋势：柄部变矮后变高又变矮。底座变浅后变深又变浅。

Ac型　3件。直折腹，细高柄，喇叭形浅座。根据其整体形制的变化分为三式。

Ⅰ式：1件。直折腹，细高柄，内凹，浅喇叭形底座。2001FGQM18∶38。

Ⅱ式：1件。直折腹，柄部变粗，变矮，底座为浅喇叭形，口部变小。2001FGQM12∶35。

Ⅲ式：1件。直折腹，柄部变细变矮，底座为大喇叭形，口部较大，较深。2001FGQM11∶25。

Ac型灯的演变趋势：柄部不断变矮。喇叭形底座变小后变大。

Ad型　2件。弧腹，高柄，内凹，喇叭形底座。根据其整体形制的变化分为二式。

Ⅰ式：1件。弧腹，柄部较矮，浅喇叭形底座。2001FGYM9∶4。

Ⅱ式：1件。折腹，柄部变高，底座变大，为喇叭形。2001FGYM46∶29。

Ad型灯的演变趋势：灯盘由弧腹变为折腹，柄部变高，底座变大，由浅喇叭形变为喇叭形。

B型　5件。柄部较矮。根据底座分为二亚型。

Ba型　3件。浅盘形座。根据其整体形制的变化分为三式。

Ⅰ式：1件。灯盘浅，柄部较矮，内凹，浅盘形底座。2001FGYM39∶27。

Ⅱ式：1件。灯盘变深，柄部更矮，底座变浅。2001FGQM4∶9。

Ⅲ式：1件。灯盘继续变深，柄部继续变矮，变细。底座变深，浅盘形底座。2001FGYM46∶36。

Ba型灯的演变趋势：灯盘不断变深，柄部变矮，底座先变浅后变深。

Bb型　2件。覆钵形座。根据其整体形制的变化分为二式。

Ⅰ式：1件。灯盘浅，柄部较矮较粗，内凹，近覆钵形底座。2001FGYM20∶22。

Ⅱ式：1件。灯盘变深，柄部变粗。底部呈覆钵状。2001FGYM45∶6。

Bb型灯的演变趋势：灯盘变深，柄部变粗。底座由近覆钵形到覆钵形。

15. 仓

实际参与分型分式的有6件。根据肩部有无扉棱分为二型（图三七六）。

A型　4件。有扉棱。根据口沿的高矮分为二亚型。

Aa型　3件。口沿较矮。根据整体形制的变化分为三式。

Ⅰ式：1件。口沿矮，腹部呈近直筒形，下腹近底部微内收。2001FGQM4∶31。

Ⅱ式：1件。口沿矮，上腹部鼓，下腹内收。2001FGQM4∶19。

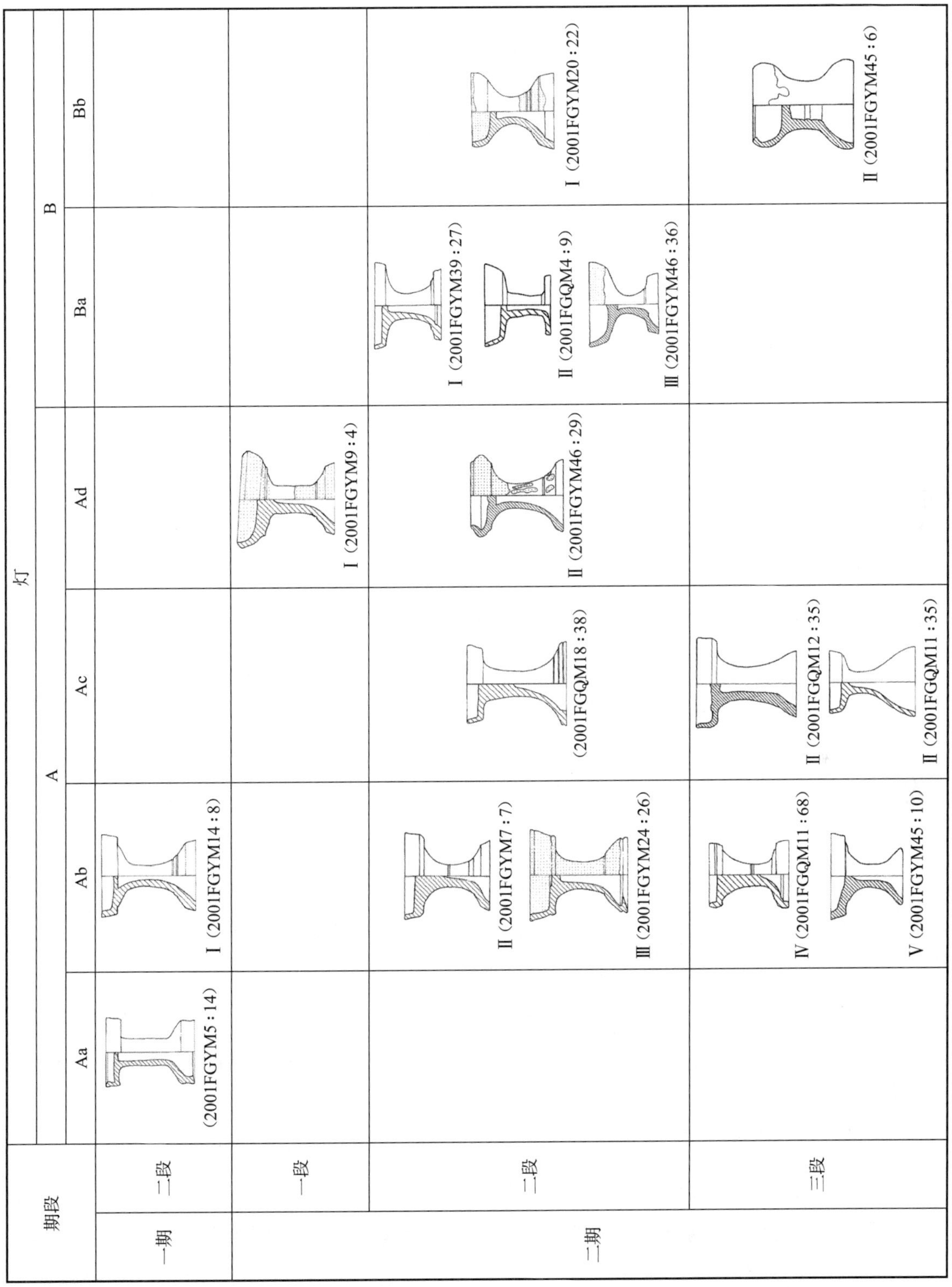

第六章 综 论

期段	灯						
	A				B		
	Aa	Ab	Ac	Ad	Ba	Bb	
一期 / 二段	(2001FGYM5:14)	I (2001FGYM14:8)					
二期 / 一段				I (2001FGYM9:4)			
二期 / 二段		II (2001FGYM7:7) III (2001FGYM24:26)	(2001FGQM18:38)	II (2001FGYM46:29)	I (2001FGYM39:27) II (2001FGQM4:9) III (2001FGYM46:36)	I (2001FGYM20:22)	
二期 / 三段		IV (2001FGQM11:68) V (2001FGYM45:10)	II (2001FGQM12:35) II (2001FGQM11:35)			II (2001FGYM45:6)	

图三七五　陶灯演变与分期

Ⅲ式：1件。口沿变高，腹部呈直筒形，下腹近底部微内收。2001FGYM35：11。

Aa型仓的演变趋势为：口沿由矮变高，腹部由近直筒形到腹部鼓，再到直筒形。

Ab型　1件。口沿较高。腹部直筒形。2001FGYM20：27。

B型　2件。无扉棱。根据腹部的不同分为两个亚型。

Ba型　1件。口部大，底部小。腹部较深。2001FGYM29：14。

Bb型　1件。底部微大于口部。腹部较浅。2001FGYM34：15。

16. 井

实际参与分型分式者共12件。根据井盖纹饰的不同可分为二型（图三七六）。

A型　9件。盖面饰有叶脉纹或鱼纹。根据井盖、井身的变化可分为五式。

Ⅰ式：2件。盖面纹饰丰富，盖面饰有鱼纹，盖下沿长，平肩，井身腹部微鼓。2001FGYM16：6、2001FGYM14：5。

Ⅱ式：2件。盖面纹饰较Ⅰ式简单，盖面饰有网格纹、叶脉纹，盖下沿较Ⅰ式短，肩部短平，井身腹部微鼓。2001FGYM9：2、2001FGYM26：17。

Ⅲ式：2件。盖面纹饰较Ⅱ式丰富，盖面饰有网格纹、叶脉纹、简化鱼纹，盖下沿较短，肩部微耸，井身腹部较鼓。2001FGYM7：1、2001FGYM8：5。

Ⅳ式：2件。盖面纹饰较Ⅲ式简单，盖面饰有盖面饰有网格纹、叶脉纹，盖下沿变长，耸肩，井身筒腹微鼓。2001FGQM8：10、2001FGQM4：38。

Ⅴ式：1件。盖面纹饰简单，盖面饰有简化的叶脉纹，盖下沿短，耸肩，井身鼓腹。2001FGQM12：6。

A型井的演变趋势：盖面纹饰由丰富变为简单再变丰富，最后变为简单，由饰有鱼纹变为饰网格纹和叶脉纹，再变为鱼纹，最后变为简化的叶脉纹和网格纹；盖下沿由长变短，再变长，最后变短；肩部由平肩逐渐变为耸肩；腹部由微鼓逐渐变为较鼓，再变为微鼓，最后变为鼓腹。

B型　3件。盖面饰有几何纹。根据井盖、井身的变化可分为三式。

Ⅰ式：1件。井盖四角内凹，盖面几何纹丰富，盖下沿较长，肩微斜，鼓腹。2001FGYM22：19。

Ⅱ式：1件。盖面四角内折，盖面几何纹较Ⅰ式简化，盖下沿较短，平肩，上腹微鼓，下腹微内凹。2001FGYM15：22。

Ⅲ式：1件。盖面四角内折，盖面几何纹简化，盖下无沿。2001FGYM27：3。

B型井的演变趋势：井盖四角由内凹变为内折；盖面几何纹逐渐简化；井盖下沿由长变短，最后消失；井身肩部由微斜变为平肩；井身腹部由鼓腹变为上腹微鼓，下腹微内凹。

17. 案

实际参与分型分式的共有3件。根据壁、足的不同分为三式（图三七六）。

Ⅰ式：1件。直壁，柱状足。2001FGYM19：12。

Ⅱ式：1件。斜壁，兽首状足。2001FGYM8∶2。

Ⅲ式：1件。壁较Ⅱ式斜，兽首状足。2001FGQM11∶40。

案的演变趋势：壁由直变斜，足由柱状变为兽首状。

18. 房

参与分型定式的共有4件。楼房保存完整的较少，大多仅保存上层或下层（图三七六）。

楼房双层　1件。两面坡顶，正脊两端微翘，栏杆饰长方形和几何形镂空。楼檐中立柱，左右各一角柱。下层平顶，顶中有脊，楼檐中立柱，左右各一角柱。2001FGYM24∶39。

楼房单层分为楼房的上层或下层。

楼房上层　1件。两面坡顶，正脊两端平，栏外有栏杆。楼檐中立柱，左右各一角柱。2001FGYM43∶32。

楼房下层　2件。根据楼檐立柱的位置和数量分为二型。

A型　1件。楼檐中立柱，左右各一角柱。2001FGYM6∶1。

B型　1件。楼檐下左右立柱。2001FGQM12∶33。

（二）典型瓷器型制分析

关田沟村遗址群出土的瓷器有钵、盏、盘口壶、四系罐、镇墓兽、瓷唾壶。比较典型的为钵、盏、盘口壶、四系罐，故对这四类进行分型分式。

1. 钵

实际参与分型分式的共有21件。根据瓷钵口部、腹部及大小的不同分为三型（图三七七）。

A型　14件。敞口，弧腹，整体较小。根据弧腹的程度分为二亚型。

Aa型　8件。弧腹。根据腹部及足部的不同分为五式。

Ⅰ式：2件。弧腹，圈足矮，与腹部分界不明显。2001FGQM13∶3、2001FGYM38∶6-4。

Ⅱ式：1件。弧腹微鼓，圈足变高，与腹部分界明显。2001FGYM38∶9-3。

Ⅲ式：2件。弧腹外鼓，圈足变高，与腹部分界明显。2001FGQM1∶9、2001FGYM38∶8-4。

Ⅳ式：1件。弧腹，下腹内收较多，圈足与腹部分界明显。2001FGYM38∶7-1。

Ⅴ式：2件。弧腹，腹部变深，圈足与腹部分界明显。2001FGYM38∶8-2、2001FGYM38∶5-1。

Aa型钵的演变趋势：腹部由弧腹到弧腹外鼓，再到腹部内收，最后变为弧腹，腹部加深。圈足变高，与腹部分界由不明显到明显。

Ab型　6件。斜弧腹。根据其整体形制的不同分为四式。

Ⅰ式：1件。斜弧腹，圈足矮，与腹部分界不明显。口部和底部较大。2001FGQM13∶5。

Ⅱ式：3件。腹部更斜，加深。圈足变高，与腹部分界较明显。2001FGQM13∶2、2001FGYM38∶5-2、2001FGYM38∶7-3。

期段		仓				案
		A		B		
		Aa	Ab	Ba	Bb	
一期	一段			 2001FGYM29:14	 2001FGYM34:15	
	二段					
二期	一段					
	二段	 Ⅰ(2001FGQM4:31)  Ⅱ(2001FGQM4:19) 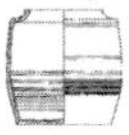 Ⅲ(2001FGYM35:11)		2001FGYM20:27		 Ⅰ(2001FGYM19:12) 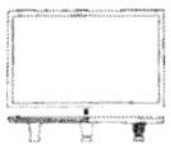 Ⅱ(2001FGYM8:2)
	三段					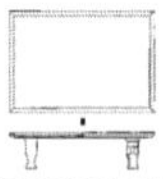 Ⅲ(2001FGQM11:40)

图三七六　陶仓

	房			井	
层	单层			A	B
	上层	下层			
		A	B		
				Ⅰ(2001FGYM14:5)	
				Ⅰ(2001FGYM16:6)	
				Ⅱ(2001FGYM26:17)	
FGYM24:39				Ⅲ(2001FGYM7:1) Ⅳ(2001FGQM4:38)	Ⅰ(2001FGYM22:20) Ⅱ(2001FGYM15:22)
	2001FGYM43:32	2001FGYM6:1	2001FGQM12:33	Ⅴ(2001FGQM12:6)	Ⅲ(2001FGYM27:3)

井演变与分期

Ⅲ式：1件。斜弧腹，圈足变高，与腹部分界明显。2001FGYM38：8-3。

Ⅳ式：1件。腹部更斜，加深。圈足变高，与腹部分界明显。2001FGYM38：7-2。

Ab型钵的演变趋势：腹部变斜，加深。圈足变高，与腹部分界由不明显到较明显再到明显。

B型　6件。直口微折，斜腹，整体较小。根据其整体形制的不同分为三式。

Ⅰ式：3件。口部向内折的部分较少，斜弧腹。2001FGQM2：6、2001FGQM1：6、2001FGQM5：4。

Ⅱ式：2件。口部向内折的部分增多，斜直腹。2001FGQM13：13、2001FGQM1：8。

Ⅲ式：1件。口部变圆，内折不明显。弧腹。2001FGQM1：7。

B型钵的演变趋势：口部内折的部分先增多，后变圆，内折不明显。腹部由斜弧腹到斜直腹再到弧腹。

C型1件。直口，弧腹，整体较大。2001FGYM12：3。

2. 盏

实际参与分型分式的共有27件。根据口部的不同分为三型（图三七八）。

A型　8件。敞口。根据腹部、底部的不同分为五式。

Ⅰ式：2件。腹部较斜，浅腹，平底微内凹，底部大。2001FGYM21：6、2001FGYM21：7。

Ⅱ式：3件。饼足矮且大，其余与Ⅰ式相当。2001FGYM21：5、2001FGYM21：8、2001FGYM21：11。

Ⅲ式：2件。腹部较Ⅱ式弧，腹部较深，饼足变小。2001FGYM38：6-1、2001FGYM38：6-3。

Ⅳ式：1件。斜直腹，腹部深，假圈足较小，足跟较Ⅲ式高。2001FGYM11：5。

A型盏的演变趋势：腹部由腹部较斜变为较弧，再变为斜直腹，且由浅变深，底部由平底微内凹变为饼足，再变为假圈足。

B型　5件。口微侈。根据腹部的不同分为三式。

Ⅰ式：2件。折腹明显，腹部较浅，矮饼足较大。2001FGQM5：3、2001FGQM10：3。

Ⅱ式：2件。弧腹，深腹，饼足较Ⅰ式高，且微内弧。2001FGYM38：9-1、2001FGYM11：3。

Ⅲ式：1件。斜弧腹，腹部较Ⅱ式深，饼足较Ⅱ式高。2001FGQM1：2。

B型盏的演变趋势：腹部由折腹变为弧腹，再变为斜弧腹，且由浅变深，饼足由矮变高。

C型　14件。敛口。根据腹部的不同分为二亚型。

Ca型　9件。弧腹。根据底部的不同分为二式。

Ⅰ式：1件。饼足大且矮。2001FGQM2：1。

Ⅱ式：2件。饼足较Ⅰ式小，且较Ⅰ式高。2001FGYM38：13、2001FGYM11：6。

Ⅲ式：6件。假圈足小且较高。2001FGYM21：12-1、2001FGYM21：12-2、2001FGYM21：12-3、2001FGYM21：12-4、2001FGYM21：12-5、2001FGYM4：2。

Ca型盏的演变趋势：底部由大且矮的饼足逐渐变为小且较高的假圈足。

Cb 型　5 件。斜弧腹。根据腹部、底部的不同分为三式。

Ⅰ式：1 件。平底较大。2001FGYM12：2。

Ⅱ式：2 件。饼足矮且较大。2001FGQM1：3、2001FGQM13：6。

Ⅲ式：2 件。饼足较Ⅱ式高，且较Ⅱ式小。2001FGYM11：2、2001FGYM38：6-2。

Cb 型盏的演变趋势：底部由平底变为较矮较大的饼足，最后变为较小较高的饼足。

3. 盘口壶

实际参与分型分式的共有 8 件（图三七七）。

根据其整体形制的分为六式。

Ⅰ式：1 件。盘口较小，颈部较短，腹部圆鼓。整体矮胖。2001FGQM13：14。

Ⅱ式：1 件。盘口稍变大，颈部变长。腹部较鼓。整体较瘦高。2001FGYM11：4。

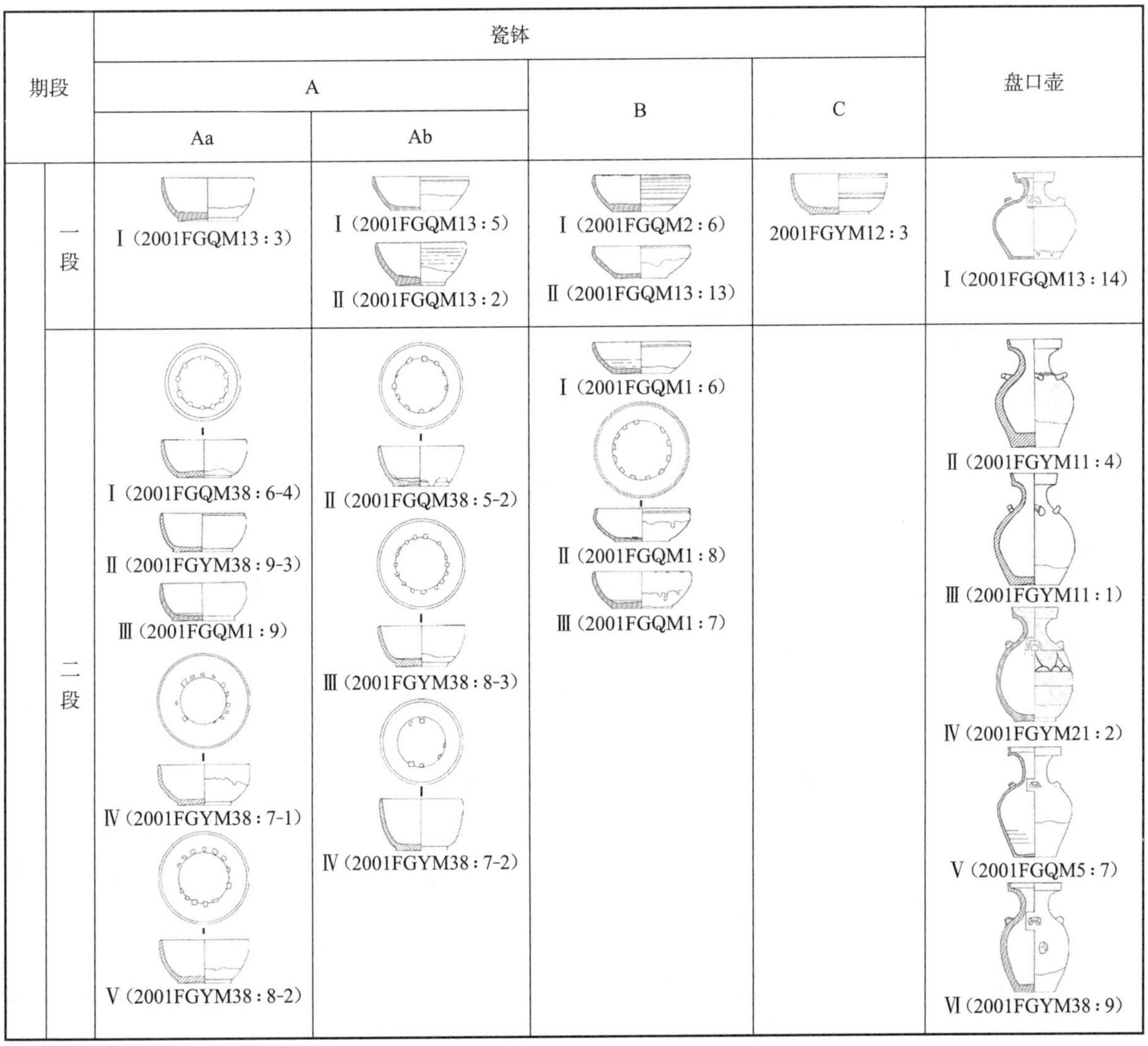

期段	瓷钵				盘口壶
	A		B	C	
	Aa	Ab			
一段	Ⅰ(2001FGQM13：3)	Ⅰ(2001FGQM13：5) Ⅱ(2001FGQM13：2)	Ⅰ(2001FGQM2：6) Ⅱ(2001FGQM13：13)	2001FGYM12：3	Ⅰ(2001FGQM13：14)
二段	Ⅰ(2001FGQM38：6-4) Ⅱ(2001FGQM38：9-3) Ⅲ(2001FGQM1：9) Ⅳ(2001FGYM38：7-1) Ⅴ(2001FGYM38：8-2)	Ⅱ(2001FGQM38：5-2) Ⅲ(2001FGQM38：8-3) Ⅳ(2001FGYM38：7-2)	Ⅰ(2001FGQM1：6) Ⅱ(2001FGQM1：8) Ⅲ(2001FGQM1：7)		Ⅱ(2001FGYM11：4) Ⅲ(2001FGYM11：1) Ⅳ(2001FGYM21：2) Ⅴ(2001FGQM5：7) Ⅵ(2001FGYM38：9)

图三七七　瓷钵、盘口壶演变与分期

Ⅲ式：1件。盘口较小，颈部较短，腹部较鼓。整体较瘦高。2001FGYM11：1。

Ⅳ式：1件。盘口较小，颈部较短，腹部较鼓，整体较瘦高。2001FGYM21：2。

Ⅴ式：3件。盘口变大，颈部变长，腹部扁，整体瘦高。2001FGQM5：7、2001FGYM38：6、2001FGYM38：8。

Ⅵ式：1件。盘口较大，颈部变短，腹部扁，整体瘦高，匀称。2001FGYM38：9。

盘口壶的演变趋势：盘口变大后变小又变大，颈部变长后变短又变长再变短。腹部变扁，由圆鼓到较鼓再到扁。器型从矮胖到较瘦高再到瘦高匀称。

4. 四系罐

实际参与分型定式的共3件。根据肩部的不同将四系罐分为二型（图三七八）。

A型　2件。溜肩。根据其整体形制的不同分为二式。

Ⅰ式：1件。领部较矮，溜肩，上腹鼓，下腹弧收。器身整体较矮胖。2001FGQM1：4。

Ⅱ式：1件。领部变高，肩部变圆，上腹鼓，下腹斜收。器身整体比Ⅰ式瘦高。2001FGQM1：22。

A型四系罐的演变趋势：领部变高，肩部变圆，器身由矮胖到较瘦高。

B型　1件。鼓肩。领部较矮，鼓肩，斜弧腹。2001FGYM38：11。

（三）典型铜器型制分析

关田沟村各墓地出土的铜器按用途可分为生活用具、车马器、兵器、服饰器，仅对比较典型的铜鍪进行分型分式。

实际参与分型分式的鍪共有5件。根据口部、肩部、腹部、底部的不同分为四式（图三七九）。

Ⅰ式：2件。口径小于腹径，肩部圆折，圆弧腹，圜底。2001FGYM31：1、2001FGYM22：1。

Ⅱ式：2件。口径略小于腹径，折肩明显，腹部较直，圜底近平。2001FGYM14：4、2001FGYM14：9。

Ⅲ式：1件。口径与腹径相当，溜肩，圆鼓腹，圜底。2001FGQM18：16。

鍪的演变趋势：口径由小于腹径逐渐变为与腹径相当；肩部由溜肩变为圆折肩，再变为溜肩；腹部由鼓腹变为圆弧腹，再变为腹部较直，再变为圆鼓腹；底部由圜底变为圜底近平再变为圜底。

（四）铜钱形制分析

关田沟村各墓地出土的铜钱共2110枚，部分残破严重者未统计。器类有半两、五铢、大泉五十、货泉、四铢等（图三八〇）。

1. 半两

共2枚。文字较高挺，篆意浓，"半"字下横及"两"字上横较短。主要出土于2001FGQM5、2001FGYM14。钱径2.2~2.5、穿宽0.8~0.9厘米。

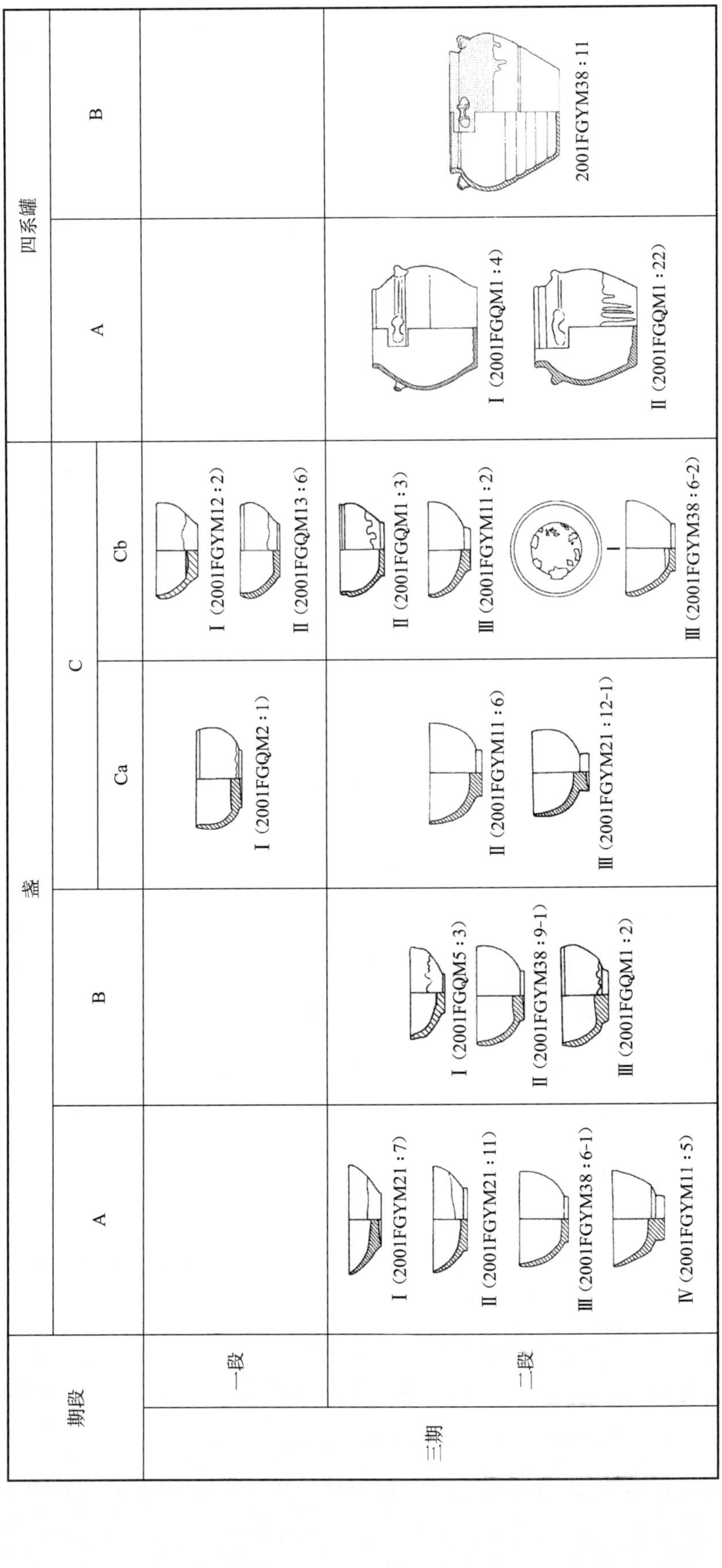

第六章 综 论

期段		盏					四系罐	
		A	B	C			A	B
				Ca	Cb			
一期	一段	I (2001FGYM21:7)		I (2001FGQM2:1)	I (2001FGYM12:2) II (2001FGQM13:6)			
	二段	II (2001FGYM21:11) III (2001FGYM38:6-1) IV (2001FGYM11:5)	I (2001FGQM5:3) II (2001FGYM38:9-1) III (2001FGQM1:2)	II (2001FGYM11:6) III (2001FGYM21:12-1)	II (2001FGQM1:3) III (2001FGYM11:2) III (2001FGYM38:6-2)		I (2001FGQM1:4) II (2001FGQM1:22)	2001FGYM38:11

图三七八　瓷盏、四系罐演变与分期

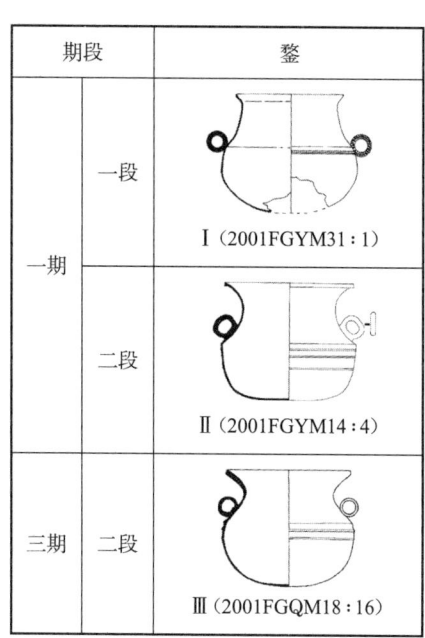

图三七九　铜鍪演变与分期

2. 五铢

共1669枚。根据铜钱外郭是否被磨去，可分为二型。

A型　1143枚。有郭。分六式。

Ⅰ式：35枚。主要出于M20、M31、M32、M34、M44等。铸工较粗，"五"字交笔较直，"朱"字上方下圆。钱径2.3~2.4、穿宽1.1~1.2厘米。

Ⅱ式：35枚。主要出于M31、M34、M44等。铸工较细，"五"字交笔缓曲，"朱"字上方下圆，内外郭宽窄均匀，规矩整齐。钱径2.5~2.6、穿宽1.1~1.2厘米。

Ⅲ式：351枚。主要出于2001FGYM29、2001FGYM44、2001FGQM5、2001FGQM8等。铸工较细，"五"字交笔弯曲大，上下两横出头接于内、外郭，"朱"字上方下圆或上下圆折，"铢"字"金"头呈等腰三角形。钱径2.5~2.6、穿宽1.1~1.2厘米。

Ⅳ式：216枚。主要出于2001FGYM28、2001FGYM19、2001FGQM7、2001FGQM12等。铸工较细，"五"较宽，"朱"字上下圆折，"铢"字"金"头呈等腰三角形。钱径2.5~2.6、穿宽1.1~1.2厘米。

Ⅴ式：423枚。主要出于2001FGYM24、2001FGYM25、2001FGYM39、2001FGQM11、2001FGQM12等。铸工较细，"五"字交笔弯曲，上下两横不出头，"朱"字上下圆折，"铢"字"金"头呈三角形。钱径2.5~2.6、穿宽1.1~1.2厘米。

Ⅵ式：75枚。主要出于2001FGYM2等。铸工精细，"五"字交笔弯曲，上下两横不出头，"朱"字上下圆折，上下对称，"铢"字"金"头呈三角形。钱径2.5~2.6、穿宽1~1.1厘米。

B型　534枚。磨郭或剪郭。主要出土于2001FGYM20、2001FGYM24、2001FGYM36、2001FGYM38、2001FGQM5、2001FGQM10等。用Ⅰ~Ⅵ式五铢磨郭或剪郭而成。钱径1.6~2、穿宽1~1.1厘米。

3. 大泉五十、货泉、布泉

大泉五十共14枚。出土于2001FGYM14、2001FGQM8、2001FGQM15等。有郭，钱文"大"字呈圆弧形，"泉"字中竖中断。钱径2.5~2.6、穿宽1~1.1厘米。

货泉共416枚。根据铜钱外郭是否被磨去，分为二型。

A型　410枚。有郭，钱文"泉"字中竖中断，内郭有单双。钱径2~2.1、穿宽0.7~0.8厘米。主要出土于2001FGYM5、2001FGYM19、2001FGYM42等。

B型　6枚，为A型磨郭或剪轮而成。钱径1.8、穿径0.7厘米。出土于2001FGYM17。

4. 直百五铢

共1枚。出土于2001FGYM12。有郭。钱径2.5~2.6、穿宽1~1.1厘米。

5. 四铢

共8枚。主要出于2001FGYM1、2001FGYM13、2001FGQM10。有郭，"朱"圆折，上下对称，"铢"字"金"头呈三角形。钱径2.1~2.2、穿宽0.9厘米。

（五）器物组合

陶器的器物组合为：

A组：锺、盒

B组：钵、罐、盆

C组：釜、甑、盂

D组：博山炉、灯

E组：仓、井

F组：盘、魁、勺、卮、耳杯、案

G组：人物俑、动物俑、塘、房

瓷器的器物组合为：

A组：盏、盘口壶

B组：钵、四系罐

铜器：

A组：弩机、箭镞

B组：环、项圈、发钗、手镯、指环、花、饰件

上述三类器物中部分器物组合又经常共存，形成若干大的器物群。

器物群一（西汉中晚期—新莽至东汉初）：陶器A、B、C、D、E组，个别墓葬有F组中的盘、魁；铜器A组，个别墓葬有B组中的饰件。

器物群二（东汉）：陶器A、B、C、D、E、F、G组。铜器B组。

器物群三（蜀汉、两晋、六朝）：陶器A组、D组、B组中的盆已不见、仅见B组中的钵、罐，C组，E组中的井、F组中的魁、勺，及G组中的少量人物俑。瓷器A、B组，铜器B组。

上述四个器物群和墓葬形制之间也存在一定的对应关系。器物群一对应AⅠ式、AⅡ式、AⅢ、AV式土坑墓。器物群二对应AⅠ式、AⅡ式、AⅣ式、BⅠ式、BⅡ式土坑墓，Aa型、AbⅠ式、AbⅡ式、AcⅡ式、AcⅢ式、Ba型、Bb型砖室墓。器物群三对应Aa型、AbⅡ式、AcⅠ式、AcⅡ式、AcⅢ式砖室墓。

期段	五铢		
	A		
一期 一段	Ⅰ (2001FGYM44:4-1)	Ⅱ (2001FGYM32:1)	Ⅲ (2001FGYM44:4-2)
一期 二段	Ⅱ (2001FGYM14:26-3)	Ⅲ (2001FGYM15:12-4)	
二期 一段	Ⅱ (2001FGYM9:18-2)	Ⅲ (2001FGQM16:11-1)	Ⅳ (2001FGQM28:1-1)
二期 二段	Ⅰ (2001FGYM22:13-5) Ⅱ (2001FGYM24:1-1) Ⅲ (2001FGYM20:24-3)	Ⅳ (2001FGYM19:4-1) Ⅴ (2001FGQM4:1-10) Ⅵ (2001FGQM4:1)	
二期 三段	Ⅰ (2001FGYM2:6) Ⅱ (2001FGQM11:2-2) Ⅲ (2001FGYM27:1-1)	Ⅳ (2001FGQM12:18-5) Ⅴ (2001FGQM2:8) Ⅵ (2001FGYM2:)	
三期 一段	Ⅰ (2001FGQM2:7-1)	Ⅲ (2001FGQM13:16-1)	Ⅳ (2001FGQM2:7-1)
三期 二段	Ⅱ (2001FGYM11:7) Ⅲ (2001FGQM1:21-1)	Ⅳ (2001FGQM21:13-1) Ⅴ (2001FGQM5:12)	

B	半两	大泉五十	货泉	直百五铢	四铢
FGQM15:13-2	2001FGYM14:26-2	2001FGYM14:26-1	2001FGYM5:15		
01FGQM3:2			2001FGYM17:16-2		
01FGYM9:4-3		2001FGQM8:2	2001FGYM22:14		
FGYM12:18-4			2001FGYM33:3		
FGQM13:16-2		2001FGQM2:7-4		2001FGYM12:5	
					2001FGQM10:4-1

上述四个有继承发展关系的器物群又可根据个别器型的出现、消亡划分为若干阶段。将器物群一划分为两个阶段，器物群二划分为三个阶段，器物群三划分为三个阶段。

由于关田沟村遗址群未出土有纪年材料，根据打破关系对上述器物群及各阶段的划分进行检验如下：

2001FGYM35→2001FGYM39，器物群三二段晚于器物群三一段。

2001FGYCWM9→2001FGYCWM4，即器物群二三段晚于器物群二二段。

2001FGYCWM7→2001FGYCWM8，即器物群三二段晚于器物群三一段。

（六）分期与年代

1. 分期

这批墓葬共66座，根据器物组合、墓葬形制等因素将这批材料分为三期七段。

第一期：属于本期的典型墓葬有12座，本期可分为两段。

第一段：属于本段的典型墓葬有8座。

墓葬形制：AⅠ式、AⅡ式、AⅢ式土坑墓。

随葬器物：从器物组合上来看，为陶器A组、B组、C组（仅釜、甑）、E组（仅仓），铜器A组。具体器型上，陶器有AbⅠ锺；AaⅠ式、AbⅠ式、AbⅡ式、BbⅠ式、BbⅡ式、CaⅠ式、CaⅡ式钵，AaⅠ式、BaⅠ式大平底罐，BⅠ式、BⅡ式圜底罐，AaⅠ式盆；BⅠ式、BⅡ式带鍪釜，BⅠ式甑；Ba式、Bb式仓。铜器有Ⅰ式鍪。铜钱为AⅠ、AⅡ、AⅢ式五铢。

第二段：属于本段的典型墓葬有4座。

墓葬形制：AⅠ、AⅣ式土坑墓。

随葬器物：从器物组合上来看，为陶器A组、B组、C组（仅甑）、E组（仅井），新增D组和F组（仅魁、盘），铜器A组。具体器型上，陶器有AaⅠ式、AbⅡ式锺；AaⅡ式、BaⅠ式、BbⅡ式钵，AbⅡ式、BaⅠ式、CaⅠ式、CbⅠ式、CaⅡ式束颈罐，BaⅠ式、BbⅠ式盆；AⅠ式甑；AaⅠ式、AbⅠ式博山炉，Aa式、AbⅠ式灯；AⅠ井；AaⅠ式、BaⅠ式魁，AaⅠ式盘；铜器有Ⅱ式鍪。铜钱为半两、AⅡ、AⅢ式五铢，B型五铢、货泉、大泉五十。

第二期：属于本期的典型墓葬有30座，本期可分为三段。

第一段：属于本段的典型墓葬有8座。

墓葬形制：AⅠ式、BⅠ式、BⅡ式土坑墓，新出现Aa式、AcⅡ式、AbⅠ式砖室墓。

随葬器物：从器物组合上看有A组、B组、C组、D组、E组（仅井）和F组（魁、盘、耳杯、卮）。从具体器型上看，陶器有AbⅢ式锺；AaⅡ式钵，CaⅢ式、BbⅢ式大平底罐，AaⅡ式、AbⅢ式、BaⅡ式、CbⅢ式、BbⅠ式束颈罐，BcⅠ式、AaⅡ式、AbⅠ式盆；BaⅡ式、C型无鍪（耳）釜，AⅠ式、AⅡ式、BaⅠ式盂，AⅠ式、BⅡ式甑；AaⅡ式博山炉，AdⅠ式灯；AⅠ式、AⅡ式井；BaⅡ式、BbⅠ式魁，AaⅡ式盘，Ⅰ式耳杯，BbⅠ式卮；出现少量陶人物俑及动物俑（陶鸡）。铜钱为AⅡ式、AⅢ式、AⅣ式五铢、B型五铢、B型货泉。

第六章 综 论

第二段：属于本段的典型墓葬有 16 座。

墓葬形制：AⅠ式、AⅡ式、BⅠ式土坑墓，AcⅡ式砖室墓，新出现 AcⅢ式、Ba式、AbⅡ式砖室墓。

随葬器物：从器物组合上看，为陶器A组、B组、C组、D组、E组、F组（魁、盘、卮、勺、案），新出现G组（仅陶房）。铜器A组。从具体器型上看，陶器有 AaⅡ式、AaⅢ式、AbⅣ式、AbⅤ式、BaⅠ式、BbⅠ式锺；AaⅢ式、AaⅣ式、AaⅤ式、AbⅢ式、AbⅣ式、AbⅤ式、AbⅥ式、BaⅡ式、BaⅢ式、BaⅣ式、BbⅢ式、BbⅣ式、CaⅠ式钵，AaⅡ式、AaⅢ式、AbⅢ式、AbⅣ式、BaⅢ式、BbⅡ式、CaⅢ式、CbⅠ式束颈罐，AaⅡ式、AaⅢ式、AbⅡ式、AbⅢ式、BaⅡ式、BaⅢ式、CaⅣ式大平底罐，Ⅰ式、Ⅱ式矮领罐，AⅠ式、AⅡ式圜底罐，AaⅠ式、AaⅢ式、AbⅠ式、AbⅡ式、BaⅡ式、BbⅡ式、BbⅢ式、BcⅡ式盆；A式带鋬（耳）釜，BbⅠ式、BbⅡ式、BbⅢ式无鋬（耳）釜，AⅡ式、AⅢ式、AⅣ式、BaⅡ式、BbⅠ式、BbⅡ式、BbⅢ式盂，AⅡ式、BⅠ式、BⅢ式、CⅠ式、CⅡ式甑；AaⅡ式、AaⅢ式、AaⅣ式、AbⅡ式、AbⅢ式博山炉，AbⅡ式、AbⅢ式、BaⅠ式、BaⅡ式、BaⅢ式、BbⅠ式、AcⅠ、AdⅡ式灯；AaⅠ式、AaⅡ式、AaⅢ式、Ab式仓，AⅢ式、AⅣ式、BⅠ式、BⅡ式井；AaⅡ式、AaⅢ式、AbⅠ式、AbⅡ式、BbⅡ式、BbⅢ式、CⅠ式、CⅡ式、CⅢ式、CⅣ式魁，AaⅡ式、AaⅢ式、AaⅣ式、Ac式、B式盘，AⅠ式、AⅡ式、AⅢ式、Ba式、BbⅡ式、BbⅢ式卮，AaⅠ式、AaⅡ式、AaⅢ式、AbⅠ式、AbⅡ式、AbⅢ式、AbⅣ式、Ba式、BbⅠ式勺，Ⅰ式、Ⅱ式案；陶房为双层楼房。人物俑及动物俑数量和种类增多比第一段增多。人物俑有侍俑、舞俑、抚琴俑、击鼓俑、抚耳俑、驭俑、胡人吹箫俑、佩剑侍卫俑、抱囊俑。动物俑有陶猪、陶马、陶狗、陶鸡。铜器为Ⅰ式、Ⅲ式铜鍪，铜钗等饰件数量增多。铜钱为AⅠ式、AⅡ式、AⅢ式、AⅣ式、AⅤ式、AⅥ式五铢、B型五铢、大泉五十、A型货泉。

第三段：属于本段的典型墓葬有 6 座。

墓葬形制：AcⅡ式、AcⅢ式、AbⅡ式、Ba式、Bb式砖室墓。

随葬器物：从器物组合上看，为陶器A组、B组、C组（甑、盂）、D组、E组（仅井）、F组（魁、盘、勺、耳杯、案），G组（仅陶房）。从具体器型上看，陶器有 AaⅣ式、BaⅡ式、BbⅡ式锺；AaⅡ式、AaⅣ式、AaⅤ式、AbⅤⅡ式、BaⅤ式、CaⅡ式、CbⅠ式钵，CaⅢ式束颈罐，BbⅣ式、CaⅤ式大平底罐，Ⅲ式矮领罐，BaⅢ式、AbⅢ式盆；BaⅢ式、BbⅢ式、BbⅣ式盂，AⅢ式甑；AbⅣ式、B式博山炉，AbⅣ式、AbⅤ式、AcⅡ式、AcⅢ式、BbⅡ式灯；AⅤ式井；BbⅣ式、CⅤ式魁，AbⅡ式、AbⅢ式盘，BbⅡ式、BbⅢ式、AaⅣ式、AbⅡ式勺，Ⅱ式、Ⅲ式耳杯，Ⅲ式案。陶房为楼房下层A、楼房下层B、楼房上层；人物俑及动物俑的数量和种类比第二段增多。侍俑、佩剑侍卫俑、抚琴俑、击鼓俑、舞俑、庖厨俑、胡人吹箫俑、抱囊俑、执便面俑等题材的人物俑较常见。陶猪、陶狗、陶马等动物俑数量增多。新出现本地区特有的吐长舌镇墓兽，以及绘有西王母乘龙虎图案的摇钱树座。铜钱为AⅠ式、AⅡ式、AⅢ式、AⅣ式、AⅤ式、AⅥ式五铢、B型五铢、A型货泉。

第三期：属于本期的典型墓葬有 13 座，本期可分为两段。

第一段：属于本段的墓葬有 3 座。

墓葬形制：AbⅡ式、AcⅠ式砖室墓。

随葬器物：从器物组合上看，为陶器 B 组（仅罐），C 组（釜、盂），新出现瓷器 A 组，B 组（仅钵）。从具体器型上看，陶器有 BⅢ式圜底罐，CbⅣ式束颈罐；AaⅡ式无錾（耳）釜，BbⅣ式盂；瓷器为 CaⅠ式、CbⅠ式、CbⅡ式盏，AⅠ式盘口壶；AaⅠ式、AbⅠ式、AbⅡ式、C 型、BⅠ式钵；铜钱为 AⅠ式、AⅢ、AⅣ式五铢，B 型五铢，大泉五十，直百五铢。

第二段：属于本段的墓葬有 10 座。

墓葬形制：Aa 式、AbⅡ式、AcⅠ式、AcⅡ式、AcⅢ式砖室墓。

随葬器物：从器物组合上看，为陶器 B 组（仅钵、罐），C 组（仅釜、甑），F 组（仅魁）。瓷器为 A 组和 B 组。从具体器型上看，陶器有 CbⅡ式、CbⅢ式钵，AaⅣ式、CbⅣ式束颈罐；AbⅡ式、BaⅢ式、BaⅣ式无錾（耳）釜；CⅢ式甑；AbⅢ式魁；瓷器为 AⅠ式、AⅡ式、AⅢ式、AⅣ式、BⅠ式、BⅡ式、BⅢ式、CaⅡ式、CaⅢ式、CbⅡ式、CbⅢ式盏，AⅠ式、AⅡ式、AⅤ式、AⅥ式盘口壶；AaⅠ式、AaⅡ式、AaⅢ式、AaⅣ式、AaⅤ式、AbⅡ式、AbⅢ式、AbⅣ式、BⅠ式、BⅡ式、BⅢ式钵，AⅠ式、AⅡ式、B 式四系罐；铜钱为半两，AⅡ式、AⅢ式、AⅣ式、AⅤ式五铢，B 型五铢，四铢。

2. 年代

第一期第一段：本段墓葬为 AⅠ、AⅡ、AⅢ式土坑墓。随葬的陶器流行仿铜陶礼器锺、盒；日常生活用具以罐、盆、钵、釜、甑常见，模型明器为仓。铜器流行铜鍪。钱币为 AⅠ式、AⅡ式、AⅢ式五铢。参照《洛阳烧沟汉墓》、《丰都镇江汉至六朝墓群》对于钱币的研究，分别对应烧沟汉墓Ⅰ型、Ⅱ型五铢，镇江墓群 AⅠ式、AⅡ式五铢，其铸行时间为武帝元狩五年至昭帝、宣帝年间。不见新莽时期钱币。2001FGYM41：3 陶钵与汇南 M17：6 陶钵形制相同[①]。2001FGYM29：17 陶盆与汇南 M13：15 陶盆形制相同[②]。2001FGYM29：13、2001FGYM34：6 陶甑与汇南 M13：13 陶甑形制相同[③]。此段的器物组合与汇南 M13、M17 的器物组合大致相同，汇南 M13、M17 年代为西汉晚期[④]，因此本段为西汉晚期。

第一期第二段：本段墓葬为 AⅠ式土坑墓，新出现 AⅣ式土坑墓。随葬的陶器仍然流行仿铜陶礼器锺、盒；日常生活用具以罐、盆、钵、甑常见，形制与第一段接近，新出现博山炉、灯，新增祭奠用具魁、盘。模型明器为井。铜器为日常生活用具鍪。钱币为半两、AⅡ式、AⅢ式五铢，B 型五铢、货泉、大泉五十。本段的罐、盆、钵、甑等器物与第一段的形制接近，有明显的继承关系。2001FGYM5：6、2001FGYM5：7、2001FGYM5：9、2001FGYM5：10 陶钵均与丰

---

① 四川省文物考古研究所、丰都县文管所：《丰都汇南墓群发掘报告》，重庆市文物局、重庆市移民局编著《重庆库区考古报告集·1998 卷》，科学出版社，2003 年，第 766～812 页。
② 同①。
③ 同①。
④ 同①。

都杜家包 M9∶14 陶钵形制相同，丰都杜家包 M9 出土有王莽时期的货泉和"大布黄千"铜钱[①]。2001FGYM14∶23 陶盘与汇南 M18∶4 陶盘形制相同[②]。2001FGQM15∶1 陶罐均与汇南 M18∶47 陶罐形制相似[③]。2001FGYM14∶25 陶盆与汇南 M18∶43 陶盆形制相似[④]。汇南 M18 年代为新莽时期[⑤]，加之本段墓葬出土有新莽时期的货泉，因此年代应为新莽至东汉初年。

第二期第一段：本段墓葬为 A I 式、B I 式、B II 式土坑墓，新出现 Aa 式、Ac II 式、Ab I 式砖室墓。随葬陶器继续流行仿铜陶礼器锺、盒；日常生活用具钵、各种类型的罐、盆、釜、盂、甑、博山炉、灯；祭奠用具魁、盘、耳杯、卮；模型明器为井；出现少量陶制人物俑（仅剩俑头），动物俑有陶猪、陶狗、陶鸡。钱币为 A II 式、A III 式、A IV 式五铢、B 型五铢、B 型货泉。2001FGYM26∶13、2001FGYM26∶15、2001FGYM26∶18 陶罐与重庆奉节赵家湾 M8∶60 形制相同[⑥]。2001FGYM9∶10 陶锺与赵家湾 M8∶56 陶壶（锺）形制相似[⑦]。2001FGYM9∶6、2001FGYM16∶4 的陶盂与赵家湾 M8∶81 陶盂形制相似[⑧]。2001FGYM17∶4 陶卮与赵家湾 M8∶57 陶杯（卮）形制相似[⑨]。2001FGYM9∶4 陶灯与赵家湾 M8∶49 陶灯形制相似[⑩]。此段器物组合整体与重庆奉节赵家湾 M8 的器物组合相同。奉节赵家湾 M8 的年代为东汉早期[⑪]，新出现的 A IV 式五铢对应镇江墓群 A III 式五铢，其铸行年代为光武帝十六年，因此年代为东汉早期。

第二期第二段：本段墓葬为 A I 式、A II 式、B I 式土坑墓，Ac II 式砖室墓，新出现 Ac III 式、Ba 式、Ab II 式砖室墓。随葬器物继续流行仿铜陶礼器锺、盒；日常生活用具钵、各种类型的罐、盆、釜、盂、甑、博山炉、灯；祭奠用具魁、盘、卮、勺、案；模型明器为仓、井，新出现陶塘；陶房为楼房双层。陶人物俑、动物俑的数量和种类比第一段增多，人物俑有侍俑、舞俑、抚琴俑、击鼓俑、抚耳俑、驭俑、胡人吹箫俑、佩剑侍卫俑、抱囊俑。动物俑有陶猪、陶马、陶狗、陶鸡。铜器有少量铜鉴，铜钗等饰件数量增多。钱币为 A I 式、A II 式、A III 式、A IV 式、AV 式、A VI 式五铢、B 型五铢、大泉五十、A 型货泉。2001FGYM17∶8 耳杯与丰都槽房沟 M9∶10、M9∶35 耳杯形制相同[⑫]。2001FGYM24∶39 陶房与槽房沟 M9∶20 陶房形制相同[⑬]。2001FGYM19∶

---

① 重庆市博物馆：《丰都杜家包汉墓群发掘简报》，重庆市文物局、重庆市移民局编著《重庆库区考古报告集·1999 卷》，科学出版社，2006 年，第 681～701 页。
② 四川省文物考古研究所、丰都县义管所：《丰都汇南墓群发掘报告》，重庆市文物局、重庆市移民局编著《重庆库区考古报告集·1998 卷》，科学出版社，2003 年，第 766～812 页。
③ 同②。
④ 同②。
⑤ 同②。
⑥ 同②。
⑦ 同②。
⑧ 同②。
⑨ 同②。
⑩ 同②。
⑪ 同②。
⑫ 重庆市文物考古所、宝鸡市考古工作队、重庆市文物局、丰都县文物管理所：《丰都槽房沟墓地发掘报告》，重庆市文物局、重庆市移民局编著《重庆库区考古报告·2001 卷上中下》，科学出版社，2007 年，第 1788～1831 页。
⑬ 同⑫。

12 陶案与槽房沟 M9：19 陶案形制相似①。人物俑中的侍俑、舞俑、抚耳俑、抱囊俑以及动物俑中的陶鸡、子母鸡、陶狗均与槽房沟 M9 出土相应的人物俑及动物俑形制相似②。整体器物组合与槽房沟 M6 相似。槽房沟 M6、M9 时代均为东汉中期，M9 墓葬中出土的摇钱树底座刻有"延光四年"纪年，即公元 125 年，M6 的年代大致与其相当③。铜钱新出现 AⅤ式、AⅥ式五铢，因此，推断年代为东汉中期。

第二期第三段：本段墓葬均为砖室墓，为 AcⅡ式、AcⅢ式、AbⅡ式、Ba 式、Bb 式砖室墓。随葬器物继续流行仿铜陶礼器钟、盒；日常生活用具钵、各种类型的罐、盆、盂、甑、博山炉、灯；祭奠用具魁、盘、耳杯、勺、案；模型明器为井；陶房为楼房双层。人物俑及动物俑的数量和种类比第二段增多。侍俑、佩剑侍卫俑、抚琴俑、击鼓俑、舞俑、庖厨俑、胡人吹箫俑、抱囊俑、执便面俑等题材的人物俑较常见。陶猪、陶狗、陶马等动物俑数量增多。新出现本地区特有的吐长舌状镇墓兽，以及绘有西王母乘龙虎图案的摇钱树座。钱币为 AⅠ式、AⅡ式、AⅢ式、AⅣ式、AⅤ式、AⅥ式五铢，B 型五铢，A 型货泉。2001FGYM43：33、2001FGYM43：34 的陶勺与巫山麦沱墓群 M47：59 的陶勺形制相似④。2001FGYM6：20、2001FGQM11：88 中的镇墓兽与麦沱墓群 M47：78 的镇墓兽形制相似⑤。2001FGYM6：19 陶锤与麦沱墓群 M47：37 陶锤形制相似⑥。2001FGQM11：58 器座上刻画有西王母乘坐龙虎座的形象，与麦沱墓群 M47：6 西王母俑（谢洪波考证为西王母陶灯⑦）的西王母形象形制相似，后者内容更精致。本段墓葬出土的舞俑、抚琴俑、击鼓俑、抚耳俑、庖厨俑、胡人吹箫俑、执便面俑、抱囊俑、陶狗、陶鸡、陶猪均与巫山麦沱墓地 M47 极其相似⑧。巫山麦沱墓地 M47 的年代，发掘报告中判定为东汉早期⑨，蒋晓春提出此墓的年代为东汉晚期⑩，本文采用后者。钱币以 AⅤ式、AⅥ式五铢为主，且 B 型五铢里有与镇江墓群 BⅡ式五铢极相似的流行于东汉晚期的铜钱，因此，年代为东汉晚期。

第三期第一段：本段墓葬均为砖室墓，为 AbⅡ式、AcⅠ式。随葬陶器中仿铜陶礼器已消失，仅有少量日常生活用具罐、釜、盂，祭奠用具、模型明器、人物俑、动物俑均已不见。新出现瓷器，器型包括盘口壶、钵、盏。瓷器整体矮胖。钱币为 AⅠ式、AⅢ式、AⅣ式五铢、B 型五铢，大泉五十，直百五铢。2001FGQM13：14 盘口壶与湖南资兴 M545：4 形制相同，后者的年

---

① 重庆市文物考古所、宝鸡市考古工作队、重庆市文物局、丰都县文物管理所：《丰都槽房沟墓地发掘报告》，重庆市文物局、重庆市移民局编著《重庆库区考古报告·2001 卷下》，科学出版社，2007 年，第 1788～1831 页。
② 同①。
③ 同①。
④ 重庆市文化局、湖南省文物考古研究所、巫山县文物管理所：《巫山麦沱古墓群第二次发掘报告》，重庆市文物局、重庆市移民局编著《重庆库区考古报告集·1998 卷》，科学出版社，2003 年，第 119～146 页。
⑤ 同①。
⑥ 同①。
⑦ 苏奎、尹俊霞：《关于麦沱 M47 所出"西王母俑"的几个问题》，《四川文物》2006 年第 2 期。
⑧ 同④。
⑨ 同④。
⑩ 蒋晓春：《巫山麦沱 47 号墓时代考辨》，《考古与文物》2007 年第 5 期。

代为两晋时期[①]。2001FGQM13∶14盘口壶与丰都汇南M10∶13形制相同[②]。2001FGQM13∶2瓷钵与汇南M10∶32瓷大型碗（瓷钵）形制相同[③]。2001FGQM13∶3瓷钵与汇南M11∶3瓷大型碗（瓷钵）形制相同[④]。2001FGYM12∶2瓷盏与丰都汇南M10∶28（1998年）瓷小型碗（瓷盏）形制相似[⑤]。2001FGQM2∶6瓷钵与丰都汇南M10∶32瓷大型碗（瓷钵）形制相似[⑥]。汇南M10年代为蜀汉晚期至晋初，汇南M11年代为两晋时期。铜钱"直百五铢"铸行于蜀汉时期，因此，本段的年代为两晋时期。

第三期第二段：本段的墓葬均为砖室墓，为Aa式、AbⅡ式、AcⅠ式、AcⅡ式、AcⅢ式。随葬陶器中仿铜陶礼器已消失，仅有少量日常生活用具钵、各类型的罐、釜、甑，祭奠用具已不完整，仅见魁。模型明器、人物俑、动物俑均已不见。瓷器的器型包括盏、盘口壶、钵、四系罐。瓷器整体瘦长。钱币为半两，AⅡ式、AⅢ式、AⅣ式、AⅤ式五铢，B型五铢和四铢，其中，四铢为南朝刘宋年间流行的货币。2001FGQM5∶7盘口壶与汇南M2∶48盘口壶形制相同[⑦]。2001FGYM21∶12-1、2001FGYM21∶12-3、2001FGYM21∶12-4、2001FGYM21∶12-5瓷盏与汇南M8∶1瓷杯（盏）形制相同[⑧]。汇南M2、M8的年代均为南朝[⑨]。2001FGYM38∶8盘口壶与湖南资兴M474∶1盘口壶形制相似，此墓的年代为刘宋中期至梁[⑩]。2001FGYM38∶11四系罐与忠县崖脚墓地DM2∶7四系圆肩罐形制相同[⑪]。2001FGYM38∶7-1瓷钵与忠县崖角墓地DM2∶18瓷碗（钵）形制相同[⑫]。忠县崖脚墓地DM2出土有"四铢"、"孝建"、"永光"、"景和""两铢"铜钱，此墓的年代为南朝刘宋时期[⑬]。因此推断其本段年代为南朝时期。

三、墓地形态研究

关田沟村各墓地墓葬数量可观，时代更是从西汉中晚期至南朝延续四百年之久。这批墓地的考古材料，为从墓地形成过程、墓地结构、墓地性质等方面综合考察丰都地区汉至六朝时期的墓地形态提供了丰富材料。

[①] 湖南省博物馆：《湖南资兴晋南朝墓》，《考古学报》1984年第03期。
[②] 四川省文物考古研究所、丰都县文管所：《丰都汇南墓群发掘报告》，重庆市文物局、重庆市移民局编著《重庆库区考古报告·1997卷》，科学出版社，2001年，第689～712页。
[③] 四川省文物考古研究所、丰都县文管所：《丰都汇南墓群发掘报告》，重庆市文物局、重庆市移民局编著《重庆库区考古报告集·1998卷》，科学出版社，2003年，第766～812页。
[④] 同③。
[⑤] 同③。
[⑥] 同③。
[⑦] 同③。
[⑧] 同③。
[⑨] 同③。
[⑩] 同③。
[⑪] 北京大学考古文博学院三峡考古队等：《忠县崖脚墓地发掘报告》，重庆市文物局、重庆市移民局编著《重庆库区考古报告集·1998卷》，科学出版社，2003年，第679～734页。
[⑫] 同⑪。
[⑬] 同⑪。

（一）墓地形成过程

从七个墓地内部来看，团尚包墓地位于关田沟村遗址群南部，地处一椭圆形小山丘顶部，地形平坦，四周均为阶梯式坡地。该墓地10座墓葬相互间未见打破关系，由于都处于平坦的山丘顶部，未见随地形变化而导致的排列时间差异。但可以看出，位于墓地中部的M1、M5、M10年代较晚，皆为南朝时期，而位于墓地最北端、南端的墓葬时代较早，多为东汉早期、中期。有从墓地两侧向中心排列的趋势。毛家包墓地位于一处东西走向的小山丘上，顶部较平坦，西、南、北三面为阶梯式坡地。较早期的墓葬分布于墓地北面、西面，然后沿地形向丘顶发展。陈文英堡墓地的9座墓葬皆位于一椭圆形山丘顶部，较早期的墓葬分布在丘顶周侧，越靠近中心，墓葬年代越晚，如M21、M23，年代皆为南朝，看似有从丘顶四周向其中心发展的趋势。黄岭堡墓地位于断崖前的缓坡地带，地势由西向东逐渐抬升，西汉中晚期的M31、M32位于墓地最西边，随地势向东变化，墓葬年代亦较西侧晚。袁家堡墓地的墓葬主要位于丘顶下部的阶梯式坡地上，地势东高西低，西侧与东侧分别有年代较晚和年代较早的墓葬分布，无法看出整个墓地有明显的分布规律。棺山堡墓地位于关田沟村遗址群的东北部，地处一道坡度较缓的山梁上，越向东地势越高，该墓地由于仅有3座墓葬，且分布密集，无法看出有明显的排列规律。与棺山堡墓地相似，黄岭堡墓地也位于一道坡度较缓的山梁上，只是其间有若干断崖交错分布，年代较早的墓葬分布于地势较低的西侧，然后沿地形向东发展。由此可见，墓地内部由于各个墓地地形地貌的差异，墓葬的排列顺序亦有所不同。丘顶的墓葬多从丘顶侧边向中心发展，坡地的墓葬时间上多随地形抬升由低往高推移。

从整个墓地来看，年代最早的西汉中晚期的墓葬基本都分布在关田沟村南部的团尚包、毛家包、黄岭堡及棺山堡墓地，尤以黄岭堡墓地最多。新莽至东汉初的墓葬首次出现于遗址群中部的袁家堡墓地。这两个时期的墓葬数量和分布范围都很有限，是关田沟村墓地发展的初期。东汉早期至晚期的墓葬占整体墓葬数量的大多数，除棺山堡以外，在各墓地均有分布，主要集中在遗址群中部的陈文英堡、袁家堡墓地，并向北发展到北部的黄泥堡墓地。这一时期是各墓地发展的核心期。两晋至南朝的墓葬数量较之前锐减，在黄泥堡墓地中已不见分布，转而向南发展至袁家堡、陈文英堡、棺山堡、团尚包、毛家包墓地，又以袁家堡墓地居多。因此，关田沟各墓地墓葬分布有从距离长江较近的台地、浅丘向中部、北部的山梁发展，再退回到遗址群中部、南部的趋势，且远离长江的墓地基本没有早期墓葬分布，这一现象与镇江墓群类似。

（二）墓地结构

墓地的形成、发展是一个动态的过程，纵向上表现为墓地的形成演变过程，横向上则为其平面形态特征。一些墓地中，不同的墓葬有时会表现出时代相近，墓葬形制、随葬器物相似，以及在整个墓地中的空间分布趋同的现象，可以推测，这些墓葬存在某种联系，而这种联系很可能是社会结构的物化载体，是一个"家族的里居形态、家庭和婚姻等亲属关系的曲折反映"[①]。三峡地区汉至六朝的墓地，在选址上无疑较大程度地受到地形、地貌及长江的影响，但就一个墓地内部而言，除去环境因素，考察不同墓葬的关系，往往可见两两并排分布的墓组、多个墓组构成的墓列、多组墓列构成的墓区。这种墓葬—墓组—墓列—墓区—墓地—墓群的结构形式，是三峡地区汉至六朝墓地结构的基本特征。丰都地区亦不例外。

团尚包墓地中，M1、M10、M5均位于墓地北部偏中，三座墓并列整齐排列，相距5米左右，年代皆为南朝，墓向垂直于长江。其中M1、M10为凸字形砖室墓，仅有M5为刀把形砖室墓。这三座墓周围的M9、M6为土坑墓，与之差别较大。由此，M1与M10构成一个墓组，若将墓葬形制稍有区别的M5纳入，三座墓葬再构成墓列。

毛家包墓地共有墓葬8座，从墓葬形制、方向、位置上看差异较大，排列没有明显的规律，其中M12与M13墓葬方向基本一致，皆顺江分布，均为刀把形砖室墓，M12为东汉晚期，M13为两晋，年代较近，唯两墓相距约20米左右，可能为一个墓组。

在黄岭堡墓地中，M29和M30构成一个墓组。两座墓葬并排分布于墓地东部，间距不足1米，均为长方形竖穴土坑墓，年代为西汉中晚期。M29出土铜弩机、铜箭镞、铁刀等，M30未见人骨及随葬品，因此无法判断这两座墓是否为夫妻异穴合葬墓。

陈文英堡墓地中，M23与M24两墓均为刀把形砖室墓，相距不到4米，年代较近，方向一致。同属东汉中期的M19、M20也可能为一墓组。两墓方向基本一致，相距约2米，皆为刀把形砖室墓。M19有人骨5具，为多人合葬墓。M20未见人骨。

袁家堡是关田沟村各墓地中墓葬分布最为集中的墓地，可见多个墓组、墓列。M2、M3、M10位于墓地西部，方向基本一致，三墓排列较为整齐，间距约2米，墓葬形制均为刀把形砖室墓。其中M2与M3为一个墓组，再与M10构成一墓列。M1与M4位于墓地北部，排列整齐，距离较近，均为刀把形砖室墓，墓室皆方形，年代均为南朝。由于缺乏人骨及随葬品信息，无法进一步确认这两座墓的关系。

此外，棺山堡墓地三座墓葬从其年代、墓葬方向上看都相距较远，无明显关系。黄泥堡墓地墓葬排列无规律可循，无法判断墓葬间的关系。

（三）墓地性质

通过上文的分析，关田沟村遗址群汉至六朝墓葬中出现了排列有序的墓组、墓列、墓区的独立分群的形态特征，这似乎不是偶然，"一个墓地时代相同或相近的墓葬之间出现的分级现象，体现了在当时的一个现实聚落范围内，人们之间的关系也出现了各亲其亲的现象"[②]。李如森先生指出："墓地一经自由买卖，社会地位和财富接近的人，自然就会购买地价近似的墓田为其茔地，于是一处处家族茔地诞生了。这样各处墓地内各墓的类型往往很接近，也就是不同墓地之间的贫富差异，

[①] 蒋晓春：《三峡地区秦汉墓研究》，巴蜀书社，2010年，第141页。
[②] 蒋晓春、李大地：《三峡地区秦汉时期家族墓初探》，《考古》2008年第4期。

比过去更加明显地表现出来。由于墓地的自由买卖，即使有较近血亲关系的宗族，就不一定埋于同一墓地，而一大片面积的墓地，必然包括了若干家族的冢地。为此，整片墓地内墓位的排列就不像过去那样整齐，而是常常可分辨出若干个成群墓葬"①。根据已有资料，丰都地区有姓氏的汉墓仅有槽房沟M9一例，M9出土了一件有"巴郡平都蔡寔骑马"题刻的陶马，墓主可能为蔡寔②。再者，三峡地区的酸性土壤，使得人骨难以保存，给鉴定墓主性别，判断墓葬关系带来了极大的困难。尽管不能通过姓氏材料与人骨信息判断墓地性质，但根据已有的研究成果，以及两汉、六朝时期中原地区、成都平原、长江中下游地区家族墓的考古发现，从墓地布局结构和随葬器物入手，可以初步判断，丰都地区汉六朝墓地中已有家族墓的存在。

关于家族墓地，徐苹芳先生认为是指秦汉以来，随着封建制的巩固和发展，取代族葬制度，在一个大墓地中，出现了若干不同姓氏的、以家族为单位的茔域③。它突破了三代以来以血缘关系为纽带，按嫡庶、长幼、亲疏等宗法关系，整齐有序地划定茔域的族墓地格局。在西汉初期已形成，血缘关系和经济关系成为决定墓地形态最重要的因素。从考古发现来看，家族墓有两个层面上的合葬方式：一种方式是在墓地层面上的合葬，即同一家族的不同成员的墓葬处于同一墓地（兆域）内而形成家族墓地的合葬形式，也就是所谓的"旧茔"或"先公兆域"；另一种方式是在墓葬层面上的合葬，即同一家族的成员葬于同一墓穴或地面地下紧密联系的不同墓穴之内而形成家族合葬墓，这两种方式并不互相冲突，家族墓地中有时包含有家族合葬墓。

蒋晓春和李大地在《三峡地区秦汉时期家族墓初探》一文中将家族墓地的排列方式分为由后向前纵向排列和从右往左横向排列两种④。前一种与中原地区长辈居前，晚辈并列或错列于后，各墓葬的头向以长辈的方向为准的排列规律相反⑤。后一种则与当时盛行的以右为尊的习俗相符。丰都地区家族墓地由于墓组、墓列规模小，除马鞍山墓群，基本不见墓区，因此，排列方式较为单一，基本为各墓向方向一致，一字排列的形式。上文所述的一个墓组、墓列以及小型墓区都有可能为一个家族墓地。

家族墓的另一种埋葬形式为合葬墓，包括异穴合葬与同穴合葬两种形式。异穴合葬墓有如2001FGYM19、2001FGYM20，两墓排列方向一致，均为刀把形砖室墓，年代均为东汉中期，随葬品组合一致。M19出土有指环、项圈、发钗、手镯，墓主可能为女性。这两座墓推测为夫妻异穴合葬墓。由于关田沟村遗址群墓葬随葬品保存状况较差，典型的夫妻异穴合葬墓极少。距关田沟村遗址群不远的镇江墓群中，夫妻异穴合葬墓有较丰富的体现。如"品"字形分布的2001FRTDM8、M9、M12三座墓，其中M9、M12出土形制相似的陶器、铜器，M12墓主可能为男性，M8、M9墓主推测为女性。三座墓为夫妻异穴合葬墓，时间从西汉晚期到新莽至东汉初⑥。丰都地区异穴

---

① 李如森：《汉代家族墓地与茔域上设施的兴起》，《史学集刊》1996年第1期。
② 重庆市文物考古所、宝鸡市考古工作队、重庆市文物局、丰都县文物管理所：《丰都槽房沟墓地发掘报告》，重庆市文物局、重庆市移民局编著《重庆库区考古报告·2001卷下》，科学出版社，2007年，第1788～1831页。
③ 徐苹芳：《中国秦汉魏晋南北朝时代的陵园和茔域》，《考古》1981年第6期。
④ 蒋晓春、李大地：《三峡地区秦汉时期家族墓初探》，《考古》2008年第4期。
⑤ 赵晓华：《两汉家族葬初步研究》，四川大学硕士学位论文，2006年，第41页。
⑥ 重庆市文物局、重庆市移民局编：《丰都镇江汉至六朝墓群》，科学出版社，2013年，第89页。

合葬墓不见中原地区两墓并列且通过开凿耳室相互连通的"隔山葬",如烧沟汉墓的 M1009A 和 M1009B[①];也不见两墓室通过甬道联通的形态,如陕西韩城芝川镇东汉墓 M1 和 M2[②]。同穴合葬墓有双人合葬墓与多人合葬墓。根据墓葬形制可分为竖穴土坑墓和横穴的砖室墓两种。双人合葬墓根据棺椁形制、随葬品种类及组合,多可推测为夫妻同穴合葬墓,如 2001FGQM4,墓室内有一椁二棺,随葬器物有陶饰件、铜扣饰、铁刀、铁铲、铁釜等分属两个个体的器物。多人合葬墓有 2001FGYM22,为竖穴土坑墓,墓室近方形,发现一椁三棺,由于缺乏明确的人骨信息,难以判断墓主身份。三峡地区的合葬墓在李家坝东周墓中就已出现,到东汉至六朝十分流行。异穴合葬逐渐取代同穴合葬,六朝时期对东汉时期砖室墓的重新利用,也加剧了这一变化。

第四节 结 语

关田沟遗址群内涵丰富,分布面积广泛,遗存堆积时代跨度自新石器时代延续至明清时期,表明自先秦时期以来人类一直在此居住,留下了较为丰富的文化遗存。综合以上分析,对关田沟遗址群可以形成如下几点初步认识。

第一,以秦家院子、袁家岩居住址为代表的先秦遗存具有三峡地区新石器至商周时期遗址的典型特征,根据遗存特征以及与三峡其他地区相似遗存的比较可将三组地层单位的年代及文化属性进行判定。A 组单位属于玉溪坪文化第二期,年代为距今 5300~5000 年,B 组单位属于石地坝文化第三期,时代上为殷墟地第四期,C 组单位分前后两段,前段属于瓦渣地文化,时代为春秋至战国早期;后段为战国中、晚期。

第二,秦家院子、袁家岩作坊址发现的冶炼炉、冶炼罐等遗迹、遗物与丰都庙背后、九道拐、忠县临江二队等遗址发现的相同,属于三峡地区"丰都—忠县冶锌遗址群"的重要组成部分,代表了三峡地区明代、中晚期的炼锌工艺的发展水平。

第三,毛家包、团尚包、黄岭堡等墓地以及秦家院子、袁家岩居住址 D 组单位共同构成了关田沟遗址群汉至六朝时期的考古学文化面貌。该时期的居住址位于临江地势较为平坦的台地上,由于后期的破坏保存较差;墓葬位于居住址东部地势较高的山包(梁)上,7 处墓地和丰富的墓葬分布表明,关田沟村墓群在当时已具有较大规模,自西汉晚期开始萌芽,新莽至东汉初得到发展,东汉时期达到顶峰,两晋、南朝时期趋于衰落,这与三峡地区同时期其他墓群的变化趋势一致,是当时政治、经济、文化发展水平变化的反应。

---

① 洛阳区考古发掘队:《洛阳烧沟汉墓》,科学出版社,1959 年,第 58 页。
② 陕西省考古研究所:《陕西韩城芝川镇东汉墓发掘简报》,《考古与文物》1989 年第 3 期。

附表

附表一 秦家院子遗址 A 组单位出土陶器陶系统计表

纹饰	陶质	粗砂				细砂						泥质				合计			百分比(%)		
	陶色	褐	灰	黑	红	褐	灰	黑	灰褐	红褐	红	褐	灰	黑	黑皮						
绳纹	粗	17														44	441		4.1	41.2	56.6
	细	172	41	12	2	22	22	84	52	11	1	1	1			397			37.1		
菱格纹		28					1				1					29			2.7		
方格纹		14				1										15	605		14		
线纹						1										1			0.1		
附加堆纹		5						2	3			17		1		28			2.6		
戳印纹		20		2		1										23			2.2		
弦纹							2	4			1	8		9		24			2.3		
锥带纹		3	2					1								43			4		
镂孔													1			1			0.1		
素面		48		30		19	21	24	56	11	9	98	3	149	63	464			43.4		
合计		307	43	44	2	47	46	115		11	11	160	4	159	64		1069			100	
		394				671						277									
														398							
百分比(%)		28.6	4	4.4	0.2	4.4	4.3	10.7	5.1	1	1	14.9	0.4	15	6					100	
		37					62.7						37.3								
									25.7												

附表二 2002FGQH5 出土陶器陶系统计表

陶质	粗砂				细砂				泥质			合计			百分比(%)		
纹饰 陶色	红	褐	灰	黑	红	褐	灰	黑	红	褐	黑						
绳纹 粗	21	107			28	54		25	16			251	255		62.1	63.1	71.5
绳纹 细		19				4						4			1		
方格纹						5	2	7		17	9	31		289	7.7		
线纹							1					2			0.5		
弦纹												1			0.2		
素面	21	33	5	3	5	63	6	32	16	17	9		115			28.5	
合计		188				362				42			404			100	100
	21	159	5	3	33		9										
							174										
百分比(%)	5.2	39.4	1.2	0.7	8.2	15.6	2.2	7.9	4	4.2	2.2						
		46.5				43.1				10.4							
					89.6												

附表三　2002FGQT1110④出土陶器陶系统计表

纹饰		粗砂			细砂				泥质				合计		百分比（%）	
		红	褐	灰	红	褐	灰	黑	红	褐	灰	黑				
绳纹	粗	39	1092	47	38	340			2				1558	1565	65.9	66.2
	细	5	20								1		7		0.29	
方格纹						10	27	4		1	1		70		2.96	
附加堆纹					1	1							2		0.084	
戳印纹											1		1		0.042	
弦纹						3		1		3			4		0.169	
箍带纹												3	3		0.126	
素面		24	257	51	212	566	34	45	4	31	60	34	718		30.4	
合计		68	1369	102	38	566	34	50	6	34	62	34	2227	2363	94.1	100
		1539			688				136							
百分比（%）		2.9	59.2	2.2	1.6	24.5	1.5	2.2	0.2	1.5	2.7	1.5	29.8	100	5.9	
		64.3														

附表四 秦家院子、袁家岩居住址灰坑统计表

编号	位置	层位关系		平面形状	尺寸（厘米）		时代	备注
		开口于	打破		口径	深度		
2002FGQH1	T1605 北部	⑥下	生土	椭圆形	长径 130、短径 80	25	新石器	
2002FGQ H2	T1110 东北角	④下	⑤	不规则形	直径 140	25	东周	打破 H3
2002FGQ H3	T1110 东部	④下	⑤	椭圆形	长径 400、短径 285	35	东周	被 H2 打破、打破 H4、H5，延伸至 T1010 西部
2002FGQ H4	T1010 东南角	④下	⑤	不规则形	直径 250	45	东周	被 H3 打破
2002FGQ H5	T1110 中南部	④下	⑤	长条形	长径 500、短径 200	82	东周	被 H3 打破
2002FGQ H6	T1011 西南部	④下	⑤	椭圆形	长径 300、短径 190	40	东周	被现代窖打破
2002FGQ H7	T1011 东北角	④下	⑤	圆形	直径 110		东周	
2001FGYH1	T0927 中部	④下	⑤	长条形	长 364、宽 102	50	明清	
2001FGY H2	T0827 西部	④下	⑤	长条形	长 160、宽 60~90	47	明清	
2001FGY H3	T1612 中部	④下	⑤	圆形	直径 110	28	明清	
2001FGY H4	T0928 西部	⑤下	⑥	椭圆形	长径 278、短径 115	36~45	汉至六朝	
2001FGY H5	T0928 南部	⑥下	⑦	圆形	直径 50	40	汉至六朝	

附表五 秦家院子、袁家岩居住址灰沟统计表

编号	位置	层位关系		平面形状	尺寸（厘米）		时代	备注
		开口于	打破		口径	深度		
2002FGQG1	横跨 T1207、T1709 等 20 个探方	③下	④、⑤、⑥	长条形	长 3000、宽 800~1400	380	汉至六朝	
2002FGQG2	横跨 T1204、T1804 等 9 个探方	③下	④、⑤、⑥	不规则形	长 2500、宽 800~1400	350	汉至六朝	
2001FGYG1	T0829 北部	②下	③	长条形	长 218、宽 33	8~15	明清	
2001FGYG2	T1713 中南部	②下	③	长条形	长 420、宽 30~60	2~10	明清	
2001FGYG3	T1130 的西北角	⑧下	生土	长条形	长 250、宽 20~65	20~25	西周	

附表六 秦家院子、袁家岩居住址窑统计表

编号	位置	层位关系		平面形状	尺寸（厘米）		时代	备注
		开口于	打破		口径	深度		
2002FGQY1	T0329 中南部	⑤下	⑥	长方形	长 275、宽 70~74	74~88	汉至六朝	
2002FGYY1	T1513 东北部	②下	生土	椭圆形	长 235、短径 130	140	明清	

附表七 秦家院子、袁家岩作坊址灰坑统计表

编号	位置	层位关系		平面形状	尺寸（厘米）		时代	备注
		开口于	打破		口径	深度		
2004FGQ H1	T0229 中部	①下	④、⑤	椭圆形	长径 220、短径 135	95	明	打破 H2
2004FGQ H2	T0229 南部	①下	④	不规则形	长 190、宽 152	120	明	被 H1 打破
2004FGQ H3	T0922 南部	③下	④	不规则形	长 172、宽 70	60	明	
2004FGQ H4	T1128 东部	②下	生土	椭圆形	长径 355、短径 240	12	明	
2004FGQ H5	T0628 东北部	⑤下	生土	椭圆形	长径 275、短径 200	64~86	明	
2004FGQ H6	T0623 东北角	⑦下	生土	长条形	长 410、宽 110~140	73~130	明	
2004FGQ H7	T0622 南部	⑦下	生土	椭圆形	长径 440、短径 240	68	明	
2004FGQ H8	T0222 东南角	②下	③	长条形	长 190、宽 85	75	明	
2004FGQ H9	T0323 中南部	④下	生土	椭圆形	长径 260、短径 130	46	明	
2004FGQ H10	T0322 西南角	④下	生土	圆形	直径 160	110	明	
2004FGQY H1	T8 南部	⑥下	生土	椭圆形	长径 290、短径 190	45	明	打破 G1
2004FGY H2	T6 南部	⑥下	生土	圆形	直径 170	80	明	打破 L1

附表八 秦家院子、袁家岩作坊冶炼炉统计表

编号	位置	层位关系		平面形状	尺寸（厘米）			时代	备注
		开口于	打破		长	宽	高		
2004FGQL1	横跨 T0927、T0928、T1028	①下	生土	长方形	1007	200	10	明	
2004FGQL2	T0428、T0528、T0628 北部	⑤下	生土	长方形	844	162	20	明	
2004FGQL3	T0623、T0622、T0723 中部	⑦下	生土	长方形	残730	160	5	明	
2004FGQL4	T0222 中部、T0223 东南部	④下	生土	长方形	残900	50~170	8	明	
2004FGYL1	T6、T7 东部	⑥下	生土	长方形	残840	160	18	明	被G2打破

附表九 秦家院子、袁家岩作坊灰沟统计表

编号	位置	层位关系		平面形状	尺寸（厘米）			时代	备注
		开口于	打破		长	宽	高		
2004FGQG1	跨 T0520、T0620、T0720 等 15 个探方	⑥下	生土	长条形	2300	500~800	300~450	明	
2004FGQG2	T0222、T0223 东部	④下	生土	长条形	1000	45~50	45~65	明	打破L4，被近现代灰坑打破
2004FGYG1	T6、T7 东部	⑥下	生土	长条形	8400	10~60	8	明	被H1打破

附表一〇 秦家院子作坊柱洞统计表

编号	位置	层位关系		平面形状	尺寸（厘米）		时代	备注
		开口于	打破		口径	深度		
D1	T0322 东部	④下	生土	圆形	25	8	明	
D2	T0322 东部	④下	生土	圆形	25	15	明	
D3	T0322 东部	④下	生土	圆形	30	25	明	

附表一一 墓葬登记表

地点	墓号	墓室方向	墓葬结构	墓葬形制	葬具葬式	主要尺寸（厘米）				随葬器物	年代	小计
						甬道（内长、宽、高）	前（墓）室（内长、宽、高）	耳（侧）室（内长、宽、高）	后室（内长、宽、高）			
毛家包	M11	193°	砖室	凸字形	无存	残280×140×残90	470×280×残156	260×140×残84		陶钵3、陶罐1、陶盆1、陶盘2、陶簋座2、陶灯2、陶杯1、陶器座2、陶案2、陶盘2、陶击筑俑1、陶抚耳俑1、陶侍俑2、陶吹箫俑1、陶盛物俑1、陶执物俑1、陶舞俑1、陶玩鸟俑1、陶搏柎俑3、陶狗1、陶马1、陶子母鸡1、陶俑头3、陶鸭1、陶精卫鸟1、陶兽首1、陶鸡68枚；铁刀1；石璋板1、石饰件1；铜钱68枚	东汉晚期	陶36、铜2、铁1、石2，共41件
	M12	192°	砖室	刀把形	无存	230×160×残110	234×332×残254			陶钵5、陶甑1、陶罐6、陶盒2、陶锺4、陶博山炉2、陶博山炉盖1、陶魁2、陶勺1、陶灯2、陶井1、陶侍俑4、陶佩剑侍卫俑2、陶妇人青俑1、陶吹埙俑1、陶击鼓俑1、陶抚琴俑1、陶抚耳俑1、陶舞俑1、陶跪坐俑1、陶碓房1、陶执物俑2、陶子母鸡1、陶房1、陶狗2、陶猪2、陶塘1、陶鸡2；铜钱192枚、贝壳若干；铜指环1对、铜饰环1	东汉晚期	陶58、铜2、贝1，共61件
	M13	195°	砖室	刀把形	仰身直肢	178×144×残160	346×246×残182			陶钵1、陶罐2、陶釜3、陶盂1、陶纺轮3；瓷钵4、瓷盏口壶3；铜钱8枚	两晋	陶8、瓷8、铜1，共17件
	M14	294°	砖室	凸字形	无存	126×120×残44	274×?×残36			残陶钵1、残陶罐2、残陶俑1	东汉早期	陶4，共4件
	M15	201°	土坑	长方形	无存		口部366×188、底部336×172、深度120			陶钵4、陶罐3、陶锺1；铜钱49枚、银耳环1	新莽至东汉初	陶8、铜3、银1，共12件
	M16	136°	石室	梯形	仰身直肢		290×（92～120）×110			无	明清	

续表

地点	墓号	墓室方向	墓葬结构	墓葬形制	葬具葬式	主要尺寸（厘米）				随葬器物	年代	小计
						甬道（内长、宽、高）	前（墓）室（内长、宽、高）	耳（侧）室（内长、宽、高）	后室（内长、宽、高）			
毛家包	M17	122°	石室	长方形	仰身直肢		280×108×残124			无	明清	
	M18	45°	砖室	刀把形	无存	?×残100×残49	360×残266×残100			陶钵15，陶罐7，陶盂2，陶盆3，陶灯1，陶狗1；铜钱27枚；银手镯1	东汉中期	陶33，铜2，银1，共36件
	M19	254°	土坑	近长方形	无存		口部370×216，底部332×196，深50-76			无	汉至六朝	
	M20	250°	土坑	近长方形	无存		口部340×190，底部330×182，深168			残陶罐1，瓷盏3，瓷灯1	蜀汉至南朝	陶1，瓷4，共5件
	M1	288°	砖室	凸字形	木棺		240×404×残130			陶钵3，陶釜1，陶甑1，陶三足盘1，陶甬头1，陶狗1；瓷钵5，瓷盏2，瓷四系罐2；铜钱1348粒	南朝	陶8，瓷9，铜1，料1，共19件
	M2	172°	砖室	凸字形	无存	88，宽不明，残高8	287×360×残8			陶罐1；瓷钵1，瓷盏1，瓷盘口壶1；铜钱41枚	两晋	陶1，瓷3，铜1，共5件
	M3	88°	砖室	刀把形	无存	220×144×残18	280×248×残18			陶釜1；铜钱1枚	东汉早期	陶1，铜1，共2件
团尚包	M4	200°	土坑	凸字形	一椁二棺		口360×246，底330×218，深130			陶钵13，陶盂1，陶罐7，陶盆4，陶魁1，陶勺1，陶灯1，博山炉1，陶匜1，陶仓2，陶井1；铜扣饰1，铜钱119枚；铁仓1，铁刀2，铁铲1；石饰件1	东汉中期	陶37，铜2，石1，铁4，共44件
	M5	287°	砖室	刀把形	木棺	180×144×158	244×330×266			陶罐3；瓷钵1，瓷盏1，瓷花1，铜指环1，铜钱8枚；铁刀2；银条1	南朝	陶3，瓷3，铜3，铁2，银1，共12件
	M6	16°	土坑	长方形	木棺		388×292×200			残陶罐1；铜钱89枚；铁工具1，锈蚀铁器1，铁棺钉1	新莽至东汉初	陶1，铜2，铁3，共6件

续表

地点	墓号	墓室方向	墓葬结构	墓葬形制	葬具葬式	主要尺寸（厘米）				随葬器物	年代	小计
						甬道（内长、宽、高）	前（墓）室（内长、宽、高）	耳（侧）室（内长、宽、高）	后室（内长、宽、高）			
团尚包	M7	335°	砖室	刀把形	无存	226×140×残147	240×305×残132			残陶钵1；铜饰件1，铜钱15枚	东汉中期	陶1，铜2，共3件
	M8	206°	土坑	长方形	木棺		370×260×128			陶钵8、陶罐7、陶盒2、陶甑1、陶魁1、陶勺2、陶井1；铜钱78枚；铁釜1、铁刀2枚；琉璃耳珰2枚	东汉中期	陶32，铜4，铁3，料1，共40件
	M9	210°	土坑	长方形	木棺		520×230×175			陶钵1、陶罐5；铜环3、铜钱若干；铁叉1	西汉中晚期	陶6，铜5，铁1，共12件
	M10	276°	砖室	凸字形	无存	224×142×残44	240×286×残48			陶釜2；瓷盏1；铜钱7枚；玛瑙珠1，料1，共5件	南朝	陶2，瓷1，铜1，料1，共5件
	2001M28	285°	砖室墓	刀把形	发现少量人骨碎渣	140×98×89	220×176×90			陶罐3、陶盂1、陶盒2；陶井1；铜钱68枚	东汉早期	陶6，铜1，共7件
	2001M29	20°	土坑墓	长方形	发现葬具朽痕，葬式不明		(320～322)×(196～198)×180			陶钵5、陶罐2、陶盆1、陶仓1；铜甑1、铜釜1、铜钗2、铜琴机1、铜钱10枚；铁斧1、铁刀1、铁削1；骨饰件1	西汉中晚期	陶12，铜5，铁3，骨1，共21件
黄岭堡（I区）	2001M30	12°	土坑墓	梯形	无存		(230～266)×(170～185)×(30～70)			无	西汉中晚期	无
	2001M31	35°	土坑墓	近方形	发现樟痕，发现人骨。		口350×330，底320×308，深130			陶钵2、陶罐1；铜釜1、铜钱10枚；铁钁1；石斧1	西汉中晚期	陶3，铜2，铁1，石1，共7件
	2001M32	333°	土坑墓	长方形	葬具不存，发现人骨，葬式不明。		口355×200，底365×210，深145			铜钱18枚	汉至六朝	铜1，共1件

续表

地点	墓号	墓室方向	墓葬结构	墓葬形制	葬具葬式	主要尺寸（厘米）				随葬器物	年代	小计
						甬道（内长、宽、高）	前（墓）室（内长、宽、高）	耳（侧）室（内长、宽、高）	后室（内长、宽、高）			
黄岭堡（I区）	2001M33	270°	砖室墓	刀把形	葬具不存，发现人骨，葬式不明。		294×残款92~240×残高80~144			残陶俑1，残陶房1；铜陶钱19枚	东汉至六朝	陶2，铜3，共5件
	2001M34	350°	土坑墓	长方形	无存		320~350×194~210，底306~312×176，深144~180 口			陶钵7，陶罐5，陶盒1，陶釜1，陶甑1，陶仓1；纺轮1；铜弩机构件3，铜箭镞1；铁镬27枚；铁刀1	西汉中晚期	陶16，铜6，铁2，共24件
	2001M35	307°	砖室墓	刀把形	葬具不存，发现人骨，葬式不明。	210×164×188	316×244×240		232×194×190	陶钵4，陶罐3，陶器盖1，陶仓1；铜钱27枚；铁刀1	东汉中期	陶9，铜1，铁1，共11件
陈文英堡（II区）	2001M19	298°	砖室墓	刀把形	仰身直肢	215×147×残12	235×274×残15			陶罐2，陶甑1，陶魁1，陶博山炉盖1，陶侍俑1，陶洗1，陶击鼓俑1，陶吹箫俑1，陶托耳俑3，案1，陶抱鸡1；铜泡钉1，铜项圈1，铜发叉2，铜手镯1，铜耳钉194枚；银发叉1	东汉中期	陶16，铜10，银1，共27件
	2001M20	298°	砖室墓	刀把形	无存	190×130×残40	212×274×残64			陶罐5，陶盂2，陶甑1，陶魁1，陶灯1，陶锺1，陶博山炉盖1，陶胡人吹箫俑3，陶击鼓俑1，陶抚琴耳俑1，陶抱囊俑1，陶鸡2，陶子母鸡1，陶狗1，陶猪2，陶塘2；铜耳杯扣1，铜发叉2，铜指环3，铜钱146枚	东汉中期	陶30，铜2，共32件
	2001M21	290°	砖室	刀把形	仰身直肢	160×132×残76	260×234×残86			陶釜1，陶罐10，瓷碗2，瓷盘口壶1；铜发叉1，铜钱12枚；琉璃珠1	南朝	陶1，瓷13，铜2，料1，共17件
	2001M22	25°	土坑	近方形	一椁三棺仰身直肢		口部430×360，底部416×346，深263			陶钵7，陶罐11，陶甑1，陶勺1，陶井1，陶盆1，陶魁1；铜箭镞1，铜钱141枚，铜指环1，铜鏊1；银指环1；铁刀1	东汉中晚期	陶24，铜6，铁1，银1，共32件

续表

地点	墓号	墓室方向	墓葬结构	墓葬形制	葬具葬式	甬道（内长、宽、高）	主要尺寸（厘米） 前（墓）室（内长、宽、高）	耳（侧）室（内长、宽、高）	后室（内长、宽、高）	随葬器物	年代	小计
陈文英堡（Ⅱ区）	2001M23	295°	砖室	刀把形	无存	144×?×残24	260×220×残47			陶罐1；铜钱17枚	南朝	陶1，铜1，共2件
	2001M24	295°	砖室	刀把形	不存	180×?×残72	260×?×残40			陶罐4，陶盂2，陶盆1，陶盒2，陶魁1，陶勺1，陶灯1，陶卮1，陶器盖1，陶器物口沿1，陶博山炉1，陶子母鸡1，陶猪1，陶侍俑2，陶佩剑持卫俑1，陶房1，陶塘1，陶鸡1，陶耳杯扣4，铜钱179枚	东汉中期	陶26，铜11，共37件
	2001M25	303°	砖室	刀把形	不详	149×120×残70	286×212×残92			陶钵1，陶罐1，陶钟1，陶盘1，陶盒底2，陶猪狗1，博山炉1，陶子母鸡1，陶塘1，陶釉1；铜指环2，铜钱44枚；铁削1；琉璃耳珰3	东汉中期	陶15，铜4，铁1，银2，料1，共25件
	2001M26	303°	土坑	凸字形	无存		340×(280～290)×180			陶钵4，陶罐7，陶盆2，陶井1，陶猪1，陶鸡1，陶子母鸡1，陶狗1，陶猪2枚；铜印章1；铜钱9枚	东汉早期	陶18，铜3，共21件
	2001M27	295°	砖石混筑	不规则长方形	无存		残95×残102×残42			陶钵1，陶井盖1；铜钱16枚	东汉晚期	陶2，铜1，共3件
袁家堡（Ⅲ区）	2001M1	305°	砖室	刀把形	无存	170×140×134	274×214×169			铜钱24枚	东汉至六朝	铜4，共4件
	2001M2	263°	砖室	刀把形	有葬具朽痕	250×218×残55	340×302×残99			陶釜3；铜钱46枚	东汉至六朝	陶3，铜12，共15件
	2001M3	268°	砖室	刀把形	有葬具朽痕	74×160×残27	234×170×残46			铜钱1枚	东汉至六朝	铜1，共1件
	2001M4	311°	砖室	刀把形	无存	80×131×残54	274×182×残80			瓷罐1，瓷盏1，瓷兽1；铜钱2枚	南朝	瓷3，铜1，共4件

续表

地点	墓号	墓室方向	墓葬结构	墓葬形制	葬具葬式	主要尺寸（厘米） 甬道（内长、宽、高）	主要尺寸（厘米） 前（墓）室（内长、宽、高）	主要尺寸（厘米） 耳（侧）室（内长、宽、高）	主要尺寸（厘米） 后室（内长、宽、高）	随葬器物	年代	小计
袁家堡（Ⅲ区）	2001M5	333°	土坑	长方形	有葬具朽痕		300×186×残50			陶钵6、陶罐1、陶甑1、陶瓿1、陶盆1、陶钟1、陶盒1、陶魁1、陶博山炉1；铜灯1；铜钱14枚	新莽至东汉初	陶14，铜1，共15件
	2001M6	24°	砖室	刀把形	无存	192×143×残32	241×342×残40			陶甑1、陶钟1、陶博山炉1、陶耳杯2、陶勺1、陶博山炉盖1、陶器盖1、陶佩10、陶佩剑侍卫俑2、陶舞俑1、胡人吹箫俑1、陶击鼓俑1、陶抚耳俑2、陶厨厨俑1、陶跪坐俑1、陶鸡1、陶猪1、陶镇墓兽1、陶房1、陶灶1；铜钱30枚	东汉晚期	陶37，铜1，共38件
	2001M7	19°	砖室	刀把形	无存	89×128×残91	249×296×残64			陶钵1、陶盘1、陶盆1、陶博山炉盖1、陶灯2、陶井1	东汉中期	陶7，共7件
	2001M8	233°	砖室	刀把形	无存	190×144×残80	280×240×残100			陶罐2、陶钟1、陶盒2、陶勺2、陶魁1、陶匠1、陶盘3、陶博山炉1、陶古1、陶吹笙俑1、陶抚琴俑2、陶抚耳俑1、陶舞俑1、陶案1、陶井1；铜钱6枚	东汉中期	陶23，铜1，共24件
	2001M9	237°	砖室	长方形	无存		155×114×残30			陶钵1、陶罐2、陶甑2、陶盆1、陶盒2、陶盘1、陶魁1、陶钟1、陶博山炉1、陶灯1、陶井1；铜钱3枚；铁刀1	东汉早期	陶17，铜1，铁1，共19件
	2001M10	242°	砖室	刀把形	无存	152×120×?	281×222×残8			无	东汉至南朝	无
	2001M11	69°	砖室	长方形	发现棺钉，仰身直肢		260×165×110			瓷盏4、瓷盘口壶2、瓷盘1；铜钱2枚	南朝	瓷6，铜1，共7件
	2001M12	267°	砖室	凸字形	无存	183×140×56	240×290×88			陶三足盘1；瓷盏1、瓷钵1；铜饰品1、铜钱2枚	两晋	陶1，瓷2，铜3，共6件

续表

地点	墓号	墓室方向	墓葬结构	墓葬形制	葬具葬式	主要尺寸（厘米）			随葬器物	年代	小计
						甬道（内长、宽、高）	前（墓）室（内长、宽、高）	耳（侧）室（内长、宽、高） 后室（内长、宽、高）			
丰家堡（Ⅲ区）	2001M13	306°	砖室	刀把形	无存	150×115×残16	276×216×残32		陶魁1、陶勺柄1、陶井1；铜饰品1、铜钱7枚；银指环1	南朝	陶3、铜3、银1，共7件
	2001M14	189°	土坑	长方形	发现木板朽痕。两具人骨均仰身直肢		266×180×76		陶钵9、陶罐8、陶瓶1、陶盒2、陶盆2、陶魁2、陶博山炉2、陶灯1、陶井1；铜鍪2、铜钱95枚	新莽至东汉初	陶29、铜3，共32件
	2001M15	28°	土坑	长方形	葬具为棺椁，发现其朽痕		230×154×残20		陶钵1、陶罐6、陶瓶1、陶盂2、陶盆2、陶魁2、陶卮1、陶博山炉1、陶灯1、陶井1；铜钱8枚	东汉中期	陶22、铜1，共23件
	2001M16	192°	土坑	长方形	有具朽痕。发现人骨，一具为仰身直肢，另一具葬式不明		300×230×残120		陶钵1、陶瓶3、陶瓿1、陶盂1、陶井1；铜钱22枚；铁釜1	东汉早期	陶7、铜2、铁1，共10件
	2001M17	49°	土坑	凸字形			343×280×226		陶盂1、陶魁1、耳杯3、陶瓶1、陶盘1、陶博山炉1、陶鸡1、陶人物俑头2；铜钱28枚；银戒指1；琉璃耳珰1	东汉早期	陶12、铜1、料1，共15件
	2001M18	319°	土坑	近方形	无存	330×168×残80	322×300×残78		无	东汉早晚期	无
棺山堡（Ⅳ区）	2001M36	290°	砖室	刀把形	无存		（120-230）×270×残104		陶罐1；瓷碗1、瓷唾壶1；铜钱23枚	南朝	陶1、瓷2、铜1，共4件
	2001M37	204°	土坑	近方形	一椁一棺仰身直肢		口部380×330，底部302×253，深142-167		陶钵1、陶罐1	西汉中晚期	陶2，共2件
	2001M38	230°	砖室	刀把形	仰身直肢	180×100×残54	298×200×残116		陶盉1；瓷钵11、瓷盂6、瓷盘1、瓷四系罐3、瓷盘口壶1；铜勺1、铜钱42枚	南朝	陶1、瓷21、铜2，共24件

续表

地点	墓号	墓室方向	墓葬结构	墓葬形制	葬具葬式	主要尺寸（厘米）				随葬器物	年代	小计
						甬道（内长、宽、高）	前（墓）室（内长、宽、高）	耳（侧）室（内长、宽、高）	后室（内长、宽、高）			
黄泥堡（V区）	2001M39	240°	砖室	凸字形	发现大量红色漆皮和棺木朽痕	180×134×76	250×300×147			陶钵3、陶盒1、陶卮1、陶勺1、陶灯1、陶侍俑2、陶执物俑2、陶博山炉1、陶罐2、陶盂3、陶博山炉1、陶执物俑2、陶执耳俑1、陶鸡1；铜钱14枚；琉璃耳珰2	东汉中	陶21，铜1，料2，共24件
	2001M40	305°	砖室	凸字形	无存	180×164×76	240×284×(80~100)		193×164×(108~148)	陶侍俑2、陶佩剑侍卫俑3、陶胡人吹箫俑1、陶击鼓俑1、陶鸡1	东汉晚期	陶8，共8件
	2001M41	150°	土坑	长方形	无存		(420~430)×(220~232)×(54~92)			陶钵5、陶罐4；铜环1、铜饰件1	西汉中晚期	陶9，铜2，共11件
	2001M42	224°	砖室	凸字形	无存	154×116×(62~80)	218×283×(104~116)			陶钵11、陶罐3、陶釜2、陶盆1；铜钱128枚	东汉中期	陶17，铜3，共20件
	2001M43	260°	砖室	刀把形	无存	189×140×(10~44)	240×240×(60~78)			陶钵1、陶罐2、陶魁1、陶勺2、陶博山炉2、陶博山炉盖5、陶侍卫俑3、陶胡人吹箫俑1、陶击鼓俑1、陶抚琴俑2、陶舞俑1、陶抚耳俑1、陶庖厨俑1、抱囊俑1、陶执物俑1、陶庖面俑1、陶狗2、陶猪1、陶房1；铜器口沿残件1、铜钱6枚	东汉晚期	陶30，铜2，共32件
	2001M44	357°	土坑	近方形	无存		(327~428)×(423~434)×(160~304)			陶钵1、陶罐1；铜钱115枚；铁削1	西汉中晚期	陶2，铜4，铁1，共7件
	2001M45	265°	砖室	凸字形	葬具不存，葬式可能为侧身屈肢葬	176×160×140	230×364×240			陶钵5、陶耳杯1、陶博山炉盖1、陶灯2、陶侍卫俑14、陶击鼓俑1、陶执物俑1、陶坐耳俑1、陶鸡4、陶羊1、陶狗1、陶猪1；瓷钵1、瓷碗1；铜指环1、铜钱18枚；琉璃耳珰1	东汉晚期	陶34，瓷2，铜3，料1，共40件

续表

地点	墓号	墓室方向	墓葬结构	墓葬形制	葬具葬式	主要尺寸（厘米）				随葬器物	年代	小计
						甬道（内长、宽、高）	前（墓）室（内长、宽、高）	耳（侧）室（内长、宽、高）	后室（内长、宽、高）			
黄泥堡（Ⅴ区）	2001M46	293°	砖室	刀把形	无存	210×144×177	230×278×242			陶钵3、陶罐2、陶盆1、陶盒1、陶器盖1、陶匜1、陶勺1、陶灯2、陶侍俑3、陶抚琴俑1、陶鸡1、陶猪1、陶马1、陶板瓦1；铜钱3枚	东汉中期	陶21、铜1，共22件

后 记

关田沟村遗址群的发掘工作跨 2001、2002、2004 三个年度（四次发掘），资料整理工作与发掘工作同步展开，2014 年 3 月至 5 月对该遗址群各年度发掘资料进行全面系统整理。本报告的完成是参与发掘、修复保护、资料整理、后勤协调等全体人员集体劳动的成果。参加历次发掘的人员有袁东山（领队）、李大地（执行领队）、徐小林（执行领队）、董小陈、封建平、曾先龙、廖育方、张典维、龚玉龙、杨爱民、陈晓坤、胡文忠、周浩、黎明、陈彤、丁韦强、向新民、秦光正、丁韦强、秦万全、王晗、郎富海、王胜利、孙绍伟、陈蓁、陶一波、杨晓红、曾仙斌、夏志平、王银、张勇、王道新、王新柱，以及丰都县文物管理所的吴天清、李国红、何海蓉。文物修复王海阔、蔡远富，绘图张典维、谭远辉、杨爱明、朱雪莲，照相董小陈、丁韦强、曾先龙，拓片王海阔、李双厚，资料录入与图像处理陈芙蓉、陈涛。

在关田沟村遗址群的田野发掘过程中，湖南省常德市博物馆、湖北省长阳县博物馆等多家文博单位支援了部分发掘人员。重庆市文化遗产研究院（原重庆市文物考古所）对该项工作高度重视，邹后曦研究员等专家学者亲临发掘工地检查和指导工作。湖北省文物考古研究所对该项目进行了监理，丰都县文物管理所在协调、后勤等方面作了努力。

本报告是集体劳动和多方合作的成果，由李大地主持编撰完成。本报告是在 2001 年和 2002 年两个年度秦家院子墓群、秦家院子遗址、袁家岩遗址发掘报告的基础上，以及历次发掘资料整理成果基础上完成的。2001 年度秦家院子墓群的报告由徐小林、袁东山编写，2002 年度秦家院子遗址和 2001、2002 年度袁家岩遗址的报告由李大地、袁东山、杨爱民编写。本报告编撰工作主要由李大地、杨爱民、李丹、任建玲共同完成，肖碧瑞、陈芙蓉、陈涛对报告进行了校对工作。李大地、杨爱民、肖碧瑞对初稿进行了补充、完善。重庆市文化遗产研究院邹后曦院长对全书进行了审定。

在资料整理、报告编写过程中，我们邀请了专业人士召开了审稿会，专家们对报告提出了许多很好的指导意见。

科学出版社为本报告的编辑出版付出了辛勤劳动。

在此，谨对所有给予关田沟村遗址群发掘、整理关心、支持和帮助的人士表示衷心的感谢！

尽管如此，由于本报告以尽可能发表发掘资料为宗旨，涉及秦家院子、袁家岩两个遗址（每个遗址又包含居址、作坊址两部分），毛家包、团尚包、袁家堡、陈文英堡、黄岭堡、棺山堡、黄泥堡 7 处墓群，遗存跨度大、资料庞杂，给报告阅读带来不少困难，同时，由于编者水平有限，书中难免存在不足甚至谬误之处，敬请读者谅解，恳请批评指正。

编　者

2015 年 6 月

彩版一

1. 秦家院子遗址遗址原貌（由东北至西南拍摄）

2. 团尚包墓地原貌（由东北至西南拍摄）

秦家院子遗址、团尚包墓地原貌

彩版二

1. 秦家院子遗址2002年度（南区）（由北至南拍摄）

2. 袁家岩遗址2001年度Ⅵ区A发掘点（由东向西拍摄）

秦家院子遗址南区、袁家岩遗址Ⅵ区A发掘点

彩版三

1. 袁家岩遗址2001年度Ⅵ区B发掘点（由东向西拍摄）

2. 黄岭堡墓地（由东向西拍摄）

袁家岩遗址Ⅵ区B发掘点、黄岭堡墓地

彩版四

1. 毛家包墓地（局部）（由东向西拍摄）

2. 团尚包墓地（由东向西拍摄）

毛家包墓地、团尚包墓地

1. 陈文英堡墓地（由东向西拍摄）

2. 袁家堡墓地（由东向西拍摄）

陈文英堡、袁家堡墓地

1. 棺山堡墓地（由东向西拍摄）

2. 黄泥堡墓地（由南向北拍摄）

棺山堡、黄泥堡墓地

1. 工作人员合影

2. 钻探

工作照（一）

1. 秦家院子遗址发掘场景

2. 袁家岩遗址发掘场景

工作照（二）

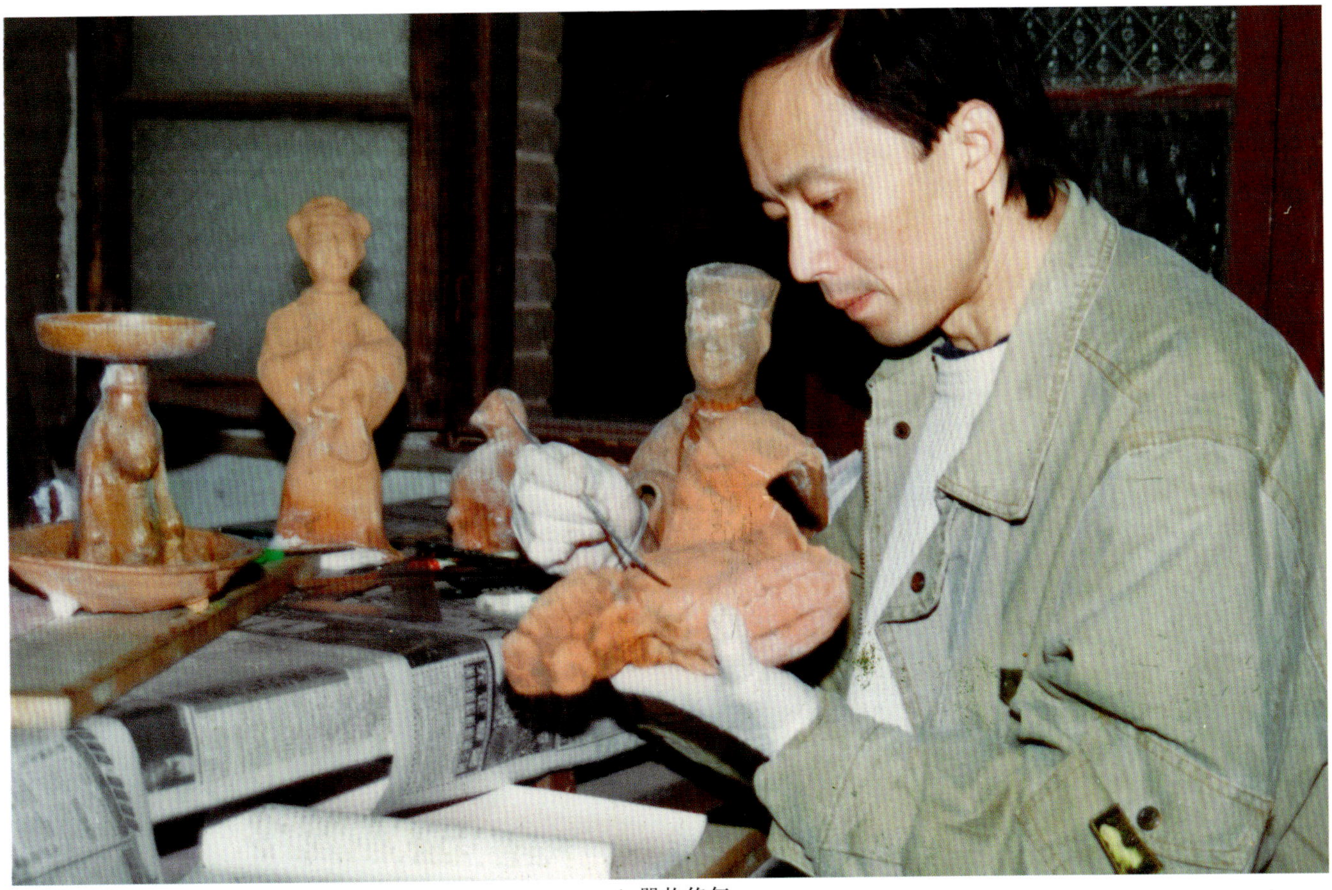

彩版九

1. 器物修复

2. 田野绘图

工作照（三）

1. 国家文物局专家检查工地

2. 三建委验收

工作照（四）

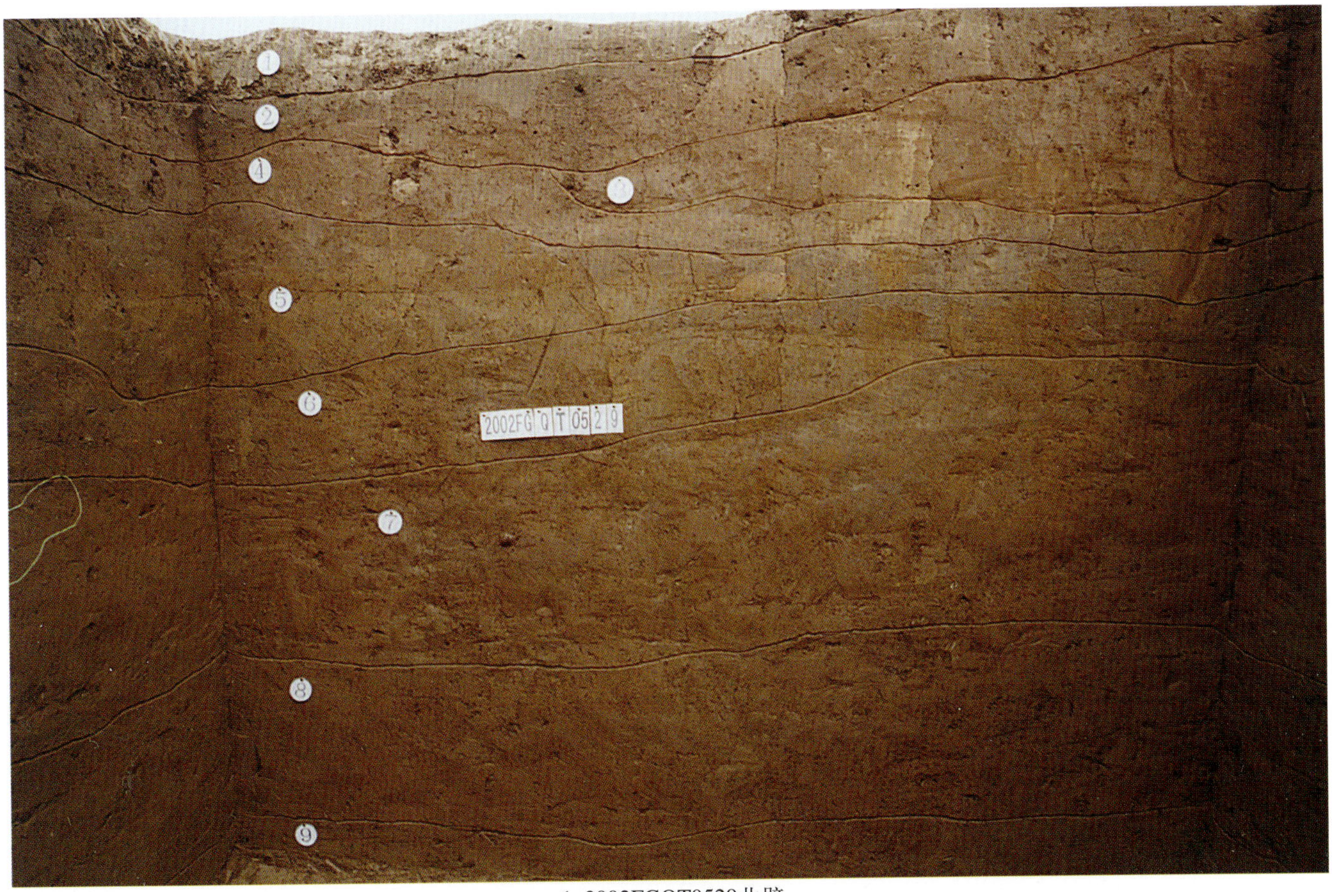

1. 2002FGQT0529北壁

2. 2002FGQT1408东壁

秦家院子遗址地层剖面

彩版一二

1. 2002FGQH3、H4开口（由东向西拍摄）

2. 2002FGQY1（由东南向西北拍摄）

秦家院子遗址居住址遗迹

彩版一三

1. 高领罐

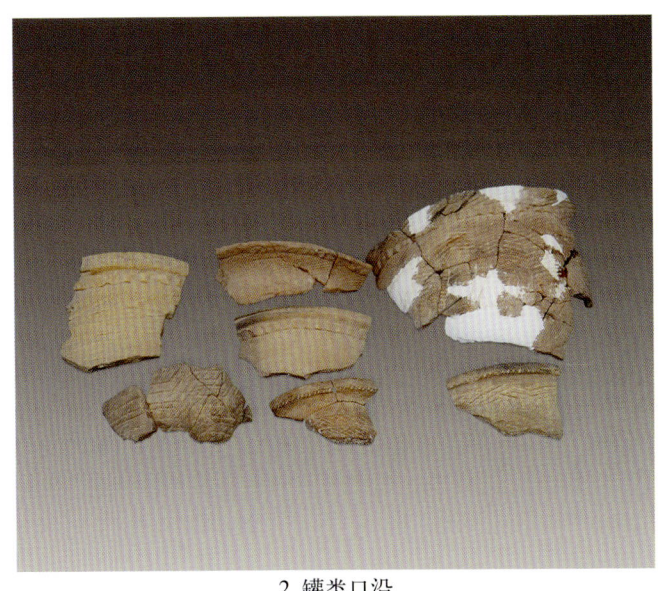

2. 罐类口沿

3. 深腹罐（2002FGQT1019④∶1）

4. 深腹罐（2002FGQT1406⑥∶1）

5. 石器

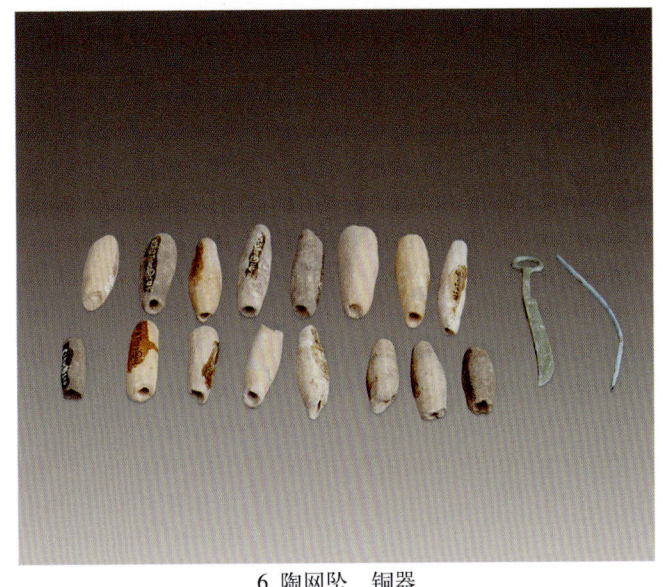

6. 陶网坠、铜器

秦家院子遗址居住址出土遗物（一）

彩版一四

1. 尖底盏

2. Aa型Ⅰ式钵（2002FGQH5∶9）

3. Ab型钵

4. B型钵

5. Aa、Ab型花边口罐

6. C型素口罐

秦家院子遗址居住址出土遗物（二）

彩版一五

1. 大花边釜

2. 小花边釜

3. Ab型大花边釜（2002FGQT1110④：5）

4. Ab型素口釜（2002FGQH5：11）

5. B型壶（2002FGQT0429⑦：2）

6. Ba型瓮（2002FGQT1110④：22）

秦家院子遗址居住址出土遗物（三）

彩版一六

1. 冶炼炉（2004FGQL1）（由西南向东北拍摄）

2. 冶炼炉（2004FGQL2）（由西向东拍摄）

秦家院子遗址作坊址遗迹

彩版一七

1. 炼煤坑（2004FGQH5）由南向北拍摄

2. 冶炼炉（2004FGYL1）（由东北向西南拍摄）

秦家院子、袁家岩遗址作坊址遗迹

彩版一八

1. 袁家岩遗址2004年度出土冶炼罐

2-1. 冶炼罐（2004FGQG1：2）

2-2. 冶炼罐（2004FGQT1029③：1）

3-1. 冶炼罐（2004FGQG1：9）

3-2. 冶炼罐（2004FGQH7：2）

4. 冷凝窝（2004FGQT1021⑥：1）

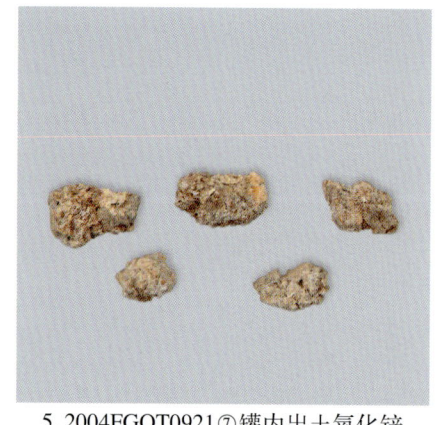

5. 2004FGQT0921⑦罐内出土氧化锌

6. 秦家院子遗址出土煤饼

秦家院子遗址作坊址出土遗物

1. A型Ⅰ式土坑墓（2001FGYM29）（由西南向东北拍摄）

2. 2001FGYM29出土器物（局部）

A型土坑墓（一）

彩版二〇

1. A型Ⅱ式土坑墓（2001FGYM22）（由西北向东南拍摄）

2. A型Ⅲ式土坑墓（2001FGYM34）（由北向南拍摄）

A型土坑墓（二）

彩版二一

1. B型Ⅰ式土坑墓（2001FGQM4）（由南向北拍摄）

2. 2001FGQM4出土器物（局部）

B型土坑墓

彩版二二

1. Ab型Ⅱ式砖室墓（2001FGYM39）（由东向西拍摄）

2. Ab型Ⅱ式砖室墓（2001FGYM45）（由东向西拍摄）

Ab型砖室墓

1. Ac型Ⅰ式砖室墓（2001FGYM38）（由东向西拍摄）

2. 2001FGYM38出土器物（局部）

Ac型砖室墓（一）

彩版二四

1. Ac型Ⅱ式砖室墓（2001FGYM43）（由西向东拍摄）

2. 2001FGYM43出土器物（局部）

Ac型砖室墓（二）

1. Ac型Ⅱ式砖室墓（2001FGYM8）（由西南向东北拍摄）

2. 2001FGYM8出土器物（局部）

Ac型砖室墓（三）

1. Ac 型Ⅲ式砖室墓（2001FGYM20）（由西向东拍摄）

2. 2001FGYM20 出土器物（局部）

Ac 型砖室墓（四）

1. 2001FGYM40（由西北向东南拍摄）

2. 2001FGYM35（由西北向东南拍摄）

B型砖室墓

1. 2001FGQM18出土器物组合

2. 2001FGYM9出土器物组合

器物组合（一）

彩版二九

1. 2001FGYM6出土人物俑

2. 2001FGYM20出土陶俑

器物组合（二）

彩版三〇

1. 2001FGYM21出土器物组合

2. 2001FGYM38出土器物组合

器物组合（三）

彩版三一

1. Aa型Ⅰ式锺（2001FGYM14:13）

2. Aa型Ⅱ式锺（2001FGQM4:7）

3. Aa型Ⅲ式锺（2001FGYM8:7）

4. Ab型Ⅰ式锺（2001FGYM29:11）

5. Ab型Ⅲ式锺（2001FGYM9:10）

6. Ab型Ⅴ式锺（2001FGYM22:4）

7. Ba型Ⅱ式锺（2001FGQM12:30）

8. Bb型Ⅰ式锺（2001FGYM20:31）

汉—六朝墓葬出土陶锺

彩版三二

1. Aa型Ⅱ式博山炉（2001FGYM9:3）

2. Aa型Ⅲ式博山炉（2001FGQM4:5）

3. Ab型Ⅰ式博山炉（2001FGYM5:5）

4. Ab型Ⅱ式博山炉（2001FGYM39:14）

5. Ab型Ⅲ式博山炉（2001FGYM8:18）

6. B型博山炉（2001FGYM43:4）

汉－六朝墓葬出土陶博山炉

彩版三三

1. 胡人吹箫俑（2001FGYM40∶13）

2. 抚耳俑（2001FGYM39∶12）

3. 吹笙俑（2001FGYM8∶23）

4. 抚琴俑（2001FGYM20∶12）

5. 击鼓俑（2001FGYM40∶01）

6. 跪坐俑（2001FGYM6∶16）

7. 庖厨俑（2001FGYM6∶12）

8. 驾驭俑（2001FGYM39∶19）

汉—六朝墓葬出土陶人物俑

彩版三四

1. 陶鸟形器座（2001FGQM11：26）

2. 陶马、器座（2001FGQM11：57、2001FGQM11：58）

汉－六朝墓葬出土陶鸟形器座、马及器座

彩版三五

1. Aa型Ⅰ式钵（2001FGYM38：6-4）

2. Aa型Ⅲ式钵（2001FGYM38：8-4）

3. Ab型Ⅲ式钵（2001FGYM38：8-3）

4. B型Ⅰ式钵（2001FGQM1：6）

5. B型Ⅱ式钵（2001FGQM13：13）

6. C型钵（2001FGYM12：3）

汉－六朝墓葬出土瓷钵

彩版三六

1. A型Ⅰ式盏（2001FGYM21∶6）

2. A型Ⅱ式盏（2001FGYM21∶5）

3. A型Ⅲ式盏（2001FGYM38∶6-3）

4. A型Ⅳ式盏（2001FGYM11∶5）

5. B型Ⅱ式盏（2001FGY38∶9-1）

6. Ca型Ⅱ式盏（2001FGYM11∶6）

7. Ca型Ⅲ式盏（2001FGYM21∶12-1）

8. Cb型Ⅲ式盏（2001FGYM38∶6-2）

汉—六朝墓葬出土瓷盏

彩版三七

1. Ⅱ式盘口壶（2001FGYM11∶4）

2. Ⅲ式盘口壶（2001FGYM11∶1）

3. Ⅳ式盘口壶（2001FGYM21∶2）

4. Ⅴ式盘口壶（2001FGYM38∶8）

5. Ⅵ式盘口壶（2001FGYM38∶9）

6. B型四系罐（2001FGYM38∶11）

汉—六朝墓葬出土瓷盘口壶、四系罐

彩版三八

1. Ⅰ式铜鍪（2001FGYM22∶1）

2. Ⅱ式铜鍪（2001FGYM14∶4）

3. Ⅱ式铜鍪（2001FGYM14∶9）

4. 铜洗（2001FGYM16∶1）

5. 铁釜（2001FGQM8∶39）

6. 铁釜（2001FGQM4∶24）

汉—六朝墓葬出土铜器、铁器（一）

彩版三九

汉—六朝墓葬出土铜器、铁器（二）

1. 铜箭镞（2001FGYM22：30）

2. 铜箭镞（2001FGYM29：5）

3. 铜箭镞（2001FGYM29：7）

4. 铜弩机（2001FGYM29：8）

5. 铜泡钉（2001FGYM19：19）

6. 铁削（2001FGYM29：1）

7. 铁叉（2001FGQM9：1）

8. 铁铲（2001FGQM4：17）

彩版四〇

1. 铜发钗（2001FGYM19∶5）

2. 铜手镯（2001FGYM19∶2-1、2）

3. 铜印章（2001FGYM26∶1）

4. 银指环（2001FGYM13∶4）

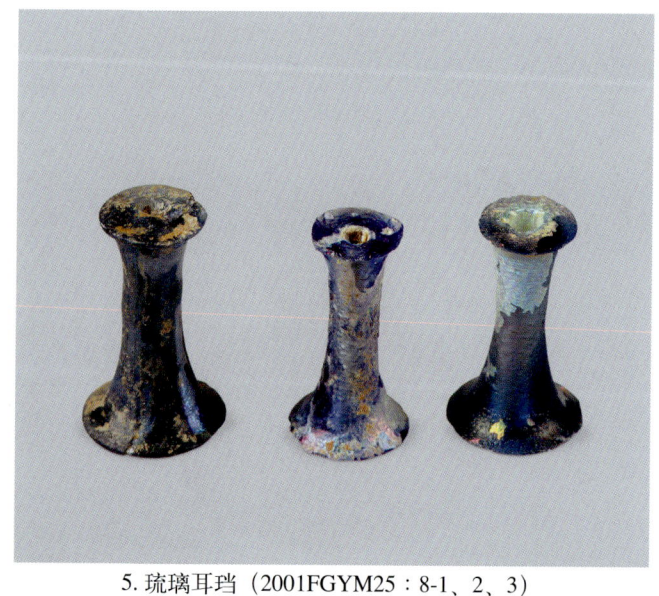

5. 琉璃耳珰（2001FGYM25∶8-1、2、3）

6. 玛瑙珠（2001FGQM10∶6）

汉—六朝墓葬出土铜器、银器、料器

图版一

1. Aa型Ⅰ式钵（2001FGYM34：19-2）

2. Aa型Ⅱ式钵（2001FGYM5：9）

3. Aa型Ⅲ式钵（2001FGYM42：16-1）

4. Aa型Ⅳ式钵（2001FGQM4：30）

5. Ab型Ⅰ式钵（2001FGYM41：3）

6. Ab型Ⅳ式钵（2001FGYM42：16-2）

汉－六朝墓葬出土陶钵（一）

图版二

1. Ba型Ⅰ式钵（2001FGYM5：11）

2. Ba型Ⅱ式钵（2001FGQM4：35）

3. Bb型Ⅰ式钵（2001FGYM41：7）

4. Bb型Ⅱ式钵（2001FGYM41：8）

5. Ca型Ⅰ式钵（2001FGYM25：23）

6. Cb型Ⅲ式钵（2001FGQM1：1）

汉－六朝墓葬出土陶钵（二）

图版三

1. Ab型Ⅰ式束颈罐（2001FGQM9∶4）

2. Ba型Ⅱ式束颈罐（2001FGYM16∶10）

3. Ba型Ⅲ式束颈罐（2001FGYM24∶33）

4. Bb型Ⅰ式束颈罐（2001FGYM26∶11）

5. Ca型Ⅲ式束颈罐（2001FGYM15∶16）

6. Cb型Ⅰ式束颈罐（2001FGYM20∶18）

汉－六朝墓葬出土陶罐（一）

图版四

1. A型Ⅰ式圜底罐（2001FGYM24：4）

2. B型Ⅰ式圜底罐（2001FGYM31：6）

3. C型Ⅰ式圜底罐（2001FGQM9：3）

4. Ⅰ式矮领罐（2001FGQM4：34）

5. 双系罐（2001FGYM34：8）

6. 双口沿罐（2001FGYM14：12）

汉—六朝墓葬出土陶罐（二）

图版五

1. Aa型Ⅰ式大平底罐（2001FGYM29∶10）

2. Aa型Ⅱ式大平底罐（2001FGQM8∶14）

3. Ab型Ⅰ式大平底罐（2001FGYM34∶7）

4. Ab型Ⅱ式大平底罐（2001FGYM42∶2）

5. Ba型Ⅰ式大平底罐（2001FGYM29∶12）

6. Ba型Ⅱ式大平底罐（2001FGQM8∶9）

7. Bb型Ⅱ式大平底罐（2001FGYM41∶2）

8. Ca型Ⅱ式大平底罐（2001FGYM41∶5）

汉—六朝墓葬出土陶罐（三）

图版六

1. Aa型Ⅰ式无錾釜（2001FGYM2:3）

2. Ab型Ⅰ式无錾釜（2001FGYM2:1）

3. Ba型Ⅲ式无錾釜（2001FGYM21:1）

4. Bb型Ⅰ式无錾釜（2001FGQM8:35）

5. C型无錾釜（2001FGQM3:1）

6. A型带錾釜（2001FGYM15:24）

7. B型Ⅰ式带錾釜（2001FGYM34:11）

8. B型Ⅱ式带錾釜（2001FGYM29:15）

汉－六朝墓葬出土陶釜

图版七

汉-六朝墓葬出土陶甑

1. A型Ⅰ式甑（2001FGYM14：3） 　　2. A型Ⅰ式甑（2001FGYM14：3俯视）

3. B型Ⅰ式甑（2001FGYM29：13） 　　4. B型Ⅰ式甑（2001FGYM29：13俯视）

5. C型Ⅱ式甑（2001FGYM39：8） 　　6. C型Ⅱ式甑（2001FGYM39：8俯视）

汉-六朝墓葬出土陶甑

图版八

汉—六朝墓葬出土陶盂

1. A型Ⅰ式盂（2001FGYM17：1）

2. A型Ⅱ式盂（2001FGYM16：4）

3. A型Ⅲ式盂（2001FGYM39：33）

4. A型Ⅳ式盂（2001FGYM15：15）

5. Ba型Ⅱ式盂（2001FGYM8：12）

6. Bb型Ⅲ式盂（2001FGYM24：31）

汉—六朝墓葬出土陶盂

图版九

1. Aa型Ⅰ式盆（2001FGQM8∶26）

2. Ab型Ⅰ式盆（2001FGYM26∶7）

3. Ba型Ⅰ式盆（2001FGYM14∶14）

4. Ba型Ⅱ式盆（2001FGYM24∶34）

5. Bb型Ⅱ式盆（2001FGYM15∶5）

6. Bc型Ⅰ式盆（2001FGYM9∶9）

汉－六朝墓葬出土陶盆

图版一〇

汉—六朝墓葬出土陶魁

1. Aa型Ⅰ式魁（2001FGYM5：4）

2. Aa型Ⅲ式魁（2001FGYM22：9）

3. Ab型Ⅰ式魁（2001FGYM8：6）

4. Ba型Ⅰ式魁（2001FGYM14：1）

5. Bb型Ⅰ式魁（2001FGYM17：2）

6. Bb型Ⅱ式魁（2001FGYM20：20）

汉—六朝墓葬出土陶魁

图版一一

1. Aa型Ⅰ式盘（2001FGYM14∶24）

2. Aa型Ⅱ式盘（2001FGYM9∶17）

3. Aa型Ⅲ式盘（2001FGYM7∶6）

4. Aa型Ⅳ式盘（2001FGYM8∶1）

5. Ab型Ⅰ式盘（2001FGQM8∶23）

6. B型盘（2001FGYM25∶13）

汉—六朝墓葬出土陶盘

图版一二

1. Aa型灯（2001FGYM5：14）

2. Ab型Ⅰ式灯（2001FGYM14：8）

3. Ab型Ⅱ式灯（2001FGYM7：2）

4. Ab型Ⅲ式灯（2001FGYM24：26）

5. Ad型Ⅰ式灯（2001FGYM9：4）

6. Ba型Ⅰ式灯（2001FGYM39：27）

7. Bb型Ⅰ式灯（2001FGYM20：22）

8. Bb型Ⅱ式灯（2001FGYM45：6）

汉－六朝墓葬出土陶灯

图版一三

1. Ⅰ式耳杯（2001FGYM17∶8）

2. Ⅱ式耳杯（2001FGYM6∶6）

3. Ⅲ式耳杯（2001FGYM6∶31）

4. Aa型Ⅰ式卮（2001FGYM24∶36）

5. Ba型卮（2001FGQM4∶13）

6. Bb型Ⅰ式卮（2001FGYM9∶11）

汉—六朝墓葬出土陶耳杯、卮

图版一四

1. Aa型Ⅰ式勺（2001FGYM24：27）

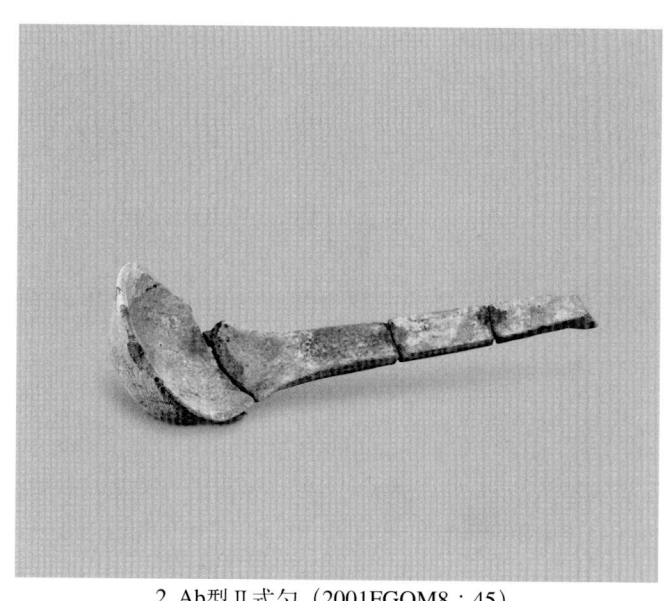

2. Ab型Ⅱ式勺（2001FGQM8：45）

3. Ab型Ⅲ式勺（2001FGYM8：14）

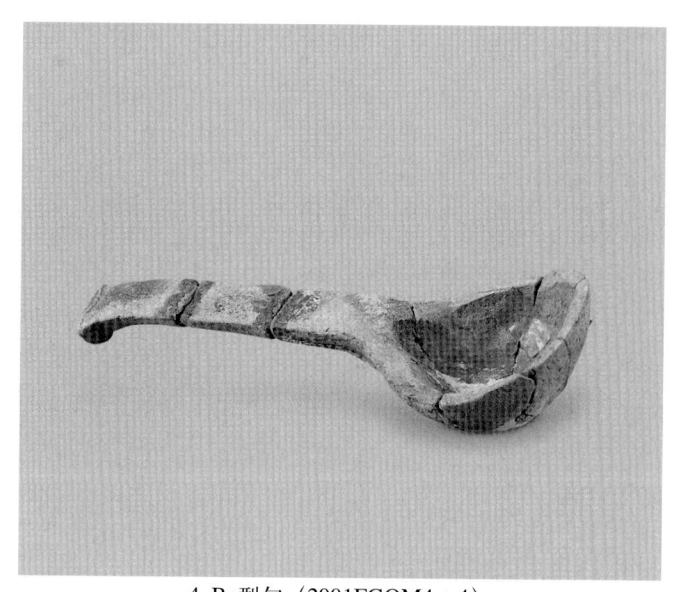

4. Ba型勺（2001FGQM4：4）

5. Bb型Ⅰ式勺（2001FGYM8：13）

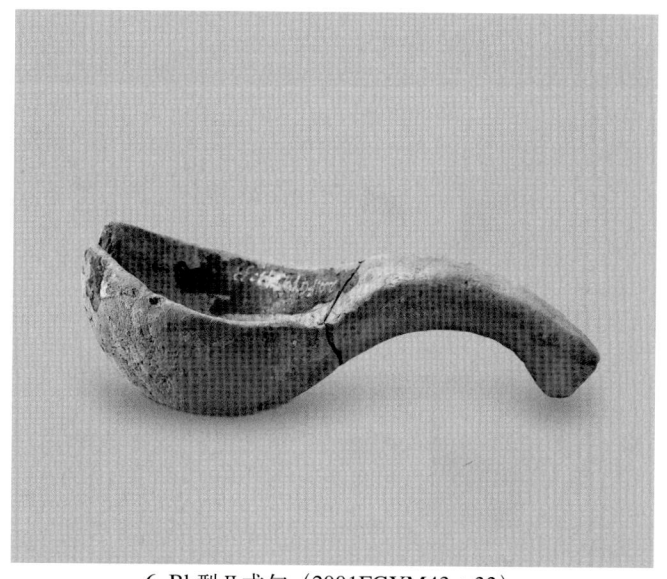

6. Bb型Ⅱ式勺（2001FGYM43：33）

汉—六朝墓葬出土陶勺

图版一五

1. Aa型Ⅱ式仓（2001FGQM4∶19）

2. Ab型仓（2001FGYM20∶27）

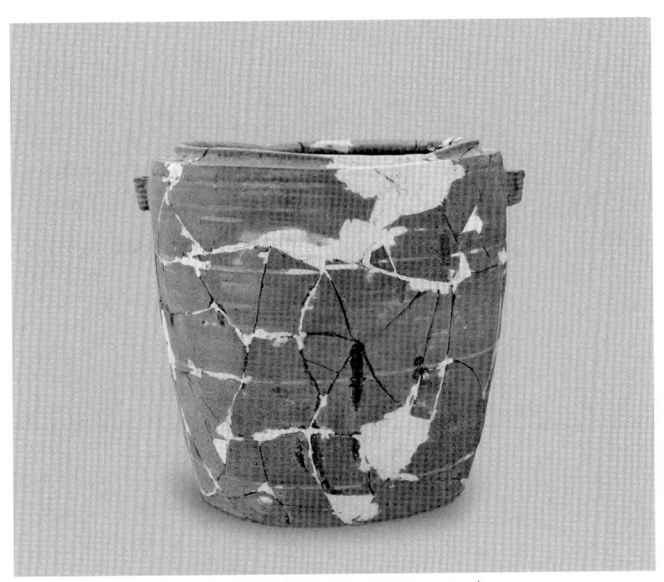

3. Ba型仓（2001FGYM29∶14）

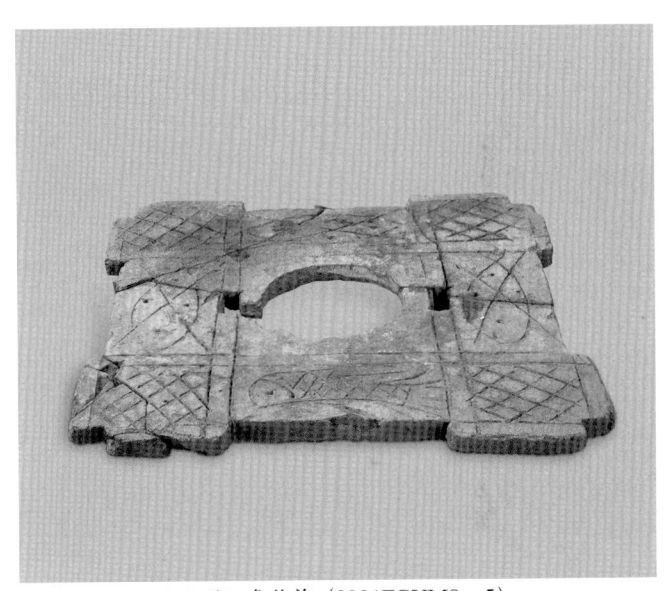

4. A型Ⅲ式井盖（2001FGYM8∶5）

5. A型Ⅳ式井盖（2001FGQM4∶38）

6. B型Ⅲ式井盖（2001FGYM27∶3）

汉－六朝墓葬出土陶仓、井盖

图版一六

汉-六朝墓葬出土陶井罐

1. 2001FGQM8∶10

2. 2001FGYM14∶5

3. 2001FGYM16∶6

4. 2001FGYM22∶19

5. 2001FGYM28∶3

6. 2011FGYM15∶22

汉-六朝墓葬出土陶井罐

图版一七

1. 2001FGYM24：39陶房上层

2. 2001FGYM24：39陶房下层

3. A型陶房下层（2001FGYM6：1）

4. 陶塘（2001FGYM24：23）

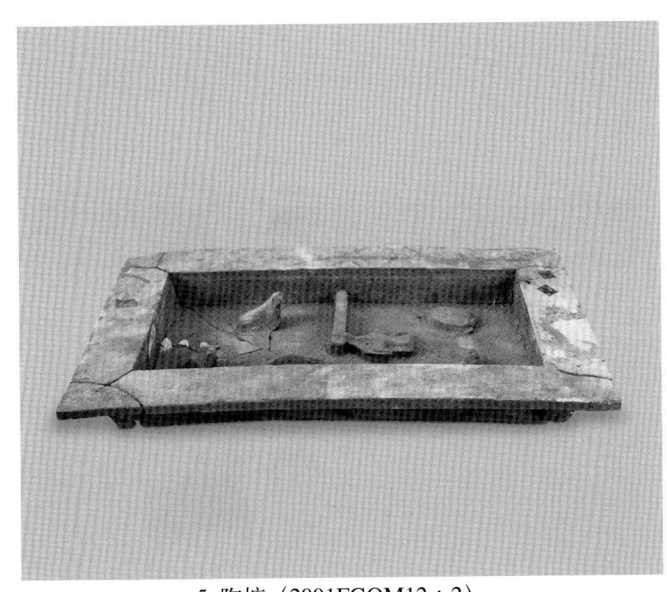

5. 陶塘（2001FGQM12：2）

6. 陶塘（2001FGYM20：17）

汉－六朝墓葬出土陶房、塘

图版一八

1. 侍俑（2001FGYM24：7）

2. 佩剑侍卫俑（2001FGYM6：14）

3. 抱囊俑（2001FGYM43：26）

4. 执便面俑（2001FGYM43：30）

5. 舞俑（2001FGYM6：15）

6. 舞俑（2001FGYM6：18）

汉－六朝墓葬出土陶人物俑

图版一九

1. 陶鸡（2001FGYM45:32）

2. 陶鸡（2001FGYM46:3）

3. 陶子母鸡（2001FGYM45:38）

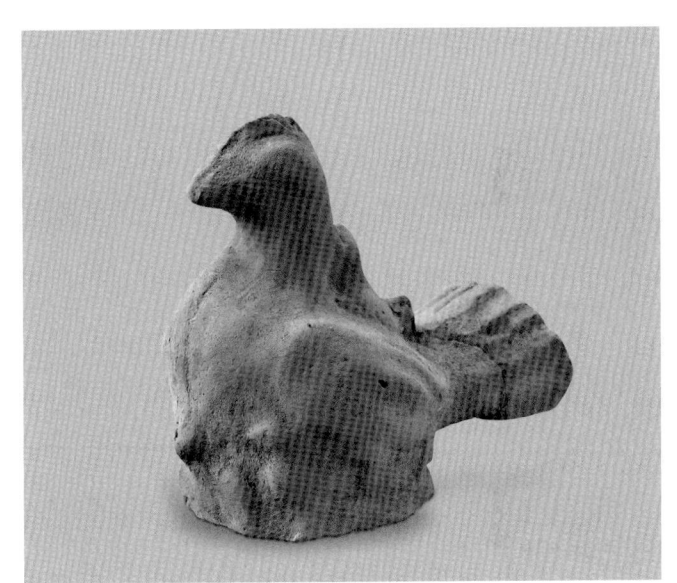

4. 陶子母鸡（2001FGYM43:17）

5. 陶猪（2001FGYM24:5）

6. 陶猪（M25:16）

汉—六朝墓葬出土陶动物俑

1. 陶狗（2001FGYM45：21）

2. 陶狗（2001FGYM20：7）

3. 陶狗（2001FGYM43：25）

4. 陶羊（2001FGYM45：4）

5. 陶马（2001FGQM11：57）

6. 陶镇墓兽（2001FGYM6：20）

汉－六朝墓葬出土陶动物俑、镇墓兽

(K-2221.01)

ISBN 978-7-03-045948-0

定价：298.00元